2021

YONGKANG
YEARBOOK

永康年鉴

永康市地方志编纂委员会 编

浙江工商大学出版社
·杭州·

图书在版编目(CIP)数据

永康年鉴. 2021 / 永康市地方志编纂委员会编.
— 杭州 : 浙江工商大学出版社,2021.12
ISBN 978-7-5178-4759-5

Ⅰ. ①永… Ⅱ. ①永… Ⅲ. ①永康-2021-年鉴
Ⅳ. ①Z525.54

中国版本图书馆 CIP 数据核字(2021)第 251091 号

永康年鉴(2021)
YONGKANG NIANJIAN(2021)
永康市地方志编纂委员会 编

责任编辑	周敏燕
封面设计	朱嘉怡
责任印制	包建辉
出版发行	浙江工商大学出版社
	(杭州市教工路 198 号 邮政编码 310012)
	(E-mail:zjgsupress@163.com)
	(网址:http://www.zjgsupress.com)
	电话:0571 - 88904980,88831806(传真)
排 版	杭州朝曦图文设计有限公司
印 刷	杭州宏雅印刷有限公司
开 本	889 mm×1194 mm 1/16
印 张	30
字 数	730 千
版 印 次	2021 年 12 月第 1 版 2021 年 12 月第 1 次印刷
书 号	ISBN 978-7-5178-4759-5
定 价	168.00 元

永康市地方志编纂委员会

主　任　张群环

副主任　周启标　俞　兰　程学军

委　员　（略）

《永康年鉴(2021)》编辑部

主　编　舒朝建　应智杰

副主编　蒋贤良

编　辑　卢俊英　陈敏佳　胡　燕　周婷婷

美丽乡村

▶ 2020年9月25日,永康市庆祝2020年"中国农民丰收节"系列活动启动仪式在前黄村顺利开幕(来自"永康市庆祝中国共产党成立100周年图片展")

◀ 方山柿(来自"永康市庆祝中国共产党成立100周年图片展")

▶ 灵芝(前仓镇提供)

◀ 山川秀美
（胡辰啸 摄 ）

▶ 舜芋(前仓镇提供)

◀ 五指岩生姜(来自"永康市庆祝中国共产党成立100周年图片展")

3

▲ 希望的田野(古山镇提供)

▲ 现代农业(来自"永康市庆祝中国共产党成立100 周年图片展")

▲ 永康灰鹅(来自"永康市庆祝中国共产党成立 100 周年图片展")

◀ 永祥杨梅(来自"永康市庆祝中国共产党成立 100 周年图片展")

4

◄ 创立"一警情三推送"机制（来自"永康市庆祝中国共产党成立100周年图片展"）

► 交警大队维持交通（市公安局提供）

▲ 开展"一月一镇平安大会战"（来自"永康市庆祝中国共产党成立100周年图片展"）

◄ 养护公路清扫路肩（市公路与运输管理中心提供）

▲ "揭榜挂帅·全球引才"重点细分行业专场(市委组织部提供)

◀ 2020 年 2 月 24 日,市委统战部开通乐平—永康"返岗直通车",分两批"一站式"接回 737 名江西乐平籍务工人员,带动乐平自发返永逾人员 1.5 万人,帮助企业复工复产(市委统战部提供)

▶ 门博会安保(市公安局提供)

◄ 五金博览会安保(市公安局
提供)

► 首届永康民营企业家节开幕
(市委组织部提供)

◄ 永康总部中心
(总部中心提供)

▲ "民间民俗 多彩浙江"——方岩庙会(市委统战部提供)

◀ 2020年1月13号,倪宅村举办妇联旗袍秀(花街镇提供)

▶ 2020年1月19日,第35届华溪春潮春节联欢晚会隆重上演,并首次在大美乡村园周村设立分会场(卢斌 摄)

▲ 居民在象珠图书馆借阅书籍(象珠镇提供)

▶ 市民在公园晨
练(来自"永康市庆
祝中国共产党成立
100周年图片展")

目　录

市人大常委会

市人民政府

市政协委员会

社会管理

人民法治

军　事

工业经济

城市建设

环境保护

经济监管

特　辑

工业企业复工复产"七步法"

2020年,新冠肺炎疫情发生以来,永康市高度重视,以抓好疫情防控为前提,率先启动企业复工复产工作,落细落实"三服务"工作机制,出台"十四条"等惠企助企政策,帮助企业迅速恢复产能、化危为机。2月2日,永康市发布全市工业企业复工复产"七步法",即复工五准备、返岗员工三核查、备案审批两步走、人流管控四重点、消杀防护五到位、宣传引导四注意、日常防控两报告等七步,涵盖企业复工的方方面面,有效消除企业复工疑虑,切实增强企业复工信心。

一、精准谋划稳复工,助力企业强保障

第一步:复工五准备

一个小组强运转:成立由企业主要负责人牵头的疫情防控领导小组,下设人流管控组、隔离整治组、环境消杀组、宣传教育组、物资筹备组。

一套方案强保障:结合企业生产实际情况和职工人员状况,制定本企业的疫情防控工作方案和复工生产实施方案,细化落实到车间、班组,明确各级责任人。

一组物资保健康:采购充足的口罩、红外式体温枪、消毒液、酒精等疫情防护用品,确保复工后防护措施到位,保障员工身体健康。

一系列消杀保安全:企业复工前要对生产区、办公区、生活区、公共区等公共场所和人员聚集场所的设施、设备进行消杀防疫,对生产设施设备进行安全检查。

一个隔离点保防控:设立厂区疫情防控隔离点,并全力劝返疫情重点地区企业员工,在未接到上级通知前,不得返永。

第二步:返岗员工三核查

一查:对所有员工登记造册,检查每名职工的健康状况。

二查:检查每名职工节假日期间出行和参加集会聚会情况。

三查:排查确认职工节假日期间密切接触者中是否有来自疫情重点地区的人员。

后续新招聘或返工员工需按此"三"核查法做好相关工作。同时,招聘或返工已在永的疫情重点地区(湖北籍、温州籍、台州籍)人员时,要凭镇(街道、区)出具的居家隔离期满证明招聘或返工。

第三步：备案审批两步走

对工业企业开复工实行审核备案制，未经审核备案不得擅自开工。企业未经审核开工或虚报瞒报员工信息造成疫情防控被动的，依法依规严肃追究企业主体责任。

工业企业应于开复工前3天，向所在镇（街道、区）提出开复工申请，并提供开复工申请表、开复工承诺书、防疫准备情况一览表、全体员工健康情况清单、疫情防控方案等开复工申请必需的相关材料（一式两份）。

原则上，2月10日起方可开始复工，若有上级延期要求，按照上级要求执行。

工业企业所在镇（街道、区）接到申请后，联合辖区属地卫生、综治、应急等部门，按开复工申请必需的相关材料，进行审核和实地查验。审核通过后将企业开复工材料报送至经信局备案。

第四步：人流管控四重点

登记管控：每日对复工期人流进行管控和登记，明确员工及外来人员活动区域限制，制定准入规范及管制措施。制定外部访客及物品运送车辆管控办法。

用餐管控：要确保食品安全，实行错峰用餐、分车间用餐，不得在食堂、饭店集中用餐，或举办两桌及以上的聚餐。

活动管控：严格限制聚集活动，暂停开放企业内文体场馆、KTV、网吧、棋牌室、图书馆等公共场所，不得举行会议、文体活动等职工聚集活动，建议以视频等形式开展。

生产管控：对生产人员重新编组恢复生产，加强车间严格监测。非生产人员要积极参与疫情防护，支援业务与生产。

复工期在出差、接待、招聘等工作上，也须制定明确管理措施。

第五步：消杀防护五到位

个人防护做到位：企业员工要做到戴口罩、勤洗手，搞好个人卫生，加强锻炼。

体温监测做到位：企业每日至少2次对全体上岗人员进行体温检测，如有发热或咳嗽的情况立即安排到指定医疗机构就诊，排除疫情后方可上岗工作。

厂区消杀做到位：每日在上班前、下班后，企业要对车间、办公场所、宿舍、人员集中区域进行消杀防疫，重点区域应多次消杀。车间、办公场所、宿舍、人员集中区域一天至少2次通风，一次15分钟以上。

外来防护做到位：企业每日要对进出车辆、人员情况进行登记。对于到企业办理业务的外来人员要特别关注，做好防护措施后方可进行接洽。

隔离措施做到位：企业一旦发现员工中有确诊病例或疑似感染者，须立即报告并停止生产，逐人进行核查，有必要时企业需进行整体隔离，待疫情消除后方可恢复生产。

第六步：宣传引导四注意

要以车间、班组为单位进行疫情防控知识宣讲。

向每名职工发放疫情防控明白纸。

在厂区大门、人员聚集区等位置悬挂疫情防控宣传条幅、张贴通告,切实增强每一名员工的防范意识和参与社会群防群控的自觉性。

引导员工不信谣、不传谣,不听信、不转发非官方媒体发布的疫情消息。

第七步:日常防控两报告

企业疫情防控领导小组各成员需每日将疫情防护等情况向领导小组组长汇报,一经发现特殊状况,需及时向所在镇(街道、区)报告。

各企业要根据市委市政府关于做好"两确保、三规范、四预警、五闭环"疫情防控工作的要求,严格落实"四色预警"管理制度。每日将开复工生产情况表、涉疫情重点地区相关人员信息登记表、防疫工作开展情况、员工健康情况报送至所在镇(街道、区),以便加强监测,统筹安排。

2月13日,永康市政府下发《致工业企业的一封信》,落实企业疫情防控主体责任,呼吁企业一手抓防控,一手抓复工生产,做到防控生产两不误。同时要求企业自觉遵守复工备案制,切实按照复工复产"七步法",做好"六个强化",制定并实施企业疫情防控工作方案,切实做到防控机制到位、员工排查到位、设施物资到位、内部管理到位、宣传教育到位。加强员工健康监测,优化生产流程,积极创新管理模式和生产方式,鼓励实行弹性工作制,强化数字赋能。

二、精准建链促复产,整合资源增产能

建立多级联动机制。从产业链着手,建立产业链协同复工三级联动工作机制:市内镇(街道、区)协同机制、跨市"转办单"机制、跨区(省)上报协调机制,汇聚省、市、县、镇四级力量帮助配套企业尽快复产。加快推进产业链协同复工复产,全面梳理产业链,精准打通供应链。针对产业链薄弱环节和供需短板,围绕企业解决用工、原材料供应、物流、融资等需求进行梳理,摸清堵点、难点,有针对性地精准施策,全力打通上下游,畅通大动脉和微循环。分行业梳理上下游配套企业复工复产情况,累计摸排急需复工配套企业2830家,联系协助市内复产配套企业1962家,要按照产业链规律把工作做细做实,不让任何一个环节掉链子,推动上下游企业联动协调,相融共生、协同发展。全力打通产业链"堵点",推进全产业链复工复产。

重点企业引领带动。充分发挥龙头骨干企业对产业链的带动作用。龙头骨干企业复工可以带动上下游运转,推动全产业链贯通复产。在确保疫情防控到位、落实安全生产措施的前提下,优先支持重点行业,让产业链长、带动能力强的企业先转起来,引导龙头骨干企业与产业链上下游企业组成"复工联盟",统筹整合联盟资源,打造"防疫同标、员工同用、物资同享"的抱团生产模式,做到一次性同步复工、一条龙全链服务。多家企业通过"复工联盟",实现防疫物资、用工、原材料等需求对接,资源耦合,配套协同,形成共生系统。通过龙头企业引领,疏通中小企业的"毛细血管"配套复工。龙头企业和配套中小企业之间也要进一步完善全产业链协同与互利共赢的机制,探索新型合作关系,共同应对暂时困难。

线上平台搭桥对接。充分发挥线上平台优势,指导企业通过"复工帮"平台完成生产及抗疫物资需求对接,打通产业链的每一根"毛细血管"。永康市企业在"复工帮"企业服务平台上

发布各类信息900多条,吸引600多家企业前来咨询,其中浙江宇森百联工具有限公司、永康市茂金园林机械有限公司、永康市创鑫工贸股份有限公司等60余家企业实现成功对接。

三、精准纾痛解难题,多措并举渡难关

多管齐下破资金难。做好减、免、缓、降"四字"文章,加大政策红利集成释放。认真贯彻落实省、市相关精神,出台"十四条"等助企惠企政策,从金融降息、要素降价、租金减免、税费减缓、费用补贴等多方面为企业降本减负,用"真金白银"减轻企业资金压力。如永康农商银行实行"九专"金融服务政策(专项利率、专列信贷指标、专设信贷产品、专设审批绿色通道、专项转贷服务优惠政策、专项贴心服务、专项还款政策、专项免责政策、专项客户关怀),助力2600余家企业渡过疫情难关。永康市政府出台《永康市人民政府关于应对新冠肺炎疫情支持企业渡过难关的政策意见》,在降低企业融资成本、减轻企业负担、加大金融服务力度、保障防疫物资采供等关键环节上,多措并举帮扶企业恢复生产、渡过难关。

妙招迭出破用工难。开展企业复产"员工回企"帮扶活动,为企业配备用工服务专员,点对点提供用工保障服务。一是返岗直通。与用工输出重点地区开展政府对接,开通返岗直通车560辆、返岗专列6列,共接回员工21307人,全力支持企业复工复产后稳定就业岗位,有效缓解企业用工突出问题,切实保障企业复工用工工作。鼓励企业包车接回员工,对企业自主包车的费用给予补助。二是外地直聘。组织企业到外来务工人员的家门口招聘,从县城到镇村层层撒下招工网,结合招聘反馈信息上门走访,并发动员工"以旧带新"。三是外援直达。为企业牵线搭桥,整合职校学生、志愿者、退役军人等力量,组团填补企业临时用工空缺,缓解企业用工燃眉之急。

保障供应破物资难。全力指导防疫物资生产企业提前复产,帮助企业协调设备物流、资质审核绿色通道,联系外来员工返岗,寻找对接熔喷布、芯片等口罩、额温枪原材料生产厂家,从设备改造、原材料采购以及生产销售方面提供全流程服务,加强企业复工复产必需的原材料和运输车辆等重要物资、机械调度的保障,全力支持企业生产。同时为复工企业协调口罩等紧缺抗疫物资,优先为将复工企业提供防疫物资配额,协调生产厂家以优惠价格有序供应,做好复工企业的物资保障。

四、精准服务提信心,各级联动办实事

领导结对服务指导。落实市领导结对服务规上工业企业制度,35位市领导每人结对联系26家企业,与企业主建立"一对一"联系,在2月底前完成全面走访,主动上门,分类指导,分区施策,精准服务,指导企业有序复工复产,督促企业按照相关文件要求,落实防疫防控措施。并针对企业在生产要素保障、劳动用工、税费负担等方面的诉求,研究制定相应措施,协调解决企业实际问题,帮助企业尽快恢复最大产能。在企业最需要的时候,践行全心全意服务企业的宗旨,消除企业后顾之忧,坚定企业复产信心。

精兵强将驻企帮扶。从全市15个涉工涉企机关部门选调248名政治素质好、服务意识强的干部入驻各镇(街道、区),联合100名乡镇干部组成"助企帮帮团",从企业疫情防控应急

预案、防疫措施落实、员工返岗和健康管理等方面给予全方位的指导督促和协调,分类指导,精准施策,当好企业的指导员,盘活存量企业,释放储蓄动能;当好企业的宣传员,宣传助企政策,为企业松绑加力;当好企业的监督员,为企业员工打造安心环境,全力协助企业复工复产。

深化助企联络机制。针对企业复工复产过程中遇到的用工招聘、厂房租赁、合同签订和纳税缴费等各类问题,发挥行业协会、专业社团等的党组织作用,由各行业专家组成"法律援助团""财务帮帮团""税务支持团"等服务小组,上门为企业送去"及时雨",提供财务咨询、法律援助、税务筹划等服务,解决企业复工复产的后顾之忧。

"复工复产七步法""助企帮帮团""产业链多级联动机制""返岗直通车"等举措的实施,有力有序地推动企业复工复产,为企业恢复生产抢得先机,加快企业产能恢复。

国家工信部中小企业局副局长叶定达率工信部驻浙江复工复产联络组赴永康市调研企业复工复产工作(市经信局提供)

（市经信局　供稿）

"8·4"黑格比防台救灾保卫战

2020年4号台风"黑格比"于8月4日给永康市造成较严重影响。根据气象灾害影响评估,此次台风影响过程为永康地区有气象记录以来最大降水过程,也是台风综合影响最严重的一次。

一、雨情、水情和灾情基本情况

2020年8月4日，全市单日面雨量165.6毫米（大暴雨级），过程最大的小时雨强达100.4毫米（大暴雨级）。永康市北部、东部、南部地区出现大暴雨，局部特大暴雨，四分之三市域范围日雨量超100毫米，达到大暴雨量级；过半市域范围日雨量超过200毫米，唐先镇、龙山镇、象珠镇、方岩镇、西溪镇出现超过250毫米的特大暴雨，其中西溪镇棠溪自动气象监测站日降水量达390.4毫米（为永康地区单日最大降水）。台风短时间降水量突破有气象记录以来的历史峰值。

永康宾馆站8月4日21时15分达到最高水位85.47米，超保证水位1.07米；龙川公园站水位4日21时40分达到最高水位85.04米，超保证水位1.04米；4日21时45分永康江下园朱站最高水位83.43米，超保证水位0.63米。4日21时45分永康江出现2020年第二次洪峰，溪口水文站实测洪峰流量1280立方米/秒。

全市小（二）型以上水库共有102座。8月4日全市所有中型水库均超汛限水位，小（一）型水库8座超汛限水位，小（二）型水库32座超汛限水位。15时10分中型水库三渡溪水库达到最高水位199.59米，超汛限水位0.83米；4日19时中型水库太平水库达到最高水位146.33米，超汛限水位0.58米；4日21时45分中型水库杨溪水库达到最高水位154.28米，超汛限水位1.44米。杨溪水库8月4日15时30分开闸泄洪，下泄流量120立方米/秒，19时40分下泄流量增至185立方米/秒，5日4时下泄流量下降为120立方米/秒，8月5日20时10分，杨溪水库关闭闸门，停止泄洪。此次泄洪历时28小时40分，入库水量1902万立方米，下泄水量1470万立方米，拦蓄洪水1086万立方米，最大出库流量185立方米/秒，削峰率为64%。

截至8月8日17时，摸排统计倒塌房屋2440间，严重损毁1969间，一般损毁2057间，并安置转移4564人。农作物受灾面积5.53万亩，成灾面积1.20万亩，绝收面积0.33万亩；水产养殖受灾1743.7亩；大棚等农业设施损毁297.6亩；死亡牲畜、禽类3407头（羽）。工业企业受损877家，直接经济损失69209.28万元。受损水库、山塘61个，河道堤坝145处，总长73.39千米；受损市属水库干渠3.1千米，其他水利工程（桥梁、拦水坝等）178处；共发生塌方221次，曾中断公路21条次；造成永康电网10 kV主干线停电8条，分支线停电35条，公变停电460台，专变停电752台，影响用户64968户；网络运营商运营基站共计中断退服382个。水利、公路、通信和供电等基础设施合计受损4.528亿元。另有学校、医疗、广电等公共服务受损0.2422亿元。其他文广旅体、城镇设施报送受损0.9587亿元。初步统计总损失超15.087亿元。

"黑格比"台风后的古山镇(市应急管理局提供)

二、抗台工作回顾

贯彻中央领导指示批示,充分准备

一是全面开展预案修订与演练。市防指坚决贯彻习近平总书记提出的"一个目标,四个宁可,三个不怕"防台抗台理念和浙江省、金华市两级防台工作的部署要求,坚决压实责任,加强监测预警,及时排查风险隐患,严格落实省政府"市包镇、镇包村、村干部到户"的有关规定。全面组织永康市防汛总体预案修订工作,对《永康市防汛防台抗旱应急预案》进行修编并印发各部门单位。

二是从细推进"基层党建＋应急管理标准化"建设。按照镇(街道、区)"六个有"、村(社区)"七个一"要求,制作防汛防台形势图,准备防汛物资库,全市16个镇(街道、区)402个行政村全面推进"基层党建＋应急管理标准化"建设。5月27日,市防指牵头举行2020年防汛应急演练暨"基层党建＋应急管理标准化"推进会,进一步提升基层自然灾害风险防控化解与突发事件应急处置能力,确保应急救援队伍在关键时刻拉得出、用得上、打得赢。

三是提高数字应急信息化水平,运用"浙江安全码"。全力推广应用"浙江安全码",市防指办协调自然资源、水务、建设、农业农村等部门,分别对小流域山洪、地质灾害易发地,危旧房,农家乐等易受自然灾害威胁地方的人员进行核查,排查全市受洪涝威胁人员10559人。6月底对排查出的所有人员进行赋码,赋码率达到100%。启动防御"黑格比"台风响应,利用"浙江安全码"对人员进行精准转移,并指导村级责任人、转移责任人在"浙江应急管理"公众号中到岗打卡签到,使各责任人履职有迹可循。

及时预警,提级响应

8月3日20时30分,永康市发布台风蓝色预警信号,20时50分,永康市启动防台风Ⅳ

级应急响应;4日8时50分起发布台风黄色预警信号,9时提升至防台风Ⅲ级应急响应;10时40分发布台风橙色预警信号,10时50分提升至防台风Ⅱ级应急响应;12时34分起发布台风红色预警信号,12时50分提升至防台风Ⅰ级应急响应。8月3日开始,水务局山洪灾害预警系统实时发送水雨情短信和山洪雨情预警短信共计29875条,并根据市防指应急响应等级相应调整水旱灾害防御等级。8月4日14时水务局发布洪水蓝色预警,15时发布洪水红色预警。市防指、应急管理局于3日14时30分连线各镇(街道、区)布置落实防台准备工作,3日23时连线西溪、前仓、花街、舟山等重点镇,抽查值班值守情况,对防台各项准备工作再部署、再落实。4日上午10点市防指指挥长张群环4次连线各镇(街道、区)研判会商,督促各部门乡镇迅速行动,靠前指挥,有效防范,减少损失。市防指启动全民预警机制,通过电视、应急广播、新闻微信公众号、移动短信等平台制作降雨量告知及相关安全预警信息。在防台期间,市防指办组织全网预警4次,发送短信400多万条。

隐患排查,快速转移

市防指快速响应部署,3日上午在金华市防指召开全市防御台风视频会议后,立即召开防台风形势分析会商会议。由气象局分析台风路径、雨量、可能的损害等情况,并向社会及时公布;水务局负责小流域山洪、病险水库防范,共派出8组24人及水利工程物业管理单位80余人,累计104人开展水利工程巡查检查,检查全市范围内的102座水库、547座山塘、32条河道;自然资源和规划局负责相关地质灾害防范工作,对已治理的41个点以及185个地质灾害风险防范区安排专人巡查,共出去巡查183人次,检查隐患点401点次,共转移40个地质灾害风险防范区人员271人次,其中西溪15个点转移100人,舟山2个点转移289人,唐先13个点转移90人,象珠2个点转移13人。

联动响应,分工落实

综合行政执法局负责城市内涝、户外广告牌防范工作,共派出208人次拆除存在较大危险隐患的广告牌19块,城市内涝点安排专人盯守疏通;建设局负责建筑工地、农村危旧房等防范工作,主要对房建工程、市政工程发送台风预警信息、通知2000多条次,派出6个防台风专项检查组对城区重点项目进行专项防台安全检查,重点排查临水项目、深基坑项目、地势低洼项目和大型建筑起重机械、外脚手架、活动板房等临时设施,截至4日下午共转移建筑工人270人,发现8个工程地下室雨水倒灌,立即组织施工企业排水排涝。派出4个检查组到重点农村危旧房进行督查,共转移危房居住人员308人,启用避灾点68个。

三、抗台工作几点经验

深入一线,领导指挥"站在前"

8月3日,永康市迅速成立了以金政书记、张群环市长为组长,各分管领导副市长为副组长,各职能部门和镇(街道、区)一把手为成员的应急抢险领导小组。4日白天,金政书记、张群环市长、周启标常务副市长和朱茂均副市长轮流坐镇指挥部会商指挥。在灾情加重的情况下,张群环市长和各分管市领导先后赶赴受灾严重的西溪镇、唐先镇等镇(街道、区)现场指挥。4日晚,针对受灾严重的情况,迅速召开全市防汛工作会议,部署抢险救灾和灾后重建工作。随后,金政书记及相关市领导再次赶赴受灾区域指导救灾工作。5—7日,省应急厅厅长凌志峰,金华市委书记陈龙,省民政厅副厅长方仁表,金华市常务副市长郑余良,金华市委副书记、人大常委会主任、政法委书记陈玲玲先后赴永康市检查指导防台救灾工作。

党群协力,干部群众"挺在前"

组织市镇村 13390 名干部全线压上,建立镇(街道、区)领导包村,网格员联系村居,村干部包户到人救援责任体系,层层落实救援责任。镇(街道、区)书记、镇长带领党员、联村网格员、村干部冲在一线,深入灾情严重的村居进行重点督促,开展危旧房居住人员的撤离核实、村庄受灾情况调查、受灾群众转移及救援等工作,哪里险情最重党员干部就在哪里,第一时间实现了西溪镇尚黄桥、壶坑洞、舟山铜山等受灾较为严重的 15 个村庄的村民整体转移,有效避免了人员伤亡。

军地协同,救援力量"冲在前"

在市防指统一协调下,永康市派出消防救援大队、水务、电力、通信、道路交通等专业救援队伍及千喜、红十字会等 6 支社会救援队,共计 2289 人参与救援,共启用了 39 艘冲锋舟、橡皮艇、210 台挖掘机、31 台卫星电话。同时,在受灾地方增加后,及时向武警浙江总队金华支队、金华市应急局求援,得到了金华武警支队、武义、东阳 4 支救援队 120 人的支持。在各救援力量的协同努力下,当天共转移人员 24644 人,救出被困群众 2630 人,未出现救援人员伤亡情况。同时,抢通道路 5 条,恢复永康电网 10kV 主干线供电 4 条、分支线供电 21 条、公变供电 247 台、专变供电 478 台,为救援工作提供有力保障。

排查隐患,二次灾害"防在前"

督促各镇(街道、区)安排人员对过水房屋进行逐户排查,及时消除隐患,坚决防止出现房屋坍塌造成人员伤亡的情况。加强地质灾害点监测,做好危险地段人员转移安置工作,严防次生灾害发生。对新发地质灾害点的群众,在未接到险情解除命令前,一律不得返迁。全面检查水库、堤防、河坝等水工程,抓紧修复和加固,彻底排除隐患。

稳定人心,灾后重建"抢在前"

7日,出台《加快"黑格比"台风灾后重建的实施意见》,对全市灾后重建工作进行全面部署,组织开展了受灾群众安置、地质灾害灾情监测和综合治理、卫生防疫消杀、开通救灾项目审批绿色通道、交通设施修复、水利设施修复、电力通信设施修复、受灾企业复工复产、小微企业个体户纾困、金融帮扶惠企、毁损住房修复重建、灾毁耕地修复和建设用地复垦、农作物和农业基础设施修复等十三项行动。

(市应急管理局　供稿)

专　记

工伤"一件事"集成改革

工伤预防难、就医烦、报销繁、纠纷多等问题往往让企业和职工深受困扰。2019年7月以来,永康市率先开展工伤"一件事"集成改革,探索构建"预警防控、快速急救、集成服务、多元解纷"全闭环的工伤智控体系,取得显著成效。

建立工伤预警防控机制,加强源头预防

平台智慧防。建立"工伤智控管理平台",分区域、分行业、分岗位汇总建立工伤事故数据库,实现数据"归集—梳理—分析—研判—预警"一体化运行,推动工伤预防从"业务驱动"向"数据驱动"转变。应急管理、市场监管等部门通过平台可随时了解企业的安全生产、工伤预防情况,查找梳理问题及安全隐患,做到精准施策、及时整改,从源头上减少事故发生。依托平台,开发工伤预防在线教育培训移动终端,开展工伤预防、医疗救护、待遇补偿等内容的培训,帮助群众提升防范意识、增强自我保护能力。2020年1—10月,全市通过平台共查找梳理问题3555个,落实整改措施8956项。

企业主动防。以开展"中国制造2025浙江行动"试点和获得省振兴实体经济(传统产业改造)财政专项激励为契机,邀请专家上门进企把脉问诊,征询对优化生产和管理关键流程的建议;引导保温杯、防盗门等工伤事故多发行业深入推进"机器换人"工作,推动关键工艺装备数控化、自动化,有效降低工伤事故发生率。建立行政处罚约束机制,加大对重点行业、重点企业的监管力度。实行工伤保险浮动费率制度,对事故发生少、工伤保险待遇支付较少的企业,降低其工伤保险费率;反之,提高其工伤保险费率,倒逼企业增强工伤预防和安全生产的主动性、自觉性。

部门协同防。建立工伤预防联席会议制度,推动人力社保、应急管理、市场监管、卫生健康、公安等部门加强合作,分行业、分区域开展工伤事故高发企业安全生产隐患排查整治。压实各镇(街道)主体责任,开展"一月一镇(街道)安全大会战",每季度公示各镇(街道)工伤事故发生率、安全生产事故发生率、亿元GDP事故数等指标,并将其纳入安全生产责任制年终考核。

建立工伤快速急救机制,完善医疗服务

建立"就近医"治疗网络。与全市4家公办医疗机构、7家民办医疗机构签订定点协议,实现工伤定点医疗机构全覆盖,方便工伤职工就近就医。同时,开通工伤就医"绿色通道",免除挂号、等待就诊、缴费等环节,让工伤职工在最短时间内得到救治。

推行"无差别"治疗费用。利用"工伤智控管理平台"开展大数据分析应用,编制单项工伤治疗费用清单,统一各类肢体伤的治疗费用标准,推动构建以治疗效果为核心的良性竞争机制。

开通"零垫付"治疗通道。社保经办机构、工伤定点医疗机构和企业签订三方协议,明确工伤治疗费用由工伤定点医疗机构先行垫付,社保经办机构按月结算返还,避免因费用问题影响治疗进度,预计每年减少企业垫资 3000 万元以上。建立健全工伤保险基金风险防控机制,人力社保部门提前介入工伤认定和医疗费用审核报销环节,确保工伤保险基金平稳安全运行。

建立工伤集成服务机制,提升办事体验

实现"简化办"。全面整合人力社保、卫生健康等部门工伤相关业务,建立一体化办理机制,将工伤认定、劳动能力鉴定、工伤保险待遇支付"三件事"集成为"一件事"。改革前,申请人需分 3 次共提交 15 份材料;改革后,申请人只需提交工伤"一件事"办理申请表,其余信息全部通过部门数据共享获取。

推行"网上办"。改革前,申请人需前往 3 个窗口分别办理工伤认定、劳动能力鉴定、工伤保险待遇支付业务。改革后,将工伤认定、劳动能力鉴定、工伤保险待遇支付 3 项业务纳入"工伤智控管理平台",申请人只需在平台申报即可全流程线上办理,凭证材料、法律文书等在平台内部流转,根据不同结论"自主"进入下一环节,工伤认定文书、劳动能力鉴定结论等直接推送至用人单位或工伤职工。同时,加强数据管理、运用和保护,实现全过程智能留痕、追点查位,确保依法认定、阳光鉴定、精准核算。

加强"协同办"。改革前,工伤办理关联事项多,如交通事故责任认定和调解、简易工伤案件调解、工伤案件判决执行、商业保险赔付等,申请人需反复跑人力社保、劳动能力鉴定委员会、医保、卫生健康、公安、保险公司等单位,平均耗时 6 个月。改革后,各部门加强数据共享、协同审批,办事效率明显提升,部分事实清楚、权利义务明确、伤残等级不高的工伤案件平均办结时间由 67 天压减至 32 天。

建立工伤矛盾纠纷多元化解机制,促进社会和谐

构建"三级联调"体系。依托市社会矛盾纠纷调处化解中心,将基层社会治理"龙山经验"运用于工伤矛盾纠纷化解,按照"党委领导、综治协调、社会协同、法治保障"的多元治理要求,构建行业、镇、市"三级联调"体系,为工伤职工提供咨询、援助、立案、调解、仲裁"一条龙"服务,实现"分类处理、联动调处、一站式化解"。

完善裁审衔接机制。完善工伤矛盾纠纷裁审快速调处机制,探索构建劳动仲裁立案调解"5+3"模式,劳动人事争议仲裁院、工会、法律援助中心、律师协会、劳动监察大队等 5 家单位成立市级联合调处中心,灵活运用基层调解、联合调解、案前调解等方式,做到裁审高效衔接。

推动矛盾线上化解。联通"工伤智控管理平台"与矛盾纠纷在线化解平台(即 ODR 平台)、移动微法院,在较大村(社区)、规上企业设置在线调解工作室,创新开展视频调解、线上调解等,实现矛盾纠纷化解"最多跑一次"。

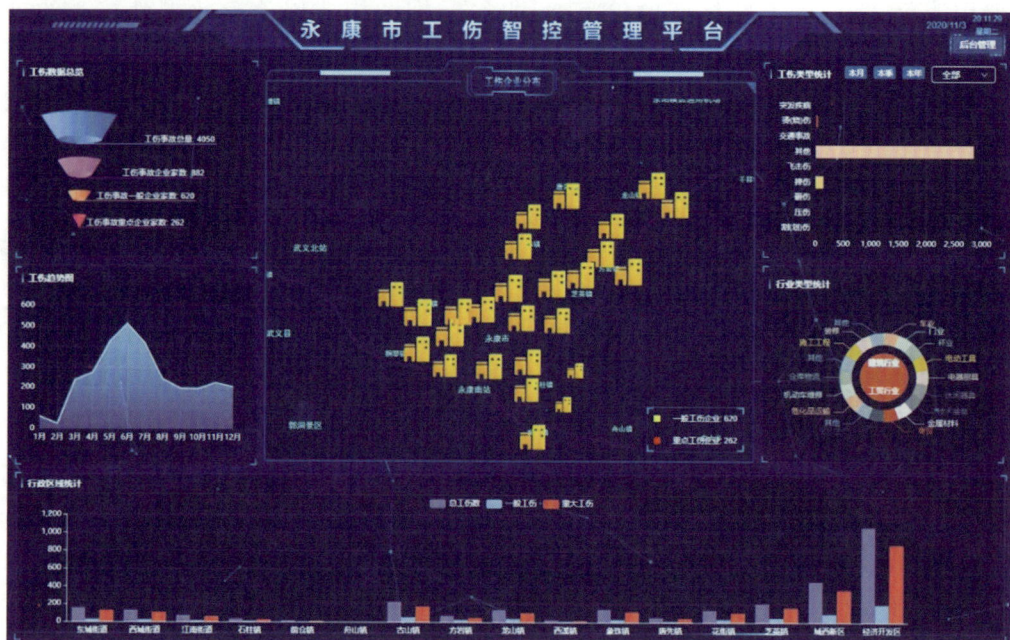

工伤智控管理平台界面(市人力社保局提供)

(市人力社保局　供稿)

举办首届民营企业家节

民营企业家一直是永康最大的发展优势、最亮的发展特色、最厚的发展底蕴。2020 年 3 月,市十七届人大常委会第二十七次会议批准:"自 2020 年起,将每年 11 月 1 日设立为'永康民营企业家节'。"11 月 1 日,永康市围绕"弘扬永商精神　共创世界五金之都"的主题,举办"首届永康民营企业家节"系列活动,大力弘扬"义利并举、务实创新"新时代永康企业家精神,动员全市民营企业家努力争做"重要窗口"的建设者、展示者、维护者,吹响永康打造一流营商环境的冲锋号。

市四套班子领导、各部门和单位主要负责人、各镇(街道、区)党政主要负责人、纳税200强企业主要负责人、市外永康商会主要负责人、市外永商优秀代表、各银行业金融机构主要负责人等400余人参加首届永康民营企业家节开幕式暨打造一流营商环境动员大会(市经信局提供)

作为浙中民营经济发展的"高地",永康市的发展史是一部风云激荡的民营经济创新史,也是一部继往开来的民营企业家创业史、成长史、奋斗史。从"行担走四方"到"生意遍全球",从"塭塘之路"到"五金名城",民营经济的"炉火"在丽州大地上点燃、兴起、壮大,民营企业家们厚植于创业热土,以众人抱薪之势,坚定不移地挺起实体经济的"脊梁",一往无前地朝着打造"中国乃至世界先进制造业基地"砥砺奋进。

民营企业家是永康市经济发展的中流砥柱

2020年,永康市拥有市场主体12.6万户,4.6万多家企业,8万多家个体户,正逐步成为全省乃至全国闻名的制造业强市,形成一批主导优势产业,涌现出一批在行业领域内有影响力的龙头骨干企业,培育出一批有情怀、有境界、有担当的优秀民营企业家。全国门业顶尖的十大品牌,超过半数出自永康市,门业销售占全国销量的70%,出口量的2/3;杯业年产量和出口量占全国70%以上。

在企业家的手中,诞生14个中国驰名商标,6个中国名牌产品。道明光学成功开发出PMMA薄膜,打造微棱镜反光膜全球产业链的"硬核"支点,成为行业内仅次于美国3M公司的全球领军企业;星月集团自主研发的蚕丝素蛋白,可替代手术缝合中的某项进口材料,成功破解行业"瓶颈"……

弘扬永康企业家精神 营造良好营商环境

强化政治引领。高举习近平新时代中国特色社会主义思想伟大旗帜,引导永康民营企业家增强"四个意识",坚定"四个自信",做到"两个维护"。以举办首届"永康民营企业家节"为契机,大力弘扬"义利并举、务实创新"新时代永康企业家精神,动员全市民营企业家努力争做"重要窗口"的建设者、展示者、维护者。

践行"两个健康"。深入贯彻落实习近平总书记关于"两个健康"重要论述,聚焦民营经济高质量发展和民营企业家高素质成长,进一步激发创业创新活力,努力成为高质量发展的"重要窗口"。

实现上下联动。通过三级联动形式,实现市、部门、镇(街道、区)同频共振,既要拓宽与民营企业家面对面交流、心贴心服务的渠道,又要发挥民营企业家主体作用,提高民营企业家活动参与度,把企业家节办成企业家热情参与的盛会。

营造浓厚氛围。丰富首届民营企业家节活动内容,发挥舆论引导作用,运用传统媒体和新媒体力量,吸引社会各界人士积极参与互动,扩大影响力,进一步营造亲商、爱商、安商、富商的浓厚氛围。

系列活动同心共庆 表彰先进树立典型

首届永康民营企业家节围绕"1+4+5"系列活动开展,即一场首届永康民营企业家节开幕式暨打造一流营商环境动员大会;永康国际区域品牌营销高峰论坛、首届永康民营企业家节晚宴、永康国际区域品牌营销座谈交流会、纳税前50强企业外出考察活动四场配套活动;"当好领航员""当好店小二""当好保障员""当好服务员""当好助跑员"这"五大员"系列活动。活动还表彰30名永康市常青企业家、青藤企业家、青蓝企业家,号召全市广大民营企业家坚定必胜信心,不忘创业初心,始终保持匠心,把专注主业作为企业创新发展之基,做爱国敬业、守法经营、创业创新、回报社会的典范,为员工当好表率,为全社会树立榜样。同时,正式启动永康市"助企通"企业服务平台,开通87188718助企热线。

凝聚点滴动能 汇聚磅礴之力

通过举办"民营企业家节",切实表彰一批优秀企业、优秀企业家,充分听取并及时落实企业家的心声和建议,多渠道、多平台、多形式,宣传和弘扬优秀企业家精神,宣传和解读助企帮扶政策,宣传一批助企扶企典型案例,在全社会营造尊重、爱护、支持企业和企业家的良好营商氛围。建立更多元化的新型"亲清"政商关系,充分发挥各自优势,合力共为,全力突破,坚决打好传统产业转型升级这场硬仗,奋力开创永康高品质发展新局面,打造中国乃至世界先进制造业基地。

(市经信局 供稿)

完成第七次全国人口普查

　　根据《全国人口普查条例》和国务院的决定,我国以 2020 年 11 月 1 日零时为标准时点进行第七次全国人口普查。在国务院第七次全国人口普查领导小组的统一领导和市政府的精心组织下,在全体普查对象的支持配合下,经过广大普查工作人员的艰苦努力,人口普查主要阶段任务圆满完成。

永康市 2020 年第七次全国人口普查主要数据公报[1]

一、总人口

　　全市常住人口[2]为 964203 人,与 2010 年第六次全国人口普查的 723490 人相比,十年共增加 240713 人,增长 33.27%,年平均增长率为 2.91%。

二、户别构成

　　全市共有家庭户[3] 387601 户,集体户 26522 户,家庭户人口为 875471 人,集体户人口为 88732 人。平均每个家庭户的人口为 2.26 人,比 2010 年第六次全国人口普查 2.46 人减少 0.2 人。

三、性别构成

　　全市人口中,男性人口为 520017 人,占 53.93%;女性人口为 444186 人,占 46.07%。总人口性别比(以女性为 100,男性对女性的比例)为 117.07,与 2010 年第六次全国人口普查相比,增加 3.99%。

四、年龄构成

　　全市常住人口中,0—14 岁人口为 148597 人,占 15.41%;15—59 岁人口为 685944 人,占 71.14%;60 岁及以上人口为 129662 人,占 13.45%,其中 65 岁及以上人口为 94911 人,占 9.84%。与 2010 年第六次全国人口普查相比,0—14 岁人口的比重下降 0.64%,15—59 岁人口的比重下降 1.04%,60 岁及以上人口的比重上升 1.68%,65 岁及以上人口的比重上升 1.85%。

全市人口年龄构成

年　龄	人口数/人	比　重/%
总　计	964203	100.00
0—14 岁	148597	15.41
15—59 岁	685944	71.14
60 岁及以上	129662	13.45
其中:65 岁及以上	94911	9.84

五、教育程度

　　全市常住人口中,拥有大学(指大专及以上)文化程度的人口为 82075 人;拥有高中(含中专)文化程度的人口为 144602 人;拥有初中文化程度的人口为 399472 人;拥有小学文化程度的人口为239944人(以上各种受教育程度的人包括各类学校的毕业生、肄业生和在校生)。与2010年第六次全国人口普查相比,每10万人中拥有大学文化程度的由5256人上升为8512人;拥有高中文化程度的由13262人上升为14997人;拥有初中文化程度的由40960人上升为41430人;拥有小学文化程度的由28546人下降为24885人。

全市常住人口中,文盲人口(15岁及以上不识字的人)为22578人,与2010年第六次全国人口普查33035人相比,文盲人口减少10457人,文盲率[4]由4.57%下降为2.34%,减少了2.23%。

六、城乡[5]构成

全市常住人口中,居住在城镇的人口为638563人,占66.23%;居住在乡村的人口为325640人,占33.77%。与2010年第六次全国人口普查相比,城镇人口增加262317人,乡村人口减少21604人,城镇人口比重增加14.23%。

注释:

[1]本公报中数据均为初步汇总数。

[2]常住人口包括:居住在本乡镇街道且户口在本乡镇街道或户口待定的人;居住在本乡镇街道且离开户口登记地所在的乡镇街道半年以上的人;户口在本乡镇街道且外出不满半年或在境外工作学习的人。

[3]家庭户是指以家庭成员关系为主、居住一处共同生活的人组成的户。

[4]文盲率是指常住人口中15岁及以上不识字人口所占比例。

[5]城镇、乡村是按国家统计局《统计上划分城乡的规定》划分的。

（市统计局　供稿）

永康磐安签订跨区域引水协议

永康地处钱塘江和瓯江水系的分水岭上,素有"鲫鱼背"之称,全市人均水资源占有量为876立方米,为全省人均拥有量的55%。据测算,到2025年,永康市优质水缺口2041万立方米,一般水缺口2933万立方米,水资源已成为制约永康市社会发展的一大瓶颈。一直以来,永康水务部门贯彻落实市委市政府提出的"内联外引,两条腿走路"方针,在挖掘内部潜力的基础上,积极与周边县市开展沟通,最终于2020年与磐安县达成引水协议。

磐安—永康供水协议签约仪式(市水务局提供)

缙云县潜明水库引水

2009年9月,经多年协调,好溪水利枢纽工程永康引水项目建议书得到省发改委批复,好溪水利枢纽分为"三库一洞"报批,永康引水工程是好溪水利枢纽工程的重要组成部分,建成后由缙云县潜明水库联合调度磐安县流岸水库、虬里水库,多年平均可向永康市调供水5000万立方米,引水线路为潜明水库至杨溪水库。其后,永康市和缙云县对取水口和投资分摊进行多次协商沟通,但未取得进展。

磐安县虬里水库引水

2011年7月,考虑潜明水库引水线路不能解决永康双水源供水的要求,潜明水库上游库区存在水源污染的可能等问题,永康市和磐安县政府联合向省政府报告请求批准从磐安县虬里水库直接引水到永康的引水方案。2012年4月26日,省水利厅召集缙云、磐安、永康三县(市)政府和水务局领导,研究讨论加快推进好溪水利枢纽工程的前期工作。会议决定:好溪水利枢纽作近期、远期建设安排,近期建设虬里水库、潜明水库一期工程和虬里水库到永康引水工程。会后省水利厅于10月印发《好溪水利枢纽工程前期工作座谈会纪要》。

其后,缙云县完成潜明水库一期工程建设(按照不淹没磐安的原则,潜明一期正常水位从251米调整为239米,正常库容从4252万立方米调整为1426立方米);磐安县和永康市分别完成虬里水库工程可行性研究报告(初稿)和永康市虬里水库引水工程可行性研究报告(初稿)的编制;金华市政府和水利局多次召集磐安和永康两地政府和水务部门协调,印发2013年3月7日和2014年4月11日两次协调会纪要,永康、磐安两地政府和水务部门也多次协调沟通,达成虬里水库由永康投资,由磐安负责建设和运行管理,永康具有每年2000万立方米使用权的合作框架,但每年补偿扶持磐安费用、耕地指标费用、失地农民保险等问题未能达成合作建设协议。

磐安县流岸水库引水

2019年2月,根据省委巡视组时金华市巡视情况的反馈意见"永康市从磐安县引水工程原计划在2016年完成50%的工程量,但截至本轮巡视进驻仍未开工",金华市水利局牵头制订整改计划。3月29日,召集永康、磐安两地政府分管领导和水务局领导进行协调,根据虬里水库经多年协调仍无法达成合作协议,而流岸水库已基本完成前期工作,将开工建设,并有余水可外调的情况,提出将虬里水库引水调整为从流岸水库引水。

2019年10月23日,金华市水利局召集磐安县、永康市两地水务局领导协调,形成永康从流岸水库引水的三个合作方案供双方政府研究决策。12月5日,金华市水利局、磐安县政府、永康市政府在磐安县召开协调会,达成从流岸水库引水,虬里水库近期不予实施的共识。12月6日,永康市人民政府向金华市人民政府提出《关于申请协调永康磐安引水合作方案的请示》。12月17日,金华市政府召开永康磐安引水工程协调会,参加会议的有金华市水利局主要领导、分管领导,永康市和磐安县政府分管领导、水务局主要负责人。在常委张伟亚的主持协调下,基本达成永康向磐安县流岸水库买水的共识,明确供水量,供水期限和买水费用。经多次协商,2020年6月双方就协议具体内容和支持磐安发展资金达成一致。7月9日,磐安永康供水协议在永康市正式签订,参加人员有省水利厅副厅长蒋如华、金华市常委张伟亚、金华市水利局领导、磐安和永康四套班子领导等。协议的主要内容有:1.永康购买磐安县流岸水库原水10亿立方米,每年2000万立方米,供水期限50年,费用10亿元;2.永康引水工程建设由永康负责,与流岸水库建设同步推进,磐安境内的政策处理由磐安负责,费用由永康支付;3.虬里水库工程近期不予实施;4.永康一次性支付2500万元给磐安,用于支持磐安县和美乡村建设。协议签订后当天,金华市委书记陈龙在市水利局的报告上作"好!望两市县继续团结协作,争取早日建成引水工程,造福百姓"的批示肯定。

2020年11月,磐安县和永康市政府联合向金华市政府请示,金华市政府向省政府请示,要求调整磐安县虬里水库工程前期工作计划,近期暂不实施磐安县虬里水库工程,得到省政府分管领导同意。

根据相关规划,永康境外引水工程将新建磐安新渥至永康洪塘坑水库(或四大坑水库)引水管道,线路长17千米,引水流量0.80立方米/秒,年供水量0.20亿立方米。工程投资5亿元,计划2021年开工,2025年完工。

（市水务局　王宏帅）

创成省示范文明城市

11月25日,省委、省政府发布新一轮浙江省示范文明城市通报,永康市以全省第三的高分通过验收,成功创建为省示范文明城市。

自 2018 年新一轮省示范文明城市创建工作开展以来,永康市举全市之力、下非常之功,坚持创建为民、创建靠民、创建惠民的理念,把创建省示范文明城市作为最大的民生实事工程来抓,推动创建活动持续深入开展。全市上下群策群力、担当实干,迈开追求城市外在美与内在美有机融合的坚定步伐,以润物细无声的文明情怀改变着一座城。

高位推动,激发创建合力

文明城市创建是一项长期系统工程。永康市从组织领导、目标管理、监督检查等方面入手,推动在全市上下形成齐抓共管的整体合力,确保各项创建工作有效落实。

健全组织领导机制。对省示范文明城市创建工作领导小组进行调整,由市委书记、市长任组长,并抽调精干人员充实到市创建办,实行实体化运作,负责做好督促检查、工作协调、业务指导等工作。深入实施市领导"创建项目"包干制度,完善 7 个专项工作组,由市四套班子领导任组长,每人包干负责一个测评项目,确保每一件事都有人抓、每一个项目都有人管、每一个指标都有人落实。

健全责任落实机制。制定出台《浙江省示范文明城市测评体系操作手册责任分工》《浙江省示范文明城市创建现场点位月度考核办法》等系列配套文件和制度,高规格召开省示范文明城市创建誓师大会,把测评指标逐项逐条进行细化分解,落实到职能部门和镇(街道、区),确保人人有责任、人人有任务。同时,对创建工作实行单列考核,督促激励各单位扎实推进创建工作。

健全常态督查机制。建立创建四级督查机制,市委、市政府主要领导一周一督查,市四套班子领导半月一督查,人大代表、政协委员每月开展主题督查,创建办每日一督查,通过高频率的明察暗访,督促各单位抓好工作。对督查发现的问题,及时下发整改通报和创建交办书,督促责任部门即时整改。

健全工作推进机制。实施社区创建市领导联系助力制、部门分块负责制、干部分片包干制,通过党员活动日、全民清洁日、志愿服务、结对帮扶等方式开展环境卫生整治。在全市部署治堵保畅、集贸市场整治、城中村城郊接合部美化等 15 项专项整治行动,开展氛围营造、文明交通、公益广告等 7 个专项提升行动。按照"一路一网格"目标建立"网格长制",将城内大街小巷逐一落实责任单位,开展日常督查。

提升品质,筑牢文明之本

文明城市创建,离不开物质文明和精神文明的协调发展。永康市将文明创建与城市发展相结合,把创建为民理念落实到城市规划、建设、管理全过程,不断提升群众生活品质。

优化拓展城市空间。打通龙川东路、南苑西路、松石西路、紫微北路延伸段等断头路,加大城区慢行系统和易堵路口改造力度,不断优化城区道路交通。完善城区主次干道路网体系、立面改造、公交站点、无障碍设施等的提质改造,推进三江六岸景观提升工程、城中村改造和城区绿道、未来社区、南溪湾公园等基础设施建设。

完善城市功能品质。完成农贸市场提升改造 11 家,创建省放心农贸市场 13 家,获评全省放心农贸市场建设工作成绩突出县（市、区）。创新推行"互联网＋"餐饮安全监管模式，成功创建省级食品安全示范市和省级餐饮服务食品安全示范市。全市所有星级旅游宾馆饭店、大中型酒店、机关事业单位食堂实现公筷公勺配备率100％。建成危重儿童和新生儿救治中心等"五大中心"及新中医院，养老保险、基本医保参保率分别达94.4％、99.8％。

大力改善市容市貌。实施新一轮"158"碧水蓝天工程，开展美丽永康环保十大行动，花川垃圾填埋场扩容工程投入使用，垃圾焚烧发电厂、餐厨垃圾无害化中心处置能力大幅提升。在垃圾分类、"无废城市"建设上掀起"绿色革命"，农村垃圾分类"端头模式"引来新华社、央视等国家级媒体关注，建成区垃圾分类覆盖率达85％，创新推行工业固废"互联网＋集中处置"模式、小微企业危废处置"12369"模式。

聚焦民生，夯实创建之基

"幸福感、获得感"是文明城市创建的试金石。永康市牢固树立抓创建就是惠民生的工作理念，为群众解难事、办好事、做实事。

提升政务服务水平。全力推进"最多跑一次"行政审批制度改革，全面推行"互联网＋政务服务"，80％以上政务服务办件实现网上受理。简易工伤"一件事"集成服务领跑全省，当事人只需填写一张申请表就能实现工伤全流程"掌上办"。创新房产抵押登记"一件事"，推动房产抵押"全程网办"。此外，二手房交易1小时完成、老年证办理实现"零次跑"，让百姓在改革中收获满满的获得感。

提升社会治理水平。"龙山经验"形成了"党政统筹主导、法庭职能前移、纠纷分级调处"的社会矛盾多元化解机制，有力促进乡村治理现代化，被称为"枫桥经验"升级版。"一警情三推送"制度创新基层治理化解纠纷，形成现场化解、多元化解、源头化解合力。成立"全国人大代表未成年人关护站"，创新形式和载体。深化网上妇联建设，完善妇女"大维权"工作机制。在全市法律服务行业开展"警示教育活动"和"规范执法、文明执法"等专项活动，切实维护人民群众的根本利益。

提升文化供给水平。大力推进文化基础设施建设，建成文化礼堂323个，抢修文物建筑13处，永康博物馆获评国家二级博物馆，永康鼓词亮相全国非遗曲艺周。围绕"我们的节日"持续开展"我们的村晚""清明祭英烈""端午晒家风""重阳打罗汉"等主题活动。连续6年开展"书香永康"全民阅读活动，每年开展阅读推广活动近百场。举办首届民营企业家节，为打造"中国乃至世界先进制造业基地"和"世界五金之都"提供精神动力。

价值引领，铸造城市之魂

社会主义核心价值观是文明城市创建的灵魂。永康市坚持把培育和践行社会主义核心价值观作为凝魂聚气、强基固本的基础工程，贯穿文明城市创建全过程。

注重文明实践推陈出新。高标准打造集精神文明建设指导中心、新时代文明展示中心、志愿服务管理中心、志愿服务孵化中心、志愿服务培训中心"五个分中心"于一体的新时代文明实践中心，建成镇（街道、区）文明实践所16个、村（社区）文明实践站420个，实现中心（所、站）全覆盖。创新开展"志愿服务品质大提升""志汇永康大学堂""志愿项目大比拼""全民志愿大汇聚"等文明实践活动。

注重道德典型选树宣传。坚持用先进典型事迹教育广大市民，每季度开展"永康好人"评选工作，全年共评选"永康好人"53例。其中，李爱姿入选"中国好人"，芦鑫州入选"诚信浙江人"，90岁的倪德藏成为浙江省最年长见义勇为积极分子，覃桂石、王福田、孙豪入选"浙江好人"。此外，共有18人入选"金华好人"，各级别好人数量列金华第一。

注重社会良好风尚养成。持续开展"讲文明 树新风"主题宣传教育活动，推动社会主义核心价值观落实、落细、落小。以"做文明有礼永康人""创示范文明城市 享健康品质人生"等行动为载体，持续提升公民素质。开展"礼让斑马线 文明我先行"主题活动，斑马线礼让行人成为习惯。加大文明旅游宣传力度，开展诚信旅游、文明旅游宣传和志愿服务活动。开展"文明餐桌"活动，公勺公筷告示牌、宣传标语、文明餐桌公益广告实现城区餐饮单位全覆盖。深入实施"百村万户亮家风行动"，挖掘整理家训文化，打造家风展示馆。

注重文明创建氛围营造。按照"全方位、广覆盖、无盲区、求实效"的要求，不断拓宽文明创建宣传渠道。加强媒体宣传，在媒体开设舆论监督栏目，曝光脏、乱、差现象和不文明行为。加强居民宣传，向市民发放倡议书、宣传单、宣传册10万余份。加强社会环境宣传，在城市各区域增设公益宣传点13000多处，各主要道路、重点路段增设灯杆旗公益广告牌3000余块，增设公益墙画4万多平方米，不断提高群众对创建工作的知晓率和支持率。

文明，让城市生活更美好。在全国上下深入学习贯彻党的十九届五中全会精神之际，永康市将坚持以人民为中心的发展思想，以创建省示范文明城市为抓手，让文明的种子在永城大地继续播撒，浸润于每一位市民的日常行为中，全力跑出高质量发展的"加速度"。

（《永康日报》张赤奎 编辑 应桃蕊）

创成省全域旅游示范县市

永康市委市政府高度重视旅游全域化发展，于2016年底提出创建国家全域旅游示范区奋斗目标。在上级部门重视支持下，经过全市上下共同努力，2017年，永康市被列入浙江省全域旅游示范县创建名单，2020年底，永康市成功创建浙江省全域旅游示范县。

近年来，永康市文化与广电旅游体育局（简称市文广旅体局）认真贯彻党的十九大精神，围绕市委市政府的重要决策部署，以创建国家全域旅游示范区、省全域旅游示范县为总抓手，坚持以方岩规划建设为龙头、以工业旅游为特色、以"百村景区化"为拓展、以项目建设为支撑、以组织机制为保障，推动永康全域旅游各项工作有序发展。大力推进品质永康城建设，把永康作为一个大花园来布局，形成"一核两翼三区"的旅游产业空间与制造业、旅游业"两轮驱动"的发展格局。全市接待游客人数、旅游收入增长率连续多年超19%，直接或间接带动就业超4万人。从2017年起，全市旅游人数突破千万，旅游收入突破百亿元，旅游业由门票经济向产业经济转变，由"景点旅游"向"全域旅游"转变。各项指标显示，永康市旅游产业发展态势良好。

领导重视，全域旅游发展乘东风

永康市委市政府一直高度重视全域旅游工作，从 2017 年起，连续三年将创建国家全域旅游示范区纳入政府年度工作报告，全域旅游创建纳入全市年度考核体系。组建以市委书记、市长为组长，政府各部门单位为成员单位的全域旅游发展工作领导小组，先后召开国家全域旅游示范区动员大会、推进大会。市委书记、市长多次开展专题调研，听取工作汇报，亲自解决难题，对照省全域旅游创建标准、工作清单，梳理出十大短板问题，明确责任，倾斜要素，集中攻坚，有效解决短板问题。

破解瓶颈，文旅体项目建设有新绩

用地方面通过省坡地村镇试点项目等途径，有效解决文旅项目用地 19.72 万平方米，三个坡地村镇文旅项目（花街桃源小镇、盘龙谷生态旅游区、南山木语风情小镇）建设进度良好。资金方面，从 2017 年起市财政每年安排旅游发展专项资金 3000 万元以上，并且逐年增加（2017 年为 3121.7 万元，2018 年为 3220 万元，2019 年为 3688.9 万元，2020 年为 4170 万元）。

同时加大政策推动力度，招引社会资本，列入国家文旅项目库的 15 个项目，10 个为社会投资项目，占投资总额的 78%。与浙江银泰文旅集团联合成立永银旅游开发公司，计划 5 年内投资 15 亿元改造提升方岩景区，已投入 1.2 亿元，方岩景区的旅游配套设施得到极大完善，已通过金华级国 A 景区五年评定性复核。

打造特色，文旅融合初现

近几年，永康市推出"五金天堂·旅游筑梦"系列工程，打造"五金产品、精品线路、示范基地、旅游购物、特色展会"五位一体的永康工业旅游发展新格局。先后创建中国科技五金城等 5 家省工业旅游示范基地。编制实施《永康市工业旅游专项规划》，出台实施《永康市金属艺术大师认定与管理暂行办法》。融合 10 个国家 A 级旅游景区、5 家省级工业旅游基地，推出 10 多条"山水＋五金"精品旅游线，辐射省内 60 多个县市和江苏、上海等地区。各工业旅游基地推出返利政策，浙江炊大王炊具有限公司针对旅行社、游客推出优惠政策，近两年给游客优惠让利近 20 万元。2020 年初，永康市被列为浙江省文旅产业融合试验区培育名单，市级层面专门成立工作领导小组，建立文旅产业融合项目库，入库项目 23 个，总投资 89.3 亿元，9 月，在全省文旅产业融合试验区创建工作会议上做典型经验介绍。举办"购五金，品十碗，五金之都游一游"等推介活动，广受好评，在《文化月刊》、浙江新闻客户端上做专题介绍。

塑造形象，文旅产业发展见成效

创新载体，广泛推荐，"五金之都，赫灵永康"城市宣传口号逐渐深入人心。陈亮文化、胡公文化、五金文化、胡则纪念馆、金属艺术馆等一批文旅保护建设项目有序推进。做精做优省级旅游风情小镇,前仓舜耕小镇成功创建为省级旅游风情小镇、省 4A 级景区镇;以"国字号"赛事为依托,龙山越野运动小镇成功创建为省 3A 级景区镇,成为省级运动休闲小镇培育单位。

(市文广旅体局　供稿)

获评省级国土资源节约集约模范市

12 月 21 日,浙江省自然资源厅发布表彰 2019 年度省级国土资源节约集约模范县(市、区)的通告,永康市成功创建省级国土资源节约集约模范市。

近年来,永康市通过挖潜用地空间增加工业用地,推动智造升级,提升城市品质,突出乡村特色实现农村有机更新,唤醒有限土地资源中的无限活力。据统计,2017 年以来,全市累计完成建设用地供应 701 宗,面积 14777.6 亩;消化批而未供土地 7337.13 亩,盘活存量用地 7316.11 亩,完成低效用地再开发 5405.72 亩。

做好土地文章,盘活空间资源

改造存量,重塑基底"留白"。为了破解工业用地难题,永康市以"退二优二"、小微园建设等工作为抓手,全面盘活低效用地,提高土地容积率,在"零增量"的基础上让地尽其利、地尽其用,为企业发展"留白",提高土地开发质量和效益,灵活满足用地需求。永康市累计受理企业低效厂房改造申请 148 家,验收并奖励 105 家资金 7976 万元;累计拆除违法建筑 1794 万平方米。连片拆除违法工业区块 40 多个,已累计为小微企业园供应 164 宗(面积 535 亩)土地。

构建增量,擘画潜能"蓝图"。永康市通过对城中村、未来社区的探索布局,构建新型供给模式,以智造升级增加城镇空间供给,提高城市整体层级。针对部分城中村布局混乱、基础设施落后、规划管理无序的现象,2017 年永康市城中村改造引入新的拆改理念,遵循政府主导、节约用地原则,以拆除重建的方式,统一进行"立改套"改造。永康市已启动 8 个城中村改造项目,建筑面积 58 万平方米以上。

做大总量,打通效能"绿脉"。立足农村普遍存在的建设布局混乱、用地粗放、设施匮乏、建设风貌杂乱等问题的实际,永康市以"因地制宜、科学规划、节约集约、集聚发展、群众自愿、有序推进"为原则,坚持"政府主导、村为主体"的改造方式,全力推进农房改造工作。市自然资源和规划局充分发挥土地利用总体规划调控作用,与治危拆违、小城镇环境综合整治、美丽乡村建设、农村土地整治等工作紧密结合,引领各类村庄建设集中、集约,促进空间科学布局、功能优势互补、要素交流整合、资源高效利用。同时,加强前期摸排调研,以实用性和可操作性为指引精准服务,严格按照修编规划,建立"一户一档"。规范测算、安置方式等工作,让村民真正享受到农房改造的红利,让农村在有限的土地上实现有机更新。

精心部署促落实,抢抓时机争创建

自创建工作启动后,市自然资源和规划局向内精心部署、向上积极对接、向外交流学习,多方面、多举措推进各项工作。该局第一时间组建工作领导小组,研究制订了创建实施方案,明确了创建的工作措施、实施步骤和工作要求,统筹安排、明确分工、责任到人,扎实推进创建工作;多次赴省厅、市局专题汇报创建工作,并接受实地核查,介绍永康市在土地利用、耕地保护、执法监察等方面的做法和成效,获得上级领导的肯定和认可,同时也在反馈中不断改进工作;积极学习先进县市的创建经验,因地制宜运用到本地工作中,有序完成了从名单申报到资料搜集组卷等一系列工作。

值得一提的是"8·30"抢批行动。得知 2019 年 8 月 30 日省自然资源厅会取消低效用地再开发工作中"妥善处理历史遗留用地问题"相关条款(这项条款一旦失效,永康市 34 个"拆"出来的小微园就没有指标可以报批),市自然资源和规划局立即开展"8·30"抢批行动,开通了小微园报批绿色通道,安排专业人员到省厅挂职,专门跟踪报批事项;极限压缩小微园报批时间,实现了收件 7 天后完成组卷报批。最终,抢在截止时间前完成了 8 个批次 1720 亩低效用地报批,保障小微园"有地可用"。

同时,市自然资源和规划局多渠道、多形式开展宣传活动,营造良好创建活动氛围。每年在"地球日""土地日"等重大节日上开展节约集约利用土地专题宣传,上媒体、下农村、进农户、走学校,全面宣传土地法律法规和节约集约利用土地知识;利用手机短信、电视、微信公众号、宣传横幅和海报等形式加大宣传的力度、广度和深度,在人民网、《浙江日报》、浙江新闻等各级新闻媒体平台上积极宣传国土资源节约集约利用成效。

(《永康日报》何　悦　通讯员　陈红敏)

推广农村生活垃圾分类"端头模式"

端头自然村位于永康市东南部,离市区 23 千米,依偎于舟山溪畔、双舟线旁,毗邻杨溪源生态湿地,周边风光旖旎,交通便捷。全村共有 145 户 398 人,党员 21 人。村民分俞姓、项姓,其中俞姓占 60%,项姓占 40%。

端头村探索了垃圾分类"12345"工作法,初步形成"分类投放、分类收集、分拣清运、回收利用、分类处置"的工作流程。2017 年在全省率先试点"垃圾分类+回收利用两网融合及终端运行政府买服务"的模式;垃圾分类减量"端头模式"两次(2017 年 8 月、2019 年 1 月)得到省长袁家军点赞;2019 年 2 月 16 日,中央电视台新闻调查栏目报道"垃圾分类在乡村"永康市的经验做法;7 月 30 日,新华社浙江分社在永康市舟山镇端头村面向全球进行以"人均日产垃圾仅 38 克,这个小山村垃圾分类有秘诀"为主题的垃圾分类融媒体中英文直播活动。

端头村资源回收点(市农业农村局提供)

垃圾分类"端头密码"

端头村通过以"党建＋引领"模式,垃圾分类工作走在全市前列。前期经过垃圾分类工作实践,该村探索出一套行之有效的工作方法,实现从源头上减少垃圾。分拣以前垃圾是3天运一次,分拣后垃圾量大幅度下降,只需24天左右运一次,通过分拣,每天人均产垃圾仅38克。针对垃圾分类,端头村主要采用"三个一"做法。

一个好班子。村主职干部负总责,村干部、党员、村民代表各司其职,形成合力,层层发动共同推进垃圾分类工作。量化考核积分,激发党员干部先带头动起来,联系户指导到位;成立由村民代表当组长的垃圾分类小组,全面宣传引导,让垃圾分类的意识在村民心中落地生根,让每个村民牢牢掌握垃圾分类要点,知道我要分,知道该如何分。

一套好机制。按照"收集—分类—评级—分拣"的模式进行评比奖励,每户确定编号,分发固定编号的三色分类垃圾袋,每天进行"优良差"评级,对优秀户进行奖励,对较差户再次进行指导。保洁员在村民分类的基础上做好垃圾二次分拣,可再精细分为15类,实现资源最大化回收再利用。

一条龙服务。以创新方式配备"小木屋""有害垃圾兑换箱""衣物回收箱""酒瓶回收箱"和"资源回收中心"等各项垃圾分类硬件设施,开展垃圾源头分类、精细分拣和资源充分再回收,实现垃圾分类服务一条龙。可回收垃圾由永康市美丽乡村环境服务有限公司兜底回收;可烂垃圾由厨余垃圾运输车运输到农村生活垃圾"三化"处理终端制肥机进行微生物快速发酵处理,真正实现"吃入垃圾"产出"有机肥",将垃圾变废为宝,实现生活垃圾的减量化、资源化和无害化。

"绿卡"模式变废为宝

"农民可接受、财力可承受、面上可推广、发展可持续"的农村生活垃圾"绿卡"处理模式,正以实打实的成效稳步推进永康垃圾分类的"绿色发展"。

一是给每家每户配置垃圾分类"绿卡一键通",对"二级四分法"进行有益补充,从源头上减量。农户将垃圾分为"可烂"和"不可烂"两类后,对照兑换超市回收的品种类别,对"不可烂"垃圾再次分拣,将回收物应收尽收,直接实现源头减量,减轻保洁员收集清运垃圾的劳动强度。二是在舟山镇的华联配送点设置回收超市,全面进行各种低价值物回收。对不同类别的再生资源物设定不同的兑换值,农户按类别称重,将兑换值充值到"绿卡一键通",可到超市进行购物消费。三是"绿卡"消费不受期限、商品类别限制,实名登记可挂失可补办,农户"一键"兑换购买需要品,获得实实在在的收益,极大激发老百姓从源头上对资源回收物分类的热情。四是二次分拣精细化,兑换出的收益作为分拣员的奖励,增加分拣员的收益和垃圾源头减量形成良性循环。通过兑换充值,农户和分拣员分类的效率和准确性都显著提高,促进农村分类习惯、绿色低碳生活方式的养成。

按照就近、便民、高效原则,完善农村回收站点布局,原则上每个行政村设置1个回收站(点),鼓励在农村商场、农村超市等场所设置便民回收点。试点推行农村生活垃圾"绿卡一键通",建立农村"绿卡"回收网络,农户对低价值回收物可就近兑换,充值到卡,从源头上强化减量。深入推动农村环卫网络与再生资源回收网络"两网融合",逐步实现可回收物统计管理信息化、标准化、科学化。

2020年,完成舟山镇兑换超市建设、1000多户农户发卡建档,示范引领,以点带面,规范"党建＋"网格化管理体系,拓展"绿卡"网络,实现居住区可回收物的便捷交投和资源的集散利用及农户分类兑换充值的积极性,真正做到垃圾源头减量、资源增量。建成舟山镇端岩村"垃圾分类研学基地"(省农广校永康分校培训中心),后续可开展面向全市各镇(街道、区)近2000名农村保洁员的工作培训,促进保洁员垃圾分类分拣的专业化、规范化。

(市农业农村局　供稿)

大事记

大事纪要

一月

2日起，金政、张群环、陈美蓉、朱世道、胡积合等市各套班子领导带头，各部门单位全面参与，赴企业、基层开展"深化'三服务'、助推开门红"活动，聚焦问题，找准需求，精准服务，确保2020年各项工作开好局、起好步，为高水平全面建成小康社会、高质量实现"十三五"规划目标夯实思想基础、工作基础。

3日，省政协主席葛慧君来永调研，开展"深化'三服务'、助推开门红"活动。

6日下午，市委十四届七次全体（扩大）会议暨市政府十七届六次全体会议召开。市委常委会主持会议。市委书记金政代表市委、市政府向全会作工作报告，并就《决定》起草情况作了说明。

7日下午，永康—武义"山海协作"工程座谈会在永康市召开。两地政府签署了关于深化全面合作，打造"山海协作"工程升级版的协议书。

8日，"幸福一家人 温暖一座城"2020年永康市家庭教育主题年启动。

10日，永康市隆重召开2019年度纳税百强和纳税优胜企业表彰大会。

11—12日，第十四届全国冬季运动会雪车比赛双人雪车和四人雪车项目在德国温特贝格举行。永康籍运动员叶杰龙和队友孙楷智、丁嵩、甄恒组合以55.85秒的成绩获得男子四人雪车比赛季军，实现金华在全国冬运会奖牌史上零的突破。

17日下午，中国人民政治协商会议第十四届永康市委员会第四次会议开幕。金华市政协副主席、永康市委书记金政，永康市委副书记、代市长张群环，市人大常委会主任陈美蓉，市政协主席朱世道，市委副书记胡积合，市政协其他领导胡增强、林广平、黄瑞燕、林飞雄、胡潍伟、朱彭年、王向宇、丁月中出席开幕大会。

18日下午，市十七届人大四次会议在市机关会议中心开幕。大会听取了市委副书记、代市长张群环代表市人民政府所作的政府工作报告。

22日，住房和城乡建设部公布2019年国家生态园林城市、园林城市（县城、城镇）名单，永康市成功创建国家园林城市。

29日，成立疫情防控工作领导小组及其指挥部，全市上下一心，打响疫情防控阻击战。

二月

9日下午，经过15天的治疗，永康市第四例确诊新冠肺炎病例治愈出院。这也是永康市首例治愈出院病例。

13日上午，市一医院三名医护人员驰援武汉，加入省第四批援鄂医疗队。他们是市一医院神经内科副主任、主任医师涂汉明，外一科主管护师、护理责任组长胡玉婵和EICU护师黄自安。13日下午，医院为他们举行了简单的出征仪式。

17日0时21分，永康市首趟"返岗直通车"载着千余名务工人员从云南镇雄返回永康。

19日，根据省委统一安排，省委常委、组织部部长黄建发来到永康市开展"三服务"活动，指导疫情防控和复工复产工作，协调解决有关难题。金华市委常委、组织部部长郑敏强和永康市领导金政、童国华参加。

19日下午2时许，永康市最后一名新冠肺炎患者（第三例确诊病例）治愈出院。这也意味着，永康市确诊新冠肺炎的5例病例全部治愈出院，永康确诊病例"清零"。

23日开始，市交投集团公交公司城市、城乡营运公交车全面实行实名扫码乘车服务，3秒即可完成扫码认证。

三月

4日，浙江省电子商务促进中心首次公布了全省各县（市、区）跨境网络零售出口数据，永康市以65.6亿元居全省第二位。同时，在省商务厅和财政厅联合发布的2020年度浙江省产业集群跨境电商发展试点专项激励名单上，永康市成功跻身第一档示范类县市，获得500万元省级专项激励资金。

4日上午，2020年金华市高层次人才"云社区"千企万岗招才活动（永康专场）正式启动。

10日，为深入贯彻实施党的创新理论走心工程，推动习近平新时代中国特色社会主义思想落地落实，永康市2020年理论宣讲创新项目——"宣讲365"工程正式启动。

10日，市十七届人大常委会第二十七次会议召开，永康市将11月1日设为"永康民营企业家节"。

16日，永康市首次推出集中代为祭扫

烈士墓活动。在刘英烈士陵园，市退役军人事务局代表烈士家属和社会各界对零散烈士进行集中代为祭扫：擦拭墓碑、清理墓区杂草、为墓碑鎏金描红、敬献鲜花。抗美援朝烈士王培双的家属王克林作为代表出席。

18日，副省长陈奕君带队来永康市开展"三服务"活动，检查指导疫情防控与复工复产工作，并就美丽城镇建设、"品字标浙江制造"品牌建设和工业固废处置等工作深入村企一线调研。

19日下午，永康市人民法院古丽法庭正式投入运行并开庭审理了首起案件。永康市委书记金政与金华市中级人民法院党组书记、院长汤海庆共同为古丽法庭揭牌。

20日上午，川浙"飞地园区"在四川省遂宁市船山区揭牌。这个由永康市携手船山、理县、东阳共建的飞地产业园区，是国内首个探索东西部扶贫协作和省内对口帮扶新模式的"飞地园区"项目。

25日，永康市召开重大招商项目"云洽谈"会议，首次通过"屏对屏""线连线"的形式与投资企业、意向企业"云上见面"，就招商项目的相关事宜进行对接。

31日，由浙江省人民政府组织开展的浙江省第三届"河姆渡杯"粮食生产先进评选结果出炉，永康市获"第三届'河姆渡杯'粮食生产先进县"铜奖，这也是永康市首次获得该奖项。

四月

6日，隆重迎接援鄂医疗队队员平安凯旋。

8日下午，省人大常委会党组书记、副主任梁黎明率队来永调研垃圾分类工作。金华市领导黄锦朝、金中梁和永康市领导金政、张群环、陈美蓉、陈剑云分别陪同调研或参加座谈会。

14日，全省建设平安浙江工作会议上，

永康市被授予平安牌。这是继 2018 年捧得"平安金鼎"之后，永康市连续第二年获评省平安县（市、区），平安永康建设实现十四连冠。

15 日，省委政法委副书记卫中强带队来永，调研永康市矛调中心（信访超市）规范化建设，推进矛盾纠纷调处化解"最多跑一地"工作。市委副书记、政法委书记胡积合陪同。

21 日下午，永康市"一月一镇平安大会战"首战在古山镇启动。市委书记金政宣布"一月一镇平安大会战"启动并向古山镇授旗。市领导胡积合、周启标、蒋震雷、童国华、卢轶、朱茂均和法检"两长"出席启动仪式。

22 日，永康一中与杭州二中正式签署合作办学协议。

27 日，永康市被列为省"三医联动""六医统筹"集成改革试点。

23 日，330 国道永康段改建工程（一期）主线通车，客运中心同时启用。

五月

6 日，丽州南路（城南路至站前大道）路灯工程喜获全国市政道路照明金杯示范工程奖，成为 2019 年度全国唯一获此殊荣的县级项目。这个奖项是全国照明行业工程项目最高奖项。

6 日，国家发改委审核并下达浙江省 2020 年第一批地方政府专项债券项目清单，永康市 9 个项目在列，项目数量居金华首位，项目命中率高于全省平均水平 30%。

6 日，全省县市区城市能级测评结果出炉，永康排名第 35 位，系金华第二。

7 日，省政府公布第六批省历史文化名镇名村街区名单，唐先镇和古山镇胡库下村入选。至此，永康市共有 3 个省级历史文化名镇和 3 个省级历史文化名村。

15 日，永康国际会展中心，省商务厅商贸运行处处长肖文、金华市副市长邵国强与永康市领导金政、张群环、吴婉珍、徐错、李浩锋一道揭开了"云购五金优品 畅享永康品质"永康市促消费稳经济系列活动的帷幕，共同参与这场由政府、企业和各大直播平台联袂打造的"云上"购物盛典。

27 日，智能门（锁）产业党建联盟成立仪式举行，标志着永康市首个产业党建联盟成立。

下旬，西城街道郎下村、芝英镇芝英一村、西溪镇石江村、象珠镇山西村、唐先镇秀岩村岩洞口和花街镇店园村的 6 家文化礼堂获评省五星级文化礼堂。至此，永康市共有 15 家省五星级文化礼堂。

29 日，市委老干部局向 3 家老年大学教学点集中授牌。江南街道金胜社区、经济开发区夏溪村、绿康丽州家园中入驻了首批"家门口老年大学"。

29 日，永康市顺利通过国家卫生城市复审省级技术评估。

"永康方山柿"获评国家地理标志证明商标。

六月

4 日，永康市召开"百城千业对标达标提升专项行动"动员会并成立标准化专家智库。首批 48 人受聘为智库成员。

8 日，永康市入围省"亩均论英雄"改革激励榜单，规上企业亩均税收和亩均工业增加值均为金华第一。

9 日，双能京东云仓品牌授权暨京东物流永康营业点开业仪式在永康市城西物流园举行，这标志着浙江省首个国企参与运营的"京东云仓"正式落户永康。

15 日，市粮食储备中心项目在象珠镇官川村开工建设。这是永康市迄今为止粮食仓容规模最大、功能最全、资金投入最多的粮食储备项目。

16日,省慈善联合总会联合省社会工作师协会发布《关于表彰百个"战疫典型"优秀案例和千名"战疫群英"优秀个人的决定》,永康市1例案例入选"战疫典型"优秀案例,6人获评"战疫群英"优秀个人。

30日,永康市举行传承红色基因教育基地授牌仪式。刘英烈士陵园(方岩镇橙麓)、中国工农红军第十三军第三团纪念馆(舟山镇方山口)、中共永康县委诞生地纪念馆(芝英镇练结)、市金竹降革命纪念碑和革命历史展示室(方岩镇金竹降)、浙东人民解放军六支队纪念广场和市武装革命斗争史展示馆(石柱镇下寮)、雅庄革命历史展示馆(芝英镇雅庄)、前黄村革命博物馆(古山镇前黄)7家单位被命名为"永康市传承红色基因教育基地"。

完成2020年城区义务段和幼儿园招生工作,"公民同招、网上报名、摇号录取"顺利落地。

七月

2日下午,省人大常委会副主任赵光君来永调研村级组织换届和公共卫生立法工作,并深入企业开展"三服务"活动。

7日,开展走进大湾区招商引才活动,与3家企业达成协议来永康设立生产基地。

9日,在省水利厅副厅长蒋如华,金华市委常委、市政府党组成员张伟亚的见证下,磐安县委书记王志强、县长金艳与永康市委书记金政、市长张群环作为双方代表,共同签署磐安—永康供水协议。此举标志着,永康市备受瞩目、期盼已久的境外引水工程正式进入实施阶段。

15日,永康市龙枭工贸有限公司与中船705所旗下的昆明七零五所科技发展有限责任公司签约,共同研发推进纯电动舷外机项目、水下应急救援机器人等项目落

地,永康市首次引进军工央企——中国船舶的项目落地。

17日,由中宣部组织的"走向我们的小康生活"主题采访报道活动媒体采访团走进舟山镇端岩村。来自人民日报社、新华社、中央广播电视总台、光明日报社、经济日报社、中国日报社等16家中央、省级主流媒体的50多位记者走村入户、深入田间地头,探访垃圾分类的"端头经验",了解美丽经济发展特色,采撷"冒热气""贴地气"的素材,从不同的视角记录端岩村民的小康生活。

23日,由永康市企业主导制定的《不锈钢真空焖烧罐》《锂电池角向磨光机》《家用磁控健身车》《钢质入户防火门》等8项"浙江制造"标准正式发布,数量居金华各县市第一。

26—28日,在永康国际会展中心举办第11届中国(永康)门业博览会。本届门博会发生交易额26.12亿元,累计参展参会人员9.1万人,网上门博会累计访问量56.42万人次。

28日,在2020年全国县域经济创新发展论坛上,由赛迪顾问县域经济研究中心编制的《2020中国县域经济百强研究》正式发布。赛迪顾问从全国1879个县级行政区中评选出了2020年的百强县,永康市居第85位,排名较上年上升3位。

31日,市委十四届八次全体(扩大)会议暨市政府十七届七次全体会议召开,并发布城市形象宣传语——五金之都 赫灵永康。

高考一段线上线人数首次突破800人大关。

八月

4日,受台风"黑格比"影响,永康市遭遇百年一遇强降雨。

13日,对"6·12"涉缅贩毒专案进行统一收网,抓获犯罪嫌疑人8人,缴获毒品海

洛因 4.2 公斤,系近年来金华第一起有战果的涉缅贩毒案件。

14 日,金华市公安机关"智安小区"建设现场推进会在永康成功召开,龙域天城被省公安厅列为全省智安小区创建示范点,建成区域警情同比下降 49%。

14 日,"农信杯"第三届浙江省大学生乡村振兴创意大赛暨第十届中国(永康)红富士葡萄节在唐先镇秀岩村开幕。

18 日,省委、省政府公布了 2019 年度美丽浙江建设(生态文明示范创建行动计划)工作考核优秀单位。永康市被评为美丽浙江建设(生态文明示范创建行动计划)工作考核优秀县(市、区)。

22 日,《全国县域旅游研究报告 2020》暨"2020 年全国县域旅游综合实力百强县""2020 年全国县域旅游发展潜力百佳县"榜单新鲜出炉,永康市入选"2020 年全国县域旅游综合实力百强县",排名第 22 位。

26 日,永康市出台《"无废永康"建设三年行动计划》,提出以生活垃圾、建筑垃圾、工业固体废物、农业废物、医疗废物为重点,构筑五大品类固体废物闭环处置监管体系,建立固体废物综合治理常态长效机制,实现固体废物处置减量化、资源化、无害化,高标准打好污染防治攻坚战,高质量建设美丽永康。

31 日上午,作为全省首批 24 个未来社区试点创建项目之一,也是永康打造优雅城市的标志性工程,田川未来社区项目举行开工仪式。这是永康市首个未来社区,标志着永康新型城市功能单元全面启动建设。

首个省级标准化战略重大试点项目有色金属加工制造业改造提升标准化试点项目通过验收。

中国建筑金属结构协会《铸铝门》和《建筑用铜门》两项团体标准专家审查会在永康市顺利召开。

车辆登记通道式集成服务正式投入使用,实现车辆登记车主不用下车,一次排队、一次办结。

"5·12"打击治理跨境赌博专案完成第二轮集中收网,抓获犯罪嫌疑人 40 名,其中 31 名被采取刑事强制措施,是金华首个跨境赌博国督案件。

王力集团"品字标"成为金华市唯一入选 2020 浙江制造业企业高质量发展创新优秀案例的企业。

九月

7 日,永康市公路与运输管理中心挂牌成立。

18 日,市中医院与浙大四院签署合作协议,成为浙大四院协作医院,同时授牌成为中国肺癌防治联盟浙中肺结节诊疗中心永康分中心和省医师协会浙中肺结节专家会诊中心永康分中心。

25 日,完成社区流调消杀队伍及大规模人群全员核酸检测队伍组建。

26—28 日,成功举办第 25 届中国五金博览会,三天展期共发生交易额 130.7 亿元,累计参展参会人员 7.6 万人次;网上五金博览会访问量 148.4 万人次,同比增长 0.4%;2020 中国(永康)网货节访问量 135.3 万人次,同比增长 0.2%。

召开"全国好货看永康"永康—阿里资源对接会。

召开全市第七次人口普查动员部署会,完成普查员、普查指导员选调和培训工作。

正阳、三锋两家"品字标"企业荣获国字号荣誉。

唐先镇通过省级葡萄生姜特色强镇现场验收。

以"城校+乡校"方式,新增教育集团 7 所。

十月

永康市成功通过"中国口杯之都"复评。

国家林草装备科技创新园获国家林草局批准。

永康市成功争创省级资源循环化利用示范城市试点（创建类）。

省民生实事"美丽河湖"（南溪）完成金华市级验收。

"南方城乡生活节水和污水再生利用关键技术研发与集成示范"永康核心区技术支撑及条件配套项目完成验收。

顺利开展科技架桥活动，与杭州电子科技大学、浙江工业大学、浙江科技学院分别签署了共建技术转移工作站协议，与中国计量大学签署科技、人才合作协议。

成功举办首届"永武缙五金工匠"技能大比武，三地150名工匠参加5个专业技能比武。

启动2021年度城乡居民基本医保和大病保险参保工作。

举办2020年华东地区暨浙江省第四届"长青杯"中老年篮球赛。

23日，成立永康市婴幼儿照护服务指导中心及实训基地。

十一月

1日，首届永康民营企业家节开幕，"1+5+5"企业家节系列活动顺利开展。

全省首创"人脸识别信用医疗无感支付云平台"，实现刷脸（脱卡）就医＋人脸实名认证＋"先看病，后缴费"的"就医付费一件事"。

22日，永康市第一人民医院被认证为"国家标准化心脏康复建设中心"。

26—28日，永康成功举办第二届中国（永康）安全与应急产品博览会（云上会展）。

永康市成为金华首个通过省级信息经济发展示范区验收的县市。防盗门窗破拆技战术成功申报14个国家专利，作为县级公安机关，申请数量全国排名第2。

永康市开展第七次人口普查正式登记阶段工作。

永康市"助企通"企业服务平台正式开通。

十二月

9日，中国社会科学院财经战略研究院与《华夏时报》共同发布《中国县域经济发展报告（2020）》暨全国百强县（区）报告。永康市位列县域经济综合竞争力百强榜第47位、县域投资潜力百强榜第58位。在上年的县域经济综合竞争力榜单中，永康市排名第60位。

11日，第十五届农展会在国际会展中心开幕。

11日下午，市委书记、永康市总河长章旭升赴华溪、西门溪巡河，调研督查治水工作，"保护母亲河，万人大巡河"河长集中巡河活动正式启动。

19日，《中国城市全面建成小康社会监测报告2020》发布，永康入选中国县级市全面小康指数百强榜，名列第28位，较2019年前移2位。

19日，永康市成功举办首届工程师大会。成立永康工程师智库，永康市工程师学院、工程师协会揭牌成立。

21日，省城乡环境整治工作领导小组公布全省新时代美丽城镇建设工作2020年度样板城镇和达标城镇考核验收结果，龙山镇被评为美丽城镇省级样板。

23日，省文旅厅印发《关于公布浙江省文旅产业融合试验区名单的通知》，永康市被正式列为浙江省文旅产业融合试验区。

25日，永康市被列入浙江省全域旅游示范市验收公示名单。

31日，省委办公厅、省政府办公厅公布

第四批"无违建县（市、区）"、第五批"基本无违建县（市、区）"名单，永康市成功创建"基本无违建市"。

永康市成功创建 2019 年度省级国土资源节约集约模范县。

永康市成功创建省级渔业健康养殖示范县。

永康市户籍人口基本医疗保险参保率 99.98%，大病保险选缴率 94.15%，基本实现全民参保。

南溪（缙云交界至郎村段）成功入选省级"美丽河湖"。

太平水库灌区节水配套改造工程完成省级竣工验收。

永康市圆满完成村（居）委会、股份经济合作社、妇联组织换届。

完成第七次人口普查长表编码和统计年鉴编辑工作。

芝英镇松塘园村获评省级生态文化基地。

西溪镇三联村获评省级森林人家。

花街镇桃花源获评省级森林氧吧。

（市年鉴部　整理）

十大民生实事

一、开展交通治堵专项行动，新增城市主城区停车位 2000 个，推行智慧停车。龙洋潮停车场投入使用。新改建公交站点 10 个，新建农村港湾式停靠站 50 个，新建和改造提升农村公路 50 千米，创建 50 千米以上美丽经济交通走廊。

完成情况：坚持"应划尽划，能划尽划"，大力开展主次干道、社区等停车泊位施划，因地制宜设置"潮汐"停车位，全年累计新增机动车停车泊位 3.6 万个，"潮汐"停车位 329 个，非机动车停车泊位 39 千米。"智慧停车"特许经营通过专家论证，完成可研报告。建成龙洋潮停车场。新改建公交站点 10 个、新建农村港湾式停靠站 70 个，新建和改造提升农村公路 55 千米，创建美丽经济交通走廊 80 千米。

二、完成农村饮用水提标达标三年行动，新增受益人口 8.7 万，城乡规模化供水工程覆盖人口比例 85% 以上，农村供水保证率达 95%，基本实现城乡居民同质饮水。

完成情况：新建、迁扩建 4 座规模水厂，建设 10 座加压泵站，提升改造 79 个单（联）村供水工程，建立"市级统管"制度，形成了"以城镇规模水厂供水为主、单（联）村供水站为补充"的城乡供水格局。2020 年 10 月底完成农村饮用水达标提标行动清盘验收。新增受益人口 14.1 万。城乡规模化供水工程覆盖人口比例 92.2%，农村供水保证率 95% 以上，基本实现城乡同质饮水。

三、推进农村幼儿园补短提升工程，建成方岩、前仓、芝英第二公办中心幼儿园，实现乡镇公办中心园全覆盖。

完成情况：大力推进农村公办中心幼儿园建设，方岩镇第二中心幼儿园、芝英镇第二中心幼儿园投入使用，前仓镇第二中心幼儿园完工。在此基础上，通过政府买服务、雇员制等方式，加强幼儿教师队伍力量配备；以薄弱园整治、优质园创建、课程改革等为抓手，提升农村幼儿园办园质量。

四、改造提升 16 家农村家宴放心厨房，建成 40 家中小学和等级幼儿园食堂智能"阳光厨房"。

完成情况：按照年度规划，择优筛选拟建设名单进行培育，实行针对性指导，积极普及信息化食品安全监管方式，有力推进农村家宴放心厨房和"阳光厨房"建设。改造验收农村家宴厨房19家,建成中小学和等级幼儿园食堂智能"阳光厨房"60家。

五、开展医养结合试点,新建9家乡镇(街道)示范型居家养老服务中心,建设2家省级规范化"儿童之家"。

完成情况:开展"老年医养服务一件事"改革申报;完成永康医院医疗机构养老备案、绿康丽州家园二级康复医院申报,开通普济护理院"医养通"智慧平台;开展家庭病床服务试点和安宁疗护服务;对暂不具备自设医疗机构的养老机构和社区居家养老服务中心提供对口支援。完成9家乡镇(街道)示范型居家养老服务中心、2家省级规范化"儿童之家"建设。

六、对重点人群开展流感疫苗自愿免费接种,完成全消化道肿瘤早期筛查5万人次。新增送药上山便民服务点3个,建成24小时"网订店送"药房5家。

完成情况:有序组织开展疫苗自愿免费接种和全消化道肿瘤早期筛查,完成重点人群接种2万人,完成目标人群筛查5万人次,检出消化道肿瘤(包括早癌及癌前病变)126例,为百姓减轻医疗负担2000万元以上。统筹安排送药上山便民服务点、"网订店送"药房布局,严格指导落实药品配送监管,新增送药上山便民服务点5个,建成24小时"网订店送"药房5家。

七、深化农村生活垃圾"两次四分"、城区生活垃圾"两定四分"管理模式,建成6个省级高标准生活垃圾分类示范小区,建成"定时定点"投放和清运商业街1条、小区1个。

完成情况:全域推进"两撤两定四分",2020年11月底全面完成集中投放点建设,在公共区域推进"移动+固定"模式集中投放点建设工作,加大末端执法力度,推进源头分类。建成金水湾、久居新城、金城嘉园、阳光嘉苑、丽州城市花园、信合苑等6个省级高标准垃圾分类示范小区,建成"定时定点"投放和清运商业街2条(龙川中路、溪中路)、小区1个(金城嘉园)。

八、完成16个镇(街道、区)区域应急服务分中心建设。

完成情况:完善应急服务中心配套设施,搭建统一指挥平台,提升安全生产服务水平,规范应急救援队伍建设。已完成16个镇(街道、区)区域应急服务中心建设,其中经济开发区、芝英镇、石柱镇、方岩镇、古山镇和龙山镇实现实体化运行。

九、完成三江六岸提升二期工程。

完成情况:前期由于疫情等因素,工程建设进度受到影响。截至年底,华溪桥至东库桥左岸段、丽州桥至紫微桥段已基本完成并交付使用;望春桥至丽州桥段、华溪桥至330国道段基本完成岸上部分主体工程及人行道恢复、乔木种植,水下部分正在施工。

十、推进百姓身边健身设施建设,建成3个社区多功能运动场、10个百姓健身房,完成10个小康体育村升级工程,努力构建"15分钟健身圈"。

完成情况:组织各镇(街道、区)进行项目申报,根据申报情况进行实地勘察,确认土地性质及建设规模;召开民生实事项目建设推进会,进一步明确社区多功能运动场与小康体育村升级工程的建设标准,严格按照标准实施,规范项目招标采购责任;及时收集整理项目台账资料,下拨补助资金。完成社区多功能运动场3个,小康体育村升级工程10个,百姓健身房10个,基本构建"15分钟健身圈"。

概　览

自然地理

【位置面积】　永康是县级市,隶属于浙江省金华地级市。市人民政府驻东城街道金城路25号。行政区划代码:330784,邮政编码:321300,电话区号:0579,车牌号:浙G。全市位于浙江中部腹地,瓯、钱两江分水岭上。地扼衢州、婺州与处州、台州、温州通衢,是浙东内地通往浙东南地区的要冲。北至省会杭州市径距180千米。地理坐标介于北纬28°45′31″—29°06′19″与东经119°53′38″—120°20′40″之间。东南与丽水地区缙云县接壤,东北与东阳市、磐安县相连,西邻武义县,北毗义乌市。全市四至为:东起西溪镇棠溪后岗头村,西至花街镇八字墙陈弄坑村白云岩洞,东西长约44千米;南起石柱镇新店扫帚坑乌岩洞,北至唐先镇中山下位村枫坑岭,南北宽约38千米。全境总面积1047平方千米,其中山区755.28平方千米,占72%,平原地区209.80平方千米,占20%,江河塘库81.82平方千米,占7.8%。土地总10.48万公顷,其中农用地8.9万公顷,城镇村及工矿和交通运输用地1.29万公顷,其他0.28万公顷;林业用地6.23万公顷,其中林地5.20万公顷,灌木林地0.64万公顷,其他0.39万公顷;水域及水利设施用地8182万公顷。

【地质土壤】　永康市在地质构造上属华夏陆台的东部,是浙闽地质的一部分。出露最老的地层为上侏罗纪磨石山群火山岩,分布于永康盆地周围,组成中低山丘陵,除局部外,其他出露广泛。上覆下白垩统馆头组,以不整合或假整合接触为主。盆地内部大都为朝川组红土层,其上为方岩组沙砾岩,出露于盆地的东南一带。而第三系玄武岩则零星分布于盆地中。第四系主要分布于华溪、南溪、永康江和永康至武义县桐琴公路两侧。它们形成于1.2亿年前,地质史上称为早白垩世。全市土壤面积88700公顷,占全市土地面积的84.5%。有红壤、黄壤、岩性土、潮土、水稻土等5个土类,9个亚类,25个土属,52个土种。红壤广布于永康盆地以及盆地周围海拔600米以下的低山丘陵和缓坡岗地上,包括红壤、黄红壤和侵蚀型红壤3个亚类,5个土属,8个土种,面积46330公顷,占土壤总面积的52.2%。黄壤呈峰状分布于海拔600米以上的盆地低山,包括黄壤和侵蚀型黄壤2个亚类,2个土属,3个土种,面积2100公顷,占土壤总面积的2.36%。岩性土分布于低岗地和高丘台地上,仅紫色土1个亚类。红紫砂土1个土属,3个土种,面积12030公顷,占土壤总面积的13.56%。潮土主要分布于永康江及其支流两侧的溪滩地以及谷口洪积扇上,呈狭长带出现,仅潮土1个亚类,4个土属,8个土种,面积1320公顷,占土壤总面积的1.50%。水稻土主要分布在海拔250米以下的沿江平原和低丘缓地,它是各种自然土壤,经人为长期耕作,水耕熟化影响下发育而成。根据水分活动特点分为渗育型水稻土和潴育型水稻土2个亚类,13个土属,33个土种,面积26910公顷,占土壤总面积的 30.34％。

【地形地貌】 永康市的地势由东北向西南倾斜。仙霞山脉余脉从东北和东南延伸入境。中部、西部丘阜广布。最低处在城西新区夏作，海拔 72 米。丘陵山地约占土地面积的 72％，平原占土地面积的 20.3％。境内最大河流永康江，汇入南溪、华溪、李溪、酥溪等大小支流 38 条，构成树枝状水系，把中部河谷平原与四周的丘陵山地紧密联系在一起，形成东、北、南三面向中西部逐级倾降的永康盆地，内部地势低平。最高处在东部，与磐安、缙云交界处的黄寮尖，海拔 930 米。

【资源物产】 永康市森林资源丰富，生物品种多样，是"浙江中部的生物基因库"。全市有林地 59186 公顷，占土地总面积的 56.4％，森林蓄积量 437.5 万立方米，森林覆盖率 56.51％。有林木品种（包括竹类）近百种。珍贵树种有银杏、红豆杉、紫楠、金钱松、榧树、花榈木、马褂木、柏木、青冈、黄檀等；用材林有马尾松、杉木、香樟、楮树等 40 余种；经济林有银杏、油桐、柑橘、杨梅、柿树等 35 种；竹类有毛竹、雷竹、紫竹、丝竹等 25 种。名木古树有 9 科 22 属 39 种 1000 株，坑里的古柏，金坑的银杏，箬岭下的榧树，方岩山顶的母子樟等树龄均已千年。药用植物资源有千余种，据清道光《永康县志》载："金胜山少竹木，唯产天门冬。山中有一种千叶桃花，以酒浸饮之，除百病，名桃花酒。"有观赏植物 200 余种。境内动物资源种类繁多。野生哺乳动物主要有野猪、野兔、山狗、白獾、黄鼬、九江狸、香狸猫等；爬行动物有山乌龟、穿山甲、各种蛇类等 30 多种；鸟类有猫头鹰、杜鹃、雉鸡、黄雀、八哥、野鸭、鹧鸪等 156 种；由于森林绿化及环境的改善，近年来豺、狼、豹、野山羊及已面临绝迹的鹿、麋、水獭等野兽也时有所见。昆虫有蜻蜓、蝉、各色蝴蝶等 20 多

类。水产资源较为丰富，淡水鱼有鲤鱼、青鱼、鲫鱼、黑鱼等；甲壳类有乌龟、甲鱼、蟹、泥螺、黄蛤、河蚌等。境内矿产资源丰富，尤以萤石为最，为全国重点储藏区之一，还有沸石、高岭土、珍珠岩、黄铁矿、钴矿、石油沥青及金、银、铜、锌、铅等矿产，不少矿产具有开发前景。永康境内矿产丰富，种类繁多。经地质勘探部门勘探，探明和发现的矿物达 30 余种，可分为贵金属、有色金属、黑色金属、冶金辅助原料、化工原料、建筑原料、燃烧和其他矿物 8 类。贵金属主要是金矿、银矿，有色金属有铜矿、铅矿、锌矿、钴矿，黑色金属有磁铁矿、褐铁矿，冶金辅助原料有萤石矿，化工原料有黄铁矿，燃料有石油、天然气、油页岩，还有矿泉水、地下水等。尤以萤石矿为最，已进行开采萤石矿床 85 处，年开采量有 10 多万吨，品位极高，有色元素含量低，是国际市场上的畅销矿产。主要分布在花街、淩溪、枫林、下堰、野山、金坑等地。多种金属及贵金属，因矿体小，未开采。已开发利用的有 10 余种。

历史人文

【建置沿革】 早在七千多年前的新石器时期，已有先民在永康土地上种植渔猎，繁衍生息。上古社会，永康地属扬州，春秋时期属越国。战国时代，越国被楚国所灭（约公元前306），成为楚地。秦始皇二十五年（前222），建会稽郡乌伤县，永康属之。汉沿秦制。三国吴赤乌八年（245），分乌伤县南界上浦乡设置永康县。吴宝鼎元年（266），属东阳郡。晋沿吴制。南朝梁绍泰元年（555），永康为留异所据的缙州驻地，管辖东阳郡、新安郡，势力达到永嘉、临海、新安等郡。陈天嘉三年（562）废缙州，永康属金华郡。隋开皇九年（589），属吴州。唐代永康

为望县。唐武德四年（621），永康县擢升为丽州，属越州总管府，徙县治于县城之北。武德八年废丽州，复称永康县。唐武后天授二年（691），析永康县西部置武义县。万岁登封元年（696），又析县之东南部置缙云县。此后至南宋，均属婺州。宋代永康为紧县。元代永康为上县，属婺州路。自明至清，属金华府。1912 年民国属金华道。1927 年直属浙江省。1932 年起，先后属第六、第四、第八行政督察区。1939 年 2 月永康县东北翠峰、五美、盘峰三乡划归大盘山区（磐安县前身）。抗日战争时期，浙江省政府一度（1938 年 1 月至 1942 年 5 月）迁至方岩办公，永康成为浙江省临时省会。1949 年 5 月 8 日，永康解放，辖区承旧（后改金华专区）。1958 年 10 月撤武义县，武义县行政区域划归永康。1961 年 10 月复设武义县。1978 年以后，永康属金华地区。1985 年 6 月归金华市管辖。1992 年 8 月 18 日，国务院批准永康撤县建市。

【历代精英】　永康代有人杰，爱国爱民精神代代相传。北宋有十握州符、六持使节、体恤百姓疾苦、为民奏免丁税的胡则；有为欧阳修《五代史》作注，为世代史家所称颂的徐无党。南宋有力主抗金，提倡"事功"的永康学派代表人物陈亮；有爱憎分明、善言进谏的少师应孟明。元代有以文章闻名、为人慷慨多奇节的一代良师吴思齐；有博学多才，史称"三胡"之一的翰林院修撰胡长孺。明代有踵门师事王阳明，得"良知良能"学说要旨，受人器重的尚宝司丞应典。清代有舍生取义，集美女、才女、烈女于一身的吴绛雪；有"筑十万卷楼，啸吟其中"，多方搜求乡邦散佚文献，汇编出版《金华丛书》的胡凤丹；有继承父志，编著《金华经籍志》和《续金华丛书》的举人胡宗懋。清末民国时期，有编著光绪《永康县志》，被誉为"八县书橱"的潘树棠；有擅画墨兰、书工行草、名震沪杭的书画家应均；有工艺精巧，名扬皖、赣、浙三省的铁匠程钟炉；有手艺精湛、发明创造甚多，曾获孙中山银质奖章的程汝贤。中华人民共和国成立后，有热爱儿童、舍身救人的模范青年团员吴振东；等等。

（市年鉴部　整理）

气象特征

【概　况】　2020 年，永康市总的气候特点为气温显著偏高，降水接近常年但时空分布不均，对流强度偏强，气象灾害严重，气候异常。极端天气气候事件多发，台风、暴雨、强对流、寒潮等气象灾害都给人民生产生活造成严重影响。

【年平均气温创历史纪录】　2020 年，永康市平均气温 19.5 ℃，较常年平均（17.9 ℃）偏高 1.6 ℃，连续 21 年偏暖，年平均气温创历史极值。据统计，全年全市高温日数（最高气温≥35 ℃）54 天，较常年（39 天）偏多 15 天，年最高气温出现在 8 月 25 日，达 39.1 ℃。

【首次发布台风红色预警信号】　2020 年第 4 号台风"黑格比"（台风级）于 8 月 4 日 3 时 30 分前后在浙江省乐清市登陆，台风中心先后穿过温州、台州、金华、绍兴等七市，自南而北纵穿全省，在浙江省滞留超过 17 小时。受其影响，永康全市均出现暴雨及以上量级降水，其中南部、北部、东部地区达大暴雨，局部特大暴雨，全市单日面雨量 165.6 毫米（大暴雨级），四分之三市域范围日雨量超 100 毫米，过半数市域范围日雨量超过 200 毫米，唐先镇、龙山镇、象珠镇、方岩镇、西溪镇出现超过 250 毫米的特大暴雨，其中西溪镇棠溪自动气象监测站日降水量达 390.4 毫米（为永康地区单日最大降水，小时雨强达 100.4 毫米，为全省过程最大雨强）。"黑格比"裹挟的狂风暴雨严重影响永康，大暴雨天气致使永康市大部分乡镇发生内涝、积水严重,城镇、农田受淹,老旧房屋倒塌,多地发生洪水、道路塌方等次生灾害。根据气象灾害影响评估,此次台风影响过程为永康地区有气象记录以来最大降水过程,也是台风综合影响最严重的一次。

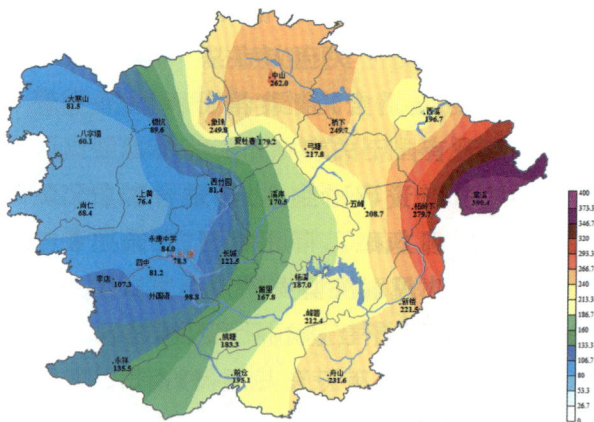

"黑格比"期间永康自动气象监测站降水分布图(市气象局提供)

【梅汛期降水量显著偏多】 2020年,永康市5月29日入梅,比常年偏早12天,7月18日出梅,比常年偏迟16天,梅雨期长达50天,梅雨期破历史纪录。梅雨量显著偏多,共出现六轮明显的降雨过程,但降水分布不均,北多南少,平均面雨量472.6毫米,有6个站点降水超过500毫米(共30站),最大雨量站点为花街镇大寒山站,累积雨量680.6毫米;市区本站梅雨量418.5毫米,较常年同期偏多2成。

【强对流天气多发】 2020年春夏季节,冷暖气流活跃,永康市强对流天气多发频发。其中,5月9日夜里,受强降水云团影响,永康市西南至东北部地区普降暴雨,局部大暴雨,永康市气象局(简称市气象局)年内首次发布暴雨红色预警信号。9日23时至10日8时,全市累计面雨量54.7毫米,过程小时雨强最大的是西溪站,为81.3毫米,为暴雨级,雨量最大的是西溪站,为114.8毫米,五峰书院站为102.4毫米,另有13个

站点雨量超过50毫米(总站数为30个)。该次过程降水强度强,强降水持续时间长,影响范围广,降水量较大的镇(街道、区)均出现不同程度的灾情。

【年初出现最强暖冬】 2019年12月至2020年2月,永康市平均气温为10.1℃,较常年同期偏高3.1℃,冬季气温创历史极值。其中市区最低气温为0.2℃,整个冬季未出现低于0℃的低温天气,是永康市有气象记录以来的最暖冬季。

【秋冬季涝旱急转】 2020年9月下旬起,大气环流形势转变,涝旱急转。10月23日以后,永康市出现24天连晴无雨天气。10—12月降水较常年同期偏少近6成,永康市出现中度干旱。针对少雨干燥天气情况,市人工影响天气办公室在11—12月期间开展2次人工增雨作业,4轮作业共计发射18枚增雨火箭弹,一定程度上缓解永康市旱情及高森林火险压力。

【年底两次寒潮来袭】 2020年12月13日夜里,受强冷空气南下影响,永康市出现明显降温和大范围雨雪天气过程,部分平原地区有积雪,高海拔山区最大积雪深度达5~10厘米,日平均气温的过程降温幅度达8~10℃,永康市一夜入冬。12月29日夜间,由于强寒潮影响,出现剧烈的降温、大风和雨雪天气,高海拔山区最大积雪2~4厘米,最大风力6~8级,日平均气温的过程降温幅度达12~13℃。12月31日,早晨最低气温-4~-6℃,山区-7~-10℃,有严重冰冻。

(市气象局 供稿)

人口民族

【人口情况】 2020年年末,永康市户籍数24.51万户,户籍人口62.11万人,常住人

口 96.58 万人。人口自然增长率 3.45‰，较 2019 年 11 月 30 日增加 1885 人。户籍总人口按性别分，男性人口 31.56 万人，女性人口 30.55 万人。按地域分，城镇人口 29.22 万人，乡村人口 32.89 万人，乡村人口占总人口的比重为 53%。全市出生人口 5993 人，出生率 9.67‰；死亡人口 3854 人，死亡率 6.21‰；自然增长人口 2139 人，自然增长率 3.45‰。

【民族分布】　2020 年，永康市流动人口登记在册数 54.95 万人，居住登记率、信息准确率分别为 93.88% 和 97.12%，新登记流动人口 93.22 万人次，注销 88.33 万人次，男性有 32.39 万，占比 58.94%，女性有 22.56 万，占比 41.06%；从民族分布看，人口在万人以上的民族主要有：汉族（41.58 万）、苗族（3.88 万）、布依族（3.56 万）、彝族（1.42 万）、土家族（1.41 万）、侗族（1.18 万）。

（市年鉴部　整理）

2020 年 12 月底市领导

中国共产党永康市委员会

书　记　章旭升
副书记　张群环
　　　　胡积合
常　委　周启标
　　　　蒋震雷
　　　　程学军
　　　　吴婉珍
　　　　胡天忠
　　　　喻文明
　　　　童国华
　　　　朱志昂

永康市人民代表大会常务委员会

主　任　陈美蓉
副主任　章锦水
　　　　祝鸿熙
　　　　王　瑛
　　　　叶成超
　　　　陈剑云
　　　　杨　兵

永康市人民政府

市　长　张群环
副市长　周启标
　　　　程继军
　　　　施礼干
　　　　卢　轶
　　　　郑云涛
　　　　李浩锋
　　　　朱茂均
党组成员　朱志昂

中国人民政治协商会议永康市委员会

主　席　朱世道
副主席　胡增强
　　　　林广平
　　　　黄瑞燕
　　　　林飞雄
　　　　胡潍伟
　　　　朱彭年
　　　　王向宇
党组副书记　胡天忠

中国共产党永康市纪律检查委员会

书　记　蒋震雷

永康市人民法院

院　长　楼常青

永康市人民检察院

检察长　何德辉

其他副县级领导

朱长林

（市委组织部　整理）

中共永康市委

综　述

【概　况】　2020年,面对深刻复杂变化的国际国内形势和突如其来的新冠肺炎疫情,中共永康市委以习近平新时代中国特色社会主义思想为指导,全面贯彻党的十九届五中全会精神和中央、省委、金华市委的各项决策部署,自觉扛起打造中国乃至世界先进制造业基地的使命担当,统筹抓好疫情防控和经济社会发展工作,推动高水平全面建成小康社会取得决定性成就,开启打造"世界五金之都　品质活力永康"的新篇章。全年实现地区生产总值639.78亿元,同比增长1.6%;财政总收入94.07亿元,一般公共预算收入60.67亿元,同比增长1.2%;城镇常住居民人均可支配收入61281元,同比增长4.1%;农村常住居民人均可支配收入32820元,同比增长6.5%。2020年,永康市位列全国科技创新百强县第31位、县域营商环境全国第24位、县域经济综合竞争力全国第47位,成功创建国家园林城市、省示范文明城市,获评省文旅产业融合示范区、第三届"河姆渡"杯粮食生产先进县市、省最严格水资源管理制度成绩突出县市、省级国土资源节约集约模范县市、美丽浙江建设工作考核优秀县市。

重要决策

【概　况】　2020年,全市上下深入学习习近平新时代中国特色社会主义思想,认真贯彻落实党中央和省委、金华市委决策部署,忠实践行"八八战略"、奋力打造"重要窗口",聚焦聚力"九市建设"重点任务,强化"六稳"举措、落实"六保"任务,各项工作有序推进。

【打好"六保""六稳"组合拳】　2020年,面对突如其来的新冠肺炎疫情,永康市迅速启动疫情一级响应,全省首创"四色预警"管理机制和"返岗直通车",率先推出"复工复产七步法",出台输血赋能十大举措,开展"稳企赋能"二十项专项行动,"三大员"红色力量为群众代跑代办1.4万次,为企业解决问题7538个,落实"五减"26.7亿元,降本减负18.9亿元。成功举办全省首个在县市召开的工程师大会,率先建立"揭榜挂帅"全球引才机制,五金生产力促进中心荣获全国技术市场领域最高荣誉"金桥奖"。首次获得国家级专精特新"小巨人"企业2家,"小升规"工作经验在国务院相关简报上刊登,小微企业制度供给力指数位居全省榜首,"搭积木式"数字化改造经验全省推广。举办首届永康民营企业家节,中国(永康)国际门博会、中国五金博览会首次上云,市县联动发放消费券拉动消费9.1亿元。

【高水平推进县域治理现代化】　2020年1月6日,市委十四届七次全体(扩大)会议审议通过《中共永康市委关于认真学习贯彻党的十九届四中全会精神　高水平推进县域治理现代化的决定》。《决定》以"八八战略"为统领,以"最多跑一次"改革为牵引,突出"法治永康"建设在县域治理中的保障性作用,推进系统治理、依法治理、综合治理、源头治理,突出落实国家治理的关键性举措、引领县域治理的创新性机制、支撑高质量发展的牵动性载体,以治理环境优化、治理方式变革、治理基础完善、治理能力提升,推动实现高质量发展,为实现"全面奔小康,永康新腾飞"提供有力保证,更好推进中国特色社会主义在永康的生动实践。《决定》要求,到2021年,"最多跑一次"牵引各领域改革全面突破、全面见效,"优雅城市·大美乡村""法治永康""美丽永康""平安永康""数字永康""信用永康""清廉永康"以及"龙山经验"全面推进、全面深化,形成一整套更加完善的制度体系;到2035年,基本实现县域治理现代化,形成与中国乃至世界先进制造业基地相适应的高水平整体治理效能,为国家、省域治理体系和治理能力现代化提供更多永康样本;到2050年,高水平全面实现县域治理现代化,形成高水平全面建设社会主义现代化的强有力制度保障。

【制定永康市国民经济和社会发展第十四个五年规划建议】 2020年是全面建成小康社会和"十三五"规划的收官之年,也是谋划"十四五"规划的关键之年。12月28日,市委十四届九次全体(扩大)会议审议通过《中共永康市委关于制定永康市国民经济和社会发展第十四个五年规划和二〇三五年远景目标的建议》。《建议》明确了二〇三五年远景目标是:基本实现高水平现代化,打造中国乃至世界先进制造业基地取得重大突破,为浙江打造新时代全面展示中国特色社会主义制度优越性的"重要窗口"提供永康经验。明确了"十四五"时期经济社会发展总体要求是:围绕打造中国乃至世界先进制造业基地总目标,奋力推进"世界五金之都 品质活力永康"建设,实现更高质量、更有效率、更加公平、更可持续、更为安全的发展,努力以县域治理现代化为全国现代化建设探路。明确了"十四五"时期经济社会发展主要目标是:率先建立现代化经济体系、率先融入双循环新发展格局、率先形成品牌与创新"双轮驱动"发展体系、率先实现城乡"颜值"和"内涵"双提升、率先构筑人的全面发展和社会全面进步的美好家园、率先走出治理体系和治理能力现代化的"永康路径"。

重要会议

【市委十四届七次全体(扩大)会议】 2020年1月6日下午,市委十四届七次全体(扩大)会议暨市政府十七届六次全体会议召开,会议主题是"加快推进'全面奔小康,永康新腾飞'进程 奋力争当县域治理现代化排头兵"。会议以习近平新时代中国特色社会主义思想为指导,深入学习贯彻党的十九届四中全会、中央经济工作会议和省委十四届六次全会、金华市委七届六次全会精神,审议通过《中共永康市委关于认真学习贯彻党的十九届四中全会精神 高水平推进县域治理现代化的决定》。大会由市委副书记、市长张群环主持,市委书记金政作工作报告,并就《决定》起草情况作了说明。会议回顾总结2019年工作,研究部署2020年工作。会议深刻分析当前发展面临的形势后指出,要主动融入长三角一体化发展战略,再创先进制造业基地建设新优势;要深化"最多跑一次"改革,打造县域治理现代化新样板;要实施"全域美丽"建设,谱写"优雅城市·大美乡村"新画卷;要聚焦群众所急所需所盼,创造美好新生活;要压实管党治党主体责任,在推动全面从严治党向纵深发展上有新作为。

【市委十四届八次全体(扩大)会议】 2020

年7月31日,市委十四届八次全体(扩大)会议暨市政府十七届七次全体会议召开。会议主题是"主动作为抓落实 勇扛使命开新局 为建设'重要窗口'凝聚永康智慧贡献永康力量"。会议以习近平新时代中国特色社会主义思想为指导,全面贯彻党的十九大和十九届二中、三中、四中全会精神,深入学习贯彻习近平总书记考察浙江重要讲话精神,以及省委十四届七次全会、金华市委七届七次全会精神,总结上半年工作,研究部署下半年工作,进一步动员全市上下主动作为抓落实,勇扛使命开新局,高质量打造中国乃至世界先进制造业基地,决胜高水平全面建成小康社会,为建设"重要窗口"凝聚永康智慧贡献永康力量。大会由市委副书记、市长张群环主持,市委书记金政作工作报告。会议提出了进一步擦亮永康十个方面"金名片"的要求,即致力构建国内国际双循环发展新格局,进一步擦亮"五金之都"金名片;致力打造中国乃至世界先进制造业基地,进一步擦亮"永武缙产业带"金名片;致力在培育新机上激发新动能,进一步擦亮"数字永康"金名片;致力传承和弘扬工匠精神,进一步擦亮"义利并举、务实创新"永商金名片;致力创造美好新生活,进一步擦亮"质量强市"金名片;致力推动城乡融合,进一步擦亮"优雅城市·大美乡村"金名片;致力推动全域旅游创建,进一步打响"赫灵永康"金名片;致力打好生态治理组合拳,进一步擦亮"无废永康"金名片;致力基层治理现代化建设,进一步擦亮"龙山经验"金名片;致力激发干事创业热情,进一步擦亮"为官一任,造福一方"金名片。会议还要求,必须牢牢把握战略机遇,积极应对压力挑战,紧紧咬住目标方向,向着决胜第一个百年目标奋进,以实际行动展现"重要窗口"建设的永康担当。

【市委十四届九次全体(扩大)会议】 2020年12月28日下午,市委十四届九次全体(扩大)会议暨市政府十七届八次全体会议召开。会议主题是"解放思想拉标杆 开拓创新谋发展 开启打造'世界五金之都 品质活力永康'新篇章"。会议以习近平新时代中国特色社会主义思想为指导,全面学习贯彻党的十九届五中全会和中央经济工作会议精神,深入贯彻习近平总书记考察浙江重要讲话精神,以及省委十四届八次全会、省委经济工作会议、金华市委七届八次全会精神,回顾总结2020年工作,研究部署2021年工作,审议通过《中共永康市委关于制定永康市国民经济和社会发展第十四个五年规划和二〇三五年远景目标的建议》。市委副书记、市长张群环主持会议,市委书记章旭升作工作报告,并就《建议》有关情况作了说明。会议指出,当前永康亟须从外向型经济向融入新发展格局转变,从投资驱动型向创新驱动型、品质引领型转变,从拼资源、拼政策向拼服务、拼环境转变,必须瞄准新形势、抢抓新机遇,在时代大变局中把握永康发展脉搏,解放思想、开拓创新,拉高标杆、锐意进取,勇于争先、狠抓落实,以确定性工作应对不确定形势,开辟各项工作新局面。会议提出了打造"一都四个永康"的要求,即在产业现代化上先行一步,为打造"世界五金之都"奠定扎实基础;在美好家园打造上先行一步,聚力建设"品质永康";在治理现代化上先行一步,大力建设"活力永康";在弘扬企业家精神上先行一步,倾力建设"匠心永康";在文旅融合发展上先行一步,致力建设"文化永康"。会议还要求,坚定不移加强党的全面领导,强化政治统领,建强干部队伍,夯实基层党建,构筑清廉阵地,一以贯之落实全面从严治党,激励广大党员干部体现新担当新作为,为开启打造"世界五金之都 品质活力永康"新篇章提供坚强保障。

综合工作

【概　况】　2020年,中共永康市委办公室(简称市委办)高举习近平新时代中国特色社会主义思想伟大旗帜,学习贯彻党的十九届五中全会精神和习近平总书记考察浙江重要讲话精神,按照永康市委提出的"五个事四个讲"要求,深自砥砺,笃行前进,为打造"世界五金之都 品质活力永康"当好最坚强的前院后哨、最牢固的"战斗堡垒"。

【综合协调】　2020年,市委办紧紧围绕市委的重要决策部署和中心工作,对上不断强化沟通汇报,学懂弄通上级精神,主动对接相关工作,对下持续加强联络指导,及时掌握基层意见,充分发挥联络上下、沟通左右、协调各方的重要作用,扛起总枢纽的责任担当。加强与各套班子办公室的工作沟通,每月末召开四办主任月度例会,统筹协调四套班子领导成员的主要工作和重要活动。精心组织重要会议、活动,做好中央、省、金华市级等上级领导来永接待工作。全年协调组织市委常委会议34次,书记专题会议21次,圆满完成上级领导来永接待任务20多次。

【信息工作】　2020年,市委办立足党委信息工作职能,围绕市委中心工作,按照"服务党委科学决策,推动全市经济社会高质量发展"的指导思想,坚持问题导向,强化精品意识,健全运行机制,积极挖掘深层次信息,不断提高信息辅政水平,在发挥主渠道作用上实现新突破,党委信息工作持续走在金华市前列。全年共上报省委、金华市委各类信息730余篇,获中央、省、金华市各类信息采用共130多条,其中省工作交流类信息9篇,位居金华市第一。党政信息工作考核位居金华市第一,获评2020年度金华市党委信息工作先进单位。

【档案工作】　2020年,市委办探索创新"两清单一报表"档案监管新方式,深入开展疫情防控档案、机关部门档案、镇(街道、区)档案、市属国企档案、村级组织换届档案等各类档案的监管工作,对全市402个行政村开展在线培训,指导各村做好档案整理工作。"两清单一报表"基层档案监管新方式入选全省依法治档工作典型案例。

【保密工作】　2020年,市委办紧扣"为决胜全面建成小康社会提供坚强保障"这一主题,抓牢4月15日全民国家安全教育日这一时机,开展为期半个月的保密宣传教育工作,通过在媒体平台播放公益广告片、开展全市机关单位办公室主任保密知识培训、到各单位举办保密知识讲座、组织全市部门单位分管领导参观金华保密教育实训平台等方式,进行大范围、广覆盖、多形式的保密知识教育。常态化开展保密检查,实地督查指导部门单位保密自查自评工作,下发整改意见书,及时消除泄密隐患。配合做好企业保密资质现场审查工作。

【机要密码工作】　2020年,市委办完成密码工作区改造,扩建机房,增设互锁通道,划分多个功能区,密码工作基础设施进一步得到完善,全年确保密码通信安全畅通。完成视频会议设备更新,全年保障视频会议84场(次)。做好电子政务内网省委发文启用和网络保障工作,确保上级指示精神安全高效传达。

【督查考评】　2020年,市委办秉持"撤机构不撤职能、减人员不减工作"原则,完善以综合督查为工作核心,以专项督查、跟踪督办、通报交办、专报建议等为工作方法的"一核四驱"督查工作体系,组建全市重点工作专项督查组,深入推进基层减负工作,细化完善作风建设十大比拼活动方案,建立"大督查""大曝光""大整改"机制,开展"作风效能督查月"活动,健全批示件办理机制,常态化开展网上"晒拼创"工作,执行省级媒体曝光问题整改落实机制和应考工作周报制度,有效推动市委重大决策部署和中心工作的贯彻落实。全年累计开展重点工作督查4次,印发通报4期,发现并交办问题337个;累计撤并领导小组2267个,《推动作风建设大比拼、聚激小微企业发展动能》等4篇信息在金华信息上刊登;全年办结省、金华市级领导批示件10件,督办永康市委领导批示件116件,其中111件基本办结,形成专报2期。

【公文处理】 2020年,市委办进一步规范公文运转程序,继续强化落实公文收、办、发、阅、传、存责任制,做好文件办理、领导批示交办、信访件登记办理工作,持续推进公文精简精办。全年中央、省级、金华部门以上共收文788件,机要传真收文532件,永康市级单位送签文件463件,实现发文"零差错"。

政策调研

【概　况】 2020年,永康市委政策研究室(简称市委政研室)坚持把调查研究作为"当参谋、献良策"的基础性工作,紧紧围绕市委重大决策部署和重要会议议题、市领导关心的重大问题、改革发展中的难点问题和群众关注的热点问题,充分发挥调查研究牵头部门的作用,形成"关于加快永康城市品质提升的思考""关于优化我市土地资源利用的若干思考""推进全市文化旅游发展的若干思考""深入实施创新驱动战略,助力永康同业高质量发展的若干思考""五个一"课题调研成果。

【市委市政府重要文稿起草】 2020年是"十三五"规划的收官之年,市委政研室牵头,紧紧围绕打造"世界五金之都 品质活力永康"工作主线,高质量完成市委十四届七次、八次、九次全会报告,《中共永康市委关于制定永康市国民经济和社会发展第十四个五年规划和二〇三五年远景目标的建议》以及调研类、报告类文章300余篇,总文字量达100余万字,为市委、市政府决策提供依据,积极有效地发挥参谋助手作用。此外,根据市委主要领导思路与永康有效做法,完成其他重要文稿起草工作。

改革工作

【概　况】 2020年,中共永康市委全面深化改革委员会办公室(简称改革办)坚持以"最多跑一次"改革为牵引、以数字化变革为动力,聚焦聚力"牵一发动全身"的重大改革项目,强化统筹协调,优化工作流程,做好交办落实,各项改革工作取得新进展。

【全面深化"最多跑一次"改革】 2020年,永康市改革特色亮点频出,《工伤"一件事"集成改革,构建全闭环工伤智控体系》被省改革办《领跑者》刊登,"龙山经验"人大代表联络站运行并获最高院党组书记、院长周强批示肯定,一般工业固废处置"五步法"获中央第三生态环境保护督察组组长耿惠昌批示肯定,"市检察院办理案件助推走步机国家标准出台"被最高检评为全国十大法律监督案例,并写入全国"两会"最高人民检察院工作报告,"一警情三推送"模式、壮大实体经济、共建"三方四地"飞地园区、工业经济型专业干部培育、小升规工作经验、危险废物集中收运服务工作"12369"模式、肥药全程管理一件事、打造全国首个电商扶贫供应链基地等14项工作均获省级领导批示肯定。改革试点数量攀升,跨境电商发展、供应链创新与应用获省直部门专项激励,县域经济治理、"外拓内"、文旅融合、物流创新发展、新时代浙江产业工人队伍建设改革、诉源治理类型化专题解纷、松材线虫病综合防治示范、健全青联组织社团基础、渔业健康养殖示范、道路交通事故社会救助基金抢救费用垫付"一件事"等获批省直部门试点。工作机制逐渐完善，推行"一把手"抓改革"1+4"工作机制，建立改革观察员制度，形成"最多跑一次"主要部门周会商制度，开设"永康改革"微信公众号，有力地推动全面深化改革向纵深推进。永武共建意外伤害医保基金"两地联动"监管机制等20余篇改革经验信息被省"最多跑一次"和"金华改革"微信公众号推送介绍。

【"一件事"集成改革】 2020年，永康市在省、金华市统一部署的41个"一件事"基础上，坚持从企业和群众的办事需求出发，加强系统性、关联性、协同性谋划，推出更多系统集成的便民利企"一件事"改革，实施"法拍房""浙里问·永康"等一批"一件事"集成办事项，推动跨部门、跨业务的综合集成创新。深化机关内部"最多跑一次"改革，完善机关内部"最多跑一次"协同平台，并部署到"浙政钉"，实现掌上办。

【持续优化营商环境】 2020年，永康市全面启动优化营商环境系列行动，率先开启水、电、气、通信等公用事业协同报装"10000"服务模式。纵深推进"无证明城市"改革，加快政务服务2.0建设，全面推行政务服务高频事项"淘宝式"办理，依申请服务事项网上受理率达到80%，首创小微企业园联建审批"一件事"改革并顺利开展试点。大力推进各项惠企政策落地见效，从"五减""降本减负"等方面降低企业负担，做好项目跟踪服务和奖励政策落地兑现。推进信用平台体系建设，完善信用红黑名单制度，打造信用永康。

【深入推进政府数字化转型】 2020年，改革办统筹谋划"1818+N"城市大脑总体框架，制定"城市大脑"规划设计方案和三年行动方案，建立"十统一"共建共享机制，率先出台县域级数据标准、数据交换共享管理办法和细则，创新推出"十步走""十强化"工作法，相继启动永城数治、智慧民政、智慧后勤等协同应用。"一数通用"综合平台、数字小微园、数智应急分别获浙江省数字化赋能智慧城市发展优秀成果、数字化治理优秀成果、多业务协同优秀案例等15项荣誉；政务服务、"浙政钉"2.0、数据治理、多业务协同等工作多项指标位居金华前列。

涉台事务

【概　况】 2020年，永康市台办（简称市台办）深入贯彻党的十九大精神和习近平总书记关于两岸关系的重要论述，积极响应市委市政府抗击新冠肺炎疫情工作精神，主动作为，奋发有为，为永康经济社会发展做出应有的努力和贡献。

【对台工作】 1月，市台办完成市辖区内台企数据调查，完成统计工作。1月2日，参加金华市台办组织的"习近平在《告台湾同胞书》发表40周年纪念大会上讲话发表一周年"座谈会。1月8日，筹集资金对10名困难台属及老政协委员进行走访。2月春节期间，协助台胞台企做好疫情防控工作，采购口罩等必需品走访慰问在永台胞和台商。走访在台就读的陆生，了解本人健康及回校事宜，组织台企鹰鹏公司、大润发超市筹集防疫物品支持全市防控工作。3月，走访开始经营的一点点、一芳等台商企业，了解台胞经营和生活情况。3月26日，参加全省对台工作电视会议，并传达会议精神。4月16日，参加金华市对台工作会议，并走访生产口罩的台属企业宁远工贸有限公司。5月9日，邀请在永陆生及家长进行座谈。5月28日，协助台胞陆柏名、曾美凤办理 B 类生报名事宜。6 月 5 日,参加金华市台联七届四次理事会,永康市台联会获先进称号,西溪、东城分会被评为先进分会,徐仁凑被评为先进个人。6 月 18 日,召开镇街道区统战委员会议,开展全市范围台属调查,要求安全做好排摸工作。7 月 8—9 日,组织在永台胞看浙江活动,参访金华双龙洞、中国婺剧院、兰溪诸葛八卦村、古婺窑火陶瓷。8 月,完成台属资料分类汇总存档保存等工作。8 月 4—8 日,慰问暴雨受灾台属,到唐先镇金坑村参加抗洪救灾活动,向该村捐助 1 万元用于灾后重建。9 月 29 日,邀请在永 11 名台胞、台生与台联会召开中秋茶话会。10 月 26 日,被国台办宣传局评为对台宣传先进单位,并颁发证书。11 月 12 日,组织政协委员参加界别月活动,筹集 9000 元到西溪镇壶坑洞村慰问困难群众。12 月,组织台联界人士参加全市统一战线成员运动会;参加省台办来金台联工作调研会。

径及处理方式,普及境外输入疫情防控政策,确保防疫工作更加人性化。完成相关指挥部令的英文版翻译工作,协同公安等部门制作浙江省"健康码"国际版申领说明中英文版,确保境外返永来永人员了解最新政策并申领国际版健康码。整合公安局出入境、商务局、经信局、教育局等部门力量,做好来永返永外籍人员信息排摸工作,做好政策宣传。比对四色预警系统数据、镇(街道、区)排摸的数据及接机专班数据,汇总近 14 天来永返永外籍人员名单,按规定实行落地管控措施。联系相关镇(街道、区)直接联络员,实地核查外籍人员隔离情况,确保管控到位的同时避免出现防疫过当的举措。根据省统一部署,建立永康"点对点"接机专班,共接回境外来永返永人员 202 人。

(市委办　供稿)

组织工作

外事往来

【概　况】　2020 年,永康市外事办(简称市外事办)贯彻浙江省委、金华市委外事工作委员会精神,坚持党管外事,紧紧围绕市委中心工作,坚持服务地方经济和社会发展,全面深化国际交流与合作,优化涉外服务,取得较好成绩。面对突发的新冠肺炎疫情,勇挑重担、多措并举,抓实抓细防输入和防扩散各项工作,全力以赴打好境外疫情输入防控阻击战。

【抓好疫情防控】　设立 24 小时双语咨询求助电话,为疫情防控宣传、与外籍人士有效沟通、处置应急提供外语保障和支持。开展涉外工作业务培训,强调涉外交往中需要注意的事项,统一涉外疫情相关回复口

■ 干部工作(公务员工作)

【概　况】　2020 年,永康市委深入贯彻落实中央、省委和金华市委有关精神,坚持正确选人用人导向,健全完善干部工作"五大体系",扎实推进"干部为事业担当、组织为干部担当"良性互动,深化推进"两下两上"干部培养链、干部队伍"春风话语"知事识人专项行动、年轻干部"红色成长"15 条等特色工作,探索实施工业经济型专业干部培养,着力建设一支忠诚干净担当的领导干部队伍,努力营造风清气正的良好政治生态。

【坚持正确选人用人导向　推动领导干部队伍建设】　2020 年,市组织部门着眼于县乡集中换届工作,深化开展对领导干部政治

素质的考察,加强领导班子和领导干部分析研判,推动政治生态不断净化优化。探索建立领导班子分析研判分片包干联系机制,组建5个干部考察组,分组包干下沉各机关部门、镇(街道、区),开展专项跟踪考察,建立形成"一局(镇)一档、一人一册"领导班子和领导干部综合分析数据库。坚持正确选人用人导向,注重选拔使用政治过硬、拼搏实干、担当作为的干部,注重在"疫情防控""防台救灾"等急难险重任务中发现和使用干部,全年共开展4批次市管干部人事调整,提拔重用市管领导干部50名,面向事业干部、年轻干部择优比选10名镇(街道、区)领导班子成员预备人选,社会反响普遍较好。

【强化干部队伍综合分析研判 推动精准"知事识人"】 突出政治标准,深入开展"听听干部心里话"、一线考察、专项考察等工作,做深做透"知事识人"工作。深化"春风话语"知事识人专项行动,实行"分片包干"联系机制,累计开展谈心谈话980余人次,考准考实领导班子和干部政治素质和现实表现。开展"三比三评"专项考察,实施"担当作为大比拼"专项行动,组织开展经济工作"争先创优"考察、村社换届一线考察、创文明城市一线考察等5个轮次专项考察,深入全市机关部门、镇(街道、区)以及7个经济工作专班开展考察。完善干部考核考察体系,修订完善领导班子和领导干部年度考核实施办法,定期开展谈心谈话汇总梳理分析和干部日常考核工作分析,进一步推动考核事与考核人相统一。

【深入推进"红色成长"计划 抓好年轻干部工作】 2020年,永康市组织部门深入推进年轻干部"红色成长"计划,持续推动完善"两下两上"干部培养选拔机制。注重年轻干部教育培养和实践锻炼,举办8期"红色成长·青腾大讲堂",实行学员选调制、分

组管理制、月度活动制,相关做法获《共产党员》《干部教育研究》刊登。选派2名"80后"市管干部到武义开展山海协作并开展乡村振兴驻村指导工作,选派4名"90后"年轻干部赴理县开展对口帮扶。注重从服务"两战""项目攻坚"等急难险重一线选拔使用优秀年轻干部,提拔重用35岁左右及以下市管干部18名,配备镇(街道、区)35岁左右及以下党政正职5名,35岁左右及以下科级领导干部占比从12.09%提升到13.2%。完善"三个一百"年轻干部资源库,提拔重用部管干部12名,掌握表现较好优秀年轻干部107名。落实年轻干部配备预审制度,持续优化全市中层干部队伍结构。

举办"红色成长·青腾大讲堂"(市委组织部提供)

【抓好各项巡视巡察、专项整治工作 推动选人用人规范化建设】 落实好金华市选人用人咬尾检查反馈的问题整改,对反馈的5个方面18个问题和2个立项督查逐一对照、逐项整改。深化"三色预警"机制,有效有序推进干部监督工作,共下发立项整改督办单25份,提醒谈话23人,函询3人,移交纪检监察机关处理1人。严格选人用人和因私出国(境)专项检查,结合市委巡察等工作,对25家单位开展选人用人突出问题和因私出国(境)违规问题检查工作,查摆问题91条,约谈组织人事干部17名,对10家单位下发立项整改通知书。坚持正面示范

与反面警示有机结合,拼搏实干,围绕"两个担当",建立"澄清保护""容错纠错"等一系列关爱制度,累计为8名干部澄清正名,激励广大干部担当作为。

【公务员工作】 2020年永康市机关部门、镇(街道)计划招考公务员79名,共有4886人报考,全市招考比例为61∶1。全市首次开展新录用公务员"青蓝工程"成长导师制工作,由所在单位为新录用公务员选聘一名成长导师,明确导师思想政治引导、理论学习辅导、专业技能传导、日常管理指导、心理健康疏导的传授清单,以及新录用公务员制订一份具体计划、开展一项专题调研、汇报一轮心得感悟、展现一次成长风采、撰写一份工作总结的任务清单,着力提升新录用公务员的政治素质和履职能力。

■ 基层党建

【概　况】 2020年是全面建成小康社会和"十三五"规划收官之年,也是村社组织换届之年,永康市委组织部(简称市委组织部)坚持围绕中心、服务大局,以村社组织换届为契机,深入开展"党建细胞"大比拼和"争创红旗支部、争当红星党员"活动,创新"六清"行动、新老班子阳光交接"凝心六法"和民情民意"红色代办"等做法,有力有序推进基层党组织建设,全面推行"一肩挑",高质量完成全市420个村社组织换届工作。持续深化"治村导师"工作法,建立"1+N"结对帮扶机制,常态化开展"导师巡诊",相关做法受到中组部关注肯定。深入开展"党员整治立规创优"行动,大力整治党员酒驾、赌博等违法行为。创新"三服务"载体,"三大员"深入基层用心服务,提供代跑代办服务1.4万余次。全面深化"红色生产力"工程,深入开展"抗疫情、促发展、当先锋"行动,出台红色担当"助企八条",在全国率先开通"返岗直通车","硬核"举措助力复工复产,党建引领推动发展作用更加凸显。

【高质量完成村社组织换届工作】 面对"五期叠加"的新形势、新挑战,永康市委以前所未有的重视程度、前所未有的工作力度推进村社换届,4次听取专题汇报,开展6轮"逐镇过堂",逐镇研判,听取汇报,四套班子领导包乡走村,挂钩联系34个重点村,摸清底数,掌握选情。市委组织部深入开展村级组织整固提升、村社换届准备"六清"行动等工作,部署开展固本创优攻坚行动,"一村一团"抓好整转帮扶,打好换届基础。7月24日,在花街镇启动换届试点工作,26个村"一肩挑"人选一次性选举成功,形成了"一书三办法""集体面询""红色代办"等经验做法,为全市换届破题探路提供"花街"样板。10月12日,全面启动全市村和社区组织换届,突出抓好选风选纪,深入开展"清风换届我诺我行"活动,查处2起换届"搭车"案件和1起诽谤村干部案件;坚持干中换、换中干,实行"开门一件事""履新第一课""开门履八条"等做法,迅速掀起干事创业的热潮,换届期间有力推进市镇村中心工作820多项,解决矛盾纠纷1480多起,信访总量较上届减少58%;积极探索"一肩挑"后村级权力运行监督机制,研究制定村级事务"报告日"制度、"一肩挑"后村级组织规范运行若干意见,切实做好村社换届"后半篇"文章。截至12月,全市420个村社换届工作全部圆满完成,"一肩挑"比例达到97.6%,平均年龄较上届年轻3岁;党组织书记、村(居)委会主任得票率分别达83.1%、81.2%;选举产生新一届村"两委"干部3220名,其中党组织班子成员1967人、村(居)委会班子成员1825人,换届选举过程整体平静安静,呈现"一降四升"即年龄降,年龄结构、性别比例、学历、党员占比升等特点。

【"党建细胞"大比拼推进"五星三强"党组织

创建】 开展"党建细胞"大比拼活动,实行"村村比、事事赛、人人拼",评选"红旗支部"36个,整改提升短板不足4700多个,制定创业承诺2446项。开展新一轮农村集体经济增收攻坚行动,402个村提前全面完成年度消薄任务。围绕打造"基层党建+社会治理""龙山经验"都市版,全力推动"政治引领突出、法治保障完善、德治教化普及、自治强基稳固、智治支撑有力"的"五治"小区建设,优化社区党群服务中心功能。招录社区工作者159名,建立功能性小区党支部6个,完成2个小区党群服务中心建设,金水湾小区"红色云"治理新模式得到金华市委书记陈龙批示肯定,金胜社区党建联盟在金华城市党建联盟路演中获二等奖。

【"治村导师"做法受到中组部肯定】 深化导师"1+N"结对帮扶工作机制,常态化开展"导师巡诊"活动,该做法受到中组部关注。8月27日,中组部组织二局石军局长一行赴永开展"治村导师"专题调研,对石柱镇塘里村、前仓镇大陈村进行实地考察,并召开专题调研座谈会,《浙江永康市选派"治村导师"为乡村振兴聚合力谋发展》被中组部采用刊登。永康市已有省兴村(治社)名师2名、金华市级治村导师6名,永康市镇两级治村导师90名。

【深入开展"党员整治立规创优"行动】 扎实推进党员酒驾醉驾、赌博等违法行为专项整治,出台《永康市党员干部从严管理"十条铁律"》及《永康市不合格党员处置实施办法》,对顶风违法党员干部,严格实行"十个一律",深入落实学习清单、负面清单、体检清单、整转清单等"四张清单",从严处置村干部15名,全部予以歇职或免职,四季度党员违法数量较一季度下降19.6%。

【"红色生产力"工程助力打造"世界五金之都"】 聚焦"稳企业、强服务、促发展"主线,大力实施红色领航、红色覆盖、红色先锋、红色动力、红色示范等"红色生产力"工程。深入开展"抗疫情、促发展、当先锋"行动,在金华率先出台红色担当"助企八条",开通"返岗直通车"做法被央视报道、省组刊登,安胜科技、三锋等企业党组织牵头防疫复工得到了省委主要领导肯定。深化"党员攻坚队""党员创客工作室""红色提案""车间讲堂""车间政委"做法,建成红色车间151个、党员创客工作室125个,提出"红色提案"3100多个,推动实施技改项目160多个。推进两新党组织"四化重组"工作,新建党支部19个,在建党建联盟17个。智能门(锁)产业党建联盟赋能门企发展,2020年全市智能门(锁)产业产值合计128.9亿元,同比增长7.49%。深化"三师助企"专项行动,选派会计师、税务师、律师及农商银行专业力量深入10个省级小微企业园开展常态化服务,破解难题610多个,深受企业欢迎。

■ 机关党建

【概 况】 2020年,机关工委围绕建设"清廉机关、活力机关、诚信机关、模范机关"主题主线,以"党建强、发展强"为目标,深入推进机关党组织"1+2"标准化规范化建设,机关党组织集中换届工作如期完成,事业单位和国企党组织有序调整到位,国企退休党员社会化管理工作平稳完成。创新党建活动载体,培育机关党建工作品牌,机关党员"政治生日"制度入选新时代浙江机关党建范式百例,机关党建"三级三岗"相关工作被《浙江机关党建》杂志采用刊登。服务保障"两战赢",在战疫一线组建临时党支部和党员先锋队,守牢"小门",打好"巷战",机关单位和个人共获省级疫情防控先进集体(基层党组织)1个、优秀共产党员1人、疫情防控先进个人3人。围绕中心大局,各机关党组织积极组建党员突击队、党员攻坚队,机关党员干部下沉一线,主动"亮身份、作承诺、当先锋、树形象",全力打好抗台救灾保卫战、创文攻坚战。

【建设清廉机关、创建模范机关】 探索建立"三级三岗"责任清单,明确部门党组(党委)、机关党委、党支部三级组织和对应三个书记岗位职责,确保责任层层落实、压力层层传递、工作层层到位,保障党建工作与业务工作同谋划、同部署、同推进、同考核,相关做法被《浙江机关党建》杂志采用刊登。以"建设清廉机关、创建模范机关"为机关党建工作主抓手,研究出台深化推进"双建"工作实施方案,明确8大类34条清廉机关建设指标和20项模范机关工作任务。结合机关各个时期不同工作重点,分别确定"清廉""活力""诚信""模范"等四个季度不同活动主题和内容,每月下发工作清单,明确当月工作任务和主题党日学习重点,通过季度主题指导、月度清单落实、定期交流推进,引导基层党组织突出重点、把握时间节点抓好各项工作任务。

【顺利完成机关党组织换届】 开展机关党组织集中换届工作,423家机关党组织按要求顺利完成换届。结合事业单位改革和国企改革,进一步优化党组织设置,理顺组织关系,新设立、撤销、合并党组织116家,将隶属经信、教育、商务等部门的国企党组织划转至国资办机关党委。做好国有企业退休人员社会化管理工作,平稳完成537名退休党员的关系接转。出台进一步规范落实党内基本制度、进一步深化支部主题党日活动指导意见等规范性文件,持续深化机关党组织"1+2"标准化建设,不断提高党支部的建设质量。结合市委巡察工作,常态化开展督查检查,分类梳理各类机关党建问题5大类127个,坚持即查即改,约谈党组织负责人3人,并通过发放提醒函、督办单等方式,明确整改责任人、整改时间,有效确保各项制度落实落细。

【创新开展"双融双促"党建品牌建设】 围绕"党建强、发展强"目标,以"双融双促"党建品牌建设为载体,通过抓队伍、建平台、激活力,推动党建和业务融合发展。以新任党组织书记为重点,及时组织换届后400名党组织书记集中培训,提升履职能力。注重把骨干培养为党员,把党员培养为骨干,将各机关部门409名业务骨干纳入入党积极分子资源库,发展党员163人,其中高知群体24人。注重在市委市政府重点工作中培养、发展党员,其中在战疫一线确定入党积极分子85人,吸收为预备党员26人。开展"党建细胞"大比拼活动,搭建互学互比平台,引导基层党组织和党员拼争抢创、争先晋位,2020年底,邀请百名两代表一委员,对各机关部门的履职情况进行民主评议。注重发挥部门资源优势,积极打造政协机关"民情专递"、综合行政执法局"永城红管家"、卫健局"医心向党 健康为民"等84个党建工作品牌,评选出12家"红旗支部",较好形成"一单位一品牌,一支部一特色"的工作格局。积极倡导"远离酒桌、远离牌桌,走近书桌、走近球桌"的机关文化,添置健身器材,改造升级机关党员活动中心,组织开展"不忘初心、墨香献礼"新春送春"廉"、"传茶礼树家风,争当廉内助"茶艺培训活动、"忠诚·奉献·清廉"诗词创作比赛、趣味运动会等系列活动,营造良好的机关文化氛围,激发党员干部的工作活力。

【持续深化"双进双服务"活动】 以"双进双服务"活动为载体,推动机关党员干部在疫情防控、抗台救灾、文明示范城市创建等重点工作当先锋、做表率。第一时间下发党员进社区通知,8000名在职党员干部深入一线,建立重要卡口临时党支部16个,党员先锋队65支、青年突击队34支,守牢"小门",打好"巷战",坚决推动"两战赢"。发动全市机关干部下沉一线联企帮户,抽调精干力量组建"助企帮帮团",提供"红色代办"服务,积极开展"稳企赋能"专项行动。机关单位和个人共获省级疫情防控先进集体(基层党组织)1个、优秀共产党员1人、疫情防控先进个人3人,金华市先进集体(基层党组织)6个、优秀共产党员3人、疫情防控先进个人18人。面对台风"黑格比"的袭击,机关党组织积极组建党员突击队,下沉一线,及时救援被困群众、服务安置人员,帮助基层群众做好危旧房排查、应急医疗保障、农作物防涝等专业化服务,全力恢复受灾群众正常生产生活。机关党员干部全员注册"志愿汇",进社区常态化开展"一巡三查"等志愿服务,在省示范文明城市创建中,机关党员干部主动"亮身份、作承诺、当先锋、树形象","红马甲"成为永康城区一道靓丽的风景线。

■ 人才工作

【概　况】　2020年,永康市委认真贯彻中央、省委和金华市委关于人才工作的部署要求,始终坚持人才优先发展理念,将人才工作摆在突出位置,牢牢抓住长三角一体化人才发展机遇,积极推进人才工作载体搭建、机制创新和服务优化等工作,为"打造中国乃至世界先进制造业基地"提供强有力的智力支持和人才支撑。2020年,永康设立人才发展专项资金项目共10个大项23个小项,人才工作经费预算为5000万元。

【全力做好疫情防控和助力复工复产服务】面对海内外暴发的新冠肺炎疫情,市委组织部持续关注疫情发展趋势,摸排海外人才需求,为11名海外高层次人才、82名永康籍海外留学生寄送防疫礼包。开展"高层次人才'云社区'千企万岗招才活动",举办25场次云招聘,云上对接高层次人才项目32个,达成合作意向6969人。创新开展"不见面"招商,通过视频连线美国、意大利等疫情较为严重的海外地区,加速高层次人才项目招引和落地,在疫情期间为全市企业引进海外博士13人,助力复工复产。

【揭榜挂帅走在前列】　2020年,市委组织部建立并深化"揭榜挂帅"全球引才机制,梳理有能力引领区域创新、承载高端人才企业的人才技术需求,累计发布、更新和跟踪人才技术需求榜单99项,榜额超1亿元,兑现榜金1250万元,为企业解决技术难题100余个。高规格举办金华首场"揭榜挂帅·全球引才"重点细分行业引才专场、院士专家领军人才永康行活动,全年成功申报国家级和省级专家各1名,引进院士专家6名、国家级领军人才25名。

【永康博士联谊会反哺家乡】　持续完善永康籍人才回归平台,组建千名博士专家智库,成立永康博士联谊会北京分会,形成永博联东(杭州分会、上海分会)、西(西安分会)、南(粤港澳大湾区分会)、北(北京分会)的分布格局,开展"一人一事为永康"活动,全年组织200余人次回乡服务,举办"灾难无情人有情,支援家乡献爱心""反哺家乡·助力学子·圆梦高考"等各类活动26次,累计为家乡捐献善款300余万元,服务惠及上万永康人民,同时深入企业、乡村开展调研,为永康经济社会发展贡献博士力量。

【人才平台建大做强】　开工建设永康智能门(锁)工程师协同创新中心,组建由本地工程师、在外博士组成的兼职工程师队伍,并与杭州电子科技大学、浙江科技学院等高校签署了科技合作协议,高校院所等高能级平台数稳步递增。紧密结合对口帮扶、东西部扶贫协作工作,加强人才互派交流,与东阳市、四川阿坝州理县、遂宁船山区共同签订"人才协同发展"框架协议,依托"三方四地"飞地园区建设,进一步建立人才共引共育及成果转化机制,有力推动扶贫协作走深走实,有关做法得到省委常委、组织部部长黄建发批示肯定。举办首届永武缙五金工匠技能大赛,加大"蓝领"技工培育力度,开设本土人才评定"直通车",培训高技能人才1703名,新增高级职称人才265名,持续做大人才基本盘。

【人才生态争先创优】 面对日益激烈的人才竞争环境,改版升级永康人才新政,出台《永康"智汇丽州"人才新政20条意见》,进一步扩大政策享受范围,全面加大人才来永房租补贴、购房补助、安家补助等优惠力度,并在平台建设、项目落地、人才招引、人才激励等方面提供更有力的政策支持。健全人才服务体系,做强永康人才服务绿卡品牌,全年为500多名人才提供服务1500余次。出资7500万元参与设立金华"双龙计划"人才基金,引导支持人才服务企业破难攻坚、创新发展。开展经常性人才工作宣传,在省级以上媒体发布41篇人才工作新闻,通过举办首届永康民营企业家节、首届永康工程师大会等多形式活动,切实营造尊才爱才良好氛围。

(市委组织部　供稿)

宣传工作

■ 理论党教

【创新开展"宣讲365"工程】 2020年,永康市宣讲创新项目"宣讲365"工程于3月10日正式启动,以"理论深度＋时代温度"为主要内容,围绕省委书记袁家军在省委党校2020年秋季学期开学典礼上重要讲话精神、《习近平谈治国理政》第三卷、文明公筷等主要内容,积极创作适合网络传播的理论宣讲产品,全年向全市推送357期。

【规范理论中心组学习】 规范各镇(街道、区)、各部门单位理论学习中心组成员名单,组织开展市委理论学习中心组专题学习会,通过实地调研、集中自学、交流发言等多种方式,专题学习习近平总书记在浙江考察时的重要讲话、省委书记袁家军在省委党校2020年秋季学期开学典礼上重要讲话精神等。

【推进理论宣传深入覆盖】 开展永康市微型党课大赛暨"宣讲365"工程基层理论宣讲短视频征集活动、"八婺同心话学习"基层理论宣讲短视频大赛、"习近平总书记在浙江考察时的重要讲话精神"专题宣讲、防台抢险救灾先进事迹报告会等活动,全年共开展宣讲120余场次。

【积极促进理论研究提质提效】 开展践行"绿水青山就是金山银山"理念,推进永康市舟山镇端头自然村实践案例,加强和改进新时代永康产业工人队伍思想政治工作、基层宣讲工作、青年宣讲团队建设等情况调研。组织开展政工师评选、社科基地建设、2020年度哲学社会科学研究立项课题申报工作。

■ 文化宣传

【概　况】 2020年,文化宣传紧密围绕全市中心工作,从年初服务抗疫迅速转移到夯实基层文化阵地、理顺文化工作长效机制、推动文化文艺工作进一步繁荣上来。全市新建农村文化礼堂57家,累计建成380家,覆盖349个行政村和6个社区,500人以上行政村覆盖率达到87.5%。古山镇、舟山镇获评省农村文化礼堂建设示范乡镇,西城街道郎下村、芝英镇芝英一村、西溪镇石江村、象珠镇山西村、唐先镇秀岩村、花街镇店园村6个行政村的文化礼堂,获评省五星级农村文化礼堂,永康市芝英镇胡祖坑村等22个行政村的文化礼堂获评金华市四星级农村文化礼堂。唐先镇秀岩村岩洞口文化礼堂管理员胡咏梅,芝英镇王上店村党支部书记、文化礼堂理事会理事长王建设获评第三届浙江省"最美文化礼堂人"。承办金华市新时代文明实践中心暨农村文化礼堂建设推进会,印发《关于进一步完善新时代文明实践中心和农村文化礼堂长效管理机制的通知》《关于实施农村文化礼堂"六万工程"的通知》等文件,出台《永康农村文化礼堂管理员管理办法(试行)》《永康市农村文化礼堂"活力指数"管理运行办法(试行)》,指导镇(街道、区)出台《文化礼堂星级管理与奖励办法实施细则》及《农村文化礼堂管理员管理考核办法》,拨付农村文化礼堂星级奖励596万元,基层文化阵地建设不断向前迈进。

【扩大文化精品奖励覆盖面】 结合文艺创作的实际,研究制定《永康市文化精品和文化人才奖励办法(试行)》,扩大文化精品奖励的覆盖面,加大文化人才的激励力度,引导全市文化文艺创作向高质化、精品化方向奋进。深耕特色文化,推动永康文化繁荣。深入挖掘胡公文化、陈亮文化、五金文化,推出永康鼓词《陈亮上书》、永康醒感戏《清正胡则》。以现代科技网络手段推动方岩庙会、醒感戏、永康鼓词、铸铁4个非遗项目的转化与发展,推动戏曲类非遗项目的传承发展与创新,举办金华明月书场"永康鼓词"专场月展演,创作录制《节气歌》《总书记浙江情》《总书记下江南》《清官方天照》《繁荣富强的永康》等鼓词作品,挖掘传统曲目《合同记》。营造浓厚的创作氛围,文艺精品迭出。应召平等4人4幅作品分别获第22届全国艺术摄影大赛不同类别银奖,49幅作品获得省级书画、摄影奖项。电视纪录片《炼·五金》入选金华市文化精品创作扶持项目,

《拱瑞手狮》获金华市级文化精品奖励。

(市委宣传部 倪永杰)

■ 对外宣传

【概 况】 2020年,永康市委宣传部(简称市委宣传部)认真贯彻落实上级关于加强外宣工作的精神,以稳定团结鼓劲为主,加强主流舆论引导,围绕市委、市政府中心工作开展重大主题宣传。扎实开展新时代外宣工作,不断提升"四力",做好选题策划、精品打造、融合转型,持续扩大新闻外宣的传播力、影响力和公信力。畅通外宣沟通渠道,在延续"请进来"与"走出去"两条腿走路的优良传统基础上不断进取,拓展与上级新闻媒体交流联系的深度、密度、温度,积极参与上级党报针对大量重大题材、重要活动的报道,实现"永康故事"在外宣媒介上出新出彩出色,在广大受众中拥有更大的知名度和美誉度。树立"一盘棋""大格局""争一流"意识,加强新闻发布制度建设、夯实外宣基础,努力打造全方位、多层次、宽领域的大外宣格局,为永康市建设"世界五金之都品质活力永康"的生动实践营造良好的舆论氛围。全年永康市在省级以上媒体发稿639篇(条),其中国家级媒体76篇,《浙江日报》165篇,浙江卫视213条,浙江之声185条。永康市"返岗直通车"助企复工事迹在《人民日报》客户端刊发,被《新华每日电讯》综合采用,连续两日在中央电视台、中国之声、浙江卫视、浙江之声、《浙江日报》等中央、省级主流媒体播出和刊发。

【做好"出新、出彩、出色"三大文章确保外宣工作更"出效"】 一是重大外宣选题更"出色"。以习近平新时代中国特色社会主义思想为指导,围绕中央、省、市重要会议精神,根据永康实际,每日关注《人民日报》《浙江日报》《金华日报》的头版动态,主动策划主

题,找准外宣切口,选好选精外宣素材,把永康想做的外宣转变成上级媒体所需的要素,让"永康故事"在上级媒体上"出色"。二是巩固外宣经验更"出彩"。主动邀请上级新闻媒体来永采风,积极走访联系上级宣传部门及新闻媒体单位,加强与新闻媒体之间的感情联系。承办中宣部"走向我们的小康生活"活动,以端头村为切口,对外宣传永康市垃圾分类和文明生活。指导各部门开展宣传工作,加强与外事部门的联系,及时捕捉相关动态,挖掘宣传亮点。高规格举办新闻发言人培训班,持续提高部门主动外宣的水平和能力,做优做强全域化大外宣格局。三是拓展外宣空间更"出新"。发挥永康影视行业迅速发展的优势,制作廉政题材院线电影《大明监察御史》,启动生活题材系列短剧《永康一家人》项目,依托影音媒体大力宣介永康历史人文,展现经济新形势下的市民风貌。鼓励文创企业主动进军亚运会、进博会,让永康的文创产品在国际赛事、重大展会中主动植入、打造品牌、形成声势。开展"门博会""五金博览会"展会宣传,邀请网易新闻客户端直播并在欧美30家主流媒体上进行高清、全流量直播。以新媒体为突破口,抢占网络资源,在抖音等短视频平台上建立对外推广新路子,打造网民追捧、群众喜爱的新媒体"爆款"产品。

■ 精神文明建设

【概　况】　2020年,永康市精神文明建设以习近平新时代中国特色社会主义思想为指导,全面贯彻党的十九大和十九届二中、三中、四中、五中全会精神,全面创先争优,全力创成浙江省示范文明城市,推动精神文明建设各项工作取得良好成效。

【群众性文明创建活动】　做好新一轮的全国、省、市文明单位和文明村镇创建工作,其中,中国科技五金城集团获评全国文明单位,龙山镇梅陇村成功创建全国文明村;龙山镇获评浙江省文明乡镇;舟山镇红柿园村、前仓镇大陈村、石柱镇塘里村、东城街道永义村4个村新创成浙江省文明村;正阳股份有限公司、永康市新华书店有限公司、永康市公安局芝英派出所、永康市华联商厦4个单位成为新的省级文明单位;高镇小学成为浙江省文明校园;前仓镇璋川村,舟山镇端岩村、里木坦村、舟山三村,龙山镇东来村、张岭口村6个村新创成金华市级文明村;综合执法局江南中队、农商银行石柱支行、农业银行股份有限公司唐先支行、劳动监察大队、钱江水务有限公司、红十字会、大司巷幼儿园、经济开发区卫生院8家单位成为金华市文明单位。

【公民思想道德建设】　李爱姿、倪德藏入选"中国好人",芦鑫州入选"诚信浙江人",倪德藏、覃桂石、李爱姿、王福田、孙豪5人入选"浙江好人",倪德藏成为全省年纪最大的"见义勇为积极分子"。应健达家庭入选2019年度浙江省"最美家庭",除李爱姿、倪德藏、王福田、孙豪外,还有程朱昌、徐步升、郎平、方仙女、林建平、李晓庆、楼群儿、卢义能、李巧莉、李章存、徐国超、姜月娥、邵晓林、张纪贤、付美贞等共计19人入选"金华好人"。吕林欣、舒畅家庭入选2020年度浙江省文明家庭。

【未成年人思想道德建设】　持续做好"文明校园"创建工作,县级以上文明校园实现100%全覆盖。围绕青少年真善美种子工程开展未成年人亲子读书活动,实施"春泥计划"。下发《关于开展永康市第十一届"温暖的旅程"未成年人亲子读书活动的通知》,大力营造全民阅读的良好氛围,激发未成年人阅读热情。下发《关于做好2020年暑假期间"春泥计划"实施工作的通知》,常态化做好"春泥计划"工作,其中永祥小学乡村学校少年宫的婺剧《杨门女将》作为金华唯一代表作品于11月28日参加全省"春泥计划"十周年文艺会演。

【城乡文明创建工程】 深入做好新时代文明实践中心全国试点建设工作,投资320万元高标准打造全市领先的新时代文明实践中心,486个文明实践所、站、点完成建设并挂牌。9月10日成功举办全市新时代文明实践中心暨农村文化礼堂建设现场推进会。各类志愿服务也是佳绩频出,6月22日举办首届永康市志愿服务项目大赛暨公益创投活动,选送的3个金奖项目在之后的"志愿八婺文明金华"第五届金华市志愿项目大赛中荣获2金1铜和优秀组织奖的佳绩。

(市文明办 胡 波)

统一战线

■ 综 述

【概 况】 2020年,永康统一战线在市委的坚强领导和上级统战部门的具体指导下,按照"规定动作强落实、自选动作求特色、创新工作出亮点"的思路做好各领域统战工作,全年统一战线累计获得金华及以上荣誉表彰批示67项。永康统战部连续4年获评金华统战工作先进单位,连续4年在金华统战部长会议作典型经验交流。

【助力"两手硬、两战赢"】 全市统一战线坚决贯彻习近平总书记关于经济社会发展的重要指示和重要讲话精神以及中央、省委和市委决策部署,全力投身抗疫斗争和复工复产。加强宗教领域疫情防控,第一时间下发9个宗教活动场所管控通告,发动2.7万人次对全市宗教活动场所开展巡查,紧急叫停169场次宗教活动。向统一战线成员发出7封倡议书,号召捐款捐物2750余万元。助力复工复产,深入开展"助企抗疫情、联企复生产"专项行动,开通乐平到永康"返岗直通车",分两批"一站式"接回737名江西乐平籍务工人员,带动乐平自发返永逾1.5万人。采取护照排摸法、上门核实法、名单比对法、社会关系人了解法"四法"做好重点国家侨情及侨胞返乡信息摸底,截至2020年3月18日,共排摸出海外华侨1046人、海外留学生641人。

【抓好各领域统战工作】 2020年,统战部门开展政治型、学习型、效能型、清廉型、和谐型"五型"民主党派组织建设,坚持完善民主党派量化"积分制"入党、党派成员量化"积分制"考核、党派主委联席会议、党派班子民主生活会等制度。全市"两会"期间,党外代表人士共提交65件提案议案,全年开展7次专项民主监督,报送25条"直通车"建议,其中10条建议得到市委、市政府主要领导批示办理。开展139场次社会服务活动,各民主党派成立"志愿服务队",参与全市"创文"工作,"一党派一品牌"社会服务不断做强创优。开展无党派人士摸底、审核、登记、颁证等工作,为226名无党派人士颁发证书。在民营经济方面,实施"永商青蓝接力工程",以"1+X"匠心传承导师结对模式开展新生代企业家传帮带教工作,获评2020年度金华创新突破项目。在永康市首届民营企业家节系列活动期间,组织"纳税双百"企业家赴杭体检,深入开展以"十个一"为主要内容的"浙商永远跟党走"主题教育,助力营造亲商、重商、暖商、爱商的浓郁氛围。在民族宗教工作方面,落实中央宗教工作专项督查整改,解决宗教团体"三无"问题。联合承办省民宗委"民间民俗·多彩浙江"2020年方岩庙会。开展"一月一镇"宗教安全隐患大排查,推进宗教"四治"专项工作。组建宗教消防队伍,建立南都禅寺、古山金川教堂微型消防站,全年累计投入宗教消防站建设、智慧用电设备和监控探头加装等资金300余万元。在石柱镇创新打造实体化运作、嵌入式管理、无固定区域的民族团结进步飞鹅山石榴籽社区,被纳入省第三批民族团结进步工作重点培育单位,获央视《民族振兴 城市风采》栏目报道。圆满完成第一轮"双百村结对"行动任务,为婺城区少数民族村水竹蓬村筹集30万元帮扶资金,助力该村成功获评"全国文明村"。召开永康市第六次归侨侨眷代表大会,全面完成基层侨联组织换届工作,高规格成立侨商会,高标准建成侨胞之家。指导知联会、新联会、网联会、留联会等统战团体加强组织规范化建设,花街华茗园、总部中心电子商务公共服务中心等多处新阶层实践创新基地通过验收。花街镇成立乡贤选风观察团助力村级组织换届、唐先镇乡贤助力学校结对等新乡贤工作获省委统战部肯定。加强镇(街道、区)6大类基层统战阵地建设,出台"五个一"统战阵地建设标准,4年来累计打造46处统战阵地,编印《永康统战工作阵地建设掠影汇编》。全年省内外共有17批近400人来永调研考察统战工作,永康统战工作品牌影响力持续放大,辨识度不断提高。

2020年7月23日,永康市飞鹅山石榴籽社区揭牌暨首届民族文化艺术周活动启动仪式在石柱镇举行(市委统战部提供)

【构建大统战工作格局】 "统"的作用更加突出。市委、市政府班子领导及政府有关部门做到"三个带头",认真落实联系民主党派、无党派人士、工商联制度和市委领导列名联系新的社会阶层人士工作制度,上级各项走访联系党外代表人士指标完成率均达100%。"督"的效果更加彰显。落实市委2020年度民主协商计划,相继召开政府工作报告意见建议征询会、市委重大决定征求党外人士意见座谈会、党风廉政建设和反腐败工作情况通报座谈会等民主协商会议,保障党外人士知情明政、咨政建言权。"合"的态势更加喜人。发挥统战工作领导小组办公室作用,加强与有关部门在党外代表人士、民族宗教、民营经济统战工作等方面沟通合作,使各方力量参与统战工作的着力点更加清晰。

(市委统战部 朱宇天)

■ 侨务工作

【疫情防控有为有力】 2020年疫情防控期间,永康市侨联(简称市侨联)加强与红十字会和医疗机构的联系,了解掌握疫情防控实际所需;加强与海内外侨界爱心人士的联系,及时反馈防疫物资生产销售渠道等信息;加强与相关部门单位的联系,协助办理海外捐赠快速通道,市侨联、留联会以及侨界人士累计为抗击疫情捐赠的款物逾200万元。成立永康侨联、留联会志愿者服务队,建立为境外回永被防疫隔离的侨胞侨属、留学人员提供"六个一"关爱机制,累计慰问回永隔离人员112人次。通过护照排摸、上门核实、名单比对、社会关系人了解"四法"开展侨情调查,累计排查护照信息13.49万余本,排摸海外华侨1046人、在外留学生641人。建立"侨海联动"互助机制,组建"侨海联动互助"微信群,确保侨海联络畅通;向旅居海外的永康籍华侨发出各地风险提示预警,积极引导海外侨胞在居住国做好居家自我防护和归国健康申报等各项工作,累计向海外留联分会以及海外侨团邮寄"爱心口罩"1.5万只。市侨联获评"全国侨联系统抗击新冠肺炎疫情先进组织"。

【围绕中心发挥侨力】 2020年台风"黑格比"影响永康期间,市侨联组织人员赴受灾严重的唐先镇开展灾后清理工作,市侨联、留联会、香港永康同乡会以及侨界人士为抗台赈灾捐资赠物超200万元。积极组织侨联委员开展多形式民主监督,通过参与媒体问政、考察调研、明察暗访等方式开展专项民主监督。加强与侨界人大代表、政协委员的联系并提供相关服务,组织侨界群众和海外侨胞围绕市委、市政府的中心工作或重大事项建言献策,通过人大议案、政协提案和调研报告及社情民意等形式,及时反映侨界群众的意见建议。持续关注海外人才回归发展遇到的问题,协助有关部门制定、落实相关政策,助推海外人才回归;开展"侨商回家"系列活动,全力推动侨资回流、人才回归、项目落地。

【社会服务暖心用心】 2020年,市侨联与残联共同设立残疾人关爱基金,赴基层开展助残、助老公益活动。指导留联会开展贫困山区支教、"大手牵小手"关爱儿童、特殊教育学校困难学生结对帮扶等公益活动,不断扩大留联会"同心公益"品牌影响力。

(市委统战部 供稿)

■ 多党合作

【支持党外人士履行职能】 统战部门坚持把民主协商纳入决策程序,在重大部署、重要决策、重点会议上广泛听取各民主党派人士意见,协助市委起草《2020年政治协商

计划》并推动落实。2020年,共召开党外人士意见征询会、党风廉政建设通报会等7次。参政议政有热度,引导各民主党派围绕市委市政府中心工作开展调研和建言献策,全市"两会"期间各民主党派共提交65个提案议案。聚焦"永康无废城市建设""扬尘治理""大数据优化医保服务""防疫抗疫,复工复产"等工作开展专项民主监督,撰写调研报告15余篇,提交意见建议40余条。深化"同心"系列社会服务活动,疫情期间动员各党派发挥自身优势,踊跃捐款捐物260余万元,助力企业复工复产。

【"五型"民主党派组织建设】 引导民主党派加强自身建设,出台《关于开展"五型"民主党派组织建设工作座谈会纪要》,着力打造政治型、学习型、效能型、清廉型、和谐型民主党派,进一步提高民主党派成员政治把握能力、参政议政能力、组织领导能力、合作共事能力、解决自身问题能力,促进永康民主党派基层组织规范化建设。

【党外代表人士队伍建设】 2020年,统战部门开展无党派人士排摸、认定工作,举办无党派人士座谈会,对认定的无党派人士进行颁证。组织召开党外干部集中述职会议。召开组织部、统战部两部联席会议,联合开展党外干部工作调研督查,保障党外干部成长成才。

(市委统战部 邵 怡)

■ 民族宗教

【宗教领域抗击疫情和防台抗台工作】 疫情发生以来,统战部门紧急叫停全市宗教活动场所春节期间计划安排的169场次佛道教祈福和基督教集体礼拜及传经布道活动,阻断宗教领域聚集性交叉感染风险。成立宗教领域疫情防控工作小组,先后下发9次通知,严格落实所有场所停止对外开放,

全面停止一切宗教聚集性活动,严禁外来人员进入宗教活动场所。运用"三级网络、两级责任"机制,发挥"三人驻场所"小组和网格员作用,全方位加强监管。先后组织16次派出22批督查组,深入170多个宗教活动场所和民间信仰场所进行现场督查和抽查,对发现的问题及时责成相关单位和人员限时改正,确保全市宗教领域安全稳定。疫情期间,全市宗教界共筹集善款100万元,购买20万只防护口罩及相关防疫紧缺物资支持抗疫一线。"黑格比"台风侵袭永康市后,组织30余名宗教界人士协助受灾严重宗教活动场所开展互帮自救,市基督教"两会"组织150余人帮助30多户受灾群众开展救灾工作,宗教界在组织做好自身救助的同时,为受灾严重的镇(街道、区)捐款捐物6万元。

【创建飞鹅山石榴籽社区】 为深化民族团结进步创建工作,进一步筑牢中华民族共同体意识,围绕"共同团结奋斗,共同繁荣发展"主题,2020年,统战部门在石柱镇石柱村创建了一个嵌入式管理、实体化运作、无固定区域的虚拟社区——飞鹅山石榴籽社区。7月,飞鹅山石榴籽社区揭牌仪式暨首届民族文化艺术周活动正式启动。自社区创建启动以来,通过一套议事会制度、一个"民族团结一家亲"微信群、一个民族和合之家、一条民族团结教育示范街、一批放心消费示范店、一支少数民族志愿者服务队、一个联勤警务站等"七个一"建设,构建起社区民族工作网络,全面打造"教育引导、管理服务、权益保障、政策宣传、纠纷化解、扶弱济困"六位一体的工作平台,累计投入资金1100余万元,开展少数民族困难群众、学生帮扶35人次,"共植民族林""民族美食展""民族政策宣传周""少数民族义诊"等活动11次,挂牌民族"放心店"36家。截至2020年底,石柱镇外来少数民族人口

从6900多人增加到8000多人,纠纷警情下降16.4%,开展法律法规、技能就业等培训逾800人次,累计发放少数民族租房、创业、培训补贴券165.8万元。

【宗教领域"四治"专项工作】 2020年,统战部门深入开展宗教领域"四治"专项治理工作,结合"一月一镇"宗教活动场所安全隐患大排查,在全面摸排和整治的基础上,重点对基督教私设聚会点、乱建寺庙、管理不规范、非法常住僧人等重点问题进行整治和"回头看",有效遏制"假乱俗"问题势头,并按时间节点完成治理,进一步巩固中央、省委宗教工作专项督查整改成果,进一步消除存在的安全隐患。

【"民间民俗·多彩浙江"方岩庙会】 10月10—14日,"民间民俗·多彩浙江"2020年方岩庙会活动在方岩旅游集散中心开幕。庙会期间,在方岩山举行"十岁上方岩 励志敬胡公"活动,由永康市堰头小学的60多名各民族学生参加。此次方岩庙会累计吸引30万人次参加,首次开通大型户外直播,被30多家媒体争相报道,其中包括央视12套、浙江新闻和各大旅游网站等。省委书记袁家军对永康胡公精神作出批示,肯定并鼓励永康胡公文化研究传承工作。

(市委统战部 徐 豪)

■ 民营经济

【概 况】 2020年,统战部门开展"十个一"系列活动,引导民营企业家"一颗红心跟党走、一以贯之谋发展、一心一意抓实业、一身正气搞经营、一如既往做公益",深入推行"一马当先主动服务、一腔热血主动服务、一视同仁平等服务、一丝不苟细致服务、一身清廉清正服务",营造亲商重商氛围。组织开展"双百"企业家体检、新生代企业家座谈、"亲清直通车·政企恳谈会"、企业家"云上座谈"

等活动,参与活动民营企业家累计逾千人次。

【深化"三服务"活动】 2020年,统战部门抓好工商联商会疫情防控工作。工商联、司法局、律师协会联合启动民营企业"法治体检"服务,推出"企业智检3.0"助企软件,累计排查177家企业,发现涉疫法律风险和矛盾纠纷隐患,为358家企业提供针对性的法律指引。深入开展"助企抗疫情、联企复生产"专项行动,梳理汇编《新冠肺炎疫情防控期间相关法律问题解答》,建立困难问题清单,跟踪掌握困难问题的解决情况,累计为企业送上消毒液12吨,协调采购口罩10万只、消毒液20吨。

【推进民营企业健康发展】 加强多部门信息沟通与共享,建立涉企联席会议、预警通报、联合调研、投诉移送核查、日常联系等制度,累计组织6次涉企案件听证会,维护民营企业家的合法权益。开展以"服务'六稳''六保'护航民企发展"为主题的活动,探索建立"民营企业家容错机制",对部分涉企案件试行"暂缓起诉"。在先行集团、春天集团、道明光学开展"清廉民企"试点工作,引导民营企业争做践行"亲""清"新型政商关系的典范。

【"永商青蓝接力"工程】 加强新生代企业家统战工作,发挥"匠心传承导师团"作用,依托"传承驿站"先后以导师牵头、部门参与的形式开展"创业沙龙"讲座、企业风险防范、"两链风险"规避等多场"传承论坛"。扎实开展"浙商永远跟党走"理想信念主题教育实践活动,组织新生代企业家开展"永康企业家精神大讨论"活动。全年新生代企业家为抗击疫情、"大美乡村建设"、"捐资助学"等光彩事业捐赠的公益资金累计1500万余元。相关工作得到省委统战部副部长、省工商联党组书记陈浩和金华市委常委、统战部部长张伟亚批示肯定。

(市委统战部　张豪建)

党校工作

【概　况】 2020年,永康市委党校(简称市委党校)在市委市政府的正确领导下,坚持以习近平新时代中国特色社会主义思想为指导,认真学习领会习总书记办学治校精神,结合《中国共产党党校工作条例》学习定规章,结合中央、省委、金华市委三级党校校长会议精神抓落实,结合巡察问题抓整改,切实把习总书记指示精神落实到办学治校的方方面面。被评为2020年度全省党校(行政学院)系统成绩突出集体。

【干部培训阵地】 2020年,市委党校共完成计划内培训32个班次,38期,培训5070人次。主体班次突出理论教育和党性教育主课地位。实行县(市)级党委常委到党校上党课制度,市委常委到党校上党课共15人次。创新年轻干部培养模式,大力培育新时代适应永康高质量发展要求的优秀年轻干部,成功举办8期"红色成长·青腾大讲堂"、2020年中青年干部培训班等班次。积极开发现场教学点,共完成刘英烈士陵园革命传统教育、重走习近平总书记永康调研路、中国工农红军第十三军第三团纪念馆3个党性教育现场教学基地的申报工作。

2020年6月10日,永康市2020年领导干部进修班、中青年干部培训班开学典礼(市委党校提供)

【社校办学创品牌】 2020年,市委党校以"三校共建""三堂联动""三品齐创"为原则规范社校建设,创新"现场教学＋知识测试"数字化教学模式,共承担完成3个班次150人次的培训。市委书记章旭升作为县级市唯一代表,就社会主义学校建、管、用、育的"永康经验"在全省社会主义学院工作会议上作交流发言。11月,建立"浙江中华文化海外传播促进会永康工作站",并举行挂牌仪式。

【外培外训创佳绩】 2020年,市委党校完成理县东西部协作援建培训10期,培训干部783人次,超额完成培训任务。举办的理县、船山、永康"三方四地"协作发展干部培训班,凸显"产业互补、人员互动、技术互学、观念互通、作风互鉴",深受学员好评,加深三地协作。按照"组织部牵头,党校承办,各地负责"的要求,举办2020年永康入党发展对象培训班,已完成5期入党发展对象培训,培训发展对象867人。

【乡镇党校创规范】 2020年,市委党校完善《市委党校教师联系镇(街道、区)党校制度》,出台《乡镇党校教学管理制度》,要求乡镇党校上墙;推出包含26节课的专题课清单供乡镇党校选择;教研人员深入16个镇(街道、区)党校开展调研,召开调研汇报会。会后积极开展送学活动,已有共42人次赴江南街道、龙山镇、方岩镇等开展党课送学活动。

【课题立项有突破】 2020年,市委党校课题立项以青年教师为主体,采用"头脑风暴"深耕科研,提质增效,取得好成绩。完成2020年度省委党校课题立项5项;金华党校立项15项,其中校级课题2项;金华社科联课题立项8项,其中重点课题3项。立项数量位居金华地区第一方阵。完成2019年度金华党校、金华社科联、永康社科联课题共36项。

【论文获奖层次有提升】 2020年,市委党校获省委党校系统理论研讨会二等奖1篇,三等奖2篇,入选1篇;获浙江省第二届乡村振兴法治论坛法学会征文二等奖1篇;获浙江省县级党校智库研究中心"新时代浙江省全面深化改革与县域发展实践"主题征文优秀奖2篇;获金华党校系统理论研讨会二等奖1篇,三等奖1篇,入选10篇。

【精品课工作有进展】 2020年,市委党校通过"教学水平大比武"提高青年教师业务水平,并从中选取精品课进行进一步打磨,完成3堂精品课视频录制,其中一堂精品课获得2020年金华市党校系统精品课比赛优秀课。

【坚持科学防控疫情】 2020年,市委党校积极配合市疫情防控指挥部做好隔离点安置工作。承担境外来永返永人员、武汉解封后来永人员和重点地区来永人员的隔离和核酸检测采样等管理工作,累计771人在隔离点进行医学观察。主动参与疫情防控,全年共1136人次参与疫情防控,入户排查家庭户近700余户。同时,制定疫情防控方案。密切关注疫情防控形势变化,制定《市委党校疫情防控期间后勤保障方案》,成立疫情防控工作小组,明确从开班准备到开班管理的各个工作环节和岗位责任,保障干部培训工作顺利开展,确保疫情防控工作各个环节有序到位。

【年轻教师培养】 2020年,市委党校积极选派优秀青年教师赴省委党校、省社会主义学院、金华党校等受训交流,提升本领。积极组织青年教师教学磨课大比武活动,由校学术委员会评审把关,选出3门优质课程,并将其列入中青班主体课程。邀请相关部门单位专家来校为青年教师授课指导。鼓励青年教师参与中青班、市管班、青腾大讲堂等跟听学习以开阔视野。

(市委党校 陈 科)

史志工作

【概　况】　2020年，永康市委党史研究室（永康市人民政府地方志编纂室）围绕市委、市政府中心工作，结合上级党史部门工作部署，攻坚克难，突出重点，谋划长远，推动党史和年鉴工作有序开展。发挥党史、市志的存史资政育人作用，做好史料编研编纂，开展服务主题教育活动、服务乡村文化振兴等系列工作；提前谋划和实施纪念建党一百周年多项准备活动；推进《永康市革命老区发展史（1919—2017）》及《永康年鉴（2020）》编纂和出版。

【编著《永康市革命老区发展史（1919—2017）》】　2020年，市党史部门高标准、高质量编著革命老区永康近百年的革命史、奋斗史、成就史，参与中国老区建设促进会组织的1599个革命老区县发展史送往北京作为向党中央建党100周年献礼活动。《永康市革命老区发展史（1919—2017）》全书24万字，2021年4月由浙江人民出版社出版。

【做好疫情防控工作、落实专项行动】　2020年，市党史部门加强疫情防控期间各党史教育基地的参观接待管理工作，积极做好环境卫生及疫情防控工作，在疫情严重期间采取不接待团体参观的防控措施，在确保安全的前提下保障场馆的正常运行。推进"三服务"活动，明确服务承诺公示内容，选派驻企服务员，一对一精准帮扶企业，了解企业防疫和复工复产情况，推广"复工帮"服务平台，宣传相关政策，助力企业复工复产。积极参与望春社区疫情防控工作，上门排查摸底，进行防疫宣传，做好社区路口管控卡点的值守；积极参与永康市创文冲刺攻坚行动，配合共建社区做好环境整治等创建工作；积极参与永康市村社组织换届工作，督导东城街道村社组织换届，确保换届风清气正、平稳有序；积极参与文明交通劝导志愿服务活动；开展"一户一策一干部"结对帮扶工作。

【加强党史专题编研】　2020年，市党史部门征集整理永康2017—2019年大事记；完成《金华市革命烈士传略》永康籍烈士编写工作；完成《永康解放初期防治瘟病纪事》《张闻天的永康籍秘书——徐达深》《永康党组织创建》等专题整理，在浙报集团"夜读党史"专栏推送；整理刘英烈士相关资料，协助市委组织部制作刘英烈士专题讲课教材；参加缙云党史一卷复审会，对书稿涉及永康党史部分进行补充和修改。

【拓展党史宣教模式】　2020年，市党史部门组织编写永康首部红色本土题材小说《前黄双英》，全书约17万字。同步筹拍由该小说改编的永康首部本土革命题材电影《前黄双英》，由永康燃情岁月影视文化有限公司与前黄村共同投资，作为建党百年献礼，市党史部门完成对电影剧本党史方面的两轮审读把关。《前黄双英》以前黄村李立卓、李立倚两位烈士的革命故事为蓝本，力求深刻反映革命先烈为革命事业抛头颅、洒热血的拼搏精神。

【强化党史宣教工作】　2020年，市党史部门制作"宣讲365"工程的"红色乡音"微视频《永康县委诞生地》，在"永康人"微信公众号平台推广；完善、印制新版《永康红色旅游地图》；完成《永康春秋》2020年共4期及增刊的编辑、出版及发行工作，向农村礼堂赠阅对象由上年的120家扩展为150家。做好党史教育基地迎七一、暑期青少年研学、主题党日活动接待服务工作，接待金华市公安局、东城街道、交投集团、五金资产管理有限公司等党组织，金华湖海塘小学、大司巷小学、民主小学等众多团体参观学习。同时，加强党史教育基地管理和提升,刘英烈士陵园、红三团纪念馆等7处党史教育基地增挂"永康市传承红色基因教育基地"牌子;李文华烈士墓、中共永康县委联络站旧址涵成初小、浙东人民解放军第六支队成立旧址姚家大院、吕思堂烈士墓等4处重要党史胜迹被列为第七批永康市级文物保护单位。

【筹划纪念建党100周年献礼工作】 2020年,市党史部门联合市文联举办纪念建党一百周年征文活动,组织永康市作家协会走进党史教育基地进行红色采风;联合市新四军历史研究会、关工委,组织人员培训及撰稿编写青少年读物《永康红故事》;翻新打造"永康县委诞生地纪念馆",以崭新面貌迎接建党100周年。

【完成《永康年鉴(2020)》定稿并交付印刷】 2020年,市党史部门完成《永康年鉴(2020)》定稿并交付出版社。《永康年鉴(2020)》由卷首、特辑、大事记、概览、百科、附录六部分组成,采用分类编辑法,分为类目、分目、条目3个层次,以条目为主体,共51万字,200张图片。全书全面系统记述永康市行政区域2019年度自然、政治、经济、文化、社会等方面情况,是记录永康进步、宣传永康成就、服务永康发展的重要文献,也是了解永康、研究永康的重要窗口。

【加强市志服务社会功能】 2020年,市党史部门加大市志赠阅推广利用力度,向教育系统捐赠2017年版《永康市志》360套,向宣传部丛书编写组捐赠30套,向市作家协会捐赠30套,向各农村文化礼堂捐赠151套,向各类乡贤及永康籍博士赠送22套。

(市委党史研究室　供稿)

档案管理

【概　况】 2020年,永康市档案工作继续以习近平新时代中国特色社会主义思想为指导,围绕中心大局,突出改革创新,坚守档案工作"三个走向"根本,深化"五档共建",守初心,担使命,补短板,强弱项,完善档案管理制度,强化档案服务功能,在档案馆规范化建设、村级组织换届档案清整指导、疫情档案归档与征集、党和国家重要领导人工作调研档案专题征集等方面取得了一定成绩,为"十三五"规划圆满收官做出了新的贡献。

【推动OA办公系统电子归档】 2020年,永康市档案馆(简称市档案馆)完成全市馆室一体化平台与市OA系统的技术对接,解决系统之间移交接收的技术问题,并选择市机关事务服务中心、市信访局作为OA归档试点单位。

【开展换届档案清整指导工作】 2020年,市档案馆成立专项工作组做好"三指导",即指导镇(街道、区)村开展换届前档案资料的收集、整理、归档工作;指导村(社区)组织换届开始前封存档案资料,确保重要档案资料不散失;指导村(社区)组织做好换届后档案移交工作。换届期间对全市16个乡镇街区村级档案移交工作开展实地督导。

【婚姻档案数据库涵盖全市】 2020年,市档案馆整合全市婚姻档案数据,在历年民政局婚姻档案的基础上,向市法院提出数据共享共建的初步意向,由对方提供现有共2万多条的婚姻判决书与调解书条目数据与扫描件,实现与市民政局、市法院三方的档案数据共享共建;依托市档案馆馆室一体化系统,建立涵盖全市全部婚姻档案的数据库。

【注重民生档案接收】 在2019年的基础上,市档案馆继续做好土地确权档案移交工作,对原经信局保管的下属企业职工介绍信存根等档案开展接收;接收妇幼、人民医院、永康医院、第二人民医院、龙川家5家医院的出生医学证明档案;对民生档案类别较多的市民政局开展档案整理指导。完成原文化局、原旅游局、市人大办、龙山镇、经信局、科技局、广电局、经信局等25家单位的移交接收工作,共接收档案7820卷,26432件。

【规范档案库房管理】 按"八防"要求,2020年,市档案馆新增档案库房温湿度监控设备,改善库房温湿度状况。新增库房温湿度计2个,配置了4台除湿机。加强档案库房的日常管理,做到库房温湿度登记、档案出入库房登记、人员出入库房登记;对档案库房进行安全专项巡查和定期巡查;做到档案上架前擦拭密集架,库房保持清洁、无杂物。

【加强馆藏档案资料安全保护】 2020年,市档案馆做好馆藏档案的整理、保护工作;对保管期限为永久、30年的46000多件钉装档案全部改为线装;对会计档案纠正全宗号,完善档案编号,加装会计档案盒;对书画档案进行逐件拍照,装盒保管;对基本单位普查办等6个整理不规范的全宗案卷进行规范整理;对农业局、国土局案卷档案,法院的诉讼档案加装档案盒;开展国家重点档案民国档案文件级目录著录工作。加强馆藏图书资料的整理、保管;对馆藏图书资料进行调整排架,为后续新增资料预留应有空间;对新增图书资料进行科学分类,及时整理编目、上架保管。对馆藏13个全宗83卷破损档案进行登记、抢救与修复工作。

【提高档案查阅利用率】 通过现场查档、网上查档、掌上查档多种服务方式,做到查档利用"最好跑零次""最多跑一次"。截至12月16日,市档案馆接待查档群众1498人次,进馆查档人次显著下降,同比减少24.2%;受理全省跨馆服务异地查档申请190起,发挥档案服务经济、政治、民生的应有功能。

【开展疫情档案归档指导与征集】 2020年,市档案馆征集永康市防控工作领导小组指挥部正式文件28件,工作简报105篇;地方报纸新闻报道54篇;疫情数码照片1000余张,并挑选其中106张;第一人民医院请战书142张,医院疫情防控工作中形成文书14件;(内外)新闻报道300多篇;疫情预防管控、健康宣教、人员物资调配及护理培训等相关文书50多件;照片280张左右,音像(宣传片)1个,实物1件;入党申请书44份;援鄂日记14篇。

【开展党和国家重要领导人工作调研的档案资料搜集】 2020年,市档案馆搜集整理时任浙江省委书记习近平同志2003年、2006年两次来永调研的珍贵资料,包括照片一组17张,短视频、相关报道电子稿3篇。搜集张德江、赵洪祝同志来永的调研资料;整理形成李强同志在永康工作期间的专题档案,共计照片40余张。

【加大红色档案建档力度】 2020年,市档案馆对接全市范围内的红色档案资源,在建档存史方面给予切实的业务指导。将舟山镇方山口村的相关红色档案进行专题建档。向市老干部局征集全市100多名离休干部的画册《岁月如歌》的电子稿172 GB。

(市档案馆 张 瞻)

信访工作

【概 况】 2020年,永康市信访局(简称市信访局)共受理群众来访1461人次,同比下降27.35%,其中集体访53批次1303人次;受理群众来信1316件,同比下降25.48%;受理网上信访件10416件,同比下降0.72%;受理群众来电件18192件,同比上升37.01%;复查复核件69件,同比下降26.6%。

【构建齐抓共管信访格局】 2020年,永康市通过压实主体责任、强化督查指导、管控整体推进、涉稳问题联动处理,构建齐抓共管信访格局。市委市政府将信访工作完成情况列为每季度"晒拼"内容,由各套班子领导现场听取汇报并点评,主要信访指标数据定期在全市进行通报;市信访工作联席办下发《2020年永康市信访工作目标管理责任书》,各镇(街道、区)迅速落实,专门召开会议将文件精神传达至各下属单位、村(社区);利用村级组织换届选举契机,高要求建设村级调委会,落实村(社区)党组织书记兼任调委会主任,选优配强村社调委会,做好矛盾纠纷排查、信息报送、档案制作等工作,形成一级抓一级的信访工作全链责任体系。村社换届选举前夕,市信访联席办联合纪委监委、政法委、公安等部门开展信访维稳专项督查,分4组赴16个镇(街道、区),现场检查工作情况,督促责任落实。积极融入平安建设整体工作,通过联结乡镇(街道)、村(社区)2级矛调中心,高度融合基层治理"四平台",构建"市、镇、村"3级社会矛盾纠纷"大排查、大调解"格局;各镇(街道、区)政法委每周召开例会研究信访工作形势,全面保障全市社会管控工作有效运转。依托市矛调中心指挥平台,由信访维稳指挥部统筹全市维稳安保工作,组织对全市各类重点矛盾纠纷、突发事件进行实时调度,随时召集相关部门研判会商。全年共处置各类涉稳信息503条,推送预警信息233条,下发重点人员涉稳信息交办事项45件,上级政法、公安、信访等部门交办异动信息全部得到有效处置。

【**持续攻坚疑难信访积案**】 2020年5月,市信访部门对上级交办的197件各类信访积案和统一平台历史积案进行梳理,并由市信访工作联席办集中交办,其中国家级、省级信访积案全部由市级领导领衔包案。各责任单位落实"五个一""五清楚"的工作要求,制订详细化解调处工作计划,重点突破国家级、省级信访积案、历史积案,千方百计推动化解工作。随着各责任单位积案化解工作的深入推进,一大批时间跨度长、维权手段激烈的疑难信访事项得到解决。截至2020年底,国家级积案11件化解10件,化解率90.9%;省级积案8件化解7件,化解率87.5%;省级历史积案139件化解132件,化解率95%;金华级积案39件化解34件,化解率87%,35件农村建房专项交办信访事项全部化解。

【**创新开展民情民访代办**】 2020年,市信访部门构建"网格员+三支队伍"网格管理模式,实现"人在网中走,事在格里调"。全面建立起市、镇(街道、区)、村(社区)三级民情民访代办网络:市本级依托矛调中心,16个镇(街道、区)设立镇级代办站,546个村(社区)设立村级代办点,全面推行民情民访代办机制。通过信访服务窗口前移、下沉一线,努力把矛盾纠纷防范疏导在乡镇、村(社区),有效减少越级上访等影响稳定的行为。健全完善"首接首办责任制""限时办结制""督查督办制""满意度评价制"等制度,形成民情民访代办工作从受理到评价运用的闭环。同时,开设民情民访专栏并进行广泛宣传。从7月开始,市信访部门与永康日报社联合推出"您点单,我代办;我办事,您放心"民情民访代办专栏,挖掘、记录民情民访代办制度下发生的暖心事、暖心人,全年刊登8期。

2020年5月5—6日,信访局副局长施佩下乡检查民情民访代办工作(张俏 摄)

【大力推广无接触信访】 2020年新冠肺炎疫情期间，为贯彻坚决打赢疫情防控阻击战的要求，市信访部门大力宣传推广来电、网上信访等"无接触"信访渠道。同时，落实多项措施加大涉疫信访事项办理力度，确保涉疫信访事项"当天受理、当天联系、当天反馈、当天办结"。启用涉疫专用账号，进一步提升效率，减轻基层压力，对部分政策明确的涉疫信访事项，代替责任部门进行直接回复，提升办理效率，同时全天候接听群众来电反映诉求。春节期间，永康市8890（12345）平台话务员保持24小时轮班制度，涉疫类事项第一时间回应，重要情况第一时间上报，确保服务不打烊。从疫情开始以来，8890（12345）热线共受理涉疫类来电15000多个，95％以上实现直接答复，对不能直接回复的229件网上信访、703件来电信访进行登记流转，全部在24小时内办结，并将重点事项进行汇总上报，为市委市政府决策提供参考依据。

【提高初次信访化解质效】 2020年，市信访部门进一步落实访诉分离、依法分类处理工作要求，引导群众依法维权、有序维权、理性维权，全年依法分类处理信访件4443件。明确初次信访首接首办责任，通过首接首办人员第一时间承办、第一时间核实、第一时间处理，对初次信访事项全程跟踪、一办到底，落实事权单位主要领导"双签批"制度。通过统一平台受理登记，市信访部门专人负责与首接首办人沟通信访事项、处理意见，并在办理时限内进行跟踪反馈，对临近时限的，进行短信、电话催办，督促首接首办人将协调处理结果答复给信访人。对办理不及时、程序不规范的初信初访事项进行全市通报。全年初次来访、来信、网上信访化解率分别达到95.04％、89.78％、97.04％。

【依法打击 促进案结事了】 2020年，市信访部门以"一月一镇平安大会战"为契机，联合公安、属地镇（街、区）对各类进京访和越级集体访群体进行联合训诫，并商请市纪委对牵涉其中的公职人员进行约谈。对反映的信访问题进行分析评估，积极与业务相关部门进行会商研判，一手抓打击、一手抓化解，在信访群体思想上做足功课，在化解工作方案上讲透政策，各类疑难信访问题化解工作取得良好效果。全年依法查处信访违法案件11起，采取刑事强制措施4人、行政处罚8人，教育训诫52人次。

（市信访局　供稿）

老干部工作

【概况】 2020年，永康市委老干部局（简称市委老干部局）全年努力为离退休干部党支部、离休干部和市级老领导办实事。与市委组织部、市委直属机关工委联合印发了《永康市离退休干部党支部标准化建设10条》，进一步提升永康市离退休干部党支部建设质量；为78位离休干部、43位市级老领导办理就医绿卡，实行一对一就医服务；与卫健局、医保局联合出台《离休干部家庭医生签约服务实施方案》，进一步做好离休干部服务管理工作，提供更加便利的医疗服务保障；出台《关于进一步规范干部退休制度的通知》，进一步规范干部退休制度。

【开展"五走五送"助力复工复产】 疫情期间，市委老干部局根据上级和市委市政府工作要求开展各类走访慰问活动，助力疫情防控和复工复产工作。对全市70余位离休干部、43位市级老领导、在抗疫期间做出特殊贡献的老同志、5位援鄂医务工作者家属分组上门进行慰问走访；5月，局支部党员到局联系企业永康市宝悦车业有限公司开展"三服务"活动，力所能及地帮助企业生产。

【积极筹办老年大学二期工程】 2020 年，市委老干部局积极贯彻落实省政府关于全省创办 100 座老年大学的精神和省、金华市局领导的指示精神，老年大学二期工程前期工作进展有序。经过两次"6＋X"可研论证会，初步形成《永康市老年大学扩建二期工程可行性研究报告》。

【举办老干部抗疫专题摄影展】 2020 年 3 月开始，市委老干部局通过"广泛征集、精心设计、科学布展、营造氛围"四个环节，从 26 位老干部、老同志拍摄的 2000 余幅作品中精选出 100 幅进行展出。5 月 20 日，举办"众志成城、坚决打赢疫情防控阻击战"专题摄影作品展暨《众志成城》一书发行仪式。全市共有 48 个支部的 1200 余名退休干部党员参观。CCTV 央视微电影中文频道一线聚焦、《浙江日报》新闻客户端、《浙江老年报》等新闻媒体都报道筹办情况。

【扶持创办"家门口老年大学"】 4 月 28 日，市委老干部局下发《关于扶持创办"家门口老年大学"的意见》，市财政每年拨出 20 万元，列入市委老干部局年度预算，用于"家门口老年大学"的创办。明确提出创办"家门口老年大学"从工作班子、教学设施设备、师资队伍到课程班级设置、管理制度的"五个有"基本条件和"三步走"申报程序。全年完成创办 10 所"家门口老年大学"，开设有越剧、二胡、书法、旗袍秀等 13 个专业、31 个班，累计招收学员 1536 人。

（市委老干部局　供稿）

市人大常委会

综 述

【概　况】　2020年,市人大常委会紧紧围绕全市中心工作,依法履职行权,积极建言献策,充分发挥地方国家权力机关的作用,圆满完成市第十七届人大第四次会议确定的目标任务。共召开人大常委会会议6次,主任会议10次,组织开展视察、执法检查17次,听取和审议"一府两院"工作报告22个,作出决议决定15项,交办审议意见和视察意见21个,有力推动民主法制建设和经济社会的高质量发展,为永康市忠实践行"八八战略",奋力打造"重要窗口"做出积极贡献。

【坚持依法履职行权】　全年共依法任免国家机关工作人员147人次。首次组织开展"两官"评议工作,对9名员额法官、员额检察官进行履职评议;从重点工作完成情况、代表意见建议办理等五个方面对21个政府工作部门及检察院进行工作评议。

【聚焦急难险重集中发力】　在省人大常委会审议通过《依法全力做好当前新冠肺炎疫情防控工作的决定》之后,立即组织开展疫情防控和"两法两条例两决定"执法检查,并及时听取市政府疫情防控和公共卫生工作的报告。深入基层走访60多次,走访企业、村(社区)980余家,开展"三服务"活动86次,帮助解决各类难题217个,督查工程项目40余次。全市各级人大代表主动参与信息排查、卡点管控,主动成立"健康宣讲团"进村入企宣讲,主动开展防疫募捐,共捐款捐物845万元。面对"黑格比"台风,第一时间到镇(街道、区)一线走访指导灾后重建工作,上门慰问抗洪干部及受灾群众,发布抗台救灾倡议书,并迅速发动人大机关及各级代表捐款,捐款共计190余万元。针对省示范文明城市创建、村(社)组织换届等全市性重点工作,与各级人大代表一起深入基层,创新性开展人大代表创文"六进"、创文金点子征集等活动。

【聚焦民营经济精准发力】　重点开展科技创新视察,清单式提出审议意见。积极开展省、市、县三级联动数字经济发展情况专项监督,组织省人大代表来永开展"疫情下的电子商务发展情况"视察活动,助力永康市产业更好更快发展。开展《浙江省民营企业发展促进条例》贯彻落实工作,引导企业读懂、用好该条例。在2020年《浙江省民营企业发展促进条例》宣传贯彻视频会上,永康市人大作为唯一一家县级人大单位就助推民营企业发展相关经验在全省做交流发言。

【聚焦规划编制科学发力】　扎实开展"十三五"规划纲要执行情况和"十四五"规划纲要编制情况专题调研,分析研判未来五年面临的形势与挑战,并及时向市政府提出科学编制"十四五"规划纲要的建议。坚持以"问"促"办",为永康市国土空间总体规划编制提供参考。牵头开展土地资源优化利用专题调研,并高质量完成调研报告,为市委决策提供参考。

【聚焦财政管理持续发力】　有效推进财政监督从被动监督向主动监督转变,从程序性监督向实质性监督转变。创新综合采用绩效评价、工作视察、专题报告审议等多种监督方式。继续采用第三方评估方式,科学检视企业国有资产的绩效情况。紧盯2019年绩效评价发现的问题,督促钱江水务和芝英水厂上交污水处理费1.25亿元。"评价式预算问效促绩效提升"的经验做法入选全省人大财经工作典型案例。对前三年政府投资2000万元以上未完成项目开展"回头看"检查,督促政府加快推进项目落地。深化全口径决算编制的审查监督,跟踪督促对审计发现的问题的整改。

【助推城市环境变靓变美】 继续加强对工业固废处置的调研、监督、推进,推动形成"12369"危废处置新模式。高度重视三江六岸二期工程建设,多次组织代表到现场商议解决建设难题,并及时开展工作视察。创新采用"现场即是会场"的视察方式,开展市区环境"靓化"工作视察。积极开展养犬管理"回头看"活动,首创人大代表现场监督执法的工作方式。

【助推优质资源共建共享】 围绕学有优教,扎实开展永康市中小学建设情况调研。围绕病有良医,积极开展医保政策落实、公共卫生工作调研。围绕老有颐养,专题视察全市居家养老服务工作。围绕协调发展,积极开展农村饮用水达标提标工作、农村基础设施长效管理资金相关情况等视察,组织开展《公共文化服务保障法》《华侨权益保护条例》等执法检查。

【助推基层治理出彩出效】 在全省范围内率先出台《关于加强检察建议工作的决议》。专题听取打击虚假诉讼、未成年人检察等工作情况的报告。落实省市县三级联动监督工作,组织开展"枫桥式公安派出所"创建、"龙山经验"都市版推广等视察活动。贯彻落实省人大常委会关于规范和推进社区社会组织参与基层社会治理的决定,连续组织《安全生产法》执法检查、应急管理视察等活动。

【创新代表履职平台】 全面深化"龙山经验"人大代表联络站建设。共有342人次代表积极参与,有效化解矛盾纠纷96起,开展信访案件研判化解17次,涉案标的达1.55亿元,成功化解51起,达成和解27起,发放救助金72.1万元,化解成功率达81%,该做法得到最高人民法院院长周强的批示肯定,相关事迹被《浙江日报》等多家省级以上媒体宣传报道。在永康市召开的金华市"矛调中心"人大代表联络站建设推进会上,永康市人大进行典型发言。挂牌成立永康市"矛调中心"人大代表联络站,并向镇村级延伸。建立健全市领导定期进站活动制度,市委、市人大、市政府主要领导带头走进联络站开展矛盾纠纷化解活动。全市16个镇(街道、区)联络站均实现"下楼出院",龙山镇人大代表联络站获评金华市首批示范性"四好"代表联络站。持续巩固和深化"代表走进8890""代表跟着法院去执行""代表联系重点工程"等机制,全年共开展活动331次,收集意见建议492件,解决问题420件,群众满意率85%。

【办好代表建议意见】 市十七届四次会议上和闭会期间,共收到代表意见建议301件,办理满意度达到97.32%。首次开展代表建议意见"回头看"活动,对十七届人大一次、二次、三次会议上代表提出的261件代表建议意见开展跟踪监督,进一步推动《关于要求解决征地村失地农民养老保险的议案》等34件代表建议意见的有效解决。

重要会议

【市十七届人民代表大会第四次会议】
1月18—21日,召开永康市第十七届人大第四次会议。出席会议代表244人,列席人员 155 人，特邀人员 70 人。会议听取和审议《永康市人民政府工作报告》《永康市人民代表大会常务委员会工作报告》《永康市人民法院工作报告》《永康市人民检察院工作报告》，书面审议《永康市 2019 年国民经济和社会发展计划执行情况与 2020 年国民经济和社会发展计划草案的报告》《永康市 2019 年财政预算执行情况与 2020 年财政预算草案的报告》，并作出相应决议。大会采用无记名投票方式，补选张群环为市人民政府市长和金华市第七届人民代表大会代表，蒋震雷为市监察委员会主任，杨兵为市十七届人大常委会副主任和市十七届人大财政经济委员会主任委员，朱敏、胡颖景为市十七届人大常委会委员。在永康市第十七届人民代表大会第三次会议规定的议案截止时间内，会议收到市人大代表 10 人以上联名提出议案 269 件，市人大代表提出建议、批评和意见 28 件，共计 297 件，会后都交市政府和有关部门研究办理并答复代表。

1 月 18—21 日，召开永康市第十七届人民代表大会第四次会议（市人大办提供）

【市十七届人大常委会会议】 2020 年，召开永康市第十七届人大常委会会议 6 次，听取和审议专项工作报告 22 个，作出决议决定 15 项。

市第十七届人大常委会第二十七次会议 3 月 10 日召开。听取和审议市政府《关于设立永康民营企业家节的议案》；审议通过《永康市人大常委会 2020 年监督工作计划（草案）》；审议通过《永康市人民代表大会常务委员会关于加强检察建议工作的决议（草案）》；进行有关人事任免。

市第十七届人大常委会第二十八次会议 5 月 25 日召开。会议审议通过永康市人大常委会《关于开展市人民法院法官和市人民检察院检察官履职评议的工作方案》；进行有关人事任免。

市第十七届人大常委会第二十九次会议 6 月 23 日召开。会议听取和审议市政府《关于数字经济发展情况的报告》；听取和审议市政府《关于 2020 年新增政府投资 2000 万元以上新建项目实施情况的报告》；听取和审议各街道（区）人大《关于 2019 年度工作情况和 2020 年度工作计划的报告》；表决通过《永康市人大常委会关于人大东城街道、西城街道、江南街道、经济开发区、城西新区工委工作报告的决议（草案）》；进行有关人事任免。

市第十七届人大常委会第三十次会议 8 月 25 日召开。听取和审议"一府两院"半年工作报告；听取和审议市政府关于 2020 年上半年国民经济和社会发展计划执行情况的报告（包含 2017—2019 年政府重大投资未完成项目的情况报告）；听取和审议 2019 年度预算执行和其他财政收支的审计工作报告；听取市政府 2019 年决算草案的报告，审查和批准市政府 2019 年决算；听取和审议市政府关于 2020 年上半年预算执行情况的报告；审查和批准市政府关于 2020 年中央"两直"资金和部分新增地方政府债务预算调整方案（草案）的报告；审议通过《永康市人大常委会街道（区）预算审查监督暂行办法（草案）》；听取和审议市政府关于增列龙山镇美丽城镇建设项目为 2020 年度新增政府投资 2000 万元以上新建项目的议案;开展"两官"履职集中评议;进行有关人事任免。

市第十七届人大常委会第三十一次会议 10 月 22 日召开。会议传达学习省、金华市人大常委会主任学习会精神;审查和批准 2020 年地方政府债务限额的报告;审查和批准市政府关于 2020 年预算调整的报告;听取和审议市政府关于预算支出重点资金绩效评价的报告(含上年度整改情况);听取和审议市政府关于国有资产管理情况的综合报告、企业国有资产管理情况的专项报告;听取和审议市政府关于十七届人大四次会议代表建议意见办理工作及人大代表建议意见办理工作三年"回头看"情况的报告;听取和审议市政府《关于提请审议境外引水项目的议案》;审议通过《永康市人民代表大会常务委员会街道(区)工作委员会工作规则(修订草案)》《永康市人民代表大会常务委员会街道(区)工作委员会委员提名和任免办法(草案)》《永康市人大常委会街道(区)工作委员会年度工作报告制度(草案)》;听取和审议市人民法院关于依法打击虚假诉讼工作情况的报告;听取部分在永的金华市人大代表述职;进行有关人事任免。

市第十七届人大常委会第三十二次会议 12 月 22 日召开。听取市政府关于市人大常委会审议意见、视察意见办理工作的报告,并开展满意度测评;听取市政府关于2020 年度十大民生实事项目具体实施情况的报告,并开展满意度测评;对 2020 年度绩效评价中介机构工作满意度进行测评;听取和审议市政府关于 2019 年度预算执行和其他财政收支审计查出问题整改情况的报告;听取和审议市政府关于 2020 年度新增政府重大投资项目实施情况及 2021 年度新增政府投资 2000 万元以上新建项目计划安排的报告;审议和表决市人大常委会主任

会议《关于召开永康市第十七届人民代表大会第五次会议的决定(草案)》;听取部分在永的金华市人大代表述职;进行有关人事任免。

视察监督

【视察农村基础设施长效管理资金投入和使用情况】 5 月 22 日,市人大常委会组织部分人大代表对永康市农村基础设施长效管理资金投入和使用情况进行视察。代表们实地查看城西新区花川村和花街镇倪宅村的基础设施长效管理现状,听取市政府关于全市农村基础设施长效管理资金投入和使用情况的汇报,并在座谈会上提出意见和建议。视察组认为,近年来,永康市各级充分发挥主观能动性,不等不靠,想千方设百计,多方筹措管理资金,把农村基础设施长效管理工作很好地落到实处。2019 年市财政安排农村基础设施长效管理补助资金 2000 万元,2020 年初,在市农业农村局和部分人大代表的呼吁下,市政府非常重视,又增加补助资金 2000 万元,使永康市农村基础设施长效管理有更好的资金保障。视察组指出,建好管好农村基础设施是实施乡村振兴战略的重要支撑,要深刻认识加强农村基础设施长效管理的重要性和紧迫性,各相关部门要立足各自职能,在政策、技术和资金等方面密切协作、通力配合,努力探索一条能复制、可推广的农村基础设施长效管理新路子。要进一步创新管理模式,完善监管机制,加强资金精准、规范使用,提升农村基础设施长效管护水平。要加大宣传力度,提高群众认识,营造人人参与、人人有责、人人共建的良好氛围。

【视察科技创新工作】 5 月 26 日,市人大常委会组织部分市人大代表对永康市科技

创新工作进行视察。视察组对浙江斐络工业设计有限公司、步阳集团进行实地查看,并认真听取市政府关于科技创新工作的报告。视察组认为,近年来,市政府深入实施创新驱动发展战略,在科技创新、环境优化、科技人才队伍建设、创新主体培育、创新研发能力提升、科技平台打造等方面取得明显成效,有力促进全市经济社会的发展,值得充分肯定。视察组提出,科技创新是推动制造业发展、参与国际竞争的第一动力,市政府及各相关部门应做好以下方面的工作:一要以"创新驱动发展"为核心,深化科技引领,画好市科技创新发展蓝图,深入实施"数字经济"一号工程,主动接轨长三角,积极融入 G60,全力推动科技进步;二要以"做好人才支撑"为导向,培养自有创新型人才,用好用活现有人才,着力引进急需人才,真诚对待人才,全力补齐创新要素;三要以"培育创新主体"为根本,培育壮大科技骨干企业,扶持培育科技型中小企业,全力增强创新动能;四要以"建强科创平台"为抓手,构建更加完善的科技资源共享平台,构建更加高效的攻关研发平台,构建更加优质的孵化创业平台,构建更加开放的工业设计服务平台,全力打造创新引擎;五要以"创新体制机制"为重点,探索精准高效的科技研发模式,优化产业科技研发组织形式,全力完善服务体系,为加快科技创新推动实体经济高质量发展贡献更大力量。

【视察"枫桥式公安派出所"创建工作】 7月28日,市人大常委会组织部分人大代表视察"枫桥式公安派出所"创建工作。视察组先后到古山派出所、芝英派出所实地查看,听取市政府关于创建工作情况的详细汇报。代表们表示,以"一警情三推送"机制为核心的"枫桥式派出所"创建模式,有效确保矛盾不上交、风险不激化,创建工作有

亮度,为民服务有温度,队伍建设有力度。同时,要求市政府继续围绕深化"龙山经验"、构建"共建共治共享"新格局等关键点开展好下一步创建工作。一要坚持多元共治,进一步深化"一警情三推送"工作机制,深入开展多种形式的群防群治活动,促进多部门协同、法理情融合,整合各领域的资源,积极构建"党委领导、政府负责、社会协同、公众参与"的多元共治新格局,不断提升警情化解能力,助推矛盾纠纷化解。二要坚持民意导向,以"群众安全无小事""群众利益是根本""群众满意是标准"为根本宗旨,积极打造民生警务,着力解决群众最关心、最直接、最现实的利益问题,争当服务民生的先锋,真正做到守护一方平安,服务一方百姓。三要坚持改革创新,善于打破传统思维,积极推进公安业务与新技术的深度融合,探索形成新的执法模式、管理模式、服务模式,提升社会治理水平。四要坚持从严治警,深入推进"红色示范所队"建设,切实发挥基层党组织的战斗堡垒作用和党员先锋模范作用,打造出一支忠诚、干净、能干事、有担当的永康公安铁军,高水平推进"枫桥式公安派出所"创建工作。

【视察城区"靓化"工作】 8月26日下午,市人大常委会组织部分市人大代表对永康市市区环境"靓化"工作进行视察。视察组实地查看丽州路、九铃路、紫薇路下园朱区块、永康江两岸的环境"靓化"工作以及南溪湾公园工程现场,并听取市建设局、市综合执法局受市人民政府委托所作的工作汇报。视察组认为,近年来永康市城市面貌不断改善,环境更加优雅,城区绿化、绿道、亮灯工程建设等成效明显,城市精细化管理水平进一步提高,值得充分肯定。视察组指出,完善城市配套设施,提升城市形象,既是彰显城市内涵、提高城市知名度美誉度的内在要求,也是时代赋予的历史责任,相关

部门要重点围绕五大难题的破解,进一步做好城市规划、建设和管理工作。视察组建议:一要结合实际,规划引领,突出五金文化特色,加强城市出入口、主干道沿线及路口、公园广场等重要节点的绿化美化亮化,加快推进主干道两侧建筑外立面改造;二要统筹协调、精心设计,不断加大投入,高标准打造城市风景线,努力提升城市的生态和服务功能,让大美永康更加美起来亮起来;三要继续理顺城市管理体制,切实解决不同程度存在的部门与街道、部门与部门、街道与街道之间职能交叉、条块分割、职责不清、协调不力的问题,形成统一、协调、高效的城市管理系统,着力提升城市管理水平。

【视察居家养老服务工作】 9月24日,市人大常委会组织部分市人大代表对永康市居家养老服务工作进行视察。代表们实地查看象珠镇官川村居家养老服务照料中心、东城街道居家养老服务中心,听取市政府民政部门关于当前永康市居家养老服务工作的情况汇报,并进行座谈讨论。视察组认为,近几年来,市委、市政府高度重视永康市的居家养老服务工作,出台有关政策,加大资金支持力度,不断增强养老服务功能,基本形成以居家为基础、村(社)为依托、机构医养结合的多层次养老服务体系,成绩值得充分肯定。视察组指出,一要加快乡镇(街道)示范型居家养老服务中心这一民生实事建设进度,统筹谋划全市示范型居家养老服务中心建设和适老化改造工作,明确责任、明确标准、明确工期,确保如期高质量完成。二要依托"智慧城市"布局,利用"互联网+"新理念、新技术与居家养老服务工作的深度融合,加快搭建智慧养老服务平台,构建信息化、智能化、精细化的业务支撑及管理体系。三要加快完善出台养老服务相关政策,加大对养老事业的

资金投入力度,持续完善养老服务补贴制度和需求评估办法,确定基本养老服务项目,使相关财政资金支出更具绩效。四要加强居家养老服务工作的日常管理,及时发现和解决运行中存在的矛盾和问题,加快推动试点单位发挥示范作用,尤其要进一步规范财务管理和收费标准,确保居家养老服务中心持续健康运行。

【视察"龙山经验"都市版工作】 10月15日,视察组先后前往永康市西城街道西城司法所、永康市总部中心实地了解"龙山经验"都市版工作开展情况,听取有关情况汇报,并就如何做好经验深化推广进行讨论与交流。视察组认为,永康市政府能够创新思路、主动作为,不断加强"龙山经验"都市版的探索与实践,在矛盾纠纷化解、维护社会和谐稳定方面做出努力,取得较大成效。视察组建议:一要加强统筹,力求参与主体更广泛;二要加大力度,力求参与维度更扩展;三要加大支持,力求保障机制更完善。

【视察企业国有资产管理工作】 10月22日,市人大常委会组织部分人大代表优化企业国有资产管理和生产经营工作开展视察。视察组实地查看国投工贸原陶瓷厂地块、文旅集团五金技师学院建设工地、金汇集团新农贸城,听取市政府所作的关于2019年度企业国有资产管理情况的专项报告,并就加强企业国有资产管理工作进行座谈讨论。视察组认为,近年来,永康市政府及国资办对国企的管控能力得到强化,国企改革特别是企业国有资产管理改革有序推进,取得阶段性成效。视察组建议:一要深化改革,推进国有企业长效发展;二要科学高效,完善国有企业考核激励机制;三要盘活优化,推动国有企业资产保值增值;四要理顺职责,全力推进国企承担项目建设。

【视察农村饮用水达标提标工作】 11月9

日,市人大常委会组织部分人大代表视察农村饮用水达标提标工作。视察组一行首先来到水投集团的"智慧水务"城乡一体化管控中心,观摩实时监控、数据分析、调度指挥等智慧监管功能演练。随后,实地查看石柱加压泵站及配套管网工程建设项目,听取关于农村饮用水达标提标工作情况汇报。视察组充分肯定市政府及相关部门在农村饮用水达标提标工作方面所做工作及取得的成果。视察组建议,市政府和相关部门要加大协作和配合力度,持续推动农村饮用水达标提标各项工作的落实,真正让老百姓喝上"放心水",喝上"幸福水"。一要进一步认识农村饮用水达标提标工作对增强群众获得感、幸福感的重要意义,正视不足,积极作为,全力实现从"有水喝"到"喝好水"的转变,为永康乡村振兴提供强有力的饮水安全保障。二要全盘统筹,强化水资源供给保障,稳步推进磐安境外引水工作,加大境内水资源的开发利用力度,进一步优化配置水资源,不断提高水资源安全保障能力。三要落实属地镇街区的主体责任、主管部门的监管责任、统管单位的管护责任,强化供水全过程监管,切实保障农村水利工程设施安全,进一步发挥城乡供水工程综合效益。四要精准发力,强化饮水安全宣传引导,持续做好政策宣讲,切实增强群众安全饮水意识,让群众更加了解和支持这项民生实事工程。

【视察应急管理工作】 11月18日,市人大常委会组织部分市人大代表对永康市应急管理工作进行视察。代表们实地查看浙江紫微建筑工程的质量与安全体验馆、经济开发区的区域应急服务中心,听取市政府关于当前永康市应急管理工作的情况汇报,并进行座谈讨论。视察组认为,近年来,在市委市政府的高度重视下,永康市应急管理工作以体制改革为主线,坚持问题导

向、效能导向,聚焦重大风险防范化解,突出强化防范防治、应急救援、减灾救灾整体功能,应急管理体制机制逐步完善,安全监管水平和防灾减灾救灾能力不断提升,工作值得充分肯定。视察组建议,应急管理工作事关人民群众生命财产安全和社会稳定,事关社会改革发展大局,与经济社会发展紧密相连,要切实提升应急管理能力,更好地为经济发展保驾护航。一要深化认识、落实责任,加大对应急管理工作的领导,抓好大安全、大应急、大减灾的应急体系构建,进一步理顺应急管理体系。二要加大投入,完善保障,加强应急数字化应用、应急救援队伍建设,大力培育发展应急产业,有效提升应急管理现代化水平。三要夯实基础,重心下沉,加快区域应急服务中心建设进度,推进区域应急服务中心的实体化运行并发挥好试点推动作用,不断深化"基层党建+应急管理标准化"工作,以提升基层应急管理能力。四要加强预警,完善储备,积极推进多元完整的救灾物资储备体系建设,推进救灾物资储备管理工作标准化和科学化,加强灾害隐患点监测预警设施和灾害预报能力建设,加大防灾减灾科普宣传力度,不断提升防灾减灾救灾能力。

【视察巡特警品牌培育工作】 11月25日,市人大常委会组织部分人大代表视察巡特警品牌培育工作。代表们实地查看位于市公安局巡特警大队部的省级战术教学点以及防盗门窗攻防技术研究合作院等地,观看实战演示,了解巡特警品牌培育工作相关情况。据悉,近年来,永康市公安局以"实战、实训、实用、实效"为目标,通过自主研发和改良创新,以"绝对静、相对快"的作战理念,创立一整套具备自主知识产权的警务新战术,形成一整套具有较强实战性、时效性和可复制性的战术应用体系,力争在全国打响永康公安改革创新的品牌。代表们

为警务新战术取得的成绩点赞,并就巡特警队伍人才管理、核心战术钻研、基地建设等方面提出建设性意见。一要进一步壮大巡特警力量,加强正规化建设,不断提高装备保障水平;二要进一步强化管理训练,把当前训练与长远发展相结合,关心特警队员的训练、工作和生活,不断提高特警队员技术战斗水平;三要进一步强化反恐处突能力,为维护社会和谐稳定发挥强有力的作用;四要进一步强化保障水平。

【视察三江六岸改造工程建设工作】 12月1日,市人大常委会组织部分市人大代表对永康市三江六岸二期工程建设工作进行视察。视察组实地查看西门溪跨河桥工程以及丽州桥到解放桥右岸、华溪桥到商城桥左岸工程现场,并听取市城市建设投资集团有限公司受市人民政府委托所作的工作汇报。视察组认为,三江六岸二期工程自2020年9月开工以来,市政府高度重视,公安、城管、城投等部门单位创思路、抢进度、抓保障,科学、合理、环保地安排施工,有力地推进工程的建设,值得充分肯定。视察组建议:一要提站位、抓进度,尽快解决工程用地审批及政策处理、河道防洪设施建设审批、工程实施对周边居民生活的影响等问题,扎实推进工程建设;二要善挖掘、重保护,注重人文景观设计、文物古迹保护、文化挖掘传承等工作,充分体现人文特色;三要重品质、赢口碑,严格保障施工质量、严格避免安全事故、完善配套工程建设,着力将三江六岸工程建设打造成精品工程。

选举和任免

【第十七届人民代表大会第四次会议】 1月21日,市第十七届人民代表大会第四次会议召开,依法选举张群环为永康市人民政府市长和金华市第七届人民代表大会代表,蒋震雷为永康市监察委员会主任,杨兵为永康市第十七届人民代表大会常务委员会副主任和市第十七届人民代表大会财政经济委员会主任委员,朱敏、胡颖景为永康市第十七届人民代表大会常务委员会委员。

【第十七届人民代表大会常务委员会第二十七次会议】 3月10日,市第十七届人民代表大会常务委员会第二十七次会议通过决议:决定任命施礼干为永康市人民政府副市长;决定免去胡增强、吕群勇的永康市人民政府副市长职务;任命何进山、任云峰为永康市监察委员会委员;免去徐浙永、李岳林的永康市监察委员会委员职务。

【第十七届人民代表大会常务委员会第二十八次会议】 5月25日,市第十七届人民代表大会常务委员会第二十八次会议通过决议:决定任命郑云涛为永康市人民政府副市长;决定免去杨庆彪的永康市人民政府副市长职务;决定任命杨献为永康市人民政府办公室主任,陈麟新为永康市交通运输局局长;决定免去朱飞勇的永康市人民政府办公室主任职务,周荣广的永康市交通运输局局长职务;任命程复明为永康市人大常委会财政经济工作委员会副主任,章朝阳为永康市人大常委会教科文卫工作委员会副主任,李华英为永康市人大常委会社会建设工作委员会副主任,何贡献为永康市人大常委会江南街道工作委员会副主任,王煜为永康市人大常委会城西新区工作委员会主任,黄春绸为永康市人大常委会城西新区工作委员会副主任;免去胡烈松的永康市人大常委会办公室副主任职务,章朝阳的永康市人大常委会财政经济工作委员会副主任职务,李华英的永康市人大常委会教科文卫工作委员会副主任职务,鲍庆元的永康市人大常委会江南街道工作委员会副主任职务,楼敦胜的永康市人大常委会城西新区工作委员会主任职务,潘康福的永康市人大常委会城西新区工作委员会副主任职务;接受陈麟新、杨献、郦景杭、应巍炜、楼敦胜辞去永康市第十七届人民代表大会代表职务的请求。

【第十七届人民代表大会常务委员会第二十九次会议】 6月23日,市第十七届人民代表大会常务委员会第二十九次会议通过决议:任命姚志勇为永康市人民法院副院长、审判委员会委员、审判员,方向红为永康市人民检察院副检察长、检察委员会委员、检察员,吴锦辉为永康市人民法院审判委员会委员,许玲晓为永康市人民法院立案庭(诉讼服务中心)庭长;免去方向红的永康市人民法院副院长、审判委员会委员、审判员职务,姚志勇的永康市人民检察院副检察长、检察委员会委员、检察员职务,卢志峰的永康市人民法院立案庭(诉讼服务中心)庭长职务,应晓霞的永康市人民法院石柱人民法庭副庭长职务。

【第十七届人民代表大会常务委员会第三十次会议】 8月25日,市第十七届人民代表大会常务委员会第三十次会议通过决议:任命胡晓英、应华杰、吕浙宁、王君杏、卢江燕、朱慧英、胡敏盾、郑一文、方京、朱璐瑶、季芳、吕代钦、胡笑君、方江齐、吕跨、应凌飞、方新权、金佩熙、胡勇、陈旭勇、张兰春、周志武、胡巧霞、范立花、朱美娟、陈海康、李伟康、颜超航、刘滨、吕春台、施云策、施维业、王筱筱、施桂芳、施安心、胡锦燕、李美玉、胡济阳、应琛、林育、吴文雅、陈晓静、杜景萍、项春生、徐云秀、吕春红、金英、李军红、潘双镯、李慧琴、翁兴强、陈学帮、陈江英、施爱飞、李金响等55人为永康市人民法院人民陪审员。

【第十七届人民代表大会常务委员会第三十一次会议】 10月22日,市第十七届人民代表大会常务委员会第三十一次会议通过决议:决定免去徐锴的永康市人民政府副市长职务;任命王根红、应莉、林红台、周跃进、程建强为永康市人大常委会东城街道工作委员会委员;任命赵伟勇、钱涛、徐军康、曹春艳、吕菁华为永康市人大常委会西城街道工作委员会委员,吕月眉、方雄伟、徐有林、李妙莲、周方永、徐仓、李晶为永康市人大常委会江南街道工作委员会委员,黄美媚、应秀丽、林惠珍、胡树理、李俊军、陈良丁、任靖为永康市人大常委会经济开发区工作委员会委员,姚舒拉、俞晓燕、夏月飞、楼美容、叶洁为永康市人大常委会城西新区工作委员会委员。

【第十七届人民代表大会常务委员会第三十二次会议】 12月22日,市第十七届人民代表大会常务委员会第三十二次会议通过决议:任命周杨诗洁为永康市人民法院审判员。

议案和建议

【概　况】 1月18—21日,永康市第十七届人大第四次会议期间共收入代表建议意见297件,闭会期间督办组分组督办过程中,代表根据实际情况提出闭会建议2件。4月10日永康市政府召开交办会,将297件代表建议意见交到包括市政府在内的58个部门研究办理,会上对上年办理优秀的单位进行表彰。4月27日,在《永康日报》上向全社会公开代表建议意见的承办单位、责任领导、责任人及经办人、联系电话等信息,以便代表、选民监督。6—8月,承办10件以上代表建议意见的17个单位分别召开面商会。7月17日市人大常委会召开人大代表议案督办组会议,对重点建议、代表不满意件和群众关注的热点问题开展

"督办"活动,通过上门督办、听取办理工作报告等形式推进代表建议意见的落实办理工作。10月,市人大常委会对市政府办理代表建议意见工作情况进行审议。

2020年人代会及其闭会期间,收到人大代表提出的建议301件,由市政府统一交办289件,约占全市总数的96%,涉及40多个承办单位。这些建议意见聚焦民营经济发展、城市建设、交通治堵、教育卫生、养老保障、环境保护、乡村振兴等热点。289件建议已全部按期办复,已解决或正在解决的209件,占总数的72%;列入计划逐步解决的34件,占总数的12%;因客观因素不能解决需作解释的46件,占总数的16%。289件建议的满意度都已经得到反馈,表示满意的有280件,基本满意的有5件,表示理解1件,不满意的有3件,满意率为99%。重点建议方面,全年共有13件,其中由市政府落实的有12件,共九个方面。按照惯例,继续实行市领导包案制度,由张群环市长负总责,各分管副市长牵头负责,具体研究办理方案。

【代表建议意见"回头看"】 4月以来,市人大常委会对市十七届人大一次、二次、三次的代表建议意见开展"回头看"活动。经过各镇(街道、区)筛选,人大主任会议研究确定,列入此次"回头看"的代表建议意见共有261件,涉及50个部门。7—9月,市人大常委会分7个督查组,由市人大常委会副主任带队,对"回头看"建议意见进行跟踪监督,进一步推动涉及文化教育、城市建设、经济发展等各类民生实事方面的34件代表建议意见的有效解决。10月,在人大常委会上对市政府办理代表建议意见工作情况和三年"回头看"情况进行审议。

委办工作

【市人大常委会办公室】 积极做好人代会、人大常委会、主任会议、专题培训会等会议的服务保障工作,精心组织筹备市十七届人大四次会议,牵头完成《常委会工作报告》,并主动加强与各方面的协调联系,确保会议高质量召开。配合金华市人大办,圆满完成全市"矛调中心"人大代表联络站建设推进会的会务工作。全年共召开人大常委会6次,主任会议10次,镇街区人大工作会议2次,组织人大常委会委员外出培训学习1次。不断加强人大信息宣传,全年上报各类信息100余篇,刊发《人民之声》杂志6期,创建"永康人大"微信公众号,发布文章400余篇。以市委巡察人大机关为契机,全面完成4大类33项问题的整改工作,制定完善信访工作、财务管理、会务接待等7项机关工作制度。牵头制定出台《2020年永康市人大常委会监督工作计划》,首次在常委会年度监督计划中设置"持续跟踪监督工作"项目,针对代表建议意见办理、政府重大投资项目实施、财政绩效评价问题整改等9项工作开展"回头看"活动,推进人大监督真正落到实处、取得实效。积极配合各工委组织开展视察、执法检查活动17次,办理各级各类信访件78件。牵头开展无废城市创建、推进"三治融合"提升乡村治理能力、土地资源优化利用等多项课题的调研并完成调研报告。

【市人大常委会法制和监察司法工作委员会】 3月,在全省率先制定出台《永康市人大常委会关于加强检察建议工作的决议》,出台《新冠肺炎疫情防控期间相关法律问题解答》。4—10月,开展法官、检察官队伍建设情况和部分法官、部分检察官的履职情况评议。5月,修改完善人大代表驻检察机关未成年人关护站运行办法。7月,视察"枫桥式公安派出所"创建工作。10月,视察龙山经验(都市版)推广工作。11月,组织部分省市县三级人大代表,视察警务实战技术应用工作。12月4日,邀请专家为市委理论学习中心组成员和市各套班子其他领导及市机关各部门单位、各镇(街道、区)主要负责人作"宪法与法治:'龙山经验'的发展与展望"专题报告。收到市政府提交备案的规范性文件9件,配合办公室结合省人大的要求,按程序分送相关工委进行研读审查,并将审查意见及时向政府反馈。对114名拟任人员进行任前考察和法律知识考试,并就人事任免的相关规程提出合理化建议。共接待群众来信来访28人(件)次。组织配合好省人大常委会来永开展"三服务"及公共卫生法治保障立法修法工作调研活动。组织配合好金华市人大常委会来永开展的《金华市大气污染防治规定》和《金华市城市绿化条例》立法调研、关于"龙山经验"推广工作调研、推动矛盾纠纷调处化解最多跑一地专项监督等活动。

【市人大常委会财政经济工作委员会】 深入开展数字经济发展专项监督,形成审议意见交办市政府。组织开展"十三五"规划执行和"十四五"规划编制调研工作。监督市政府投资重点项目的推进情况,发出审议意见。加强国民经济发展计划审查监督,听取和审议上半年国民经济和社会发展计划执行、政府半年工作报告。继续开展企业国有资产管理和路灯经费绩效评价,借助第三方机构专业力量,进一步厘清问题、推动整改。做好预决算审查监督,督促审计查出问题整改。开展为期5个月的绩效评价,进一步找准企业国有资产管理工作存在的问题症结,明确监督工作方向。组织代表开展以推广国企发展良好经验、加快低效用地盘活、展示国企建设项目成果为重点内容的视察活动。出台市政府报告国有资产管理情况工作制度。制定下发街道预算审查监督暂行办法。配合金华市人大开展贯彻《浙江省民营企业发展促进条例》、促进民营经济高质量发展调研工作。参加市委调研组组织的关于加快全市低效用地盘活利用的调研,撰写国资存量房产土地盘活利用的工作建议。撰写《关于提高企业国有资产经营效益的思考》调研文章。

【市人大常委会城乡建设与环境保护工作委员会】 多次采取组织人大代表现场监督政府部门协同执法的方式,推动重点监督工作的实施。针对养犬管理工作,集中组织市人大代表现场监督养犬管理执法活动。组织人大代表开展实地监督创建的"六进"活动。开展市区环境"靓化"工作视察,现场一一提出解决方式,从而更好地将人大监督的力量渗透到道路、街角、楼宇中。紧盯"互联网＋工业固废"处置"五步法"的推广情况,配合省人大常委会来永开展垃圾分类工作调研。紧紧盯住政府重大投资项目"三江六岸"二期工程建设,多次组织代表会同相关部门到现场调研,参加工程设计方案论证会,组织代表开展专题视察。紧盯上年重点视察的316省道建设工程,就市政府回复的建设方案中的具体问题再次提出合理化意见。参与并完成创建"无废城市"相关的课题调研;参与并完成优化永康市土地资源利用的课题调研,组织开展以城市"靓化"为主题的考察调研。积极对接督查组,推行"常态式"督查考核机制,对项目进度实行一月一通报,力促解决问题和督查进度并举。

【市人大常委会教科文卫工作委员会】 积极指导并监督卫健部门的疫情防控工作,针对卫健部门面临的问题及时予以协调解决,不断推动疫情防控工作的严密开展,确保永康不出现本土感染二代病例,使永康成为金华地区首个病例全面清零的县(市、区)。同时,为实现疫情防控常态化,在主任会议上听取市政府疫情防控工作汇报,推动建立疫情防控常态化工作机制。视察永康市的科技创新工作,进一步掌握永康科技创新工作开展情况,深入查摆问题与不足,并提出相关视察意见。7月,对《公共文化服务保障法》落实情况进行执法检查,进一步推动永康市公共文化服务保障的发展。通过听取汇报、组织部分代表实地检查等方式进行跟踪监督,助力民生实事项目有序推进。在跟踪监督好2020年新增政府投资2000万元以上新建项目进展情况的同时,创新性地对前三年新增政府投资2000万元以上未完工项目也开展跟踪督查,厘清项目未完工原因,对项目在推进过程中遇到的难题,帮助协调解决或及时做好难题交办。开展代表建议意见办理三年"回头看"行动,对永康市十七届人大以来的代表建议意见办理情况进行回头看,提高问题解决率。对市政府《关于科技创新工作的视察意见》的回复意见还有不完善的地方,要求进行补充完善,督促市政府按视察意见落到实处。

【市人大常委会农业与农村工作委员会】
2月10日—3月10日,配合开展新冠肺炎疫情防控工作专项执法检查,对企业节后开工情况进行指导,并帮助解决部分困扰企业发展的难题。5月22日,组织部分人大代表对永康市农村基础设施长效管理资金投入和使用情况进行视察,并提出意见。配合金华市人大在永康市开展森林城市建设情况、农村集体经济管理情况等工作调研。5月26日,配合省人大做好动物防疫、野生动物保护"两法两条例"的执法检查和粮食安全情况的调研工作。11月9日,组织部分人大代表对农村饮用水达标提标工程建设情况进行视察,并结合调研情况提出意见。

【市人大常委会代表与选举任免工作委员会】 成立全面加强街道(区)人大工作和建设领导小组,由人大常委会主任陈美蓉任组长,分管代表与选任工作的常委会副主任任副组长,组织部、市委编办、宣传部、人大机关各委办、审计局、财政局主要负责人任小组成员;下设办公室,具体负责街道人大工作和建设等业务指导工作。制定分市级、街道两个层面的共有34条任务清单的《实施意见》,报金华市人大审核后由中共永康市委批转下发。6月23日,首次听取5个人大街道(区)工委的工作报告并作出决议,对各项重点任务进行交办。10月,首次任命3个街道、2个区的人大工委委员29名。出台《人大街道(区)工作规则》《街道(区)预算审查监督暂行办法》等4项制度。组织各级人大代表投身疫情防控的第一线,捐款捐物共845万元。8月"黑格比"台风袭击永康,组织各级人大代表捐款189.2万元。全年安排代表列席市人大常委会会议活动466人次。在10月、12月的人大常委会上,分别组织在永的10名金华市人大代表开展口头述职。10月中旬,组织省十三届人大代表金华中心组第二小组在永开展"疫情下的电子商务发展情况"视察调研活动。组织在永的金华市人大代表开展助推"四大建设"主题活动,代表对"十四五规划编制"提出高质量建议14条。组织各级人大代表开展创建省示范文明城市主题活动,收集代表建议意见136条。组织各级人大代表考察观摩矛调中心554人次,视察调研713人次,监督体验394人次,接待群众802人次,提出建议128条,参与矛盾纠纷调处化解600人次,共同推动社会治理领域"最多跑一地"改革。组织举办《宪法》《民法典》《浙江省民营经济促进条例》等专题讲座,进一步提高代表依法履职能力。12月8日,组织开展针对22个部门的工作评议,经市人大常委会主任会议研究后评议结果向市委报告。在永康市第十七届人大第四次会议召开期间共收入代表建议意见297件;闭会期间,督办组分组督办过程中,代表根据实际情况提出闭会建议4件。为全面了解该届以来代表建议办理情况,推动代表建议意见的进一步办理和落实,2020年4月以来,市人大常委会对市十七届人大一次、二次、三次会议的代表建议意见开展"回头看"活动,促使涉及文化教育、城市建设、经济发展等各类民生实事方面的34件代表建议意见得到有效解决。全年共依法任免国家机关工作人员147人次。年初依法补选永康市人大代表3名;人代会上组织选举金华市七届人大代表1名,并报金华市人大审查;依法接受5名县(市)级人大代表的辞职请求。永康市已建有市级直属联络站1个,功能联络站(矛调中心)1个,镇(街道、区)联络站16个,联络点69个,13个联络岗。16个镇(街道、区)的人大代表联络站均已"下楼出院",并设计统一的标识,通过"四好"示范联络站评定的有5个。11月30日,永康市"矛调中心"人大代表联络站挂牌成立,并正式投入运营。12月底基本实现"站、点、岗"三级全覆盖。全年共有70名各级人大代表走进8890参加接听活动,收集意见建议119件,促进问题解决110件,群众对答复解决的问题满意率达到96%。各镇(街道、区)联络站共开展代表活动193次,全国、省、市、县、乡各级人大代表参与1978人次,议政会成员178人次,接待选民群众1177人次,收集到建议意见373件,已解决310件。12月3日,在"龙山经验"人大代表联络站召开成立一周年的座谈会,对联络站的运行成效及一下步工作进行交流探讨。该工作的开展得到最高院周强院长的批示肯定,相关事迹被《浙江日报》等多家省级以上媒体宣传报道。

【市人大常委会社会建设工作委员会】 5月,根据金华市人大的要求,开展相关调研,充分了解永康市社会组织的分类运行、管理改革、组织登记、培育孵化、作用发挥等情况,分析存在的问题并提出下一步建议。7月,针对省人大下发的《关于推进社区社会组织参与基层社会治理的决定(草案)》,在充分征求民政局、应急、教育、公安等部门及乡镇、部分社会组织、部分市人大代表意见的基础上,反馈相关意见。9月,组织部分代表对全市居家养老服务工作进行视察。9月23日,配合金华市人大来永开展《安全生产法》执法检查。为进一步提升永康市应急管理能力,与应急管理局沟通,11月18日组织人大代表开展视察。通过听取汇报、参加议案意见征询会等形式,加大代表建议督办力度,切实解决养老服务、社区建设等社会热点难点问题。开展代表建议意见办理三年"回头看"行动,对市十七届人大一次、二次、三次会议的部分代表建议意见办理情况进行回头看,并筛选一些代表建议作为重点督办件持续跟踪督办。组织部分人大代表对公安局等单位工作开展评议调研。参与针对永康市乡村治理现状情况的调研,进一步厘清永康市当前乡村治理现状、存在问题,并提出有针对性的建议,为市委决定提供参考。赴民政局、人力社保局开展十四五规划思路调研。

(市人大办　胡妙鸳)

市人民政府

综　述

【概　况】　2020年是高水平全面建成小康社会和"十三五"规划的收官之年。面对严峻复杂的国内外形势，特别是突如其来的新冠肺炎疫情，永康市政府深入贯彻习近平总书记考察浙江重要讲话精神，坚决落实市委决策部署，统筹疫情防控和经济社会发展，扎实做好"六稳"工作，全面落实"六保"任务，全市地区生产总值增长1.6％，一般公共预算收入增长1.2％，城乡居民收入分别增长4％和6.5％。聚力攻坚克难，三大硬战打出成果。全省首创"四色预警"疫情防控机制，坚持"硬核隔离＋精密智控"，实现患者"零死亡"、医务人员"零感染"。率先开通"返岗直通车"、推出"复工复产七步法"，出台金融10条，设立5300万元"稳产稳岗"贴息专项资金，落实"五减"资金26.1亿元、"两直"补助资金3.3亿元，实现抗疫情和稳增长双赢。面对"黑格比"台风带来的百年一遇强降雨，干群同心、军民联手，涌现出了徐国超、李章存等救灾英雄，以最快速度恢复正常秩序，最大限度保障了群众生产生活。加快重点担保圈"化圈解链"，成功收储10个资产包，处置企业债务15.6亿元。聚焦转型升级，新旧动能加快转换。制造业数字化、智能化加速推进，10个"企业数字化制造、行业平台化服务"改造试点、6个智能工厂（车间）顺利完工，王力、三锋入选省"未来工厂"培育名单，"搭积木式"

改造经验全省推广。大力实施"小升规""雏鹰行动""凤凰行动"，规上企业突破1000家，王力安防IPO过会，千禧龙纤、德硕电器获评国家级专精特新"小巨人"企业。"亩均论英雄"改革获省政府激励。"中国口杯之都"通过复评。国家林草装备科创园获批落地，电子信息产业园完成首批项目招商，新开工小微企业园12个，引进3亿元以上项目14个，市县长工程项目落地率达75％。创设"四马攻坚"项目推进机制，投资增速位居金华前列。"制造业＋电商"加速融合，淘宝村数量位居全国第三，批发零售业改造提升工作获省政府激励，网络零售额突破1000亿元，快递业务量达4.8亿件。出台消费10条，发放消费券5600万元，开展"云购五金优品、畅享永康品质"系列活动，举办规模以上展会25场。电商公共服务中心、五金直播大厦、宝龙广场等重大服务业项目投入运营，万达广场开工建设。深化改革开放，创新活力持续迸发。紧扣"一局一事一出彩"，创新推出"法拍房""僵尸车"等10项"一件事"集成改革，工伤"一件事"登上《领跑者》，获省长郑栅洁批示肯定；医保基金"四色预警"、永武两地医保联动新闻登上《竞跑者》，村级组织"三资"监管创出永康经验。以空前规格举办首届"民营企业家节"，隆重表彰30位"常青""青藤""青蓝"企业家。纵深推进商事登记制度改革，企业开办实现"零成本"，平均开办时间缩至18分钟。深化"整体智治、云上永康"行动，启动城市大脑建设，"一数通用"综合平台、数字小微园获省数字化赋能优秀案例。事业单位改革全面完成,邮政管理局挂牌成立。国投控股获批 AA＋主体信用评级。县域营商环境指数居全国第 24 位。建成省五金产业创新服务综合体、智能门(锁)工程师协同创新中心,新增国家高新企业 74 家,省科技型中小企业 187 家,"品字标"企业 10 家、"浙江制造"标准 17 项,获得专利授权 1.2 万件。实施"智汇丽州"引才工程,"揭榜挂帅"引进顶尖人才 6 名、领军人才 25 名。举办首届工程师大会,成立永康博士联谊会北京分会。国家地理标志证明商标实现零突破。跨境电商网络零售额位居全省第二,产业集群跨境电商、供应链创新应用获省专项激励,获批全省唯一一个"外拓内"试点。强化统筹融合,城乡建设日新月异。田川未来社区开工建设,大塘沿安置区全面动工。新 330 国道一期建成通车,杭丽铁路列入国家规划,义龙高速达成区域合作,金台铁路、金温客货线迁建主体完工,新客运中心建成投用。深入开展城乡环境"创佳评差""打破假围墙"等专项行动,增画停车泊位 3.6 万个,拆除违建 285 万平方米,获评省基本无违建市,创成省示范文明城市、省国土资源节约集约模范市。芝英古城、铜山岭钱王古道列入全省大花园"耀眼明珠"培育名单,获评美丽浙江建设工作优秀县市。精品农业特色彰显,单季稻单产连续 8 年破金华纪录,获评"河姆渡"杯粮食生产先进县市。高质量推进第二轮中央环保督察问题整改,工业固废"五步法"获中央环保督察组肯定。19 个镇级工业区实现雨污分流,市控地表水断面水质稳控在 III 类以上,南溪入选省"美丽河湖"。年空气优良天数达 354 天,PM2.5 平均浓度 29 微克/立方米。小微企业危废收运"12369"模式全省推广,农村生活垃圾分类"端头模式"走向全国。关注民生福祉,群众获得感幸福感安全感显著增强。圆满完成第七次全国人口普查。新增城镇就业 2.64 万人,登记失业率 1.74％。实现低收入群体三项政策性保险全覆盖,全省率先实施"刷脸就医＋信用支付"医保一站式结算,基本医保参保率达 99.98％。永康与磐安签订跨区域引水协议。饮用水达标提标三年行动通过验收,城乡实现同质饮水。五金技师学院开工建设,永康一中与杭二中开展深度合作,"公民同招"政策平稳实施。挂牌成立浙江老年开放大学永康学院,城西中学等 14 个项目完工,新增学前学位 3390 个。"三医联动、六医统筹"列入省级试点,完成中医院迁建,新增名医工作室 5 家。获评省文旅产业融合试验区,创成省全域旅游示范县市。建成城区"15 分钟健身圈"。高规格举办首届"龙山经验"高峰论坛,创新开展"一月一镇平安大会战","一警情三推送"获评全国"智慧警务"创新案例,扫黑除恶专项斗争得到中央督导组肯定,成功创建省"无信访积案市"。完成安全生产综合治理三年行动,安全事故数下降 26％,交通事故死亡人数下降 16％,企业类火灾下降 64％,区域应急服务中心建设走在全省前列,"平安永康"实现 14 连冠。

重要会议

【全市工业大会】 4 月 17 日,召开全市工业大会。大会动员全市上下进一步聚焦工业,牢牢坚持发展工业强市导向,明确要更加尊重企业家、服务企业发展。大会表彰了 2019 年各类先进企业和个人,并将每年 11 月 1 日设为"永康民营企业家节"。大会部署了产业提升行动、平台集聚行动、项目落地行动、"企业轻装"行动、创新驱动行动、企业培育行动、线上浪潮行动和服务提升行动"八大行动"。市企业家协会、市门业协会、德硕科技、市经信局、城西新区作发言。

【**省示范文明城市创建誓师大会**】 10月10日，召开省示范文明城市创建誓师大会。会议指出创建省示范文明城市是优化营商环境的载体，是提升城市品质的需要，是回应百姓美好生活向往的途径，要求提高政治站位，坚持精准发力，强化责任担当，苦干实干50天，确保成功拿下省示范文明城市金字招牌。会议部署了文明服务、文明经营、文明交通、文明设施、文明卫生、文明素质六大提升行动。

【**抗击新冠肺炎疫情表彰大会**】 12月23日，召开抗击新冠肺炎疫情总结表彰大会。会议隆重表彰了为抗击新冠肺炎疫情做出突出贡献的先进个人和集体，并向所有参与抗疫斗争的工作人员和支持抗疫的社会各界人士表示衷心感谢。会议指出，这场战役全市上下一心、同心抗疫，创造了可喜成绩。但是，当前全球疫情仍呈加速扩散趋势，要保持高度警惕，坚决守住冬季、春季这两个关键期，慎终如始抓好疫情常态化防控，化危为机赢得发展主动权，切实保障好群众的生命安全和身体健康。

【**市政府常务会议**】 2020年1月13日，市政府第43次常务会审议通过了《永康市2019年国民经济和社会发展计划执行情况与2020年国民经济和社会发展计划（草案）的报告》《永康市2019年财政预算执行情况和2020年财政预算（草案）的报告》《关于开展城乡环境卫生整治晒拼创活动的通知》。

2020年3月4日，市政府第44次常务会审议通过了《市政府重大项目难题攻关会第一批项目清单》《政府工作报告及十大民生实事任务分解方案》。

2020年3月13日，市政府第45次常务会审议通过了《永康市国有资本投资公益性项目建设管理暂行办法》《永康市国有资本投资公益性项目融资管理暂行办法》

《关于推进生猪产业高质量发展的意见》《永康市田川未来社区实施方案》《江南街道大塘沿等村拆迁安置区建设方案》。

2020年4月22日，市政府第46次常务会审议通过了《关于支持外贸企业渡难关稳订单拓市场的政策意见》《永康市城镇污水处理厂污泥处置方案》。

2020年5月22日，市政府第47次常务会审议通过了《关于成立"助企通"企业服务平台全面助推实体经济高质量发展实施意见》《关于加强财政监督工作若干意见》《永康市人民政府行政应诉工作规定》《关于开展法治政府建设示范创建活动实施方案》《关于杨溪、太平水库入库河流水质管理考核办法》。

2020年6月15日，市政府第48次常务会审议通过了《关于出资参与组建金华市"双龙人才基金"方案》《关于国有企业退休人员社会化管理工作方案》《关于加快建筑业提升发展若干意见》《关于提升粮食安全保障能力实施方案》《关于"无废永康"建设三年行动方案》。

2020年6月30日，市政府第49次常务会审议通过了关于流岸水库引水情况的汇报。

2020年7月17日，市政府第50次常务会审议通过了《关于城市大脑建设应用三年行动方案及城市大脑规划设计方案》。

2020年8月13日，市政府第51次常务会审议通过了《关于市域5G通信基站布局规划编制情况》《关于公益类集团下属公司整合重组方案》《关于进一步规范机制砂场管理实施意见》《关于既有住宅加装电梯实施办法》《关于电子商务进农村综合示范项目建设专项资金使用方案》。

2020年9月8日，市政府第52次常务会审议通过了《关于第二轮安全生产综合治理三年行动计划实施方案》《关于"三线一单"生态环境分区管控方案》《关于产业链补短板项目准入管理暂行办法》。

2020年10月16日,市政府第53次常务会审议通过了《关于中国五金物流港产业发展规划方案》。

2020年11月11日,市政府第54次常务会审议通过了《永康市节水行动实施方案》《推进健康永康建设三年行动计划(2020—2022)》《关于促进永康卫生健康事业高质量发展的十项措施》《永康市促进3岁以下婴幼儿照护服务发展的实施意见》。

2020年11月27日,市政府第55次常务会审议通过了《永康市水域占补平衡实施方案》《永康市竞技体育贡献奖励办法》。

2020年12月14日,市政府第56次常务会审议通过了《永康市"十四五"规划纲要》《2021年度政府投资和国有资本投资项目计划》《永康市2021年度财政预算收支建议方案》《千帆计划实施意见》。

2020年12月28日,市政府第57次常务会审议通过了关于永康市被征地农民参加基本养老保险有关工作情况的决议。

重要政事

【**张群环当选市长**】 1月21日,在市十七届人大四次会议第三次全体会议上,张群环当选为永康市人民政府市长。他表示,将倍加珍惜来之不易的工作环境,倍加珍惜永康良好的基础,倍加珍惜团结奋进的大局,倍加珍惜风清气正的政治生态和山清水秀的自然生态,将党和人民的信任转化为干事创业的动力,以接续奋斗谱写丽州发展赞歌,以优秀成绩来回报组织和人民的信任与重托,奋力开创"全面奔小康,永康新腾飞"新局面。

【**330国道一期通车**】 4月23日,330国道永康段改建工程一期主线通车,客运中心同时启用。当天通车的一期工程主线从石柱互通到应益互通,长17.2千米,通过两处连接线与老330国道和322省道连通。330国道永康段改建工程一期通车,标志着国道将城市"割裂"的局面成为历史,在有效缓解道路拥堵情况的同时,也将释放城市品质提升的空间,催生一条新的城市发展轴。

【**签订永康—磐安跨区域引水协议**】 7月9日,在省水利厅副厅长蒋如华,金华市委常委、市政府党组成员张伟亚的见证下,磐安县委书记王志强、县长金艳与永康市委书记金政、市长张群环作为双方代表,共同签署磐安—永康供水协议。此举标志着,永康市备受瞩目、期盼已久的境外引水工程正式进入实施阶段。

【**田川未来社区开工**】 8月31日,田川未来社区项目举行开工仪式。田川未来社区是全省首批24个未来社区试点创建项目之一,也是永康打造优雅城市的标志性工程。项目以创建未来社区为目标,依托永康总部中心建设、人才引进政策支撑、优越的山水环境和便捷的区位交通等优势,推出产业孵化中心建设、轨交站点复合开发、社区花园共享、绿色建筑创新、全过程工程咨询＋工程总承包(EPC)等六大举措,形成创新创业、TOD开发、绿色发展、共享核心、品质生活、文化记忆等六大亮点,力争打造中国五金产业孵化中心、中国未来居住模式示范区、中国生态文明城市样板区。

【**举办首届民营企业家节**】 11月1日,永康以最高规格举办民营企业家节。活动表彰了30名永康市常青企业家、青藤企业家、青蓝企业家,并正式启用"助企通"平台,随后举行了永康国际区域品牌营销高峰讲座、区域品牌营销座谈交流会等配套活动。

【**国家林草装备科创园获批落地**】 11月24日,国家林草局调研组来永,探讨国家林草装备科创新园(永康)运行机制和目标规划等相关问题。经与国家林草局、省林业局积极对接,国家林草局已回函同意与省政府和永康市共建国家林草装备科创新园。

【创成省示范文明城市】 11月25日,省委、省政府发布新一轮浙江省示范文明城市通报,永康市以全省第三的高分通过验收,成功创建省示范文明城市。

行政督查

【概　况】 永康紧紧围绕中心工作,服务经济发展大局,切实规范督查办理、整改反馈等各个环节,同时加大督查问效问责力度,进一步提高督查落实的严肃性,着力健全"全员督查"工作机制,真正将政府工作报告中的重点工作、重点项目等中心工作督紧、督实、督到位,推动各项重大决策部署落地,进一步营造"大抓落实、大干实事"的良好氛围。

【永康获得两项省政府督查激励】 永康市坚持谋划在前,结合省政府督查激励事项调整,立足于永康工业经济优势,通过总结近年来发展的情况,进一步提炼经验做法,认真研判筛选申报事项,确保第一时间提交申报材料,对于有望入围的督查激励事项,组建工作专班,强化要素保障,精心完善答辩材料,模拟问答环节,全力争取督查激励事项新突破。2020年,永康市批发零售改造提升和"亩均论英雄"改革工作获省政府督查激励。

【常态化开展重点工作督查】 2020年,永康市认真梳理汇总全市各类督查检查考核事项,制定全年的督查检查事项清单。市政府督查室与市委督查室联合,按照"从严从紧、统筹精简、务实有效"的原则梳理年度督查检查计划。组建四个重点工作综合督查组,因地制宜、因时制宜,推动督查工作由"碎片化"转变为"一体化",实现各部门单位协同高效运作,扎实推动市委、市政府中心工作和重大决策部署的贯彻落实。

【创新重点项目督查机制】 2020年,永康市创新推出"四步遴选、四色分类、四'马'攻坚"机制,聚焦26个市领导负责、2000万元以上市级重大项目和119个"对标补短、攻坚冲刺"大会战任务清单项目,将所有项目分为绿色(顺利推进的项目)、黄色(专班可解决难题的项目)、橙色(需要分管市领导协调解决难题的项目)、红色(需要市政府集体决策解决难题的项目)四类,跟踪督办项目四色分派单,集中火力加速破解项目难题387个,督促落实"一难题一专班一亮灯一奖惩"措施,加快推进金台铁路、北三环等重大项目进度,激励项目之间形成"同台赛马抓经济"的浓厚氛围,促进重点项目提速增效。

【探索开展"互联网＋"督查】 2020年,永康市充分利用政府数字化转型"一数通用"综合平台开发的契机,发挥"数据协同、业务集成"功能,推进"政务督查＋数字永康"建设,对督查业务流程进行再造和升级,落实对重点任务、重大决策、重要事项贯彻落实情况的动态化、闭环式管理。在文件签发、反馈等节点设置信息提醒的基础上,根据督办任务在不同阶段的进度要求,设置不同等级的预警提醒,实现督办事项全程分级智能管理,及早发现苗头性、倾向性问题。深入探索推进"互联网＋"在线督查,研究推进政府工作报告重点指标数据的采集读取,及时采集、实时读取市领导高度关注的指标数据,将最关键的项目信息呈现给领导。

（市府办　供稿）

行政服务

【概　况】 2020年,永康市行政服务中心

(简称市行政服务中心)深入贯彻落实上级的决策部署,紧紧围绕"打造一流平台,优化营商环境"总目标,坚持一手抓疫情防控,一手抓改革攻坚,全力实现改革工作有突破,审批效率再提升,群众和企业办事满意度不断提升,获得感不断增强。

【做细做好疫情防控工作】 2020年初,新冠肺炎疫情暴发后,行政服务中心及时制定应急处置方案,做好口罩、消毒水、额温枪等防疫物资的储备和发放,在大厅门口安装2台红外线测温仪,严格做好进出人员的测温和扫码工作。根据疫情防控动态,先后三次向社会发布办事公告,调整办事方式,从网上预约、电话预约到全面开放,确保疫情防控期间群众办事不耽搁。组建红色服务小分队开展便民服务的创新做法被中央媒体转发。

【巩固提升"一件事"办理成果】 积极响应市委提出的开展"一局一事一出彩"活动倡议,聚焦堵点难点问题,持续在公民和企业全生命周期"一件事"办理上发力。2020年确定的10个政务"一件事"中,法拍"一件事"率先在金华地区推行,实现"一站办、一次跑、减材料、减时间",经验做法在《浙江政务信息(专报)》上刊发;率先在全省开发"浙里问·永康"一站式政务咨询云平台,公安、市监、税务、人社、医保等15个部门21类业务板块入驻,涉及事项895项,接受政务咨询6000多人次,《浙江日报》刊登相关做法;工伤预防"一件事"得到省委改革办的充分认可,《领跑者》第36期刊登《开展工伤"一件事"集成改革,构建全闭环工伤智控体系》一文,宣传永康市的创新做法;E办税平台得到省局高度肯定。

【全面推行网上办、掌上办】 2020年,行政服务工作加快信息化建设,着力打通部门数据接口,全面引用省和金华市云平台数据库,开发"一件事"钉钉小程序,开辟拓宽自助服务区,加强舆论宣传引导,不断提升网上办、掌上办比例。除涉密、敏感性强等不适宜网上办理事项外,便民服务事项100%可网上办,其他事项80%以上实现网上办、掌上办,税务办理、社保、医保、企业开办登记等业务实现网上办比例92%以上,投资项目审批、出入境办理、不动产抵押登记和注销登记等业务实现100%网上办。

【开展项目审批代办工作】 2020年,市行政服务中心完成投资项目审批在线监管平台2.0版向3.0版的迭代升级工作,定期组织项目代办培训,覆盖各镇代办员、各项目投资主体业务主管。突出小微园项目审批代办重点,提前介入指导、联席会议研断、全程专人代办,项目全流程审批"最多80天"实现率100%。创新推行小微园入驻企业项目联建做法,由各小微园企业签订联建协议形成联合体,共用一个施工单位,合办施工许可证,助推项目审批提速增效。

【提升镇级便民服务中心功能】 永康市围绕"一地办、就近办"目标,深入镇级便民服务中心调查摸底,在龙山、古山、象珠、石柱设规范化建设试点,整合公安、税务、市监、不动产交易、供水供电供气等相关业务,使之进驻镇级便民服务中心,扩大自助机投放范围,民生事项全市域通办和乡镇可办率80%以上。梳理公布一批公共服务领域"最多跑一次"事项,发挥镇村邮政、银行、通信、医院、学校等网点功能,实现民生服务事项和公共服务领域事项就近快办。8月,在全市推行水电气网集成办,80项公共服务事项在市行政服务中心、16个镇(街、区)便民服务中心以及银行、通信等网点均可实现"一站式"办理。

【稳步推进政务服务2.0建设】 市行政服务中心主动与省和金华市搞好工作对接,进一步明确政务服务2.0建设的标准和要求,做好政务服务2.0建设的前期调研和筹备工作,并向市政府上报减大厅方案。同时,按照省政府要求,召集全市39个部门单位对省里发布的4661项事项清单逐项进行梳理,确定永康市需要接入政务服务2.0的事项清单610项。截至10月底,全市除公安、电力由省级部门统一对接,公积金由金华市统一对接外,其他事项清单已全部接入政务服务2.0。

【聚力打造"小路为您服务"党建阵地品牌】
2020年,市行政服务中心深入开展便民服务大比拼活动,把创建"小路为您服务"党建阵地品牌与提升窗口服务水平紧密结合,把基层党建元素融入政务服务全过程,每个综合窗口临时党支部均组建了以党员干部为主力军的红色服务小分队,通过提供全方位的咨询服务、开展部门联动服务、推行预约服务和上门服务等,全力打造群众和企业满意的"红色窗口"。截至12月底,"小路为您服务"导服区共接受业务办理咨询52000多人次,召开部门联席会议18次,破解堵点难点问题15个,接受群众企业办事预约6470次,开展上门服务182次。公安服务综合窗口帮助有45年"黑户"历史的邵伦法圆了户口梦,得到副省长、省公安厅长王双全的批示点赞。

"小路为您服务"党建阵地品牌为群众提供现场导服、预约咨询等服务(行政服务中心提供)

(行政服务中心　楼　晨)

公共资源交易

【概　况】　2020年,金华市公共资源交易中心永康市分中心(简称永康交易分中心)共完成招拍挂328个标次,完成交易金额共计80.009亿元,比保留价增加、预算价节约共计23亿元。其中:开展建设工程招投标116宗,工程预算总额21.65亿元,招标后合同总额19.073亿元,节约建设资金2.577亿元,资金节约率为11.9%;开展政府采购业务34宗,财政预算总额1.6685亿元,实际采购合同金额1.4931亿元,节约采购资金0.1754亿元,资金节约率为10.51%;开展产权出租出让业务15批次,起始价总额5134.5万元,成交价总额5601万元,增加国有资产收入466.5万元,增资率9.08%;通过公开招标、拍卖和挂牌等出让方式,出让经营性土地163宗,出让总面积72.6732万平方米,出让总金额58.883亿元,比保留价增加20.201亿元。

【参与重点项目建设】　2020年,永康交易分中心配合市纪委开展清廉永康建设、人防专项巡察、推进清廉村居建设"五全举措"落地见效等服务工作;配合市交通局妥善处置"规划省道安吉至洞头公路永康段(枫坑隧道)工程施工"评标异议;促成耗时2年多的"西溪镇公办中心幼儿园项目工程"招投标双方签订和解协议;参与"汽车南站开口(五金大道侧)项目""永康市田川未来社区实施方案"编制,对"江南街道大塘沿等村拆迁安置区建设方案""农村饮用水达标提标""境外引水""人民医院压缩病房"等项目的协调服务取得实效。

【优化营商环境】　2020年,永康交易分中心按"寻根源、找难点、勤整改"方针,统一使用2018定额版本进行工程评标;实现招标公告发布、招投标文件发收、投标报名、保证金收退、评标专家抽取、开评标、监督管理等网上操作、"线上"完成，提高交易效率；为投标人减负，停收政府采购投标保证金，推进工程投标保证金改革，完善台账，实施"保函（单）＋信用"保险单代替投标保证金制度，在迎接省审计组调研过程中，完成清理454.34万元投标保证金，实现交易过程无证明事项，电子交易系统实现工程投标保证金本息收退自动化。督促业务人员努力做好服务现场交易过程秩序维护、设施养护、标前提醒、标中咨询、标后扫尾、资料收集、音频视频存储等现场服务工作，提升公共资源交易环境的服务水平。

【提档升级全流程电子化】 2020年，永康市公共资源交易工作提档升级全流程电子化，借力信息化大数据技术手段，招标项目受理登记、文件备案、发布公告、招标报名、保证金缴纳、中标合同备案等实现网上交办，取消无依据的投标报名，减少投标人现场报名见面的机会，减小串围标概率。在电子评标环节，11月3日成功进行云评标（远程评标）、专家单独评标，维护评标公正性。非电子评标项目按规定上报。完善电子监管室，行政监督部门监督人员或者招投标当事人可以在电子屏幕上实时监督开标和评标。完善监控设备，延长监控资料的存储时间，按保存15年要求进行设置。完善交易功能区，增加关键区域的门禁，避免无关人员走动，确保评标、咨询封闭进行。继续开展招投标领域违法行为专项治理行动，完善扫黑除恶台账，公开举报电话，定期排摸信息报送线索，得到中央扫黑除恶督导组肯定。

2020年11月1日，组织专家参与远程异地评标（永康交易分中心提供）

【多种渠道探索公平正义】 2020年，永康交易分中心对4个招投标规范性文件进行清理，强力推进"浙政钉"应用，有效利用"政采云"平台，助推政府采购行为全程留痕、过程提醒预警、事后大数据分析，促进充分竞争。配合金华区域云评标设施建设，运用桌面云和视频会议系统技术，搭建基础架构，探索能及时发现、精准打击有关违法违规行为和助力反腐扫黑除恶的机制。努力探索公开页面的标准化、格式化，为实现公共资源信息交互共享提供保障，通过互联网、大数据等手段让数据跑起来，体现"最多跑一次"改革要求。

（永康交易分中心　叶思玲）

政府数字化转型

【概　况】 2020年，永康市大数据发展管理局（中心）［简称市大数据局（中心）］围绕省政府数字化转型决策部署，把准职责定位，集中精力抓学习研究、抓对标找差、抓数据治理、抓平台建设、抓应用落地，加大对"浙里办""浙政钉"的推广应用，迭代升级"四位一体"公共数据平台，持续抱团打造"一数通用"综合平台，统筹建设"1818＋N"城市大脑和"掌上之城"，走出具有区域特色的政府数字化转型之路。优选"一数通用""数字小微园""数智应急""智慧水务""浙里问·永康""数字治水""工伤智控"等10多个项目争创优秀案例,获省、金华市级荣誉15项,其中:"一数通用"综合平台、数字应急入选金华市政府数字化转型十大创新案例;"数字小微园""浙里问·永康"协同应用入选2020年金华市"观星台"优秀应用;"一数通用"综合平台入选浙江省"城市大脑"(智慧城市)应用优秀典型案例、浙江省数字经济"五新"优秀案例;省数转专题会议"数字小微园"列入2020年省级多业务协同示范项目典型案例,"工伤智控"入选省政府观星台在建应用优秀案例。2020年浙江数据开放创新应用大赛获金华入围奖3个、优秀奖2个,入围浙江省复赛1个。

【提升数据共享交换能力】 2020年,永康市率先建成数据集成、数据计算、数据治理、数据共享"四位一体"公共数据平台,优化升级"一数通用"平台,为全市各部门之间数据共享和业务协同提供强有力支撑,共建共享作用日益彰显。截至12月底,共归集38个部门6.84亿条数据,清洗入库4279万条,生成22231张表,编制数据目录1069个。率先出台县域级数据标准、数据交换共享管理办法和细则,实现政务数据全流程在线可监管。全年累计交换765万条数据,上报金华58个部门106个信息系统的454个数据目录。加强与省、金华市纵向联动,先后对接永康市住房保障统一管理系统、教育局无纸化报名系统等8次数据回流事宜,强化数据支撑保障。统筹开放全市各部门公共数据,推动全市数字经济、信息经济、共享经济发展。先后梳理出3批共63个公共数据集,合计约25万条数据。

【构建"1818＋N"城市大脑】 2020年,永康市在金华率先出台城市大脑规划设计和三年行动方案,构建"1818＋N"城市大脑(1个

公共基础智慧底座＋8大综合指挥平台＋18个协同应用＋N个特色应用),涵盖整体智治、数字政府、数字社会、数字经济、数字法治多个领域,实现"数据在云上、应用在掌上、智治在脑上",打造"整体智治,云上永康"。基于"18＋N"应用,打通各部门条线局限,探索数据共享和业务协同,先行先试数智应急、永城数治、智慧民政、智慧后勤、永葆E康等14个协同应用建设,以点带面,夯实基础。探索创新全域联动机制,以"城市大脑"为基石,自行接报应急联动、环境治理、城市运行、联合治堵、社会治理等5个联动指挥分中心,对接反馈16个镇街及N个部门,形成"微循环—小循环—大循环"三级循环机制,打破信息孤岛,构建横向到边、纵向到底的全域联动网。

永康市"1818＋N"城市大脑整体架构图
[市大数据局(中心)提供]

【统筹打造"掌上之城"】 2020年,永康市围绕政府数字化转型,围绕民生"零次跑"、政务"一件事",推动"四个掌上"多点开花,增强百姓获得感。"掌上办公",完成协同办公系统升级改造,助推办文办会办事全程数字化。完成公务员、事业单位人员职业生涯全周期管理"一件事"系统建设,实现网办率100％。推动"浙政钉"2.0迁移,完成8个应用迁移。"掌上办事",深入推进政务服务2.0建设,对业务审批系统实施改造,实现"好差评"闭环,不断优化营商环境。全年全市政务服务办件量约84万件,网办实现率97.17％,掌办实现率95.68％,"跑零次"

实现率 93.53％，全市"好差评"按期整改率 100％。聚焦企业和群众需求，创新推进法拍房、"僵尸车"治理等"一件事"集成改革，通过流程再造、制度再塑、部门联办助力"跑零次"。"掌上执法"，深化"互联网＋监管"改革，探索"静默执法"应用。全年实现掌上执法率 99.92％、激活率 100％。"掌上支付"，全面推进全市交通、医疗等领域实现自助移动支付，创新"互联网＋党费收缴"新模式，创建电子支付示范镇 11 个。

【统筹全市数字化项目评审】 2020 年，永康市围绕政府数字化转型，强化全市数字化项目建设管理，全程跟进项目申报审核、年度项目计划编制和绩效评估等工作，创新建立"大数据局初审—专家评审—部门联审"三级评审机制，历时 2 个多月完成 39 个部门 176 个数字化项目预审和 2021 年度计划编制，通过三级评审累计核减资金 1.45 亿元。2021 年度全市计划安排政府数字化转型项目 143 项，年度计划投资 19905.91 万元。其中，城市大脑类项目 14 项，年度计划投资 13714 万元；常规建设类项目 32 项，年度计划投资 2014.95 万元；常规运维类项目 97 项，年度计划投资 4176.96 万元。

【组建数字化专家智库】 2020 年，市大数据局（中心）面向全国各研究院、高校、政府部门、企业等数字化领域，征集永康市政府数字化转型项目评审专家，广纳数字化高端人才。已征邀数字化专家 54 名，为永康市数字化规划编制、项目论证、前沿研究等方面提供智力支撑。全年累计服务全市政府数字化转型项目 160 余个、350 多人次。

［市大数据局（中心） 黄应楠］

机关事务

【概　况】 2020 年，永康市机关事务服务中心（简称市机关事务服务中心）紧紧围绕市委、市政府各项工作决策部署，深入学习贯彻十九届五中全会精神，始终坚持以忠实践行"八八战略"、奋力打造"重要窗口"为引领，紧扣强化"精细管理、用心服务、高效保障、常做常新"后勤服务品牌建设，团结带领广大党员干部齐心协力、务实担当，圆满完成各项任务。

【疫情防控走深走实】 在新冠肺炎疫情防控期间，市机关事务服务中心除做好机关干部后勤保障外，积极按照行政中心疫情防控工作的部署要求制定行政中心返岗要求，确保各项防控工作反应及时、行动迅速。车管中心积极配合防疫工作需要，坚持为高速路口一线人员做好送餐服务，为援鄂白衣战士安全回家护航，并在 3 月与机关卫生所一起全程护送江西乐平工人返永，全方位助力企业复工复产。

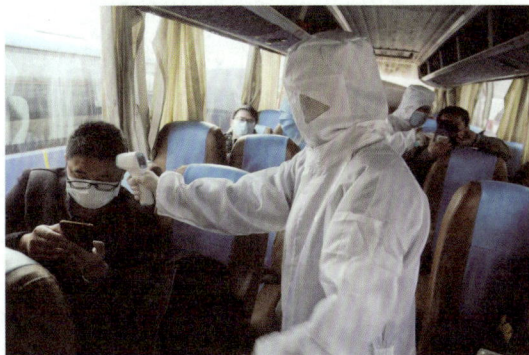

2020 年 3 月，市机关卫生所医护人员为乐平工人量体温（市机关事务服务中心提供）

【结对帮扶成效显著】 2020 年，市机关事务服务中心主动将结对帮扶工作落细落实，积极做好对口地区特色农产品进宾馆、进机关食堂、进机关超市工作，提升农产品产销对接水平，完成落实东西部扶贫协作对口地区（四川省）消费扶贫 20 万元以上工作任务，并动员社会力量向东西部扶贫协作对口地区（四川省）开展捐助办公杯 280

套,价值108640元。同时,加强与结对帮扶村联系沟通,落实好相关政策。7月,捐款2万元帮助结对村东城街道河南二村开展台风灾后重建工作。

【重点基建落地成景】 2020年,市机关事务服务中心全力推进第二机关幼儿园落地。为切实缓解学前教育资源配置不足问题,利用原永康市工人文化宫闲置场地开设第二机关幼儿园,新增班级12个,在两个月内完成一期项目建设,顺利保障9月11日新生开学入园。

主动谋划机关食堂改造工程。针对机关食堂过于老旧的现状,经多方考察学习并广泛征求意见,参考金华经验做法,提出机关食堂改造提升工作详细规划,调整功能布局,进一步满足机关干部就餐的多样化需求。

加快推进行政中心停车场建设。将行政中心2号楼东侧部分绿化地改建为停车场,新增加停车位48个,完成机关会议中心东侧停车场东南角占地面积约205平方米的膜结构停车棚建设,极大改善行政中心停车难现状。对大院内地面原有的368个停车位进行停车泊位施画,发动市行政中心干部职工共同规范大院停车秩序。

【后勤服务亮点纷呈】 2020年,市机关事务服务中心深入开展机关后勤服务,从干部职工需求出发,开设团购服务平台,方便机关干部生活,直接与50多家批发商合作,让利给机关干部,为干部职工谋取更多的福利。结合工作实际积极开展自查整改,不断改革创新,主动推动市大数据局(中心)开发"城市大脑"建设。加快推进2020年"一局一事一出彩"改革项目,深化"公务员一件事"服务,搭建"家之味"智慧食堂平台,利用互联网智能软硬件技术,通过智能化、信息化的管理工具及手段,共建、共管、共促"家之味"机关干部满意食堂建设。

【节能减排有序推进】 2020年,市机关事务服务中心顺利通过省级公共机构节水型单位评价验收。获得中国质量认证中心颁发的公共机构绿色数据中心服务认证证书,在全市公共机构节能工作中发挥示范引领作用。以节约型机关建设为主线,积极参与指导其他公共机构的节能示范单位创建工作,全市65家公共机构通过垃圾分类示范单位验收,4家公共机构通过无废单位验收,9家公共机构通过节水型单位验收。认真按照永康市能源"双控"工作要求,对全市实行紧缺式用能的公共机构定期开展节能监察,重点检查室温0℃以上空调停用、禁止使用暖风机等电器类取暖设施等问题,并就相关情况进行通报。开展"绿色餐饮自律""光盘行动"等活动,倡导小份餐饮、自主餐饮、分餐制、"半份菜"、组合套餐等方式节俭用餐,该项工作得到省管局的肯定,入选《浙江机关后勤》杂志。2020年度采购小组支出总额为370万元,节支率为11%;零星采购支出总额为217万元,节支率为7%;政府采购支出总额为33万元,严格落实采购预算。

【公务接待认真细致】 2020年,市机关事务服务中心认真贯彻中央八项规定精神,落实公务接待各项规定要求,秉承全程接待理念,坚持超前谋划,高标准要求,精心做好每一个接待环节、接待细节。体现永康地方特色,将永康的历史文化、美丽城乡、山水风光与接待工作有机融合,充分展示永康深厚的文化底蕴和巨大的发展潜力。全年共接待宾客385批次,共计9682人次,其中省部级领导25批次,厅局级领导115批次。

【公车管理严格规范】 2020年,市机关事务服务中心完善公务用车管理服务平台建设,积极融入全省"一张网"项目建设,建立标准化服务流程,完成18辆达到更新年限车辆的处置工作及车辆更新工作。利用油耗及车辆维修费用数据比对分析、平台车辆GPS定位、行车轨迹抽查等手段加强公务用车监督检查,规范管理,节能降耗。全年共保障用车10696次。

【擦亮机关幼教品牌】 机关幼儿园坚持保教并重的原则,以促进幼儿全面发展为目标,全面实施素质教育,深化幼教改革,以体育为特色,做强"有爱有梦"的机关幼儿教育品牌。在第一季、第二季2020年全国居家幼儿亲子体育挑战赛中,74个幼童获一等奖,园内教师在省第十三届幼儿体育大会幼儿教师健身操比赛中获一等奖,幼儿园被授予"全国亲子体育实践基地"称号,教研大组成功入选2020年浙江省先进教研组。

【永康宾馆成绩突出】 2020年,永康宾馆深入实施精细化管理,多措并举减少疫情影响,做好文化与美食有机融合的文章,每季度至少推出10个特色新菜,全方位提升宾馆服务品质,丰富企业文化,从6月开始扭亏为盈,全年共完成营业收入7841万元,并先后荣获"浙江餐饮业抗疫先进集体""2019年度消防安全工作先进单位""2019年金华文旅好评榜——金华好饭店"等荣誉称号。

【卫生保健彰显特色】 2020年,进一步深化机关卫生所服务功能,开展特色理疗服务,加强慢性病管理与保健工作,保障机关工作人员身心健康,在行政机关内部开展一次慢性病患者摸底建档工作,由机关卫生所建立健康保健群,定期发送相关保健知识,做好定期随访,严格执行分级管理制度,年内定期随访76人。

(市机关事务服务中心　供稿)

市政协委员会

综　述

【概　况】　政协永康市委员会（简称市政协）是中国共产党永康市委员会领导下的全市最广泛的爱国统一战线组织，依据《政协章程》实施组织建设，履行政治协商、民主监督、参政议政三项职能。2020年，召开常务委员会议5次，其中专题议政会议一次，围绕"关于城区治堵和重点路段立交化改造的思考""关于抢抓县域经济治理现代化试点机遇，提升永武缙产业带在全省的话语权的建议"进行专题讨论与协商，向市委、市政府及相关部门报送《关于城区交通拥堵治理建议案》和《抢抓县域经济治理试点机遇，不断提升永武缙产业集群在全省的话语权》等建议案。召开主席会议21次，其中主席专题议政会议3次，分别围绕小微企业园建设、"三江六岸"提升二期工程、解放街历史文化街区建设开展专题议政协商；举行"请你来协商"协商议政会议6次，分别围绕创建省示范文明城市、"十四五"规划基本思路、优化营商环境、平安永康建设、2021年政府投资计划、农民批基建房落地难、小微企业园建设、"三江六岸"提升二期工程、解放街特色文化街区建设等方面内容开展协商议政，并形成建议意见或报告报送中共永康市委或市政府。四次全会期间委员提出提案328件，1件转为意见，其余全部立案。提案交由58家承办单位办理，截至12月份，所有提案全部办复。其中，已经解决或基本解决的166件，占50.8％，因不符合现行政策或受条件所限暂不能解决的8件，占2.4％。委员对提案办理满意率达到99％，满意率创近年来新高。紧扣永康高质量发展的重大问题，聚焦百姓对美好生活的向往，围绕工业经济、社会治理、教育、医疗、饮用水和食品安全等方面开展各类调研视察和协商议政活动80余次，委员参加活动达2800余人次，形成各类调研报告、建议、建议案30余篇。

【创建"社情民意联络站"】　已创建6家"社情民意联络站"。全年共收到社情民意信息174篇，整理刊发《社情民意专刊》69期，刊发《社情民意联络站专刊》17期，其中两篇信息被省府办、省政协采用并上报全国政协办公厅，专刊均得到市政府主要领导或分管领导的批示督办，意见建议逐一得到落实。

【成立"龙山经验"政协委员"家事调解室"】　联合市人民法院共同成立"龙山经验"政协委员"家事调解室"，侧重对婚姻家庭纠纷、继承纠纷等家事矛盾的调解。5月成立至年底，共有17名政协委员77人次参与调解，调解案件67件（包括1起执行腾房），调解成功46件。

【推进"民情专递"平台建设】　持续推进"民情专递"平台建设，打通民主监督"最后一公里"。全年共受理相关问题172条，办结166条，办结率达到96.5％，一大批事关民生的"关键小事"得到及时、圆满解决。

【推进"一村一委员"工作】　扎实推进"一村一委员"工作，召开全市"一村一委员"工作推进会,围绕助推和美乡村建设之产业振兴、农村公共卫生体系建设、农村生活环境整治等开展专项民主监督。一年来,组织委员开展民主监督达 2800 余人(次),完成问卷调查 900 余份,参与综合监督调研报告 5 份。

【政协职能向基层拓展延伸】 政协各镇(街道、区)联络组积极探索、主动作为,自觉履行监督职责。舟山镇联络组创新开展"政协委员＋主题党日"活动,委员结合各自优势和专长参加各村支部主题党日,开展"传承好家风、建设好家庭""金融理财惠万家""义诊下乡村"等系列活动,深受群众欢迎。城西新区联络组积极开展"周三巡查、周四整治""周六卫生整治"等活动,将政协委员列为巡查督导员,到村企开展文明卫生宣传,助力创文工作开展。

重要会议

【政协第十四届永康市委员会第四次会议】
会议于 2020 年 1 月 17—20 日在城内举行。会议期间,金华市政协副主席、中共永康市委书记金政,市委副书记、代市长张群环等市领导出席大会,金政同志在开幕会上发表重要讲话。市委、市政府领导听取大会发言、参加分组讨论,与政协委员们共商新时代改革发展大计。全体政协委员以高度的政治责任感和强烈的使命担当,广泛协商议政,积极建言献策。会议审议批准市政协主席朱世道代表市政协常委会所作的工作报告和市政协副主席林飞雄代表市政协常委会所作的提案工作情况报告。全体政协委员列席市十七届人大四次会议,听取并赞同张群环代市长所作的政府工作报告,赞同市中级人民法院工作报告、市人民检察院工作报告和其他报告。会议在广泛

民主协商的基础上,补选政协第十四届永康市委员会副主席 3 名。

1 月 17—20 日,中国人民政治协商会议第十四届永康市委员会第四次会议在市会议中心举行(市政协提供)

【政协第十四届永康市委员会常务委员会第十八次会议】 会议于十四届永康市委员会第四次会议期间分三个阶段举行。1 月 17 日,审议通过大会日程,大会秘书长、副秘书长名单,各讨论组及召集人名单,会议值日领导、常委及主持人名单,提案截止日期。1 月 18 日,审议大会选举办法(草案),酝酿协商补选十四届政协副主席候选人建议名单,提出总监票人、副总监票人建议名单,审议市政协十四届四次会议决议(草案)。1 月 20 日,听取各讨论组第一召集人的汇报,审议提案审查情况的报告(草案),审议十四届四次会议决议(草案)。

【政协第十四届永康市委员会常务委员会第十九次会议】 会议于 2020 年 5 月 22 日召开,市政协主席朱世道主持会议,副主席胡增强、林广平、黄瑞燕、林飞雄、胡潍伟、朱彭年、王向宇,秘书长丁月中参加。会议听取并协商通过政协委员调整方案及有关人事任免事项。

【政协第十四届永康市委员会常务委员会第二十次会议】 会议于 2020 年 7 月 15 日召开,市政协主席朱世道,副主席胡增强、林广平、黄瑞燕、林飞雄、胡潍伟、朱彭年、王向

宇,秘书长丁月中参加。市政府副市长施礼干、法院院长楼常青、检察院检察长何德辉应邀参加。会议听取永康市上半年国民经济和社会发展计划执行情况的通报,听取政协十四届四次会议大会发言领导批示落实情况的通报,听取法院、检察院上半年工作情况的通报。

【政协第十四届永康市委员会常务委员会第二十一次会议】 会议于 2020 年 10 月 20 日召开,市政协主席朱世道主持,副主席胡增强、林广平、黄瑞燕、林飞雄、胡潍伟、朱彭年、王向宇,秘书长丁月中参加。市委常委、常务副市长周启标应邀参加。会议听取市政府对"十大民生实事"落实情况的通报,听取市政府关于提案办理情况的通报。会议协商确定政协常委会两个重点调研课题"城区交通拥堵治理的几点思考""关于抢抓县域经济治理现代化试点机遇,提升永武缙产业带在全省的话语权的建议"。

【政协工作会议】 2020 年 3 月 23 日上午,市委召开政协工作会议。市委常委,市人大常委会主任,市政协主席、副主席,法检"两长"出席会议。会议由市委副书记、市长张群环主持,市委书记金政作重要讲话。会议充分肯定市政协近年来取得的成绩,认为市政协紧紧围绕全市中心工作,政治站位有高度、服务大局有力度、凝聚共识有广度、协商议政有热度、自身建设有强度,认真履职尽责,不断探索创新,为永康高质量发展做出重要贡献。强调要把党的领导贯穿政协工作全过程,为新时代人民政协工作提供坚强保障。要切实加强党对人民政协工作的全面领导,把政协工作纳入党委工作全局统一谋划研究、统一部署推进、统一检查落实,做到思想上高度重视、政治上切实关心、工作上大力支持、保障上坚强有力,加强政协系统党的建设,营造新时代人民政协事业发展的良好环境,形成加强

和改进人民政协工作的合力,不断开创新时代永康政协工作新局面,为加快推进"全面奔小康,永康新腾飞"做出新的更大贡献。

重要活动

【请你来协商:推进浙江省示范文明城市创建】 4 月 21 日,市政协召开"请你来协商"议政会,就推进浙江省示范文明城市创建进行协商议政。会议听取市创建办关于永康市创建工作开展情况的汇报,政协委员在创建氛围营造、城区卫生保洁、市民素质提升等方面提出不少问题,相关部门一一予以回应与解答。会议指出,创建示范文明城市是打造城市形象的良好载体和促进科学发展的强力推手,对下一步工作提出如下建议:要广泛宣传,强化教育,夯实创建工作的群众基础;加大投入,完善设施,夯实创建工作的硬件基础;查漏补缺,加强管理,进一步优化城市人文环境;加强统筹,协调配合,进一步凝聚创建工作合力。

【主席视察:推进小微企业园建设】 5 月 14 日,市政协开展主席视察活动,助推永康市小微企业园快速建设。视察组实地视察花街镇道明安防小微企业园和尚仁黄山小微企业园,认为小微企业园建设工作取得阶段性成效,为下一步小微企业园高质量发展打下基础。建议进一步增强小微企业园建设的责任感和使命感,加快建设步伐,促进小微企业园开发模式的多元化,提升其公共属性,并加强对工作的督查考核。

【请你来协商:"十四五"规划基本思路】 5 月 22 日,市政协召开"请你来协商"议政会,就"十四五"规划基本思路进行协商议政。会议听取发改局关于"十四五"规划基本思路相关情况汇报,与会委员围绕产业经济、生态环境、城市治理、社会事业发展等方面

对市"十四五"规划基本思路提出建议意见。会议指出,"十四五"(2021—2025)规划是描绘永康市未来五年经济社会发展蓝图,制定全市上下未来五年共同奋斗的行动纲领,是寄予近100万新老永康人民未来五年美好期望的重要规划,在编制过程中要精准全面把握永康市"十四五"发展的战略定位,主动融入"长三角一体化""金义都市区"发展规划,突破一批事关永康市经济社会发展"老大难"的问题,要创新编制五年规划的体制机制,完善"十四五"规划实施的检查监督机制,保障"十四五"规划工作目标顺利实施。

【请你来协商:加强"平安永康"建设】 7月29日,市政协召开"请你来协商"议政会,就加强"平安永康"建设进行协商议政。会议听取市委平安办关于"平安永康"建设情况的汇报,政协委员在治安防控、交通管理、消防监督等方面提出不少问题,相关部门一一予以回应与解答。会议指出,永康市实现平安创建"十四连冠",人民群众平安建设满意率再创新高,为全市经济社会发展创造安全的政治环境、稳定的社会环境、公正的法治环境、优质的服务环境,对下一步工作提出如下建议:补短板,强弱项,高水平建设平安永康;治乱点,清隐患,高要求打好"一月一镇平安大会战";创品牌,树标杆,高质量树立基层社会治理新样板。

【请你来协商:优化营商环境】 8月28日,市政协召开"请你来协商"议政会,就优化营商环境进行协商议政。会议听取发改局关于永康市营商环境改善情况的汇报,政协委员在金融体系建设、外来民工子女教育、知识产权侵权、不动产登记等方面提出不少问题,相关部门一一予以回应与解答。会议指出,近年来永康市以为市场主体添活力、为人民群众增便利为工作导向,实施诸多优化营商环境的工作举措,全市营商环境得到较大改善。《2019中国县域营商环境百强研究白皮书》中永康位列榜单第13名,在省内仅次于义乌、慈溪、余姚。面对营商环境中还存在的问题,要以高度的责任感和使命感在打造更加优质的政务环境、更加公平规范的市场环境、优化政策上下功夫,强化学习、提升服务,积极打造亲清政商环境。

【主席视察:"三江六岸"提升二期工程】 10月23日,市政协开展主席视察活动,助推永康市"三江六岸"提升二期工程开展。视察组实地视察"三江六岸"建设工程华溪桥段、塔海桥段,在座谈会上听取城投集团关于"三江六岸"提升二期工程开展情况的汇报,与会委员围绕主题提出一些意见建议。视察组指出,永康市有着"三江六岸"这得天独厚的生态资源,在一期工程完成后,"三江六岸"已成为百姓健身休闲的最佳场所,市民对二期提升工程的期盼更加热切。相比一期工程,二期工程不仅体量更大,实施难度也更大。建议加大攻坚力度,合力推进工程进度,关注重点缓解,按照生态宜居、文化融入、品位提升、旅游休闲等要求,在慢性系统、公共开放空间、城市文化、绿化景观、夜景亮化等五大板块设计改造提升方案,将"三江六岸"打造成永康舒适宜人、彰显文化、注重生态的高品质滨水空间。

【请你来协商:完善2021年政府投资、国有资本投资项目计划】 市政协召开"请你来协商"议政会,就完善2021年政府投资、国有资本投资项目计划进行协商议政。会议分别听取发改局、财政局、国资办、自然资源和规划局关于永康市2020年政府投资、国有资本投资项目计划落实情况和2021年政府投资、国有资本投资项目计划安排,2020年政府投资、国有资本投资项目计划资金使用情况和2021年政府投资、国有资本投资项目计划资金安排,项目建设规划和土地保障安排等情况的汇报。与会委员在城区停车场、城区对接新330国道道路、城市道路框架网络、千金山陵园一期道路、老旧小区改造、"三江六岸"提升工程、解放街历史文化街区等方面提出不少问题，相关部门一一予以回应与解答。会议建议，一方面要精心组织，高质量编制"十四五"规划，另一方面要认真开展针对"十三五"规划实施情况的"回头看"活动，要精准谋划，补齐道路交通、城乡建设、教育提升、医疗卫生、养老服务等重点民生事业上的短板，要协同一致，提高投资项目计划安排和项目储备质量，同时，要加大项目政策处理攻坚力度，保障政府投资项目计划顺利实施。

【主席视察：解放街特色文化街区建设】 12月16日，市政协开展主席视察活动，助推解放街特色文化街区建设。视察组实地视察解放街区块的适园、洽庐、仰山公祠、鹤溪公祠等老建筑和文保点。在座谈会上，文旅集团汇报解放街特色文化街区建设工作开展情况，相关部门做补充发言，与会委员围绕主题提出许多意见建议。视察组指出，解放街特色街区建设是永康人民期盼已久的项目，要以舍我其谁的担当精神和"功成不必在我，功成必定有我"的态度切实扛起责任，将解放街特色文化街区建设作为改善民生、提高永康城市品位的重要环节大力推动。要充分做好文化遗产的传承保护工作，明确目标定位、做精做细规划，拓展资金渠道，实现街区建设资金运用的多元化，加强组织力量，确保工作加速推进。

【请你来协商：农民批基建房落地难】 12月25日，市政协召开"请你来协商"议政会，围绕农民批基建房落地难这一问题进行协商议政。会议听取自然资源和规划局关于永康市农村农民批基建房工作的汇报。与会委员在与农民建房落地难有关的国土空间规划、承包土地权、农房改造、危旧房治理等方面提出不少问题，相关部门一一予以回应与解答。会议指出，几十年来未安置的农民建房户，在农村大多数是弱势群体，应该引起政府的高度关注和关怀。会议建议：提高站位强化责任意识，从导致"批而未建"的八大难题入手，凝聚破题解难工作合力；科学编制国土空间规划，保障农民建房用地空间；积极探索，推进制度改革，逐步化解农民建房难题；加强村级组织民主管理，落实耕地保护共同责任。

【界别活动月】 11月，市政协开展"界别活动月"活动，并于9日在花街镇八字墙村举办"界别活动月"启动仪式。在为期一个月的"界别活动月"活动中，各界别按政协界别活动月工作计划，充分发挥各自优势和委员特长，围绕"走基层，送温暖，惠民生"主题，深入企业，深入基层，深入群众，开展以送文化、卫生、科技、教育、法律、体育下乡为主要内容的一系列集中服务活动。

重点提案

【1号提案：关于加快推进大数据建设与应用，提升市域治理能力现代化水平的建议】 大数据是一种重要的生产要素和战略资产。当前永康市大数据建设还存在一些不足和短板，部门单位存在"数据孤岛"；大数据应用开发不足；体系制度化建设存在"真空地带"；部门单位数据库系统重复建设，造成资源浪费。为此，建议：一、进一步深化大数据战略，大力推进大数据资源的研究、开发和利用，提升社会治理现代化水平。二、进一步拓展大数据运用，推动智慧城市数字化治理，深度开发各类便民应用，不断提升公共服务均等化、普惠化、便捷化水平，三、进一步推动数据共享开放，提升数据市

场化利用价值。四、进一步注重风险防范,加强大数据资源统筹和安全保护。

【2号提案:关于加强网络订餐食品安全监管,保障食品健康与安全的建议】 当前网络订餐平台上,套证、借证等现象屡见不鲜,激增的客源使"黑外卖"的卫生隐患放大。其中的原因有门槛过低导致无序竞争、各方主体责任未完全落实到位、监管手段和社会共治机制不够完善等。建议:一、严把备案条件关,对第三方平台进行实名备案,不具备许可条件的商家不得通过网络从事食品经营。二、强化第三方平台的日常检查和定期复核责任、餐饮单位的主体责任、政府部门的监管责任,形成监管合力。三、加快提档升级,逐步实现集聚化、规模化经营。四、运用互联网手段管理外卖餐饮,切实提高监管的质量和效率。五、完善相关立法,拓宽监管范围。

【3号提案:关于强化民营企业合法权益保护机制建设的建议】 民营经济是永康市的重要经济支柱,但是,民营企业风险应对能力偏弱,再加上保护机制不完备,致使其在合法权益遭遇侵害时只能疲于应对,甚至影响正常经营陷入困境。为此,建议:一、提高认识,将民营企业合法权益的保护工作摆上市委市政府的重要议事日程。二、依托律师协会、法学协会、司法鉴定法律服务队伍等,组织成立民营企业重大、典型案件专家组,切实保护民营企业的合法权益。三、出台民营企业合法权益保护办法。1.保护民营企业和企业家合法权益。2.依法保护民营企业自主经营权。3.依法保护企业创新创造权益。

【4号提案:关于加快农村饮用水安全工程全覆盖的建议】 永康市实施农村饮用水安全工程以来,广大农民的饮用水条件得到较大的改善。但是,部分农村仍然存在无固定水源、饮用水质不达标、设备运维不

到位等问题。为此,建议:一、彻底解决无水问题。对全市农村饮用水保障情况进行全面排查,优先安排解决无水村饮水问题。二、实施水质提升工程。抓好不达标工程整改,抓好饮用水水源管理,落实工程质量终身制和质量监管责任。三、加快项目建设进度。加快新楼水厂、源口水厂达标提标工程建设等项目进度,将珠坑水库扩建工程提上议程。四、城乡供水一体推进。将城市供水管网向镇村延伸,实施区域供水规模化,推行农村单(联)村供水工程专业化管理。

【5号提案:关于整合资源促进学前教育规范化的建议】 近年来,永康市学前教育事业快速发展,但是公办幼儿园少且规模普遍较小,优质幼儿园紧缺,民办幼儿园质量亟待提升,学前教育师资紧缺,行业吸引力不强等问题依然存在。为此,建议:一、完善学前教育专项布局规划,落实城镇小区配套幼儿园建设,盘活国资用房办园。二、坚持"普惠、安全、优质"原则,紧扣教师与课程两个要素,促进学前教育内涵提升。三、建立健全学前教育联席会议制度,分析、研究并解决学前教育发展中的难点问题,将公办幼儿园建设、优质幼儿园覆盖面及薄弱幼儿园改造提升等作为镇、街区年度综合考评的重点指标。

【6号提案:关于加快拥堵道路"平改立"改造,提升道路通行效率的建议】 多年来,永康市交通治堵工作取得一定的成效,但由于市区人口和汽车保有量的增加,市区道路交通拥堵问题仍日趋严峻。为此建议:一、对既有道路通行效率进行系统性研究,为市区道路改造提升提供科学依据。二、在充分论证的基础上,对市区严重拥堵道路交叉口进行平交改立交改造。如原330国道与丽州北路、金山西路、金都路交叉口等。三、在一定时期内,城市建设资金向完善城市交通功能性项目倾斜,适当减少形象提

升类项目的安排，以确保既有道路通行效率提升改造项目的资金需求。

【7号提案：关于进一步优化永康市营商环境的建议】 受宏观经济、中美贸易战等因素影响，政府持续有效地改善营商环境仍是一个重大课题。建议：一、成立专班，服务再靠前。成立以市政府主要领导为组长的工作专班，加大对公权力的监管，构建"亲""清"政商关系。二、精简审批，程序再优化。建设"网上办理平台"，持续优化窗口服务，简政放权，提升政务服务能力。三、善谋商事，环境再清明。推进"证照分离"和工程建设项目审批制度改革，加快清理有违公平、开放、透明市场规则的政策文件，大力弘扬永商精神和永康工匠精神。四、守护信用，政企再出发。清理纠正一些不适宜的规定做法，依法补偿，及时给付、兑现政策奖励。巩固招商既有成果，重视人才培养工程。

【8号提案：关于大力发展居家和社区养老，打造老年人家门口的幸福的建议】 居家和社区养老服务是我国未来大力发展的养老模式，也是未来较长时期养老服务体系建设的主战场。建议：一、尽快落地实施税费优惠政策。二、加大财政补贴力度。给予建设补贴、运营补贴、行业津贴、员工保险等补贴，提供场地和设施，鼓励社会力量广泛参与。三、增加养老、助老类公共预算投入，增设居家和社区养老服务中心的政府购买服务项目。四、推行康复特色社区医疗联合体试点工作。五、扶持旅居养老建设。可在舟山镇、前仓镇、象珠镇等乡镇试行，建设旅居养老基地，助力养老事业。

【9号提案：关于加快推动永康市美丽城镇建设的建议】 小城镇是新型城市化建设和实施乡村振兴战略的重要载体。当前，永康市美丽城镇建设主要存在创建意愿不强烈、创建特色不明显、长效管理不到位等问题。建议：一、提高认识，加强领导。成立市级层面的组织领导机构，将各项任务落实落细落准。二、规划引领，协同推进。理清各镇（街道、区）的定位、功能和发展路径，实施差异化指导。三、培育产业，推动美丽经济。四、强化考核监管，建立长效管理机制。把美丽城镇建设纳入对镇（街区）年度工作考核，加大宣传引导力度，广泛动员企业、群众参与美丽城镇建设管理与监督。

【10号提案：关于高质量推进医共体建设切实解决群众"看得好病"需求的建议】 医共体建设过程中，县域医疗卫生体系的能力、品牌、吸引力不足，医院管理团队、医务人员任务繁重，心有余而力不足，激励制度等机制不够健全等问题，影响医共体建设的深入推进。建议：一、加快体制机制创新。着力破解人财物等统筹方面的体制机制问题，完善财政投入，强化绩效考核，构建医共体建设良好政策环境。二、强化政策扶持力度，做强医共体龙头医院。三、加快引进和培育高层次卫生人才。重点培养老百姓认同度高的学科领域人才，加速人才培养周期。四、全面提升基层服务能力。分类推进基层卫生院建设，完善分级诊疗制度，畅通下转渠道。五、加快信息化建设。优化改造县域全民健康信息平台，争创全省数字化、智能化医共体建设示范县。

委办工作

【政协办公室】 继续围绕中心服务大局，着力推动市委市政府决策部署贯彻落实，着力加强会议组织服务，着力提高公文办理质量，着力改进视察调研工作，着力做好提案和社情民意信息工作，着力提升委员服务水平。认真履行职责。当好参谋，想全局、议大事、重前瞻；做好协调，抓统筹、明责任、聚合力；抓好落实，督任务、察作风、要结果。

【提案与委员工作委】 重视提案工作的全局性作用，健全完善提案办理、督办机制，着力提高提案质量，增强办理实效，强化跟踪问效，为推进永康市改革发展和民生改善积极建言献策。首次推行重点提案常委会议票决工作。深化提案分级督办、提案办理面商和政府领导领办、政协领导督办重点提案等制度。突出学习培训，组织常委会组成人员赴湖州市委党校开展集中脱产培训，引导委员做到"懂政协、会协商、善议政"。突出管理考核，开展委员述职和评优活动，进一步提高政治把握、调查研究、联系群众和合作共事的能力。突出联系服务，经常性开展联络走访活动，不断增强政协集体的向心力和凝聚力。突出制度保障，制定出台制度规范，强化委员履职经费保障。稳步推进"请你来协商""民情专递"平台建设，扎实开展"一村一委员"工作，探索建立社情民意联络站，创建"龙山经验"政协委员家事调解室，努力构建多渠道、广覆盖、更灵便的协商议政体系，推动政协工作向基层延伸，促进政协协商与基层协商相衔接、与社会治理相结合。

【经济科技委】 做好"优化营商环境"和"加快推进小微企业园建设"等视察议政活动；开展"抢抓县域经济治理试点机遇，不断提升永武缙产业集群在全省的话语权"年度重点课题调研。完成"关于'优化营商环境'的建议""关于加快推进小微企业园建设的建议""抢抓县域经济治理试点机遇，不断提升永武缙产业集群在全省的话语权"建议案和调研课题并报送市政府。开展"企业数字化制造、行业平台化服务"和"加快推进五金产业创新服务综合体建设"专委会视察活动，视察后形成"关于加快推进'企业数字化制造、行业平台化服务'工作的建议"并报送市政府。建设产业创新服务综合体，是浙江省委、省政府为深入实施创新驱动发展战略、加快构建区域创新体系而统一部署的一项重大举措，也是永康市助推五金产业转型升级，赋能五金产业科技创新，加快打造五金产业创新链的重要抓手。根据主席会议确定的二次全会的重点提案，经济科技委领衔督办"优化营商环境""网络订餐安全监管"等提案。其中"优化营商环境"合并到"请你来协商"主席议政会中，会上也邀请提案委员参加。经过督办，从反馈情况看，两个提案的办理单位都相当重视，办理效果明显，委员也表示满意。

【资源环境与农业农村委】 专委会围绕"三江六岸"二期提升工程、农民批基建房落地难、美丽城镇建设等民生实事开展"请你来协商"1次、主席视察1次、专委会视察2次、重点提案督办4件、课题调研2个，部门对口协商1次，参加环保、执法、建设等九个部门提案面商会等各项履职活动，向市委市政府报送各类建议案6件。牵头组织开展"助推和美乡村之产业振兴""城乡垃圾分类"与"农村生活环境整治"等三项专项集体民主监督活动。落实舟山镇与唐先镇两个联络组的"一村一委员"的联系指导监督工作，指导舟山、前仓、石柱、方岩等镇政协联络组的临时党组织开展工作。

【教育文化卫生体育与文史资料委】 全力做好全会秘书组文字把关等主要工作。落实全年工作计划，按照工作计划组织开展"请你来协商"1次，主席视察1次，专委会视察2次，对口协商1次，重点提案督办2起，调研课题1个；督促委员开展"一村一委员"民主监督活动并按时完成金华发布的各项调查表；发动和组织所联系的界别积极开展"界别活动月"活动。根据省政协文史委关于"同心战疫"口述史料、"全面小康路上的政协人"史料征集相关工作部署，报送"同心战疫"口述史料3篇,"全面小康路上的政协人"文稿3篇。围绕金华政协文史委"文化驱动乡村振兴"课题,组织文史组委员到石柱调研乡村建设,完成《永康市文化驱动乡村振兴调研报告》。协助做好市委"五个一"调研课题之"推进永康市文化旅游发展"的相关工作,并在调研座谈和外出考察基础上起草调研报告。编辑出版《乡土守望——永康古街古村落》文史书籍,全年编印《永康政协》6期。

【社会法制民族宗教与港澳台侨委】 全年围绕"家庭家教家风在基层社会治理中的作用研究"开展调研,撰写调研报告。此外,4月,组织开展"优化多元社保体系建设"专委会视察。6月,组织开展"'智慧养老'体系工程"专委会视察活动,此外,对重点提案《关于大力发展居家和社区养老,打造老年人"家门口的幸福"的建议》进行提案督办。7月,召开加强"平安永康"建设协商议政会。8月,对十四届一次会议以来重点提案《关于做好行政村调整后续工作的建议》进行跟踪督办,督促相关部门进一步加大提案办理力度,开展提案办理"回头看"活动,切实增强提案办理实效。10月,对重点提案《关于强化民营企业合法权益保护机制建设的建议》进行提案督办。11月,开展"推进五金技师学院建设"对口协商活动。

(市政协办　供稿)

纪委监委

廉政教育

【概　况】 2020年,永康市纪检监察机关认真贯彻落实中央和省、金华市、永康市纪委全会精神,围绕中心、服务大局,拓宽载体、精准发力,宣传教育一体谋划、同步推进,讲好正风肃纪反腐"好故事",唱响清廉永康建设"好声音",为深入推动永康市党风廉政建设和反腐败工作高质量发展创造良好的舆论环境。

【廉政教育活动】 2020年,市纪检监察机关将廉政教育纳入市委理论学习中心组学习计划,并督促部门单位利用周一夜学、支部活动等时机,加强党员干部日常廉政教育。疫情期间开展网上猜清廉灯谜活动,以通俗易懂、寓教于乐的形式,将廉政文化融入传统佳节。开展"好家风辣妈说"活动,引导家属发挥家庭助廉作用。举办"清风送爽 廉进万家"露天电影文化周活动,将群众喜闻乐见的廉政作品送到百姓家门口。开展"青春逐梦 廉洁同行"系列主题教育活动,引导年轻干部系好人生第一颗扣子。开展"清明晒家风 绿植带回家"活动,引导党员干部带头移风易俗,在清明节感悟亲情、感念先人、感怀历史,激发廉洁治家的信念和奋斗拼搏的决心。利用本地非物质文化遗产醒感戏新编历史戏剧《清正胡公》并开启"云"直播,让全市党员干部足不出户就能观看"清风廉剧"。同时,选聘教育系统、摄影家协会、书法家协会、作协等相关专家学者为党风廉政建设宣传员,积极开展廉政文化六进活动,创建示范点17个,积极营造宣传氛围。

【警示教育活动】 2020年,市纪检监察机关循环借阅90个专题警示教育片,最大化提高传播频率,全市组织观看各类警示教育片56批次,受教育人员达2600余人。充分运用警示教育素材,做好案件查办"后半篇文章",对永康本地典型违纪违法案例进行深入挖掘,以卢劲松、潘春艳为原型,制作警示教育专题片《迷失》,并在全市领导干部警示教育大会上播出,用身边事警示身边人,引导广大党员干部牢记初心使命,进一步筑牢拒腐防变的防线。组织召开警示教育活动,深挖村社干部典型违纪违法问题,召集160余名"一肩挑"村社主职干部到市法院旁听朱月利涉嫌非国家工作人员受贿罪一案的庭审活动,用身边事警醒"身边人",上好廉洁履职第一课,释放严厉惩治蚁贪蝇腐的强烈信号。

监督检查

【概　况】 2020年,市纪检监察机关认真贯彻落实各级纪委全会部署,坚持稳中求进,积极主动作为,持之以恒落实中央八项规定精神,持续加强作风建设,以党风政风监督的实际成效推动全面从严治党向纵深发展。

【深入贯彻落实上级重大决策部署】 2020年,市纪检监察机关深入贯彻落实上级重大决策部署,一是疫情防控落实监督和统筹经济社会发展"两手抓""两手硬"。出台《关于严明纪律全力做好新冠肺炎疫情防控工作的通知》等文件,严查疫情防控工作中不担当、不作为、不规矩问题。共检查单位3685家次,发现问题2153个,问责处理66人,下发问题通报2期。牵头成立"争先创优"专项督查组,开展监督检查45次,走访企业、部门单位87家,发现问题35个,紧盯经济工作专班、各项助企惠企政策落实情况,助推"六稳""六保"举措落地。二是持续巩固深化扶贫领域专项治理。印发《扶贫开发和扶贫协作专项督查工作要点及责任分工》《永康市扶贫开发和扶贫协作专项监督内容情况表》,实现对全体低收入农户的实地走访和对省扶贫数字化管理系统信息全录入,推动精准监督。查处扶贫领域腐败和作风问题153个,处置问题线索3条,问责12人,下发通报2期。在全省创新推出首个"低保费、高保障"扶贫专项"红色保单",相关经验做法在中央、省级媒体刊登。三是扎实推进中央环保督察交办问题的整改落实。认真贯彻金华市纪委联动督导工作要求,抓实抓细问题整改,推动属地管控和部门监管责任落实到位;信访件点位实现督导检查全覆盖,累计督导点位256个,发现问题288个,发放环保督办单71份,责令企业整改18家,立案处罚32家45起,罚款222.6万元,立案侦查1起,约谈9人。

【锲而不舍开展正风肃纪行动】 2020年,市纪检监察机关坚持多维度专项整治除瘴祛疾。狠刹"送礼""吃喝"风。制定下发《关于规范廉政账户管理严禁违规收送礼品礼金的通知》。制定各部门单位礼品礼金处置流程图,督促各部门单位累计清退1.28万元。严查"烟票"背后"四风"问题,联合相关职能部门对全市30家烟草销售店暗访检查,发现问题线索5个,查处党员干部1人,移交市管干部违规吃喝问题线索1个。部署开展私人会所整治"回头看"行动,明确"四个不"标准,督促各职能部门摸查上报有接待功能的场所35家,发现问题1个。聚焦重点领域营造清新行风、政风。制定《关于开展"三清理一规范"回头看专项行动的实施方案》《关于构建亲清政商关系保障铁牛集团和众泰汽车风险化解处置工作顺利进行的通知》,针对全市公职人员全面开展违规借贷、持股、房产交易和"一家两制"等利益冲突问题的新一轮自查自纠行动,推动铁牛集团和众泰汽车风险化解处置工作平稳有序开展。全市市管干部申报871人,普通干部申报7424人,下发通报1期。深入推进"扫黑除恶"行动,共查处问题6个,处理人员6人,其中党纪政务处分1人。此外,市纪检监察机关多层次扎实推进纠治"四风"。紧盯重要节点精准施治。开展"正风提效 护航腾飞"专项行动,紧盯享乐主义和奢靡之风,深挖细查顶风违纪、隐形变异问题,加强分析研判,印发《关于2019年度全市纪检监察组织查处违反中央八项规定精神问题情况的通报》。查处违反中央八项规定精神问题94起,问责112人,党纪政务处分28人,下发违反中央八项规定精神通报3期,党员干部赌博、酒驾等问题通报1期。开展节假日正风肃纪明察暗访11批次,发现问题24个,查处"四风"问题2起,处理2人。组织"清风"行动5次,发现问题线索48个。重拳整治形式主义、官僚主义。牵头制定《永康市持续解决形式主义突出问题为基层减负十六条措施》,推动全市发文数量不断下降,会议、考核事项不断精简。严厉查处多个单位未准确掌握农村公益性岗位实际需求实行"零申报",导致符合条件人员未能享受补助政策。强化村级组织换届作风督查。围绕村级组织换届工作,针对村级党组织软弱涣散,村居巡察整改不力,村党员干部涉黑涉恶、赌博、酒驾、违章建房、违规排放及违反换届纪律搞非组织活动等问题开展专项督查。督促案件从严从快办理，提醒谈话2人，诫勉并通报批评2人，党纪立案3人，行政处罚7人。

【围绕基层治理强化清廉建设】 2020年，市纪检监察机关高标准深化清廉村居建设。压力传导促落实，制定《强化清廉村居建设 有力推动基层治理专项工作实施方案》《贯彻落实〈强化清廉村居建设 有力推动基层治理专项工作实施方案〉部署任务 市纪委市监委内部责任分工》等文件，明确镇（街道、区）一级由党政主要负责人担任领导小组"双组长"，全面压紧压实各级党组织主体责任。制度改革促监管，积极构建以小微权力清单为核心，"三资"管理改革为支撑，农村工程项目规范为重点，村居巡察为保障的农村基层公权力闭环监督体系，"四全举措"获评全省"基层清廉建设（浙江）十大创新经验"优秀案例奖，永康市成为全省"三资"智慧监管平台2.0版本唯一测试县市。制定《永康市农村工程建设项目招标投标改革试点方案》，下发《村居干部廉洁履职负面清单37条》和《清廉村居创建标准体系》（试行版），实现对农村小微权力的正反双向约束。机制创新促规范，全面推行以"全面纳管、专业代理、线上审批、'码上'公开、数字支付、全程监管"为主要特征的"三资"监管"永康模式"，实现村集体"三资"全面纳管，实现"三资"审批流程全规范、过程全留痕、问题可追溯、责任可倒查。全市共代理农村"三资"业务24.4万笔，金额69亿元；二维码收付款村居64个，村务卡支付村居16个，共计发生收支113笔，涉及金额约150余万元，完成在线审批支付389笔，支出金额354.85万元。深化村级项目招投标改革，推行村级小额简易工程项目"包清工"模式，组建工匠库297人，试

点项目45个，工程额689.767万元，较常规农村工程项目招投标方式节约成本40%。高质量开展清廉细胞示范点创建。以优促新，探索企业、学校、医院、机关、农村等各领域清廉建设经验，发挥先进典型示范作用，推动全市23家单位获评金华市首批基层清廉建设示范点，数量位居金华各县市区第二。以督促改，督促各牵头部门贯彻上级党委、纪委有关基层清廉建设部署要求，加强业务指导、及时总结交流，制定完善体系，统筹推进任务。补齐短板，结合永康市实际，持续加大清廉民企建设力度，进一步构建亲清政商关系，督促制定《新型政商关系行为守则》《政商交往若干具体行为规范（试行）》，明确公职人员服务企业"可为""不可为"两张清单；共召开清廉建设推进会、协调会9次，下发问题整改督办单12份，推动整改问题45个。

审查调查

【概　况】 2020年，市纪检监察机关坚持无禁区、全覆盖、零容忍，始终保持惩治腐败高压态势。全年党纪政务立案355件，同比增长5%，结案378件，同比增长21.5%，其中：自办件立案192件，同比增长140%；结案174件，同比增长205.3%；移送检察机关审查起诉8人，同比增长14.3%。加强与政法机关协同配合，把扫黑除恶专项斗争作为重大政治任务，坚决整治涉黑涉恶涉腐败和充当"保护伞"问题，查结问题线索9件，开除党籍、开除公职并移送司法机关1人。

【线索管理】 2020年，市纪检监察机关创新研发党员和监察对象违法犯罪行为自动比对系统，建立即时预警和移送机制，全市共处置问题线索340件。规范问题线索报

结审批流程,强化执纪监察程序意识,明确问题审批流程和审批权限。加强集中管理和集体会商,全年共召开集体排查会议19次,研定98件问题线索处置方式。

【"四种形态"运用】 2020年,市纪检监察机关深化运用监督执纪"四种形态"。以"四种形态"为抓手,确保党的各项纪律执行到位。全市各纪检监察组织共运用"四种形态"处理1137人次,其中第一、第二、第三、第四种形态分别占66.8%、24.8%、5.4%和3%,较好形成倒"金字塔"结构。

【审查调查安全】 2020年,市纪检监察机关根据金华市纪委工作部署,认真履行留置安全监督职责,每日进行安全分析研判,共计驻点30天,负责金华地区留置案件安全保障和监督管理,确保留置办案安全。抓好安全检查,全年开展审查调查安全工作专项检查3次,排查隐患风险,对发现的安全问题及时整改到位。

【监察措施运用】 2020年,市纪检监察机关坚持以法治思维和法治方式惩治腐败,准确运用12种监察措施,提升监察能力。构建起全程留痕、管用分离、严格审批、内部制约、加强监督五道安全保密高效的防线。严格监督措施使用,共开展措施使用、涉案款物等专项检查3次。共实施谈话措施203人次、询问措施68人次、讯问措施8人次、开具银行账户查询文书575份。

巡察工作

■ 组织机构

【概　况】 2020年,永康市高度重视巡察工作,全年召开3次市委常委会议、7次市委书记专题会议、7次巡察动员部署会、10次市委巡察工作领导小组会议,研究巡察工作,市领导参与巡察工作96人次。

【规章制度】 制定《十四届市委2020年巡察工作计划》,修订完善《市委巡察工作手册》《村居巡察工作手册》,进一步规范巡察准备、了解、反馈、整改等各个环节相关工作。出台《关于选派新提拔任用市管领导干部参加市委巡察工作实施办法(试行)》,要求新提拔任用的部分市管领导干部在履新之前,到巡察一线进行锤炼和学习。探索建立《市委巡察机构"组办融合一体化"工作机制》,从人员管理、轮岗调配、能力提升等方面对市委巡察机构干部进行规范管理。

■ 常规巡察

【概　况】 2020年,市纪检监察机关根据《2020年度巡察工作计划》,开展了第八轮、第九轮常规巡察工作。其中第八轮巡察了市委统战部、市人大办、市总部办、龙山镇、花街镇、经济开发区、金汇五金集团等7家单位,第九轮巡察了市委老干部局(关工委)、市政协办、市法院、市经信局、市交通局、市妇联、市红十字会、市交投集团、市重点办等9家单位。

【第八轮巡察】 2020年4月13日,召开全市巡察工作动员部署会。会上,市委书记金政强调,市委巡察工作要认真贯彻落实中央巡视工作方针和省委、金华市委巡视巡察工作要求,深刻理解、准确把握新时代巡察工作的政治内涵和政治方向,紧扣"三个聚焦",扎实推进市委巡察工作。要在方式方法、信息收集、分析研判、重点问题上精准发力,高质量推进巡察工作向纵深发展。要在"实""严""立"三字上下功夫,做实做透巡察整改"后半篇文章"。要紧扣责任落实,协同配合,全面构建协调配合高效运行的巡察合力,努力形成横向全覆盖、纵向全链接、全市"一盘棋"的巡察工作新格局。本轮巡察,市委统战部为金华市县上下联动巡察单位。本轮巡察共反馈问题350个,移交线索32条,完善相关制度47项,清退资金327.82万元,问责58人,其中党纪立案3人,诫勉5人,提醒谈话25人,批评教育25人。

【第九轮巡察】 2020年8月,根据《2020年度巡察工作计划》,启动第九轮巡察工作,其中市法院为金华市县上下联动、提级交叉巡察单位。巡察期间,共召开座谈会22次,开展个别谈话265人次,查阅各类凭证、账册、会议记录等台账资料6403册,共反馈问题338个,移交线索33条,完善相关制度123项,清退资金61.08万元,问责119人,其中党纪立案3人,诫勉14人,通报批评17人,提醒谈话53人,批评教育32人。

■ 村居巡察

【概　况】 2020年,永康市委统筹村居巡察工作,采取分片区、全交叉和巡镇带村的方式,对87个村居开展巡察,其中分片区交叉巡察80个村居,巡镇带村式延伸巡察7个村居。6月,永康市完成424个村社全覆盖巡察任务。

【2020年村居巡察】 2020年4—5月对87个村居采用交叉巡察、巡镇带村方式稳步推进巡察工作,将全市16个镇(街道、区)划分为4个片区,由4位市委巡察组组长担任片区组长,每个片区负责4个镇(街道、区)的村居巡察工作。在巡察对象上,紧盯村"三委"成员,特别是"一把手"这个重中之重;在巡察重点上,结合村级组织换届,为各巡察组开列"4+X"问题清单,"4"即贯彻落实《中国共产党农村基层组织工作条例》情况及村级党组织建设情况、"三资"管理、工程项目招标和小微权力清单落实情况,"X"即土地批基、越级重复访、黑恶势力、侵害群众利益的不正之风和腐败问题等方面,基本涵盖影响村居政治生态的重要内容,让村居巡察更有针对性,持续向群众身边不正之风和腐败问题亮剑,加大对"蝇贪""蚁腐"的查处力度。2020年度村居巡察共发现各类问题599个,移交问题线索58条,立案审查调查52起,党纪政务处分22人,移送有权机关5人,提醒谈话"亚健康"干部64人,巡察起到了较好的震慑效果。

■ 专项巡察

【扶贫领域专项巡察】 2020年7月,市纪检监察机关按照"先部门后镇村"的形式对12家相关职能部门和16个镇(街道、区)开展扶贫领域专项巡察。紧扣"五项加法",充分掌握基础数据,深入查找突出问题。组织领导上实行"书记+书记"措施,动员部署会和集中反馈会均以市委常委、纪委书记、监委主任、市委巡察工作领导小组组长蒋震雷参加部署和反馈,被巡察单位党委(党组)书记全部参加的模式进行;巡察模式上采用"2+N"模式,专项巡察分2个阶段进行,先巡部门后巡镇村,每个阶段分N个组。巡察对象上围绕"部门+镇村",巡察12家与扶贫领域业务关联度较高的部门单位和16个镇(街道、区);巡察内容上紧盯"重点资金+重点人员";巡察整改上实行"个别+套餐"措施,"个别"整改是指针对巡察发现的"两不愁三保障"突出问题或者有安全隐患的问题以及有立即整改需要的问题的整改,"套餐"整改是指针对巡察反馈问题进行整体推动整改。此次扶贫领域巡察共收集信息3400多条,共发现面上问题112个,移交问题线索13条,问责15人,清退违规资金50余万元,建立完善制度规定8项。

【农村宅基地审批管理专项巡察】 2020年12月,市纪检监察机关对16个镇(街道、区)及相关村(居)开展宅基地审批管理巡察。巡察共分 4 个组,每个组巡察 4 个镇(街道、区),重点巡察宅基地审批方面是否按照规定程序进行审批,审批中是否存在优亲厚友,是否存在不担当、不作为、乱作为情形,是否存在腐败和作风等问题。重点巡察宅基地管理方面是否健全相关制度、是否严格落实"一户一宅"规定、是否存在违规用地情况、是否存在少批多占的情况、是否存在旧房未拆或违规建新的情况、是否严格落实土地用途管制、是否存在宅基地闲置造成土地资源浪费等问题,对全市 2016 年以来已审批的 3151 宗和未审批的 142 宗农村宅基地进行全面摸排,巡察共发现问题 99 个,移交问题线索 12 条。

■ 巡察整改回访检查

【常规巡察整改回访检查】 2020 年,永康市委成立 4 个回访检查组分 2 轮对前八轮常规巡察、人防系统专项巡察、扶贫领域专项巡察整改情况进行回访检查,建立巡察整改问题"大起底、再回炉"工作机制,压实被巡察单位整改主体责任,做细做实巡察整改"后半篇文章"。3—5 月,对市委前六轮巡察的 44 家单位巡察反馈的 1263 个问题巡察整改情况进行"大起底";10—11 月,

又对市委第七、第八轮巡察和人防系统专项巡察所涉及的 18 家单位整改情况开展回访检查。2 次回访检查都成立了 4 个检查组,组长由市委巡察组组长兼任,下设 N 个小组,小组长由市委巡察组副组长兼任,再从相关派驻纪检监察组抽调 1—2 人参加。通过回访检查,新发现问题 73 个,向分管联系市领导发送督导函 34 份,向相关部门单位提出整改意见 179 条,向被巡察单位书面反馈整改意见 62 份,下发督办单 16 份,巡察整改"大起底"取得较好的"再震慑"效果。

【扶贫领域巡察回访检查】 2020 年 12 月 3—15 日,市委 4 个巡察组对 16 个镇(街道、区)开展扶贫领域巡察"回头看"行动。"回头看"坚持问题导向,聚焦扶贫领域腐败和作风问题,聚焦重点项目和重要资金,聚焦巡察反馈问题整改情况和面上治理情况,督促全市各级党组织严格落实脱贫攻坚的政治责任,强化主体责任再压实、监督责任再督促、扶贫成果再巩固,为全面完成脱贫攻坚工作提供强有力的纪律保障。本次巡察采取"立巡立改"的方式进行问题反馈,巡察期间,共反馈问题 79 个,移交问题线索 3 条,向市扶贫办发送交办函 1 份,开展共性问题通报 1 期。

(市纪委监委 供稿)

民主党派

民革永康市基层委员会

【概　况】　2020年,民革永康市基层委员会(简称永康民革)共有民革党员59人,其中有永康市人大代表1名,永康市政协委员11名。7月21日,民革永康市基层委举行换届大会。基层委在民革金华市委会和中共永康市委的正确领导下,在中共永康市委统战部的指导帮助下,全面加强党派规范化建设,切实履行参政党职能,被民革浙江省委会评为"组织工作先进集体",民革党员之家被民革浙江省委会评为"五好民革党员之家"。

2020年7月21日,民革永康市基层委举行第二届第一次党员大会(永康民革提供)

【参政议政】　2020年,继续围绕中心工作积极建言献策。永康"两会"上,12名永康民革党员积极建言献策,认真参政履职,共提交人大议案2件,建议2件,政协提案18件,政协大会发言3件。向金华人大提交建议2篇,省政协提交提案1篇。发挥下情上达的桥梁纽带作用。针对来势汹汹的新冠肺炎疫情,永康民革及时开展调研,走访许多中小企业,查找存在的问题和困难,探讨解决的办法。在深入调研的基础上于2月中旬报送党派直通车《关于疫情期间稳企稳经济的意见建议》,提出区别对受疫情非对称影响的各行业、尽快在有效防疫管控的前提下帮助企业复工复产、强化大中型银行在行业生态中的连接器角色等意见建议,为市委市政府提供决策参考。永康民革党员充分发挥联系广泛、深入群众的优势,积极反映民情民声,围绕地摊经济、金融扶持实体经济、学校安装空调、外贸人才培养等课题向市政协报送了4篇社情民意类文章。

【社会服务】　全面参与防疫抗疫。在众志成城抗击新冠肺炎疫情行动中,永康民革党员积极响应号召,在做好自我防护的同时尽己所能,积极参与防疫抗疫工作并纷纷捐款捐物。党员中的医务工作者坚守一线岗位,乡镇工作人员深入基层排查,不少党员自发地前往社区守卡执勤和开展上门巡查。企业界的党员有序组织复工复产,省长袁家军在走访党员企业时,充分肯定了其为抗疫所做的贡献。基层委被评为金华民革"防控抗疫先进集体";8名党员获评浙江省民革防控抗疫先进个人,另有21名党员获评金华市民革防控抗疫先进个人。深入开展法律援助服务。依托与检察院、司法局共同建立的"同心法律服务工作站",2020年共提供法律援助案件200多件,参与检察院审查逮捕和起诉阶段听证8次,认罪认罚帮助90多件,法律咨询1200余人次,法律知识讲座5次,电台宣传法律知识30多次,微信等平台法律宣传知识30多次,助企复工复产70余家。开展普法宣传。永康民革博爱社志愿者服务队将宣传《民法典》和"预防青少年犯罪和涉罪青少年的观护"作为主要任务,先后到城区各学校举办校园普法讲座,进行预防校园暴力宣传,深受学校师生的欢迎。

【慈善爱心活动】 深入开展抗台救灾活动。8月7日,永康民革前往古山镇坑口村、坑里村、胡库上村、胡库下村开展慰问活动,并捐赠慰问金2万元、救灾物资近万元。8月11日,永康民革和金华民革联合前往舟山镇铜山村、方山口村开展救灾慰问,捐赠慰问金2万元、救灾物资7000多元。积极开展献爱心活动。儿童节前夕,前往古山小学开展助学献爱心活动。永康民革党员向城西新区教育奖励基金捐款5万元。组织党员前往唐先镇清塘庄村开展助农公益采摘活动,帮助贫困果农增收。"八一"建军节来临之际,前往市人武部、看守所、消防救援大队开展慰问并送上夏令用品。关心关爱抗战老兵。重阳节前夕,组织党员到各乡镇、医院、社会福利中心走访慰问永康市仅存的13名抗战老兵和黄埔老人,给予帮助。

(永康民革 供稿)

民盟永康市总支部委员会

【概　况】 2020年,民盟永康市总支部委员会(以下简称民盟永康总支)有盟员38人,盟员中有永康市人大代表1名,永康市政协委员4名。荣获民盟浙江省委会2020年度十佳示范基层组织、民盟省委会抗击新冠肺炎疫情先进集体等称号,主委徐玲玲荣获"全国劳动模范"称号。

【参政议政】 2020年,在永康市创建浙江省级文明城市进程中,民盟永康总支牵头联络各民主党派,为创建"无废城市"深入永康首个"无废工地"——东库城中村改造

项目开展民主监督活动;"两会"期间提交集体议案3份,个人提案议案16份,上报盟市委社情民意类文章15篇。

【社会服务】 2020年,民盟永康总支赴永康社会福利中心、普济敬老院、石柱塘里村、永康消防大队开展爱心义诊、敬老、创文明城市等志愿服务活动。在疫情期间,全体盟员自发捐款捐物总计97.41万元,用于购买抗疫物资捐赠给一线医护人员;捐款2万元启动"爱心助农 放心菜送上门"活动,给奋战在永康市抗疫一线的医务工作者送去温暖;加入"助企帮帮团",深入企业,助力企业做到有序复工。盟员卢义能见义勇为跳江救人一事,相继被《永康日报》《金华日报》、民盟浙江省微信公众号、民盟中央微信公众号报道,在全国范围内大力唱响了民盟好声音。事后,在得知被救者家庭生活困难时,总支盟员又自发募捐1万元送给被救者,并决定和被救者家庭长期结对帮扶,进一步讲好民盟新故事。台风"黑格比"侵袭永康,主委徐玲玲带头捐款16万余元,盟员们自发捐助3.3万元,全部用于支持灾后重建工作。

2020年6月16日,民盟永康总支在永康市敬老院开展第四届爱心义诊活动(民盟永康总支提供)

(民盟永康总支 供稿)

民建永康市总支部委员会

【概　况】　2020年,民建永康市总支部委员会(以下简称民建永康总支)有会员47人,下设3个支部,会员中有金华市人大代表2名、金华市政协委员1名、永康市人大代表1名、永康市政协委员6名(其中永康市政协常委2名)。民建永康总支荣获民建浙江省委会先进基层组织、民建金华市委会2020年度社会服务先进集体等荣誉称号。

【参政议政】　2020年,民建永康总支积极参加中共市委、市人大、市政府、市政协召开的民主协商会、情况通报会、意见征求会以及相关视察活动,提出高质量意见和建议。参加全市"十四五规划"党外人士意见征求会。立足永康市经济社会发展,提交"关于转型另辟蹊径,筑四书五金城"等提案、建议11件,金华市人大代表池洪涛撰写的《十四五规划展望》建议获金华市人大代表常委会邀请发言。

【社会服务】　2020年初,面对严峻的疫情防控形势,民建永康总支充分发挥会员在智力、人才、行业方面的优势,积极参与疫情防控阻击战。医生会员们积极参与防疫工作,非医生会员积极奉献爱心,捐款捐物40多万元,同时号召身边人,共募集物资款项价值约63万元。八一建军节,会员企业瑞金医院慈善分会捐赠1000万元关爱基金,委托永康方大瑞金医院为全市退役军人、驻永部队官兵免费做胃镜检查。会员楼金辉将在永康市农民丰收节期间的作品拍卖所得14.8万元,捐赠给贫困儿童。8月5日,永康遭受台风"黑格比"侵害,民建永康总支捐款捐物累计2万多元;9月20日,民建金华市委会副主委、民建永康市总支部主委吴明根一行赴朱德故乡——四川

仪陇县开展"思源 ,助学帮扶"活动,与仪陇县义路小学结对,捐赠5万元教学物资。

2020年9月20日,民建金华市委会、民建永康市总支部一行赴朱德故乡——四川仪陇县,开展"思源,助学帮扶"活动(民建永康总支提供)

(民建永康总支　供稿)

民进金华市直属永康支部

【概　况】　民进金华市直属永康支部(以下简称永康民进)成立于2019年10月26日,有会员16人。2020年,荣获民进金华市委会2020年度市级表扬基层组织和抗击新冠肺炎疫情先进集体称号。

【参政议政】　2020年,永康民进在深入调研基础上,通过"直通车"递交《关于防汛备汛及合理蓄水》《加快学前教育办学的建议》《关于落实村级代办工作激励经费,加快推进"最多跑一次"改革向基层延伸的建议》等建议。

【社会服务】　疫情期间,永康民进积极做好"疫情防控"和"复工复产"工作。积极配合所在社区参与疫情防控阻击战,并为卡点工作人员捐赠口罩、矿泉水、纸巾等物资,募集价值6.2万余元的破壁灵芝孢子粉捐献给市红十字会;捐赠画作并义卖画作募集5万元爱心款。通过"微拍堂"和"艺拍抗

疫——永康美协义拍群"等途径举办义拍，累计筹款21万元，购置250台消毒液制造机捐赠给市红十字会，用于镇（街道、区）卫生院、社区等单位防疫工作。带动乐平上万人返永复工，助力江西4万多务工人员陆续回永。在城西新区下谢村开展"春联万家"活动，书写对联1500副；参加抗台救灾和灾后重建、省示范文明城市创建等活动。

疫情期间，民进金华市直属永康支部开通"返岗直通车"，助力企业复工复产（永康民进提供）

（永康民进　供稿）

农工党永康市基层委员会

【概　况】　2020年，农工党永康市基层委员会（以下简称基委会）党员中有2名金华人大代表、1名金华政协委员、8名永康政协委员（其中政协常委1人）。以农工党成立90周年为契机，以习近平新时代中国特色社会主义思想为指导，激发使命勇于担当，发挥优势履职尽责，为把永康打造成世界五金之都而努力奋斗。

【参政议政】　基委会在金华、永康"两会"上积极建言参政，共撰写提（议）案17件，其中金华提议案2件，永康大会发言1件，团体提案2件。撰写社情民意类文章23篇，被省委会采纳2篇，被金华统战部采纳2篇。

农工党员金凤琴的征文《秉承"行动理念"切实履职尽责》获农工党中央90周年理论征文一等奖。应奇生作品《手》获农工党成立90周年暨第二届"美丽中国"美术摄影作品展四等奖。积极组织各支部开展调研工作，共提交调研报告6篇，其中《完善DRGs付费政策　优化医保基金使用的建议》被省农工立项，被金华市委会采用5篇。

【社会服务】　2020年，基委会精准服务企业复工、学校复学，联合金华市委会，到哈尔斯工贸有限公司，开展"同心抗疫情　三服务企业促发展"活动；助力农饮水达标提标工程；主动开展救灾赈灾活动；打造"健康农工"服务精品。疫情期间，投身战疫工作，党员捐款捐物共计41.6166万元。

2020年7月17日，农工党永康市基层委员会精准助力城乡同质饮水工程（基委会提供）

（基委会　供稿）

九三学社永康市基层委员会

【概　况】　2020年，九三学社永康市基层委员会（以下简称基层委）有社员81人，其中金华市政协委员1人，永康市人大代表1人，永康市政协委员8人（其中常委2人），为争取"两战赢　双胜利"、实现永康新腾飞贡献自己的力量。

【参政议政】 2020年，基层委共提交提案（议案）14件，其中大会发言1件，团体提案1件。全年共撰写社情民意、信息类文章50余篇，疫情期间，有多篇被金华政协、金华统战部、九三金华市委以及永康政协、永康统战部等单位录用。积极履行民主监督职能。组织参与统战部开展的"无废城市"创建专项民主监督，开展"大数据优化医保服务 提升百姓就医获得感"调研，为进一步简化申报流程、更好地服务百姓提出意见建议。同时，组织社员参与社区共建，为永康创建文明示范城市出力。

【社会服务】 2020年，基层委多次下基层，帮助社员企业复工复产。基层委现有两个同心基地，分别是特殊教育学校和金坑下位村。在"六一"节来临之际，基层委助力永康市特殊教育学校"残疾人之家"建设，为同学们捐赠春秋装、夏装工作服共计48套，并和同学们一起在花卉扦插活动中欢度"六一"。11月，基层委联合市人社局、交通局、市监局、农行龙山支行、纬马律师事务所，到金坑下位村开展"送医、送金融、送法律、送政策大型服务活动"，活动共组织到内科、外科、妇科、耳鼻喉科、眼科、针灸科、骨科、健康保健等科室，专家医护人员共14人，服务百姓约150余人次。台风"黑格比"使金坑下位村受灾严重，基层委及时协调大米、粮油等价值2万元的生活物资，帮助他们一起共渡难关、重建家园。主委应香完以个人名义另外又加捐了5万元，用于金坑村的整村拆迁工作。年初疫情其间，积极动员社员广泛参与抗疫防疫工作，社员们和企业家们为抗击新冠捐款捐物共计17.218万元。

2020年5月26日，九三学社永康市基层委员会举办助力特教学校"残疾人之家"建设暨2020年欢度"六一"活动（基层委提供）

（基层委 供稿）

群众团体

总工会

【概　况】　2020年，在市委市政府、上级工会的正确领导下，永康市总工会（简称市总工会）认真学习贯彻习近平总书记重要讲话精神和省总、金华市总以及市委市政府各项决策部署，在抗击疫情、复工复产、助力抗台抗洪灾后重建、构建和谐劳动关系、产业工人队伍建设改革等工作中积极发挥工会组织作用，以新发展理念引领高质量发展，为永康社会经济发展贡献工会力量。

【职工维护】　以工资集体协商机制为重点，建立健全相应协商主体，督促企业落实《浙江省企业工资支付管理办法》，建设"无欠薪"永康。单建工会已全部开展工资集体协商工作，续签率达100%。市总工会深化劳动关系调处机制建设，维护职工群众的合法权益。2020年，联调中心共受理327起，调解成功175起，提交仲裁108起，撤诉26起，尚在调解18起，涉及争议金额2484.07万元，调解结案标的257.31万元。

【职工服务】　2020年，在"永康工会"公众号上推送各类政策、活动、工作宣传等推文40余篇，多篇推文获得了永康人、永康生活等本地粉丝数十万公众号的转发推送。根据疫情影响，市总工会对2020年相关普惠活动做出相应调整，通过"金华工会""永康工会"微信公众号推出各类普惠活动21期，以抽奖的方式向各基层工会会员送出甜品券1500张、手机话费500份；为减少疫情下非常态的生活对职工心理健康的影响，通过网上工会推出心理干预、甜品制作、茶艺培训、版画制作、忆童年留言赢奖品等活动，引导职工朋友通过大胆表达合理宣泄情绪；举办第三届"网聚职工正能量，争做金华好网民"的职工网络文化节活动，上报职工书画、风采摄影、好舞蹈、好声音、微电影等各项作品共计200余件。

【职工帮扶】　2020年，全市参保职工数为59681人。2021年开始按金华政策实施一站式结算，实现即时精准报销，不需要职工准备任何材料，为广大职工带来极大便利。同时保留女职工生育互助金等永康特色项目。开展困难职工帮扶活动，经前期摸底，共有40户困难职工符合申报条件。其中深度困难职工为8户，相对困难职工13户，意外致困职工2户，送温暖职工17户。救助金额总计25.23万元。做好"求学圆梦行动"，对2018年取得大专及以上学历证书的企业车间主任及以下一线职工给予每人500元的一次性补助，全市共有10名职工得到补助。对2019年9月至2020年8月报名参加大专及以上学历教育学习以及在浙江省参加国家职业资格全国、全省统一鉴定、日常鉴定考试中取得高级工以上国家职业资格证书的企业车间主任及以下一线职工给予补助。切实落实工会干部培训主体责任，加强工会干部培训。举办全市工会干部业务知识学习会，共有50名工会干部参加培训。

【劳模管理】　2020年，永康市共有全国级劳模7名，省级劳模47名，金华级劳模78

名,永康级劳模 33 名;全国工人先锋号 2 个,省工人先锋号 8 家,浙江工匠 3 名,八婺工匠 14 名,组建 10 支"劳模工匠技术服务队",已建成各类创新工作室 70 多个。

【服务发展】 连续三年举办永康市模具工技能比武,举办首届"永武缙五金工匠"技能比赛,承办浙江模具工职业技能比武大赛,组织选手代表金华参赛,包揽三个赛项第一名,三位选手获评"浙江金蓝领"称号。各类比赛项目涵盖车工、焊工、电工、汽车维修工等 14 个工种,吸引 2500 余名选手参加比赛,1500 余名技能人才破格获评技师或高级工。实施"青蓝计划"促进技艺传承。全面实施技能培训、技能练兵、技能比武、技能晋升、技能带头人"五位一体"的素质工程,发挥职业技能带头人作用,积极开展名师带徒活动。同时,号召全市各级技能人才与 1—2 名职工结对带徒,开展传帮带活动。

【开展灾后重建行动】 2020 年 8 月,台风"黑格比"突袭永康,市总工会全体干部职工与企业职工进入西溪镇帮助村民灾后重建家园,为全市职工参与灾后重建工作带好头,全市共有 4536 名职工参与灾后重建行动。慰问受灾严重镇(街区)一线抗灾职工 722 人;慰问受灾企业,帮助受灾职工 246 户,帮助转移安置临时生活困难职工 16 人。

8月8—9日,市总工会帮助在"黑格比"台风中受灾的村民恢复生产生活(市总工会提供)

(市总工会　供稿)

共青团市委

【概　况】 2020 年,在市委和团金华市委的正确领导下,共青团永康市委(简称团市委)坚持以习近平新时代中国特色社会主义思想和党的十九大精神为指导,聚焦主责主业,在服务大局、服务青年的道路上步履坚实、砥砺前行,团结带领全市广大团员青年当好"全面奔小康,永康新腾飞"的新时代青春答卷人。

【在抗疫防汛中主动担当】 2020 年疫情暴发期间,团市委以微网格为单元,在交通站点、社区、救助站等地常态化开展治安巡查、隐患整治、体温测量、扫码登记等疫情防控活动,发动全市 1030 余支平安志愿者服务队参与疫情防控,参与志愿者 1.2 万余人,服务时长约 3.4 万工时。承办"百万物资送荆门"浙江共青团援助湖北荆门物资捐赠仪式,为荆门及浙江援鄂医疗队队员送去价值 140 余万元的保温杯、毛巾等物资。动员团属协会、社会各界捐赠防疫物资及资金,价值 80 余万元。组建青春助跑团、志愿服务团、心灵呵护团、学习帮帮团、榜样激励团等"五团",通过"点单＋派单",为保障援鄂、在永一线医护工作人员及其家属的正常生活提供精准服务。开展"发短情长,'疫'剪相伴"公益理发活动 4 场,为 600 余名医务人员及家属、公安交警等提供免费理发服务。开展"全民抗疫,宣传有我,践行有我"防疫知识宣传活动 50 余场。抗击"黑格比"台风期间,组织团员青年和志愿者第一时间为西溪镇、方岩镇、象珠镇等地送去救灾物资,开展清障、消杀等志愿服务活动,500 余人次参与,共筹集生活物资和慰问金 11 万余元。

【在社会治理中积极作为】 2020 年,团市委依托"红马甲"进网格、"十百千万行动"等载体,持续深化"青年志愿服务进社区"工作,举办"志汇永康"大学堂六期,围绕"一月一镇平安大会战"活动,组织平安志愿者开展平安巡防、矛盾化解等志愿服务活动60余场,帮助化解矛盾纠纷150余起,消除社会隐患200多件,帮助300余人;围绕省示范文明城市创建,组织开展平安出行、文明劝导等活动400余场;开展"争做文明永康人,共创优雅永康城"21天文明习惯养成活动,每日参与线上打卡5000余人;联合市综合行政执法局在各街道(区)逐一开展"逢九整治大会战 执法志愿共行动"集中攻坚行动,组织团员青年、志愿者发放文明创建宣传资料1万余份,入户填报测评问卷3600余份。

【在助创助企中发挥实效】 2020年,团市委深化"青春三服务",建立团员青年联系企业工作机制,结对企业122家,及时帮助解决复工复产相关问题。开设"中小制造企业战疫之道"主题线上讲座8期,全市52家"号、手、岗、队"帮助企业解决用电、手续审批等问题450余个。举办"新贸易 新青年 新窗口"2020年浙中"创青春"青年创业创新大赛。开展"团委书记当主播,'青'情为您来带货""千名主播逛五金城""团团带货季"等活动,举办直播电商培训班2期,助力永祥杨梅、西溪蜜梨、舟山方山柿等本地特色农产品销售,累计销售额60余万元。举办网络人才招聘会,帮助企业招聘员工2000余名。开展共青团助力春耕备耕六大行动,实地走访农企、农业基地、合作社140余家,开展"面对面"政策宣传、"手把手"技术指导行动150余次,帮助30多户产品滞销农户以"社区直配点+无人售卖点"模式,销售果蔬10余吨。

【青少年权益维护见实效】 2020年,团市委开展"温暖童心,战疫同行"公益活动,为全市100余名贫困青少年送去口罩及课外读物。依靠"亲青筹"平台筹款4次,筹集爱心资金17万元。围绕五类重点青少年、困难青少年等群体,通过"团干、青少年事务社工、志愿者"提供"多对一"服务模式。举办团省委"亲青帮"平台地推永康站暨"三禁三防三自"主题教育活动,并陆续在全市各单位、各学校开展相关主题活动25场。依托市矛盾调处中心,持续打造好"社会帮扶中心",发挥全市枢纽作用,全面构建"1+N"的帮扶网络,通过"一表式点单、一窗式派单、一站式评单"开展矛盾纠纷辅助化解150余起,帮助350余名困难青少年。

(团市委　供稿)

妇女联合会

【概　况】 2020年,永康市妇女联合会(简称市妇联)坚定信仰信念,勇担政治责任,稳步推进各项妇联工作,以弘扬和传承千鹤妇女精神为抓手,全方位参与基层治理和省级示范文明城市建设,多维度助力"两战全胜",为打造"重要窗口"积极贡献半边天力量。

【传承红色基因牢记"她使命"】 2020年,市妇联举办"树立正确价值观　争做时代好女儿"民法典解读大讲堂;与市委组织部、市委党校联合举办科级女领导干部能力提升班;拍摄基层理论宣讲短视频《半边天的力量》,该视频获永康市微型党课大赛三等奖;精心制作清廉主题广播剧《洗》,推进清廉永康建设;推荐上报2020年度全国级"最美家庭"1户、省级"最美家庭"1户、省级"文明家庭"2户、省级"绿色家庭"1户,金华市"最美家庭"19户、金华市文明家庭5户、金华市"平安家庭"4户、金华市"绿色家庭"10户,省"美丽庭院"1户;全年累计评创省巾帼文明岗2个、省巾帼建功先进集体1个、省巾帼建功标兵1人,金华市三八红旗集体5个、金华市三八红旗手9人,以先进典型为引领,激励广大妇女创造新业绩。

【投身"两战全胜"体现"她担当"】 2020年,市妇联建立市镇村三级巾帼志愿者队伍,吸纳市县镇村四级妇联干部、妇联执委、妇女代表、巾帼志愿者等,组建4857个"一格一姐"全科网格,在疫情阻击战和复工复产中贡献巾帼力量。永康市女企业家协会积极争取省妇女儿童基金会3.8万个FFP2口罩、1万双医用检查手套和1600箱牛奶等价值35万余元的定向捐赠;各爱心企业捐赠口罩、手套等260万元物资和现金。浙江七星岛布艺有限公司发动妇女志愿者制作200件隔离服。8000多名巾帼志愿者积极参与村社卡点、隔离点值守。重点关注困难和贫困妇女群体,为全市442名贫困妇女发放爱心口罩和牛奶,确保救助不落一人,物资不挪他用。开展"2020战疫情——巾帼守护家"等系列活动,组建32支"爱心妈妈"服务队,与援鄂医务人员家庭"一对一"结对,提供为期一年的"三心"服务。累计为"逆行者"家庭配送"爱心蔬菜"600余公斤。组建"小粉红宣传队""辣妈乡音宣传队",深入各村开展防疫知识宣传。组建文艺宣传队伍,编排鼓词、快板、三句半、亲子拍手歌等作品,依托网络媒体和移动微平台扩大传播范围和影响力,形成线上线下立体宣传格局。在"永康妇联"公众号开辟助企云平台专栏,组织17家企业参加省女大学生网络招聘会,为索福集团、浙江宏伟供应链有限公司等17家"妇字号"企业送去防护物资,帮助457家企业解决复工复产难题。

2020年2月启动"2020战疫情——巾帼守护家行动"(市妇联提供)

【首创"云端礼堂"展现"她智慧"】 2020年,市妇联探索"互联网+"工作新模式,创新打造"云端礼堂",涵盖"云端中心""云端直播间""云端故事""云端婆媳""云端幸福家"等内容。按照16个镇(街区)行政地图划分16个云端"子礼堂",开展智慧化管理,坚持"一镇一品一特色"思路,打造市、镇、村三级联动的云端工作机制。《"云端礼堂"巾帼秀 老百姓的"掌上"精神家园》在《中国妇女报》、金华改革微信公众号上刊登报道。

【妇女儿童维权体现"她作用"】 2020年,妇女民情民访访调制度提档升级,市妇联积极发动和组织广大妇女干部参与各村(社区)民情民访代办点的服务工作,建立代办机构450家,代办员810人。扎实落实妇女儿童三色预警机制,已排查摸底重点家庭38家,针对黄色家庭建立基层执委联系制度,针对红色家庭建立"市妇联执委+心理咨询师+巾帼志愿者"联系制度,定期上门走访。开展"一月一镇大会战 一格一姐有力量"行动,已在8个乡镇启动并开展群众性宣传,并要求重点乡镇结合本镇的资源优势每月开展特色宣传,形成"一镇一品"宣传模式,如:开发区针对新永康人开展反家暴宣传和婚姻家庭调适,建立"妇女E家"和"和事嫂"调解团;龙山镇"生态洗衣房+辣妈代办团"将纠纷化解在萌芽阶段的做法被"学习强国"和《中国妇女报》报道。以市妇女儿童活动中心的"法律夜门诊"为主阵地,全面建设市、镇、村三级家事调解室、妇女维权站、谈心室等平台,共同构建维权工作网络,实现全域化覆盖,全市已建成镇、村级家事调解示范点19个。2020年,基层家事调解示范点处理婚姻家庭、赡养费纠纷等案件27件。

【助力中心工作彰显"她力量"】 2020年,市妇联联合开展"逢九整治大会战"集中攻坚行动,开展"创文"活动157次,"家风正家美丽"系列活动 430 场;参与"黑格比"灾后重建巾帼行动;集中攻坚确保妇女儿童"十三五"规划圆满收官,高起点做好"十四五"妇女儿童发展规划编制准备工作;举办"我们的节日 最美的舞台"三八妇女节网络纪念大会,欢庆第 110 个国际劳动妇女节;举办"全民战疫 为爱发声"网络嗨歌大赛,共 190 个作品参与,47 个作品进入决赛,累计阅读点赞数 4 万余次;开展"清明晒家风 绿植带回家"活动,该活动被《中国妇女报》刊登报道;开展"筷乐行动进万家"活动,以筷乐承诺、筷乐晒图、筷乐微播等形式,线上线下参与 5 万余人次;开展"云商云美 美姐带梅"网络女主播大赛,吸引 50 多位女主播报名参加,共卖出杨梅 6765 斤,活动被浙江卫视、《金华日报》等媒体报道。

【关心关爱妇儿体现"她温暖"】 2020 年,永康市"女性安康"保险总参保人数 24679 人,保费 312.99 万元,参保率 12.2%;"六一"前夕,市委、市政府、人大、政协四套领导班子带队慰问部分小学和幼儿园,为困难儿童送上母亲邮包和慰问金;开展"点亮一座城 共读一本书"云上亲子节活动,活动被《中国妇女报》、学习强国报道;开展 2020 年家风家教主题宣传月系列活动,多渠道宣传《浙江省家庭教育促进条例》,展播"家有小欢喜"家庭教育故事,推动"幸福有方"家庭教育讲座进农村、进社区、进企业;开展"情系红丝带,关爱乳腺健康"大型公益活动,举办女童保护专题知识讲座,开设未成年人权益保护课堂等。

(市妇联 供稿)

工商业联合会

【概　况】 2020 年,永康市工商业联合会(简称市工商联)创新工作载体,加强自身建设,为助推民营经济高质量发展开展一系列富有影响、卓有成效的工作,受到省委统战部副部长、省工商联党组书记陈浩的高度肯定和表扬。

【多措并举强化担当】 2020 年,市工商联(总商会)协助市委市政府做好新冠肺炎疫情防控和复工复产工作。2 月,组织全体党员干部电话联系温州、台州等疫情严重地区的永康商会会员延迟回永 4150 多人次,前往高速公路永康入口劝退提前回永 48 人次。2 月 13 日,联合统战部开展"助企抗疫情、联企复生产"专项行动,全体党员干部分 8 个工作小组,与 110 家民营企业建立一对一联系,帮助企业解决用工、资金周转、运输及疫情防控中惠企政策的落实等问题 306 个。组织为会员企业复工生产筹集短缺物资,联系生产口罩厂家,购得口罩 10 万只,消毒液 20 吨。针对疫情持续可能引发的各种矛盾和经济法律纠纷,3 月 9 日,市工商联(总商会)联合市人大、市委统战部、市人民法院汇编《新冠肺炎疫情防控期间相关法律问题解答》,并召开新冠肺炎疫情防控期间企业法律问题线上新闻发布会,将《法律问题解答》电子稿发放至全市民营企业。组织市工商联(总商会)法律服务中心 18 家律师事务所 36 名律师,通过网络平台向会员企业提供法律咨询、政策指导、合同体检、申请法律援助等服务,防控企业财务风险。动员市工商联(总商会)直属商会党员、执常委和会员企业为疫情捐款捐物 1350 多万元。工作受到市领导和上级工商联(总商会)的点赞和好评。

【谋划"亲清直通车·政企恳谈会"的组织落实】 为落实省工商联工作部署,进一步优化营商环境。5 月 28 日、8 月 28 日,市工商联分别与市发改局、市环保局联合举办"亲清直通车·政企恳谈会"。市府办、经信局、"三服务"办、财政局、中国人民银行等相关部门领导及市工商联挑选的 20 余家不同行业企业精英代表齐聚一堂,直面问题,反映意见,提出建议。收集问题清单 39 条,现场解决 6 条,会后,市工商联及时把企业家反映的问题落实到相关部门。"亲清直通车"活动受到企业家们广泛好评。

【参政议政、建言献策】 组织市工商联机关、工商联界别政协委员深入民营企业,对生产经营情况、涉企政策落实情况、存在困难问题开展调研,广泛收集信息,掌握民营企业意见诉求,及时向党委政府反映,在 2020 年 1 月召开的市政协大会上,市工商联组织指导工商联界别 20 名政协委员撰写意见建议提案 31 件。市委书记、市长、政协主席分别参与工商联界别讨论,参政议政工作受到市领导的高度评价。

【深化民营企业风险防范体系建设】 在原有与工商联、公安局、检察院、法院合作建立的联席会议制度、信息交流和预警通报制度、联合调研制度、投诉移送核查制度、日常联系制度等五个工作机制的基础上,市工商联进一步加强与相关部门联动,2020年共组织 9 次机关干部、工商联界别政协委员、民营企业家共同参加的涉企案件公、检、法听证会,积极维护民营企业家的合法权益。

【参与永康民营企业家节设立相关工作】 一是为营造优化营商环境,营造尊重、关爱、支持企业家的浓厚氛围,弘扬"义利并举、务实创新"永康民营企业家精神,永康市委市政府确定从 2020 年起,每年 11 月 1 日为永康企业家节。市政府、市人大出台进一步优化民营企业营商环境的系列举措,市工商联积极参与相关工作的调研,提出了 16 个方面的意见建议,工作受到市领导和有关方面高度评价。二是作为永康市民营企业家节"1+5+5"亲商、爱商系列配套活动,市工商联高标准高质量组织永康

市 2019 年度纳税双百强民营企业家到杭州体检,营造永康市委、市政府以最高礼遇,给企业家以尊重和荣耀,以最深敬意,激发和保护企业家,在全社会营造尊重、爱护、支持企业和企业家的良好营商氛围。

【大力实施"浙商青蓝接力工程"】 为认真贯彻落实《浙江省促进新生代企业家、青年创业者健康发展的意见》,针对永康民营经济"强项在工业,特色在五金,优势在民营,活力在市场,后劲在科技"的发展特色,专门聘请全市 12 位有理论、有经验的"常青藤"老一辈成功民营企业家担任导师,与民企"新生代"实行 1+X 结对培养,通过创业讲坛、政策咨询、业务指导、现身说法、定期联络等方式,为广大新生代非公经济人士创业创新提供项目论证、业务咨询和决策参考等方面的指导和帮助。

【继续做好东西部对口帮扶工作】 2020 年疫情防控期间,绝大多数非公企业遇到了较大的困难,市工商联把对口帮扶工作作为一项政治责任,千方百计动脑筋想办法,经过前期不断努力,全部完成消费扶贫任务 5 万元和东西部对口帮扶 30 万元。

(市工商联 供稿)

科学技术协会

【概　况】 2020 年,永康市科学技术协会(简称市科协)通过研究制定全市科普工作规划和计划,组织全市科技工作者开展学术交流,维护科技工作者的合法权益,表彰奖励优秀科技工作者,举荐人才。开展科学论证、咨询服务,提出政策建议促进科学技术成果的转化,接受委托承担项目评估、成果鉴定、专业技术职务资格评审等。开展民间国际科学技术交流活动,开展同国外的科学技术团体和科学技术工作者的友好交

往等活动,普及科学知识,弘扬科学精神,推广先进技术,提高全市人民的科学文化素质。截至年底,永康市共有金华市科普教育基地 15 家、金华市农村科普示范基地 13 家。

【院士专家工作站】 2020 年,永康市依托市重点骨干企业、示范性产业集群等,建设院士专家工作站,积极打造高层次创新平台。全年新建院士专家工作站 2 家(浙江顺虎铝业有限公司、浙江荣亚工贸有限公司),累计达到 12 家;柔性引进院士 6 名;累计组织专家服务 80 余人次,组织专家给企业提供"浙江制造"团体标准 4 项。市科协与浙江省农机学会的协同创新工作取得新进展。为推进永康市现代农业装备高新技术园区协同创新基地建设,举办"科创中国智汇丽州"系列活动。12 月,永康市成功举办第十七届长三角科技创新论坛农机化分论坛和第三届长三角设施农业装备一体化发展论坛等地区级论坛,来自国内外的 3 名院士以及中国农业大学、浙江大学等科研院所的 100 多名教授专家参加论坛,助力永康市农机装备产业高质量发展。

【科技竞技培训活动】 2020 年,市科协以推动青少年科技教育蓬勃开展、启迪青少年科学心智、培养青少年的创新精神和实践能力为目标,组织开展青少年科技创新系列活动。4 月,在第 34 届浙江省青少年科技创新大赛上永康再创佳绩,获得 1 个一等奖,2 个二等奖,1 个三等奖。5 月,由浙江省科协主办的 2020 年大型科普益智竞赛——"冲刺!科学+"全省首场县级预赛在永康市成功举行,这是该项比赛首次走进县级市。9 月,在全国科普日活动期间,市科协邀请中国科学院老科学家科普演讲团成员——首都师大附属中学物理高级教师王邦平到永康二中、西溪初中等 10 家中小学,作为期一周的科普报告,深受学校师生欢迎。10 月,举办永康市第 35 届青少年科技创新大赛,全市计 479 件作品参赛,选出 48 件优秀作品参加金华比赛,其中有 37 件作品获奖。

【发挥"三长"作用】 2020 年,市科协以列入浙江省"三长"作用试点工作单位的唐先镇科协、列入金华市"三长"作用试点单位的象珠卫生院和清溪初中为基础,不断提质扩面,力争探索形成新时代基层科协有效联系服务,积极举办形式多样的科普活动,发挥自身优势,全面推进科技工作进农村、进学校、进企业、进家庭,真正形成了讲科学、爱科学、学科学、用科学的良好风尚。积极吸纳青年大学生基层工作者、"土专家"、"田秀才"等进入科协工作队伍,增强基层科协的科技工作能力,提高科技工作水平,营造科学先行的良好氛围。积极开展形式多样的科普活动,举办"三下乡"科普进文化礼堂活动 11 场。

(市科协 胡菲菲)

文学艺术界联合会

【概 况】 2020 年,永康市文学艺术界联合会(简称市文联)以习近平总书记系列重要讲话精神为指引,学习贯彻党的十九大及十九届五中全会精神,紧紧围绕市委市政府中心工作,团结带领广大文艺工作者,坚持以人民为中心的活动创作导向,促进永康文艺事业繁荣发展。

【以"艺"抗疫显担当】 2020 年,面对突如其来的新型冠状肺炎疫情,市文联积极倡导文艺界鼓舞斗志提振精神,记录时代,创作出反映永康市社会各界抗击疫情、复工复产的文艺作品 1000 余件,抗疫宣传视频 3 个,"永康文艺界"公众号推送抗疫专题 19 期,部分作品在主流媒体刊载发布。指导市美协策划组织作品"艺拍"活动,共有66名会员捐赠74幅美术作品进行网上义拍,共筹得善款19.8万元,通过市红十字会捐赠。同时,出刊《方岩》特辑《春天从来不会迟到——永康市战"疫"文艺作品选编》,体现永康文艺界的担当。

【主题活动丰富多彩】 2020年,市文联发挥优势,助力新时代文明实践中心建设。新春送春联活动,春节期间组织会员积极开展新春送画送春联5000余幅,为百姓送上了新春的祝福;送戏下乡,累计演出27场,让百姓在家门口享受艺术大餐;开办"乡村小康学堂"培训班11个班次,太极拳培训班10个班次,共培训700余人;送艺术作品进文化礼堂,共送出书画作品50幅,深受百姓好评。同时,围绕中心,参与"优雅永康"城市提升创建,主动接受市委"三江六岸"公园、绿带命名工作,组织文艺骨干组成命名团队,按程序完成"三江六岸"30个公园绿带命名,并被地名委员会公布使用;宣传推广基层社会治理"龙山经验",在市委宣传部、政法委、市法院的指导下,创新性地组织各艺术门类文艺志愿者开展"龙山经验"采风宣传活动,刊发《基层社会治理永康样板——"龙山经验"采风作品选编》,在12月27日金华市委主办、永康市委承办的"龙山经验"高峰论坛上首发;积极参与市委市政府关于"推进全市文化旅游发展"的调研,对本地历史人文资源进行摸排罗列,为打造提升永康旅游文化发挥作用;助力省文明示范城市创建,组织党员干部配合丽丰社区开展"共创共建共享共赢"巡查、走访和入户调查,定时开展社区环境整治、文明劝导等活动;启动《永康文联志》编纂,梳理永康文艺界走过的足迹,记录文联成立以来的发展历程以及艺术成果;举办各类影响较大的文艺活动,如"共建水文明 共享幸福河"主题摄影比赛、"火红的九

月·青春的旋律"青年歌手大赛、"石尚风情古韵舟山"主题摄影大赛、"以艺抗疫"美术作品展、首届"应均杯"小康颂书法篆刻大展、京永两地"小康颂"联墨展、"小康颂"剪纸作品展、永康市第三届"中国农民丰收节"征文及摄影比赛、第27届全国摄影艺术巡展(永康站)暨"工业遗风"摄影作品展和建党百年红色主题征文采风活动等。持续深化文联改革,成立永康文艺志愿服务团,指导市作协筹划成立永康市网络作家协会,完成《方岩》杂志社的机构改革。

【社团活动有声有色】 2020年,市文联助力市委宣传部《永康市文化精品和文化人才奖励办法(试行)》政策出台,鼓励文艺界出精品、出人才。各文艺协会活动热情高涨,文艺创作、人才培育取得成效。

作家协会 60余篇(首)文学作品在省级及以上刊物发表;4人加入省作协,3人加入金华作协;郑骁锋的《本草春秋》出版发行;举办了3场名家讲座,与市民宗局合作进行"一庙一故事"主题创作等。

美术家协会 创作抗疫题材作品100多幅,发动60多位会员捐献70多幅作品进行"艺拍抗疫",筹得善款19.8万元用于基层抗疫;举办3场"以艺抗疫"美术作品展;1人加入中国美协,1人加入金华美协。

疫情期间,市美术家协会捐赠250台消毒液制造机(市文联提供)

书法家协会 举办5场书法作品展,完

成创建高镇村省级书法村;配合市委市政府主办"第三届中国农民丰收节",楼金辉等4人捐赠书法作品,作品拍卖所得善款11.7万元,全部捐献给贫困儿童;助力美丽乡村文化建设,向村文化礼堂赠送书法作品80余幅;30人次在省级展赛中获奖、入展或入选;叶成超当选浙江省书协理事,陈金辉入选2020年度浙江省青年艺术人才培养"新峰计划",1人加入中国书协。

摄影家协会 举办10余场摄影赛事,开展每月摄影沙龙活动;在舟山镇端岩村打造省级摄影创作基地(摄影驿站);2人加入中国摄协,3人加入省摄协;徐健儿、徐金星分获浙江省摄协先进个人和优秀志愿者称号,何赛昱获2019浙江商业摄影先进工作者称号,卢广当选浙江省摄协理事,王若邦入选2020年度浙江省青年文艺人才培养"新峰计划";17人次在国家级展赛中获奖、入展或入选,60多人次在省级展赛中获奖、入展或入选。

音乐舞蹈协会 创作20余首抗疫音乐作品;举办"胡公诗文朗诵"活动、"庆国庆"诗文朗诵会和多场晚会。

戏曲协会 排演送戏下乡演出27场。

民间文艺家协会 开展妙剪工坊剪纸培训32场,举办剪纸展览7场等。

诗词学会 举办8场国学讲座,组织会员代表市文联参加金华市"八婺颂小康"中国农民丰收节赛诗会,3人获三等奖;举办第二届"曲水流觞"诗会等。

楹联学会 第二期名师工作室开班,启动《永康对联集成》编纂工作,举办楹联讲座;胡福利当选中国楹联学会副会长,胡纪姚、王虎、胡红专当选中国楹联学会名誉理事。

油画艺术研究会 开展"抗击疫情,画笔从戎"活动,创作作品上百幅进行云展览;邀请油画艺术名家开展线上讲课;吕福

年举办"一往而深——戏曲人物国画作品展",参加"婺戏·人生"戏画脸谱作品展。

篆刻艺术研究会 用篆刻作品宣传防疫;4人在省级展赛中获奖、入展或入选。

胡公文化研究会 举办首届中国胡公文化研讨会,受到省委书记袁家军的批示肯定,金华市委书记陈龙也作批示;设立中国胡公文化研究院;《一带清风·胡公之路寻访记》首发;开展胡公故事讲座3场,举行第三届"十岁上方岩 励志敬胡公"活动等。

"两程"文化研究会 长篇历史小说《一代名儒程文德》交付出版。

收藏协会 协助省考古队进舟山螺蛳洞进行发掘考古工作,开展"黑格比"台风灾情募捐活动,帮扶受灾农户。

合唱协会 开展征集"抗击疫情·共献爱心"歌词歌曲活动,组织文艺志愿者小分队下乡下企业为工友、农友演出等。

影视文化产业协会 启动本土题材红色电影《前黄双英》的创作与拍摄,举办电视连续剧《铁血铜心》剧本研讨会,《吴绛雪》启动创作;李东当选省电影家协会理事等。

(市文联 吕伟剑)

残疾人联合会

【概 况】 2020年,永康市政务服务2.0提速增效助残"一件事",实现残疾人当场评定领证(或网上申请)零次跑,常务副省长冯飞在全省第三次"最多跑一次"改革工作例会上予以表扬;多方筹措残疾人关爱基金,开展扶残济困活动,相关工作经验在省残联福利基金工作推进会上作典型发言;疫情期间举办"空中招聘会",助农"吆喝",为盲人按摩机构、残疾人之家复工复产筹集、发放价值2.5万元防疫物资,为特殊人群和机构发放纾困帮扶补助86240元;就业审核

确认正式采用网上申报审核系统,实现企业就业确认"零次跑",省残疾人联合会党组书记、理事长蔡国春到永康调研时,对永康市残疾人联合会(简称市残联)在疫情期间所做的残疾人帮扶工作给予充分肯定;在全国助残日启动残疾人相亲活动,网络直播吸引1.82万人观看,3.19万点赞;连续7年为残疾人投保意外伤害保险,赔付176起意外事故,总计86.46万元;对141户符合改造的残疾人家庭户进行家庭无障碍改造,西城街道飞凤社区通过省级无障碍社区创建验收。通过金华第三方机构评定2家四星级残疾人之家、4家三星级残疾人之家,共庇护320人,超额完成2020年省政府十方面民生实事项目任务数。

【助残纾困疫情防控】 2020年5月,市残联联合财政局出台《关于做好助残纾困疫情防控工作的通知》文件,落实对"残疾人之家"、残疾人就业创业基地(扶贫基地)、电商孵化基地、盲人按摩机构、残疾儿童康复服务等提供补贴补助。

【对口扶贫】 2020年,市残联根据市对口办任务对扶贫协作工作进行分解,动员社会力量向理县捐赠价值41万元物资,对口帮扶175人,完成率175%,并与理县残联开展线上交流康复服务工作。

【成立留联会助残公益基金】 2020年,市残联联合市留学人员和家属联谊会成立助残公益基金,组建志愿者团队定期走访困难残疾人户给予经济帮扶。

【两项补贴】 2020年,永康市向2797名困难残疾人(包含已死亡及取消低保低边人员)共计发放生活补贴660.48万元,补助标准为每人每月255元。向8442名重度残疾人(包含已死亡人员),共计发放护理补贴2049.45万元。

【按比例安置】 2020年,市残联利用网上申报系统,对全市306家用人单位进行按比例安置残疾人就业审核确认,按比例安置残疾人就业815人。

【超比例安置奖励】 2020年,市残联通过媒体对2019年度达到残疾人就业安置比例的174家用人单位进行公示,对超比例安置残疾人就业的14家企业发放奖励资金27.36万元,鼓励和激发用人单位按比例安置残疾人就业的积极性,形成良好的社会效应。

【就业帮扶】 2020年,市残联为251名残疾人提供电商、盲人按摩等形式多样的职业技能、实用技术培训,其中新增电商创业31人。承办金华市盲人按摩师提高班培训,25人参加培训。选送3批次残疾人参加省、市残联举办的盲人按摩培训,提高残疾人的就业能力。对1054名以灵活就业(自由职业)形式缴纳职工基本养老保险的残疾人发放养老保险补助款320.23万元。

【疫情"直通车"送药上门】 疫情防控期间,市残联联合市三院为近一个月内将出现断药情况、监护人或本人年老体弱、无交通工具也无亲属可帮忙,纳入社区监管的126名重性精神残疾人送药上门,确保疫情防控期间重性精神病人能按期领药、服药,不因疫情影响用药。

【辅具适配服务】 2020年,市残联完成辅具赠送92件:其中助听器20台、下假肢安装1例、低视力助视器1例、盲人智能眼镜5台、轮椅等大额辅具41辆、小额辅具24件;膝关节置换手术7例。

【残疾儿童基本康复服务】 2020年,妇幼保健院新增孤独症、听力言语康复训练项目,进一步加大康复训练力度。联合市卫计局、市妇幼保健院对新出生疑似残疾儿童进行信息监测,了解154名持证残疾儿童和疑似残疾儿童的家庭情况,并进行政策宣传,对132名0—6周岁残疾儿童给予康复服务补助。

【社区精准康复服务】 2020 年,市残联联合市医保局、市财政局、市卫健局对门诊免费施药基本药品目录进行动态调整,把符合政策的 77 种药物及时列入。市三院为 1713 名符合条件的精神残疾人发放门诊就诊免费服用抗精神病基本药物,服务率 100%。与市医保局对接,为 7307 名重度、精神残疾人办理基本医保和大病参保。

【专门协会】 2020 年,市肢残协会承办金华市第十一次"全国肢残人活动日"暨迎"亚残运会"无障碍环境系列研讨活动,组织 30 名肢残朋友参加"梦圆上海,体验城市温度"活动;市智残精残协会组织 50 名智力、精神残疾人及其家属开展特奥主题活动,邀请专家开设新型冠状病毒防控科普专题讲座,举办小型体育竞赛。特奥日期间,指导市特教学校"停课不停学",开展线上教学并引导残疾学生保持暑期居家体育锻炼;聋人协会在国际聋人节组织开展"学法懂法""守护母亲河"系列庆祝活动;盲人协会在盲人节组织 30 多名视障人士开展"让爱照亮世界——无障碍体验"盲道健走活动。

9 月 26 日,永康市肢残人协会应上海市静安区肢协与中国狮子联会浙江代表处 S 分区(上海区域)的邀请,组织 30 名肢残朋友参加"梦圆上海,体验城市温度"活动

(市残联 劳琛琛)

关心下一代工作委员会

【概 况】 2020 年,永康市关心下一代工作委员会(简称市关工委)围绕中心,服务大局,充分发挥"六老"作用,以立德树人为根本,教育引导广大青少年从小听党话、跟党走,不断厚植爱党爱国爱家情怀;坚持党建引领,建立较完善的市、镇、村三级关工委组织;整合各方力量,强力推进特殊青少年的关爱帮扶活动;深入开展调研,进一步理清新时代永康市关心下一代工作目标任务、方法路径。市关工委主任朱寿安被评为全国关心下一代工作先进个人。

【关注青少年心理健康】 疫情防控期间,市关工委联合第三人民医院开通青少年心理咨询热线,为青少年及家长答疑解惑。深入推进家庭教育宣讲活动,通过专家讲座把现代的家庭教育理念传播到更多农村以及新永康人家庭,全年在 16 个镇(街道、区)开展 17 场次公益讲座,受益家庭上千户,讲座深受社会各界欢迎和好评。

【关爱困难青少年】 "六一"前,市关工委组织老同志到市特殊教育学校等走访慰问师生们,并为他们送上学习体育用品。7—9 月,联合民政等部门开展"福彩暖万家"系列活动,对 85 名困难中小学生和 24 名 2020 年困难大学新生发放资助金 36 万余元。9 月上旬,组织慰问 20 名新永康人优秀学子,并给每人送上了 1000 元奖学金。11 月,联合红十字会成立青少年白血病救助基金。发动爱心企业浙江亚泰电力科技有限公司向四川理县捐款 3 万元,圆满完成对口帮扶各项任务。

(市关工委 应明高)

慈善总会

【概　况】　2020年，永康市慈善总会（简称市慈善总会）紧抓决胜脱贫攻坚的工作主线，以加快推进现代化慈善事业为目标，积极作为，锐意创新，在"战疫""抗台"中扬起慈善旗帜，在增进民生福祉中彰显慈善价值。稳步推进慈善募集工作，通过开展"慈善一日捐"、打通"互联网＋慈善"高效募捐渠道，全年共募集善款611笔，总额2346.02万元，连续两年突破2000万元，名列金华市慈善总会系统前茅；扎实开展扶贫帮困工作，继续重点扶持教育事业，同时巩固提升传统项目，拓宽救助思路，新设立"公职人员关爱基金""群升青苗计划""群升特困家庭大病慈善救助""慈善大病医疗救助""耐药肺结核及结核艾滋双重感染困难患者救助基金"五大项目，全年救助支出累计1891.29万元，共1676人次、97个团体受益，连续两年救助款支出金额居金华市慈善总会系统首位；进一步加强慈善文化宣传，弘扬中华传统美德，通过公众号、慈善网络、新闻媒体刊载慈善活动、慈善先进事迹，并利用9月5日慈善日开展大型宣传活动，推送各类慈善先进典型，扩大慈善影响；市慈善总会采取资金帮扶、项目帮扶等多种举措开展东西部对口扶贫工作，连续三年每年向四川理县拨付善款20万元，接收各单位对四川理县的定向捐款，截至2020年底，共拨付354.44万元，完成对口扶贫任务，通过发动爱心企业共资助经济薄弱村10个，计73万元，"永康农商银行乡村振兴普惠金融基金"项目奖励及资助28个村计450万元。

【"战疫""抗台"奋勇当先】　面对"新冠肺炎疫情"和"黑格比"台风两大突发事件，市慈善总会全面发挥慈善组织社会资源整合与动员能力，通过发动宣传、组织协调、整合资源，共募集疫情防控捐款148.15万元，物资26.81万元，接收抗台救灾捐款及上级拨付款项共82.69万元，物资3.25万元，并通过多渠道定期公布款物收支情况，接受社会监督，确保账务公开、透明。同时，开展"关爱困难群众'暖心行动'"，向50户困难群众累计发放10万元生活补贴。对"黑格比"台风期间房屋损毁严重、基本生活难以维持的家庭实施救助，共救助178户，金额75万元。

2020年8月11日，访贫义工队受慈善总会委派，通过实地走访，完成125户受灾家庭情况调查（市慈善总会提供）

【做优做强"慈善一日捐"募集品牌】　2020年12月9日，永康市开展2020年度"慈善一日捐"活动。截至12月30日，共募集善款417.49万元。其中，西溪镇全面发动22个村和5家企业进行捐款，金额总计达15万元。教育部门共发动115个下属单位（学校），累计捐赠109万元。此外，多家爱心企业参与其中，如古山商会捐赠10万元，东街五金机械有限公司捐赠5万元，新多集团有限公司捐赠5万元等。

【开展"9·5慈善，爱满永康"宣传活动】　2020年9月5日是第五个"中华慈善日"，市慈善总会在三江广场、芝英镇举办主题为"9·5慈善，爱满永康"宣传活动。活动现场慈善义工为市民发放 2000 余份宣传册和纪念品,并耐心讲解总会救助项目和捐款渠道,带领广大市民了解慈善,走进慈善,参与慈善。几小时内募集 100 多笔善款,金额 1 万余元。此外,活动现场还吸引许多年轻人加入慈善义工队伍,壮大全市慈善力量。

(市慈善总会 供稿)

红十字会

【概 况】 2020 年,永康市红十字会(简称市红十字会)圆满承办全省红十字基层组织系统现场会,获省领导一致好评,应急救援队参加全省红十字工作会议并作典型发言。圆满完成永康市新冠肺炎疫情期间的捐赠款物工作,累计接受捐赠款物 1664.26 万元,支出 1632.80 万元,支出率 98%;抗台救灾期间累计接收捐赠款物 1374.79 万元,支出 972.88 万元,支出率约 71%,组织应急救援队有序完成学校、企业、社区的防疫消毒 120 次,累计 200 万平方米。

【扩展人道救助品牌项目】 2020 年,市红十字会在继续开展好"红十字博爱送万家""粉红丝带乳腺癌患者救助基金""新永康人特殊患者救助基金","艾滋病患者困难救助基金""凌志医疗救助基金""关心下一代救助基金"等系列公益救助品牌基础上,推进"青少年白血病救助基金"建立。市红十字会连续 3 年开展"对口支援理县"活动,

面向对口帮扶困难户、低保家庭等弱势群体开展人道救助工作,投入慰问款物 15 万元。上半年特殊医疗补助 413 人,救助金额 32 万元;"艾滋病患者困难救助基金"救助 22 人,救助金额 3.6 万元;"粉红丝带乳腺癌患者救助基金"救助 14 人,救助金额 4.6 万元;"凌志医疗救助基金"救助 19 人,救助金额 3.45 万元;"关心下一代救助基金"支出 8.70 万元。

【落实应急救护培训工作】 2020 年,市红十字会联合各责任职能部门深入开展应急救护培训"六进"活动,在机关、学校、企业等人员密集场所及重点行业、重点领域中开展应急救护培训工作,持续提高救护知识和救护技能的普及率。开发提升"红会通"App 在线救护培训功能,改革现有救护培训模式和做法,增强群众方便感和实用感。全市新增 AED 自动除颤仪 15 台,完成初级救护员培训 940 名以上,普及救护培训人数 10000 名以上。全年进文化礼堂 64 场。

【实施"两捐"工程】 2020 年,市红十字会建立完善器官捐献与造血干细胞捐献志愿者队伍规范化运行机制,加大宣传力度,普及捐献常识,动员更多社会力量参与。年内完成造血干细胞采样入库数量 91 例。遗体捐献 3 例,加强与医疗单位的沟通协调,做好对捐献者及其家属的人文关怀,对器官捐献者家属和造血干细胞捐献者的慰问工作。

(市红十字会 供稿)

社会管理

机构编制

【概　况】　根据中央、省、市的统一部署，中共永康市委机构编制委员会办公室（简称市委编办）统筹谋划、严密组织，着眼优化全市事业单位结构布局，全面完成事业单位清理规范整合工作，确保疫情防控和事业单位改革"两手抓、两手硬"。4月30日，完成全市150家事业单位"机构编制规定"的制定，全面完成永康市事业单位改革工作任务。全市256家事业单位共精减106家，收回空编65名。市场监管、生态环保、交通、农业、文化五大领域综合行政执法队的"三定"规定印发后，进行执法队锁定人员审核确认工作，以市深化机构改革协调小组办公室名义印发人员锁定名单，锁定人员及时予以调整划转，完成永康市五大领域综合行政执法队人员整合调整工作，综合行政执法体制改革走在全省前列。根据五大领域综合执法改革精神，对经省政府批准由市综合行政执法局集中行使的涉及商务、价格、体育、渔政等4个方面共47项法律、法规、规章规定的部分处罚权及相关行政监督检查、行政强制职权，组织各相关部门进行梳理确认，起草职权划转通告，由市政府名义发文。10月底，根据省关于综合执法"统一目录"，配合综合执法局做好执法事项划转事宜。

【机构编制资源管理】　认真贯彻落实中央、省、市关于严格控制机构编制的规定，守牢两条"红线"。围绕市委、市政府中心工作，用编计划审核向基层人才培养倾斜，向服务经济发展、保障民生事业的部门单位倾斜。2020年审核同意公务员（参公）用编计划146名；事业人员用编计划1003名，其中卫生系统用编计划261名，教育系统用编计划509名。规范做好实名制用编计划申报、人员出入编办理及职务变动等日常工作，审核办理1690条人员出入编。严格按照《永康市机关事业单位编外用工管理暂行办法》做好永康市机关事业单位编外用工管理工作。做好编外用工使用计划的审核工作，审核同意编外用工名额使用计划1202名；做好编外用工的机构编制实名制数据库管理，共审核办理1125条人员出入信息；做好党政机构改革和事业单位改革后25个机关事业单位编外用工使用名额确定工作；做好邮政管理局、公积金中心、应急管理局等部分单位及镇（街道、区）编外用工的调研及调整工作。

【事业单位法人登记】　根据《事业单位登记管理暂行条例》和省编办、金华市编办有关文件精神，认真做好登记、变更、注销及有关公示工作。全市已登记事业单位239家，2020年度新设立登记20家，变更登记164家，注销登记37家。做好2018年度事业单位法人年度报告公示工作，此次需进行年度报告公示的事业单位共计239家，已公示239家，合格率为100%。全面落实上级将"最多跑一次"改革向机关内部推进的工作要求，实现统一社会信用代码全程网上办理"一次不用跑"。

（市委编办　供稿）

人事管理

■ 企事业人员管理

【概　况】　2020年，永康市开展部分事业单位公开招聘考试。市教育系统计划招聘68名中小学教师，1141人报名，经笔试、面试、体检及考察公示后，共招聘65人到教育局下属学校工作。市卫生系统计划招聘145名医学卫生类人员（其中校园招聘52名），529人报名，经笔试、体检及考察公示后，共招聘87人（其中校园招聘13名，定向2名）到卫健局下所属单位工作。

【事业单位岗位聘用】　截至2020年底，全市应设事业单位总数290个（参公事业单位已全部核对剔除），已核准单位总数168个；全市应设岗位总数13329个，已核准岗位10679个，完成率达80.1%。办理职称资格聘用、各类岗位转换聘用、各类等级变动转正定级共2345人，其中等级变动1754人（含转正定级281人），调动入岗538人，转岗33人，出岗20人；办理事业单位新招聘及人才引进人员入岗共311人，其中新招录人员123人，人才引进188人。

（市人力社保局　徐萧潇　屠茵琳）

■ 人才开发

【概　况】　2020年，永康市人力资源和社会保障局（简称市人力社保局）果断行动，开通"返岗直通车"应对疫情引发的用工难问题，开展专业技术人才培养与博士后工作站工作，全力打造永康市人力资源产业园，壮大人才队伍，提升永康市人力资源队伍整体水平，以丰富的人才活动充分发挥人才作用，完成人才工作任务。

【返岗直通车】　复工复产初期，在全省推出镇雄—永康"返岗直通车"，有序组织585辆"返岗直通车"和7列"返岗高铁专列"，为91家企业办理"自主包车"通行接洽函125个批次，实现15万余名新老员工返岗，拨付包车费用达1072万余元，获《人民日报》、央视、新华社等主流媒体报道，受到省委书记车俊、省长袁家军的点赞关注。

【首届永康市工程师大会】　12月18日，召开首届永康市工程师大会，邀请200多名工程师代表参加。大会上，成立工程师协会、工程师学院，开展工程师圆桌论坛，与浙大工程师学院和深圳市工程师联合会签约，开展项目合作。同时成立工程师智库，成员135名，根据永康市主要产业结构分为机械、智能制造、材料科学和工业设计4个专业。

【博士后工作站建设】　2020年新增博士后工作站2家（明珠建设集团有限公司和浙江千禧龙纤特种纤维股份有限公司）。累计设站9家，其中国家级工作站1家、省级工作站8家。

【扩充人才储备】　组织6家企业专门前往云南镇雄现场引才500多人，搭建黔陕豫甘人力资源机构合作机制。开展小型露天人力资源市场招聘活动，日均入场设点招聘企业50余家、人力资源服务机构11家，求职人员3500余名。加大企事业单位人才引进力度，年度引进197人，其中硕士59人、副高以上职称10人。加大高层次人才培养力度，年度新增高级职称数250人。

■ 职称技能鉴定

【概　况】　2020年重新核准初评委11个，开展职称评审线上申报工作，共召开评审会议4次，评审通过高级217人、中级268

人、初级 61 人；初定专业技术职称 272 人，其中中级 17 人。

【职称申报零次跑】 2020 年，落实浙江省专业技术资格申报与评审平台试点工作，全面推广"浙江省专业技术职务任职资格申报与评审管理服务平台"，实现职称申报、评审全程线上完成，实行一站式全方位服务，推动人才职称评审"零次跑"。进一步推行职称证书电子化，已生成录入职称电子证书 1000 多本。上门开展"三服务"工作，走访 50 多家企业，现场受理职称初定 54 人。

【事业单位职称自主评聘】 2020 年，持续深化职称自主评聘改革制度，教育系统高中段学校（永康一中、二中、六中）均施行自主评聘制度，自主评聘通过 54 人。卫生系统在三大医共体单位中分别开展自主评聘工作，2020 年评审通过高级职称 87 人。

（市人力社保局　胡玲婵）

劳动管理

■ 就业培训

【概　况】 2020 年，永康市全年共培养初级工 2492 人、中级工 2409 人、高级工 1703 人、技师 188 人、专项职业能力 3415 人，使用专项资金 3658.5318 万元。永康市职技校和安胜科技、正阳股份、三锋实业三家企业完成企业职业技能等级认定试点备案工作。

【创建技能大师工作室】 创建 10 家永康市技能大师工作室，涵盖剪纸、竹编等传统手工艺以及钳工、汽修等五金产业。

【举办系列专项技能竞赛】 陆续举办 14 场系列专项职业技能竞赛，涵盖模具工、电工、钳工、焊工、车工、汽车维修工、美容、中式烹调、中式面点、育婴员、保安员、茶艺师、劳动关系协调员、安全评价师等 14 个工种，报名参赛人数 2500 余人，1700 余人通过竞赛破格获评技师和高级工职业资格，永康市职业技能竞赛活动中竞赛工种、参赛人数、获评高技能人才数再创新高。举办首届"永武缙五金工匠"技能大比武，来自永康、缙云、武义三地的 150 名选手，分别参加焊工、装配钳工、电工、数控车工、模具工等 5 个竞赛项目，结合"世赛冠军永康行"活动，取得良好社会效益。

6 月 9 日，模具行业第三届职工技能大赛暨首届"永武缙五金工匠"技能大比武首场选拔赛在市会展中心举行（《永康日报》提供）

【选拔培养优秀技能人才】 有 109 名一线技能工人通过市级技师直评获得技师资格；通过选拔推送，2 人获评金华市"首席技师"；30 人获评金华市"技能之星"。

【稳就业】 为做好疫情期间的企业职工技能培训工作，支持企业复工复产，对组织员工通过在岗实践提升技能开展"以工代训"活动的企业给予补贴，全市共 4973 家企业开展"以工代训"活动，培训员工 41844 名，发放培训补贴 2092.2 万元。

■ 劳动监察

【概　况】 2020 年，全市直接立案受理各类案件 15 起，按时办结 15 起，按时结案率

100%，其中涉及使用童工 11 起，清退童工 13 人，罚款金额 11.5 万元；为劳动者追回工资及各项待遇共计 57.01 万元，涉及职工 115 人；发放法律法规宣传资料 8000 多份，主动巡查用人单位 610 家；推进"互联网＋监管"工作，实施双随机检查任务 6 次，共抽查企业 108 家；积极推进"工资支付监管平台"工作和"劳动纠纷治理一体化经办平台"工作；督促做好书面审查工作。

【治欠专项行动】 开展"农民工工资支付情况专项检查"、"清理整顿人力资源市场秩序专项行动"、"三减三增三服务"、"双进双服务"活动、"用人单位书面审查"、宣传学习《保障农民工工资支付条例》活动、"整治非法使用童工专项检查"、"夏季根治欠薪专项检查"等专项检查行动。

（市人力社保局　胡明职　夏剑锋）

■ 劳动仲裁

【概　况】 2020 年市人力社保局人事争议仲裁院立案处理劳动人事争议案件 790 起，结案率为 100%，调解及撤诉 713 起，裁决结案 77 起，其中一裁终局 40 起，仲裁终结率为 95.6%，为劳动者和用人单位挽回经济损失 1945.31 万元。通过网络处理仲裁案件 266 起，网络办案率为 34.5%。

【联调中心案件处理】 2020 年度联调中心及分中心共调解劳动争议案件 2041 起，为劳动者和用人单位挽回经济损失 4070 余万元，调解成功率为 97.1%。

【深化立案调解"5＋3"模式】 由永康市劳动人事争议仲裁院牵头，联合工会、法援、律师、劳动监察等 5 大部门共同参与联合调处中心工作，构建基层调解、联合调解、案前调解 3 种调解模式，打造多方矛盾化解新格局。一是以源头化解为宗旨，全力推进基层调解高效化。二是以高效处理为前提，协作推进联合调解有序化。三是以解决纠纷为目标，积极推进案前调解常态化。

【"1＋1＋1"服务基层模式】 永康市劳动人事仲裁院按照"仲裁员＋律师＋调解员"的"1＋1＋1"模式，组建 4 支服务小队深入基层企业一线，加强劳动纠纷源头化解，保障企业发展生产。各服务小队配备 1 名专职仲裁员、1 名专业律师、1 名调解员，多元搭配、同步出动、分片走访，覆盖全市 17 个镇（街道、区）调解中心、派出庭。

【因地制宜树立特色调解品牌】 在镇（街道、区）完成建设"1＋X"劳动纠纷多元化解机制的基础上，仲裁院继续将劳动纠纷的调处工作向下延伸，2020 年，选取总部中心作为特色示范点，打造矛盾不出企 CBD 调解品牌。市仲裁委在总部中心组建"多功能集聚、多元化共治"的总部区域劳动争议调解中心，并于 10 月 16 日建立仲裁巡回庭，实现劳动纠纷一站式化解，市仲裁委分片联系仲裁员、调解员以及书记员下沉总部中心指导调解与开庭，同时联合多部门建立法官工作室、律师工作室、老胡警调岗、心理咨询室等多个部门调解工作室，联合调处区域内发生的各类矛盾纠纷。实现劳动纠纷基本上在区域内部得到化解。2020 年，总部中心一共接待接访案件 296 件，经过审查受理 270 件。已调解案件 270 件，调解成功 269 件。其中劳资纠纷 258 件，调解成功 257 件，基本实现劳动纠纷案件零上交。

【加强调解仲裁队伍建设】 扩大兼职仲裁员队伍。经过各相关部门的反复沟通，2020 年确定聘任第二批兼职仲裁员，共 16 人，分别来自编办、法院、公安、卫健、司法、工会等部门，于 8 月 5 日举行兼职仲裁员聘任宣誓仪式。2020 年兼职仲裁员总人数达到 26 人，在调解及缓解案多人少矛盾中发挥重要作用。开展调解员培训。8 月底，开展乡镇调解员培训，并对新聘任的调解员开展聘用考试，考试合格后予以发放调解员证，本次新聘用调解员 19 人，聘用期限到期续聘换证 28 人。

（市人力社保局　吴华锋　王学智）

社会保障

■ 失业保险

【概　况】　2020 年，永康市失业保险参保人数 118315 人，登记失业率 1.74%。失业保险基金全年收入 6136.22 万元，全年支出 12127.81 万元，基金累计结余 15209.99 万元；劳动力市场全年收入 0.04 万元，支出 3.89 万元，未分配利润 0.03 万元。

【就业扶持】　2020 年，共完成就业困难人员认定 436 人，为 887 人办理就业困难人员灵活就业社保补贴，共发放补贴 426.78 万元；为 71 家企业办理吸纳就业困难人员社保补贴名单，共发放补贴 67.5 万元；农村公益性岗位补贴审核发放 15.3 万元，合计补贴 32 人；发放技能提升补贴 127 人，共计 14 万元；发放创业担保贷款贴息 93.85 万元，惠及 56 人。给永康市 551 家企业发放企业稳岗补贴，共计 516.5 万元；对永康市受疫情影响且符合政策要求的 7067 家参保企业，返还一个月社会保险费，共计 8115.94 万元；发放失业保险金 9617 人次，共计 1385 万余元；累计发放失业补助金 5165 人次，共计 346 万元。依托永康市工业强市特点，加强东西部劳务协作及对口帮扶，并利用在永康市务工人员的宣传带动效应，号召对口帮扶省市建档立卡贫困人员前来永康市转移就业。截至 2020 年底，对口帮扶 22 个省的 24763 名建档立卡

贫困人员到永康市稳定就业，帮助四川省到永康市新增就业 451 人，帮助四川省新增到当地就业 228 人，帮助四川省新增到当地就近就业 64 人。推动创业孵化基地"增量扩容提质"，优化创业环境，促进就业，为通过认定的创业孵化基地或企业提供资金支持，发放创业孵化补贴 30 万余元，新增 3 家金华市级创业孵化基地。

（市人力社保局　方德伟　吕思锦）

■ 养老保险、工伤保险

【概　况】　全市基本养老保险参保人数 28.19 万，比上年增加 2.05 万，参保率为 97.18%；工伤保险参保人数 25.44 万，比上年增加 2.18 万；被征地农民基本生活保障参保人数 4.64 万，比上年减少 4.69 万。

【社会保险经办管理】　探索推行"机器换窗、人机联办"模式，设置自助服务终端机 6 台，电脑 4 台，开通"自助＋一对一"服务，服务窗口从 12 个减少到 6 个，大厅咨询工作人员由 1 人增加到 4 人，自助办理分担 80% 以上的大厅业务量。加强"五办便民、零跑直享"，开展工伤、退休、身后、机关事业单位等 4 个"一件事"改革，完成服务事项"网上办""掌上办"；民生事项"一证通办"；社保事项"社银合作"任务实现率 100%。根据人社部关于阶段性减免企业社会保险费政策，永康社保中心同多部门数据共享，建立"人社＋税务"申报系统用人单位减免类型模式，为企业省下"真金白银"，促进资金"活水回流"。截至 2020 年 12 月底，社会保险（含养老保险、工伤保险、失业保险）三费减免额总计达 6.21 亿元，完成年度计划 132.88%，完成率位居金华前列。有效缓解企业资金周转压力，积极助力企业稳岗就业、复工复产、渡过难关。大力推行"网上办、自助办"等经办服务，开辟疫情防控一线

人员工伤申报"绿色通道",最大限度满足企业和百姓的办事需求。

（市人力社保局　方　钦）

■ 基本医疗保险

【概　况】　2020年,永康市基本医疗保险参保63.1万人,户籍人口参保率达到99.98%;大病保险选缴率达94.15%,两项征缴工作均位居金华第一。职工基本医疗保险参保18.23万人,其中在职15.60万人,退休2.63万人。基金收入7.05亿元,基金支出5.80亿元,其中统筹基金支付3.33亿元（含生育保险）,个人账户支付2.47亿元;基金累计结存9.26亿元,其中统筹基金3.76亿元,个人账户5.50亿元。生育保险参保10.97万人,基金支出5127.59万元。公务员补助基金累计结余2.36亿元。城乡居民基本医疗保险参保44.87万人,缴费分为二档、三档两个档次,二档缴费标准为2200元/人,其中个人缴纳1630元/人,财政补助570元/人;三档缴费标准为1460元/人,其中个人缴纳560元/人,财政补助900元/人。城乡居民基本医疗保险基金收入6.83亿元,基金支出7.06亿元,基金累计结余3.80亿元。

【医保制度建设】　规范和完善基本医疗保险定点医疗机构管理工作,规范医疗行为,保障医疗质量,控制不合理医疗费用,提高定点医疗机构基本医疗保险服务协议履约能力,制定出台《永康市基本医疗保险定点医疗机构年度考核管理办法》。完善医疗救助政策,落实医疗救助"两个100%"工作,永康市医疗保障局（简称市医保局）、财政局、民政局联合下发《关于进一步加强医疗救助工作的实施意见》。按照"腾空间、控总量、调结构"原则,通过降低药品、大型仪器检查价格,取消耗材加成,腾出空间

2196.64万元,对综合医疗服务、住院手术服务等822个医疗服务项目进行价格调整,弥补率达到99.83%,并下发《关于调整永康市公立医院部分医疗服务价格有关事项的通知》。聚力新冠肺炎疫情防控,按照国家"两个确保"的要求,对医保定点医疗机构预拨住院报销费用6820万元,同时拨付500万元专项经费用于新型冠状病毒感染肺炎患者医疗费用。为推动企业复工复产,减轻企业负担,减半征收2月至6月份基本医保的单位缴费,为全市企业减负6393万元。推进国家、省、市药品带量采购,超额完成约定采购量,减少全市群众药品费用支出7300万元。

【医保支付改革】　深化医保支付方式改革,门诊费用实行在总额预算下按人头包干结合"APG点数法"付费改革,出台《金华市基本医疗保险门诊付费办法（试行）》。完善病组（DRGs）点数法住院付费方式改革,出台《关于部分医疗机构按日均床日付费管理方案》。

【医保基金监管】　出台《永康市医保定点医疗机构"四色预警"管理办法》《关于印发县域间意外伤害调查结果互认实施细则的通知》等文件。按照融合创新、协同发展原则,组建永康、武义基金监管"双城领跑"联盟,建立机制同建、人员共用、结果互认、基金共管的跨地协作监管体系,签订《永康市医疗保障局　武义县医疗保障局基金监管"双城领跑"战略合作协议》,"双城领跑"基金监管工作模式入选浙江省委改革办《竞跑者》。全面推进打击欺诈骗保专项治理工作,共开展5次双随机抽查,1次专项检查,12次日常检查,检查各类医疗机构122家,现场检查率达100%,发放稽核通报2份,拒付（追回）医保基金305.19万元,"意外伤害""驻院巡查""自查自纠"等基金监管项目共节约医保基金支出约2700万元,有效维护

基金安全。

（市医保局　供稿）

民政事务

■ 社会救助

【概　况】　截至 2020 年底，永康市在册低保对象 3054 户 3691 人、低保边缘对象 383 户 668 人，全年共发放低保金 2689 万元；困境儿童 97 人，补助金额 127 万元；机构养育孤儿 12 人，补助金额 36 万元；特困人数 199 人，发放金额 396 万元；临时救助 612 户，救助金额（含临时备用金）149 万元；困难群众物价补贴发放涉及 82283 人次，金额 638 万元；特惠型消费券发放涉及 6049 人，金额 60.49 万元。

【落实低保标准动态调整机制、困难群众物价补贴机制】　2020 年 1 月，永康市低保标准从原来的 730 元/月提高到 750 元/月，9 月，再次调整提高到 850 元/月。特困人员救助供养标准从原来的 1182 元/月提高到 1493 元/月。

【"救急难"更加突出】　2020 年，永康市民政局（简称市民政局）针对遭遇突发事件、意外伤害、重大疾病以及其他特殊原因导致基本生活陷入困境的家庭和个人，及时给予临时救助。针对"黑格比"台风灾情，及时对受灾困难群众进行全面大排查，并根据具体情况进行分类救助，共救助受灾群众 79 户，救助金共 11.5 万元；重点场所 15 个，救助金共 24 万元。充分发挥临时救助制度的托底功能，防止灾祸致贫、灾祸返贫。首次将临时救助小额审批、资金发放权限下放到镇（街道、区），进一步提高临时救助时效性。

【救助力求做到无盲区】　制作《兜底保障助力扶贫——永康市民政局致广大市民的一封信》《低保低边家庭认定业务流程图》《低保低边认定标准（部分条款）》宣传画，通过永康电视台、电台、《永康人》工作微信群等方式广泛宣传，提高困难群众政策知晓率，确保 2020 年完成社会兜底保障扶贫攻坚任务。

【儿童救助有实效】　2020 年 10 月，市民政局出台《永康市全面推进儿童之家建设的通知》，全面落实示范型、基础型儿童之家建设；通过向专业社会组织购买服务的形式开展工作，由社会组织提供家庭探访、监护评估、政策宣传、热线运行、儿童自护知识宣教等关爱保护服务内容；开展儿童服务对象及机构服务情况摸排、民政在册困境儿童全面走访、儿童工作队伍培训等工作；孤儿、事实无人抚养儿童基本生活费按规定足额发放到位。

【扶贫攻坚更给力】　2020 年，市民政局积极配合扶贫办针对年人均收入 9000 元以下的困难农户以及未实现"两不愁、三保障"低收入农户开展大排查和兜底保障工作，配合扶贫办对"年收入 9000 以下低收入农户"第一时间受理社会救助业务，通过入户调查、邻里访问、信息核查、信函索证等方式完成申请人的家庭人口、收入和财产状况的核对，出具审核意见，确保低保救助应保尽保。

■ 社会福利

【概　况】　截至 2020 年底，全市有养老机构床位 5052 张，护理型床位 2626 张，实现每千名老年人拥有机构床位数 40 张，护理型床位占机构床位 51％的目标。完成丽州家园康养联合体试点建设。建立健全养老机构安全防范机制，开展安全排查 20 余次。

开展养老护理人员培训 520 人次。完成东城、西城、江南、经济开发区、城西新区、舟山、前仓、西溪、方岩共 9 家乡镇示范型居家养老服务中心建设,提前 2 年实现乡镇示范型居家养老服务中心全覆盖;完成 80 户困难老人家庭适老化改造。

【聚焦抗疫抗台】 2020 年,市民政局积极参与"黑格比"抗台救灾及灾后重建工作。第一时间组织全局干部和社会力量参与重点地区、重点场所救援工作,6 支救援队抢救物资 23 批,转移人员 3728 人,全市收到抗台捐赠款物 1396 万元。及时启动关爱帮扶行动,救助受灾低保低边对象 79 户,发放临时救助金 11.5 万元;救助受灾居家养老服务中心、照料中心及养老机构等重点场所 15 个,拨付救助金 24 万元。

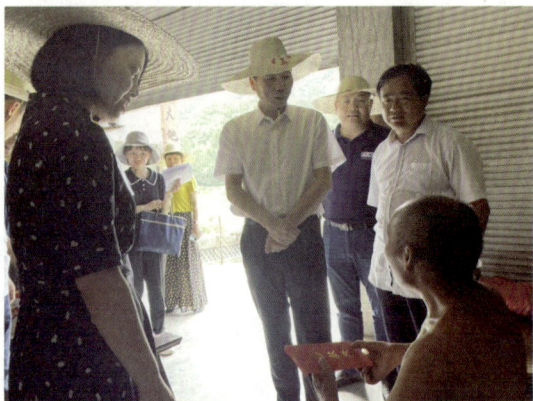

2020 年 8 月 7 日,"黑格比"台风受灾困难群众家中,浙江省民政厅副厅长方仁表、永康市民政局局长陈洁丽正在进行慰问(市民政局提供)

■ 社区建设和基层政权

【概　况】 2020 年,永康市辖 16 个镇(街道、区),402 个行政村,23 个城市社区(5 个委托管理),户籍人口 61.5 万人。年内完成城乡社区治理"十百千"评选活动,开展疫情防控"四色预警"工作的主要做法先进经验 1 例;"党建+引领"垃圾分类端头模式典

型案例 1 例;7 名同志入选省千名抗疫人物英雄谱。

【做好行政村规模调整后新村融合"后半篇文章"】 永康市于 2018 年 8 月开展行政村规模调整,2019 年 1 月基本完成,行政村数量从 710 个减少到 402 个,调减率 43.4%,村均人口由 638 人扩大到 1128 人。为有效破解新村融合中出现的各类突出问题,全市上下树立"一盘棋"思想,主动思考新村"三资"融合、规划编制、产业发展、项目推进、村级治理等工作,截至 2020 年 6 月底,完成全市 402 个行政村村规民约修编工作,充分发挥村规民约在乡村治理中的积极作用。

【深入推进农村社区建设工作】 按照"产业兴旺、生态宜居、乡风文明、治理有效、生活富裕"总要求,大力实施乡村振兴战略。2020 年 6 月,完成东城街道下店午村、舟山镇舟山二村 2 个省级引领型农村社区,经济开发区黄城里村等 14 个市级完善型农村社区创建申报工作。

【组织开展"社区万能章"专项整治工作】 严格以《省直单位涉村(社区)机构挂牌、考核评比、创建达标等事项清理整改工作实施方案》和《关于建立涉村(社区)工作事项清单制度的通知》为依据,坚持清单之外无事项、只减不增,持续推进"基层减负 20 条"的落实,巩固"三多"清理成果,以"培育引导社会组织参与社区治理"为方向,开展社区服务社会化工作,减轻工作负担,切实提升村(社区)服务水平。

【做好新一届村(社区)组织换届选举工作】 2020 年 9 月底,永康市试点花街镇 26 个村"一肩挑"人选都一次性选举成功,村书记、主任"一肩挑"比例 100%。10 月 12 日,永康市村社组织换届全面铺开,11 月初,永康市全面进入村(居)民委员会换届阶段,11 月 28 日,永康市进入村(居)委会投票阶段,

12月5日,永康市全面完成村(居)民委员会选举。402个行政村和18个城市社区平均参选率98.5%,共产生420名主任(其中女性54人,村书记、主任"一肩挑"410名,一肩挑率97.6%)、397名副主任(其中女性26人)、1965名委员(其中女性495人),村委会班子成员平均得票率78.4%,主任平均得票率82.2%。

■ 婚姻登记

【概　况】　截至2020年底,永康市共办理结婚登记3034对、补办154对;离婚登记1312对、补领结婚证541对、补领离婚证95人次,正确率100%。

【深化"放管服"改革】　为推进基本公共服务均等化,根据《国务院关于同意在浙江省暂时调整实施有关行政法规规定的批复》,2020年10月起,开展省内内地居民婚姻登记全省通办业务。男女一方或双方常住户口所在地在浙江省的内地居民,即可在全省自主选择内地居民婚姻登记机关申请办理。截至2020年底,永康市办理跨区域案件13宗。

【完成国家3A级婚姻登记机关场所建设】　为贯彻落实省委省政府《关于推进新时代民政事业高质量发展的意见》,加快完成"全省婚姻登记机关场地建设全部达到国家3A级标准"任务,持续提升婚姻登记工作水平和服务能力,按照民政部《婚姻登记机关等级评定标准》(MZ/T024—2011)和《浙江省婚姻登记工作规范》具体要求,完成婚姻登记机关规范化、标准化建设,深化婚姻家庭辅导教育,加强婚姻文化建设,不断增强广大群众的幸福感和获得感。

【深化婚姻辅导】　通过公益创投、政府购买服务等形式引入第三方专业服务机构永康市心理咨询师协会入驻。每个工作日有4名调解师"坐诊"婚姻家庭辅导室,将社会工作价值观和专业手法引入调解中,帮助当事人减少家庭纠纷,促进家庭和谐。从婚姻家庭辅导室调解,到针对求助者的工作坊、讲座,求助者微信群系列微课,疫情期间心理热线等等,该婚姻家庭辅导服务逐渐形成了一个系统性项目,不断完善成熟。2020年,共调解512对,调解成功230对。

■ 殡葬管理

【概　况】　2015年,永康市推行以骨灰堂建设为主的节地生态殡葬改革,出台《关于进一步深化殡葬改革全面推行生态葬法的实施意见》,以奖代补,鼓励镇(街道、区)、行政村根据自身实际联建或单建骨灰堂,取得卓越成绩。相关经验做法走在全国前列,先后被《新华社内参》《经济参考报》《中国民政》《浙江省领导专供》《浙江日报》《浙江民政》等主流媒体报道,获省委常委、统战部部长(原副省长)熊建平,省民政厅厅长王剑候等多位领导批示肯定。2020年,共接待30多个来自省内外的参观考察团来永考察学习殡葬改革骨灰堂建设先进经验。全市累计下拨奖补资金近2亿元,建成镇(街道、区)级联建骨灰堂7个,生态公墓1个(覆盖302个行政村),村级骨灰堂286个,累计安放骨灰(含坟墓迁移)8500多具,覆盖率达95%,节约土地近万平方米,帮助群众减少丧葬费用支出上亿元,有效解决未来30年至50年骨灰安放问题。

■ 地名管理

2020 年地名命名、更名一览表

序号	标准名称	类型	占地面积/平方米	建筑面积/平方米	地理位置
1	金溢大厦	楼宇	/	45579.39	总部中心
2	天宸尚品	住宅区	51575	183576	东至皇城南路,南至锦绣佳园,西至金温铁路,北至金山西路
3	南山木语	住宅区	32510	99766	东至峰箬村,西至前郎村,南至岭头、青塘岸头以北,北至前郎村农田
4	上和府	住宅区	148950	345000	东至皇城南路,南至长城西大道,西至园溪路,北至梅城路
5	桂语云溪	住宅区	48333	177493	东至桂语听澜,南至金都路,西至老金温线,北至天辰尚品
6	文庭雅苑	住宅区	7600	25372.02	东至东塔路,南至卫星路,西至住宅区,北至烟草公司
7	悦江雅居	住宅区	1822.92	32582.35	东至灵溪,南至农房,西至农房,北至滨河南路
8	东溪西路	道路	/	/	起于烈马大道六岔路口,止于上坛村
9	金马东路	道路	/	/	起于金马路以东南溪沿,止于白水堰村
10	金田路	道路	/	/	起于王溪田村农田,止于金溪路
11	金溪路	道路	/	/	起于柳溪路,止于王溪田村村庄
12	柳溪路	道路	/	/	起于王溪田村农田,止于柳墅村环村路

■ 社会组织

【概　况】　截至 2020 年底,永康市有社会组织 932 个,其中社会团体 194 个,民办非企业单位 738 个。阳光爱心义工协会入选省级品牌社会组织,徐美儿(永康市阳光爱心义工协会)、舒智盛(永康市模具行业协会)、盛一原(永康市锡雕馆)入选省级社会组织领军人物。

【强化社会组织登记监管】　2020 年,市民政局加大执法检查力度,以查促改。全面应用"互联网＋监管"执法平台,随机抽取 39 家社会组织,对组织内部治理、财务状况、信息公开、业务活动等进行深入检查;全面完成 38 家行业协会商会脱钩和收费行为自查工作,未发现违规涉企收费情况。同时善用信用监管手段,完善社会组织信用体系。借助社会组织审批系统信用信息共享功能,及时清理社会组织中失信人员;将 21 家未按时参加年检的社会组织列入活动异常名录。深入推进社会组织评估工作,健全评估指标体系,发挥评估的导向、激励和约束作用,7 家社会组织申请评估,1 家获评 5A,4 家获评 4A,1 家获评 3A,1 家获评 1A。

【加大对社会组织的扶持力度】　2020 年,市民政局联合宣传部、团市委等部门举办首届"志汇永康·文明丽州"志愿服务项目大赛暨公益创投活动,吸引 13 家企事业单位 24 个项目参赛,共评选出 3 个金奖、4 个银奖、8 个铜奖。出台《2020 年度公益创投和慈善事业发展资金项目资助办法》,对照办法确定 2020 年度 8 个公益创投项目,6 个慈善类发展项目扶持名单,给予政府资金支持 76 万元。

(市民政局　供稿)

■ 退役军人事务

【概　况】　2020 年,永康市为 349 名重点优抚对象(不含享受城镇职工基本医疗人员)缴纳基本医疗保险(二档支出)56.89 万元,标准为 1630 元/人,发放门诊包干费用 76.34 万元、住院医疗补助 110.72 万元;1—6 级残疾军人大病保险支出 1.71 万元,城镇职工基本医疗保险支出 7.35 万元,医疗包干 3.78 万元。各项合计支出 256.79 万元。义务兵家属优待金标准为每户 28272 元,其中:进藏服役的按照普通兵家庭优待金标准的 2 倍发放,赴新疆等艰苦地区三类区以上特类岛屿部队服役的按照普通兵家庭优待金的 1.5 倍发放,应征入伍服义务兵役的大学生按照普通兵家庭优待金标准的 1.2 倍发放,全年发放优待金共计 1545.63 万元;农村义务兵父母免费健康体检 630 人,支出 34.84 万元。2020 年,方岩镇后山头村程跃辉、西溪镇棠溪村陈慧青分别荣立二等功一次,发放立功受奖奖金 1 万元。

【走访慰问】　2020 年"八一"建军节和春节,永康市退役军人事务局(简称市退役军人事务局)走访慰问 60 周岁以上农村籍退役士兵 6401 人次,按照春节 300 元/人、"八一"200 元/人标准发放慰问金 167.3 万元;走访慰问重点优抚对象 1316 人次,按照春节 500 元/人、"八一"500 元/人标准发放慰问金 65.8 万元。"八一"建军节期间救济困难退役军人及其他优抚对象 24 人,计 1.2 万元,春节期间救济困难退役军人及其他优抚对象 347 人,计 34.9 万元。

【优抚对象生活补助】　2020 年,永康市认定带病回乡退伍军人 5 名,接收军队转移残疾军人 6 人;截至年末,全市共有重点优抚对象 661 人,未参加城镇职工养老保险的在乡复员军人、带病回乡退伍军人的生活补助标准继续以永康市上年度农村居民人均可支配收入为基础,再按相应的比例确定标准;在乡参战退役人员、60 周岁老烈士子女以及自费参加城镇职工基本养老保险的重点优抚对象生活补助费按国家规定标准执行,具体如下:

类　别	自费参加城镇职工养老保险人员生活补助标准		未参加城镇职工养老保险人员生活补助标准		中央和省财政补助/(元/年)	2020 年末人数/人
	2020 年标准/元	占基数比例/%	2020 年标准/元			
解放战争时期入伍的	19329	75	23123		1690	17
新中国成立后入伍的	19332	70	21582		1690	71
孤老人员		95	29289		1690	3
带病回乡退伍军人	7980	70	18949		1200	39
参战退役人员	8400		10800			209
60 周岁老烈士子女	6480		7320			14

2020 年，发放上述重点优抚对象生活补助费 456.81 万元。全年认定 60 周岁以上农村籍退役士兵 303 人，截至年末，享受 60 周岁农村籍退役士兵生活补助的人数共有 3350 人，2020 年 8 月前一年兵龄每月补助标准为 40 元，8 月 1 日起一年兵龄每月补助标准为 45 元，全年总共发放生活补助费 1057.08 万元。

【2020 年抚恤金发放】 截至 2020 年末，永康市共有在乡残疾军人 94 人、在职残疾军人 193 人。在职残疾军人的残疾抚恤金标准按国家规定的标准执行，在乡残疾军人的残疾抚恤金标准以永康市上年度城镇单位职工平均工资为基数，再按相应的比例确定，具体如下：

| 伤残等级 | 伤残性质 | 在乡残疾军人 | | 在职残疾军人 |
		占基数比例/%	2020 年自然增长机制后仍未达国家标准的在乡伤残军人抚恤金标准/元	2020 年抚恤金年标准/元
一级	因战	100	100158	96970
	因公	95	95311	93910
	因病	90	90464	90830
二级	因战	90	90184	87750
	因公	85	85197	83140
	因病	80	80350	80030
三级	因战	80	80070	77000
	因公	75	75084	72360
	因病	70	70097	67770
四级	因战	70	69677	63110
	因公	65	64550	56970
	因病	60	59563	52350
五级	因战	60	59283	49290
	因公	55	54156	43100
	因病	50	49309	40030
六级	因战	50	49169	38510
	因公	45	44412	36440
	因病	40	39335	30780
七级	因战	40	39195	29270
	因公	35	34348	26200

伤残等级	伤残性质	在乡残疾军人		在职残疾军人
		占基数比例/%	2020年自然增长机制后仍未达国家标准的在乡伤残军人抚恤金标准/元	2020年抚恤金年标准/元
八级	因战	35	33648	18480
	因公	30	28941	16920
九级	因战	30	28801	15350
	因公	25	23955	12330
十级	因战	25	23815	10780
	因公	20	19108	9220

　　截至年末,全市共有残疾军人287人,共发放伤残抚恤金757.33万元;有"三属"人员21人,"三属"人员的定期抚恤金以永康市上年度农村常住居民人均可支配收入为基数,再按相应比例确定;自费参加城镇职工基本养老保险的"三属"人员定期抚恤金按国家规定的标准执行,具体如下:

类　别	自费参加职工基本养老保险的"三属"人员	占基数比例%	未参加职工基本养老保险的"三属"人员	2020年末人数/人
	2020年抚恤金年标准/元		2020年抚恤金年标准/元	
烈属	30780	110	33914	9
因公牺牲军人家属	26440	105	32373	5
病故军人家属	24870	100	30831	7

　　2020年,全市共发放"三属"定期抚恤金75.06万元。

(市退役军人事务局　供稿)

应急管理

■ 综　述

【概　况】 2020年,永康市应急管理局(简称市应急管理局)圆满完成年度工作目标,实现事故起数、事故死亡人数、事故直接经济损失三项目标比2019年下降20%以上。以工伤智控为核心的一件事改革,开全省先河,在《领跑者》刊发,入选省政府多业务协同创新案例《观星台》,获郑栅洁省长肯定批示;"数智应急"项目入选,获金华市政府数字化转型十大创新案例荣誉称号,"数智应急"协同应用和"工伤智控"协同应用入选永康市多业务协同优秀应用名单。"一厂多租"专项整治受到省领导肯定批示。

【安全生产三年行动】 市委、市政府高度重视安全生产专项整治三年行动,市委副书记、市长张群环主持召开第52次常务会议研究审议行动方案,市委常委、常务副市长周启标担任市三年行动工作领导小组组长。市安委会印发《永康市第二轮安全生产综合治理三年行动计划实施方案》,包括1个总体方案、3个专题和10个专项整治方案,并在全市安全生产会议中进一步强调部署。同时组建三年行动工作专班和责任分工及进度控制表,推动工作开展。

【强化统筹协调】 充分发挥安委办的统筹协调作用,2020年组织全市安全生产大检查5次,督促整改上级检查组发现的隐患181个,实施"三个一批"隐患挂牌督办535家(处)。组织编制安全生产综合治理三年行动方案,细化任务措施532项。2021年以来先后组织开展节前安全生产、密集型场所等全市检查2次,已检查企业、单位429家,发现各类隐患问题210个,整改完成204个,整改完成率97%。

【推进风险隐患化解】 针对永康企业数量多、规模小的特点和工伤事故频发的现实,积极探索事故源头管控机制,联合多部门和镇(街道、区)开展"一厂多租""工伤预防""三场所两企业"、危化品使用、用电设施、锂电池存储等行业领域的专项整治。加大执法力度,以案说法。实行全员执法,强化执法刚性,做到执法兜底,实现"执法一例、教育一片"的效果。

【"一厂多租"专项整治】 全市共摸排出一厂多租企业5333家,其中出租单位1201家,承租单位4132家。累计联合执法9次,责令整改企业942家,挂牌督办39家,发现隐患19305个,整改隐患17453个,拆除非法建筑18万余平方米,有效改善厂中厂企业管理混乱问题。2020年全市企业类火灾同比下降52.17%。

2020年4月16日"一厂多租"专项整治工作专班在古山镇开展联合执法检查(市应急管理局提供)

【工伤智控预防】 协同多部门探索实施工伤预防与安全生产联动机制,创建"工伤智控"平台,构建全闭环工伤智控体系,推动企业防控工伤事故,成效显著。2020年永康市工伤事故总量同比下降17.1%,262家工伤事故多发企业工伤事故总量同比下降34.4%。2020年第36期《领跑者》刊发《永康市开展工伤"一件事"集成改革构建全闭环工伤智控体系》一文,省长郑栅洁、常务副省长冯飞、副省长王文序先后作出肯定批示。

【区域应急服务中心】 开展区域应急服务中心建设,提升基层安全生产、应急处置、防灾减灾能力。该项目被列为2020年度永康市"十大民生实事",截至2020年底全市16个镇(街道、区)完成区域应急服务中心建设(其中6个镇已实体化运行)。将安全生产基础数据调查纳入"基层治理四平台"基础数据采集内容,调动全市646名社会治理专职网格员参与企业安全生产调查工作。

【自然灾害防御】 有序有力应对"黑格比"台风防御救灾工作。提前部署、及时研判,动员部署5支社会救援力量并保障装备物资;有效救援、一线指挥,调动军地救援力量2809人,启用冲锋舟(橡皮艇)39台、挖掘机210台、卫星电话31台;统筹做好灾后重建工作,向上争取各级补助资金3985万元,精准发放。及时总结,补齐短板。一是加强基础建设,更新全市村级防汛防台形势图 713 张,增配基层防汛抗台三大件 500 余台,累计建成避灾安置场所 68 处;二是加强能力建设,合计开展防汛防台、应急处置等各类演练培训 13 次,参演(训)人员 4000 多人次;三是 2020 年 9 月 28 日成立永康市应急协会,汇集应急力量,实现应急资源共享互助,提升应急处置能力。

【应急产业培育】 2020 年新冠肺炎疫情、"黑格比"台风等灾害的突发,加剧政府、企业和民众对公共安全、个体安防、紧急救援等应急相关产业产品的需求。2020 年 11 月 26—28 日,在疫情防控的大局之下,充分利用当前的科学技术,在永康市举行第二届安全与应急产品博览会(云展会),相关展会信息在央视《朝闻天下》等栏目中播出,提高永康市应急产业知晓率。

【数智应急项目】 把牢"数据就是生产力"这一理念,"数智应急"项目于 2019 年开始谋划,2020 年被纳入永康市城市大脑平台之首,并作为首批建设项目率先启动。项目主要涵盖应急联动、区域应急服务、工伤智控、数据治理、应急专题等 5 个方面,总投资 2996 万元,分 3 年实施。截至 2020 年底,已完成设计单位招标、项目方案专家评审和审查。数智应急智慧平台已采集 15684 家企业信息,隐患 9468 条,危险源 14210 条,危化品信息 2654 条,设备设施 19988 条,应急物资 10891 条。2020 年永康市还承担"浙江省企业安全生产风险防控和应急救援平台项目"专班指定任务。

(市应急管理局 童 彤)

■ 人民消防

【概 况】 2020 年,全市消防工作在市委、市政府的统一领导和大力支持下,以确保火灾形势稳定为目标,以消防安全三年翻身仗和消防安全专项整治三年行动为抓手,大力开展火灾隐患排查整治工作,全力推进消防基础设施和基层消防力量建设,圆满完成全年各项工作目标任务,维持全市火灾形势平稳,为永康市经济建设创造良好的消防安全环境。

【推动消防安全责任制落实】 2020 年,市委、市政府进一步强化政府对消防工作的统一领导,严格落实部门依法监管职责,科学规范推动社会单位的主体消防安全责任落实。市政府常务会议专题听取汇报、分析研究消防工作 2 次,市领导带队开展消防安全检查 20 余次。完成 2 家重大火灾隐患挂牌单位的整改工作,对各镇街区开展消防专项督查 1 次,半年度考核 1 次,向行业部门、镇街区及社会单位发送工作建议或督办函告 23 份,编发阶段性工作情况通报 10 期。市领导对火灾高发区域负责人警示约谈 1 次。全年全市总体火灾形势得到有效控制,实现消防安全三年翻身仗火灾总量下降的总体目标。

【完善基层火灾防控体系】 市安委会和市消安委联合成立专项整治三年行动工作专班,加强部门协同配合,定期召开会议进行分析研判,共同推进整治工作落实。推动七大行业主管部门出台消防安全工作制度和标准,落实行业消防安全监管责任。督促指导各镇街区及相关部门开展高层建筑、出租房、小微企业、物流快递等重点领域和重点行业隐患消防安全综合治理,共排查各类场所 1.2 万余家,约谈高层建筑、重点单位、隐患突出单位、不放心场所等责任单位 100 余家。

【周密防控护航复工复产】 疫情期间,永康市消防救援大队(简称市消防救援大队)及时了解辖区内涉疫处置定点医院、集中隔离场所、涉疫生产企业等单位基本情况,安排计划,每三天开展一轮现场检查,每日早晚各一次以远程监控平台和电话、短信方式对单位的负责人进行提醒和防火指导,并将商场、超市、农贸市场等涉及群众基本生活资料的场所和物流企业、物流中转仓储基地纳入检查指导范围,开展电话督导和现场检查服务,确保全市所有涉疫单位、企业未发生火灾事故。

【严格执法整治火灾隐患】 2020年全市分类别有针对性地部署开展打通生命通道、"一厂多租"企业、锂电池企业等一系列专项整治行动。广泛发动各镇街区深入开展隐患排查和整改,集中处理一大批隐患和违法行为。全市共排查"一厂多租"企业隐患16562个,整改14134个;排查"三合一"企业隐患206个,整改191个;排查堵塞"生命通道"隐患1178个,整改1067个;排查锂电池企业隐患65个,整改50个。画消防车通道标线标识40处,消防车通道障碍物清理128处,打通室内堵塞通道63处,拆除企业、场所各类违章搭建132309平方米。其中,市消防救援大队检查单位1112家,发现火灾隐患711处,督促整改隐患666处,行政处罚157起,临时查封27处,责令"三停"65家,罚款96.16万元。

【丰富形式增强消防意识】 通过防火监督人员镇街区联系点制度,加大对基层一线人员的消防业务指导力度,开展培训40余次,自上而下形成监管责任链条。各消防站共计开放200余次,宣传"五进"活动200余次,培训各类人员2万余人次,累计发放资料6万余份,播放消防公益广告、警示教育片1800余次。利用移动互联网平台群发各类消防常识和防灭火自救逃生知识累计16万余人次。

119消防宣传月启动仪式(市消防救援大队提供)

【夯实灭火救援工作基础】 市消防救援大队持续推进灭火救援作战信息化、精准化,摸清辖区单位情况,新增重点单位数字化预案12份和作战信息卡10份,开展"六熟悉"、演练和夜间巡逻197次,同时对辖区1590只市政消火栓进行登记造册和全面维护保养。全年共接警出动661次,抢救被困人员124人,疏散人员142人,抢救财产价值15828.1万元,成功处置"1·13"大邦厂房火灾、"8·4黑格比"台风抗洪抢险救援等一系列抢险救灾任务,圆满完成第25届中国五金博览会、第11届门博会等各类安保和现场执勤任务,5次收到群众感谢锦旗。

(市消防救援大队 王一弘)

■ 人民防空

【人防指挥信息保障】 2020年,市应急管理部门在防空警报系统建设维护方面,共检查警报设施113台次,新装4台,维修2台,重新签订社会化管理警报协议42份。组织鸣放防空警报3次:"4·4"悼念新冠肺炎疫情牺牲烈士和逝世同胞、"5·12"防灾警报和"9·18"防空警报,警醒民众要居安思危,提高应对战争和自然灾害的自救互救能力。071工程维护管理方面,更换应急灯 UPS 和发电机蓄电池 34 节,更换灯泡、灯管 30 多个,修复、安装污水泵 2 台,更换大屏灯泡 15 个,修复大厅地插 7 个,干粉灭火器充气 10 瓶,修复除湿机 2 台。071 工程维护管理工作在浙江省指挥工程检查评估中,获得省人防办肯定。人民防空信息化建设方面,落实可视化建设,采购海康可视化系统一套,大疆无人机 1 台,组织 12 人参加无人机考证培训。

【人防审批】 严把人防审批要求,不断推进"应建必建,能建必建,应收尽收"人防政策落实,做到流程规范、审批及时、易地建设费征收准确;强力推进人防工程建设,做到工程评审不放水、工程面积不缩水。2020 年度共参加方案评审会、论证会 11 次,办理人防审批业务 232 件(其中人防工程易地建设核实 177 件、应建防空地下室的民用建筑项目报建审批 13 件、单建施工 2 件、新建防空地下战时功能和防护等级确定 19 件、人防工程或者兼顾人防需要的地下工程竣工验收备案 6 件、人防工程质量监督 15 件),收取易地建设费合计 1069.07 万元。

【人防工程建设】 围绕"抓关键节点,抓关键对象"全力构建人防工程全周期管理模式,有效提高人防工程质量水平。全年对在建人防工程开展质量监督 400 余人次。在抓好新建人防工程质量的同时,做好在用人防工程的维护管理工作。组织全市在用人防工程建设单位、使用单位召开人防工程维护管理培训会,邀请人防工程设备维护管理专家进行业务指导,提升人防工程维护管理水平,为永康市人防工程维护管理奠定基础。

【人民防空实战化演习】 组织开展"浙江金盾－20"(金华·永康)人民防空实战化演习。本次演习紧紧围绕人民防空"战时防空、平时服务、应急支援"的职能使命,以信息化战争城市防空袭为背景,按照战时"一部九组"编制要求开设人防指挥部,指挥人防救援力量迅速组织开展遭敌空袭后人员救援行动,消除空袭后果。演习采用室内推演和室外实兵演习相结合的方式进行,重点演练消除空袭后果的指挥程序、指挥方式。整个演习主题聚焦实战,达到掌握指挥程序、检验人防救援队伍应战救援能力的目的。全市 35 个人防指挥部成员单位、人防应急救援队、医疗救护专业队、抢险抢修专业队、消防专业队参加演习。

■ 防汛抗旱

【旱　灾】 2020 年 10 月 1 日—12 月 31 日全市累计降水量仅 79.1 毫米,较常年同期偏少近七成(69.8%),其中 10 月 23 日—11 月 17 日永康市出现 25 天阶段性连晴无雨天气。气象干旱总体达中旱程度,西溪镇尚黄桥村出现饮用水供水困难,涉及人口 398 人。

【洪涝灾害】 5 月 10 日 1 时 9 分,永康市气象台发布暴雨红色预警信号,受强对流云团影响,永康市东北和西南部地区普降暴雨,过程面雨量 54.7 毫米,最大雨量站点西溪站 114.7 毫米,市区多个低洼地积水导致车辆无法通行,5 月 10 日 8 时恢复通行;"安居苑"小区地下车库进水 70 厘米;强降雨还导致部分农田受淹。

【汛期防御】 全年启动防汛和防台应急响应 4 次,分别为:5 月 10 日 1 时 30 分启动防汛Ⅵ级应急响应至 5 月 10 日 8 时 10 分结束应急响应;6 月 4 日 14 时 30 分启动防汛Ⅵ级应急响应至 6 月 6 日 9 时 20 分结束;8 月 3 日 20 时 50 分启动防台风Ⅵ级应急响应,8 月 4 日 9 时 0 分提升至Ⅲ级,8 月 4 日 10 时 50 分提升至Ⅱ级,8 月 4 日 12 时 50 分提升至Ⅰ级,8 月 4 日 22 时 20 分降至Ⅲ级,8 月 5 日 1 时 30 分降至Ⅵ级,8 月 6 日

16 时 0 分结束防台风Ⅵ级应急响应；9 月 19 日 8 时 0 分启动防汛Ⅵ级应急响应至 9 月 20 日 16 时 0 分结束。

杨溪水库开闸泄洪 4 次,分别为:6 月 1 日 14 时开闸,下泄流量 100 立方米/秒,6 月 2 日 9 时关闸,泄洪历时 19 小时,累积泄量 620 万立方米;6 月 4 日 8 时开闸,下泄流量 50 立方米/秒,6 月 5 日 14 时关闸,泄洪历时 30 小时,累积泄量 531 万立方米;8 月 4 日 15 时 30 分开闸泄洪,4 日 19 时 40 分加大至 185 立方米/秒,8 月 5 日 20 时 10 分关闸,泄洪历时 28 小时 40 分,累积泄量 1470 万立方米;9 月 19 日 16 时开闸泄洪,下泄流量 50 立方米/秒,20 日 12 时 30 分关闸停止泄洪,泄洪历时 20 小时 30 分,下泄流量 387 万立方米。汛期杨溪水库累积泄量 3008 万立方米。

汛期发送预警短信 770 多万条。汛期防指 21 次会商研判雨情、水情和天气形势,第一时间部署落实,先后 10 次以明传电报形式要求各镇(街道、区)有关部门做好防御应对工作。组织气象、水务、自然资源、农业农村等部门及时分析研判水雨情和风险隐患,会商连线镇(街道、区),指导督促各镇(街道、区)有关部门落实防范措施。

（市应急管理局　童　彤）

人民法治

执法监督

【概　况】 2020年，永康市委政法委（简称市委政法委）在金华市委政法委的正确领导和市委市政府的高度重视下，认真学习贯彻习近平新时代中国特色社会主义思想，以化解社会矛盾、维护社会稳定为目标，认真推进各项工作，按时完成任务。

【开展执法水平提升专项活动】 根据省、金华市委政法委工作部署和要求，2020年3月，永康市政法各单位围绕执法司法理念是否正确、执法司法行为是否规范、相互配合是否到位、制约监督是否有力、执法司法作风是否文明五个方面自查自纠，共排查梳理出各类问题2784个。永康市采取挂图作战措施，针对重点案件和重点问题以督办、走访督查、专项整治行动、建章立制、追责问责等方式，实现问题整改销号清零，其中因涉及案件办理、涉案财物管理等严重执法问题被单位通报批评28人，追究刑事责任1人，问责4人，警告处分2人。同时，市委政法委从人大、政协、律协等单位中聘请18名特邀督查员，加强对政法单位的执法监督。

【集中化解涉法涉诉信访积案】 4月，市委政法委对照实施方案内容进行全面排摸，截至4月底共排摸10件涉法涉诉信访积案。积案交办后，市委政法委第一时间召集政法单位开会，严格根据信访诉求明确责任部门，压实领导包案、"一案一专班"责任制，逐件落实化解措施，确保化解效果，其中交办法院3件，交办检察院3件，交办公安局4件，8月底全部成功化解。

【开展案件评查】 4月26日，市委政法委制定下发《关于2020年开展案件评查工作的通知》，要求政法各单位围绕群众的批评意见、扫黑除恶专项斗争线索、涉法涉诉信访等案件开展自查自评工作。5月中下旬，市委政法委邀请人大法工委、政协社法委及政法各单位业务骨干和执法司法工作专班人员开展为期一周的案件评查工作，在各单位自查自评基础上，挑选44件案件重点评查，共发现12个执法问题，并以交办单的形式下发各政法单位要求落实整改、追究责任。

【推进诉源治理工作】 永康市始终坚持把非诉讼纠纷解决机制挺在前面，积极主动融入市委市政府领导的社会治理大格局，深入推广"龙山经验"。2020年1月以来，永康市诉讼案件8430件，同比下降25.34%，民商事案件同比下降23.36%。一方面永康市依托市矛调中心各类解纷资源，积极引导纠纷科学分流、过滤化解，实现纠纷化解在诉前，2020年永康市诉前分流矛盾纠纷5271件，成功化解纠纷2687件；另一方面整合人大、政协、慈善总会等资源，建立"龙山经验"人大代表联络站和政协委员调解室，300多名人大代表、政协委员参与调处、会商各类矛盾纠纷152件，成功化解98件。针对2020年疫情防控形势，法院不断优化升级线上线下诉讼服务，努力统筹疫情防控与审判执行工作，有效应用移动微法院、在线矛盾纠纷多元化解平台（ODR平台）、云上法庭等线上平台，积极促成网上调解、在线庭审。检察院始终坚持"宽严相济"刑事政策，践行谦抑司法理念，积极开展羁押必要性审查，变更强制措施39人；通过刑事和解、行政争议实质性化解等方式多元化解社会矛盾，积极落实认罪认罚从宽制度，2020年以来办理认罪认罚案件1072件1516人，认罪认罚率为85.1%，着力在检察环节化解矛盾，不让问题"击鼓传花"。

【推进政法一体化单轨制协同办案】 2020年6月起，永康市积极稳妥推进单轨制协同办案，政法各单位基本完成相关设备的采购、更新。全市已实现"三个全覆盖"，单轨制模式办案1138件，单轨制协同办案比例达到96.93%，政法一体化逮捕、起诉、审判等多项协同比例均达到100%。

【做好"122"机制工作】 5月，市委政法委迅速成立法律工作组工作专班，并下发《永康市"122"机制法律工作组方案》。多次召集政法各单位召开案件会商会议，针对办理跨境赌博案件过程中碰到的定罪定性、证据搜集、管辖等突出法律问题进行了深入探讨，提出解决措施，统一永康市法律适用范围，为永康市依法从严惩治跨境赌博违法犯罪提供有力的法律保障。全市共侦破27起跨境赌博案件，采取强制措施313人，行政处罚92人。

【做好协同治理民间借贷工作】 2020年以来，永康市积极开展民间借贷类型化专题解纷试点工作，制订类案解纷试点方案，组建民间借贷专职调解室，推进民间借贷协同治理，民间借贷诉前分流率同比提高16.09%。严厉打击虚假诉讼、套路贷等违法行为，梳理发布"职业放贷人"名录，累计向4件案件的1名"职业放贷人"征收税费16.93万元，查处、移送虚假诉讼案件8件，

民间借贷案件收案数从上年同期的2088件下降至1434件，同比下降31.32%。累计办理"套路贷"刑事案件6件，涉及40人，最高刑达十五年六个月，共判处罚金267.4万元。

平安建设

【概　况】 2020年，永康市政法战线坚决贯彻市委决策部署，担责在肩，冲锋在前，全力以赴战疫情、防风险、保稳定、促发展，"一月一镇平安大会战"清除平安隐患，"龙山经验"深化源头治理，"一警情三推送"构建矛盾纠纷化解闭环，"红色云治理"夯实社会治理网格基础，社会大局平稳有序，群众安全感持续增强，为全市经济社会发展提供坚强的政法保障。

"一月一镇平安大会战"西城街道、城西新区站启动仪式现场（吕建强 摄）

【防范化解涉稳风险】 2020年，永康市信访维稳安保指挥部常态化24小时值班值守，开展14类风险清单式管控，妥善处置"众泰"阶段性问题，得到金华市委主要领导的高度肯定。

【问题隐患清仓见底】 扎实开展"十大专项行动"，全面扫除各类问题隐患，实现全市警情同比下降19.1%，交通事故死亡人数同比下降24.3%，各类生产安全事故同比下

降 65.22%。全力打赢扫黑除恶专项斗争收官战，中央扫黑除恶督导组来永督查工作，对永康市工作充分肯定。

【优化基层社会治理】 "龙山经验"引领，深化长效治理。全面落实"龙山经验"，推广 45 条标准，成功举办首届"龙山经验"高峰论坛。进一步完善源头防范机制，"社会风险协同处置基石工程"被确定为金华唯一的全省政法现代化创新引导项目。"红色云治理"协同，激发自治活力。优化网格作战体系，实现管理零距离、案件零发生，建成区域警情下降 49%，相关做法得到省、市领导的批示肯定。"矛调中心"标准化，一站兜底解纷。高标准推进矛调中心建设，实现市、镇、村三级矛调中心（矛调工作站）全覆盖，努力实现矛盾纠纷化解"最多跑一地"。"一警情三推送"获评全国政法智能化建设"智慧警务"十大创新案例并在全省推广。

（市委政法委　池若媚）

司法行政

【概　况】 2020 年，永康市司法局（简称市司法局）以推进"无证明城市"改革、完善"七五"普法成果、推广"龙山经验"化解矛盾纠纷为抓手，紧紧围绕法治政府建设主题，充分利用律师团队服务政府、企业、群众，为打造"世界五金之都 品质活力永康"营造良好的法治氛围，为永康市经济社会发展和社会稳定提供优质高效的法律服务。

【深化"无证明城市"改革】 2020 年，"无证明城市"改革向企业延伸，实现民营企业不动产抵押贷款零见面办理；强化监督检查和问题收集，不断补足工作短板，设立监测点 178 个；加强部门核验"提速"工作，按照精细化原则，逐项对部门核验时限进行再提速，最大限度减少办事群众等待时间。永康市对办事群众、企业已取消证明事项 425 项（其中直接取消 89 项，数据查询 112 项，部门核验 159 项，告知承诺 65 项），其中数据查询和部门核验的 271 项事项均已实现系统在线查询核验。全年为办事群众、企业减少各类证明 268244 件。

【疫情防控、复工复产】 2020 年，市司法局在全市开展"防控疫情 法治同行"专项法治宣传活动。参与五金城社区排查、组建复工复产服务专班、成立"驻企服务帮帮团""律师公益服务团"，对石柱镇、象珠镇规上企业进行"一对一帮扶"，协助开展疫情防控、复工复产政策宣传。围绕《传染病防治法》《突发事件应对法》《野生动物保护法》等法律的相关内容，开设疫情防控专栏，开展相关法律法规、典型案例、政策宣传工作，引导群众合理应对疫情。编印下发《新冠肺炎疫情期间永康市企业复工复产后常见法律问题 70 问》《小微企业问题清单》，积极服务企业复工复产。疫情期间共印发疫情防控宣传资料 1 万份，编辑微普法 44 篇、微信息 16 篇。

【民主法治村创建及亮牌提升工程】 1 月 15 日，江南街道园周村、芝英镇雅庄村、花街镇倪宅村、城西新区花川村、西溪镇石江村、唐先镇太平新村被命名为浙江省 2019 年度省级"民主法治村"。7 月 16 日，金东区司法局党组成员、副局长胡旭升带队的评估组一行 3 人，来永康市评估 2020 年金华市级"民主法治村（社区）"创建工作。8 月 11 日，东城街道大塘王村、东城街道下店午村、西城街道大徐村、江南街道溪口村等 38 个村（社区）被命名为 2020 年度市级"民主法治村（社区）"。12 月 22 日，义乌市司法局普法依法治理科科长杨佽林带队来永开展 2020 年度市级"民主法治村（社区）"（第二批）交叉评估工作。12 月 25 日，古山镇晏塘村、西城街道溪边村、西城街道郎下村、象珠镇雅吕村、经济开发区杜山头村、石柱镇俞溪头村、花街镇潘宅村、龙山镇桥头村被命名为浙江省 2020 年度省级"民主法治村"。江南街道园周村申报国家级民主法治村,并于 2021 年 2 月 19 日被命名为第八批"全国民主法治村"。完成花街镇、唐先镇等 7 个镇(街道、区)40 个金华市级以上民主法治村(社区)亮牌提升工作。

【法治阵地建设】 8 月 11 日,城西新区花川村法治广场、前仓镇大陈村法治文化广场被命名为金华市第二批市级"法治文化建设示范点"。8 月 21 日,永康市公共安全馆、永康市第六中学禁毒教育展厅被命名为第一批金华市级"法治宣传教育基地"。9 月 29 日,成立永康市泽大普法社会工作站。

【行政复议案件办理】 2020 年,市司法局复议应诉科共收到行政复议申请 81 件,立案审理 73 件,不予受理 8 件。在审结的 86 件(含 2019 年转结 11 件)案件中,维持原行政行为 24 件,因行政调解申请人撤回申请而终止复议的 32 件,驳回复议申请 11 件,确认原行政行为违法 6 件,撤销原行政行为 2 件,责令履职 1 件。被确认违法、撤销、责令履职的案件主要涉及宅基地审批、违建处罚、政府信息公开。

【行政诉讼(复议)应诉及指导】 2020 年以来,永康市行政应诉工作进一步规范,出台《永康市人民政府行政应诉工作规定》,要求应诉责任单位正面应对矛盾纠纷,切实履行行政应诉职责。复议应诉科对永康市各行政机关的行政诉讼案件提供应诉指导,向各单位提供应诉指导 50 余次。积极做好以市政府为被告的行政诉讼应诉答辩工作,为市政府提供行政诉讼、行政复议案件处理意见 15 份,向市政府进行专案汇报 3 件,向案件相关责任单位发送应诉通知书 13 份,代表市政府,分别对浙江省行政复议局发送的行政复议意见书、向金华市行政

复议局发送的行政复议监督书进行回复,跟踪、督促相关部门对法院发送的司法建议进行落实。邀请知名律师专门对全市各部门单位负责人讲授行政诉讼的应诉技能。各涉诉责任单位均能做到积极举证,按期答辩,行政负责人参加庭审,出庭出声。全年部门负责人出庭应诉率达到 100%。通过积极应诉,在金华各级法院审结的永康市 275 件行政诉讼案件中,裁判胜诉的共有 135 件。

【行政复议纠错和调解】 构建"府院主导、多部门协调联动"的多元化解平台。加大对复议案件涉案行为的审查力度,有错必纠,同时促使行政手段和司法手段"两手抓、两手硬",实现优势互补、相互衔接。丰富调解举措,加大调解力度,有案必调。如针对江南街道、经济开发区等批量案件,市政府积极主动与法院对接,共同商讨化解措施。分管副市长参加江南街道相关案件庭审,市委常委参与解放街拆迁遗留问题专项化解协调会,与法院形成化解行政争议的合力,115 件案件在诉讼过程中得以妥善解决。

【行政复议规范化建设】 积极开展行政复议规范化建设相关工作,对照金华市行政复议局《市县行政复议规范化建设清单》15 项具体指标,结合永康市行政复议工作实际,细致开展规范化建设问题自查,建立问题清单和整改清单,逐步实现问题归零、短板补齐。建立完善复议局相关配套制度,规范复议应诉工作流程,不断加大案件调查、听证力度,并邀请行业专家、法律顾问参与案件审理,进一步加强复议的权威性和公信力。

【公共法律服务】 2020 年,市司法局指派办理法律援助案件 1472 件;提供认罪认罚法律帮助 822 件;代拟法律文书 471 份;解答来访、来电法律咨询 5805 人次;开展法治宣传活动 46 场次;发放公共法律教育资料

15000 份;为当事人挽回经济损失约 3784 万元。

【公共法律服务数字化建设】 畅通 12348 法律服务热线、浙里办 App、"浙江法律援助"微信小程序等公共法律服务线上办理渠道,全年解答法律咨询 1529 人次,受理法律援助案件 15 件。推进政法一体化办案系统法律援助协同运行,所有刑事通知类案件实现线上一体化传递。

【法援惠民生系列品牌建设】 2020 年,市司法局每月组织工作人员和援助律师深入火车西站广场、人力资源市场、散工市场、重点建筑工地等农民工聚集地,以及市第一、第六人民医院等医院病房,通过设立法律援助流动岗、解答法律咨询、受理法律援助案件、发放《农民工预防工资拖欠指南》《工伤事故交通事故雇员人身损害赔偿纠纷解决指南》宣传手册等形式,进一步提高法律援助的知晓度和覆盖面。主动对接永康市日行一善公益协会,每月深入农村开展"法援惠民生"系列主题宣传活动,通过开设法律援助夜市、法治文艺演出、以案释法等形式,把法律服务真正送到群众身边。12 月 21 日,《法治日报》以《创新举措应援优援暖民心》为题,对永康市开设"法律援助夜市"的做法进行报道。

【助力企业复工复产】 新冠肺炎疫情发生以来,市司法局工作人员先后赴石柱镇、象珠镇对 55 家规上企业进行"一对一"帮扶,分析研判企业复工复产难点问题,结合企业实际对症下药,全方位服务企业复工复产。7 月 6 日,《法治日报》以《做职工贴心人助企业复工复产》为题,对永康市法律援助助力企业复工复产工作进行报道。

【加强和规范刑事法律援助】 2020 年,市司法局进一步加强和规范刑事法律援助工作,发挥法律援助在刑事案件律师辩护全覆盖中的兜底作用。贯彻落实《法律援助值班律师工作办法》,推进值班律师履行法律帮助工作职责,完善值班律师法律帮助制度,规范法律帮助笔录、法律帮助意见书、结案报告表等文书,促进值班律师依法提供有效的法律帮助。牵头组织召开刑事法律援助工作联席会议,交流刑事案件律师辩护全覆盖和值班律师法律帮助工作中遇到的新情况、新问题。

【人民调解组织建设】 8 月,市司法局下发《关于做好村(社区)人民调解委员会换届工作的通知》,为村社组织换届营造良好环境;10 月,市人大法工委组织部分常委会成员和人大代表视察永康市"龙山经验"都市版工作情况。11 月,在花街镇组织召开调解组织换届工作现场会,要求各镇街区学习花街镇换届先进经验;12 月,龙山镇人民调解委员会被司法部评为全国模范人民调解委员会。永康市物业管理纠纷人民调解委员会等 10 个调委会被金华市司法局评为人民调解工作先进集体。

【服务中心重点工作】 充分发挥人民调解在化解矛盾纠纷、维护社会和谐稳定中的作用。2 月,因新冠肺炎疫情严峻,各调解员积极参与疫情排查和涉疫纠纷化解,对辖区内村(社区)逐户上门排摸,做到底数清、情况明、措施准,宣传疫情防控相关知识,做好群众思想引导工作。4 月,开展"法雨春风"专项法律服务月活动,进行矛盾纠纷排查,努力做到全覆盖、无死角,及时将纠纷隐患苗头消灭,共开展矛盾排查 446 次,化解矛盾纠纷 235 起。4 月 21 日,"一月一镇平安大会战"首站启动仪式在古山镇举行,以古山镇为首站,矛盾纠纷大排查大化解专项行动陆续在 16 个镇街区有序开展。12 月,进一步完善调解工作机制,织密调解组织网络,加强调解队伍建设。2020 年,全市共调处矛盾纠纷 6493 起,调处成功 6384 起,调处成功率 98.32%,无因调解不及时转化为行政或刑事案件。

【安置帮教工作】 3月，首次使用远程视频会见系统，与监狱开展远程视频亲情会见，实现疫情期间家属会见"面对面"，疫情防控"零接触"，也实现帮教"零距离"。2020年，共开展远程视频会见279次。7月，省第一监狱来永开展修心教育评估调研活动。8月，下发《永康市人民政府办公室关于成立社区矫正委员会（刑满释放人员安置帮教工作领导小组）的通知》，成立安置帮教工作领导小组，统筹协调和指导全市刑释人员安置帮教工作。

【社区矫正】 认真贯彻落实省委省政府和省厅关于社区矫正工作的部署要求，紧紧围绕促进社区矫正对象顺利融入社会、预防和减少犯罪这一目标，立足监督管理、教育帮扶两大职能任务，深入开展疫情防控、《社区矫正法》宣传、执法司法规范化水平提升等专项活动，全面推进社区矫正制度化、规范化、信息化建设。全年累计接收社区矫正对象320名，累计解除社区矫正对象288名，列管社区矫正对象777名，监管安全形势总体良好。

【疫情防控工作】 通过多种形式，做深防控排查；多措并举，做细战疫教育；多元联动，做实安全监管等有效措施。以司法所为单位对全市社区矫正对象的活动情况、人员接触史以及身体状况进行摸排，建立排查档案，落实"日报告"制度，并于1月26日向全市社区矫正对象发出"预防新型冠状病毒 感恩社区矫正倡议书"，普及疫情防控知识，增强个人防护意识，依托综合管理平台巧用"电子定位＋微信监管"模式，以远程监控实现"零距离"监管，以电话报告、微信报告、位置上报方式代替现场报告，以网上学习、微信视频方式代替课堂教育。

【律师公证管理】 2020年，在全市疫情防控阻击战初期，全市律师、基层法律工作者闻令而动，第一时间捐款捐物共计价值人民币22.15万元。全年律师担任法律顾问676家，办理民商事案件3726件，刑事案件299件，行政案件64件，仲裁案件76件，非诉案件52件，总计4217件。基层法律工作者担任法律顾问350家，代理各类案件568件，代理诉讼事务517件，调解243件。公证处开辟涉企公正绿色通道，为市重点工程提供优质、高效的法律服务。全年办理各类公证4544件，其中内地4208件，涉港澳类336件。

【法律顾问工作】 2020年，全市有3名律师担任市政府法律顾问，7家律师事务所、3家法律服务所在16个镇（街道、区）担任法律顾问，36名律师担任29家政府部门法律顾问，为政府法规规章制定、宏观调控、社会管理、社会稳定风险评估、执法监督等各项工作提供咨询和服务。组建以党员骨干为主体的130名助企律师法律服务团，联合市工商联、市市场监管局、市经信局等部门单位，对全市1535家企业开展"一对一"法治体检，为企业提供免费法律服务，为企业疫情防控和复工复产助力。6月，组织全体党员律师积极参与"三师助企、无微不至"专项行动。由80名律师组成的10支小分队为10个小微园区的1568家企业提供对口、优质、高效的法律服务，为永康市企业健康发展倾心助力。全市425个村（社区）都有律师担任法律顾问，覆盖率100%。以老律师、基层法律服务工作者搭配新律师、基层法律工作者的形式开展组团式工作，结合农村（社区）法律需求，开启多种具有特色的法律服务模式。特别是在参与抗击台风"黑格比"的工作中，全市律师、基层法律工作者第一时间冲到第一线为受灾群众提供各种免费法律服务，党员律师在第一时间捐款人民币9064元。

【涉法信访和矛盾纠纷化解】 2020年，全市律师、基层法律服务工作者、公证员依托市矛调中心和"龙山经验"都市版平台以及律师事务所调解室等平台,积极参与各种涉企纠纷调处工作。全年成功调解457起涉企矛盾纠纷,调解成功率在98%以上。

【公证无证明改革】 2020年,全力推行"无证明城市"改革,实现办理公证事项"最多跑一次"。将生存、死亡、婚姻情况、亲属关系等公证事项纳入"最多跑一次"业务范围。已实现25类116项公证事项办理"最多跑一次"。对一些年老体弱、行动不便的当事人实行上门办证,以解群众之忧。对70周岁以上的老年人办理遗嘱实行减半收费,免费对80岁以上的老年人办理遗嘱。对存款5000元以下的继承公证免收公证费。

(市司法局　范培文　马华春
何丽欣　金毅巍　吴芳莉
胡建勋　应　朗　柯曙光)

人民公安

【概　况】 2020年,永康市有效警情同比下降13.5%,刑事案件发案率下降11.7%,交通事故死亡人数下降16.5%,命案下降33.3%,助力成功夺取"一星平安鼎"。永康市公安局(简称市公安局)"一警情三推送"工作机制获评全国政法智能化建设"智慧警务"十大创新案例,得到省委常委、政法委书记王昌荣批示推广;省委书记袁家军批示肯定"7·12"涉黑专案工作;"5·12"专案为全国首个线下跨境赌博"双国督"案件;公安部党委委员、反恐专员、禁毒委副主任刘跃进批示肯定"4·12"生产、销售伪劣柴油案侦破工作;副省长、公安厅厅长王双全批示肯定"最多跑一次"为邵某某解决45年黑户难题。市拘留所被评定为全国一级拘留所。防盗门窗破拆突入技战术成功

申报14项国家专利。

■ 户政工作

【概　况】 2020年,全市共办理户口四项变动33108人,户口准迁1868人;重人删除8人;办理公民信息变更审批513份;办理居民身份证33429人,办理异地身份证15439人,办理临时身份证5844人;律师和各办案单位人口信息查询12316人;上门办证225人次;接待两劳释放报到137人;办理边境通行证251份;民用爆炸物品运输证和购买证各2543份;审验发放金融网点竣工合格证21份;发放金融网点准予施工通知书22份。办理旅馆特种行业许可审批30家,刻章特种行业许可6家。共受理全市公民因私出国出境6450人次,其中护照2614人次,往来港澳通行证3755人次,前往港澳通行证1人次,往来台湾通行证80人次;港澳居民来往内地通行证1人次;共办理外国人签证及居留许可59人次,台胞证办理3人次。国家工作人员报备1000人次,其中新增671人次,撤销329人次。法定不准出境人员报备2313人次,其中新增1926人次,撤销387人次。

【完成第七次人口普查户口清理整顿工作】 2020年是第七次全国人口普查年,为使户口登记项目更加完整准确,管理制度更加健全完善,人口资料更加全面翔实,为第七次全国人口普查工作的顺利开展奠定坚实基础,市公安局开展户口整顿工作,全面调查核对本辖区内常住人口、暂住人口的基本情况和数据资料,及时清理解决发现的问题。完成户口待定人员落户96人,注销应销未销人员97人,变更更正户口登记项目差错1558项,重户注销3人,解决18周岁以上无户口人员11人,较好完成户口清理整顿工作。

149

■ 流动人口管理

【概 况】 2020 年，全市流动人口登记在册数 54.95 万人，居住登记率、信息准确率分别为 93.88％和 97.12％，新登记流动人口 93.22 万人次，注销 88.33 万人次，登记在册人口中，男性有 32.39 万，占比 58.94％，女性有 22.56 万，占比 41.06％；从暂住时间看，半年以下 18.61 万，半年至一年 7.28 万，一年以上至五年 24.81 万，五年以上 4.25 万；从居住处所看，主要集中在租赁房屋（49.60 万）和单位内部（4.67 万）；从年龄分布看，16 岁以下和 60 岁以上的福利人口 7.37 万，20—49 岁青壮年 38.76 万，50—59 岁 6.13 万；从文化程度看，初中及以下学历 52.50 万，高中学历 1.36 万，大专及以上学历 0.72 万；从民族分布看，万人以上民族主要有：汉族 41.58 万，苗族 3.88 万，布依族 3.56 万，彝族 1.42 万，土家族 1.41 万，侗族 1.18 万；从流出地看，以省外为主，其中贵州 14.16 万，占 31.22％，云南 8.32 万，占 15.15％，江西 6.77 万，占 12.31％，安徽 4.19 万，占 7.62％，河南 3.55 万，占 6.47％。积极开展流动人口和出租房屋排查整治，共排查流动人口 76.83 万人、出租房屋 25.81 万间，开展集中行动 670 次，发现并整改出租房屋消防、治安隐患 1327 处，累计收集矛盾纠纷线索 1.6 万余条，查获出租房管制刀具 6 把，抓获上网逃犯 6 名，累计办理违反《条例》案件 3974 起。

【落实流动人口公共服务工作】 2020 年，市公安局继续落实积分入学、积分入住等特惠待遇政策，2020 年共发放 IC 卡式居住证 4514 张，安排 2933 名流动人口子女在公办学校就读，其中 47 名就读城区公办学校，累计 13 个流动人口家庭入住公租房。充分利用微信、报纸、广播、电视开展流动人口相关法律法规宣传，2020 年以来，利用广播报纸播报曝光台 310 期。

■ 交通管理

【严打交通违法犯罪行为】 实施常态严打交通违法犯罪行为制度，持续开展"天天禁酒驾""逢五逢十""一月一镇平安大会战"等统一行动；每日开展"黎明行动""夜间执法"和"午后整治"，建立每日凌晨 6—8：30、12—14：00、19—21：00 上路巡逻机制，强势推进铁拳整治（危化品）、电动车七项违法行为、"零酒驾"创建等整治行动，通过严管重罚，有效震慑交通安全违法行为人。全年共查处各类交通违法行为 68.61 万起（其中非现场违法 58.78 万起），其中酒驾 1553 起，货运违法 4352 起，机动车交通陋习 43459 起，行人、非机动车违法 70245 起。

【推进治堵保畅工作】 全年共施画标线 3.46 万平方米，更新隔离护栏 3000 米，安装 PU 警示柱 1200 根，新增或更换修复标志 288 块，完善安全辅助设施 816 处，安装护栏 1820 米。2020 年计划新建北三环（330 国道—倪宅）、南四环（胡则路即南溪大桥—330 国道）等两条道路。北三环（330 国道—倪宅）项目，南起 330 国道，北至倪宅，道路总长 839 米，南四环（胡则路即南溪大桥—330 国道）道路总长约 1350 米，都已完工通车。共计施画 37130 个停车泊位，其中市城投集团建成龙洋潮停车场 1 个（用地面积 1.45 万平方米，约 221 个公共停车位）；规划部门深挖潜力，充分发挥规划调控作用，2020 年以来已规划新增专用停车位 3909 个（其中公共停车泊 1017 个）；梳理出待改造的堵点 10 个、待优化的路口 30 个，均已完成整改。更新清洁能源公交车 30 辆，改造公交停靠站 10 个，新增公交电子站牌 10

个,新增 2 条微公交线路;在城区 62 个重要路口安装信号灯协调控制系统,并接入公安交通管理集成指挥平台,实现系统控制。已完成设备安装 53 台,其中调试上线 47 台,调试上线平台 29 个。

■ 社会治安

【疫情防控】 全警力投入,"一办十组"高效运作,统筹推进闭环研判、卡口查控、隔离点守卫等工作,累计分析推送数据 6 万余条,核验人员 63 万人次,打处涉疫案件 42 起 61 人,打击防范非法入境"净海"行动中查获非法入境人员 17 名。监所疫情防控工作成功"化危为安",受到省厅领导批示肯定。

【大型活动安全保卫】 全年共出动警力 20579 人次,圆满完成各项保卫活动 1809 场次,确保了华溪春潮、春节、元宵节、全国"两会"、第 11 届门业博览会、高考、第 25 届中国五金博览会、第七届世界互联网大会、第三届中国国际进口博览会等重要节点、大型活动期间安全、有序,五金博览会、门博会等盛会继续实现"零发案"。

完成第 25 届中国五金博览会安保工作
(市公安局提供)

【打霸拔钉】 全年依法果断查处阻碍五水共治、重点工程等案件 13 起,采取刑事强制措施 5 人,行政处罚 13 人,其中党员采取刑事强制措施 1 人,党员行政处罚 6 人。

【开展信访秩序大整治】 全年共依法打处非访人员 22 人,教育训诫 53 人,打处、教育训诫总数居金华第一。

【深化"一警情三推送"机制】 推动将"一警情三推送"写入"高水平推进县域治理现代化的决定",深化统筹管理、定期通报和考核评价等机制,强化协同治理,提升联动调处效能。该机制获评 2020 年全国政法智能化建设智慧警务十大创新案例,得到省委常委、政法委书记王昌荣批示推广。全市纠纷类警情数同比下降 27%,纠纷化解率从 92% 上升至 99%,刑事伤害案件同比下降 25%,命案发案同比下降 33%。

【打造智安小区"红色云治理"模式】 通过"基层党建+社会治理、网格管理+联治共治、科技支撑+阵地建设",构建多维度小区防控网,实现共建共治共享的社会治理新格局。全年共建成"智安小区"83 个,"智安单位"92 家,建成区域警情下降 49%,龙城天城被省公安厅评为全省示范点。金华市公安机关"智安小区"建设现场推进会于 8 月 14 日在永康成功召开。

【推进永武缙区域警务一体化】 10 月 30 日,永武缙区域警务一体化签约仪式暨第一次合作联席会议在永康召开。三地联防联控联勤机制基本成型,着力打造区域社会治理共同体。

■ 刑事查处

【打击侵犯知识产权犯罪】 以优化营商环境、护航企业发展为目标,扎实开展"蓝剑 2020"专项行动,先后破获一批侵权假冒案件,取得良好的社会效果。全年侵权假冒案件共立案 33 起,采取刑事强制措施 98 人。

【开展"歼击 20"专项行动】 全局出动 204 名警力,奔赴 9 省 14 市开展"歼击 20"专案集中收网行动,共抓获犯罪嫌疑人51名;成功摧毁五个为跨境赌博提供资金服务的第四方支付平台团伙和提供退税服务的地下钱庄团伙;冻结个人及空壳公司账户2000余个;冻结资金及基金共5000余万元。

【现行命案连续15年全破】 2020年,全市共发现行命案6起,破6起,破案率达100%,现行命案连续15年保持全破纪录。

【命案积案攻坚取得显著成效】 2020年,共侦破1起2001年、1起2003年、2起2004年和1起2013年共5起本地命案积案,抓获8名外地命案积案逃犯,命案积案考核居金华市首位。

【开展扫黑除恶专项斗争攻坚年活动】 2020年,共打击涉黑涉恶犯罪团伙9个,九类涉恶人员382人,其中1个以黑社会性质组织方向侦办,3个以涉互联网恶势力犯罪集团方向侦办,共刑事拘留121人,查封、扣押涉案财物共计7.81亿余元。"7·12"涉黑专案获时任金华市委副书记、市人大常委会主任、市委政法委书记陈玲玲批示肯定。

【推进打击跨境赌博工作】 2020年5月,通过专案经营破获了一起典型的组织中国公民偷渡赴境外赌场参赌的跨境赌博案件,共打掉犯罪团伙4个,采取强制措施159人,行政拘留16人,查扣冻结涉案资产77万余元,查实涉案赌资10.4亿元,摧毁境外赌场2个,斩断非法资金通道1条、偷渡渠道1条。该案被列为"122浙011"国督案件。

【电信网络新型犯罪打击数创历史新高】
全年共侦破包括"12·8"微信交友网络诈骗案、投资类虚拟操作平台诈骗案、涉疫口罩采购诈骗案、系列性买卖对公账户案在内的涉网新型犯罪案件238起,破案率7.55%,上年同期破案217起,同比上升9.68%;对541名犯罪嫌疑人采取刑事强制措施,上年同期抓

获348人,同比上升55.46%,创历史新高。

【开展涉黄涉赌违法犯罪整治活动】 以扫黑除恶专项行动为抓手,有力开展专案经营和黄赌治安乱点整治。全年共立案查处涉黄涉赌刑事案件52起、行政案件539起,采取强制措施169人,移诉151人,行政处罚1078人,有力震慑违法犯罪,净化全市治安环境。

【开展打击食药环违法犯罪专项行动】 全年共查处食药环类刑事案件47起,采取刑事强制措施122人。

【开展缉枪治爆专项行动】 全年共办理涉枪刑事案件3起,采取强制措施4人,起诉4人。收缴管制刀具431把、枪支23支、铅弹336颗、火药弹1500颗、其他弹4230颗、雷管363根。

【推进禁毒打击工作】 全年共破获毒品案件11起,破获部、省目标案件各1起,打击涉毒犯罪人员29人,查处吸毒人员38人,强制隔离戒毒20人,打击吸食"笑气"违法人员23人。"6·12"跨国网络贩卖毒品案得到副省长、公安厅厅长王双全批示肯定。

(市公安局　俞亮波　贾李曦禺)

人民检察

【概　况】 2020年,永康市检察院(简称市检察院)在市委和上级检察院的领导下,在市人大及其常委会的监督下,在市政府的大力支持下,在市政协的民主监督下,在各位代表委员和社会各界人士的关心支持下,坚持以习近平新时代中国特色社会主义思想为指导,深入学习贯彻党的十九大和十九届历次全会精神,紧紧围绕"重要窗口"建设,全力服务中心大局,主动创新监督理念,在坚守中突破,在奋进中前行,各项检察工作稳步向前。

【全面融入发展大局】 深入贯彻落实省委《进一步加强检察机关法律监督工作的若干意见》，市委第一时间出台实施细则，细化落实未成年人关护站、晨曦驿站等 46 条举措。主动服务疫情防控大局，全省率先出台涉疫刑事和公益诉讼案件办理机制，与市公安局共同加强对看守所释放人员的管控，会同相关部门对全市中小药店、防护装备厂家等特殊场所进行巡查，确保涉疫用品安全。从严从快打击涉疫刑事案件 18 件 29 人，涉案金额 660 余万元，办理全省首例新冠肺炎疫情期间利用邪教组织破坏法律实施案件。采取基层检察室靠前指导协调、"第一书记"提前研判联审等举措，全方位为村社组织换届选举保驾护航。在全市前瞻性开展剥夺政治权利刑罚执行的专项监督行动，有效维护选举秩序。常态化开展"三服务"活动，1400 余人次深入一线联防联控，积极投入省级示范文明城市创建工作，在大考中践行初心使命。

【倾力保障社会稳定】 2020 年，市检察院批准逮捕刑事案件 413 件 668 人、提起公诉937 件 1432 人，案件量和人均办案量居全省前列。以决战决胜姿态打赢扫黑除恶专项斗争收官仗，批准逮捕涉黑涉恶案件 8 件66 人、提起公诉 22 件 98 人，依法办理省市级挂牌督办案件 3 件 44 人。坚持"案件清结"和"打财断血"一体发力，严格审查黑恶犯罪利益链条，督促查封、冻结 4600 余万元涉案款物。完善黑恶犯罪侦诉协同机制，提前介入、引导侦查 35 次，确保金华指定管辖的楼某某等人涉恶案件、李某某等人涉黑案件高质高效办理。扫黑除恶专项斗争的经验做法被浙江卫视宣传报道，并获评全省扫黑除恶专项斗争工作成绩突出集体。针对金融、互联网等领域犯罪多发态势，坚决打击网络赌博、"涉卡"犯罪行为，处理案件 41 件 141 人，妥善处理第四方支付

非法经营等新型犯罪案件，形成高压震慑态势。全面助力"一月一镇平安大会战"，持续开展社会矛盾大排查大整治，深入镇村举行公开听证会 8 场，开展普法宣传 42 次，压实检察环节安全稳定责任。坚定不移推进清廉永康建设，完善监检衔接机制，提前介入实现全覆盖，顺利办理一批社会影响大的案件。深挖司法人员职务犯罪案件线索，自主核查线索 5 件，上级检察院立案侦查 1 件，让新时代检察侦查职权落到实处。

2020 年 4 月 2 日，市检察院入村公开听证（市检察院提供）

【主动服务经济发展】 严惩侵犯民营企业合法权益犯罪行为，办理职务侵占、挪用资金、侵犯知识产权犯罪案件 33 件 45 人，为本地民营企业健康发展扫清"障碍"。依法平等保护民营企业合法权益，准确把握法律政策界限，全面贯彻落实宽严相济刑事政策，对 18 名犯罪情节轻微的企业骨干人员依法变更强制措施或作出不起诉决定。建立健全涉企案件特殊办理机制，全省首推涉企案件一律公开听证办案模式，取得阳光透明、公开公正、释法说理的叠加效果。在办理武义某高新企业技术骨干人员涉罪案件中，邀请永武两地 9 名代表委员参与公开听证，依法变更逮捕强制措施，帮助企业攻克技术难关，疫情期间恢复产值 600 余万元，坚决防止"办理一个案子、垮掉一个企业"的局面出现。立足"四大检察"开展融合式法律监督"体检"，妥善办理失业保险金系

列诈骗案,帮助涉案企业规范用工,担好"千方百计把市场主体保护好"的检察责任。开展企业合规法律监督工作,联合相关职能部门,组建专业监管员和指导员队伍,帮助企业依法合规经营,发出全省首份《企业合规法律监督建议书》,强化涉企犯罪的诉源治理。构建新型"亲""清"检企关系,组织开展走访调研、座谈交流、会商研讨26次,深化与工商联、行业协会的联系,共同为民营经济排忧解难。依法保护民营企业创业创新活力的做法被写入最高人民检察院工作报告。

【维护民生民利更有深度】 充分发挥检察职能,持续助力打赢三大攻坚战。助力打赢防范化解重大风险攻坚战,依法妥善办理涉案115人的电信网络诈骗案、案值17亿元的地宫传销案等一批涉众型经济犯罪案件,同步做好追赃挽损、信访维稳、舆情引导等工作,建议侦查机关追回赃款2000余万元。抽调骨干力量,成立工作专班,协助推进相关企业风险处置工作。助力打胜污染防治攻坚战,不断加强生态环境检察保护,与市水务局等四部门联合实施守护"美丽河湖"专项行动,办理非法排污、非法捕捞案件15件,督促违法者主动修复生态环境,与市公安局等职能部门开展"三废"专项整治行动,巩固深化"创文"成果,为"美丽永康"增色添彩。助力打赢脱贫攻坚战,组织召开全市首例司法救助公开听证会,依法帮扶因案返贫、因案致贫的困难群众17人,较同期增长近2倍,发放司法救助金25.1万元,汇聚起温暖人心的检察力量。

【参与社会治理更有力度】 坚持"谦抑、审慎、善意"司法理念,依法秉持"少捕慎诉"原则推进工作,不批捕279人,不起诉389人,不捕不诉率同比分别上升10.5%和2.5%。切实履行检察官刑事诉讼主导责任,全面适用认罪认罚从宽制度,探索完善"值班律师+公益律师"全程参与工作机制,认罪认罚1559人,认罪认罚率86%,法院采纳量刑建议率96%。在办理全市首例涉恶网络套路贷案件中,积极推进认罪认罚,成功促使26名被告人全部认罪伏法,量刑建议精准度和采纳率均达100%,并督促追赃挽损3000余万元。围绕县域治理现代化的任务要求,探索"个案办理+类案监督+参与社会治理"新型检察办案模式,确立"一案一剖析"和"类案共治理"工作机制,面向保险、教育用品等行业制发的检察建议,回复采纳率和落实整改率均达100%,以基层视角反映的社会治理建议多次被省委办公厅、省检察院采纳,依法担当履职促进社会治理的具体案例被确定为全国指导性案例。

【畅通便民渠道更有广度】 认真落实"群众来信件件有回复"措施,接收群众来信来访605人次,100%做到"7日内程序回复、3个月内办理过程或结果答复",努力做到打开群众心结、化解社会矛盾。积极推进检察环节"最多跑一次"改革,深化公益损害与诉讼违法举报中心工作,受理242件,已纠正整改231件。12309检察服务中心进驻市社会矛盾纠纷调处化解中心,统一管理举报控告线索,做深做实检察调解工作,成功化解信访积案31件。推行信访积案清理和领导接访常态化,邀请第三方对16件疑难案件公开听证。办理阻碍律师相关权益案件5件,快速做出监督决定,依法保障律师执业权利。综合应用移动检务平台,为律师及当事人提供"掌上一站式"服务,办理各类申请347次。基层检察室检力下沉,直面群众问计问需,促进基层司法服务闭环形成。

【保护特殊群体更有温度】 全面贯彻落实最高检"一号检察建议",与市公安局、市教育局会签《教职员工性侵违法犯罪信息入职查询办法》,查询相关人员2000余人,共同将"不良"教职员工挡在校门外。联合相关部门,建立侵害未成年人案件强制报告制度,及时发现、掌握未成年人受侵害情况。办理未成年人案件 85 件,涉及 122 人,做到宽容不纵容,提起公诉 40 人,经教育挽救后不起诉 38 人。丰富提炼"人大代表＋检察官＋社会关护团"的未成年人司法综合保护模式,以人大代表关护站为纽带,促进专业司法和行业精英的有益对接,相关做法和制度在全省检察系统推广。依托青少年法治教育基地,开展法治现场教学活动 16 次、线上普法 1.7 万余人次,以"第二课堂"的形式将青少年法治教育覆盖至全市中小学生。建成晨曦帮教中心,接纳帮教人员 95 人,进一步落实外来务工人员司法同城待遇政策,相关工作机制入选金华市域治理现代化实践案例。针对道路安全事故多发问题,牵头多部门联合研判,综合施策,促进提高环卫工人道路安全指数,让司法关怀落地有声。

【刑事检察监督持续优化】 切实履行监督责任,对重大案件开展讯问合法性核查 8 人次,确保刑事诉讼活动有序进行。既不放纵犯罪,也不冤枉无辜,监督侦查机关立案 39 人,追诉漏罪漏犯 12 人,对认为确有错误或符合抗诉情形的一审判决,提出抗诉 8 件,涉及 15 人。从做好向做优迈进,打造检察官会商制度 2.0 版,增设认罪认罚量刑建议会商、重大监督案件会商、不捕不诉听证会商等特别程序,以"辅助而不干涉"为原则帮助检察官正确决断案件,办案质效不断提高,案-件比达到 1.57。做法经验得到省检察院贾宇检察长批示肯定,并入选2020 年度浙江检察机关九大创新成果。主动开展排查"纸面服刑"专项监督活动,紧盯刑罚变更执行漏洞。扎实开展社区矫正专项行动,坚持日常监督和专项监督相结合,共监督收监社区矫正对象 3 人,坚决杜绝脱管、漏管等情况发生。

【民事检察监督成效显著】 面对人民群众的新需求,创新提出"主动带动主导"理念,专门组建检察调查机动团队,既依法主动开展监督,又在监督中主导社会各界支持、参与监督,共同打好"调查、监督、处置"组合拳,共同促进诚信永康建设。办理监督案件 46 件,同比上升 84％,涉案金额达 5000 余万元,提请上级检察院抗诉 33 件,提出再审检察建议 2 件。健全"刑民融合、侦审配合、法检互动"三大机制,用足用好调查核实权,提高民事检察监督自主性,深挖虚假诉讼背后的违法犯罪问题,移送公安机关刑事案件 12 件,涉及 15 人,办理章某某伪造工资优先权窝串案、胡某某民间借贷系列案等一批虚假诉讼大要案。坚守法律监督者的"第三方立场",对 15 件不符合监督条件、不支持监督申请的案件,开展公开听证、释法说理、公开答复,捍卫民事裁判的既判力和公信力。

【行政检察监督稳中有进】 以"双赢多赢共赢"理念深化监督,会同市法院推进非诉执行专项行动,督促 27 家企业缴纳 420 余万元行政处罚罚款,做到既服务小微企业复工复产,又合力解决行政处罚"执行难"问题。把"案结事了政和"作为行政争议实质性化解的宗旨,落实检察长"领衔办理、督导办理、协同办理"三办机制,强化内部协作配合,借助调查核实、释法说理、乡贤参与、司法救助等多种手段,化解行政争议案件 15 件,最大限度把矛盾隐患解决在基层。在党委政府支持下,三级检察机关联动对一起不支持监督申请案件开展矛盾化解工作,以合法诉求为基础,精准释法,系统攻坚,为长达 6 年的信访积案画上句号,该案入选2020 年度全省行政检察精品案例。

【公益诉讼检察监督精准优质】 办理公益诉讼案件 56 件,诉前程序案件 52 件,提起诉讼案件 4 件,涉及 6 人,办案数据稳步提升,基本形成"诉前为主、诉权为基"的公益诉讼格局。用好"主题＋专班"工作模式,聚焦群众关切,开展食品安全、道路安全、古树名木保护等专项活动,办理重特大案件19件,占比达34％,公益诉讼检察的广度深度进一步拓展。顺利出庭指控"5·21"重特大环境污染案,追偿公共利益损害赔偿5541.9万元,已执行追偿到位200余万元。构建"多方联动、一体推进"的公共利益保护格局,通过检察建议、圆桌会议等形式,与相关职能部门在全市范围内部署联合执法5次,督促199家商户做到污水零排放,警示51家废品回收站消除安全隐患,以实实在在的成效扛起"公共利益代表"的职责使命。建立健全公益诉讼配套机制,聘任20名来自人大、政协和乡镇的同志担任首批公益诉讼特邀监督员,以服务制造业转型升级为主题启动公益诉讼创新实践基地建设,确保公益诉讼检察行稳致远。

（市检察院　供稿）

人民审判

【概　况】 2020年,永康市人民法院(简称市法院)坚持以习近平新时代中国特色社会主义思想为指导,深入学习贯彻习近平法治思想,忠实践行"八八战略"、奋力打造"重要窗口",坚持服务大局、司法为民、公正司法,忠诚履职、敢于担当、勇于创新,紧紧围绕"努力让人民群众在每一个司法案件中感受到公平正义"这一目标,主动担当有为,依法公正履职,深化推广"龙山经验",深化司法体制改革,强化队伍建设,广泛接受监督,为经济社会发展提供有力司法服务和保障,各项工作取得了新进展、新成效。全年收案17133件,同比下降17.77％,结案17749件。员额法官人均办案352.51件。

【发挥审判职能维护公平正义】 2020年,市法院坚持疫情防控与司法审判同推进,出台相关规定,为疫情防控、复工复产及野生动物资源保护等提供司法保障,依法审理防疫物资诈骗、破坏野生动物资源案件18件,严惩26人。创新工作方法,全面推进"非接触式"诉讼服务,积极推动在线庭审、网上调解工作。一审受理民商事案件7410件,同比下降26.16％,审结民商事案件7715件,同期结案率达104.12％。作为省高院民间借贷类型化专题解纷试点法院,完善诉调衔接、繁简分流机制,民间借贷案件诉前分流率同比提高27.55％,收案量下降30.95％。全力营造法治化营商环境,妥善审结破产重整等案件26件,涉及债权5.26亿元。严厉打击职业放贷、套路贷等违法行为,向"职业放贷人"征收税费16.93万元。加强知识产权保护,审结知识产权民商事案件101件,调撤率为60.4％。紧盯"六清"行动目标,坚持全程把控、全面把握、全线把关,确保涉黑恶案件优先审理,涉案财物优先清理。专项斗争开展以来,受理涉黑恶案件66件,涉及325人,判决64件,涉及312人。新收一审刑事案件978件,收案量同比下降20.93％,审结985件,判处罪犯1653人。审结未成年人犯罪案件39件,涉及52人,缓刑适用率30.76％。依法严惩侵害未成年人身心健康犯罪,对44名犯罪分子判处实刑。受理集中管辖行政诉讼案件113件,结案88件,充分发挥市政府和管辖法院之间的桥梁作用,及时召开府院联席会议,助力市政府启动"行政争议集中化解攻坚月"行动,建立促进行政争议实质化解四项机制、发函督促化解机制。

【狠抓执行难题兑现人民权益】 2020年,市法院全力攻坚"基本解决执行难"问题,共执结案件7813件,到位标的19.16亿元,有财产可供执行案件法定期限内执结率

98.42%。深化源头治理、综合治理,以"一月一镇平安大会战"为契机,开展"执源治理大推进"行动、护航"六稳""六保"执行行动,凝聚全市工作合力,开展"拉网式"执法行动。共开展集中(联合)执行行动17次,传唤336人次,拘留48人,执结案件237件,到位金额3527万余元,重点曝光失信被执行人150人,共邀请60余名代表、委员现场见证、监督,相关工作获省高院领导批示肯定。强化善意执行、文明执行,受疫情影响创新"按约履行+公益劳动"方式,对14名经约谈态度良好的被执行人暂缓司法拘留,以主动承担公益劳动情况考察其"诚信表现",累计提供社会服务100小时以上,该做法获金华中院领导点赞并在全市推广。与金融办制定《正向激励诚信经营企业信用资格审核暂行办法》,逐步探索企业信用修复机制。

【推广"龙山经验"助力社会治理】 2020年,市法院发布"龙山经验"45条推广标准,构建"龙山经验"诉源治理指数评价体系,提升"龙山经验"深化推广效果。推动召开首届"龙山经验"高峰论坛,借力借智探索"龙山经验"升级新模式、诉源治理新路径,130余名各级领导、全国各地知名专家学者参会。在市委政法委、市委宣传部的指导下,联合市文联等部门开展文艺志愿服务团"龙山经验"采风活动,并将采风作品编印成册,着力讲好永康基层治理的"好故事"。在法庭辖区持续深化推广"今日我当值"机制,基层法庭收案量下降7.01%。坚持推进"一站式多元解纷""一站式诉讼服务"建设,深化司法领域"最多跑一地"改革,建成集约化诉讼服务中心,协调办理立案、送达、接待、无纸化扫描等审判执行事务性工作。改革优化法庭布局,挂牌成立古丽法庭、倪宅法庭,设立旅游巡回法庭,助力提升基层社会治理法治化、专业化水平。联合市行政服务中心等部门,助力法拍房办理"一站办、一次跑",完成不动产拍卖40余宗,相关经验在"金华改革"公众号上刊登。持续推进金融纠纷调处中心建设,成功化解案件125件,同比上升56.25%,涉案标的5261万余元。联合市人大、市政协分别成立"龙山经验"人大代表联络站和政协委员调解室,整合人大、政协、慈善总会等资源,打造矛盾纠纷的"调解站"、联系群众的"连心站"、纾困解难的"救助站"、权力运行的"监督站",同时在《金华晚报》开辟"法徽外的天平"专栏刊登典型案例,擦亮永康诉源治理品牌。成立以来,两平台共有419人次人大代表、政协委员参与调处、会商各类矛盾纠纷163件,成功化解124件,涉案标的1.39亿元。相关做法得到最高人民法院、省级领导批示肯定,并在《人民法院报》头版头条、《浙江日报》头版、《浙江人大》等报刊上刊载。

(市法院 供稿)

军　事

综　述

【概　况】 2020 年,永康市人民武装部(简称市人武部)在上级军事机关党委和永康市委市政府的正确领导下,认真贯彻习近平强军思想,以主题教育为抓手,维护核心,聚焦主业,强基固本,深化融合,正风肃纪,圆满完成年度各项任务,武装工作建设水平稳步提升。

【坚持攻坚克难炼队伍】 8 月初,受"黑格比"台风影响,永康市遭遇百年难见的极端自然灾害,市人武部组织民兵迅速响应,共出动民兵 1300 多人次,参与转移搜救群众、封堵加高堤坝、徒步入村运送生活物资、灾后道路水渠清障清淤、巡查重点灾害地段等工作。浙江卫视、"钱塘兵事"、"金华发布"等媒体先后作了报道。

【坚持科学规范强基层】 2020 年,市人武部以基层规范化建设达标年活动为契机,大力抓实基层规范化建设,投入约 15 万元建设军事职业化教育配套设施,投入约 10 万元购置训练器材用于应急训练,先后聘请专业技能教员 16 名,进行全科目教学。各镇(街道、区)不断增加经费投入,用于完善基层武装部基础设施,完成 5 个基层武装部规范化达标建设任务。

【坚持建强队伍固支撑】 2020 年,市人武部抓好专武干部队伍建设,定期组织专武干部和民兵骨干培训,提升国防动员业务能力和履职尽责基本功,规范专武干部兼职、考评和进出使用渠道,落实专武干部资格认证实施办法,成立县级组织评审机构,实施资格认证工作,共提升使用 9 名专武干部。

【坚持聚焦主业不偏移】 2020 年,市人武部突出应急力量、军兵种保障队伍和新质新锐力量建设重点,科学编组后备力量体系。在编的民兵情报信息分队作用发挥明显,被上级采纳有价值的信息 18 条。圆满完成征兵任务。常态化抓好国防教育工作,在辖区内中小学设立军人"荣誉墙",《永康日报》设立"八一光荣榜",利用民兵训练、学生军训、预定新兵役前训练和国防教育日、征兵宣传月、清明节、烈士纪念日等时机,开展全民国防教育活动。

兵役工作

【概　况】 2020 年,市人武部在上级军事机关党委和市委市政府的正确领导下,认真落实省、市征兵工作会议精神,采取早部署、广宣传、细落实、防疫情、严纪律的方法,征兵各项工作有序推进,圆满完成任务。

【"早"部署精心谋划】 受疫情影响,2020 年,市人武部按照上级两征合并的指示要求,及时调整健全征兵工作领导小组,形成"主要领导亲自抓、专武部长具体抓、民兵连长共同抓"的齐抓共管、上下联动的工作机制,先后 4 次召开全市兵役登记工作推进会,3 次召开征兵工作形势分析会,摸清适龄青年(特别是 18、19 周岁青年)、在校大学生、毕业大学生三种类型青年的底数。

【"广"宣传营造氛围】　2020年，市人武部充分利用市融媒体中心、《永康日报》等主流媒体以及移动、联通、电信等网络运营商，通过宣传车、报纸、电视、LED大屏、网站、微信公众号、短信等媒介全域全面开展征兵宣传。同时，落实征兵宣传"六进"：即进机关、进学校、进企业、进社区、进农村、进家庭。对在外流动适龄青年，采取"四个一"，即打一个电话、发一条短信、建一个QQ微信群、聊一聊当兵的光荣。对大学毕业生，采取召开座谈会、上门动员等方式，实行"一对一"服务，发动行政村（社区）党支部书记、村（社）主任、民兵连长、亲友不间断进行宣传发动，灌输国防意识，讲清优惠政策，算算经济账，实现宣传发动全领域、无死角、全覆盖。

【"细"工作加强管控】　2020年，市人武部党委班子成员对辖区16个镇（街道、区）实行分片包干，每日检查各单位征兵工作开展情况，对进度缓慢、各项比例达标有困难的单位及时进行督促指导。制定下发《征兵任务分配表》，层层传导压力，确保落地见效。先后3次召开医生业务培训会，规范体检程序，严格体检标准，对于身体边缘性问题，由主检医生组织体检组进行集体诊断，征兵办、卫健局负责人到场共同复合。在征兵政治考核方面，严格落实初步考核、联合考核、走访调查、考核结论四个步骤；在遵纪守法方面，突出"三无"（无违规、无违纪、无违法）；在考核重点方面，突出"三重"（重本人、重表现、重标准）；在组织实施方面，突出"三清"（内容清、程序清、方法清），做到"六查清"（查清现实表现、查清年龄、查清文化程度、查清户籍、查清家庭成员、查清社会关系）"五见面"（与本人、家长、村干部、邻居、班主任见面），切实把每一名应征青年的政治品质、思想状况、年龄学历、现实表现、家庭情况等摸清楚、掌握准。

【"防"疫情确保安全】　2020年，市、镇两级征兵体检站实行全封闭式管理，除工作人员、应征青年，其余人员一律不准进站。市征兵办租用2台大巴车，负责到乡镇接送应征青年，上车前，严格落实两次体温检测，一次额温枪、一次水银体温测量，亮健康码，戴口罩，凡体温超过37.3摄氏度的一律不准上车。到征兵体检站，所有人员进站前再次量温、亮码，全程戴口罩。体检站设置体温检测点、暂时留置观察区，每天对体检站进行消毒，按要求配备足量口罩、手套、面屏、隔离衣、水银温度计、消毒液等各类防疫物资，同时与市疫情防控中心、120进行联动，遇有情况及时处理，确保"零感染""无传播"。市人武部结合"三病检测"和基地封闭式管理，每人落实不少于2次核酸检测，封闭式管理期间开展役前训练，实行建制连队化管理，按照上级运兵计划直接从训练基地起运新兵。

【"严"纪律守住底线】　2020年，市人武部紧盯廉洁征兵各个环节，一人不漏组织征兵工作人员学习军纪发311号文件、廉洁征兵"十不准"，市征兵办工作人员、专武干部、体检医生、政治考核民警等人人签订廉洁征兵责任书，先后发放1300余张廉洁征兵监督卡，在市、镇两级设立举报信箱，在全市范围内遴选63名廉洁征兵监督员，并向全社会公示，全程参与监督，严格落实每周四廉洁征兵"零报告"。新兵起运前，组织所有新兵和家长逐人填写"廉洁征兵问题排查表"，发现问题一经查实，军地联动从严从快处理。

民兵工作

【概　况】　民兵工作是国防动员和后备力

量建设的基础工程。2020年,市人武部始终坚持把民兵建设作为落实党管武装制度的重要事项来抓,及时调整完善民兵工作领导组织机构,充分发挥军事机关主责主业作用,突出抓好思想引领、教育为先、铸魂聚力,突出抓好组织建设、队伍建设、基层建设,突出抓好练兵为战、一专多能、精专结合,突出抓好应急服务、参建共建、作用发挥,突出抓好规范动用、政策保障、创新推进,圆满完成年度民兵工作各项任务,民兵工作各项建设进一步提升。

【对标推进民兵整组】 2020年,市人武部及时调整组织领导机构,制定下发指导意见和方案计划,根据工作进程及时组织业务培训,下达工作指标,明确标准要求,并成立由部领导带队的工作组到各基层武装部进行现场实地检查督导,全力推进整组工作落到实处,对上级检查验收指出的问题对标整改,组织专武干部集中办公,完善各项年度整组资料,做好民兵潜力调查、人员编组、体检政考、整组点验等各阶段重点工作,突出队伍结构优化、新质力量编组,突出党团员比例、退伍军人比例,突出专业技术力量、年龄结构要求,细致收集整理人员档案信息,完善各类台账资料和民兵工作管理系统数据,较好完成年度民兵整组工作任务。

【突出重点 练兵备战】 2020年,市人武部主动适应新年度军事形势,始终抓住军事训练这个中心,针对首长机关、专武干部、基干民兵三类重点对象开展针对性训练,确立"紧贴实战、聚焦能力、抓住关键、按纲施训"目标,狠抓各项训练,使任务高质量落实,确保"双应能力"聚合提升。7月、9月组织首长机关开展业务理论和军事科目训练,并参加军分区考核。投入约15万元建设军事职业化教育配套设施,通过个人制订学习计划、开设网络学习室等方法,进一

步提升军事职业信息化水平。组织全体专武干部集训,以部领导授课、机关业务辅导和专武干部交流等形式,重点开展政策法规、国防形势、民兵整组、兵役工作、军事理论、基层规范化建设等方面理论知识学习,同时开展基础科目训练和实弹射击训练,提高专武干部理论基础、组织指挥能力和实操水平。11月,组织16名专武干部参加军分区组织的专业集训,3名同志考核排进前10名。5月、6月、11月,分批次突出抓好应急力量、军兵种保障队伍和新质新锐力量等3类8支分队400余人次集训,先后完成道桥保障、公路护路、防汛抗洪、应急维稳、森林灭火、伪装防护等专业科目训练和实弹射击训练任务。抽调精干力量组织保交护路分队开展针对性强化训练,高标准完成第三届岗位练兵大比武任务;组织民兵应急连进行应对突发事件的处置训练及演练;协调驻军,委派3名教练员组织道桥保障分队61名基干民兵,高标准完成军兵种保障分队训练任务。

【规范推进基层建设】 2020年,市人武部以上级基层规范化建设达标年活动为契机,下大力抓基层规范化建设,投入约10万元购置训练器材用于应急训练,先后聘请专业技能教员16名,进行全科目教学。各镇(街道、区)平均投入5万元用于完善基层武装部基础设施建设,已完成5个基层武装部规范化达标任务。着力抓好专武干部队伍建设,规范专武干部兼职、考评和进出交流使用渠道,落实专武干部资格认证制度,成立联审联考机制,激发专武干部创业干事动力,全年共调整提升使用9名专武干部,队伍结构得到进一步优化。

国防教育

【概　况】 2020年,市人武部积极联合军

地各界力量,持续构建优化大国防教育体系,积极营造全民国防教育浓厚氛围。

【持续加强军人荣誉体系建设】　以让军人成为全社会尊崇的职业为目标,2020年,市人武部积极营造拥军优属浓厚氛围,协调市委市政府在春节、"八一"等时机走访慰问驻永驻金部队官兵,联合相关部门和各镇(街道、区)持续开展春节现役军官军属集中"大走访"活动;在报纸电视网络等融媒体平台开设"征兵宣传""国防教育"专栏,设立"八一光荣榜"宣扬当年立功受奖现役官兵事迹,联合宣传、教育部门指导城乡各中小学校设立"最骄傲校友、最可爱军人"荣誉墙,全面推动覆盖行政村(社区)文化礼堂、文化长廊等场所"军人荣誉榜"建设;强化市领导过"军事日"活动;6月10日,全市首批中青班开班,市人武部为中青班全体学员作国防动员专题授课辅导;坚持为立功受奖官兵家庭上门送喜报;持续强化军人军属合法权益维权机制,9月上旬,为当年入伍新兵家庭发放军人军属法律援助服务卡190多份,联合司法部门全年协调妥善处置涉军维权案件20多件,探索推进军人军属优待办法,增强军人军属荣誉感、获得感,形成全社会关心国防、支持国防、建设国防的鲜明导向。

【开展以庆祝建军93周年为主题的国防教育系列活动】　2020年7月28日,古山镇组织开展庆"八一"系列国防教育活动。当天上午古山镇人武部组织镇应急排全体民兵、古山小学学生代表、优秀退伍军人代表到前黄村开展国防教育主题系列活动,为李立倚、李立卓两位革命烈士敬献花圈,向烈士默哀,聆听烈士情况介绍;参观前黄村革命博物馆,观看红色影片;在前黄村文化礼堂举行庆"八一""传承红色基因、共建和美家园"主题教育活动,为当年古山镇立功受奖官兵军属颁发荣誉证书和奖金,为优秀退伍军人发慰问金,尔后由永康市"最美退伍军人"、"十佳转业退伍军人"、星月集团董事局主席胡济深为全体人员专题授课。

【开展以纪念抗美援朝出国作战70周年为主题的教育活动】　2020年10月23日,市人武部全体干部职工和专武干部、应急连民兵代表和爱国拥军促进会代表,以及特邀的抗美援朝志愿军代表共150多人,在永康抗美援朝纪念公园开展"传承抗美援朝精神,献身国防动员事业"纪念抗美援朝出国作战70周年主题教育活动。为烈士敬献花篮、默哀,组织全体人员宣誓,重温入党誓词,参观抗美援朝纪念馆,聆听志愿军老战士徐其林讲解可歌可泣的英勇战斗经历,收到良好的教育成效。

【开展第二十个"全民国防教育日"系列活动】　2020年8月下旬至9月上旬,市人武部组织民兵教练员为永康市第一中学、第二中学、第六中学、职业技术学校(五金技师学院)等4所公办高中4000多名新生分批次开展为期5至7天的军训,强化学生的国防意识、团队意识、纪律观念。9月16日,在第20个"全民国防教育日"到来之际,市人武部联合市应急部门、市职业技术学校开展主题为"奋进新时代、聚力强军梦"的国防教育宣传活动,展出国防历史、军队发展史、征兵工作、人防宣传以及永康革命武装史、永康红色教育基地介绍等展板70多块,发放宣传手册2000多份,接受师生咨询200多人次。9月1—10日,市人武部组织预定兵员集中开展役前教育训练,在训练中穿插开展国防法规知识授课、国防形势专题报告,联合市文广旅体局利用夜间时间为全体预定兵员播放《战狼2》《红海行动》《八佰》等军事题材影片6部,全方位强化预定兵员国防意识,为兵员迈入军营上好国防法规第一课,强化从军报国、建功军营的使命意识。

拥政爱民

【概　况】　2020年,市人武部在上级军事机关党委正确领导下,在市委市政府大力支持下,坚决贯彻落实"五部"职能,在做好主责主业基础上,充分发挥面向部队、协调军地的桥梁作用,带领广大民兵预备役人员积极主动参与地方经济社会建设,在双拥共建中当先锋、在抢险救灾中打头阵、在服务社会中做表率,创新推动,融合发展,不断书写双拥工作新篇章。

【持续加大结对帮扶力度】　2020年1月14日,市人武部领导到西溪小学、永康六中走访慰问生活困难学生22人,发放慰问金3.2万元;6月16日,到西溪镇寺口村走访慰问结对7户低收入农户家庭,全体现役干部和文职人员以个人名义开展"一户一策一干部"走访活动,送上结对帮扶卡、保险大礼包,以及慰问品、慰问金;10月16日,走访慰问西溪镇棠溪村5户生活困难家庭,送上慰问金每户1000元,捐助棠溪村项目发展帮扶资金5万元。

【支援地方抢险救灾】　2020年8月4日,特大台风"黑格比"影响永康。当晚,市人武部迅速派出民兵应急力量200多人次在城区3个街道和4个镇等灾情较重的区域展开转移群众、搜索失联群众等救灾任务。之后,持续发动全市民兵1500多人次迅速展开灾后运送急需生活物资、危房清理、淤泥清运等任务繁重的灾后重建工作,成为永康市灾后重建的突击队和生力军。

【参加辖区疫情防控】　2020年1月下旬开始,全国多地爆发新冠肺炎疫情,市人武部遵照军队各级指示和市委市政府的防控要求,成立疫情防控领导小组,严格落实防控要求,在做好自身防护的基础上,共派出200多人次全员轮流参加社区卡口值勤、入户调查、文明劝导等防控任务,并为疫情防控一线人员捐款捐物;发动各镇(街道、区)基干民兵6000多人次,日夜参与社区、乡村重要卡口、重要交通要道、人员隔离点等地的值勤管控、测温登记、文明劝导、场地消毒、运送保障物资等任务;号召全市退伍军人、广大民兵以及休假在乡的现役军人在做好自身防控前提下,加入疫情防控突击队,参与辖区卡点值勤任务,积极帮助企业复工复产,高标准严要求出色完成防控任务。

【持续推动"三服务"工作】　2020年,市人武部组织机关干部、文职人员参与"送政策、送服务、送技术"等"三服务"活动,担任"助企服务员",帮助企业复工复产。先后走访规上企业22家,军民融合企业26家,为企业协调融资渠道,拓宽产品销售渠道,规范用电用气,联系紧缺材料,提供技术支持等。

（市人武部　供稿）

农业农村

农业

■ 综述

【概况】 2020年5月初，永康市农业专班成立，全市农业增产保供取得一定成效；5月排名居全省第11名、金华市第3名，6月居金华市第1名。永康市被省政府评为第三届"河姆渡杯"粮食生产先进县，并获金华市政府2019年度粮食安全责任制考核优秀单位称号；成功创建全省首批省级渔业健康养殖示范县，以点带面促进渔业产业发展；唐先葡萄生姜特色农业强镇通过省级验收；打造浙江普园花卉种植有限公司农业数字化工厂1个，提升改造维哲家庭农场、四路观赏鱼、菇尔康生物科技等12个数字化种养基地；华茗园、伟丰、菇尔康等17家优秀企业入驻网上农博平台，共上架产品68个；成功举办2020年中国农民丰收节系列活动，包括杨梅节、中国红富士葡萄节、蜜梨节、方山柿节、毛芋节等农业节庆活动，有效带动当地农业增收、农民增富；"永康农"农业区域品牌完成注册登记，"永康方山柿"获国家地理标志证明商标；政校联动，第三届浙江省大学生乡村振兴创意大赛在永康举办，通过举行开幕式、民俗文化展示、传统文艺演出、农民大直播培训等系列活动，有效实施"两进两回"行动；"永康市探索'肥药全程管理一件事'追溯体系，构建农业绿色发展新格局"的做法得到副省长彭佳学的批示肯定。

■ 农村工作

【创建新时代美丽乡村】 2020年，市农业部门按照省新时代美丽乡村建设总体部署，通过健全组织架构，强化项目管理和指导，促进市、镇、村三级共同发力，助推美丽乡村建设，按"抓牢重点、整治难点、突出亮点"的要求，深化"千万工程"，坚持规划、建设、管理、经营、服务"五位一体"，积极探索数字乡村、未来乡村建设，加快推进美丽乡村标准化提档、特质化打造、片区化整合、品牌化经营、数字化发展，打造新时代美丽乡村新标杆。围绕"空间布局美、田园生态美、村强产业美、民富生活美、人文风貌美、安定和谐美"的总体要求，以"十无"达标村、"十有"示范村，美丽乡村、美丽田园、美丽产业"三美"综合体培育村建设为载体，实施美丽乡村及风景线百日攻坚行动。以项目建设为抓手，注重村庄地域特色，注重植入文化元素，注重挖掘资源禀赋，开展连线连片综合提升，打造美丽乡村示范精品区域，全力推进以乡村振兴战略为统领的"大美乡村"建设。全市创建省级美丽乡村示范乡镇2个、特色精品村5个、美丽乡村精品村34个、达标村102个，金华市级美丽乡村示范村5个、达标村10个，永康市级达标村65个、"三美融合村"4个。基本完成最美双舟线、陈亮故里线建设，加快形成"一路成风景"的美丽格局。

【农村人居环境整治】 2020年，永康市开展农村人居环境整治"百日攻坚"、"迎双节"农村人居环境大整治、农村人居环境整治提升交叉督查、"再干一百天、和美过大年"等环境提升行动,以"三清四整五提升"为主要内容,挂图作战攻坚销号,实现整改一批、攻坚一批、提升一批,以干净、整洁、有序的农村人居环境迎接高水平全面小康。全市组织开展城乡环境"创佳评差"活动,每季度评选出"十佳村""十差村"和进步村,通过树典型、奖先进、督后进,有效提升城乡环境风貌。全市全年累计清理杂物 3 万处,拆除违章搭建 20 万平方米,新增绿化 10 万平方米。

【历史文化村落保护与利用】 2020 年,市农业部门持续进行全市历史文化村落调查摸排工作,完善村落数据管理,积极开展历史文化村落保护利用项目建设,永康市共有 51 个村被录入省级历史文化村落保有数量名单库,2013—2021 年省级历史文化(传统)村落保护利用累计培育 9 个批次 45 个村,其中重点村 9 个,一般村 40 个,得到省、金华市媒体的多次报道,获得上级部门认可。全市历史文化(传统)村落保护利用工作取得优异成绩,芝英镇被评为第六批中国历史文化名镇,象珠镇、唐先镇被评为省级历史文化名镇,厚吴村、塘里村、大陈村、舟山二村、芝英一村被评为中国传统村落,厚吴村和胡库下村被评为中国历史文化名村,舟山二村被评为省级历史文化名村,厚吴村古建筑群、下柏石村陈大宗祠被评为第八批全国重点文物保护单位。

【农民教育培训】 2020 年,市农业部门依托乡村振兴大讲堂,推出线上培训与线下辅导相结合的课程,在省内率先开展"培训微课堂,'绿衣'帮你忙"网上农民培训,采用"学校授课＋基地实习""外出考察＋现场指导"等形式,进行"四统一培训管理",培养一支支适应现代农业需求的农民队伍。"永康市创新培育模式,提高农民素质促增收"案例入选《鼓起农民"钱袋子"——浙江农民增收 100 例》一书。成功举办"农信杯"第三届浙江省大学生乡村振兴创意大赛。出台《永康市高素质农民培育工作管理办法》。培育新农创客 25 名,农创客胡波涛"网络直播卖山货"视频在学习强国推出。全年完成各类农民培训 3284 人,其中高素质农民 256 人,农村实用人才 1168 人,普及性培训(大讲堂)1860 人。

【农村集体经济和扶贫工作】 2020 年,市农业部门高水平开展农村集体"三资"管理改革,创新"三资"专业代理模式,实现"全纳管、全规范、全公开"。全省率先推广农村集体经济数字管理系统,推行村级财务手机端移动审批、网银直联支付、"二维码"无现金收支、扫码公开等数字化管理模式。受到省、市各级高度肯定。全省村级财务管理工作会议、金华市"三资"管理改革现场会在永康召开。全年累计接待省内外专题考察团 44 批次。全面完成低收入农户高水平全面小康攻坚,"两不愁三保障"基础持续夯实,率先在金华市范围内实现家庭人均收入 9000 元以下清零,"排、消、核、查"四步工作法作为先进做法在全市扶贫会议上进行经验介绍。创新推出扶贫"红色保单"(低收入农户政策性补充医疗保险),实现低收入农户政策性全覆盖,并相继被学习强国、中央纪委国家监委、人民论坛、国家银保监、《中国银行保险报》、《农村信息报》、《金华日报》、金华电视台等报道,同时作为 4 月牢记习总书记浙江考察嘱托被浙江卫视新闻联播报道。注重"输血"和"造血"结合,行政村规模调整后资源要素整合,农村集体资产参与社会化配置。212 个村与国资公司共同参股组建市级集体经济发展抱团公司,开展市场化经营发展。全市行政村集体经济都达到年经营性收入 8 万元,总收入 15 万元以上。

■ 粮食生产

【概　况】　2020年，永康市粮食播种面积15.86万亩，粮食总产量约6.1万吨，粮食生产功能区提标改造2230亩，完成非粮化整治3680亩。全市规模种粮大户226户，稻麦复种面积9.6万亩，规模种植占比80%以上，是金华市最高的县（市）。为稳定粮食生产，永康市2020年出台粮食增产保供的激励政策：一是增加稻麦规模种植补贴。上年种植水稻区域外，新增规模种植连片20亩以上的规模种粮主体，在享受原有补贴政策基础上每亩再增加100元。二是鼓励改种粮食作物。对粮食生产功能区内原来抛荒闲置改种水稻的，给予镇（街道、区）每亩500元的一次性奖励；种植多年生经济作物或苗木改种水稻的，给予镇（街道、区）每亩2000元的一次性奖励。

【水稻高产创建】　2020年，在石柱镇、前仓镇、芝英镇、古山镇、象珠镇、龙山镇、城西新区实施"省级水稻绿色高产高效创建千亩示范片"6个，共计6160亩，其中设立百亩核心方6个、百亩高产攻关方1个，主要推广应用水稻"两壮两高"、精确定量栽培、缓控释肥、病虫害绿色防控等新技术。6个千亩示范方平均亩产为707公斤，比上年增产7公斤，比当地平均亩产增产64公斤，增产9.95%；6个百亩核心示范方经机割验收平均亩产为770公斤，比上年亩增43公斤，增产5.91%；城西新区上谢村实施的100亩高产攻关方亩产为920公斤。

【粮油救灾种子储备与运行】　2020年，永康市完成上级下达的2019—2020年度粮食种子4万公斤、油菜种子175公斤的救灾种子储备任务。落实2020—2021年度粮食种子8万公斤、油菜种子175公斤储备任务。根据2020年灾情与永康市生产需要，全年共动用早稻种子38350公斤，播种5000余亩，油菜种子175公斤，播种900余亩。

【永康市被列为浙江省水稻新品种展示分中心】　2020年，永康市实施水稻连片示范方7个，引进用于展示的新品种30个、用于生产试验的2个，筛选优良绿色品种嘉丰优2号、甬优7860、中组143、中组53等。推广主导品种中早39、甬优17等9.9万亩，超额完成上级下达的8万亩任务，主导品种覆盖率98%以上。全年水稻新品种展示中观摩者达500余人。浙江省种子管理站将永康市新品种展示示范基地列为浙江省水稻新品种展示分中心，为今后永康市的水稻新品种向高效、绿色、生态方向发展打下坚实基础。

【水稻新品种示范展示】　2020年，永康市在桥里、姚塘两个基地，实施水稻连片示范方6个、新品种展示区28个，共363亩。筛选出适宜永康市推广应用的优良品种嘉丰优2号、甬优59、嘉丰优3号、华中优1号等品种。单季稻品种"甬优7860"百亩示范方亩产超900公斤，成为永康市百亩示范方亩产新纪录。

■ 经济作物

【蔬　菜】　2020年，永康市蔬菜播种面积10.95万亩（包括西瓜、甜瓜、草莓等），总产量17.76万吨，平均单产1.62吨。针对新冠肺炎疫情带来的菜难买、菜难卖的突出问题，市农业部门协调乡镇农办、中国邮政等单位创新蔬菜供销模式，开展"基地直采＋邮政配送＋市民餐桌"便民助农活动。永康市在摸清本地蔬菜存有量、菜农劳动力数量等情况的基础上，重点研判可能存在的蔬菜供应紧张问题，出台"菜篮子"生产扶持政策，每亩补贴300元。为保障农业生产供应，市农业部门提早向省农业农村部门紧急调运早熟五号、苏州青和鲜食大豆等蔬菜种子。利用本地种粮大户春季闲置的农田，鼓励粮农扩种蔬菜，全市种植应急蔬菜500余亩。

【水　果】　2020年，永康市果园面积5.62万亩，年产水果4.94万吨，产值31085万元。全年推广果树新品种6个，新建水果基地930亩；设"大树冠葡萄园立体套种经济作物"示范区，套种大球盖菇，每亩增收1万元，套种生姜，每亩增收0.5万元，套种的浙贝母，长势良好，增效明显。实施浙江省农业重大技术协同推广"晚熟阳光玫瑰葡萄设施轻简化栽培技术研究与示范"项目，浙江省果品产业团队"由良柑橘示范园建设"项目落地方岩镇后钱村；以单株夏黑葡萄挂果772串，平均穗重525克，平均可溶性固形物18.7％，再破2019年664串的浙江省农业之最。永康市裘记农业发展有限公司被评为2020年度种植业"五园"省级示范基地。

【茶】　2020年，永康市有茶园4700余亩，其中有采摘茶园3600余亩。全年生产茶叶21.8吨，产值661.0万元。生产红茶7.2吨，产值496.3万元；生产春茶19.57吨，产值647.35万元，其中生产名优茶15.83吨，产值609.55万元。浙江省产业团队项目"高山有机红茶提质增效技术示范和推广"通过验收，进行高山有机红茶萎凋技术、发酵技术、干燥技术等加工关键技术示范。

【中药材】　2020年，永康市中药材种植面积为3840亩，较2019年的3750亩，增加2.4％。主要种植贝母、元胡、太子参、三叶青等中药材。

【蚕　桑】　2020年，永康市蚕种饲养量达1136张，比2019年的1019张增加117张，蚕茧产量56.2吨，比2019年的50.2吨增加6.0吨，增幅12.0％。受国内外新冠肺炎疫情影响，2020年平均茧价37.4元/公斤，比2019年的55.8元/公斤下降33.0％。浙江省蚕桑产业团队项目"彩色茧高效生产技术示范与推广"通过验收。2020年，永康市首次进行彩色平面茧技术试验，共饲养蚕茧红、黄、绿、白4种颜色的新品种，设计不同的颜色搭配及不同的厚薄等16个试验方案，5月25—28日，蚕桑技术人员在西溪镇道门村试验基地进行彩色平面茧上簇试验，取得满意结果。平面茧可以不经过缫丝纺织而直接加工成书画丝纸、贴墙绢等多种工艺品，极大提高蚕茧的附加值。浙江卫视以"'致富蚕'织彩色茧 天然彩丝打开蚕农致富新路子"为题进行宣传报道。

畜牧养殖

【概　况】　2020年末，永康市生猪存栏3.3774万头，同比增加79.12％，其中能繁殖母猪存栏0.1848万头，同比增加32.66％；生猪出栏3.6937万头，同比增加46.23％。牛存栏241头，同比增加25.52％；牛出栏219头，同比增加38.61％。羊存栏0.1293万头，同比减少25.26％；羊出栏0.1253万头，同比增加3.55％。家禽存栏21.4318万只，同比增加10.54％。家禽出栏27.2053万只，同比减少3.85％。蜜蜂存栏1.54万箱，与上年持平。

【推进生猪增产保供】　2020年，永康市先后引进年出栏3万头、10万头和12万头3个规模生猪养殖项目，专班力量专业指导、成员部门通力合作，全力帮助新建养殖企业高效办理各项审批流程，加快推进项目进度。制定《永康市人民政府办公室关于推进生猪产业高质量发展的意见》等文件，落实政策，精准扶持。年出栏3万头的康宁藏香猪养殖场已建成投产，浙江康润富农业开发有限公司年出栏10万头的生猪养殖场新建项目已落地开工。充分挖掘生猪产能，对原年出栏 7000 头的永康市志伟农业开发有限公司进行重新规划,将生猪产能扩建至 1.2 万头。

【宠物诊疗纠纷】 2020 年,永康市深化宠物纠纷调解"龙山经验"行业版,规范宠物行业制度。全年成功调解宠物纠纷疑难案件 12 起,调解成功率 100%。对宠物行业加强监管,定时开展行业规范、服务技巧等相关培训,不断提高从业人员知识水平,增强服务意识,从源头下手,将矛盾化解在初始。

【抓好动物防疫防控工作】 2020 年,永康市开展重大动物疫病集中免疫行动,加强抗体效果检测和流行病学监测。推行强制免疫"先打后补"工作,做好生猪养殖场"养殖管理码"推广使用工作,完成 1 家生猪规模养殖场重大动物疫病强制免疫"先打后补"试点,14 家生猪养殖场已全部完成赋码管理。组织落实非洲猪瘟防控专项行动,定期对辖区内重点场所进行全覆盖抽样监测,督促其全面落实各项防疫措施,确保非洲猪瘟疫情监测"无盲区"。在金华市域内率先完成牛结节性皮肤病、马鼻疽等传染病摸排工作。

【渔业发展】 至 2020 年底,永康市水产养殖面积 1464 公顷,其中池塘面积 983 公顷,水库 481 公顷,水产总产量 1.57 万吨,池塘养殖产量 1.01 万吨,水库养殖产量 3635吨,稻田养鱼 796 吨。12 月 16 日,浙江省农业农村厅关于印发《浙江省农业农村厅关于公布 2020 年浙江省渔业健康养殖示范创建结果的通知》确定永康市等 14 个县(市、区)为浙江省渔业健康养殖示范县(第一批)、永康市富产农业发展有限公司等355 家单位为浙江省水产健康养殖示范场(第二批),永康市成为首批完成渔业健康养殖示范创建的县市。

■ 农业机械

【概　况】 2020 年,永康市实施财政补贴资金 920.5 万元(其中地方政策补助 374.5万元),推广新型农机具 500 多台(套),受益农户 478 户。截至年底,全市拥有农机总动力 23.29 万千瓦(因农用运输拖拉机报废减少较多),其中柴油机 16.79 万千瓦,汽油机1.6 万千瓦,电动机 4.9 万千瓦;耕作机械方面,有大中型拖拉机 222 台,配套农具540 台,有耕整机 291 台;种植机械方面,有水稻插秧机 354 台(其中乘坐式 185 台);有植保机械 3226 台,无人机 19 架;有稻麦联合收割机 281 台。新增北斗导航辅助无人驾驶系统 5 台(套),引进 2 台履带自走式旋耕机,首次引进 2 台履带自走式方草捆打捆机,能够对稻田进行二次工作,提高水稻秸秆资源利用率。

【农机社会化服务工作】 2020 年,永康市完成水稻种植面积 11.09 万亩,水稻生产耕种收综合机械化率 87%。建成区域性粮食烘干中心 26 个,有谷物烘干机 139 台,批次烘干能力 1756.5 吨。组织召开农机购置补贴政策培训会 1 次,年报培训会 1 次。做好农机跨区作业信息、技术指导等服务工作。开展农机维修保养服务,下乡 265 人次,发放宣传资料 320 多份,发送短信 200 人次。6 月,举办永康市水稻机械插秧现场会,现场开展水稻机械插秧、无人机演示和操作培训,推广农机新机具和新技术。进一步提升农业"机器换人"示范创建工作,成功创建省农业"机器换人"示范基地 1 个,规划实施设施大棚建设项目 5 个,机器换人项目 6 个(其中养殖业 3 个)。

■ 农技推广

【水稻病虫害统防统治与绿色防控】 2020

年，永康市统防统治实施面积任务数 8.2 万亩，实际完成 8.76 万亩，完成率 106.83%，其中连晚 2.0 万亩、早稻 2.68 万亩，单季晚稻 4.08 万亩。上级部门下达农药减量任务 6.5 吨商品量，实际完成 7 吨，完成率 107.7%。芝英镇、石柱镇水稻病虫害绿色防控示范区被评为 2020 年省级农作物病虫害绿色防控示范区。

【实施农药减量控害增效、水稻重大病虫害综防工程】 2020 年，永康市"农药减量控害增效"工程实施面积 20.84 万亩，其中早稻 2.68 万亩，连晚 2 万亩，单季晚稻 7.16 万亩，毛芋 3.5 万亩，水果 5.5 万亩。全年全市综防实施面积 11.5 万亩，占水稻种植面积的 97.13%，其中早稻实施面积 2.68 万亩，占早稻总面积的 100%，连晚实施 2 万亩，占连晚种植面积的 100%，单季晚稻实施 6.82 万亩，占单季稻面积的 95.25%。

【农业农村生态与能源建设工作】 2020 年，永康市首创全省秸秆综合利用与收贮运体系，推广新型秸秆粉碎还田机 6 台，实现水稻秸秆粉碎还田 5000 亩，向农民发放秸秆综合利用宣传告知书 8000 多份；建立以秸秆为辅料混合畜禽排泄物生产有机肥的示范点 1 个、100 亩推广应用示范点 1 个，利用 500 吨秸秆生产商品有机肥 2000 吨，并推广应用该技术；开展秸秆不同粉碎粒径、不同混配比例商品有机肥的肥效试验 2 项，建设肥效试验田 1 处，在农作物上开展秸秆联合发酵有机肥产品肥效试验 1 项，购置水分测定仪、粉碎机等仪器设备 2 台（套）。投资 56 万元，在姚塘功能区块和龙山镇桥下东村建设 4 条 4000 多米长的农田氮磷生态拦截沟渠，年可拦截农田流失的氮、磷等物质 3 吨以上。

【耕　肥】 2020 年，市农业部门做好测土配方精准施肥技术服务，累计推广测土配方施肥技术 155 万亩，施用配方肥 2.3 万吨，面积 40.3 万亩；超额完成配方肥推广应用任务，全市施用配方肥 4016 吨，推广面积 8.3 万亩，其中缓释肥 2.2 万亩，涵盖水稻、橘、葡萄、蔬菜、芋艿等作物，在"葡萄、蔬菜"等经济作物领域优先开展"水肥一体化技术"推广应用，应用面积 5500 亩，水溶肥 78 吨，完成 0.5 万亩任务目标；大力推广商品有机肥，在全市推广商品有机肥 1.1075 万吨，推广面积 4.8 万亩，其中在水稻种植上推广商品有机肥 3985 吨，推广面积 2.88 万亩；生产经济作物 7090 吨，面积 1.1 万亩，完成商用有机肥推广 1.1 万吨的目标，超额完成 0.3 万吨目标；做好万家主体免费测土工作，完成 124 个万家主体免费测土、76 个耕地质量变更调查点、5 个耕地质量监测点、农业"二区"20 个土壤污染监测点的土样采集送检，以及相关的田间记载整理工作；省化肥减量增效现场会在永康顺利召开，参会人数 140 人，在会议现场举行"浙样施"智慧施肥平台全省首发仪式。

■ 产品监管

【概　况】 2020 年，永康市以保障新冠肺炎疫情期间农产品质量安全为底线，围绕乡村振兴、绿色发展主题，切实加强农产品质量安全监管，大力推行农业标准化生产，全面落实各项措施，深入开展大排查大整治，进一步推动农产品稳定向好，农业增收。

【推行"肥药两制"全程数据化管理】 2020 年，市农业部门开展以"农药全程管理一件事"为基础的"肥药两制"工作探索，开发农产品质量安全全程追溯应用平台"永康农业主体"App，升级全省农资购销系统永康子系统、省农产品质量安全监管平台永康市子平台、"农安永康"智慧监管 App 平台，改造农产品质量安全数据交换中心，实现从"农资购买—农资使用—农产品追溯—

农废回收"全数据链互通,达到农资"来源可寻、去向可追、使用可查、定额可控、农废可收、全程可管"的目标。

【开展专项整治"利剑"行动】 2020年,市农业部门深入开展专项整治行动。针对非法添加、违禁使用、制假售假、私屠滥宰等突出问题,组织开展农产品质量安全专项整治"利剑"行动。全年出动执法检查人员1622人次,检查重点食用农产品种养殖基地1071家(次),发现问题5起,立案查处5起,未发生重大农产品质量安全事件。

【加强风险监测预警】 2020年,市农业部门扩大监测范围,加大抽检监测力度,对全市的主要农产品实行全覆盖,定量抽检农产品400个批次;配合农业农村部抽检4个批次、省级抽检152个批次、金华市抽检125个批次;16个镇街区快速检测7756个批次,瘦肉精检测10360批次,省级监测合格率稳定在98%以上。

【推进农业品牌建设】 2020年,市农业部门积极引导支持特色优势农产品生产主体申报绿色优质农产品,开展新申报绿色食品2个,续展1个,无公害农产品复查换证12个。

【推进合格证管理和使用】 2020年,市农业部门积极推进合格证管理工作,把全市500亩以上规模种粮大户及19家蔬菜安全生产示范户纳入主体信息库,已有730家农业生产主体被纳入省追溯平台主体信息库,并实现动态维护及全方位监管。对各类农业企业、合作社和家庭农场及已可追溯的生产主体上市的农产品,推行合格证制,对规模以下农产品采用建立信息卡等模式,实施合格管理。

■ 综合管理

【概　况】 2020年5月,市农业部门积极筹备开展全国农业综合执法示范窗口创建工作,在队伍建设、保障措施、规范执法、工作成效等方面着重发力,积极交流对接已创建县区,做好办公场所装修等后勤工作。11月,被农业农村部评为第二批全国农业综合行政执法示范窗口,为全省5家单位之一。

【绿剑执法】 2020年,市农业部门以春、夏、秋"绿剑"集中执法行动为抓手,对农资经营单位、农产品生产主体、农贸市场、禁渔区等进行全面检查,共出动执法人员1675人次,检查主体单位1925家,监督抽检农业投入品55批次,立案查处违法行为36起(农产品质量5起),结案36起,罚没款4.4万元,依法销毁7.4亩有质量问题桑葚。健全"互联网+监管"模式,完成浙政钉掌上执法159次,其中"双随机、一公开"抽查29次,掌上执法检查率100%,双随机事项覆盖率100%。9—11月,办理一起销售假肥料案,11月5日顺利将案件移送至市公安局。

【水生野生动物保护专项执法】 2020年,市农业部门救获野生动物3起,1起为外来物种海狸鼠,已送往金华动物园,另2起均为国家二级保护水生野生动物大鲵(俗名娃娃鱼)。11月,开展2020年水生野生动物保护科普宣传月活动,发放宣传资料500余份。

【拖拉机报废清零】 2020年,永康市变型拖拉机报废清零工作全部完成。3月,出台《永康市拖拉机限行禁入和提前报废淘汰专项治理实施方案》,刊登《永康市上道路行驶拖拉机禁入限行公告》,共发放拖拉机报废政策解读宣传册5000余份。12月,完成全市需提前报废"清零"的1236台变型拖拉机,通过"一卡通"及时将补偿资金发放给机主,计1011.95万元。共对辖区内215台农田作业机械进行免费实地检验(其中62台烘干机、71 台插秧机、50 台拖拉机、32 台收割机),消除农机生产安全隐患。

【动物检疫】 2020 年,永康市共屠宰检疫生猪 135425 头,检出仓前仓后病死猪 293 头,销毁 293 头,局处 25813 公斤,销毁脏器 453 副,车辆消毒 4908 辆。共计处理病害猪 114 头,处理生猪产品折合 256.83 头,处理待宰前死亡生猪 150 头,无害化处理头数合计 520.83 头,损失补贴头数合计 370.83 头。做好对生猪调运的备案和检疫工作(已用消毒威 65 箱计 3250 包,烧碱 2.1 吨)。9 月,关停象珠生猪屠宰点,圆满完成"撤场压点"工作任务。开展畜产品安全、生猪屠宰及生猪产品流通等环节非洲猪瘟快速检测,全市共对 122157 头生猪抽检 18018 份样品,出具 4842 份报告单。全市共快速检测盐酸克伦特罗、莱克多巴胺、三丁胺醇各 10396 份,其中养殖环节 36 份、屠宰环节抽检 6243 份、企业自检 4117 份,检测结果均为阴性。

【重大植物疫情防控】 2020 年,市农业部门稳步开展重大疫情应急处置工作。永康市先后在舟山镇新楼村、石柱镇下杨村、市区农贸市场发现红火蚁。4 月,完成公开招投标,与广东瑞丰生物科技有限公司签订合同,稳步开展红火蚁疫情的防治、根除及全市的普查工作。同时与省农科院就根除服务项目的监理工作达成合作协议。12 月,在疫情发生区通过专业的技术手段已有效控制红火蚁疫情,保障百姓生产生活的安全。

【病死动物无害化处理】 2020 年 5 月,永康市病死畜禽应急移动无害化处理项目立项,永康市是全省 5 个试点县市区之一,该项目总投资约 1591.8 万元,市财政承担 459 万余元,其余由第三方投资,运营主体为金汇五金产业有限公司,占地面积约 6900 平方米,选址城西新区垃圾填埋场,2021 年 7 月竣工,无害化处置方式为炭化处理,日处理约 10 吨。

【农发项目】 2020 年,永康市农业综合开发项目包含小流域项目 3 个、高标准农田建设项目 1 个。项目开发总面积 2.95 万亩,建设高标准农田 1.23 万亩。完成溪流护岸 15.32 千米,新修建堰坝 33 座,衬砌渠道 59.67 千米,埋设地下管道 1.78 千米,修建电灌站 1 座,配套渠系建筑物 1249 处,新修建机耕路 76.63 千米,项目总投资 5780 万元,争取省以上资金 4100 万元。同时,太平水库灌区节水配套改造项目也顺利完成,建设防渗渠道 4.37 千米,配套渠系建筑物 52 处,新建量水设备与信息系统 1 处,新建管理房 1 处,面积 120 平方米,新建启闭机房 1 处,面积 100 平方米。工程总投资 3678.77 万元,争取省以上财政农发资金 2000 万元,省水利资金 543.02 万元。

(市农业农村局 供稿)

林 业

【概 况】 2020 年,永康市"国家林草装备科技创新园"创建获国家林草局批复,创建工作获省、市各级政府领导批示;科创园创建工作在 12 月 17 日召开的金华市林业科技推广工作会议上作典型发言;省林业局批复同意永康市建设松材线虫病综合防治示范市;永康市"新增百万亩"国土绿化完成面积 7685.35 亩,完成率 178.73%,完成率排名金华第一,全省前列;永康市自然资源和规划局(简称市自然资源和规划局)获评省政府"森林浙江"建设工作突出贡献集体、森林生态保护突出贡献集体;市国家级林业有害生物中心测报点获评全国先进国家级测报点。

■ 资源保护和开发利用

【概　况】　2020年,市林业部门针对2019年度征占用林地项目、林木采伐、新增造林地、非法占用林地等引起的森林图斑的变化,在森林资源管理"一张图"上更新森林资源数据;根据省级核查结果,2019年底,永康市森林覆盖率为56.49%,林地保有量(林地面积)92.29万亩,森林面积88.75万亩,乔木林面积79.79万亩,林木蓄积量428.53万立方米,乔木林单位面积蓄积量达到5.30立方米每亩,各项指标保持稳定增长。永康市林业局被省林业局评为"2020年度森林生态保护先进集体"。

【森林保护】　2020年,市林业部门完成永康市"十四五"年森林采伐限额编制工作。根据保护优先、持续利用、促进科学经营、保障森林经营主体的权益等原则,参考"十三五"限额指标及执行情况,测算年合理采伐量,确定永康市"十四五"采伐限额指标合计为4.682万立方米。其中,永康市林场为800立方米,永康市集体4.602万立方米。全年商业性采伐6070立方米,占13.0%;非商业性采伐4.075万立方米,占89.0%。与"十三五"期间限额指标比较,限额总量增加2.003万立方米。其中,集体林增加2.003万立方米,永康市林场持平。

"十四五"年森林采伐限额指标汇总表　　　　单位:立方米

单位	权属	总量	商业性采伐		非商业性采伐		
			主伐	更新采伐	抚育采伐	低产(效)林改造	其他采伐
永康市	合计	46820	3000	3070	5600	860	34290
集体林	集体	46020	3000	2600	5400	830	34190
永康市林场	国有	800		470	200	30	100

【公益林建设管理】　全市44.52亩公益林1560.8446万元损失性补偿资金经各村公告栏、政府部门公益林阳光工程专栏网上同步公示后按时完成发放。对照森林资源"一张图"公益林变化图斑和林地征占用图斑调出省级公益林40亩,并根据占一补一原则等质量调入40亩省级公益林。为加强公益林区的护林防火、防盗工作,全市合理、明确地划分管理责任区,合理地配备护林员,全市划分为18个监管区,201个护林管护区,配备201名专职护林员。全市监管员对护林员的管护工作进行监督、检查,发现情况及时解决。

【野生动植物保护管理】　2020年,市林业部门继续举办"世界野生动植物日""国际生物多样性日""爱鸟周"等大型现场宣传活动和通过新闻媒体、移动宣传车、野外警示牌、张贴宣传海报开展野外宣传,全年累计发放各种宣传资料、物品1.25万多件,新冠肺炎疫情防控期间,发放张贴"拒绝食用野生动物倡议书""野生动物管控告知书"和"禁猎和交易通告"等各类野生动物保护宣传资料1.6万多份,现场宣传教育2.2万余人,制作美篇、秀米等野生动物保护宣传图文10余篇,总点击阅读量超过20万人次。

开展永康市狩猎安全管理改革,组建永康市野生动物保护队(义务),新冠肺炎疫情防控期间,全体队员对野生动物分布较多的重点区域、城乡农贸菜市场、餐饮饭店开展持续不间断地巡查,累计出动野外巡护人员4550余人次,巡护里程1.8万余千米,依法拆除鸟网、蛇网23处45张,收缴非法狩猎铁夹（猎套）146个，电子诱捕器6套，协助查获非法狩猎案件8起，移交公安机关追究刑事责任11人。

联合森林公安、市场监管、综合行政执法等部门开展"飓风""绿剑"等系列专项行动。新冠肺炎疫情防控期间，对全市涉野场所实施隔离管控措施，累计出动执法检查人员2600余人次，检查野生动物养殖经营利用场所、各类农贸市场、餐饮饭店等场所2900多家次，查获非法经营野生动物行政案件3起，清除收缴非法捕猎工具126件，电子诱捕器三套，救护放生或无害化处理野生动物280多只。

建立24小时野保举报受理制度，对病危、受伤等野生动物积极开展专业救护工作，与公安110、便民8890建立联动机制。上半年，救护国家一级保护野生动物2只，救护国家二级保护野生动物26只、省重点保护野生动物110只、省一般保护野生动物49只，放生野生动物68只，送金华市陆生野生动物救护中心115只，无害化深埋处理死体野生动物4只。

工作人员在野外安装野生动物监测设备（市自然资源和规划局提供）

【自然保护地优化工作】 2020年，市林业部门完成永康市方岩国家级风景名胜区、杨溪源省级湿地公园、石柱省级湿地公园、历山省级森林公园等四个自然保护地的整合优化工作，自然保护地由原来4个调整为3个，总面积为1.63万公顷，占国土面积的15.55％，在自然保护地面积不减少的情况下，此次整合调整的面积为1573.56公顷。

【石柱湿地建设工作】 2020年3月19日，完成石柱湿地公园建设工程招标控制价审查和项目施工招投标工作，项目控制价为4736.5955万元，经招投标，由温岭市政环境工程公司中标承建，中标价4144.3288万元。根据市政府《关于印发2020年度政府投资项目计划和国有资本投资计划的通知》要求，浙江永康石柱省级湿地公园建设工程建设单位明确为城投工程建设有限公司，6月完成项目业主变更手续。至2020年底，施工单位开展石柱湿地公园三江口桥梁施工、公园游客服务中心建筑、公园园路建设、地型塑造等工程，完成本年度工程投资额2800万元。

■ 绿化造林

【概　况】 2020年，浙江省下达永康国土绿化建设4300亩、森林抚育1.5万亩、珍贵彩色树种23.5万株的任务。永康市抓住植树造林有利时机开展造林，完成国土绿化建设7685.35亩，占全年计划数的178.72％，其余的任务都100％完成。

【植树节义务植树】 2020年3月12日，市林业部门将3.44万株珍贵苗木分发至各镇街区，广泛用于绿化造林工作。全市累计参与义务植树人次达6.3万余人次，种植浙江楠、浙江樟、花榈木等各类绿化树种、珍贵彩色树木23.5万余株。

【"新增百万亩"国土绿化工作】 2020年，永康市新增百万亩国土绿化建设总任务为4300亩，已完成国土绿化建设7685.35亩，完成比例178.72％，居全省前列。2月17日，省政府下发《浙江省新增百万亩国土绿化行动方案》。3 月 11 日,永康市在芝英镇举行"送绿下乡 花开满园"暨省新增百万亩国土绿化行动启动仪式,现场部署国土绿化工作并赠送珍贵彩色苗木 3500 株。4 月 15 日,市政府下发《关于全力推进新增百万亩国土绿化行动的通知》,对 2020—2024 年全市新增百万亩国土绿化行动进行任务分解,明确到 2024 年底,要完成新增造林 15400 亩以上。

【"国家林草装备科创园"创建】 2020 年 6 月,国家林草局科技司调研组来永康市调研林草装备科技创新工作,认为永康市五金产业发达,林草装备研发能力和产业基础较好,具备建设林草装备科技创新园的良好基础。7 月,在省林业局积极争取下,由浙江省林业科学研究院、永康市人民政府提出的《国家林业和草原局创新平台申报可行性研究报告》得到国家林业和草原局的认可。8 月 31 日,浙江省人民政府正式向国家林业和草原局发函,商请共建国家林草装备科技创新园。9 月 30 日,国家林草局回函同意与浙江省政府依托浙江省林科院和永康市人民政府共建"国家林草装备科技创新园",共同推动创新园的建设和发展。

【林技助农工作】 2020 年,永康市完成创建省林业龙头企业 1 家、省示范性家庭林场 1 家、企业获义乌中国森博会金奖 3 家、优质奖 6 家、红木家具设计银奖 1 家;完成林业产业化项目 8 个,补助资金 89.3 万元。"一亩山万元钱"新建面积 1350 亩、辐射面积 3280 亩、巩固深化面积 5030 亩。组织企业参展义乌森林博览会,首次设立"永康林草装备精品馆"。落实省珍贵树种容器苗赠苗的调运发放工作,涉及 9 个镇(街道、区),树种主要包括浙江楠、浙江樟、红豆树等共计 3.1 万株。组织种苗质量监督检查,开展"双随机"抽查,组织专项执法检查企业 10 家,出动执法检查人员 40 多人次。

【古树名木保护】 根据浙江省林业局《关于抓紧组织开展 2020 年古树名木保护工作的通知》文件的任务要求,市林业部门完成永康市 2020 年古树名木"一树一策"保护方案的设计,全市 6 个镇(街道、区)的 11 株古树列入 2020 年保护对象(其中一级古树 2 株,二、三级古树 9 株),基础建设部分含围栏保护、排水沟、挡墙砌筑、支撑保护等常规保护工作,由相关镇(街道、区)组织实施;技术保护部分含白蚁及其他病虫害防治、清腐防腐、复壮复绿等,2020 年下发古树名木保护资金合计 7.05 万元。

■ 林政管理

【森林资源督查】 5 月,市林业部门开始开展森林资源督查工作,成立森林督查工作领导小组,邀请华东院对镇(街道、区)林技人员和相关人员进行技术培训,落实工作任务。国家林业和草原局、省林业局共下发永康市图斑 341 个,涉及 16 个镇(街道、区),138 个行政村。经对每个图斑实地核实,涉及违法违规改变林地用途图斑 23 个,向市综合执法局移交涉嫌违法案件线索 23 起,组织第三方机构进行案件鉴定 23 起。对森林督查发现的破坏森林资源违法违规案件依法进行查处和整改,严厉打击破坏森林资源行为,被国家林草局上海森林资源督查专员办认定为"综合考评为优秀"。

【森林防火工作】 2020 年,市林业部门和应急管理部门密切配合、通力协作,全面落实森林消防责任,建立健全森林消防组织机构和各项规章制度,不断加强专业、半专业森林消防队伍建设,坚决守牢森林火灾防线。永康市森林消防队伍建设水平一直走在全省前列,引进完善"引水灭火"、无人机指挥等战法,建立重点时期重点区域带装巡查、跨区域有偿增援等机制,森林消防经验被全省推广。

【**病虫害防治工作**】 2020 年,永康市完成松材线虫病防治面积 14.2 万亩(完成率 100%),完成清理病死松树 17.06 万株(完成率为 104%),病死松树清理下山 2.36 万吨,经省核查组抽查清理质量合格,圆满完成 2020 年度省林业局下达的永康市松材线虫病防治任务,荣获全省首个松材线虫病综合治理示范市项目。12 月 23 日,永康市被国家林草局森林和草原病虫害防治总站评为 2020 年度全国先进国家级林业有害生物中心测报点。

市林业部门融合卫星遥感、无人机航拍、人工调查等技术,建立三位一体的森林病虫害监测预报体系,对患松材线虫病枯死的松树及时调查并采用 GPS 坐标精准定位。同时升级松材线虫病疫情大数据监管平台,建立数字化的销号管理机制,疫情信息按季更新。全市聘有市、镇、村三级病虫情测报人员 238 名,测报网络队伍健全,病虫情调查效率和水平得到稳步提升。全年完成松材线虫病疫情监测 112.58 万亩次,监测马尾松毛虫 24.16 万亩次;监测美国白蛾 1500 亩次;完成松褐天牛精细化监测项目永康基站建设;国家级中心测报点主测对象监测任务圆满完成。

永康市以枯死树清理为核心,多技术融合应用,多部门协同配合,构建"综合防控、整体智治"管理体系,力争通过 3 年努力,拔除 2 个以上乡镇疫点,将全市松材线虫病发生面积和病死松树数量下降 50% 以上。通过综合治理,构建推广"枯死松树专业队采伐、疫木定点捆绑处置、市镇共同监督"模式,试点以绩效承包方式实施疫木一体化承包除治模式,并落实市、镇、村三级监管责任,出台《永康市松材线虫病防治工作核查验收办法(试行)》等制度,确保"山上

清理干净、山下销毁干净",为全省松材线虫病防治示范贡献永康力量。

为强化检疫执法管理,杜绝松材线虫病人为传播隐患,永康市着手建立全面联动的疫木管理体系。建立以自然村为节点的大网格管理制度,建立疫木监管防控网和跨部门、跨区域协作检疫处置执法网,引进无线监控新技术建立疫木流通监控智能网。按照省林业局统一部署,积极开展林业检疫执法专项行动。全年,共出动执法人员 146 人次,检查涉松加工场点 60 家,查没违规加工松木 36 立方米,办结案件 3 起,收缴罚款 1.03 万元。

【**征占用林地管理**】 永康市依法依规办理林地征占用项目,牢固树立红线意识,严格执行林地定额管理制度,严把林地审核审批关,强化林地保护管理。2020 年,共办理 88 宗征占用林地项目,面积 87.0802 公顷,其中占用省级指标 36.4994 公顷,占用省级追加指标 5.4779 公顷,收取森林植被恢复费 2214.983 万元。

【**林木采伐管理**】 2020 年,永康市采伐发证 107 份,发证总蓄积 6979.95 立方米,其中限额发证使用 814.43 立方米,占采伐限额 3.04%。完成 104 宗林木采伐、85 宗林地征占用行政许可事项的跟踪监督检查,并对每一个监管项目建立了监管台账,检查率 100%。

(市自然资源和规划局 供稿)

水 利

■ 水旱灾害防御

【**概　况**】 2020 年永康市面雨量统计为 1590.30 毫米,汛期降雨量为 1093.4 毫米,

均高于常年。5月29日入梅,7月18日出梅,梅雨期50天,比常年偏多20天。梅雨期共出现9轮强降水过程,具有强降水过程多、降水强度强、累积雨量大、气温偏低"冷黄梅"明显等特点。全市平均梅雨量为400.5毫米,为常年同期的1.9倍,最大累积雨量为后渠站,达644毫米,市区本站为435.5毫米。台汛期,受2020年第4号台风"黑格比"影响,8月4日全市单日面雨量165.6毫米(大暴雨级),过程最大的小时雨强达100.4毫米(大暴雨级)。北部、东部、南部地区出现大暴雨,局部特大暴雨,四分之三市域范围日雨量超100毫米,达到大暴雨量级;过半市域范围日雨量超过200毫米,唐先镇、龙山镇、舟山镇、象珠镇、方岩镇、西溪镇出现超过250毫米的特大暴雨,其中西溪镇棠溪自动气象监测站日降水量达390.4毫米(为永康地区单日最大降水量)。此次台风短时间降水量突破有气象记录以来的历史峰值,造成数十年来最严重的损失。2020年入汛时全市20座小(1)型以上水库蓄水10366.03万立方米,蓄水率为正常库容的83.06%,比正常年份多蓄1360万立方米;汛末20座小(1)型以上水库蓄水总量为10703.2万立方米,蓄水率为正常库容的85.77%,比正常年份多蓄2000万立方米。

【汛期防御动态】 2020年汛前,永康市水务局(简称市水务局)完成为期19天的水旱灾害防御大检查,检查783处,下发度汛意见共计270条,并组织"回头看"检查,督促责任单位落实度汛意见。开展全市水库应急安全演练,组织上黄水库、三渡溪水库、洪塘坑水库、黄坟水库进行应急安全演练,提升突发事件的应对能力。梅汛强降水及"黑格比"台风期间,根据永康市实时降水情况、杨溪水库泄洪流量等情况综合测算,提前抢测洪峰出现时间和水位,为全市防汛决策提供依据。杨溪水库科学调度,利用降雨间隙期,充分发挥水库拦洪、滞洪、削峰、错峰等作用,分别于6月1日、6月4日、8月4日、9月19日四次开闸预泄降低水位,共泄水3008万立方米。特别是台风"黑格比"影响期间,杨溪水库泄洪历时28小时40分,入库水量1835万立方米,下泄水量1470万立方米,拦蓄洪水1077.3万立方米,最大出库流量185立方米/秒,削峰率为64%,保证永康市汛期水库、河道安全,洪水不上岸,城区没有形成内涝。"黑格比"过境后,及时修复水毁工程,积极对水毁修复工程进行技术指导。"黑格比"灾后重建:农村河道整治工程Ⅰ期(应急修复)投资共3454.19万元,修复河道护岸14.20千米,涉及西溪镇、舟山镇、方岩镇、唐先镇、象珠镇、江南街道、芝英镇、古山镇、龙山镇、经济开发区和三渡溪水库。全年共启动水旱灾害应急Ⅳ响应强降雨期间,派出工作人员,分赴16个镇(街道、区)开展河道、水库、山塘技术指导工作。及时向相关防汛责任人及山洪灾害易发区人员发布预警短信,对相关镇(街道、区)领导电话预警,累计预警82294人次。发布《永康市洪水预警发布管理办法(试行)》,共发布2次洪水预警。

【水利工程受损】 受"黑格比"台风带来的强降雨影响,全市水利工程设施受到较为严重的破坏,经过核实,山塘损坏41座,河道挡墙损毁60.9千米、冲毁其他水利工程设施178处,灾情主要发生在华溪、酥溪、东溪、棠溪、舟山溪等流域,造成直接损失预估1.9亿元。

【旱　情】 出汛以来全市降水量明显偏少,10月16日—12月31日全市累计降水量为70.5毫米,比常年同期偏少6成。江南街道石足坑山塘等16座单(联)村供水站水源山塘,蓄水量有限,供水区域出现供水紧张情况。

(市水务局　陈龙腾)

■ 重点工程

【北部水库联网工程】 截至 2020 年,北部水库联网工程累计完成投资 56053 万元,占计划总投资 8.2 亿元的 68%,其中 2020 年完成投资 11185 万元。四大坑水库续建及引输水工程已完成竣工验收;一期引水管道子项目及桥头周泵房已完成竣工验收;黄坟引水管道子项目按计划已完成;黄坟水库扩建工程已累计完成工程量的 92%。黄坟扩建工程生态红线不可避让省政府已批准,土地组卷报批金华市政府,已审核完成并报省政府审批;黄坟扩建征地及拆迁协议签订工作全部完成。

【南部水库联网工程】 南部水库联网工程是为解决石柱、前仓片珠坑水厂原水供水不足的问题。工程主要包括珠坑水库扩建工程、珠坑水库永祥引水工程、珠坑与三联水库联网工程、三联水库引水工程、珠坑水厂供水配套工程。工程实施后,近期每年可为下游的石柱镇、前仓镇提供 285 万立方米优质生活、生产用水,远期可提供 640 万立方米生活、生产用水。工程计划投资 7.9 亿元。

【上黄水库定桥引水工程】 上黄水库现有正常库容 450 万立方米,集雨面积有 5.9 平方千米,大支引水面积 3.62 平方千米,常年蓄不满。为解决上黄水库集雨面积不足,水库常年蓄不满问题,增加可供水量,实施上黄水库定桥引水工程,主要建设内容为新建长引水堰坝两条,无压隧洞总长 1.869 千米,新建无压箱涵 0.161 千米,新建河道堤防总长 292.2 米,以及其他附属建筑物工程等。工程实施后,在满足生态流量、90% 保证率的灌溉任务后,可向上黄水库供水 412.9 万立方米。工程投资 0.51 亿元,已于 2020 年 12 月底开工,计划 2022 年完工。

【桥下水厂迁扩建工程】 桥下水厂迁扩建工程的供水范围为龙山、古山和方岩三个镇的镇区和桥下水厂管网所覆盖的农村,同时还将浙商回归园列入其供水范围,受益人口 7.1 万。工程建设内容包括:取水工程,新建 6 万立方米/天取水头部一座;水厂工程,设计规模 6 万立方米/天;管线工程,新建 DN1000 的原水管和出厂水管,总长度 1.74 千米。工程总投资 1.98 亿元,占地 60 余亩,于 2019 年 9 月开工,至 2020 年底完成土建部分 90% 的工程量,完成部分设备采购并进场安装,计划于 2021 年 10 月底前完工。

(市水务局 王宏帅)

【柘后湾水库除险加固】 工程于 2020 年 6 月 23 日完工,概算投资 475.53 万元。水库位于江南街道栗园村。水库集雨面积 0.72 平方千米,设计洪水标准 30 年一遇,正常蓄水位 131.58 米,正常库容 10.00 万立方米,校核洪水位 132.40 米,总库容 11.48 万立方米。柘后湾水库是一座以灌溉为主,结合防洪、养殖等综合利用的小(二)型水库。2019 年市水务局将柘后湾水库列入水库除险加固项目,主要内容有 8 项:加宽大坝,全坝段采用黏土斜墙并进行防渗处理,对大坝内外坝坡进行护坡加固,坝脚新建排水棱体和排水沟;拆除重建溢流堰,对溢洪道进行改造;封堵原有放水涵管,新建输水涵洞,拆除重建启闭设施和启闭机房;新建水雨情遥测设施,埋设观测设施;库区清淤;拓宽上坝道路;水库标准化建设;对大坝进行白蚁防治。

【峡石口水库除险加固】 工程于 2020 年 10 月 23 日完工,概算投资 511.18 万元。水库位于象珠镇木渠村。水库集雨面积 1.16 平方千米,设计洪水标准 30 年一遇,正常蓄水位 269.50 米,正常库容 13.41 万立方米,校核洪水位 270.44 米,总库容

15.59 万立方米。峡石口水库是一座以灌溉、防洪为主,兼有供水等综合利用的小(二)型水库。2018 年市水务局将峡石口水库列入水库除险加固项目,主要内容有 9 项:加宽大坝,全坝段采用黏土斜墙并进行防渗处理;对大坝内外坝坡进行护坡加固;拆除重建溢流堰,整治溢洪道;封堵原有放水涵管,新建输水涵洞;拆除重建启闭设施和启闭机房;新建水雨情遥测设施,埋设观测设施;新建管理房;新建上坝道路;水库标准化建设。

【八口塘水库除险加固】 工程于 2020 年 9 月 23 日完成主体工程,概算投资 550.00 万元。水库位于芝英镇柳前塘村。水库集雨面积 1.534 平方千米,设计洪水标准 30 年一遇,正常蓄水位 103.47 米,正常库容 16.48 万立方米,校核洪水位 104.51 米,总库容 33.06 万立方米。八口塘水库是一座以灌溉为主的小(二)型水库。2019 年市水务局将八口塘水库列入水库除险加固项目,主要内容有 7 项:加宽大坝,全坝段采用黏土斜墙并进行防渗处理;对大坝内外坝坡进行护坡加固;拆除重建溢流堰,对溢洪道进行改造;挖除原灌溉涵管,新建输水涵管;拆除重建启闭设施和启闭机房;新建水雨情遥测设施,埋设观测设施;新建上坝道路;水库标准化建设。

【观音坑水库除险加固】 工程于 2020 年 7 月 28 日完成主体工程,概算投资 729.55 万元。水库位于唐先镇下田村。水库集雨面积 0.592 平方千米,设计洪水标准 20 年一遇,正常蓄水位 174.60 米,正常库容 25.00 万立方米,校核洪水位 175.60 米,总库容 29.50 万立方米。观音坑水库是一座以灌溉为主的小(二)型水库。2019 年市水务局将观音坑水库列入水库除险加固项目,主要内容有 9 项:全坝段采用黏土套井并进行防渗加固处理;对大坝及溢流堰进行帷幕灌浆;对坝体进行加厚,内、外坝坡进行整坡和护坡;拆除重建溢流堰,对溢洪道进行改造;封堵原有放水涵管,坝脚新建管理房;新建水雨情遥测设施,埋设观测设施;新建上坝道路;水库标准化建设;库区清淤。

(市水务局 杨 帆)

【小水电清理整改】 全面完成小水电清理整改工作。此次共完成小水电清理整改 23 座,其中退出 13 座,整改 10 座。10 座整改类小水电站已按"一站一策"要求完成整改。出台《永康市人民政府关于做好水电站绿色可持续发展落实生态流量泄放工作的通知》,落实杨溪、太平等 10 座电站流量的生态泄放,推动永康市水电站绿色可持续发展。

(市水务局 裘 娅)

【水库大坝安全鉴定】 根据金华市"水库安全鉴定两年清零"的工作要求,开展水库大坝安全认定。完成龙潭里、西坑塘、黄坑口等 32 座水库大坝安全鉴定工作。其中一类坝 17 座,二类坝 12 座,三类坝 3 座。

(市水务局 徐江静)

【驮塘山塘综合整治】 山塘位于花街镇山后胡村。工程于 2020 年 8 月 5 日完工,建安投资 62.64 万元,主要建设内容有 6 项:坝体采用黏土斜墙并进行防渗加固处理;上下游坝坡进行整坡和护坡;溢洪道改造加固;新建输水涵管,新建启闭机等设施;新建上坝道路;库区清淤。

【道士塘山塘综合整治】 山塘位于舟山镇舟山一村马关自然村。工程于 2020 年 12 月 3 日完工,建安投资 98.04 万元,主要建设内容有 5 项:对坝体进行套井防渗加固处理;对上下游坝坡进行整坡和护坡;新建溢洪道;新建输水涵管,新建启闭机等设备及管理房;新建上坝道路。

【南坑塘山塘综合整治】 山塘位于花街镇方里坞村方村自然村。工程于 2020 年 11

月 29 日完工,建安投资 92.23 万元,主要建设内容有 4 项:对坝体进行黏土斜墙防渗加固处理;对大坝上下游坝坡进行整坡和护坡;新建溢洪道;新建启闭机等设备和管理房,新建输水涵洞。

【木塘山塘综合整治】 山塘位于舟山镇前村。工程于 2020 年 11 月 1 日完工,建安投资 33.59 万元。主要建设内容有 4 项:对大坝进行黏土斜墙加固处理;对大坝上下游坝坡进行整坡和护坡;新建启闭机等设备,新建溢洪道;新建 2 处输水涵洞。

【陆百塘山塘综合整治】 山塘位于花街镇小界岭村枫树塘自然村。工程于 2020 年 4 月 23 日完工,建安投资 33.65 万元。主要建设内容有 4 项:对大坝进行黏土斜墙加固处理;溢洪道改造;新建输水涵管;库区清淤。

【哪宅屋山塘综合整治】 山塘位于龙山镇东来村。工程于 2020 年 11 月 10 日完工,建安投资 62.98 万元,主要建设内容有 5 项:对坝体进行黏土斜墙防渗加固处理;新建溢洪道;封堵老涵洞,新建输水涵洞;新建上坝道路;库区清淤。

（市水务局　杨　帆）

【"美丽河湖"】 南溪是永康境内最大河流永康江的主流,下游穿永康主城区而过,永康市境内干流长 22.7 千米,流域面积 279.9 平方千米。2020 年,南溪(缙云交界至郎村和圆周村至华溪汇合口段)成功创建省级"美丽河湖",总长 16.5 千米,南溪(朗村至圆周村段)于 2019 年创建完成,南溪全线已成为省级"美丽河湖"。

（市水务局　骆俊通）

■ 水资源管理

【农饮水达标提标工作】 自 2018 年启动的农村饮用水达标提标工程于 2020 年 11 月通过清盘验收,标志着以"城乡同质饮水"为目标的农村饮用水达标提标三年行动全面完成。这项连续 3 年被永康市政府列入"十大民生实事"的工程总投资 7.56 亿元,安排各类工程项目 145 个,基本构建"城镇规模水厂供水为主、单联村供水站为补充"的城乡供水格局,实现受益人口 25.25 万。通过实行市级统管、落实三个责任、执行最严格水费收缴制度等一系列措施使农村居民基本实现从"有水喝"到"喝好水"的转变。创新构建智慧水务城乡供水一体化管控平台,率先打造"服务＋监管"城乡供水智能化管控新模式,实现永康市取水、输水、制水、供水、用水、排水和污水处理再生全链条管控,使供水管护模式由人工向自动智能化转变,助推水务管理从"数字化"向"智慧化"跨越,切实提高供水服务质量。

永康市"智慧水务"城乡供水一体化管控平台(市水务局提供)

（市水务局　田文晓）

【金华市国家级节水型社会创新试点舟山核心区项目】 永康市于 2018 年正式启动金华市国家节水型社会创新试点舟山核心区建设,探索形成南方丰水地区节水型社会建设和水资源循环利用的新模式,形成可复制、可推广的综合节水技术方案和节水制度方面的"永康经验",为全国同类地区提供参考和借鉴。2020 年核心区建设取得阶段性成果。构建全省首个农村生活污水"智慧减排系统",实现水资源从"源头"到"田头"的高效回用,全年灌溉期内农村非常规水回用率达 70％,农村生活污水减排比例达到58%。

（市水务局　裘　娅）

■ 行政管理

【水域保护】　2019年5月施行《浙江省水域保护办法》后，永康市严格按照占补平衡的原则管控水域。2020年底，出台《永康市水域占补平衡实施方案（试行）》，坚持"科学规划、分类管理、严格控制、占补平衡"的工作原则，建立完善水域保护、占补平衡等工作制度，确保全市水域面积不减少、功能不减退。

（市水务局　骆俊通）

【行政许可】　为企业提供优质、高效的政务服务，全年共办理权力事项238件，其中行政许可项目174件，其他权力事项64件，代收行政规费130.2万余元；办理公共服务事项（南山水厂管网覆盖区自来水立户、转户）7980件。

【水土保持】　2020年，永康市安排面上水利资金45万元，完成监测站自动化提升改造，成为金华市首个实现24小时不间断在线监测的水土保持监测站。7月，市水务局与综合行政执法局联合开展为期2个月的永康市"依法护水土，亮剑防流失"专项行动。检查生产建设项目30个，出动执法人员200余人次，发现问题9处，当场整改5起，下发责令改正违法行为通知书4份，截至8月底发现的问题已全部整改到位。11月初，协助承办2020年全省水土保持监测管理工作会议。完成水土流失治理面积6.13平方千米，征收水土保持补偿费194.2万元。

【水利工程强监管】　围绕"水利工程补短板、水利行业强监管"的总基调，强化领导、健全机制、狠抓落实，着力构建一套务实高效管用的监管体系。通过制定清单、设立计划，实行清单管理、挂图作战等方式，全面落实监管责任。全年监督检查工程建设项目88个、水库102座、河道60千米。开展全市水旱灾害防御和水文测报汛前大检查，实现生产建设项目水土保持监督检查、小水电清理整改监管全覆盖。2020年，永康市水务局获评全省水利行业强监管成绩突出集体。

【水政执法】　2020年，市水务局开展水资源专项检查，征收水资源费1000多万元，移交水事违法、水土保持违法行为线索15起。

（市水务局　供稿）

工业经济

综 述

【概　况】　2020年，永康市实现工业增加值311.5亿元，同比增长0.1%；完成工业投资33.4亿元，同比增长20.5%，居金华第2位；新增技改项目190项，技改投资16.4亿元，同比下降6.4%；高新技术产业投资9.74亿元，同比增长14.1%。"小升规"完成数居金华第一。

【全力落实"六稳""六保"任务】　2020年，永康市经信局（简称市经信局）制定《永康市工业（金融）专班工作方案》，明确工作任务，统筹专班合力，促进全市工业增长。开展企业"四色"预警承压测试，完成规上企业三轮承压测试及专题分析，结合重点细分行业培育，"一企一策"开展"助企成长、精准对接"活动，分类给予重点企业精准帮扶。全市五大重点细分行业实现产值463.16亿元，同比增长5.6%，其中四个行业实现正增长。加大降本减负兑现力度，设立5300万元"稳产稳岗"贴息专项资金，全年完成减税降费22.8亿元，完成率133.88%。

【全力推进企业培优育强】　2020年，永康市深入实施"雏鹰行动""放水养鱼""小升规"等行动，加快市场主体培育，优化企业梯队结构，实现大中小企业协同发展，激发工业经济活力。完善"小升规"培育体系机制，全年新增规上企业192家，规上企业总数达到1024家。连续三年获评省级"中小

微企业培育工作成绩突出集体"，"小升规"先进做法在国务院《中小企业》刊发，获副省长高兴夫批示推广。深化"专精特新"企业培育，鼓励引导中小企业走"专精特新"之路，千禧龙、德硕入选国家专精特新"小巨人"企业，实现永康市零的突破；哈尔斯获评2020年省"隐形冠军"企业；王力安防上交所IPO获证监会通过。全面落实省"放水养鱼"行动计划，共有28家企业纳入省"优质企业"培育库。推行"精美工厂"创建"311"工程，出台"精美工厂"创建三年行动方案，引导企业实施精细化管理，以点带面推进企业管理水平提升，获评精美工厂26家，精益车间141个。谋划出台《永康市"千帆计划"实施意见》，建立"千帆计划"企业培育库，集中优势力量和优质资源，重点培育一批市场竞争力强、成长性高、产业配套能力强、具有关键核心技术的优质企业。

【全力促进智能绿色发展】　2020年，永康市智能工厂（车间）项目稳步推进，正阳、中坚等6个项目完成建设，新增德硕、金州、三锋等3个项目。保温杯（壶）、电动工具行业"企业数字化制造、行业平台化服务"10个试点项目完成并接入工业互联网平台，电器厨具、健康休闲行业新一轮试点启动。兑现各类技改奖励1.6亿余元。德硕入选省级企业技术中心，道明PC/P毫米A复合板入选省重点高新技术产品，三锋、王力入围省级"未来工厂"培育名单，求精等5家企业获评省级数字化车间/智能工厂，省级"未来工厂"培育和数字化车间/智能工厂数量均居金华首位，德菲洛、鸿耀等2家企业产品

入围省装备制造业重点领域首台（套），王力智能锁等 3 个产品获选"浙江制造精品"。引导企业对标绿色发展，通过省级清洁生产审核企业 30 家，累计获评"浙江省清洁生产"企业 245 家，总量、增量均处于金华市领先水平，创建节水型企业 5 家，道明光电成功入选第五批国家级绿色工厂名单。高规格承办了全省五金门业绿色制造现场交流推进会，并围绕"永康市金属门业绿色制造发展之路"作经验推广。

【全力壮大数字经济】 2020 年，永康市省级信息发展示范区顺利通过验收，积极筹备省级软件和信息服务产业基地建设和验收工作。招引杭州优海等 4 家工程服务商与本地服务机构协同做好制造业数字化改造工作。积极培育电子信息制造业企业，已有规模以上数字经济制造业企业 25 家，数字经济核心制造业增加值 3.3 亿元，同比增长 17.6％；重点企业软件业务收入 6692 万元，同比增长 125％，其中，规上软件信息服务业营业收入 4400 余万元，同比增长 280％，增速居金华市第 1 位。推进制造业信息化改造。全年备案投资额 80 万元以上信息化项目 23 个，总投资 3906 万元。分行业推进以信息化应用为核心的流程再造项目 33 个。22 个项目列入金华市两化融合重点项目，3 个项目列入金华市"数字化车间""物联网工厂"，"两化"融合指数从上一年度的 97.62 提升至 101.75，居金华首位。全年新增上云企业 1459 家。三锋实业、星月安防入选 2020 年浙江省第四批上云标杆企业名单，步阳集团入选 2020 年浙江省第六批大数据应用示范企业名单。新增省级工业互联网平台 2 家，制造业与互联网融合发展示范企业 6 家，省级工程服务机构 1 家。

【全力拓展工业发展平台】 2020 年，永康市筹建小微企业园 35 个，总规划面积 325 万平方米。在建园区 23 个，规划面积 177.69 万平方米；183 宗地块完成挂牌出让，其中 112 宗地块开工建设。累计完成投资 18.5 亿元，完成年度投资目标任务。累计通过省级资格认定小微园 10 个，其中星级园区 4 个，数字小微园获省数字化赋能优秀案例。永康市按细分行业建设"专精特新"小微园，围绕存量用地改造建设小微园经验分别在省、金华市小微园建设现场推进会上交流。国家林草装备科创园成功获批，电子信息产业园完成首批项目招商。深化理县对口帮扶，共建三方四地"飞地园区"，引导 5 个企业到受帮扶地区投资兴业，完成率 167％；企业实际投资额 2.3 亿元，完成率 153％。

【落后企业加快整治出清】 调整综合评价办法，完善大数据平台，出台差别化政策等一系列创新工作，进一步提高评价结果的科学性，8 月，全面完成亩产效益综合评价。2019 年度 1847 家用地面积 3 亩以上的工业企业被纳入评价范围，规上企业亩均税收 21.6 万元，增速 10.2％，亩均增加值 107.4 万元，增速 27.9％，均处于金华领先水平。累计征收差别化电价、水价 1300 多万元，出清低效企业 200 多家。加快"低散乱"整治提升，对标先进地区经验做法，提高整治标准，完善整治内容。完成"低散乱"整治 1090 家，完成率 320％，淘汰落后产能（生产线）涉及企业 35 家。推进铸造行业产能清理整治，上报合法合规和承诺在规定时间内规范的铸造企业 537 家。

工业管理

【概　况】 "管理科学"是现代企业制度的特征之一，是企业落实科学发展观的标志，是推动企业提档升级、高质量发展的需要。

自 2009 年全市推广精益管理以来，永康市积极引进管理咨询机构，引导企业开展精细化管理，进一步提升永康市企业的管理水平，为促进永康市经济转型升级提供有效保障。

【**积极兑现奖励政策**】 自 2012 年永康市组织符合条件的企业开展精细化管理奖励补贴以来，已连续 8 年兑现该项奖励政策。2020 年，对 2 家企业实施奖励 35.5 万元。截至 2020 年，市财政用于兑现精细化管理奖励资金的金额已达到 579.76 万元。

【**精细化管理成效**】 截至 2020 年底，在永康市备案的管理咨询单位（机构）有 55 家，备案的精细化管理相关项目有 69 个。从已备案的企业精细化管理改善项目实施情况来看，永康市企业在管理改善上投入较大，持续时间较长，效果也非常明显。如浙江德硕电器有限公司与领鹰企业管理咨询（杭州有限）公司合作，2019 年起投入 70 万元开展精细化管理项目，产量提高 21%，周转率提高 25%，投诉率降低 33%，盘点精准度提高 30%，计划达成率提高 27%，亩产税收提高 5.48 万元。

主要行业

■ 现代五金产业

【**概　况**】 2020 年，永康市五金八大行业实现规上工业产值 687.6 亿元，占全市规上工业总产值的 86.0%，其中门业产值同比增长 7.2%，电器厨具产值同比增长 19.9%，休闲器具产值同比增长 21.0%。2020 年，以永康为主体的金华现代五金产业集群入围国家级先进制造业集群。

步阳集团 5G 工厂（市经信局提供）

【**高站位推进现代五金产业发展**】 2020 年，永康市按照"三大产业园＋若干小微园区"规划布局，做强经济开发区，做优农业装备高新区，拓展创业回归园，布局小企业园，积极争创国际级经济开发区和国家林草装备科创园。2020 年，规划小微园 325 万平方米，在建园区 22 个，建成 11 个，高分入选首批省小微企业园建设提升工作试点和金华专业园区试点。

【**助推制造业高质量发展**】 2020 年，永康市与北京赞伯达成"永康品牌战略发展规划方案合作协议"，全面推进永康产业品牌战略顶层设计，永康产业、五金、城市品牌整合，永康十大核心五金产品规划，永康五金 MBA 品牌研讨班开班等工作，以品牌创建助推国际国内市场开拓，提升企业核心竞争力，助力企业高质量发展。全年新制定"浙江制造"标准 17 个，新增"品字标"认证企业 10 家。

【**高强度培育现代五金产业**】 2020 年，永康市坚持把加强优势产业和重点行业集群培育作为工业高质量发展的重要一招，紧盯"全球智能门（锁）制造中心""保温杯（壶）制造基地"的目标，研究制定产业集群规划和 5 个专项规划，建立产业培育专项基金，着力谋划实施一批重点项目，组建一批重点平台，培育一批重点企业。2020 年，全市规上工业企业数量为 1024 家，智能门（锁）年销量占全国 75% 以上，保温杯（壶）出口量占全国 2/3 以上，铝制散热片出口量占全国 85% 以上。

【高水平推动传统五金产业转型】 2020年,永康市围绕产业数字化转型目标,全力推进"企业数字化制造、行业平台化服务"计划,分行业分领域建设智能工厂,首创"搭积木式"一企一线改造模式。全年智能化改造企业信贷支持超20亿元,兑现政府奖励资金1亿元以上,累计推动企业上云6700家,智能工厂(车间)项目12个,企业平均用工数减少16%,产能提升30%以上,极大地推动了产业的提质增效。2017年以来,统筹省级财政专项资金、市级财政资金,对实施产业数字化、数字产业化的企业进行奖励补助,奖补资金达3.6亿元,惠及企业491家次。

【夯实现代五金产业基础】 2020年,永康市深入实施"强链、补链、延链"工程,针对高新技术企业和科技型中小企业积极实施"双倍增"计划,基本形成门业、杯业、电动工具、炊具、清洁用品等5条具有全国影响力的标志性产业链。

【高质量优化民营企业营商环境】 永康市将每年的11月1日定为"永康民营企业家节",设立8718助企通平台,广开企业言路,广纳社会良策,及时调整财政贴息、工业用地抵押指导价、财政存款考核办法等系列"硬核"政策,建设企业信用修复机制,以最大力度降本减负,以最快速度兑现政策。

■ 高端装备产业

【概　况】 永康高端装备产业主要包括电动(园林)工具、现代农机装备、智能制造装备、汽车及零部件。经过几十年的发展,永康市高端装备制造业成长迅速,培育了三锋实业、中坚科技、星莱和等一批优秀的龙头企业。2020年,电动(园林)工具行业产值106.34亿元,同比增长10.9%;技术装备类产值70.63亿元,同比增长5.29%;汽车及零部件行业产值36.49亿元。永康市结合本地工业经济产业基础,大力发展高档电动工具、智能农机装备、智能制造装备、汽车及零部件等一批引领未来的新增长点,打造全省高端装备制造产业基地。

【名优产品】 浙江中坚科技股份有限公司XCH62系列草坪机　根据用户的不同使用习惯,该系列草坪机驱动桥有4前进挡的齿轮变速箱和液压无级变速两种选择,转向机构有直联和齿轮增力两种选择,割草方式有倒车割草和不能倒车割草两种选择。该草坪机拥有4项实用新型专利、两项外观专利。

浙江星莱和农业装备有限公司的"星月神"品牌高速插秧机　适合多种型式秧苗。拥有模拟人工手插的插秧爪、超级回转式插秧机构、电控栽插自动平衡系统和田面软硬感应系统,既能插"毯式秧苗",又能插"钵型毯苗",不伤根系,秧苗返青快,能有效提高水稻产量。

【科技新产品】 浙江德菲洛智能机械制造有限公司易损果智能化无损分选装备　是一套自主设计的机电一体化、智能化、自动化高技术产品,应用20多项独立自主专利技术,其检测指标种类、分选速度和检测精度等性能指标已等同甚至部分高于日本同类产品,且在性价比上有很大优势,是国外同类进口分选设备的优秀替代品。该产品的推广应用,将打破日本多年来在水果无损分选领域垄断的局面。

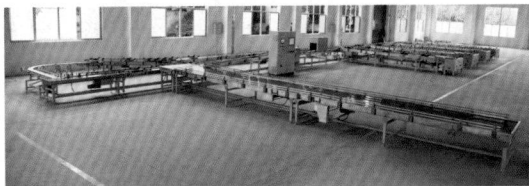

浙江德菲洛智能机械制造有限公司的易损果筛选机(市经信局提供)

浙江三锋实业股份有限公司的旋切式

锂电采胶机　以锂离子电池为动力源,采用最新的环形双层组合刀片和分体比结构、前后支架径向和轴向双重定位;通过全自动机器人无刷电机加工、电池的测试匹配质量控制、电池包的制造及老化检测、保证电池包和充电器及电池包与电机的匹配效果的控制器的制造质量等的工程技术,实现安全、环保、节能、轻便技术要求。

【重点企业简要情况】　浙江三锋实业股份有限公司　是全国林业机械标准化技术委员会、全国电动工具标准技术委员会园林电动工具分技术委员会委员单位,公司是国内最大的电链锯制造商和销售商,连续多年居国内园林工具领域第一。公司具备多项核心技术,是国家标准主导制定单位、行业标准主导/参与制定单位、浙江制造标准主导制定单位,共参与 64 项国家和行业等标准的制定,主导制造浙江制造标准 4项。公司先后获得国家绿色工厂、国家火炬计划重点高新技术企业、中国质量诚信企业、中国出口质量安全示范企业等荣誉或称号。

浙江星莱和农业装备有限公司　主营"星月神"品牌高速插秧机,具备年产 8000台高速插秧机的制造能力,拥有数控加工、激光切割、机器人焊接、机器人自动化流水线等先进制造设备,零部件自制率达到80%,成为中国"最具性价比"高速插秧机。与久保田、洋马、井关等日本品牌同台竞技,斩获技能比武冠军。星莱和被省农机局列为重点扶持企业,并通过国家级高新企业认定。

浙江德菲洛智能机械制造有限公司专注从事高速智能检测与分选装备及工业机器人的研发、制造和销售业务,是国内自主掌握农产品无损检测和分选技术的科技型企业之一,其研制的易损果智能化无损分选装备于 2020 年认定为省内首台(套)产品。

■ 新材料行业

【概　况】　永康市新材料行业主要包括:金属新材料、新型显示材料、特种纤维等。2020 年,全市新材料行业规上企业实现产值 82.30 亿元,占规上工业总产值比重10.30%。永康市新材料行业现有国家高新技术企业 10 家,省级企业技术中心 2 家。

【名优产品】　浙江千禧龙纤特种纤维股份有限公司超高分子量聚乙烯纤维　超高分子量聚乙烯纤维(简称 UHMWPE),又叫高强 PE 纤维,是当今世界三大高科技纤维(碳纤维、芳纶和超高分子量聚乙烯纤维)之一,也是目前世界上最坚韧的纤维。该产品经过冻胶纺丝、超倍牵伸,将原先相互缠绕呈无序排列的大分子逐渐解缠,达到极高的取向度和结晶度,使纤维具有质轻、柔软、高强、高模、耐紫外线、耐冲击、耐酸碱、耐海水腐蚀等优良性能。该产品被广泛应用于国防军需装备、航空航天、防护用品、海洋渔业、缆绳、体育用品、医疗器械、建材等领域。

【科技新产品】　浙江鸿耀高新铜材有限公司百万千瓦级电机用连续挤压中空异形截面铜型材产品　采用多坯料连续挤压技术,实现中空异型复杂截面铜型材的连续挤压,多根杆料进入连续挤压轮,通过摩擦力带入模腔,避免了实心锭的分流问题,彻底解决铜型材挤压的分流桥强度问题,挤压空心型材的模芯(卧式挤压安装在分流桥上)可独立安装。产品广泛应用于电子电力机械制冷及热交换领域,是原子能工业、100MW 以上的超大型电机的导体材料和加速器的关键材料。产品的成功研发填补了国内空白,打破国外技术垄断,促进国产高端装备核心材料的发展,获评 2020 年省级装备制造业首台(套)产品。

道明光学股份有限公司微棱镜型反光蓄光膜 产品是以 P 毫米 A 为面层＋PC 半透明底膜＋聚酯复合层＋聚酯树脂包覆的长余辉蓄光层＋丙烯酸树脂白色遮盖层＋高黏性压敏胶＋CPP 防黏膜材料形成的高科技复合薄膜材料，具有优异的逆反射特性与可自发光特性。可见光通过半透反光层到达蓄光层，蓄光粉可将光能储存，在黑暗中通过透光反光层释放光能，起到自发光的作用。该产品将微棱镜与蓄光材料相结合，既有反光性能，蓄光材料在黑暗中也可起到警示作用，具有较好的市场前景。

【重点企业简要情况】 道明光学股份有限公司 是一家主要从事研究、开发、生产和销售各种功能性薄膜、高分子合成材料的国家火炬计划重点高新技术企业，是目前亚洲最大、世界第二的反光材料一体化解决方案供应商。2011 年，公司在深交所中小板挂牌上市，成为该行业首家上市公司。公司建有省高新技术企业研究开发中心、省企业技术中心、省反光材料工程技术研究中心、省功能薄膜材料企业研究院等各类平台。公司已获授权专利 160 余项，其中发明专利 32 项，拥有国内外注册商标 100 余件，先后承担国家级、省部级项目 20 余项，主导或参与国家、行业、团体标准 20 项。

浙江千禧龙纤特种纤维股份有限公司专注超高分子量聚乙烯纤维领域，被列入"浙江省战略性新兴产业'百项工程'"新材料产业重点项目。公司通过 ISO9001、ISO14001 等系列管理体系认证，以及"浙江省安全生产标准化二级企业"和"浙江省清洁生产企业"认定，成立了"省级企业研究院"，是"浙江制造"标准主导企业。公司被评为"专精特新小巨人企业""国家级高新技术企业""省级智能工厂""省创新型示范中小企业""省隐形冠军培育企业"等。

浙江千禧龙纤特种纤维股份有限公司的超高分子量聚乙烯纤维（市经信局提供）

电子信息产业

【概况】 电子信息产业是数字经济核心产业的重要组成部分，当前永康市加快推进产业数字化转型，五金产品智能化转型不断加速，智能家居、数字安防等产业规模快速扩大，制造业对电子信息产品需求量逐年增加。永康市电子信息产业主要包括计算机通信和其他电子设备制造业、电子信息机电制造业、专用电子设备制造业。2020 年，全市电子信息产业企业共有 16 家，主营业务收入 12.71 亿元，产业增加值 2.5 亿元。8 月，永康市与云丁网络技术（北京）有限公司、珠海耀阳电子科技有限公司、中山绿威科技有限公司、杭州西尚智能有限公司及江苏邦融微电子有限公司 5 家全国电子芯片与控制器领军企业签约，以合作共建分公司、研发中心等方式推动项目落地。

【名优产品】 金华马卡科技有限公司带水分测定的四合一数字式探测仪 通过浙江省省级工业新产品认定，产品主要包括水分测定系统设计、木梁检测模块设计、导线检测模块设计、墙体探测仪显示界面设计四个部分。施工作业人员只需依靠此类设备即可在满足墙体内物体的同时，又可对木材的含水率、石灰砂浆和水泥砂浆的含水率进行测量,减少施工装修中频繁更换不同检测设备造成的低效率问题。通过调节件可以方便地对探针伸出壳体部分进行调节,使得探针能适应各种需检测水分含量的待测物,适用范围广。通过电容变化可以对通电的导线进行检测,而不用接触通电电路,在保证检测精度的同时保障施工人员的安全。

【重点企业简要情况】 鉴丰电子科技有限公司 位于浙江永康市经济开发区唐山路48号,建筑面积3万多平方米,有员工380余人,其中研发人员60余人,大专学历以上80余人。该公司是一家专业从事智能控制器研发、生产和销售及相关技术咨询的国家高新技术企业。公司主营健身器材控制器、智能家居控制器、各类小家电控制器、智能门控、无刷控制器及机器人工业自动化控制器等,涉及跑步机、指纹锁、筋膜枪等产品。公司建有"浙江省高新技术研发中心",每年研发投入占销售收入5%以上。累计取得发明专利1项,实用新型专利32项,软件著作专利15项,外观专利6项。公司先后通过"质量管理体系认证""环境管理体系认证""UL认证"等认证。

浙江司贝宁照明电器有限公司 位于永康市城西工业区松石西路1366号,是一家专业研发、生产、销售照明产品的科技型企业。公司有HID和LED两大类照明产品。近年随着公司的发展逐步成立浙江司贝宁工贸有限公司、浙江司贝宁精工科技有限公司。司贝宁照明电器有限公司拥有厂房1.25万平方米,拥有职工170人,其中大专学历以上科技人员15人,直接从事研究开发的科技人员6人。产品畅销南美、西欧、东欧、东南亚、中东、非洲等国家和地区,在海外享有良好的声誉,与飞利浦、雷士、欧普、松下等知名企业均有合作。近年来,

产品陆续通过CE、CCC、CQC认证,同时取得三体系认证。

浙江司贝宁照明电器有限公司(市经信局提供)

■ 生命健康产业

【概　况】 近年来,生命健康产业作为一个新兴产业,正酝酿和形成超十万亿规模的巨大蓝海市场,被称为继IT产业之后的"财富第五波",成为全球经济发展的新引擎。面对契机,永康市将生命健康产业纳入永康市"十四五"工业经济高质量发展规划,围绕运动健身器械、医疗康复器械、生物医疗三大方向,采取加快建设创新平台、促进成果转移转化等措施,谋划建设生命健康产业园,打造"3+2"现代制造业体系。

【产业园区】 城西新区健康产业园位于城西新区西三环线以西、月桂路以东、花溪路以南,道路四通八达,交通便利。园区规划面积9.36万平方米,建筑占地3.93万平方米,总建筑面积20.89万平方米,分两期实施。其中,一期规划用地3.39万平方米,建筑占地2.05万平方米,建筑面积11.37万平方米,建有17幢厂房、1幢综合楼,厂房主体工程已结顶。该园区由城西新区管委会主导开发,以"企业生产+产业配套+生活配套"三维一体,筑建高标准智慧数字化

园区,全力打造"智慧健康产业园"新模式。

【名优产品】 立久佳 S600E 生态智慧跑步机 采用七层加厚弹性跑板,8 厘米国际标准安全边条,620×1200 毫米巨宽高端跑带,16 重飞机轮避震系统,10.1 寸高清触摸彩屏,4.0HP 精工静音电机＋隔声模组,3C 认证超低音,拥有自动加油系统,内置智能运动程序配备三种实景模式,数据实时监控。同时支持华为 HiLink 生态系统智慧互联,App 控制跑步机。

金拓机电 716M 健身车产品整车 采用 Q235 钢管和 6063 铝管焊接,尺寸 980×560×1240 毫米,高 1.4—2.1 米,承重 120—150 千克。软件部分采用 25—350W 的功率值,用 32 段程式做精准的分配,通过控制灯带颜色的变化来提醒使用者降低速度和阻力,给予安全运动要求。整车已通过 EN957—5、CLASS—A 认证。

【重点企业简要情况】 浙江金拓机电有限公司 成立于 2004 年,位于永康市五金科技工业园金山东路 22 号,厂区占地 2.1 万平方米,员工 400 多人,主要产品有健身车、震动按摩器、划船机等,在天猫销售(汗马品牌)排名第一名,是一家集研发、设计、生产、销售于一体的健身器材专业制造企业。公司拥有自主研发专利 140 多项。

浙江邦立医药用品有限公司 成立于 2003 年,位于永康市城西新区月桂南路 118 号,厂区占地 1.5 万平方米,有员工 180 余人、专职质检人员 10 人,拥有大小设备 100 余台,主要产品有创可贴、医用退热贴、医用冷敷贴、医用外科口罩、一次性使用医用口罩等。货物出口欧美、中东、东南亚、南非等国家,是一家以国外市场为导向的企业。创新研发制氧机产品,具有丰富的医疗器械制造经验以及完善的制氧机产品的工艺标准和技术要求。

■ 优秀企业简介

【步阳集团】 步阳集团有限公司创立于 1992 年,经过近 30 年的不断发展,形成步阳门业、步阳车业、步阳置业、步阳汽车零部件、步阳物流和步阳进出口六大事业板块,固定资产 50 亿元,集团占地 50 万平方米,员工 5000 多名。步阳安全门是中国防盗安全门行业中最具影响力的品牌之一,连续十年全国门业综合排名第一。公司拥有 11 条国际先进的现代化门业生产线,8 条现代化车业生产线,3 条汽车零部件生产线,已形成年产 350 万樘防盗安全门、200 万辆电动休闲车、230 万只轮毂的生产能力。公司在政府扶持下成立门业研究院、工匠创作室等,与科研院校合作,大量培养高学历人才。步阳研究院拥有总价值 2000 多万元的各种精密设备,以及 40 多名顶尖技术人员,是省级企业研究院。研究院主攻非标系列的高档门,服务于公司做强精品市场的战略。此外,公司高标准建设总部型运营管控一体化的 ERP 管理系统、基于云端的产业链协同管理平台和数字化管理作战室平台,实现管理的智能化和自动化;建立可复制和高效运转的运营管理流程,并对各分公司和事业部的经营活动进行有效风险控制,通过集团运营管控、资源信息共享,实现企业高效经营的目标。为提高整个产业链的快速响应效率,步阳集团部署云端产业链协同管理系统,形成集团公司和供应商、经销商、合作伙伴的综合业务协同,实现移动办公,使信息化与企业战略、业务管理、产品和市场有效融合。

【道明光学】 道明光学股份有限公司成立于 2007 年 11 月,现注册资本 6.26 亿元,其前身是于 2002 年 6 月成立的永康市道明反光材料有限公司,是一家集反光材料产品研发、设计、生产、销售于一体的国家级高新技术企业。2011 年 11 月 22 日，公司在深圳证券交易所中小板挂牌上市，成为国内反光材料行业首家上市公司。公司占地超 800 亩，拥有超过年产 4000 万平方米反光材料的产能规模，是目前亚洲最大、世界第二的反光材料生产企业，公司研发生产的微棱镜级反光材料在国际处于领先水平。公司建有省级反光材料工程技术研究中心，拥有 100 余项自主知识产权，主导、参与 10 余项标准的制定、修订，通过 ISO9001 质量管理体系、ISO1400 环境管理体系等体系认证，并通过欧洲、美国等多个国家及地区的产品认证。

经过多年的稳健经营，公司规模不断壮大，集团下辖 8 个全资子公司，5 家控股子公司，4 家参股公司，在北京、上海、杭州、东莞、西安、济南等 30 多个国内主要城市设有办事处，并在印度、巴西、韩国等地投资成立分公司，公司产品远销全球 70 多个国家和地区。生产的反光材料横跨道路交通安全防护、个人安全防护和车辆安全防护三大领域，广泛应用于各种道路交通指示标牌、道路安全防护设施、车身安全标识、海上救生设施、消防救生设施、服装、箱包、鞋帽、广告等领域，是国内反光材料行业规模最大、产品种类最为齐全的龙头骨干企业之一。

【王力集团】 王力集团始创于 1996 年，拥有王力安防科技股份有限公司、浙江丹弗王力润滑油有限公司、浙江王力门业有限公司、浙江王力高防门业有限公司、四川王力安防产品有限公司、浙江王力电动车业有限公司、浙江中运物流有限公司、浙江省永康市王力进出口有限公司、永康市冰神科技有限公司、浙江金木门业有限公司、浙江加彩工贸有限公司、浙江王力铜艺门业有限公司等数十个产业（相关联的企业还有华爵集团有限公司）。集团拥有总部工业园、华爵厂区、能诚厂区、长恬厂区（建设中）、四川安防、王力西部产业园、天津中绿七大生产园区，总占地 103 万多平方米，员工 5000 多人，并引进国内外一流高学历专业技术及管理人才 800 余人，每年投入人才提升经费千万元，并建立王力商学院。集团业务涉足防盗门、室内门、进出口、机械制造、防盗锁、电动自行车、润滑油、咨询、物流、互联网等数十个跨国民经济产业，集团已成为集科研、设计、制造、销售、服务于一体的多元大型集团化公司。集团在永康总部、上海、杭州、深圳、德国慕尼黑成立研发中心，同时与北京大学、武汉大学、南开大学、浙江大学等高校建立科研战略合作，实现产品持续升级。自行研发的门锁产品可由用户订制升级为遥控、指纹、脸谱、虹膜、手机 App 和 3D 识别开启等各种功能，并拥有七大核心便捷技术和九大核心安全技术。

工业信息

【概　况】 近年来，永康市深入实施数字经济"一号工程"，推动数字技术与实体经济深度融合，不断提高数字化、网络化、智能化水平，加速重构经济发展与治理模式的新型经济形态。2020 年，永康市两化融合发展指数为 101.75，居全省一类地区第 18 位，金华各县（市、区）第 1 位。工业互联网平台建设及应用入围 2020 年浙江省工业和信息化重点提升领域名单。成为浙中地区最具发展活力的板块之一，也是引领永武缙五金产业集群发展的主引擎。

【推进龙头企业智能化改造】 全面落实"3511"专项行动，打造一批国家级、省级智能制造试点示范企业。全面调研诊断重点行业龙头企业制造能力、改造可行性，总投资 20 多亿元率先在 17 家企业开展智能化改造试点。鼓励重点企业融合 ERP、MES 等各类信息化系统,从生产智能化向研发、设计、管理、仓储、物流和服务等全流程智能化拓展,打造以"5G＋人工智能＋工业互联网"为核心的"未来工厂"。12 个智能化工厂(车间)项目通过专家验收,群升集团、求精热处理、飞剑工贸、飞哲工贸、千禧龙纤等 7 家企业获评省级智能工厂(数字化车间),王力、三锋入选省"未来工厂"培育名单。

【推进"一企一线"数字化改造】 开创性推出重点行业分段式"一企一线"改造模式,有效降低中小企业智能化改造整体成本,同时大大提升改造效率。"分段式"数字化改造模式指的是通过分解生产各个关键工序,分别由行业内各个试点企业同时进行智能化改造,积累分段改造经验。以电动工具为例,实施后试点企业平均产品一次性合格率提升 20％以上,生产效率提高 30％以上,用工人员减少 40％以上,能源利用率提高 15％以上。已完成汽车零部件、防盗门、保温杯、电动工具 4 个行业 17 家企业试点改造,《永康市推行"搭积木式"数字化改造加快传统制造业转型省级》总结材料获得副省长高兴夫充分肯定

【加快构建工业互联网平台体系】 全市已建成企业级、行业级、区域级工业互联网平台 10 个以上,叮咚智造、新凯迪运动器材、天马智能装备、王力智能门锁协同制造工业互联网平台等 4 个平台成功创建省级工业互联网平台,创建数量居金华首位,产业链上下游接入平台企业数量超过 5000 家。依托"企业数字化制造、行业平台化服务"行业试点,同步推进行业工业互联网平台建设。建成汽车零部件、防盗门、保温杯、电动工具四大行业工业互联网平台,试点企业悉数接入,重点企业设备联网率达到 60％以上。

【做大软件和信息服务业】 依托五金制造业基础,通过政策驱动、平台带动,加快培育软件和信息服务企业,推动软件信息产业与制造业融合发展。借助省智能制造专家委员会,先后引进杭州优海、南京维拓、软体机器人、智能云科等 4 家省智能制造工程服务商在永康注册公司并实行本地办公,另外,积极培育新迪智造、两化腾、杰地希机器人、司贝宁精工等本地工程服务机构,与外地工程服务机构形成优势互补,协同提升工程服务能力。2020 年规上软件信息服务业营业收入 4400 多万元,同比增长 280％。

【做强数字经济核心制造业】 2020 年,永康市统计年报汇总,规模以上数字经济核心产业制造业企业 51 家,较 2018 年增加 35 家。全力打造五金电子信息产业园,加大电子信息产业项目招引力度。以西朱小微园为重点区域,聚焦高端和特色,重点引培与五金产业升级有关的产品与装备智能化所需的各类传感器、智能终端、存储器、芯片研发制造企业,精准招商。

【推进数字经济和实体经济融合应用】 市经信局积极引导企业通过运用云计算、大数据、物联网、人工智能等智能制造关键技术,全面提升企业创新能力和服务能力。选取行业龙头企业列入"登高"计划,发挥引领示范带动作用。已有众泰、王力、飞剑等 8 家企业通过工信部两化融合管理体系贯标,众泰、王力、超人、三锋 4 家企业被列为工信部两化融合管理体系贯标试点企业。

(市经信局　朱昭丞　应冠歆
盛超超　王　强　童广浙
胡宇奔　陈思倩)

四方工业

【概　况】 浙江四方集团公司(简称四方集

团），从属名称浙江省永康拖拉机厂，创建于 1961 年，位于永康市城西新区四方路 8 号，是全国最早生产手扶拖拉机和单缸柴油机的企业之一，是中国农机工业首批 3A 级信用企业。四方集团下设浙江四方股份有限公司、浙江四方进出口有限公司、浙江四方集团房产开发有限公司等 8 家全资或控股子公司及两个省级技术中心、重点企业研究院。四方集团以水稻生产全过程机械化的农业机械为主导产品，具有手扶拖拉机、单缸柴油机、全喂入联合收割机、履带式拖拉机、旋耕机五大系列产品。具备年产手扶拖拉机系列 10 万台、单缸柴油机系列 20 万台、全喂入联合收割机 5000 台、履带式拖拉机 5000 台的生产能力。产品行销全国，出口 55 个国家和地区，是世界最大的手扶拖拉机出口生产基地之一，自 1987 年起蝉联全国手扶拖拉机行业出口第一。

2020 年，四方集团实现营业总收入 10.69 亿元，同比下降 7.2%；出口创汇 11263 万美元，同比增长 7.65%；手扶拖拉机销售 27647 台，与上年基本持平；柴油机销售 65367 台，同比增长 5.15%；履带拖拉机销售 141 台，同比增长 20.51%；联合收割机销售 71 台，同比增长 14.52%。

【世界最大的出口生产基地】 2020 年，农机行业强势触底反弹，全年行业产销值恢复较快增长，出口额创历史新高。中国海关统计数据显示，2020 年中国农业机械产品进出口贸易总额 103.98 亿美元，同比增长 9.5%，其中：出口额 87.47 亿美元，同比增长 9.4%；进口额 16.51 亿美元，同比增长 9.8%。规模以上企业业务收入同比增长 7.39%，利润同比增长 21.64%，亏损企业亏损额减少 14.22%，行业发展领先于机械行业。四方集团面对新冠肺炎疫情、世界经济严重衰退等多重挑战，利用"四方"品牌的影响力，持续稳住东南亚市场，2020

年出口手扶拖拉机 24875 台，自 1987 年起连续蝉联手拖行业桂冠，成为世界最大的手扶拖拉机出口生产基地。

【新产品技术引领行业水平】 针对南方水田的土壤特性，为解决轮式拖拉机马力越用越大，造成田块越耕越深，致使插秧机、收割机等后续机械无法作业的难题，成功开发出重量轻、接地比压小、具有差速转向功能的 SF902 履带拖拉机，该产品的技术达到世界领先水平。

水田保护性耕作机械 SF902 履带拖拉机（四方集团提供）

【启动新一代耕作机械研发】 四方集团近年来以南方水田保护性耕作机械市场的需求升级为导向，自主研发三角履带行走、抗下陷性能强、能有效保护土壤、操作灵活舒适、作业效率高的 SF752 履带拖拉机，深受用户喜爱。2019 年，四方集团启动第二代水田保护性耕作机械 SF902 履带拖拉机的研发。SF902 履带拖拉机是一款采用方向盘操纵、实现液控差速转向、具有 360 度原地调头等功能，核心技术达到国内领先水平的新一代大马力履带拖拉机。该项目的启动标志着四方产品转型升级进入新时代。

（四方集团 供稿）

电　力

【概　况】　截至 2020 年底,永康电网共有:500 千伏变电所 1 座(永康变),变电容量 300 万千伏安;220 千伏变电所 4 座(明珠变、倪宅变、方岩变、太平变),变电容量共计 204 万千伏安;110 千伏变电所 19 座,变电容量共计 187 万千伏安。2020 年实现全社会用电量 56.15 亿千瓦时,同比增长 5.13%;最高全社会负荷 117.622 万千瓦,同比增长 10.46%;线损率 3.60%,安全生产日达到 6751 天。

永康市 2020 年全口径用电量增长情况表

行业名称	2020 年用电量累计/万千瓦时	2019 年用电量累计/万千瓦时	累计同比/%
全社会用电总计	561544.69	534151.62	5.13
A.全行业用电合计	472934.66	451431.47	4.76
第一产业	594.32	676.4	−12.13
第二产业	416592.93	398606.96	4.51
第三产业	55747.41	52148.11	6.9
B.城乡居民生活用电合计	88610.03	82720.15	7.12
城镇居民	38956.18	35287.37	10.4
乡村居民	49653.85	47432.78	4.68
全行业用电分类	472934.66	451431.47	4.76
一、农、林、牧、渔业	694.84	782.34	−11.18
1.农业	457.8	467.02	−1.97
2.林业	32.49	71.39	−54.49
3.畜牧业	70.65	106.96	−33.95
4.渔业	33.38	31.03	7.57
5.农、林、牧、渔专业及辅助性活动	100.52	105.94	−5.12
其中:排灌	15.99	22.3	−28.3
二、工业	411180.62	393119.22	4.59
(一)采矿业	170.54	341.83	−50.11
1.煤炭开采和洗选业	0	0	
2.石油和天然气开采业	1.25	9.83	−87.28
3.黑色金属矿采选业	87.08	116.61	−25.32
4.有色金属矿采选业	0.2	0.16	25
5.非金属矿采选业	80.59	210.43	−61.7

行业名称	2020 年用电量累计/万千瓦时	2019 年用电量累计/万千瓦时	累计同比/%
6.其他采矿业	1.42	4.8	−70.42
(二)制造业	386066.03	370495.42	4.2
1.农副食品加工业	255.03	276.6	−7.8
2.食品制造业	566.86	797.47	−28.92
3.酒、饮料及精制茶制造业	118.83	130.25	−8.77
4.烟草制品业	6.44	6.95	−7.34
5.纺织业	863.76	820.35	5.29
6.纺织服装、服饰业	1025.33	1019.09	0.61
7.皮革、毛皮、羽毛及其制品和制鞋业	1974.55	2002.27	−1.38
8.木材加工和木、竹、藤、棕、草制品业	527.54	364.72	44.64
9.家具制造业	1455.6	1409.33	3.28
10.造纸和纸制品业	1496.32	1310.18	14.21
11.印刷和记录媒介复制业	1544.64	1485.29	4
12.文教、工美、体育和娱乐用品制造业	4759.43	5698.53	−16.48
其中:体育用品制造	1287.57	1281	0.51
13.石油、煤炭及其他燃料加工业	3.98	63.54	−93.74
其中:煤化工	−2.91	8.1	−135.93
14.化学原料和化学制品制造业	1250.88	1649.88	−24.18
其中:氯碱	0	0	
电石	0	0	
黄磷	0	0	
肥料制造	0.15	4.59	−96.73
15.医药制造业	572.91	113.37	405.35
其中:中成药生产	95.62	110.58	−13.53
生物药品制品制造	0	0	
16.化学纤维制造业	852.28	446.93	90.7
17.橡胶和塑料制品业	24902.53	21602.22	15.28
其中:橡胶制品业	3643.25	3371.93	8.05
塑料制品业	21259.28	18230.29	16.62
18.非金属矿物制品业	4891.15	5503.32	−11.12

行业名称	2020 年用电量累计 /万千瓦时	2019 年用电量累计 /万千瓦时	累计同比 /%
其中:水泥制造	749.61	0	
玻璃制造	7.89	128.22	−93.85
陶瓷制品制造	51.83	307.3	−83.13
碳化硅	0	0	
19.黑色金属冶炼和压延加工业	11678.64	0	
其中:钢铁	11395.97	0	
铁合金冶炼	282.67	0	
20.有色金属冶炼和压延加工业	12685.42	20274.92	−37.43
其中:铝冶炼	0	0	
铅锌冶炼	0	0	
稀有稀土金属冶炼	0	0	
21.金属制品业	222065.76	217223.26	2.23
其中:结构性金属制品制造	71932.34	77537.69	−7.23
22.通用设备制造业	50195.29	50530.03	−0.66
其中:风能原动设备制造	49.12	0	
23.专用设备制造业	10339.55	5965.49	73.32
其中:医疗仪器设备及器械制造	5.5	4.46	23.32
24.汽车制造业	5525.81	5404.18	2.25
其中:新能源车整车制造	964.67	1202.65	−19.79
25.铁路、船舶、航空航天和其他运输设备制造业	2553.88	2077.55	22.93
其中:铁路运输设备制造	0	0	
城市轨道交通设备制造	0	0	
航空、航天器及设备制造	0	0	
26.电气机械和器材制造业	7152.22	6108.88	17.08
其中:光伏设备及元器件制造	0	0	
27.计算机、通信和其他电子设备制造业	2445.69	2669.46	−8.38
其中:计算机制造	0	0	
通信设备制造	29.88	32.73	−8.71
28.仪器仪表制造业	747.58	612.22	22.11

行业名称	2020年用电量累计/万千瓦时	2019年用电量累计/万千瓦时	累计同比/％
29.其他制造业	13124.38	14588.76	−10.04
30.废弃资源综合利用业	349.23	221.57	57.62
31.金属制品、机械和设备修理业	134.52	118.81	13.22
(三)电力、热力、燃气及水生产和供应业	24944.05	22281.97	11.95
1.电力、热力生产和供应业	21693.67	18691.24	16.06
其中:电厂生产全部耗用电量	1605.29	1744	−7.95
线路损失电量	19977.94	16855.37	18.53
抽水蓄能抽水耗用电量	0	0	
2.燃气生产和供应业	249.84	412.96	−39.5
3.水的生产和供应业	3000.54	3177.77	−5.58
三、建筑业	5546.83	5606.55	−1.07
1.房屋建筑业	2485.29	1440.4	72.54
2.土木工程建筑业	967.46	1120.14	−13.63
3.建筑安装业	58.05	34.55	68.02
4.建筑装饰、装修和其他建筑业	2036.03	3011.46	−32.39
四、交通运输、仓储和邮政业	2833.62	2445.33	15.88
1.铁路运输业	481.47	514.5	−6.42
其中:电气化铁路	0	0	
2.道路运输业	1063.76	962.97	10.47
其中:城市公共交通运输	420.75	375.45	12.07
3.水上运输业	0	0	
其中:港口岸电	0	0	
4.航空运输业	0	0	
5.管道运输业	0	2	−100
6.多式联运和运输代理业	619.18	586.91	5.5
7.装卸搬运和仓储业	442.79	277.61	59.5
8.邮政业	226.42	101.34	123.43
五、信息传输、软件和信息技术服务业	4885.17	4259.99	14.68
1.电信、广播电视和卫星传输服务	639.47	468.99	36.35
2.互联网和相关服务	4167.62	3740.88	11.41

行业名称	2020 年用电量累计/万千瓦时	2019 年用电量累计/万千瓦时	累计同比/%
其中:互联网数据服务	0	0	
3.软件和信息技术服务业	78.08	50.12	55.79
六、批发和零售业	20632.39	19000.38	8.59
其中:充换电服务业	62.2	10.94	468.56
七、住宿和餐饮业	6706.58	6704.73	0.03
八、金融业	956.52	1012.76	−5.55
九、房地产业	3123.58	3045.14	2.58
十、租赁和商务服务业	2943.57	2758.61	6.7
其中:租赁业	411.07	395.05	4.06
十一、公共服务及管理组织	13430.94	12696.42	5.79
1.科学研究和技术服务业	598.22	776.51	−22.96
其中:地质勘查	0.13	0.12	8.33
其中:科技推广和应用服务业	358.81	518.44	−30.79
2.水利、环境和公共设施管理业	3030.06	2717.82	11.49
其中:水利管理业	160.54	139.49	15.09
其中:公共照明	2540.7	2284.76	11.2
3.居民服务、修理和其他服务业	1951.24	1768.26	10.35
4.教育、文化、体育和娱乐业	1426.29	1960.71	−27.26
其中:教育	693.69	1215.74	−42.94
5.卫生和社会工作	3489.22	2839.68	22.87
6.公共管理和社会组织、国际组织	2935.91	2633.44	11.49
补充指标	0	0	
开采专业及辅助性活动	0	0	

■ 电业设施

【概　况】　截至 2020 年底,永康市有高压变电所 24 个,主变 50 台,变电容量 6910 兆伏安。

永康市 2020 年高压变电所基本情况表

序号	变电所名称	电压等级/千伏	主变编号	主变容量/兆伏安	变电所容量/兆伏安
1	永康变	500/220/35	1、2、4	3×1000	3000
2	方岩变	220/110/35	1、2、3	3×180	540

序号	变电所名称	电压等级/千伏	主变编号	主变容量/兆伏安	变电所容量/兆伏安
3	倪宅变	220/110/35	1、2	2×180	600
		220/110/35	3	1×240	
4	太平变	220/110/35	1	1×180	420
		220/110/35	2	1×240	
5	明珠变	220/110/35	1、2	2×240	480
6	安康变	110/10	1	50	100
			2	50	
7	芝英变	110/10	1	50	100
			2	50	
8	古山变	110/10	1	50	100
			2	50	
9	长城变	110/10	1	40	80
			2	40	
10	高塘变	110/10	1	40	80
			2	40	
11	丽州变	110/10	1	40	80
			2	40	
12	清溪变	110/10	1	50	100
			2	50	
13	梅垄变	110/10	1	50	100
			2	50	
14	炉头变	110/10	1	50	150
			2	50	
			3	50	
15	五峰变	110/10	1	50	100
			2	50	
16	桥下变	110/10	1	50	100
			2	50	
17	花街变	110/10	1	50	100
			2	50	

序号	变电所名称	电压等级/千伏	主变编号	主变容量/兆伏安	变电所容量/兆伏安
18	石柱变	110/10	1	50	100
			2	50	
19	唐先变	110/10	1	40	80
			2	40	
20	望江变	110/10	1	50	100
			2	50	
21	黄棠变	110/10	1	50	100
			2	50	
22	九龙变	110/10	1	50	100
			2	50	
23	柳川变	110/10	1	50	100
			2	50	
24	西田变	110/10	1	50	100
			2	50	
合计	24 座		52 台		6910

【110千伏西田变投产】　近年来，永康电网发展迅速，多个重点工程按时投产：2020年5月11日，110千伏西田变建成投产，容量100兆伏安；完成220千伏清渭变可研批复和110千伏送出项目核准；投产220千伏永康—莹乡、永康—太平线路工程；投产110千伏西田变、110千伏双锦变。开工建设110千伏世雅变。完成110千伏四路变可研审查，完成110千伏邵宅变初设及土地农转用手续，完成110千伏九铃变环评和水土保持批复，完成110千伏前仓变站址路径批复及可研编制。

■ 安全运检

【10千伏配网建设管理进一步加强】　2020年，国网浙江永康市供电有限公司（简称市供电公司）筹集1.47亿元资金用于10千伏中低配网建设与改造，实施10千伏基建及技改项目64项，投产10千伏线路16条，共108.026千米，分流重负荷线路18条，圆满完成各项建设与改造任务。新建及改造配变台区243个，配变容量143.71兆伏安。严格履行"十项承诺"，紧密对接政府8890便民服务平台，开展配网不停电作业2049次，供电可靠率达到99.9771%，电压合格率达到99.954%。

【确保电力安全可靠供应】　2020年迎峰度夏期间，永康电网最高负荷创历史新高，达到121.692万千瓦，市供电公司加强电力供需形势的预测分析，加强中短期负荷的预测，配合市经信局落实以避峰、错峰和需求侧管理为主的有序用电工作机制，确保高危用户、重要用户和居民生活用电。圆满完成"两会"、五金博览会、门博会等重要保供电任务72项，积极应对"黑格比"等台风、雷暴、强降雨异常气候，快速恢复受损电网。

■ 客户服务

【概　况】　市供电公司立足于永康经济与社会发展大局，全面落实《优化营商环境条例》，纵深推进"最多跑一次"改革，坚持以客户为中心服务理念，把优化营商环境提升"获得电力"指数作为服务永康实体经济发展的重要抓手。同时遵循"精益管理、优质创新"工作思路，推进优质服务建设工作，实现优质服务从普通服务向差异化服务、单项服务向互动服务、被动服务向主动服务转变，促进供电服务水平提升。

【精简业扩手续】　全面落实优化营商环境部署，打造"环节少、时间短、造价低、服务优"的办电服务新模式，切实提高电力接入效率和服务水平。继续深化"最多跑一次"改革，通过创建"无证明城市"推进用电报装"一件事"改革、省政府投资项目"最多80天"工作改革，实施"刷脸零证办电"、水电气网"集成办"等一系列举措，不断提升客户体验，满足新形势下客户美好生活用电需求。同时用电报装流程遵循"压环节、减材料、多上门"的服务原则，持续提升客户用电报装的便利性、满意度，增强其获得感。截至2020年底，高压业扩全流程平均时长为20.21天。

【电价调整】　2020年，市供电部门严格落实各项电价政策和疫情期间阶段性降成本优惠政策，支持企业复工复产。一是2—12月，除高耗能行业外执行一般工商业、大工业电价的电力用户电费按95%计收。二是2—6月，实施支持性两部制电价政策，放宽容(需)量电价计费方式变更周期和暂停不受"不少于15天"限制，对于疫情发生以来停工、停产的企业，适当追溯基本电费减免时间。三是自2020年2月1日起，农业生产用户电价平均降低0.10元/千瓦时。同时根据上级相关文件精神，积极推进电力直接交易试点工作。全年参与普通直接交易电用户共861户，直接交易电量指标为11.02亿千瓦时，大工业电量优惠3.5962分/千瓦时，一般工商业优惠2.1462分/千瓦时，普通直接交易用户全年可减少企业电费支出3640.81万元。另外，2020年煤炭、钢铁、有色、建材、交通运输、仓储和邮政业、信息传输、软件和信息技术服务业10千伏及以上电力用户全电量参与售电市场交易。

【推行电能替代和综合能源服务工作】　2020年以来，市供电公司认真贯彻落实国网公司"以电代煤，以电代油，电从远方来，来的是清洁电"发展战略，紧密联合地方政府积极争取政策支持，深化电能替代技术的应用和普及，加快推广电能替代项目，大力开展电能替代宣传，全方位推进电能替代战略，助力农业农村电气化生产，推广应用电气化技术大棚10个、推广电烘干设备21台、开展农业养殖、种植、水产养殖项目电能替代推广6户、电制茶2户；永康汽车持有量排百强县第二位，为贯彻落实国家新能源汽车下乡部署，市供电公司自2017年开始在永康市投建充电站、充电桩，其中，2020年乡村共建成低压充电桩655个、高压充电站4个；推动工业分散电采暖、电(蓄)热锅炉、热泵、建材电窑炉、冶金电炉、辅助电动力等累计67个电能替代项目，合计全年电能替代量1.13亿千瓦时。大力开展综合能源服务工作，实现从"电力供应商"向"综合能源服务提供商"转变。做好大型业扩项目的收集和走访工作，坚持以电为中心的发展路线，在传统业扩项目中挖掘综合能源项目。全面拓展园区综合能源业务，以EPC总包为抓手，在业务融合、创新上下功夫，对小微企业园综合用能做好引导和服务。当年完成综合能源营收任务2627万元。

（市供电公司　供稿）

开发区

经济开发区

【概　况】　2020 年,在永康市委、市政府的坚强领导下,永康经济开发区党工委全体干部职工,坚守永康工业经济主战场,坚决顶住疫情防控、防台防灾、两链风险处置和中美贸易战等严峻考验,全力保障经济社会向稳向好高质量发展,取得较大的成效。疫情防控、换届选举、科技创新、链长制、基层治理等若干方面的工作,均走在省、市前列,也为今后永康建成世界五金之都的"重要窗口"打下坚实的基础。

【工伤"一件事"集成改革获肯定】　为有效破解"工伤预防难、就医烦、报销繁、纠纷多"等问题,永康经济开发区立足园区实际,全面谋划,创新建立"喜哥调解室",打造调解品牌;将工伤智控纳入区域应急指挥系统,实现平台智慧防控。由永康市改革办牵头,联合永康市人社局、永康市应急管理局等部门,多级联动,多措并举,力促实现工伤"预警防控、快速急救、集成服务、多元解纷"一件事集成改革,形成全闭环工伤"智控"体系。该做法在省跑改例会上作典型交流,并被《领跑者》刊发,先后得到郑栅洁省长、冯飞常务副省长、王文序副省长批示肯定。永康经济开发区的哈尔斯、雄泰、千禧龙纤等 3 家企业被列为工伤智控优秀试点企业。

【危废处置"12369"模式破监管难题】　在 2019 年"互联网＋"工业固废处置模式取得显著成效的基础上,永康经济开发区创新推出 1 个平台、2 个闭环、3 个服务、6 个环节、9 个目标的"12369"模式,即利用互联网平台,实施产废端和收贮端两个主体全流程闭环管理,为产废企业提供"产前、产中、产后"全程服务,做好产废、清运、收贮、处置、宣教、监管 6 个环节,努力实现"无废城市"创建的 9 个目标。解决小微企业危险废物产生点位多、分布散、危废收运不及时、处置成本高、环境风险管控难等困境难题,截至年底,共上门服务和指导企业 1510 家,注册 265 家,签约 237 家,清运 131 家。永康供联丽都危废集中收贮转运中心累计接收危废 1041.908 吨,共外运处置 945.7925 吨,贮存 96.1155 吨。

【北三环重点工程实现"3 个月征迁 2 天拆除"】　2020 年,永康经济开发区组建"区村联合"项目攻坚专班,形成区村合力,全面开展北三环重点工程的拆迁工作。从开始座谈征询意见起的 3 个月时间内,全面完成政策处理工作,所有农户全部签订拆迁协议;从市重点项目攻坚现场会召开起的 2 天时间内,全部完成涉及的 24 间民房的拆除工作。北三环重点工程已实现无障碍施工。

【万达广场项目正式落地】　2020 年,总投资 55 亿元的万达广场项目正式落地。集餐饮、购物、娱乐、休闲于一体,总用地面积 223 亩、总建筑面积 74.3 万平方米的黄城里综合体将被打造成为现代化商贸服务中心。已完成投资 5.65 亿元,土石方作业完成 100%,商业综合体地下室施工完成 100%,住宅区地下室结构完成 50%,地上结构完成10%。10月底,第一期1♯、8♯、9♯楼349套住宅成功开盘,全部售罄。

【完成区域应急服务省级试点】 2020年,永康经济开发区建立区域应急服务中心和数智应急指挥系统,通过可燃爆气体浓度仪、烟感、温感探头等感知设备与企业物联网对接,结合高塔监控、无人机、应急广播、单兵执法仪等构建全天候、全方位、立体化的智能防护网,实现应急管理模式从"补救式"向"预警式"转变。

【经济指标克难前行】 2020年,永康经济开发区共完成规上工业总产值230亿元,剔除众泰因素,同比增长1.2%。固定资产投资完成9.31亿元,其中工业投资6.93亿元,服务业投资2.38亿元。完成研发费用7.48亿元,剔除众泰因素,同比增长29%。完成自营出口额116.8亿元。实现乡镇税收16.4亿元,其中工业税收12.4亿元。

【企业培育不断创新】 2020年,永康经济开发区定期组织成长型、科技型企业进行座谈交流及政策培训,积极鼓励企业开拓创新,新增发明专利58个,新增外观专利683个,新增国家高新技术企业16家,省科技型中小企业38家,新增"浙江制造"认证证书3张,主导"浙江制造"标准5项。"专精特新"企业入库166家,完成55家,超额10家。完成股份制改造7家。飞剑工贸、安胜科技、珠峰气筒等3家企业申报市政府质量奖。

【重点工程持续推进】 九鼎森林公园二期绿化景观工程(面积约13000平方米)基本完成;堰头至下堰头道路工程、诚信路延伸段(大坟山沿段)、学院路延伸段、王力南侧道路、开发区人大代表联络站装饰、荆山夏村污水管道提升、杜山头村返还地土石方等工程全面完工;开发区中心幼儿园二期扩建并投入使用。宏伟供应链小微园已开展二期建设,3♯创新中心和云仓分拣中心已完成初验。西朱小微园已完成主体工程量的85%。堰头小微园已全部拆除,电力基础管道基本铺设,道路建设工程已进场施工。

【环保整治效果明显】 2020年,永康经济开发区第二轮中央环保督查中10件完成整改8件,剩余2件将在规定时间内完成,市级环保督办专项行动的211件环保信访举报和121件8890环保举报,已全部完成现场勘察和办结回复;完成排污许可证发放和清理整顿2540家,后续将对85家重点、简化发证企业的自证守法工作进行督促监管,要求企业及时开展自行监测、做好台账记录、编制执行报告、确保信息公开等工作。低氮锅炉改造工作8家,铸造产能合法合规整治81家,低小散整治任务92家,已完成132家;重点行业整治(主要是包装印刷行业,涉及27家企业、VOCs五金涂装行业整治155家)日常监管;按1.5倍任务比进行"精美工厂"和"精益车间"创建培育,"精美工厂"培育企业20家,"精益车间"培育企业80家,正在验收阶段;淘汰落后产能9家,超额完成任务;"专精特新"培育库内企业增加到157家;"企业上云"完成296家,超额完成任务。

【生态建设多措并举】 已完成国家绿色产业基地申报文本编制并上报。在上年"污水零直排区"创建基础上分区分阶段组织9批次共计206家企业开展雨污分流推进会,新增验收企业65家,发放排水许可证111本。高标准打造瑞科商贸有限公司"五色"标识,以"三水"分流模式,打造永康市雨污分流新样板。因地制宜有序开展九州路(溪碧山段)北侧绿化工程、南湖公园提升改造工程、酥溪左岸绿化提升工程,完成零星绿化工程约7800平方米,移交新增绿化养护地91410平方米。

【创建工作整改全面】 围绕2020年创国卫

复审和省示范文明城市创建,永康经济开发区坚持"全区动员、全民动手、全员参与、全域提升"的原则,强化宣传发动,制作围墙广告13.35万平方米,投入电子屏幕200余块,签订"门前六包"责任书8000余份;联合综合执法、市场监管、环卫、交警、公安等部门,狠抓公共区域集中整治,铺开村庄区域集中整治,做好病媒防治专项整治,累计纠正出店占道经营880家,取缔流动摊贩1560余个,劝导或处罚乱停车700余辆,投入拖拉机、挖机、铲车、气割机等机械3540台次,人工9000余人次,清理垃圾3589余吨,处置垃圾偷倒行为7起,清理牛皮癣非法小广告5.2万多处;在建立"网格长制""督办单制""月度晒拼创制"三项制度的基础上,开展"大清理、大整治、大扫荡"一月一村大会战,巩固创卫成果,督改10330余个督办点位,平均每月反馈整改照500余张。

【社会治理体系不断健全】 2020年,永康经济开发区治安形势向好,各类警情下降明显,同比下降15.6%,其中盗窃同比下降52.9%、黄赌同比下降31.7%。涉及群访群诉形势严峻的3个重大社会风险隐患挂牌整治问题,包括长恬返还地、堰头小微园和炫浩公司欠薪问题,已基本解决,群访态势有效遏制。"喜哥调解室""五方会诊机制""初一十五双接访"等一批深化"1+3+N"大调解体系建设的创新机制共化解各类矛盾纠纷1132起。安全生产工作扎实推进,共检查各类企业(含电商)3200多家、各类经营实体5200多家,排查整改各类隐患5303起,挂牌督办52家,立案查处15家,其中"打通消防安全生命通道"专项行动完成,拆除35宗2.2万平方米。

(经济开发区　供稿)

城西新区

【概　况】 2020年,在市委、市政府的领导下,城西新区紧扣"工业强市新引擎、项目建设新战场、宜业宜居新高地、产城融合新典范、社会治理新标杆",攻坚克难,砥砺奋进,全区创新活力持续迸发,经济实力不断增强,社会保持和谐稳定。

【工业经济转型升级】 2020年,城西新区最早推出企业复工复产"六问六答"和工业企业、建筑行业、服务业复工复产"三个十条",为企业筹集口罩14万只、消毒液500公斤,捐赠防疫资金140余万元。累计接回企业员工4万多人,全区企业、项目工地在3月底前基本实现复工复产。企业推出多措护航。落实三级走访机制,重点企业、龙头企业实行"一企业一班子",形成涉企问题解决"全闭环"。联合多部门开展"一网格一培训"活动,累计梳理解决涉企问题900件。开展行政首长督查日、安全生产集中检查日两个专项活动,累计整改企业安全隐患6800余处。经济报表勇夺高分。完成国家高新技术企业认证12家,新增省级科技型中小企业32家,股份制改造4家,"小升规"18家,省级技术企业中心1家,德硕电器获评国家级"专精特精"小巨人企业称号。规上工业总产值125.37亿元,同比增长9.1%,完成税收6.05亿元,同比增长26.88%,新产品产值累计增长22.31%,出口交货值累计增长14.83%;研发费用完成3.38亿元,同比增长46.68%,完成投资8.89亿元,其中工业投资6.78亿元。

【项目攻坚节节突破】 2020年初,城西新区梳理谋划重点项目50个、民生实事项目10个,建立年度攻坚清单,实现"挂图作战"。组成"攻坚互助联盟",实现攻坚力量跨村、跨区域调配。建立项目攻坚班子领衔、按月通报、每季研判制度。对标堵点集中攻关,8天内完成花川村310亩项目地块180穴坟墓的迁移,调集130多台机械,以每日2万立方米的速度推进土地平整工作;15天内完成林草装备科技创新园项目1500亩区块征地工作。小微园实现梯次开发,利康小微园全面建成投产;下田桥小微园17幢厂房全部结顶,部分企业已入驻;联丰小微园16个地块完成招拍挂,8幢厂房已开工建设。电商物流小镇雏形凸显,快递年吞吐2亿票,产值13亿元,占全市70%以上。农业装备科创园蓄能突破,多家孵化企业成为行业"明星":能工公司的高压燃油精细高效过滤项目成为军委科技委重点项目;众兴科技与中国兵工集团达成合作意向;巨盾科技机场检测门、长杏生物质等产品不断推陈出新,市场份额不断增加,为争创省级孵化器奠定基础。林草装备创新园"开局起跑",花川区块新型项目平台拓量提质,金州科技新建材项目投产,奥度器皿项目主厂房结顶,安德洗碗机项目完成二层建设,新多果蔬分拣生产线项目、飞哲小家电项目、邦耀电路控制器项目已开工建设,杰诺扫雪机项目进入图纸审批。

【在整治中创优雅】 2020年,城西新区以创建省示范文明城市为抓手,着力打造环境整治2.0版,通过"红黄榜"评比、"周三巡查+周四整治"、"周末志愿者活动"等抓手,加大整治力度,全区投入8100多万元、发动1.2万人次开展环境整治,整改问题7862个,清理垃圾3845车次,拆除水槽1515处,制作公益广告2600块,修建污水管网6.8千米,绿化补植1.1万平方米,拆除违章建筑、清理消防通道16.4万平方米,90%以上的村实现整村上色。建成三环线、松石西路、花城路三处入城口景观,松石西路、蓝天路立面改造即将完成,新增车位1.2万

个。17个村建设文化礼堂,综合文化站完成搬迁提升,新区第二中心幼儿园、城西中学投入使用,成立城西商会教育奖励基金,首期募得基金200万元,用于奖励优秀师生。章店、寺口方安置区和木长降、下宅方农房改造项目在"沉寂多年"后,取得决定性突破,新区人居环境实现阶段性跨越。永康江城西段游步道建设全面完成,生态廊道圈实现闭环;楼塘、田桥、花川、下谢摘下省A级旅游景区村庄"金字招牌",上谢、油草塘、下田桥旅游公厕被评为A级旅游公厕。田桥、西田畈、王慈溪、李二四个村成功创建永康市级"十无村",下谢村、华村成功创建金华市级美丽乡村。

12月9日,城西新区开展"逢九整治大会战"(城西新区提供)

【社会治理亮点纷呈】 全年,城西新区借力"开门大接访""开门大攻坚"等活动,化解村民难题60余项,完成花川网络直播基地等项目建设。着力推进"代办式"便民服务治理,完成19个村级代办点和1个服务中心规范化建设,新增"云办理"事务612项。推进民政救助治理,注销不符合条件的低保户39户、低保边缘户45户;乡镇示范型居家养老中心完成建设。建立纠纷多元化解工作机制,打造集联警、矛调于一体的联合调解中心,调解、民情接访、执法、法律咨询等部门联合办公,实现矛盾纠纷化解一站式受理、一条龙服务、一揽子解决,化解信访

积案 5 件,调解矛盾纠纷 203 余起;组建 3 个片区治安巡防大联盟,实现平安建设从部门担主角到全区齐抓共管的转变;抓好"一月一镇"平安大会战,以交通劝导、出租房整治、矛盾纠纷化解为重点,推动问题联治、工作联动、平安联创。19 个行政村全部创成金华市级民主法制村。消化批而未供土地 292.61 亩;盘活存量建设用地 201.15 亩;完成城镇低效用地再开发 37.63 亩;出让土地 29 宗 23.96 公顷;复耕项目 25.99 亩;农房确权完成登簿数 1954 宗;完成"三改一拆"10.5 万平方米;完成标准农田质量提升 640 亩。

(城西新区 供稿)

江南山水新城

■ 新城规划

【概　况】 江南山水新城规划面积 16 平方千米,范围东至花园大道,西至五金大道,北至城南路,南至金温高铁,规划居住人口规模 10 万,远景人口规模不高于 15 万,是城市的有机组成部分。依托山水生态和高铁站区位优势,突出"山水＋生活＋产业"特色,将自然山水与城市格局相结合,集聚创意设计、科技研发、文化休闲旅游等高端产业,打造优雅城市的"核心区",进一步巩固永康金义都市区副中心城市和永武缙产业带中心城市地位。

【开展新城规划】 2020 年,保持与上海同济城市规划设计研究院无缝沟通衔接,深化城市设计、水系、景观等相关专项规划,全面开展新城公园与绿道体系策划研究,积极开展南溪湾公园南岸区块建设用地开发利用规模的深化优化效果比选方案设计。多次联合自然资源和规划局、城投集团和设计单位共同研究新城规划与国土空间规划衔接相关问题。

■ 新城动态

【坚持路网先行】 南四环(丽州南路—五金大道标段)开工建设,完成年度投资。南都路延伸工程开工建设,其中南都路与 330 国道南匝道工程基本完成。解放南路(南三环—南四环)开工建设,完成年度投资,路基工程完成 30％,管道工程完成 25％。金胜路延伸工程完成施工招标并开工建设。永康市金温高铁枢纽配套工程 8 月份列入省新增重点项目,完成可研初设批复、环评报告等。

【筹建市民中心】 根据前期考察学习和策划研究成果、四套班子领导及相关部门意见和建议,形成市民中心初步设想方案。3 月 9 日,江南山水新城管委会向市四套班子汇报后,继续开展深化研究,联合浙江西城工程设计有限公司完成项目建议书和可行性研究报告文本编制。项目建议书经过 6 ＋X 联席会议论证已于 10 月 10 日通过发改审批。

【开展第四代住房研究】 根据《浙江省未来社区建设试点工作方案》及新城实际,江南山水新城所有社区都将按照未来社区理念打造,积极构建未来九大场景。2020 年,江南山水新城管委会邀请浙江华宇建筑设计院、绿城集团、中铁集团、万达集团等知名专业团队开展第四代住房和未来社区的研究并进行多轮探讨完善。第四代住宅第一期项目研究已基本形成成果。

【开发新城资源】 为更好利用江南山水新城政策制度和资源禀赋,发挥永康城投集团的专业能力和全产业链优势,江南山水新城开发有限公司与城市建设投资集团有限公司合资成立永康市联城建筑材料有限公司,对新城地块整理开发后形成的砂石料等资源在相关政策框架内,在国有资产不流失前提下进行统一管理、综合开发、高效利用,进一步降低成本,提升综合管理服务功能。

【启动安置工程】 2020年,江南山水新城全力推进大塘沿等村拆迁安置区建设和安置工作,确保安置区建设与江南山水新城规划有效衔接,确保安置区建设质量和建筑品质,确保做到公开、公平、公正,以安置区规范高效的建设,切实解决大塘沿等村长期遗留的拆迁安置问题。

【完成地名系统研究】 为凸显新城的江南山水韵味和组团片区特色,江南山水新城管委会结合新城规划,秉持"名副其实、规范有序、雅俗共赏、突出特色、好找易记"的基本原则,全面开展地名系统研究。根据市委市政府的要求和《江南山水新城控制性详细规划(修编草案)》"请你来协商"活动的建议,部分政协委员和群众代表积极参与地名系统研究,已正式形成地名研究系统成果。4月26日,联合市文联召开《三帝起南屏:江南山水新城民间故事》首发仪式,全书共25.6万字,文稿78篇,基本囊括新城范围内的文化传说和民间故事,为传承发扬江南山水新城优良传统文化提供了宝贵资料。

(江南山水新城 供稿)

旅游经济

开发建设

【概　况】　2020 年，永康市共有 15 个项目纳入国家旅游项目库，全年计划投资 14.37 亿元，实际完成投资 18.84 亿元，投资完成率 131.11%。赫灵方岩小镇创建项目全年完成投资 1.48 亿元，投资完成率 113.92%；商贸服务区基础设施二期项目宅间道路建设工程全面完工；方岩景区开发项目一期工程施工中，换乘中心改渠竣工验收完成，换乘中心主体开工建设，通景道路约 4 千米完成白改黑及道路两侧绿化，游步道、休息平台、景观点、等候区面层、候车亭以及路灯完成施工。希尔顿酒店项目是永康市当前唯一以 5 星级酒店标准建设的酒店项目，7 月，酒店餐饮部自助餐厅已开始试营业，9 月完成安防消防安装，酒店景观设置，9 月 26 日，酒店公区客房局部楼层开始试营业，酒店地下室配套基本完工。永康市三个坡地村镇项目花街桃源小镇、盘龙谷生态旅游区、南山木语风情小镇建设进度良好。桃源小镇的通景道路完成路基平整，部分道路已完成水泥路面硬化，D-01 地块养生公寓已结顶，进入扫尾阶段。盘龙谷景区综合楼、接待中心完成建设，筹备竣工验收；中式小院 B-02、B-04 地块已完成建设，准备竣工验收；B-09 地块稳妥施工建设中，B-08 地块在做施工前准备；核心景观基本完工，景区道路清理修补，旅游景观绿化施工中。南山木语风情小镇完成林地流转，9

月接待中心正式营业，一期建设项目部分楼栋结构封顶，水电路基础设施工程施工中。此外，积极开展招商引资活动，对接江西大觉山集团，实地调研园周一白云、五指岩区块，编制两个项目概念性规划文本。

永康景区城导览图（市文广旅体局提供）

【旅游标准化创建全面推进】　截至 2020 年，永康市成功创建省 3A 景区城，雅吕景区成功创建国家 3A 景区，象珠古镇成功通过国家 3A 景区景观评审。前仓镇被评为小城镇环境综合整治省级样板镇，累计投资 18760 万元；芝英镇制定实施《浙江省古祠风情小镇创建方案》，已投入近 8000 万元。通过小城镇综合整治、美丽乡村建设、五水共治、三改一拆等"组合拳"，永康城乡面貌发生蜕变，"百村景区化"取得阶段性成效，"大美乡村"建设大步迈进。前仓镇已通过省级旅游风情小镇创建公示，创下省 4A 景区镇，芝英镇、舟山镇、西溪镇、龙山镇为省 3A 景区镇。注重旅游与红色文化、研学有机结合，指导方岩风景区（刘英烈士陵园）、方山口村成功创建金华市红色旅游教育基地。方岩景区、永康公共安全馆成功创

205

建金华市中小学研学基地。

【推进文旅系统政府数字化转型工作】 全域旅游大数据中心系统（永康市数字文旅平台）建设一期工程完成验收，积极推进二期项目建设，完成方岩、大陈、西溪影视基地、舟山古民居4个国家A级旅游景区线上手绘导览地图绘制。在客运东站建立旅游集散中心，在全市各景区、旅行社、星级饭店等处设立旅游咨询点，在入城口、高铁站、各镇（街道、区）发布全域旅游宣传广告，营造创建氛围。全年永康市旅游总收入202.21亿元，恢复到上年同期的79.73%，旅游总人次1959.22万人次，恢复到上年同期的79.9%。

【落实促消费专班各项工作】 与农业农村局联合下发《关于印发加快促进乡村休闲旅游有序恢复营业的八条举措的通知》，其中农商行对11户农家乐经营户发放贷款额为290多万元。发动方岩、虎踞峡、盘龙谷、龙川文化园、西山景区等景区开展旅游惠民活动，通过发放"平安永康"宣传手册，将景区优惠信息发送到广大市民手中。联合市工商银行推出"1元游景区"活动，虎踞峡景区已完成平台入驻。研究制定文旅消费券方案等促进住餐业消费的举措。联合税务、统计部门召集限上住餐企业召开工作座谈会，解读疫情期间税费减免政策，部署落实数据统计、工会疗休养等工作，推动限上住餐业与旅行社、景区、工业旅游基地、体育运动基地联动，为全市工会疗休养提供更加丰富的活动方案，全市职工疗休养消费金额为3000万元，有效推动限上住餐业发展，促进文旅市场消费。

营销活动

【概　况】 受疫情影响，2020年，永康市较少开展线下市场营销活动，多数以线上直播、抖音号、公众号等方式进行。推出工业旅游、"文化和自然遗产日"系列活动等多项活动。成功举办"购五金、品十碗、五金之都游一游"活动，淘宝主播嫔嫔为参加此次活动的32个工业旅游产品做带货直播，活动当天组织近300名游客形成首发团，畅游景区和工业旅游基地。以全国第4个"文化和自然遗产日"为契机，举办2020年"文化和自然遗产日"系列活动，通过线上线下相结合的方式，推出端午香囊制作体验等13项专题活动，开展新编历史醒感戏《清正胡公》"云"直播、永康锡雕传承发展讲座"云"直播、"丽州云书场，网上听鼓词"、非遗"云购物"等活动。开展"梅好时节 拱瑞有约"线上直播带货活动，现场30多名网红主播直播销售杨梅，活动当日主播带货销售近2000篮杨梅。联合市工商银行推出"1元游景区"活动，虎踞峡景区成功入选该活动范围。运营"文旅永康"官方抖音号，不定期发布关于永康非遗、永康民俗活动、精品旅游线路、体育活动、永康特色美食等内容的短视频。打造永康文旅微官网，通过公众号开拓文旅信息咨询、酒店预订、景区线上导览、非公企业文化服务平台等功能，实现一网游永康的目标。

【参加各类旅游宣传和市场营销活动】 签约完成杭州火车东站西广场LED广告、杭州东高铁站刷屏广告、上海虹桥站基本站台层墙面灯箱广告、上海南京东路步行街广告、温州地区城市广告，激发促进外地游客来永康旅游消费；在江南电信大楼、方岩风景区、高铁南站、溪心大桥、丽州路电信局、胜利街、客运站等地投放永康文旅形象宣传广告，展示城市风貌。积极参加"瑞鼠迎新·福满八婺"金华过大年文旅发布会、中国义乌文化和旅游产品交易博览会、"十元游十景"金华人游金华文旅产品发布会、

"上海—金华周"文旅专场推介活动、金华春季文旅发布会等宣传营销活动，走出去向外界宣传推介永康市旅游资源。

溪心高炮广告(市文广旅体局提供)

【设计推广 5 条线路】 发挥永康各大旅行社主体作用，对照政协调研报告中提出的"工业旅游线、朝觐旅游线、人文体验游、乡村体验游、星梦体验旅游线"5 条重点线路，同时结合建党 100 周年活动，融入红色文化主题，设计推出包含 15 家景区景点、工业旅游基地在内的 10 多条"一日游""二日游""三日游"旅游线路——"五金＋山水线""山水＋美丽乡村线""山水＋红色传承线""山水＋影视体验线""五金＋山水＋红色传承线"，并通过抖音、微信公众号等渠道宣传推广，充分向社会大众展示永康五金文化和旅游业态发展的成果和风采。

【景区推出多种惠民措施】 鼓励景区推出惠民措施和文旅活动，方岩景区推出年卡活动，截至 2020 年 12 月 31 日。此外，方岩景区、西山景区均推出永康市公安民警、协警免费游景区的活动，时间截至 2020 年底。

【组织企业参加旅游商品大赛】 永康市炊大皇炊具有限公司的炊大皇铁锅系列及荣盛达锡制品有限公司的玉琮锡罐获评第二批浙江省优秀非遗旅游商品。组织朱子岩工匠钉秤创作室、神雕雕塑工艺有限公司、荣盛达锡制品有限公司参加文化和旅游 IP 评比，进一步宣传永康市五金文化和文创产品。

【推广永康"十大碗"】 根据省文旅厅对"诗画浙江·百县千碗"的工作部署，专门从中划出一部分资金，用于永康"十大碗"业务培训、宣传片拍摄、美食体验店评选与宣传推广等。永康"十大碗"多方面宣传进展顺利，其中永康宾馆、明珠大酒店参加"诗画浙江 金华有味"美食品鉴评比活动，被授予"诗画浙江 百县千碗"特色美食体验店称号；永康宾馆推出"十大碗"部分菜肴以小碗菜形式进机关食堂，以美食为载体，推广永康饮食文化。

永康市旅游景区(点)一览表

序号	景区(景点)	票价/元	地址
1	方岩	65	方岩风景区
2	石鼓寮影视城	65	方岩风景区
3	五峰书院	25	方岩风景区
4	灵岩	20	方岩镇灵岩寺前村
5	刘英烈士陵园	免费	方岩镇橙麓村
6	大陈景区	免费	前仓镇大陈村
7	盘龙谷生态旅游区	免费	前仓镇塘头村
8	西溪影视基地	免费	西溪镇寺口村
9	绿地生态园	免费	花街镇大屋村
10	国际会展中心	免费	永康城区五湖路
11	虎踞峡景区	40	前仓镇塘头村

序号	景区（景点）	票价/元	地址
12	水莲园周景区	免费	江南街道园周村
13	塘里景区	免费	石柱镇塘里村
14	舟山二村	免费	舟山镇舟山二村
15	龙川文化园	免费	龙山镇里麻车村
16	五指岩景区	20	唐先镇中山村
17	石苍岩风景区	免费	唐先镇长塘头村
18	后吴古村落	免费	前仓镇后吴村
19	西津桥	免费	永康城区龙川西路
20	南山木语风情小镇	免费	石柱镇前郎村
21	桃花源生态旅游度假小镇	免费	花街镇吴坑村
22	永康西山景区	门票50元，全票168元	西溪镇西山景区
23	雅吕景区	免费	象珠镇雅吕村

行业管理

【概　况】　2020年，市文广旅体局对照年度安全生产和消防工作目标管理责任制考核指标，认真落实部门监管责任，深化体制改革，严格监管执法，深化重点行业领域整治和重点时段事故防控等工作目标，认真落实国务院安委会（办）和省、市、县安委会（办）工作要求，积极开展新冠肺炎疫情防控和安全生产、消防、防灾减灾工作，全年较大事故指标为"零"。

【部署开展文旅体经营场所疫情防控和指导企业复工复产工作】　疫情期间，永康市旅游景区、文旅体经营场所、复工企业落实"亮码＋测温"管理，并配备测温枪、口罩、消毒液等防控物资。各星级饭店和旅游推荐饭店如有来自其他国家和疫情重点地区的人员入住，必须第一时间向所在镇（街道、区）和市文广旅体局汇报。秋冬季节，各文旅场所严格执行体温测量和健康码查验及通风、环境清洁、公用物品消毒等防控措施，网吧、歌厅等场所采取限量、限时等措施，避免聚集。

【做好春夏防汛防台有关工作】　2020年第4号台风"黑格比"对永康市的文旅体单位造成较大影响，西溪影视基地水淹、永康宾馆进水、省级文保单位唐先镇石湖坑壁画受损等。对此，市文广旅体局积极贯彻落实省市领导批示指示精神，组织开展本次台风"黑格比"的防御和抗灾工作。督促企业严格落实"四个一"要求，即制订一个复工复产方案，开展一次隐患排查，组织一次设备维护和安全条件确认，开展一次复工安全培训。

【做好2020年中秋国庆假日市场与安全工作】　国庆黄金周期间，市文广旅体局按照上级指示精神，提高政治站位，统筹做好疫情常态化防控和假日市场工作，狠抓安全责任落实，深化旅游公共服务，维护文化和旅游市场秩序，部署落实永康市文化、旅游和体育领域的国庆中秋假日市场工作。在10月1日，在山西太原一景区发生重大火灾,在这起造成严重人员伤亡的事件发生后,第一时间响应上级指示,对永康市节中文旅体的安全生产工作进行再部署,再落实。黄金周期间,市文广旅体局共派出检查组 65 批次 386 人次,累计出动执法检查 148 人次,累计检查文旅经营场所 545 家,共发现并处置疫情防控问题和安全隐患 69 个。

永康市星级饭店名录

序号	饭店名称	地址	星级	联系人	联系电话
1	永康宾馆	永康市江城路 4 号	四星	张如	13758976706/676706
2	永康市明珠大酒店	永康市紫微北路 8 号	四星	金文英	13967456691/381711
3	永康振东大酒店	永康市望春东路 108 号	三星	胡淑君	13566758690/638489
4	永康紫薇花园宾馆	永康市金都路 1 号	三星	李晓静	13819909166/629166
5	永康市紫微大酒店	永康市紫微南路 48 号	三星	宋春红	15258999613/546894
6	永康市四季风尚酒店	永康市紫微中路 149 号	二星	陈文刚	18867978690/342075
7	永康市金海湾大酒店	永康胜利街和平桥头	二星	文洪坤	15757958397/793886

乡村旅游

【概　况】　推动乡村旅游发展,加强省 A 景区村庄、旅游厕所、民宿创建培育,落实百县千碗项目。对永康市 86 个省 A 景区村庄,35 个旅游厕所创建工作进行一对一实地指导,重点推进省 3A 景区村庄秀岩村、石柱村、金园村创建和高等级旅游厕所新建、改建工作。2020 年,永康市共成功创建省 A 景区村庄 83 个,其中省 3A 景区村庄 3 个,分别为秀岩村、石柱村、金园村;新改建旅游厕所 32 座,其中国家 3A 旅游厕所 3 座。

【推进旅游"厕所革命"】　2020 年,永康市新建、改建旅游厕所 32 座,完成率 124%,其中国家 3A 旅游厕所 3 座,分别为雅吕第六空间旅游厕所、方岩胡公祠旅游厕所、方岩东门旅游厕所,基本完成百度地图定位工作。2015—2020 年,永康市上报并纳入国家旅游厕所管理系统的旅游厕所共 181 座,已新建 124 座,改建 57 座,实际投资额 5259.8 万元。

【推动民宿发展】　2020 年,永康市 5 家民宿获评省级银宿称号,即清镜山院、鸿祥客栈、云衣居、简居客栈、追远客栈。在大陈村、后吴村、金园村开展民宿发展调研,指导民宿在现有基础上,增加文化内涵,打磨细节,争取打造成为一户一特色的等级民宿。4 月,联合农业农村局、市场监管局对民宿进行实地指导服务,帮助民宿排查消防安全隐患、加强厨房卫生清洁、保证食品卫生安全。同时,不定期对各民宿聚集区走访调研,了解市场动态、业态发展,促进民宿规范经营,有序、安全发展。

永康市特色民宿一览表

序号	特色民宿	地址
1	清镜山院民宿	西溪镇金园村水清安自然村43号
2	鸿祥客栈	西溪镇金园村
3	恬园精品民宿	西溪镇金园村
4	忘归庄民宿	西溪镇金园村水清安自然村18号
5	云衣居民宿	西溪镇金园村陈敢塘自然村5号
6	漫居民宿	西溪镇金园村2号
7	安馨逸居民宿	西溪镇金园村48号
8	小黄莺民宿	西溪镇金园村陈敢塘21号
9	春叶客栈	前仓镇大陈村
10	大陈铜院里客栈	前仓镇大陈村 铜院里客栈
11	大成小爱客栈	前仓镇大陈村5号
12	兰莲客栈	前仓镇大陈村
13	美妮客栈	前仓镇大陈村37号
14	栖迟客栈	前仓镇大陈村11号
15	永康市前仓梅菊客栈	前仓镇大陈村38号
16	永康市前仓隐庐客栈	前仓镇大陈村30号
17	永康市前仓竹桥客栈	前仓镇大陈村186号
18	永康市原野客找	前仓镇大陈村29号
19	永康市追远客栈	前仓镇大陈村25号
20	泽平客栈（古桥邻居）	前仓镇大陈村360号
21	前仓流萤客栈	前仓镇大陈村
22	前仓巧爱客栈	前仓镇大陈村
23	如归客栈	前仓镇大陈村
24	闻樟小苑	前仓镇大陈村349号
25	遐逸客栈	前仓镇大陈村
26	永康市后栋小筑客栈	前仓镇大陈村351号

（市文广旅体局　供稿）

商 业 贸 易

国内贸易

【商贸流通】 2020 年，永康市社会消费品零售总额 308.3 亿元，比上年下降 4.7%。批发零售业商品销售总额 769.0 亿元，比上年增长 14.8%，其中：批发业销售额 392.96 亿元，比上年增长 17.6%；零售业销售额 376.06 亿元，比上年增长 12.1%。住宿餐饮业营业额 31.0 亿元，比上年下降 3.8%，其中：住宿业销售额 3.29 亿元，比上年下降 14.4%；餐饮业销售额 27.71 亿元，比上年下降 2.4%。

【综合经营】 2020 年，面对极其严峻复杂的国内外形势，特别是在新冠肺炎疫情严重冲击下，永康全市上下坚持以习近平新时代中国特色社会主义思想为指导，深入贯彻习近平总书记考察浙江重要讲话精神，坚决落实省委省政府和市委决策部署，统筹疫情防控和经济社会发展，扎实做好"六稳"工作，全面落实"六保"任务，民生福祉持续增进，经济运行总体平稳，高水平全面建成小康社会取得决定性成就。其中，商业网点体系不断完善。一是商贸项目建设持续推进。一方万达广场商贸综合体项目建设正式开启，市粮食储备中心、解放街重建地块、寺口影视旅游商业街区等 11 个重点商贸服务业建设项目顺利推进。二是供应链创新与应用工作稳步推进。2020 年，永康市成功跻身浙江省供应链创新与应用第二档专项激励城市，获 600 万元激励资金。商贸企业实力不断增强。品牌流通

企业数量不断增加，2020 年新增限上商贸企业 39 家，其中月度新增企业 15 家，年度新增企业 24 家。

【市场购销】 2020 年，第 25 届中国五金博览会在永康国际会展中心成功举办。本届博览会共有 1346 家企业获批参展，其中：永武缙地区以外企业达 696 家，占参展企业总数的 53.2%；首次参展企业 586 家，占 46%，同比增长 15%，展出面积达 7 万平方米。据统计，三天展期共发生交易额 130.7 亿元，累计参展参会人员 7.6 万人次；网上五金博览会访问量 148.4 万人次，同比增长 0.4%；2020 中国（永康）网货节访问量 135.3 万人次，同比增长 0.2%。本届博览会同期举办金华市现代五金产业集群高质量发展大会、2020 浙江永康出口网上交易会（东南亚站—五金工具专场）、2020 中国（永康）网货节以及高新技术成果展暨五金工业设计展。浙江大学、中科院宁波材料技术与工程研究所、西安电子科技大学、哈尔滨工业大学等 21 所高等院校、研究所和 18 家工业设计企业，围绕新材料、新工艺、智能制造、新一代数字技术等领域，深度推进产学研合作。

（市商务局 胡巽烺）

电子商务

【概 况】 永康电商在雄厚的五金产业基础上兴起，从分布领域来看，以工业电商为主，农业电商、服务业电商为辅，呈现多点开

花、全面发展的局面。从产业模式看,永康拥有4万家制造业企业,90%的产品都是直接面向消费者的终端产品,自然而然形成了不同于义乌贸易型电商、不同于广州物流型电商的"制造业+电商"模式。从产业阶段看,永康的电商B2B、C2C、B2C模式已处于成熟期,C2M模式处于起步加速期;从产业形态看,电商产业正从分散、点状分布向集聚、块状演变,电商业态正向跨境电商、直播电商、新零售转型。从产业规模看,2020年,永康市实现境内网络零售额938.6亿元,同比增长10.6%,居全省第七、金华第二。全市在境内外各网络平台上共有网店9.3万家。目前,永康共有淘宝镇13个(2个开发区未计入)、淘宝村147个。全市拥有金华出口名牌30个,省级出口名牌26个。入围2020年度浙江省跨境电商专项激励项目,获浙江省产业集群跨境电商示范市称号;被国务院列为全国农村电商发展十大典型县市,淘宝村数量居全国百强县前三,农村电商树"全国标杆","永康经验"在全国推广;获全省唯一的"外贸企业开拓国内市场示范区"试点。

2020年以来,新冠肺炎疫情对永康电商供需两侧发展产生了较大影响,电商形势呈季度变化。1—2月份,正值国内新冠肺炎疫情影响最严重时期,电商企业普遍面临货源不足、用工不足、供应链不畅、快递运力低下等问题,全市网络零售同比增长-1.5%,为五年来首次负增长。3—6月,疫情进入常态化防控阶段,国内制造业、供应链、产业链快速恢复,二季度网络零售触底反弹,同比增长6.3%,但国外疫情逐步蔓延,国外物流几乎中断,跨境电商有大量订单却无法交付,深受打击;三至四季度,电商增长势头依然迅猛,实现网络零售额626.4亿元,增长9.7%,特色品类异军突起。

【打造全国电商扶贫供应链基地】 永康于2019年跻身全国农村电商十大典型市,致力于推进电商扶贫工作,与农业农村局、国资办等部门一同打造首个全国扶贫供应链基地。全国扶贫供应链基地将线上线下结合打造,线上将在全国知名平台开设"永康全国扶贫专区",线下选址永康新农贸城,带动种植、收购、包装、存储、运输、服务等行业链各个环节。目前基地正通过政企合作等手段,招引全国各地尤其是贫困地区的特色农产品入驻,省外永康对口地区优先,省内26个加快发展县优先,培育特色品牌,进行线上线下同步销售。

【解决企业出海难题】 受国际疫情的影响,亚马逊等跨境电商平台紧急"封仓",给永康外贸企业带来不小冲击。针对海外物流企业突然关仓的情况,第一时间通过微信公众号发布境外疫情和平台"封仓"相关信息,避免企业产生不必要的恐慌。开展全面排摸调研,深挖国内物流优势,鉴于中邮在8个国家均设立海外仓并有相对成熟的运营基础,紧急出台"中邮海外仓"的应急跨境物流服务方案,积极引导外贸企业与邮政机构开展新一轮跨境合作,鼓励采取保税出口、中欧公铁快线联运、美森快船等多元化运输模式,降低物流成本,助力外贸企业解决跨境物流难题。

【发展直播经济】 积极推动直播电商线上线下融合发展,启动"云购五金优品 畅享永康品质"系列活动,联合各大电商平台举办"永康质造直播带货节""永康五金市场直播培训"和"千名主播进五金城"等活动,力推永康产品销售,提升品牌知名度,营造直播电商良好氛围。

【举办跨境电商培训会】 联合阿里国际站举办"战疫突围"跨境电商培训会。会上商务局为外贸企业解读跨境扶持政策,电商专家帮助企业诊断运营痛点,结合企业管理技巧,带来新思路,共克时艰,实现流量暴增,切实帮助企业开拓市场。

【打造市镇村三级服务体系】 市级电商公共服务中心改造提升项目基本完成,汇集"一站式"服务中心,提供代办工商登记注册、电商培训、政策咨询等服务。正在建设提升各镇、村电商服务站点,以电商公共服务中心为市级圆心,向镇、村辐射,建成布局合理、全域覆盖的市、镇、村三级电商服务体系,力求实现电商物流村村通。

(市商务局　邓英超)

市场服务

【概　况】 浙江金汇五金产业集团有限公司(简称金汇集团)坐落于永康市九铃东路3011号丽州商城8号楼,经营范围包括五金产业发展规划、咨询服务,五金产品研发、制造、销售,市场经营管理,国家法律、法规、政策允许范围内的项目投资开发,除生产性服务类的市场开发、建设和经营管理等,继续承担发债、融资担保等业务。下辖丽州商城运营管理分公司、永康市农贸城有限公司、永康市市场发展有限公司、永康市粮油贸易有限公司、永康市食品有限公司。下属市场占地面积共计18.59万平方米,建筑面积24.46万平方米,市场经营面积22.1万平方米,拥有员工327名,经营户1299多户,从业人员3056名,租金收入24.7亿元,市场年交易额约32亿元,市场年成交量30.2万吨。

【丽州商城】 商城位于永康市九铃东路3011号,占地面积8000平方米,建筑面积为2.5万平方米,拥有经营户630人,系全市最大的日用品零售专业市场。2020年,面临着新冠肺炎疫情和电商平台冲击带来的诸多考验,丽州商城捕捉"云端经济"新生风口,以及业态领域呈现的代际变化,成功举办两期短视频直播电商培训班,共有200余名经营户参加培训。据初步统计,丽州商城已有30多户经营户相继开展直播电商营销,业务包含服装、鞋类、珠宝饰品类等。根据新冠肺炎疫情和电商平台冲击对市场经营户造成的实际影响,金汇集团积极与金华银行、永康农村银行等机构进行对接,为经营户量身定制租金分期贷款、个人助业贷款、惠农贷款等多种"租户无忧贷"金融服务,消除市场"门槛"。

【农贸城】 永康市农贸城果蔬粮油批发市场(简称农贸城)坐落于东城街道大塘王村以北,占地面积13.25万平方米,总建筑面积11.03万平方米,总投资5.25亿元。农贸城经过多年培育发展,市场蔬菜批发总量占全市95%以上,日成交量900多吨,日交易额580多万元,年成交额21.17亿元,是集农产品交易、电商基地、物流配送、精品展示、农产品检测、大型冷库仓储于一体的浙中地区最大的农副产品集散中心,并辐射周边缙云、武义、东阳等县市。在2020年初新冠肺炎疫情发生时期,运输行业近乎停滞,农贸城保证每天35吨蔬菜、20吨肉类的销售储备,并每日在农贸城公众号上发布蔬菜存储量和价格行情信息。7月,因农贸城在疫情防控和民生物资保障工作中取得的显著成绩,获评浙江省商务厅颁发的"浙江省防控新冠肺炎疫情市场保供贡献突出企业"荣誉称号。

2020年,永康全国电商扶贫供应链基地在农贸城精品广场正式投入运营,并面向全国招商。基地营业面积1.73万平方米,以经营对口扶贫地区产品、地方名优特新农产品和自有品牌产品为主,采取"实体店＋电商＋农户"的运营模式,通过平台的接单、调度、配送,编织成一张铺往全国的扶贫供应链网络,是展示永康市精准扶贫、精准脱贫工作的特色"窗口"。

【站前物业】　为完善步行街商业业态，明确市场定位，2019 年，永康市步行街美食城项目通过市发改局申请立项，金汇集团着手在步行街三期项目中打造特色美食街，对步行街商业业态进行规划布局，解决到期经营户续租问题，对美食一条街进行建设。2020 年，金汇集团对步行街一期自来水管网改造项目，二期电力改造项目、弱电上改下工程、步行街修缮改造及夜景提升工程进行全面施工，已全部完工，并顺利完成步行街区、站前区资产拍租工作，已完成初步设计 6＋X 论证和运营管理招标工作，进入设计方案修改和概算审核阶段。

【粮油公司】　2020 年 11 月，金汇集团将浙江永康粮油集团改制为永康市粮油贸易有限公司，吸收合并永康市粮油经营有限责任公司，划入粮食系统其他国企相关职能，并对新整合的粮油集团的薪酬体系进行摸底，为下一步建立金汇集团薪酬体系奠定了扎实基础。11 月，为有序推进"创文"工作，粮油公司对已完成施工的九铃桥菜场维修美化工程进行验收决算，对经招标的饲料厂维修施工工程进行严密监管，确保施工安全并保质保量完成整改工作。11、12 月收取租金 30 多万元，12 月收取菜场摊位费 185 万多元。同时，西山头饲料厂维修工程顺利推进。

【食品市场】　2020 年 4 月 30 日，原市商务局下属国有企业永康市食品公司管理权移交金汇集团。11、12 月共入场屠宰生猪 25495 头，从省外调运生猪 6320 头。已基本完成象珠屠宰场车间修缮工程，并完成对象珠屠宰场租赁权公开招投标的工作。对城区屠宰加工厂、芝英屠宰场和各出租房屋进行生产和消防安全检查，确保消防工作做实做细做到位。开展"五峰"猪肉品牌经营，在市区开设鲜肉自营门店，参与省外生猪调运，并逐年提高自营比例。启动病死畜禽应急移动无害化处理项目，项目占地 6900 平方米，总投资约为 1592 万元。

（金汇集团　胡　悦）

粮食流通

■ 粮油市场

【概　况】　永康市属粮食主销区，随着人口增速放缓、经济由高速发展向高质量发展转变，粮食需求基本保持稳定。中晚籼米仍然是永康市居民口粮的主要品种。2020 年，社会粮食供需平衡调查统计显示：全市年初粮食库存 8.20 万吨，年末库存 7.75 万吨；全年粮食总产量 5.97 万吨，县市外购进 20.72 万吨，销往县市外 3.06 万吨，粮食消费总量 24.08 万吨（其中口粮消费 20.44 万吨）。年初食用油库存 0.30 万吨，年末库存 0.30 万吨；全年食用油总产量 0.07 万吨，县市外购进 1.46 万吨，全年食用油消费 1.53 万吨。

永康市粮油交易主要通过集市贸易、粮油经营大户批发分销和城乡超市、副食店零售等多种方式进行，流通环节包括粮油收购（采购）、粮油加工、粮油销售、粮食转化（饲料用粮、工业用粮）等。2020 年在永康区域内的重点粮油经营企业主要有 11 家，其中：国有粮食企业 1 家，即市粮食收储有限责任公司；重点非国有粮经营加工企业 8 家，即永康市金丰粮油有限公司、永康市万盛粮油食品有限公司、永康市益丰粮油有限公司、永康市金胜粮油有限公司、永康市杨溪粮油有限公司、永康市鼎盛米厂、浙江旺盛达食品商贸有限公司、永康市中祥粮油有限公司；重点非国有粮食转化企业 2 家，即永康市西城畜禽饲料供应站、永康市江南林友饲料经营部。

2020 年永康市粮油流通情况一览表

单位：吨

项 目		2020 年粮油供给			2020 年粮油需求			
		合 计	粮油产量	县市外购进	合 计	粮油消费量		销往县市外
							其中口粮	
粮食	合计	266900	59700	207200	271400	240800	204400	30600
	小麦	32200	900	31300	34400	30900	30900	3500
	稻谷	192800	53800	139000	195000	169500	167300	25500
	玉米	26400	900	25500	26400	24800	1700	1600
	大豆	12700	1500	11200	12800	12800	2100	
	其他	2800	2600	200	2800	2800	2400	
食用油	合计	15230	663	14567	15232	15232	15232	
	菜籽油	1605	226	1379	1500	1500	1500	
	花生油	2385		2385	2390	2390	2390	
	豆油	3202		3202	3241	3241	3241	
	葵花油	300		300	300	300	300	
	调和油	4456		4456	4396	4396	4396	
	其他油	3282	437	2845	3405	3405	3405	

【粮油储备】 粮油是关系国计民生的战略物资，地方储备粮油主要用于地方政府保应急、控价格、稳市场，是区域内粮油应急保供的第一道防线，是地方政府应对突发事件和加强粮油市场调控最重要、最直接、最有力的手段。永康市粮食收储有限责任公司负责全市储备粮油及其他政策性粮油的承储，严格按照上级下达的储备规模进行落实。主要储备品种有早籼谷、中晚籼谷、小麦、中晚籼米及菜油等。近年来，为适应居民消费需求，永康市粮食储备品种结构不断调整优化，同时应用薄膜密闭压盖、机械通风、充氮低温气调等先进的绿色储粮技术进行保质保鲜。储备粮严格做到"一符三专四落实"要求，储备粮油数量真实，质量良好，管理规范，质量合格率、品质

宜存率、卫生达标率均为 100%。

【粮食应急供应】 为确保在紧急状态时有粮可用、有粮可调，保障全市粮食市场供应，维护粮食价格基本稳定，根据《粮食流通管理条例》《浙江省粮食安全保障条例》等规定，永康市商务局（简称市商务局）结合永康市应急保障工作需要，修订完善粮食应急供应预案。按照"合理布点、全面覆盖、平时自营、急时应急"的原则，在全市 16 个镇（街道、区）设立粮食应急供应网点 25 个，日供应大米能力 380 吨；确定永康市杨溪粮油有限公司和永康市鼎盛米厂 2 家单位为粮食应急加工定点企业，应急加工能力为 210 吨/日；落实应急运输企业 1 家，应急运输车辆 30 辆，日应急运输能力 400 吨。

【新增救灾物资储备】 在本轮机构改革中，

市商务局新增负责生活类救灾物资的收储、轮换和日常管理职能。经过与财政局、应急管理局的沟通协调，通过公开招标的方式采购救灾物资，并在 9 月份完成物资入库工作。储备类目严格按照购置计划进行落实，包括折叠床、折叠桌椅、睡袋等日常生活所需用品，储备物资价值共计 40 余万元，生活类救灾物资的储备为永康市应对各类突发性公共事件和灾民安置提供相应保障。

■ 购销活动

【概　况】　2020 年，永康市继续开展以"优粮优产、优粮优购、优粮优储、优粮优加、优粮优销"为内容的粮食"五优联动"工作试点，并在 2020 年 9 月获评 2019 年度"粮食五优联动示范县"。积极参与"星级粮库"创建，市粮食收储有限责任公司所属的中心粮库作为省级"三星级"粮库复评库点，经专家组现场考评打分和综合评定，确认符合"三星级"粮库标准，顺利通过复评。永康市深入贯彻落实《国有粮油仓储物流设施保护办法》，高度重视粮食仓储设施建设，全面推进市粮食储备中心项目。截至年底，已完成烘干中心基础施工，完成平房仓砌体 20％，完成浅圆仓滑模 50％，完成工作塔基础，完成配套管理用房四层楼顶浇筑。2020 年度，永康市粮食收购总量保持平稳，粮食收购企业政策执行到位。市粮食收储有限责任公司充分发挥国有粮食企业的主渠道作用，对符合质量要求的粮食做到敞开收购、应收尽收，全年收购早籼稻、中晚籼稻共计 2.43 万吨。同时，公司积极开展以执行政策好、工作衔接好、计量作价好、结算兑现好、售粮服务好，卖粮农民满意为主要内容的"五好一满意"活动，做到"四上墙五公开""五要五不准"要求，切实保护种

粮农户利益，提高农户种粮积极性。

【收购管理】　2020 年，全市共落实粮食订单 317 户，涵盖种植面积约 4834 公顷，覆盖粮食产量约 3.38 万吨。订单农户数基本保持稳定，连续多年保持在 300 户以上。全年三等早籼稻收购价格为每 50 千克 124 元，区域内种粮农户按订单投售每 50 千克奖励 30 元，订单收购价格为每 50 千克 154 元；三等中晚籼稻收购价格为每 50 千克 137 元，区域内种粮农户按订单投售每 50 千克奖励 10 元，订单收购价格为每 50 千克 147 元（列入"五优联动"试点品种的甬优 15 号在订单收购价格基础上予以优质加价每 50 千克 5 元，即收购价格每 50 千克 152 元）。

【收购服务】　市商务局积极开展政策宣传，做到"阳光收购"，让农民售"明白粮""舒心粮"。永康市目前主要粮食收购库点均配备水分快速测定、电子过磅、除杂机、输送机等各类机械设施与检测设备，免费为农户提供服务。大徐粮库、中心粮库 2 个粮食烘干服务中心坚持以零利润的经营方式为农户提供烘粮服务，全年累计烘粮 4300 多吨。烘干后的粮食，农民可直接投售，真正做到"一条龙""一站式"服务，农户售粮服务满意率达 100％。

【购销衔接】　针对永康市粮食自给率低、对外依存度高的现状，市商务局积极鼓励和引导重点经营户巩固发展省际粮油购销合作关系，2020 年从江苏、安徽、江西、河南及东北等地区共调入粮食 20 余万吨（折合原粮），有效满足了永康市粮食消费市场的需求。与此同时，按照"优势互补、平等合作、互相配合、互惠互利"的原则，进一步深化省外粮源基地建设，与 2 个粮食主产区共签订 3333.3 公顷的粮源基地协议。2020 年，市粮食收储有限责任公司通过网上拍卖、委托加工等方式共分批轮换销售县级储备粮 3.32 万吨，其中早籼谷 4220 吨、中晚籼谷

1.50万吨、小麦1.40万吨。1211吨中晚籼米由委托企业负责动态轮换,按时完成储备粮轮换补库任务。

■ 粮市管理

【概　况】 2020年,永康市出台《永康市提升粮食安全保障能力实施方案》,完善粮食宏观调控体系。市商务局按照《粮食流通管理条例》《浙江省粮食安全保障条例》以及相关法律法规,运用全国粮食流通监管热线、"双随机一公开"等平台,依法加强粮食流通市场管理,全年永康粮油市场货源供应充足,价格基本稳定,质量良好安全。

【粮食流通统计】 2020年全市粮油统计报表单位共11家,其中储备粮油统计报表单位1家,粮食经营(加工)报表单位7家,粮油加工转化报表单位3家。根据《浙江省粮食流通统计制度》等规定,市商务局对永康市4家具有粮食收购资格的企业进行审查,督导企业规范收粮并按要求及时上报相关数据;同时督促粮食收储有限责任公司落实做好地方储备粮、军粮供应等相关统计工作。全年开展粮食流通统计培训2次,累计参加30多人次。通过学习培训,有效提升入统单位统计报账人员的业务水平,进一步提高永康市粮油统计数据的质量。此外,依法依规组织开展入统单位粮食经营最低库存量核查、全社会粮油供需平衡统计调查、收获粮食质量调查和品质测报等工作。

【粮油流通监管】 为创新监管方式,规范执法行为,提高监管效能,在进行多层次全方位粮油消费知识、法律法规宣传的基础上,根据"双随机一公开"要求,制订年度抽查工作计划,以定期和不定期、单独和联合、专项和综合、日常和重点相结合的检查方式,深入开展针对粮油市场的监督检查活动。在重大节假日期间联合市场监管、卫健等部门开展粮油市场专项督查,全年共抽查粮油及粮食加工品248个批次,合格率99.6%。严格执行粮油市场价格周报监测制度,对3个粮油价格监测点的7个粮油品种进行全方位监测,并及时上报监测数据。粮油价格监测点为永康市金丰粮油有限公司、永康市益丰粮油有限公司和永康市鼎盛米厂,监测品种为早籼谷(中等)、晚籼谷(中等)、晚籼米(普通)、晚粳米(普通)、特一面粉、特二面粉和转基因豆油(一级)。

(市商务局　金志伟)

供销合作

■ 供销业务

【概　况】 2020年,永康市供销合作社联合社(简称市供销社)共实现商品销售总额13.3亿元,实现利润总额497万元,同比增长9.96%;2020年净资产收益率7.49%,上缴税收371万元;资产总额67947万元;所有者权益5234万元,其中社员股金65万元。社属骨干重点企业华联商厦商品销售总额21252万元,利润总额226万元,上缴税收196万元,其中:于2019年开业的华联溪心店实现营业额7287万元,同比增长36.45%;华联配货公司商品销售总额2032万元;物华回收公司商品销售总额1704万元。

2020 年市供销社业务主要经济指标一览　　　　　　　　　（金额：万元）

年份	经济指标				
	商品销售总额	利润总额	上缴税收	资产总额	所有者权益（其中社员股金）
2020	133000	497	371	67947	5234(65)

【小微企业危险废物回收转运试点工作正式启动】 2020 年 3 月，市供销社与杭州一达环保技术咨询服务有限公司合作，组建永康供联丽都环保技术服务有限公司，在永康经济开发区进行试点小微企业危险废物集中收运工作，创新危废处置工作，形成"1 个平台、2 个闭环、3 个服务、6 个环节、9 个无"的"12369"永康模式，及时清运小微企业的危废，节约企业的处置成本。该模式获副省长高兴夫、陈奕君的批示肯定。2020 年，在经济开发区共签约企业 237 家，组织清运企业 131 家，清运危废总量 1041.9 吨，外运处置 945.8 吨。

【一般工业固废回收处置工作持续推进】 该工作由供联海呈环境服务公司负责开展。2020 年，处置低价值、无价值工业固废 49518 吨，其中减量化回收利用 5707 吨，资源化利用 43811 吨。全市工业企业累计下载注册"无废城市"App 软件 7483 家，已有 6210 家工业企业与供联海呈公司签订工业固废处置协议。

【农村生活垃圾回收处置工作设备升级】 2020 年，19 个农村生活垃圾协同处置绿色发展基地投入使用。第三方运维公司合作方水清清公司升级小型自热解生活垃圾处理设备，升级后的设备可以对干湿垃圾进行混合处理，运行过程无烟无味，有效降低环保风险。全年共回收处置垃圾 36698.4 吨，其中厨余垃圾 24569.3 吨，其他垃圾 7699.5 吨，低价值物 4429.6 吨。

【农药废弃包装物回收处置工作规范开展】 由兴合农资公司对接金华市莱逸园环保科技有限公司完成全年农药废弃包装物无害化集中处置。全市有回收网点 62 家，设置废弃回收桶 100 只，近年来共回收农药包装废弃物 217 吨，无害化处置率达 100%。

■ 供销网点

【概　况】 截至 2020 年底，市供销社系统有供销企业 10 家。

华联商厦成立于 1996 年 11 月，属市供销社全资控股企业。2020 年商厦有在职员工（含厂方促销员）600 余名。华联商厦有总店、丽州店、溪心店 3 个经营网点，共有经营面积 2.8 万平方米。自 2003 年以来连续 11 年被列入永康市纳税百强名单，且先后获得全国级巾帼文明岗、省消费者信得过单位、省百城万店无假货示范单位、省 AAA 级守合同重信用单位等百余项荣誉称号。

为尔进出口公司成立于 2001 年 7 月，经国家对外经济贸易合作部批准成立。由浙江省永康供销集团（公司）变更为永康市供销总社社有独资企业，是一家具有独立法人资格的市级外贸公司。2015 年 3 月停止进出口业务，主要以供销大厦物业管理为主。

华联配货连锁有限公司成立于 2006 年。由市供销社与华联商厦共同投资成立，注册资金 306 万元。截至 2020 年，公司有直营超市 3 家，并与 200 余家便利店、220 余家商超、8 家机关食堂、31 家公立学校、4 家私立学校、19 家邮政营业点建立了食品配送业务关系。有营业面积 2000 多平方米，配货中心仓库 1200 平方米，从业人员 30 人，配送车辆 4 辆。

供联总公司成立于 1995 年 12 月 8 日，

为市供销社直属单位,实行独立核算,自负盈亏。2019年,公司主要负责原基层社改制后剩余资产代保管工作,属管理型的非经营性企业。

供联海呈环境服务公司成立于2019年10月,由市供销总社与海呈再生资源有限公司联合创办,是一家集专业性、服务性和公益性于一体的科技型环保企业,公司在全国首创一般工业固废处置"五步法"模式。

供联丽都环保技术服务有限公司成立于2020年3月,由市供销社与杭州一达环保技术咨询服务有限公司联合创办,创新危废处置"12369"永康模式。

兴合农资有限公司于2002年成立,主要担负全市30多万亩土地的化肥、农药、农地膜等农业生产资料的组织供应任务。截至2020年底,兴合农资公司在城乡有供应网点62个。

康合农业开发有限公司于2013年筹资100万元注册成立。主要是打造服务"三农"主平台,参股农民专业合作社及农业项目开发,向农产品经纪人协会会员发放扶农贷款。

物华回收有限公司成立于2000年,是市供销社所属的再生资源回收加工企业,主要从事再生资源、废旧金属回收、加工及配送,报废汽车、旧家电回收拆解和市场经营管理服务等业务。该公司是中国再生资源协会副会长单位,商务部再生资源回收体系26个试点城市永康试点承办单位,浙江省循环经济试点基地承办单位,浙江省AAA级守合同重信用企业,金华市文明单位,永康市纳税百强企业。

土特产公司在1998年转制后成立有限责任公司,股东23人。主要产品有蚕茧、蚕丝绸制品、茶叶等。公司位于市经济开发区科源路165号,注册商标有"丽州""永强"。丽州牌蚕丝被获2013年浙江省农博会永康参展农产品中唯一的金奖,丽州牌丝绸制品是金华名牌。

【物资回收分拣中心】 永丰废钢铁分拣中心位于西城街道,占地面积5.02万平方米,有综合性仓储交易房17个,仓储面积1.1万平方米,经营户17户,从业人员1500多人,主要服务于永康地区废钢铁、废不锈钢的回收、拆解、分拣。

【废旧金属经营与废旧物资收购】 永康废旧金属材料市场创建于2002年,位于芝英镇,占地84500平方米,有标准营业用房538间,仓储房6700平方米,挑选加工场地5000平方米,现代化办公大楼9990平方米。有经营户350多户,从业人员1000余人,相关配套流动收购从业人员3000人,实现年均交易额60亿元左右,是集现货交易、期货交易和集市贸易于一体的废旧物资综合性交易市场。截至2020年底,全市已建立70个城乡一体化的废旧物资收购站(点),把这些站(点)作为永康市物华回收有限公司的子公司,实行规范化经营管理。

■ 合作经济

【概　况】 2020年,市供销社持续深化供销改革,主动融入区域公用品牌创建,加快产业农合联建设,创新服务三农方式。截至2020年底,市供销社共有参办领办专业合作社39家,共组织销售本市农产品2.88亿元。永康市三泉水果产销专业合作社获评"全国示范性合作社",联农蚕桑专业合作社获得2020年第二届全省"十佳合作经济组织"称号。

【培育农产品区域公用品牌】 2020年,推荐浙江方园农业科技有限公司、永康土特产公司等12家企业入驻"金农好好",伟丰肉类食品有限公司等14家企业已正式获得"金农好好"品牌使用许可。9月,永康市

"金农好好"农特产旗舰店在华联商厦溪心店正式开业,展示展销"金农好好"品牌旗下来自周边县市及对口地区上百种各色农特产品,形成市县两级"金农好好"农产品区域品牌共同发展的格局。

【"三位一体"信用服务】 2020年,市供销社积极推进信用服务功能建设,多渠道缓解农民"融资难、贷款难"问题。联合永康农商银行的"农合贷"、浙江省农业信贷担保有限公司的"浙里担"、社有企业永康市康合农业开发有限公司等平台,已开展信用评定546家,信用评定率100%,授信521家。其中,100万元以下免担保授信的合作社会员115家,100万元以下免担保授信的合作社会员贷款余额2146万元。

【化肥农药应急储备】 为保障永康市粮食生产中重大病虫害应急防治和应急用肥的需求,调控和稳定市场供需,市供销社通过公开招标方式确定承储单位,按要求应急储备农药7吨、化肥1700吨。实行定点储存、专人保管、专账记载、统一仓牌,规范管理。

【农资供应服务】 2020年,全市共有农资经营连锁店62家,储备化肥2600吨(其中,复合肥1800吨、尿素500吨、有机肥300吨)、农药180吨、农膜100吨。疫情期间,共调入肥料1530吨、农药150吨、农膜45吨,保障农资供应不断档、不脱销。价格与销量方面整体与上年基本持平。疫情期间,农资装卸的人工费用有所增加,同比上涨25%。

【深化东西扶贫协作】 2020年,市供销社下属企业华联商厦多次组成采购小组赴理县实地考察采购扶贫产品,就采购数量、质量、价格等与当地供货平台进行协商,签订多个合作订单,华联"理县馆"新增七十余种货品,同时在华联总店和华联丽州店开辟理县产品专区,方便消费者采购。2020年,华联共销售670余万元理县产品,供销系统下属企业和农合联企业完成消费扶贫223855元,捐助理县135320元的衣物。

【农产品经纪人协会】 2020年,面对新冠肺炎疫情影响,农产品经纪人协会会员积极行动,参与疫情帮扶,保物资供应、上门送服务,为奋战在新冠肺炎疫情防控一线的逆行者献上爱心,并实地慰问永康抗疫站岗人员。皈隐农业依托"皈隐农业"线上商城、"永康邮政农产品直销"、"社群营销"等平台,整合资源推出"线上预购＋线下备货＋当日配送"食品营销新模式,为居家隔离的群众提供服务,两个月订单量1500多单,实现销售额17万余元,便民惠农的同时,有效拉动消费增长;伟丰肉食品分别捐赠500箱"两头乌"猪系列深加工产品作为抗疫、抗洪物资,并坚持每周六为永康市增援武汉的医护人员家属配送一筐营养丰富、新鲜时令的家庭食材;菇尔康捐赠800斤消毒液、2500只医用口罩和灵芝孢子粉等物品;永康土特产公司开展"消费帮扶"＋助农战"疫",助力销售滞销胡柚16000多斤。

【联农蚕桑专业合作社】 2020年,春茧收购价格为每公斤40元,夏茧每公斤37元,中秋茧每公斤34元,晚秋茧每公斤41元。与上年相比同期春茧下降5元,夏茧下降5元,中秋茧下降16元,晚秋茧下降14元。联农蚕桑专业合作社开发软黄金桑蚕丝被,线上线下相结合推广彩色蚕套装,以学校推广和微店、网店销售等方式,累计销售6000份。加强彩色茧项目在碧湍里蚕桑基地的实施,即饮用水源保护区桑园生态栽培管理技术示范项目和包括彩色茧杂交种饲养、管理技术示范推广的农业重大技术协同推广计划项目。

■ 资产管理

【概　况】 2020年,在新冠肺炎疫情的背景下,社有企业不断拓展业务开创新局面,营业额实现逆势增长,社有经济实现稳健发展。同时加强社有资产的运营监管,保值增值取得实效。

【社有企业逆势增长】 2020年,在新冠肺炎疫情席卷全球,线下经济遭重创的严峻形势下,华联商厦总营业额突破2亿元,增长12.75%,各超市总营业额达13675万元,实现逆势增长23.45%,丽州店实现营业额2615万元,同比增长28.23%,溪心店实现营业额7287万元,同比增长36.45%,华联配货实现营业额2032万元,同比增长7%。上半年,受疫情影响,企业经营面临巨大挑战,华联商厦百货类业绩下滑明显,同比下降10.36%,华联配货食用油、礼盒类产品面临大批量退货的压力。为此,华联商厦加强线上供应和配送,丰富企业微商城商品种类,加大促销力度,拓展社区团购业务,积极做好机关事业单位的工会福利和食堂饭卡余额兑换提货券发放。华联溪心店不断丰富品类,调整经营策略,蔬菜水果转为自营,开业第二年即达到盈利,创下开店以来盈利最快纪录,同时极大助推溪心商圈形成。华联配货进一步拓展企事业单位配送业务,2020年,新增配送单位7家,业务更加多元化,从食堂配送拓展到内部超市、银行积分礼品赠送等业务;味事达酱油销量逐年提升,销售同比增长50%;规范加盟店管理,进行资源整合,切入服务业务,企业效益稳步提升。

【社有资产保值增值取得实效】 加强对社有资产的有效监管,充分行使监事会监督职能,新成立的监事会配强队伍力量,建立完善监事会工作机制和社有资产监督管理办法。供销大厦和7处基层老旧资产全部采取公开招投标、协议出租方式进行出租。2家新成立的股份制公司为保证社有资金安全,采用干股投资或合作企业提供法人个人财产担保的方式进行合作,并选派监事强化对企业的监管。对社有企业2019年度资产经营管理情况进行专项监督检查,针对其费用管理、税务风险管理等方面提出建议。对控股企业账务进行初审,针对其规范性、合法性提出建议。

(市供销社　邵琛瑶)

烟草专卖

【概　况】 2020年,永康市烟草专卖局(金华市烟草公司永康分公司)[简称市烟草专卖局(分公司)]聚焦"互联网＋烟草专卖商业"浙江模式巩固提升,聚力"突破三关、提升三力"年度任务,攻坚克难、主动求变,全力推动经营管理稳中有进、进中提质。全年累计完成卷烟销售3.82万箱,销售额为17.33亿元,实现税利4.86亿元。全年查获各类涉烟案件426起,涉案卷烟4.33万条,执行行政处罚396起,移送其他部门59起,上缴罚没款49.06亿元,获批一级国标网络案1起、二级国标网络案2起。

■ 烟草业务

【终端建设】 2020年,市烟草部门全面贯彻终端成长机制,推动浙江模式生根发芽。全面开展永康零售户类别调整,8月初完成全部客户的调整,共计4985户,并做好宣传工作,使货源供应更合理,优化市场配置;结合永康现代终端实际情况,分维度深入剖析客户评价办法,针对性找出问题,有方向进行整改,运用量化分值引导客户主动进行终端提升,终端合格率96.08%;上半年在四个"更"的指导下,基本完成全年合作店选点,下半年加强对合作店的培训宣贯,从终端维护、数据分析、销售引导等多个方面提升合作店经营能力,实现"四全"数字化门店,全面提升"香溢零售"品牌价值,现代终端覆盖率达到24.11%,其中香溢合作店53户,三星终端79户,二星终端342户,一星终端707户。

【品牌培育】 2020年上半年,永康卷烟品牌培育的主题是全员抗疫,各中烟公司的线下宣讲会被叫停,纷纷转战线上直播,取得良好效果;下半年,卷烟品牌培育的主题是细分市场回弹,随着疫情控制情况的好转,商务市场和婚庆市场纷纷迎来抑制后的回弹。通过市场调研和数据分析,永康烟草及时捕捉需求变化新方向,找准品牌培育的切入点。通过以陈列带动品牌曝光、以宣讲活动建立品牌口碑、以数据分析找准品牌消费者三项举措,实现重点品牌销量3.36万箱,同比增长3.08%,销量占比为87.96%,同比提升1%。

【平台推广】 2020年,市烟草部门"四香"平台的推广以用户为导向,扎实落地,同时加强攻坚创新,推动平台从功能化向产品化和场景化转变。深挖平台功能化运用,采用"线上+线下"的培训方式,进一步加强平台运营机制建设,通过终端成长评价体系,规范用户使用标准,从习惯入手,线上开展直播教学,覆盖终端客户;线下实行一对一、手把手指导,全面展开平台应用。建立用户关系,实现平台产品化运营。充分贯彻"以零售户为中心"的推广原则,加强客户在品牌建设过程中的参与感,设立平台意见反馈专人,承接上下级信息传输,提升"香溢通"维护次数多、"香溢购"物流响应慢等问题的反馈速度,在推广阶段解决负面印象,助力平台优化。发挥"四香"平台在市场分析、品牌培育、经验指导等方面的作用,让零售户充分享受平台的便利和红利。

【行政许可】 2020年,市烟草部门坚持"简政便民"理念,推进"一窗受理"模式下的政务服务升级,不断规范行政许可行为,确保行政相对人合法权益。持续深化"最多跑一次"改革,宣传推广许可申请事项"网上办",网办率达99.03%。严格规范行政许可审批程序,落实行政执法全过程记录制度、行政许可复核制度,严把审核关确保行政许可公平公正。切实加强许可证后续监管,开展许可证规范专项整治行动,分7批公示收回"僵尸证""空壳证"87本,及时释放许可资源。全年共受理各类行政许可事项申请2526次,其中准予新办742户,准予延续1103户,持证户数环比增幅2.39%。

■ 专卖管理

【市场监管】 2020年,市烟草部门紧盯违法违规卖烟大户和违法嫌疑重点籍户等关键少数,将数据驱动与传统方法相结合,以点带面净化辖区市场。探索"三色标签"差异化监管,基于涉烟违法指数测算构建重点对象分级监管模型,对将满足取消经营资格条件的红色标签"临界值户"进行攻坚查处。积极应对疫情影响下多变的违法形势,关注严防非烟流入和阻扼假烟北上两个重点,双拳齐发力维护市场秩序,为卷烟经营保驾护航。扎实开展法律法规宣传,于"3·15"消费者权益日、"5·15"打击和防范经济犯罪宣传日等关键节点在城区、集镇等区域开展普法宣传。全年共查获实体市场案件343起,其中"双5"真烟案件41起,居全市前列;查处违法违规大户案件93起,查处率172%;查处违法嫌疑重点籍户案件45起,查处率129%;责令停业整顿16户,取消经营资格3户。

【打假打私】 2020年,市烟草部门克服疫情带来的不利影响,全面强化对涉烟违法运输行为的响应能力,加大查处力度,突显监管成效,突破打假打私瓶颈。克服困难推进网络案件查处,面对困难不等不靠,疫情封锁期数据分析、嫌疑人定位等前期准备不断档,形势稍有好转即出击实施收网。挖掘本土案源,在假烟假酒复合型特色网络案方面与工商、公安部门协同扎实推进,查处1起全市典型案件。2018年"8·3"销售加热不燃烧卷烟案获批特级国标,2019年"2·27"销售加热不燃烧卷烟案获批一级国标。2018年"11·7"运销假烟案获批四级国标,全年本土涉烟追刑11人。

【规范经营】 永康市内部专卖监管严格落实国家烟草专卖局《工作指引》和省烟草专卖局《操作规程》,聚焦关键环节,以数据驱动、专销协同为支撑切实开展闭环监管。持续探索清单化管理,依托内管预警平台、"三员协同"平台,实时分析、有效预警、快速核查问题隐患。持续强化市场态势监测,实时掌握重点、敏感品规的动销情况,摸清真非流走势,约谈与严查结合,前移防线,坚决把外流烟拦在"门内"。从源头上治理真烟外流,落实"一案双查"、专销联惩措施,对发生真烟外流的客户该降的降,该停的停,真烟外流数特别是外流省外数保持低水平。

[市烟草专卖局(分公司) 供稿]

中国科技五金城

■ 市场建设

【概　况】 2020年,中国科技五金城集团(简称五金城集团)实体市场成交额475亿元(不包括博览会),网上市场交易额325.5亿元。集团实现租金和展会等实际经营性收入1.82亿元,实现净利润2095万元,上缴税金3317万元,连续14年跻身全市纳税百强行列,居第33位。2020年五金城集团荣获"全国文明单位"荣誉称号,五金城市场成为金华市首个通过续延审查的"国家级知识产权保护规范化市场",被评为"浙江省第一批五化市场"。

【市场交易商务】 2020年,面对防疫与复产的双重压力,五金城集团找准新一轮市场发展"新坐标",打造集"便利化、智慧化、人性化、特色化、规范化"于一体的省级五化市场;践行国企担当,为企业商户减免租金3100万元。近两年,五金城集团多措并举高效推进"走出去"发展战略,加快五金城市场全国发展规划布局,以"品牌输出、运营输出、管理输出"的轻资产投资模式,在安徽怀远等地建立五金城分市场。"五金优选"已累计在全国设立直销中心和各类网点26家,业务辐射全国10多个省(区、市)。同时,发展新模式新业态,瞄准直播带货商机,引入直播带货。创新推出"千名网红直播逛永康五金城"活动,为永康本土品牌销售打开更大的网上市场。

■ 展会举办

【概　况】 自2020年6月恢复办展以来,全年五金城集团成功举办第25届中国五金博览会、第11届中国门业博览会、第二届安全与应急产品博览会等规模展会(活动)27场次,总展出面积40.7万平方米,总交易额163.6亿元,展会经营总收入6150万元。

【第25届中国五金博览会】 中国五金博览会是"中国五金行业风向标",作为新冠肺炎疫情发生以来,全国在线下举办的规模最大的经贸展会之一。据统计,本届博览会共有来自国内20多个省(区、市)的1606家企业通过网上平台报名参展。其中,1401家企业申报标准展位2092个,205家企业申报特装展位12272平方米。经组委会商交组审核,有1346家企业取得参展资格,其中

1163 家企业审核通过标准展位 1750 个，183 家企业审核通过特装展位 11000 平方米，展出总面积达 7 万平方米，3 天共发生交易额 130.7 亿元，累计参会人员 7.6 万，网上五金博览会访问量 148.4 万人次，同比增长 0.4%；2020 中国（永康）网货节访问量 135.3 万人次，同比增长 0.2%。实现展位费收入约 2600 万元，3 天共售门票约 3 万张。

【第 11 届中国（永康）门业博览会】 2020 年 7 月 26—28 日，为期 3 天的第 11 届中国（永康）门业博览会在国际会展中心圆满落幕。该届门博会共有来自国内 20 多个省（区、市）的 1007 家企业通过网上平台报名参展。其中，755 家企业申报标准展位 1217 个，252 家企业申报特装展位 2.53 万平方米。经组委会商交组审核，有 687 家企业取得参展资格，其中 544 家企业审核通过标准展位 890 个，143 家企业审核通过特装展位 1.34 万平方米，展出总面积近 6 万平方米。门博会 3 天共发生交易额 26.12 亿元，累计参会人员 9.1 万，网上门博会累计访问量 56.42 万人次，实现展位费收入 2140.03 万元，3 天共售门票约 4.7 万张。

【第二届中国（永康）安全与应急产品博览会】 2020 年 11 月 26 日，第二届中国（永康）安全与应急产品博览会开幕。本届博览会以"数智赋能大应急、产业助推大安全"为主题，充分利用数字信息技术，首次实现 668 家企业"云上"参展，全面开启永康"云端会展"新模式。本届博览会由永康市人民政府、中国建筑金属结构协会共同主办，市应急管理局、中国银河会展中心、浙江永康中国科技五金城会展公司等联合承办。本届博览会展出产品涵盖"后勤保障装备、高技术装备、航空应急装备、水域救援装备、消防安全装备、融合通信装备、物联感知装备、抢险破拆装备、医疗防疫装备、安全防护装备"等品类。永康市政府集结企业和应急、消防行业协会等优势资源与全球第一家云上 3D 会展场馆中国银河会展中心，联手打造专业聚集平台，促进消防与应急产业的数字化转型升级。参展人员与参展商"面对面"交流，现代科技的震撼感扑面而来。

第二届中国（永康）安全与应急产品博览会开幕式（五金城集团提供）

（五金城集团　应晓红）

总部中心

■ 总部工作

【概　况】 截至 2020 年，永康总部中心入驻企业 950 多家，办公人员 11000 多人，区域税收 5.68 亿元，永康市总部办（简称市总部办）下属企业总部中心开发建设有限公司及云投科技有限公司贡献税收总计 1.22 亿元。

【打造"龙山经验"都市版】 2020 年，市总部办紧紧围绕"三服务"要求，不断深化服务内容，完善构建总部区域综治中心，全力打造"龙山经验"都市版。一是区域内矛盾纠纷化解成效凸显。已接收案件 410 件，可受理案件 391 件，成功调解 386 件，申请金额 450 万元，调解金额 397 万元。二是提供多样化助企平台。9 月，开通"龙山经验都市版"小程序,企业、群众可直接通过小程序体验律师点单服务,访问人数已达95人次;成立总部中心"助企帮帮团",开通微信"助企帮帮团"线上功能,已为企业、群众提供超过60次关于企业寻租、群众生活、矛盾纠纷等问题的咨询服务;10月,"三师助企·无微不至"服务联盟驻园工作站在综治中心挂牌,律师、会计师、税务师"三师"公益志愿服务团为企业释疑解惑、提供服务。三是前移调解工作关口。10月,"人民调解委员会、社会矛盾纠纷调处化解中心、永康市劳动人事争议仲裁院巡回仲裁庭"在综治中心正式挂牌,实现调解工作关口前移、重心下沉,最大限度把矛盾纠纷解决在基层。

■ 开发工程

【推进世贸中心工程建设】 2020年,基本完成世贸大楼各项安装工程。引进第三方检测机构对工程进行检测初验、查漏补缺,并向消防、建设部门报验;帮助127家企业完成世贸房产办证问题,盘活资金约2.1亿元,社会效益显著;希尔顿酒店全日制自助餐厅已营业,中餐厅和客房服务等业务着手试营业筹备工作。

【完成C-2地块(中心广场)主体工程建设】C-2地块(中心广场)工程于2019年开工,后因疫情停工,于2020年2月25日复工。已完成工程主体结构验收,地下室砖砌体工程、粉刷工程、油漆工程完成80%,安装工程(水、电、消防、暖通、智能化)完成60%,屋面工程已经完成防水、屋面施工,年底已完成土方回填工作,进入广场铺贴及苗木种植阶段。

■ 入驻企业

【创新招商模式,盘活总部资产】 总部中心以"三高三最"为发展新要求创新招商模式,优化盘活总部资产。一是创新"云招商"新模式。受疫情影响,四期招商工作前期改"线下约"为网上见,实行"云招商"模式,以视频会议等方式与客商线上沟通对接,共对接95家机构,确定29家机构的入驻资格,已有16家机构完成入驻协议书签订,并有12家机构进场装修。二是跟踪做好办公楼销售和尾款收缴工作。全面开展三期现房、四期办公楼销售,接受企业咨询80多家次,10家通过公示,收入房款共计8529.5万元;完成人才公寓第三批销售尾款收缴,收取尾款约2.35亿元,完成232户业主房屋交接手续;跟踪做好企业资产转让拍卖备案,累计办理公寓转让备案手续62宗;催缴大楼历史遗留企业尾款,向6家尚有欠款企业送达律师函,与3家欠款企业现场协调尾款收缴工作。

【深入推进总部中心直播经济发展建设】2020年,市总部办把握直播经济潮流,推进总部直播经济发展。一是联合高新企业促发展。市总部办牵头创米科技与永康本地企业千赞公司在希尔顿酒店召开"创米小白智慧门"产品发布会,通过传统媒体、直播平台、新媒体等形成2.5亿级人次曝光流量;9月,总部中心与快来直播平台在永康市会展中心开展战略合作签约,推进总部直播经济发展。二是举办蹦蹦直播节。主办"万有引力"2020首届永康蹦蹦直播节,集舞台表演、体检交互、直播带货、品牌集市于一体,刺激现场及线上消费。此次活动当天现场参与人数约2500人次,线上观看量达110万人次,带货约2.4万件,销售额近235万元。三是成立中国五金直播中心。协办以"云购五金优品 畅享永康品质"为主题的系列活动,参与会场直播,助力活动开展,现场揭牌中国五金直播中心,实现"中国五金直播中心"落户总部中心。

2020 年 6 月 29 日,市总部办牵头创米科技与永康本地企业千赞公司在希尔顿酒店召开"创米小白智慧门"产品发布会(永康日报社提供)

【强化区域服务功能】 2020 年,永康部分地区受台风"黑格比"影响受灾严重,总部中心及时发布灾后重建募捐倡议书,共募捐 28.2348 万元;组织开展"安全献血、拯救生命"无偿献血活动,成功采血 130 人,献血量超过 42000 毫升。9 月,在总部四期广场开展藏宝地创意市集,超过 60 家摊主报名加入市集,最高日流量约 2000 人次;累计召开总部论坛 32 届,每月在各总部大楼推介区域培训课程,共推介课程 31 类,累积课时 554 节;配合"智汇丽州"引才工程,协助建设"永康博士之家""工程师协同创新中心""五金产业创新服务综合体",为永康发展提供智力支持和人才支撑。

(市总部办 陈 湛)

对外贸易

■ 外贸进出口

【概 况】 2020 年,全市实现自营进出口总额 425.10 亿元,同比增长 31.57%。自营出口 420.90 亿元,同比增长 31.8%,增幅远高于全国(4.0%)和全省(9.1%),出口总额占全国份额为 2.35‰。其中市场采购出口 62.78 亿元,剔除市场采购后的出口为 358.12 亿元,同比增长 12.21%。进口 4.2 亿元,同比增长 12.27%。

【进出口队伍不断壮大】 截至 2020 年底,全市有进出口实绩的企业 1637 家,比上年度增加 194 家。年出口超 1 亿美元的企业 4 家;年出口超 5000 万美元企业 22 家;年出口 1000 万美元以上的企业 140 家。

【出口市场变化(已剔除市场采购)】 2020 年,全市对美国出口 94.93 亿元,同比增长 20.57%,增幅较 1—11 月扩大 2.34%,占比 26.54%。对欧盟出口 76.67 亿元,同比增长 12.8%,占比 21.38%。对日本出口 9.02 亿元,同比增长 13.68%。对俄罗斯出口 19.9 亿元,同比下降 3.47%,降幅较 1—11 月缩小 0.08%。新兴市场中,对东盟出口 22.61 亿元,同比增长 9.07%,增幅较 1—11 月扩大 1.38%。对印度出口 13.37 亿元,同比下降 7.15%,降幅较 1—11 月收窄 1.81%。

【出口行业变化】 2020 年,全市餐厨用品出口 102.17 亿元,同比下降 5.41%,降幅较 1—10 月收窄 0.04%,其中保温杯出口 48.61 亿元,同比下降 12%,降幅较 1—11 月收窄 0.02%;休闲器具出口 62.11 亿元,同比增长 40.71%,增幅较 1—11 月扩大 1.71%;电器厨具出口 22.46 亿元,同比增长 37.66%;电动工具出口 59.76 亿元,同比增长 13.32%,增幅较 1—11 月扩大 0.52%;车业出口 31.65 亿元,同比增长 21.98%,增幅较 1—11 月扩大 0.63%;医疗仪器专用设备继续高速增长,出口 8.87 亿元,同比增长 74.48%。

2020 年永康市分行业出口情况表

行业	2020年出口/万元	上年同期/万元	同比/%	占总出口比重/%	行业分类	2020年出口/万元	上年同期/万元	同比/%
车业	316513	259470	21.98	8.62	内燃机及配件制造	33920	29264	15.91
					拖拉机	19263	19524	−1.34
					汽车及配件	37959	48345	−21.48
					摩托车及配件	225371	162337	38.83
门业	65896	73709	−10.60	1.86	木门	3853	5827	−33.88
					钢质门	57485	63335	−9.24
					锁配	4558	4547	0.24
餐厨用品	1021692	1080070	−5.41	25.45	杯	110978	127252	−12.79
					保温瓶（杯）	486081	552359	−12.00
					锅	359963	346457	3.90
					非电力餐厨	64670	54002	19.75
电动工具	597631	527382	13.32	16.85	磨具、齿轮	27833	22726	22.47
					手工具	41741	37828	10.34
					风动或液压电动工具	528057	466828	13.12
电器厨具	224588	163148	37.66	6.12	电力厨具	148518	96365	54.12
					通信、计算机制造	1394	1446	−3.60
					拖把等	20408	21333	−4.34
					电器机械（发电机、发电机组）	54268	44004	23.33
休闲器具	621099	441401	40.71	16.86	金属家具制造	161694	148709	8.73
					文教体育用品制造业	381999	235746	62.04
					沙滩车	76488	56238	36.01
					自行车制造	918	708	29.66
金属材料	2873	4145	−30.69	0.09	有色金属冶炼及压延	2873	4145	−30.69

续　表

行业	2020年出口/万元	上年同期/万元	同比/%	占总出口比重/%	行业分类	2020年出口/万元	上年同期/万元	同比/%
技术设备	533954	468600	13.95	16.14	金属制品	138866	161794	−14.17
					矿山、冶金、建筑专用技术设备	19483	21890	−11.00
					农、林、牧、渔专用技术设备	59419	42674	39.24
					医疗仪器专用设备	88727	50853	74.48
					木材、非金属加工专用设备	60202	50992	18.06
					机床、焊接通用设备	22104	18099	22.13
					泵、阀门、压缩机通用设备	88139	71928	22.54
					衡器	57014	50370	13.19

2020年1—12月全市出口到各大洲的总额及出口到部分国家和地区情况表

大洲		出口/万美元	同期/万美元	增减/%	出口/万元	同期/万元	增减/%	占总出口比重/%
欧洲	总额	171259	159714	7.23	1187641	1100705	7.9	33.10
	欧盟	110586	98646	12.1	766652	679682	12.8	21.38
	俄罗斯	28637	29939	−4.35	198987	206130	−3.47	5.54
亚洲	总额	130260	119605	8.91	901559	825004	9.28	25.18
	日本	12984	11494	12.97	90197	79341	13.68	
	东盟	32656	30057	8.65	226146	207347	9.07	
	伊朗	1779	2367	−24.85	12351	16408	−24.73	
	印度	19401	20900	−7.17	133732	144033	−7.15	
北美洲	总额	146260	120904	20.97	1011121	833409	21.32	28.27
	美国	137320	114219	20.23	949288	787337	20.57	26.54
拉丁美洲	总额	34074	31788	7.19	235632	219428	7.38	6.59
	巴西	8533	7479	14.08	58905	51698	13.94	
	墨西哥	8940	7739	15.51	61964	53396	16.05	
大洋洲	总额	18777	14489	29.6	129601	100126	29.44	3.63
	澳大利亚	16227	12410	30.76	111939	85765	30.52	

续 表

大　洲		出口 /万美元	同期 /万美元	增减 /%	出口 /万元	同期 /万元	增减 /%	占总出口 比重/%
非　洲	总额	16700	16652	0.29	115620	114775	0.74	3.23
	南非	2295	2354	−2.51	15902	16246	−2.12	
	尼日 利亚	4381	5217	−16.03	30330	35938	−15.6	
合　计		517332			3581176			100

■ 外贸工作

【出台并落实稳外贸渡难关"新十条"政策】

出台《永康市人民政府办公室关于支持外贸企业渡难关稳订单拓市场的意见》,加大财政金融、出口信保、开拓国际市场、国际产能合作、出口转内销、税务政策、海外仓业务、外汇服务、企业监测、法律服务十大方面的政策支持力度。目前即将兑现2020年稳外贸(第一批)奖励约1650万元。

【成立出口专班并完善出口专班机制建设】

5月上旬,成立永康市出口专班。5月11日出台《永康市出口专班工作方案》,明确出口专班的总体思路、主要目标、重点任务和工作机制。由分管副市长牵头,成员单位包括16个市级部门。二季度专班成立后,定期召开例会,逐一对照重要指标进度,通报各项任务指标进展,部署下一阶段工作。定期编发永康市出口专班工作简报,总结上一阶段工作亮点,共编制8期。6月全省MEI指标中出口专班涉及的外贸出口总额得分居全省第2名。

【有序推广市场采购贸易方式】 出台《永康市出口专班关于印发永康市市场采购贸易方式推广工作实施方案的通知》,明确市场采购贸易推广的总体要求、工作目标、具体做法和工作保障。成立由分管副市长任

组长的永康市市场采购贸易推广工作协调小组,定期召开市场采购贸易推广工作协调会,鼓励相关企业有序组货、出口,推进全市市场采购正常化运作。截至10月23日,全市市场采购贸易出口额约达8.6亿美元。即将兑现2020年二季度市场采购贸易奖励约1445万元。

【推动企业线上拓市场】 2020年已组织企业参加线上广交会、华交会300家次;组织企业参加2020浙江出口网上交易会等线上展会,针对永康特色电动工具产品,于9月26日—10月4日举办2020浙江永康出口网上交易会(东南亚站—五金工具专场),组织50家优质五金工具企业参展,产品范围涉及电动工具、手动工具、园林工具、小型机械、劳保用品,并邀请越南、印尼、马来西亚近80家优质采购商进行线上配对。此次网上交易会实现近270次的对接,意向洽谈金额约为1500万美元。

【做好品牌培育】 积极动员企业做好省级、市级出口名牌的申报、复核工作,共组织14家企业申报、复核浙江出口名牌,15家企业申报、复核金华出口名牌。

【推动企业通过"义新欧"班列出口货物】

1—9月,全市企业通过"义新欧"班列出口大柜数为362个,即将兑现2019年度"义新欧"班列补贴109万元。

2019—2020 年外经贸情况一览表

年度\指标	进出口权企业/家	实绩企业/家	进出口总值/美元		进口值/美元		出口值/美元	
			实绩	比上年（±）	实绩	比上年（±）	实绩	比上年（±）
2019 年		1444	47.31 亿	—0.16%	0.54 亿	—38.26%	46.78 亿	0.58%
2020 年		1638	61.31 亿	30.84%	0.61 亿	13.51%	60.70 亿	31.05%

（市商务局　王瑞琪）

■ 外资外经

【概　况】 2020 年，永康市新批外商投资企业 7 家，合同外资 42 万美元，实际利用外资 1504 万美元。按投资方式分，2020 年新批外商独资企业 3 家，合同外资 25 万美元，在全市合同外资总量中占比 59.52%；中外合资企业 4 家，合同外资 17 万美元，占比 40.48%。其中外商独资企业实到外资共 1471 万美元，在全市总量中占比 97.81%，中外合资企业实到外资共 33 万美元，占比 2.19%。按行业分，2020 年，制造业项目 3 个，合同外资 33 万美元，在全市合同外资总量中占比 78.57%；批发和零售业项目 1 个，合同外资 7 万美元，占比 16.67%；住宿餐饮业项目 3 个，合同外资 2 万美元，占比 4.76%。制造业实到外资 1504 万美元，在全市实到外资总量中占比 100%。按投资来源分，2020 年，实到外资来源以亚洲为主，实到外资 1471 万美元，占全市总量的 97.81%；欧洲 33 万美元，占比 2.19%。全年全市新批对外投资项目 1 个，新增中方投资额 1010 万美元。

（市商务局　王信宇）

招商引资

【概　况】 2020 年，永康招商工作顶住经济下行压力和新冠肺炎疫情影响逆势而上，通过系列举措，全年实现引进 3 亿元以上项目 14 个，总投资 189.57 亿元，引进完成率 116.7%，签约总投资完成率 172.3%。其中 20 亿元以上项目 3 个，引进完成率 100%。10 月，永康市招商中心（简称市招商中心）《建组选址、立制创班、构图布网——永康推行精准招商实现项目引进完成率达 91.7%》一文被《金华政务信息》（专报信息）第 124 期采用，金华市委书记陈龙批示"可发各地参阅"；10 月 27 日，金华市招商引资工作大会上，陈龙书记点名表扬"永康市在产业链补链强链上做好招商文章"的做法。

【精筛特色产业招商地开展驻点招商】 2020 年，永康市驻上海、深圳、西安的三个招商招才组足迹遍及 34 个省（区、市），走访对接企业 360 多家，收集有效项目信息 380 余条，带回考察对接项目 130 批次，已有 26 个项目落地。涉及的项目类型包括电子信息、高端装备、文旅、农业开发、军民融合等。

【招引服务业巨头增添经济内生活力】 2020 年，市招商工作注重打造一个百亿级的生产性服务业项目"中国五金物流港"，该项目建成后能提供 10 万个就业岗位，实现年产值 200 亿元；签署"永康—阿里"深度合作协议，打通供应链与贸易链双向通道；引进永康一方万达广场项目，该项目列入省市县长工程，总投资 62 亿元。

【举办首届智能门锁行业对接洽谈会】
2020年，由市招商中心负责在深圳举办首届智能门锁行业对接洽谈会。此次洽谈会上市政府分别与深圳市启途电子科技有限公司、云天智能终端有限公司、的卢深视科技（珠海）有限公司签订相关产业项目合作协议，永康市瓴丰工贸有限公司与广州三孚新材料科技股份有限公司签订人才项目合作协议。

2020年永康—深圳智能门锁产业对接会（市招商中心提供）

【建立充实招商引资项目库和专家库】
2020年，市招商中心制定《关于报送2019年全市重点招商引资项目的通知》，重点抓招商引资项目库建设，充实完善全市重大项目库，已入库项目68个，对项目库实行动态管理，随时充实、更新，形成"储备一批，推介一批，实施一批"的滚动式项目梯队。同时，录入意向投资商、高级技术人才、博士教授名册448条。

【参加大型招商推介活动】 2020年，在上海松江、深圳举办的两场"标准地"招商推介会上，丹弗中绿润滑油和金州科技新型绿色建材生产线建设项目与永康市签约，总投资10.2亿元；在11月的金华发展大会项目签约及招商推介活动中，签约总额65亿元；结合当下永康市产业发展趋势和营商环境，谋划编印新版《永康招商宣传手册》，拍摄永康招商宣传视频，在不同场合宣传和推介永康，提升永康知名度和美誉度。

【商会建设】 永康"五金工匠走四方，府府县县不离康"的民谣，正在演变成"勤修百艺，勇闯天下，学创并举，义利双行"的新永商精神。至2020年，有10万多名永康人在外创业，省外投资累计超过3200亿元，创造经济总量超过8500亿元；已有市外永康商会38家，拥有会员6000多人。2020年，第八届全国市外永康商会会长会议在永召开，临沂、中山、东莞等地永康商会在会上签署5G基站及能源车零部件、联众公司动漫衍生品创意文化产业、锂电池生产等项目合作协议，引资总计13亿元。有10多个市外商会主动发挥商会的桥梁纽带作用和信息资源优势，做好双向服务，宣传永康，推介永康，为永康市项目招引牵线搭桥。同时，各地市外商会还在东西部扶贫协作、"黑格比"抗台救灾和其他公益事业中反哺家乡，全年捐款捐物700多万元。

（市招商中心　供稿）

海 关

【概　况】 2020年，金华海关驻永康办事处坚持以习近平新时代中国特色社会主义思想为指导，紧密围绕打造"世界五金之都品质活力永康"的战略主线，全面深化改革，强化监管，优化服务，团结协作聚合力，求真务实谋发展，扎实推进各项工作。全年全市实现外贸进出口总值425.10亿元人民币，同比（下同）增长31.6%，其中：出口420.90亿元人民币，增长31.8%；进口4.2亿元人民币，增长12.3%。签发原产地证书27502份。全年办事处受理进出口报关单5278份，其中出口报关单5159份，同比下降36%，进口报关单119份，同比下降42%。

征收两税 259.1 万元人民币,同比增长 187%。加工贸易手册设立 52 份,金额 2.48 亿美元,分别下降 22% 和增长 86%。开展出口货物退货调查 133 批次,通报调查 3 起。全年永康辖区新注册企业 447 家。

【做好加工贸易监管工作】 2020 年,金华海关驻永康办事处加强政策宣传,开展政策宣讲会、针对意向企业主动上门实施一对一政策宣传 50 余次,讲解加工贸易最新政策、走私违规典型案例等,提高企业守法意识。利用海关风险预警处置和审计监督子系统定期开展风险监控,此业务规范自查、下厂实地核查等方式加强事中事后监管,发现问题及时整改。加强对涉案企业加工贸易货物监管,每月至少一次到力士达公司实地查看剩余料件,9 月,完成力士达铝业剩余料件内销补税,后续持续关注摩兴案件进展。

【落实国务院加贸惠企政策】 2020 年,金华海关驻永康办事处贯彻落实国务院、海关总署关于应对疫情影响促进外贸稳增长的相关要求,取消征收加工贸易手册设立担保,支持区外加工贸易企业享受金义综保区内优惠政策,稳外资,稳就业。放宽加工贸易创业内销申报纳税办理时限,符合条件按月办理内销的企业,可以在季度结束后 15 天内办理内销申报。同时,暂免 2020 年 4 月 15 日起至年底的加工贸易企业内销税款缓税利息,降低企业内销成本,缓解企业资金压力。全年累计为永康企业减免加工贸易保证金 1922.4 万元。

【加大海关 AEO 认证企业培育力度】 10 月,杭州海关与永康市政府合作举办 AEO 企业培训班,主要针对杭州海关关区新申请高级认证企业,以"小班化、互动型"为特点,线下培育和线上培训相结合,通过案例解析认证要点和注意事项,并针对企业问题开展精准答疑,关区线上线下共 19 家企业 261 名人员参加培训。永康辖区三锋公司、正阳公司、雄泰公司、道明公司、安胜公司五家企业在现场参加培训。其中浙江三锋实业股份有限公司作为 AEO 重点培育企业,在海关帮扶指导下财务状况、内部控制、守法规范、贸易安全等方面均有大幅提升。

【加强辖区出口货物检验检疫监管】 2020 年,金华海关驻永康办事处加强进出口危险化学品安全监管,严格规范落实进出口危险化学品及其包装检验监管工作,共完成 108 批出口危险货物包装性能检验、4 批出口危险货物包装使用鉴定;加强出口商品后续监管,开展 3 起欧盟通报调查,其中针对德国通报的防护口罩事件,联合多部门开展核查,开展退货调查 133 批,实施现场调查 37 批;加强出境竹木草制品检验监管,指导帮扶 3 家出境竹木草企业获得出境注册登记证,对 2 家出境竹木草制品注册登记的获证企业开展年度监管核查,对辖区 21 家出境竹木草制品生产企业开展产品分级和企业分类评定工作,确定其出口产品的查验及放行方式。

【做好原产地签证工作】 2020 年,金华海关驻永康办事处大力推进辖区原产地证企业自助打印工作。进一步加强宣传,结合海关总署产地证智能审单系统上线,走访企业,宣传自助打印便利措施,辖区上线企业近 300 家,线上自助打印证书比例名列杭州关区前列;稳步推进原产地证信用签证工作。在风险可控的基础上,按照海关总署统一部署,将信用好、签证量大的企业纳入产地证信用签证范围,全年将辖区内 19 家企业纳入信用签证范围,实现信用签证 959 份;开展原产地证退证查询 2 份。对两份印度尼西亚退回原产地证开展调查,走访相关企业,了解退证缘由,积极指导企业整理相关资料,及时拟制回复函,保障辖区企业合法权益。

【保障防疫物资进出口】 2020 年，金华海关驻永康办事处开设防疫物资进出口咨询专窗、专线，指定专人负责解答辖区企业进出口防疫物资的疑问，共解答进出口防疫物资相关咨询 32 次。助力辖区企业捐赠的防疫物资快速通关，帮助企业详细解读进口捐赠相关政策，理顺整体捐赠流程，跟踪捐赠防疫物资进境全流程，由物资进境开始关注，直至通关结束，促进第一时间将防疫物资输入国内，保障国内抗疫需要。走访企业，促进辖区防疫物资出口，办事处领导带队走访辖区防疫物资出口企业 15 家次，宣贯海关总署关于防疫物资出口的政策，鼓励企业在保障质量的前提下，勇于承接国外防疫物资订单，并帮助企业解决商品归类、报关单申报环节文件及资质要求、检验检疫要求、查验环节相关证书要求等各种问题，促进企业扩大出口。

【推进通关一体化改革】 2020 年，金华海关驻永康办事处进一步优化通关作业流程，大力推行提前申报、优化进口"两步申报"通关模式，完善"两段准入"，建立相关企业联络微信群，在群内快速解答企业咨询，及时帮助解决问题，力求进出口货物快进快出，降低企业时间成本；全力压缩通关时长，组织辖区 5 家报关行负责人专题研讨压缩通关时长工作，每日汇总通关时长，分析超长单原因，及时进行跟踪处理。全年辖区总体出口通关时长较上年压缩 10.17%；继续减少、简化通关环节需要企业提供或递交的随附单据，实行企业自主选择是否陪同查验，减轻企业负担。

【做好辖区跨境电商业务准备】 2020 年，金华海关驻永康办事处领导带队，走访永康无水港、贸易型、生产型跨境企业，掌握企业开展跨境电商业务的难点，邀请上级跨境电商业务专家到办事处培训海关新政，与税务局、外汇管理局等部门联系沟通，对各部门跨境电商政策进行梳理总结，汇总企业难点并结合现有政策进行分析，撰写调研报告，为下一步辖区开展跨境电商业务做好准备；加强跨境港监管作业场所管理，指导浙江跨境港科技有限公司完成"经营海关监管作业场所企业注册登记证书"换发。

【国家级非公路机动车实验室通过 CNAS 和 CMA 资质复审】 2020 年，通机排放试验室开始正常运行，可以为辖区非公路用机动车、园林工具、农机企业提供检测服务，为永康现代农业装备高新区发展提供助力。

（金华海关驻永康办事处　供稿）

城市建设

【概　况】　2020 年，永康市住房和城乡建设局（简称市建设局）经受住疫情防控、复工复产、"创文"工作、农村困难家庭危房治理专项巡察、"黑格比"灾情、中央环保督察、建筑业房地产业大发展、扫黑除恶、十四五规划周期年等九大考验，4 项工作全省领先，2 项工作金华领先，牵头落实的 10 项市级重点工作超额完成，创新 5 项优化营商环境措施，保障建设行业安全平稳健康发展。

【建设工程质量创杯居全省前列】　2020 年 9 月 7 日，省住房和城乡建设厅公布建设工程"钱江杯奖（优质工程）"，金华市共有 14 项工程获奖，其中有 5 项为永康市工程，占比高达 35.71%，使永康市获奖项目数量居金华各县（市）首位，全省各县（市）前列。

【创建全省首个"无废工地"】　2020 年 6 月，在由新华建设公司承建的东库村城中村改造工程上，率先启动全省首个"无废工地"创建，通过"五少一多"的模式，为全省各建筑工地提供"减少垃圾产生—重复使用建材—回收利用废料—自我净化无害排放等环节"的闭环处理范例。该模式受到省建设厅、金华市委办的肯定和推广。

【举办全省首个县级市"云房展"】　为促进房地产市场健康发展，市建设局联合腾讯大浙网、永康广播电台、永康日报社举办首届云房展，通过微信小程序实施线上展销，共有 21 个房产项目的 7000 多套房产入驻展会，约 50 多家装饰、建材、家电、家具企业同时参展，通过大的优惠措施，打通住房"购、贷、装、配"全环节。本次云房展，共有 12 万市民收看上线仪式现场直播，55100 多用户关注，11360 多人次在线咨询，1470 多人次预约线下看房，成交金额近 10 亿元。

【公租房申请审批全省最快】　申请家庭只需提供身份证，最短审核时间为 1 个工作日，做到全省领先。2020 年，新增公租房保障对象 3339 户 4668 人，公租房保障受益户数 3509 户，受益 7195 人，政府投资公租房累计保障人数占城镇常住人口数的比例为 1.46%，完成目标任务的 100% 以上。

【污水处理设施智慧管理系统金华领先】　在各乡镇的管网交接处安装流量计，以建立污水处理设施管理的智能化、数字化、可视化系统，动态监控管网运维情况，保障管理和评价的科学性。在完成系统软件开发、形成功能框架、全市 16 个镇（街道、区）污水管网现状信息均已完成录入的基础上，已具备污水管网查询以及统计分析功能。

【牵头超额完成十项市级重点工作】　一是建成 30 吨/日以上处理能力的农村污水处理设施标准化运维终端 105 个，省级考核任务为 58 个。二是建成"污水零直排小区"20 个，省级考核任务为 13 个。三是新建、改造污水管网 30.19 千米，金华考核任务为 26.59 千米。四是新建绿道 22 千米，年度计划为 20 千米。五是建成海绵城市 2 平方千米。六是新建污泥处置设施 1 座，总投资 5100 万元。七是对全市 4417 户 4 类困难家庭开展住房情况调查。八是完成《老旧小区改造五年规划》编制,同时推进第一期 4 个老旧小区改造。九是推动 7 个城中村改造。十是创建永康市首个省级美丽城镇样板,并顺利通过现场验收。

【建筑业发展迅猛】 2020 年,永康市建筑业总产值同比增长 19.2%;新开工面积同比增长 75.5%;新开工合同额同比增长 96.3%。

【商品房供应量及销售量再创历史新高】 新批预售商品房 90.4 万平方米,同比增长 38.08%,其中商品住宅 66.5 万平方米,同比增长 19.56%;库存新建商品住宅 58.75 万平方米,同比增长 82.57%,去化周期 10.48 个月。新建商品房销售备案 72.91 万平方米,同比增长 30.85%,新建商品住宅 68.82 万平方米,同比增长 35.63%;新建商品房投资 39.68 亿元,同比增长 20.8%。

【保障建设行业平安发展】 一是建筑工地施工安全。共创下省级安全文明施工标准化工地 3 个,金华市安全文明施工标准化工地 8 个,永康市安全文明施工标准化工地 13 个,平安工地创建率 100%。全年没有发生施工安全事故。二是燃气反恐管控安全。燃气反恐是永康市平安工作四大领域之一。全年迎接各级平安创建、维稳安保、反恐怖防范明察暗访的专项检查 18 次,对 27 家燃气企业或供应站点进行处理,约谈供应站点 26 家,组织入户安检 18330 户,整改瓶装燃气电动三轮车 134 辆、危化品运输车辆 9 辆,并建成反恐标准化建设样板点。全年没有发生燃气安全责任事故。

(市建设局 吕建平)

建设规划

■ 规划编制

【持续推进国土空间规划编制】 2020 年,市规划部门持续推进《永康市国土空间总体规划(2020—2035)》编制工作,贯彻落实《中共中央国务院关于建立国土空间规划体系并监督实施的若干意见》精神,形成初步方案。年初提交原城乡规划成果和原土地利用总体规划数据库,做好新老规划衔接工作;其间多次与各部门对接,搜集专项规划资料;6 月、10 月两次向市领导汇报思路和初步方案。与此同时,积极推进乡镇级国土空间规划编制工作,多次前往各镇调研,指导招标工作。最终形成生态保护红线评估调整方案("二上")成果并上报省厅(对比原先的 2017 版减少 8.15 平方千米)。并将经济开发区、城西新区、浙商回归园等工业区进行整合优化,形成"2+2+N"园区管理体系。

【开展重点片块规划设计】 2020 年,市规划部门根据市城市更新、城中村改造重点工作计划,积极配合打造田川未来社区,做好该区块的城市设计和实施单元的控制性详细规划。市规划部门编制多个方案,对方案进行比选,并征求相关部门的论证意见,同时考虑实际安置需求,最终形成规划方案。该方案注重空间集约利用和功能集成,围绕社区内部及周边居民的生活需求,突出多样化、差异化、全过程,有效指导后续田川城中村改造工作。同时积极响应永康市国家级重点建设项目"国家林草装备科技创新园"的创建工作,与城西新区等部门对接,完成项目选址,并编制《永康市国家林草装备科技创新园概念规划研究》。园区规划面积 1500 亩,力争通过 5 年建设,将其打造成为具有一定国际影响力的现代林草装备创新基地、成台套林草设备设计基地、高端林草装备制造基地、林草装备关键零部件制造基地。

【规划引领 保障重点项目实施】 2020 年,市规划部门保障 2020 年用地出让计划和用地计划的顺利实施,协同各镇(街道、区)、发改局等相关部门,完成《永康市城北路区块(铁路以南、香樟公园以东地块)控制性详细规划》《永康市城塘、黄棠区块控制性详细规划调整(E—03—11 等 2 地块)》《永康市田川未来社区控制性详细规划》《永康市应家村区块控制性详细规划》等 10 个控规新编或调整,以及按程序对芝英镇西卢小微园控规等 15 个控规进行技术审查。同时,争取空间额度,做好土地利用总体规划局部调整,为项目争取空间。全年共计完成 9 个批次地方额度申请,额度 141.4795 公顷(2122 亩),规划指标 104.4181 公顷,1 个批次省留额度申请,额度 26.12 公顷(392 亩);上报土地利用总体规划局部调整方案 35 个,其中中心城区 5 个方案,镇(街道、区)30 个方案。

■ 规划管理

【立足服务效能　简化审批流程】 2020 年,市规划部门以深入推进"最多跑一次"改革和政府数字化转型,深化"放管服"改革和优化营商环境为总目标,协同各科室依法依规对建设工程项目审批制度进行全流程、全方位再梳理,进一步提升自然资源空间治理能力和行政审批效率,着力构建科学规范、阳光透明、高效便捷的项目审批体系。以房屋建筑和城乡基础设施等工程建设项目为主要对象,围绕各个审批阶段大力整合审批办理环节,促进多部门、全过程工程建设项目审批办理流程协调统一和深度融合。由市自然资源和规划局负责的立项用地规划许可阶段用地预审选址意见书核发、土地供给审批、用地规划许可,工程建设许可阶段的设计方案审查、建设工程规划许可证核发,竣工验收阶段的规划核实确认等主要审批流程,围绕"最多跑一

次"改革的总体目标,进行系列优化完善。

【强化技术革新　转换审批模式】 按"一窗受理、集成服务"的改革要求,运用互联网、大数据技术,主动融入投资在线平台 3.0 版政务运行体系,项目审查阶段实现"多规合一"线上论证、联合审查、并联审批、实时流转、信息共享。推动办理结果数据共享和达到条件后的在线即时办理。工程建设许可阶段由市自然资源和规划局牵头负责,灵活采取线上线下会商会审或书面征询意见等方式,限时组织协调相关部门、限时完成本阶段审批事项的办理。精简审批环节,实现联动审批,提高现场办理能力。

【立足精准服务　助推项目实施】 2020 年,市规划部门共办理 1400 余项审批事项,按时或提前办结率 100%。其中林业审批 265 项,征占用林地项目 85 项,面积 63.3684 公顷;收取森林植被恢复费 1719.90 万元。发放采伐证 105 份,采伐面积 677.3846 公顷。发放植物调运检疫证书 9 份,产地检疫合格证 1 份,植物检疫要求书 64 份。发放林木种子生产经营许可证 1 份。土地审批 545 项:项目供地 78 宗,面积 228 万平方米;国有划拨补办出让 91 宗,收取土地出让金 6324.7715 万元;临时用地审批 14 宗,面积 7.98 万平方米;设施农用地上报备案共 2 宗,用地面积 700 平方米;各乡镇(街道、区)特困户批基上报备案 356 户;完成 4 个村农房改造村实施细则审核批复。规划审批 536 项:选址 8 项,用地面积 59.09 万平方米;用地许可 98 项,用地面积 67.99 万平方米;工程许可 201 项,建筑面积 118.73 万平方米;乡村许可 60 项,建筑面积 4.13 万平方米;规划核实 104 项,建筑面积 65.38 万平方米。完成各类项目建筑方案审查 65 项,包括道明安防产业园、盘龙谷生态旅游区、桃花源农业观光度假区、一方万达广场、江南山水新城安置地块、田川未来社区田宅城中村安置地块、

交投绿城桂语听澜西侧地块等开发项目。试点办理明珠实验幼儿园、高镇幼儿园、西街幼儿园共3个项目的临时改变房屋用途许可。同时，顺利完成金华市给永康市下达的开发12.5万平方米地下空间建设和专用停车位2500个（含公共停车位200个）的考核任务，全年完成地下空间16万平方米，完成任务的128%；新增专用停车位3909个，完成任务的156%，其中包括新增1017个公共停车位。

（市自然资源和规划局　供稿）

建设管理

■ 综 述

【概　况】　2020年4月30日，永康市建设工程质量（安全）监督站更名为永康市建设工程质量安全管理站，由全额拨款担负行政职能的事业单位变为公益一类事业单位。2020年共监督在建工程项目301个（含子单位工程），其中房屋建筑工程262个，建筑面积709.4万平方米，市政公用工程39个，工程造价约10亿元。2020年组织各阶段质量验收681项次，办理质量安全监督手续222项（含市政工程22项），其中房建类工程200项，面积408.6万平方米，市政工程22项，造价约4.25亿元；2020年共出具建设工程质量监督报告120份（含市政工程6项），面积159.55万平方米，其中民用建筑（含公共建筑）74.5万平方米，工业建筑85.05万平方米，市政工程造价5508万元。办理起重机械安装（拆卸）告知登记117项次，起重机械使用登记79项次。

【优质工程成果丰硕】　2020年，永康市创下浙江省"钱江杯"优质工程5项（占金华地区总数的38.5%），创下金华市"双龙杯"优质工程12项（占金华地区总数的42.9%），创下永康市"方岩杯"17项，金华市绿色施工工地6项，省标化8个，金华标化13个，永康标化16个。

【提升质量安全监督管理水平】　一是每月开展"三服务"活动和进企业调研活动，组织召开市政工程质量通病防治培训会和建筑装饰施工企业安全知识培训会；二是开展"立足岗位大练兵，展示风采提技能"比武活动；三是为全市起重机械设备做一次免费检查，以政府买服务的形式，委托第三方起重机械专业检测公司，共检查塔机216台、升降机80台、物料机105台。共发现隐患800处，并已全部整改完毕。

【保障受监工程质量和安全】　2020年，对房建类工程质量巡查计48项次，复查14项次，发放工程质量督查意见书47份、质量监督整改通知书11份。针对检查情况，分别下发《关于全市建设工程质量监督巡查情况的通报》《关于全市建设工程质量监督巡查情况的通报》《关于对勘察项目负责人不到岗履职的通报》。通报11个存在较多质量问题的项目，通报批评6家施工企业及2家监理单位和相关人员。

【质量安全监督巡查常态化】　一是开展每周二、五定期安全监督巡查工作，2020年巡查30余家施工企业的50多项次工程项目，共计237项次。存档安全巡查记录表142份，发放工程安全整改通知书16份、工程安全督查意见书44份。二是常态化开展市政工程专项质量检查、巡查，质量巡查29项次，复查1项次。下发《关于全市2019年下半年市政园林工程质量巡查情况的通报》和《关于2020年上半年全市预拌混凝土企业生产情况监督检查的通报》，通报批评质量行为不规范的施工企业1家、监理公司1家、个人2人。

（市建设局　李王盛）

■ 住房公积金

【概　况】 2020 年共归集住房公积金 10.07 亿元,比上年 10.05 亿元增加 200 万元;净增缴存职工人数 1395 人;缴存余额 29.41 亿元,比上年 29.08 亿元增加 3300 万元。累计为 1165 家单位 55972 名(正常缴存职工 44764)职工建立住房公积金制度。全年共为 15172 户职工提取 9.74 亿元(其中购建房提取 3.77 亿元,偿还贷款提取 4.02 亿元,完全丧失劳动能力和死亡提取 1844.51 万元,调离永康市提取 1665.73 万元,租房提取 4299.7 万元,离、退休提取 1.17 亿元,其他 44.28 万元),较上年 7.55 亿元增加 2.19 亿元。全年共为 1245 户干部职工发放住房公积金贷款 4.96 亿元,收回贷款 4.24 亿元,余额 26.64 亿元,占贷比 90.60%。个人住房公积金贷款逾期率为 0.012%。

【住房公积金运用和使用】 增值收益 5591.3 万元,业务收入 10506.31 万元,业务支出 4915.05 万元,按 60% 提取贷款风险准备金 3354.79 万元,管理经费 325.95 万元,城市廉租住房建设补充资金 1910.57 万元。

【推进住房公积金扩面】 一是通过报纸、电台、电视等媒体宣传带动住房公积金扩面。二是下发文件允许各单位、企业根据实际情况,按 5%—12% 自主确定缴交比例;建立考核机制,鼓励通过银行参与等方式以政策带动扩面。三是加大对贷后停缴的催缴力度,通过电话、律师函催缴,以执法带动扩面。永康分中心已累计为 2 万余名非公企业职工建立住房公积金制度。

【公积金档案省一级复评通过】 严格对标规范管理,强化档案日常管理,精准业务档案分类,推进馆藏档案数字化,注重编研开发利用,做到清晰规范、查询方便、借阅便利。截至 12 月底,接收文书档案 2442 件、会计档案 2032 件、业务档案 38063 件/27302 卷、科技档案 67 卷,特种载体照片 45 张、光盘 242 张、奖牌 34 块、锦旗 4 面、荣誉证书 3 本、电子存储介质载体 2 个;他项权证 5157 本,土地证、房产证各 5390 本。

【公款竞争性存放】 严格按照金华市财政局《关于进一步规范市级行政事业单位公款竞争性存放管理的通知》有关要求,公平公正地开展公款竞争性存放工作。自 2016 年开展公款竞争性存放以来,永康分中心已累计开展公款竞争性存放 8 次,涉及资金 18.88 亿元(2020 年公款竞争性存放 2 次,金额 9.8 亿元,预计利息收入 288.57 万元,协定存款不计入),实现公款的保值增值。

(市建设局　姚　瑶)

■ 市政建设

【南四环线(胡则路即南溪大桥北侧—330 国道)工程 k0+380—330 国道】 工程位于永康市东城街道黄棠村东南侧,西起南溪大桥东侧桥台,向东至 330 国道,沥青路面全长 400 米,采用四块板形式,标准路幅宽 60 米,主车道为双向八车道,道路性质为城市框架性主干路。本工程合同价为 2993.4051 万元,本工程于 2019 年 12 月 1 日开工,2020 年 8 月 15 日竣工。

【北三环工程(倪宅—紫微北路延伸段)】 工程位于永康市城北区块内,西起倪宅东至新川村,起止桩号 K0+860—K1+920。沥青混凝土路面全长 1060 米,宽 42 米,总面积 4.91 万平方米,合同价为 3902.0109 万元。本工程于 2019 年 11 月 12 日开工,计划于 2021 年 7 月 15 日竣工。

【北三环工程(紫微北路延伸段—东永二线)】 工程西起永义线,起止桩号 K1+

100—K2＋300,实施终点东至规划道路三东侧约 270 米。沿线与永义公路、规划道路二、规划道路三等相交,全长 2000 米,城市主干路设计速度为 60 千米/时;停车视距70 米;沥青路面,标准路段道路宽度为 42米,具体断面划分为 2 米人行道＋3.5 米非机动车道＋2.5 米机非隔离带＋11.5 米机动车道＋3.0 米中央分隔带＋11.5 米机动车道＋2.5 米机非隔离带＋3.5 米非机动车道＋2 米人行道。合同造价为 5573.8102万元,本工程于 2018 年 12 月 20 日开工。

【北三环工程(东永二线与北三环交叉口)】工程西起北三环线,东至九州西路,设计范围长度为 680 米。道路为城市主干道,其中含隧道 500 米,敞开段为 300 米,暗埋段为200 米。暗埋段在北三环与东永二线的交叉口。工程设计标准道路等级为城市主干路,设计速度为 60 千米/时,沥青路面、隧道结构,暗埋段采用单箱四室双向六车道＋左右人非通行辅洞分隔设置的矩形箱涵结构隧道,行车道两侧设检修道。主行车道设计为 2×3.5 米,行车方向右侧检修道宽0.75 米。隧道暗埋段长 200 米,敞开段两侧分别为 150 米,全长 500 米。合同造价为8349.12 万元,本工程于 2018 年 12 月 12 日开工。

【天然气母站及加气站工程】 工程位于永康市江南街道西徐村上园自然村 188 号,建筑面积 2268 平方米,框架结构,建筑单位包括:站房及罩房、门卫、装车棚、生产辅助用房,压缩机室。工程造价 1997.8175 万元。本工程于 2019 年 4 月 12 日开工,于 2020年 5 月 14 日竣工。

天然气母站及加气站工程竣工图(市建设局提供)

【南溪湾生态湿地景观公园——休闲活动区工程】 工程位于永康市江南溪心区块南溪湾生态湿地景观公园内,用地面积4.03万平方米,包括市政排水管道及道路、广场硬质铺装、栈道、绿化种植、园林小品、基础照明及驿站管理用房,合同价为 1126.0791万元。本工程于 2020 年 6 月 16 日开工,计划于 2021 年 5 月 15 日竣工。

(市建设局　应敏元)

■ 住房保障

【概　况】 2020 年 6 月底前完成 2011—2017 年开工建设的棚户区改造项目,竣工、交付房屋 9541 套,竣工、交付率均达到100%;通过对公租房保障系统进行升级改造,永康市在 8 月起已全面实施线上办理;按“精准保障”工作要求,全年累计摸排家庭839 户,其中符合条件的 68 户(其中实物配租 2 户、租赁补贴 66 户),均已实施保障。截至 2020 年底,永康市累计保障受益128856 人,住房保障覆盖率 26.21%;2020年新增公租房保障 3339 户 4668 人,公租房保障受益 3509 户 7332 人,公租房保障覆盖率达 1.49%。

【公租房租赁对象扩面】 为扩大保障性租

房房源,不断满足各个层次的住房需求,2019 年 12 月永康市调整公租房政策,出台《永康市公共租赁住房保障管理实施细则》,2020 年 1 月 1 日起实施。政策将保障对象由原有的城镇住房困难家庭 1 类扩大为城镇住房困难家庭、新就业无房职工和外来务工人员 3 类。申请对象范围扩大,受益面也同时扩大,使得扩大保障范围后的效果十分显著。将新就业无房家庭、外来务工人员纳入公租房保障范围,同时实现阶梯式分级分档保障;向优抚对象、新就业无房职工、外来务工人员适当倾斜,增加受益家庭数量。

(市建设局　陈　凯)

■ 房产管理

【房产交易】 2020 年,全市共办理挂牌、网签 5617 件,房产交易备案 7157 件(其中古山三村 405 件,继承 158 件,商品房 1987 件);租赁备案 8 件,中介备案 29 件。根据营造良好营商环境的要求,为了提高政务信息的公开透明度,于每月月末在永康市人民政府网站的政务公开栏上及市建设局微信公众号上公开发布二手房交易数据;为进一步规范房地产经纪活动和机构管理,开展住房租赁活动调查,规范房地产委托销售,召开房地产经纪公司代表座谈会,与代表们探讨行业现状,计划成立房地产经纪行业协会,以促使行业健康有序发展。开展长租公寓专项整治活动,对永康市从事住房租赁活动的房地产经纪机构、住房租赁企业以及转租住房 10 套(间)以上的单位和个人进行排查清理整顿,摸清永康市住房租赁市场特别是长租公寓经营企业的底数,建立和完善租赁市场监管长效机制,促进全市住房租赁市场平稳有序发展,维护社会大局稳定。

【公房管理】 全年共收缴租金 9235170.22 元,其中住房租金收缴 3386432.67 元,收缴代管与往来 395258.55 元,店面租金 5453053.00 元,国有资产处置收入为 426 元;公共租赁住房共退房 57 户,其中公租房退房 22 户(14 户为年审不符合),人才公寓退房 13 户(5 户为取消资格),直管公房退房 19 户(6 户 2020 年第七组督办公职人员享受直管公房事项),店面退房 3 户;换房 5 户;签订合同 510 份(新签合同 13 份,续签合同 497 份);收到房屋维修申请 35 份,完成 33 件,2 件正在维修中;对自管公房、公租房、人才公寓等各种报修现场查看多次;进行公房巡查 83 次,危旧房巡查 75 次;针对第 4 号台风"黑格比",粘贴通知 20 余份,全面巡查房屋 900 余套,及时做好防御性措施,第一时间修缮有损房屋;完成 33 户店面在疫情期间的租金减免及退还工作。

【白蚁防治】 签订白蚁预防合同 180 份,白蚁预防面积 3025055.4 平方米,完成档案 366 份;完成白蚁预防项目 366 个,完成面积 4766424.34 平方米;白蚁灭治来电、人员来访共 188 户,开具白蚁灭治派工单 161 份,并为 29 户用户提供技术支持;对白蚁防治施工单位进行施工质量的监督,接受并处理施工规范、质量等投诉;共完成现场指导、质量监督的单位 366 个,完成抽样检测 105 份,处理服务等纠纷 10 起;开展永康市厚吴村、大陈村、塘里村、舟山二村、象珠镇、芝英镇这些传统村落和历史文化名镇名村的白蚁防治工作,对永康市的文物保护单位进行白蚁危害情况调查。2020 年 7 月,白蚁监测控制新技术在永康市的正式实施运用,标志着永康市的白蚁防治工作进入一个更安全、更环保的新阶段。监测控制技术与传统的化学防治相比可以减少 90% 以上化学药物的使用量,化学污染少,而且具有环保、高效、可持续,安装埋设简单,更换方便的优点,又能对房屋建筑、园林树木起到长期的监测控制作用。

■ 房地产业

【房地产销售】 全年完成房地产投资 39.68 亿元,同比增长 20.80%。新批预售商品房 90.4 万平方米(8392 套),同比增长 38.08%(37.34%),其中商品住宅 66.5 万平方米(5453 套),同比增长 19.56%(18.44%)。新建商品房成交面积 72.91 万平方米(5757 套),同比增长 30.85%(13.29%)。其中住宅 68.82 万平方米(5414 套),同比增长 35.63%(25.09%)。

【平稳房地产市场】 及时分析房地产市场形势,依托商品房网上信息系统,每个月对房地产形势进行研判分析,重要节点随时分析,及时掌握,及时汇报房地产市场形势,加强与房地产开发企业协调沟通,根据市场形势合理调节新楼盘上市、商品房备案节奏,确保房地产市场形势平稳。

【规范全装修商品住宅项目样板房交付】 根据省厅的文件精神,要求企业在交付样板房的设置要求、保留时间、质量管理、预售管理、现场管理等五个方面做好规范化设置工作。通过全装修商品住宅项目及交付样板房设置方案会审,规范全装修商品住宅项目装修方案的审核及交付样板房的设置标准。

【完善房地产市场及物业管理机制】 与司法局成立永康市物业管理纠纷人民调解委员会,积极化解房地产市场和物业服务行业的纠纷,维护社会的和谐稳定。2020 年 1—12 月,共收到信访件 357 件,能够做到及时沟通、及时化解、及时处置,未出现群访事件。

【加强物业小区环境治理】 根据市委市政府《关于开展 2020 年城乡环境治理创佳评差活动的通知》和市综合行政执法局《环境治理"创佳评差"活动评比办法》,牵头组织四个季度物业小区环境治理创佳评差工作,分四个季度完成考核。

【既有住宅加装电梯】 召开各相关部门、镇(街道、区)参加的《永康市既有住宅加装电梯实施办法(试行)》宣贯会,并出台《永康市既有住宅加装电梯财政补助资金使用管理办法(试行)》,积极推进既有住宅加装电梯工作。

■ 物业服务

【概　况】 为进一步规范物业企业服务行为,提升物业服务水平,按照《关于开展 2020 年物业管理项目考核工作的通知》,从物业企业中抽调经验丰富的专业人士会同项目所在地街道、社区居委会领导,并通知业委会或开发单位负责人一同参加对全市 28 家物业企业服务的 50 个住宅物业管理项目进行年度检查。此次检查根据《永康市物业管理办法(试行)》《永康市物业管理考核实施办法》,由市建设局牵头组成考核组,按照《2020 年度永康市物业服务工作考核评分表》,对物业服务企业承接三个月以上的住宅项目进行现场考评,并结合 2020 年小区环境治理"创佳评差"通报和信访投诉情况进行综合考核打分。综合分数在 85 分以上项目共 12 个,占总考核项目数的 24%,60 分以下项目共 4 个,占总考核项目数的 8%。

(市建设局　施黎明)

■ 建筑市场

【概　况】 永康市建筑市场服务中心(原永康市建筑市场管理处)因机构改革,于 2020 年 4 月 30 日由市编委下文更名。为规范建筑市场营商环境,重新拟稿制定行业信用办法《永康市建筑市场主体信用管理实施暂行办法》。建立健全建筑业企业信用行为数据库,全年建立建筑业企业诚信档案400家,统计公布2019年度"红名单、黑名单",红名单企业50家,黑名单企业18家。

【建筑市场乱象行为整治】 开展包括合同履约、民工实名制、分账制管理、关键岗位人员到岗履职等建筑市场行为专项检查8次,涉及项目45项次,企业89家次,调解招投标异议2件,受理信访件13件,合同条款调解3项,协调劳资纠纷7件,通报乱象行为4次,约谈建设主体11人,限制承接业务的企业20家,联合监察大队查处违法转包1起。企业资质管理首次运用"掌上执法"＋"双随机"模式。资质实地核查工作事项采用随机抽取企业方式,再使用"掌上执法"对定向核查企业地址、注册人员等基本内容进行对,不符合资质标准要求的限时回头看,做到记录准确、办事公平、结果透明。

【工程招投标管理】 对81项各类建设工程招投标项目进行现场监督,受理招标申请、招标文件备案、招标结果备案等81项,招标备案数占全市工程类(含交通、水利)招标总数的73.64％;项目总投资约16.73亿元。对招标文件范本进行完善。开展标后检查6次,上门服务13次,招标问题调解54项,检查招标代理机构22家,组织招投标知识培训4次。拟修改不符合当前招标规定、减负政策和影响营商环境公平竞争的条款。

【工程造价管理】 贯彻实施工程量清单计价规范、浙江省建筑工程预算定额等工程造价新标准,全面推行2018版定额,统一使用工程施工新合同范本。采集建设工程主要材料价格信息5大类9项62条,发行《造价信息》月刊12期共计约2620册,为12家优秀建筑业企业做形象宣传;《造价信息》副刊共刊登四大类17种品牌产品447条信息。

(市建设局　高永宇)

■ 勘察设计

【概　况】 按《永康市工程质量安全提升行动实施方案》的要求,积极落实勘察单位项目负责人、设计单位项目负责人的责任,在工程设计使用年限内,承担相应的质量安全责任。强化勘察单位工程勘察现场和室内试验质量控制,确保勘察成果准确。设计单位严格执行工程建设强制性标准,强化设计文件技术交底和现场服务。进一步完善工程质量终身责任制,严格落实勘察设计单位工程质量终身责任书面承诺、永久性标牌、质量信息档案等制度,确保各项制度100％落实到位。凡不按规定提交质量终身责任承诺书的不得办理工程质量监督手续,凡未设立永久性竣工标牌、质量信息档案不按规定移交的不得办理竣工验收备案手续。

【严格民用建筑施工图设计文件审查】 推行施工图审查网上统一受理制度。严格建筑节能的施工图设计文件审查,要求施工图审查机构对民用建筑节能内容开展专门审查,要求对建筑节能设计是否符合要求提出结论性审查意见,对不符合建筑节能标准的,不予审查通过,确保建筑节能标准在设计阶段执行率达100％。2020年新建民用建筑约460万平方米,全部强制执行和落实相关建筑节能设计标准。

【加强建设工程勘察设计的管理】 营造诚实守信的市场环境,进一步规范建设工程勘察设计市场秩序,建立健全勘察设计行业信用评价体系,保证建设工程勘察、设计质量。根据《关于加强工程勘察质量管理做好外业见证工作的通知》落实勘察外业见证制度,要求见证人员以旁站的方式对现场勘察工作进行检查、核实,严格执行"先勘察,后设计,再施工"的基本建设程序。每年组织开展勘察设计专项检查,2020 年共检查在建工程 9 项,涉及设计单位 7 家、勘察单位 5 家。主要检查在建工程的施工图设计文件建筑节能专项设计质量情况,勘察设计单位贯彻落实相关法律法规和金华市、永康市勘察设计管理规定的情况,建设工程勘察设计成果及施工图审查质量情况,施工图审查制度执行情况等。

（市建设局　潘志伟）

■ 建筑行业

【概　况】　至 2020 年底,永康市有建筑业资质企业 84 家（含建筑、市政、交通、水利、电力、装饰等专业）,其中特级资质企业 2 家,一级总承包企业 5 家（建筑工程施工总承包 3 家,市政施工总承包 2 家）,一级装饰专业承包资质企业 5 家。建筑行业甲级设计资质企业 2 家,建筑行业乙级设计资质企业 1 家,建筑工程监理乙级资质企业 4 家。2020 年新批总承包建筑业企业 5 家（其中吸收合并外地房建二级企业 1 家）,专业承包企业 5 家。

【建筑业产值】　2020 年,建筑业总产值 124.8 亿元（进入统计口径企业 52 家）,同比增长 19.2%,增速在金华各县市区排名第一。其中省内产值 76 亿元,同比增长 24%。2020 年有 12 家建筑业企业建筑业总产值在 1 亿元以上。

【施工面积】　2020 年,共新办理施工许可证 244 项,新开工房屋建筑工程 463.81 万平方米,其中:永康市企业施工 115 项,建筑面积 170.25 万平方米（占比 36.7%）;外地企业施工 129 项,建筑面积 293.56 万平方米（占比 63.3%）。

【行业税收】　2020 年,建筑业在永康市交纳税收 4.1061 亿元,同比增长 43.67%;进入全市纳税百强优胜的永康建筑业企业 15 家,占企业总数的 17.86%;其中,进入全市纳税百强企业 8 家,占企业总数的 9.52%。

【创优标化工程】　2020 年永康市建设工程获得省"钱江杯"优质工程奖 5 项,金华市建设工程"双龙杯"优质工程奖 12 项,金华市建筑安全文明施工标准化工地 7 项,金华市绿色施工工地 3 项。

【推进绿色建筑】　实施《永康市人民政府办公室关于加快推进绿色建筑和建筑工业化发展的实施意见》和《永康市绿色建筑专项规划》,推进装配式建筑和中心城区住宅全装修:永康市五金技师学院建设工程（一期）项目－K3K4 电气自动化楼工程、永康市海棠湾住宅小区建设项目、永康交投绿城桂语听澜项目、天宸尚品建设项目实施装配式建造。永康市海棠湾住宅小区建设项目、永康交投绿城桂语听澜项目、天宸尚品建设项目实施住宅全装修。2020 年度永康市教师进修学校附属初中项目申报二星级绿色建筑设计标识。

【行业监管】　实施《永康市建筑业企业红、黑名单管理实施办法》,推进建筑市场信用体系建设,深入开展工程质量安全提升行动,落实施工安全隐患排查治理,施工工地消防安全专项整治,建筑安全形势稳定,监管工程全年无安全生产亡人事故。严格监管工地扬尘治理工作,对监管项目建设主体和管理部门都实行责任定人网格化管理,建筑工地扬尘治理和创省级示范文明城市工作水平均有显著提升。

【无欠薪创建】　实施《永康市建设工程工人工资款分账管理实施细则》,全面落实建设工程工人工资款分账管理,对接使用金华市建筑工人实名制平台,对在建项目分账管理工作进行检查督促,巩固无欠薪城乡创建成果。

（市建设局　潘志伟）

重点工程

【概　况】　2020年，国资监管的市属国有企业共承接民生、卫生、教育、基础设施建设等项目83个。市国资办着力推动国投控股完成AA＋主体信用等级评级，探索建立国有资本投资项目资金保障新机制，指导所监管的市属国有企业积极申报地方政府专项债券，引入公司债、超短融等方式，有效拓展融资渠道，降低融资成本。全年累计筹集资金40.5亿元，申报政府专项债券13只，下达额度16.93亿元，节约财务成本2180余万元。83个国有资本投资项目建设资金全面得到保障，完成投资32.32亿元，较2019年增长191.82％。

【南四环（胡则路）提前贯通】　南四环包括胡则路即南溪大桥—330国道与南都路—五金大道两个路段。工程总投资约2.5亿元，设机动车双向8车道，设计速度为每小时60千米，通车后将从根本上改善永康城东和城南两大区块的交通条件，为永康市贯通城市环线、提升道路通行能力，打造城南集镇至城区"半小时交通圈"发挥积极作用。工程于2020年10月实现贯通。

2020年10月，南四环（胡则路）提前贯通（市国资办提供）

【330国道永康段改造工程一期通车】　2020年4月23日，330国道永康段改造工程一期通车。该工程是永康交通史上投资规模最大、路线最长、涉及镇村最多的重大交通工程项目。工程总投资约49.4亿元，全长29.6千米，按双向6车道一级公路标准设计，设计速度100千米/小时。一期工程正式通车，标志着永康市国道穿城将城市"割裂"的现状成为历史。

【永康客运中心投入运营】　2020年4月23日，永康客运中心投入运营。该项目位于江南街道五金大道与三环线交叉口地块，是永康有史以来最大的站场建设工程项目，总用地面积13.3万平方米，总建筑面积约6.4万平方米，是集城市公交、城乡公交、长途客运、旅游集散等功能于一体的新型客运站场。

【高质量完成农饮水达标提标工程建设】　农饮水达标提标行动是实施乡村振兴战略的标志性工程，该工程项目总投资2.6亿元。截至2020年底，完成扩能扩网村133个，受益人口10.3万，完成单联村供水站79个，供水能力0.76万吨/日，受益人口6.52万，农村饮用水覆盖率100％，水质合格率90％以上。同时，为20多个没有条件进行集中式供水的自然村安装400多台分散式净水设备，探索供、排水工程建设运营管护的现代化发展之路。

【"智慧水务"城乡一体化管控平台实现水务监管"一张网"】　"智慧水务"城乡供水一体化管控应用系统项目总投资1590万元，在全省首创源水、供水、节水、排水、污水"五水合一"的统一管理模式，高标准推进城乡水务一体化，精准化个性化推动城乡水务从"治水"向"智水"转变。截至2020年底，已完成9个规模水厂、72个单联村供水站和10个出水管网末梢监测点的数据对接，可实现单联村无人值守、远程控制加药等功能,同时可对水质、制水全过程进行管理监控,有效降低人工成本,大幅提升管护水平和服务效率。

【首个大型花园式生态停车场(龙洋潮停车场)建成】 龙洋潮停车场是永康市首个大型花园式生态停车场,项目总投资1300万元,占地1.45万平方米,建设智慧停车位221个,全方位配备监控、车辆识别系统,实现无人值守、快进快出。停车场绿化工程以点带面方式布置绿植,绿化面积占比超50%,做到"管标降雨排水畅,涝标降雨不成涝,超标降雨正常转"的防涝目标,为"海绵城市"建设助力。

【首家沥青混凝土环保拌和站投产】 该拌和站坐落于永康市城西新区花溪村应益自然村,占地面积约1.3万平方米,总投资约3000万元,年产量将达到40万吨,预计销售收入1亿元,利润500万元,将极大助力沥青拌和产业转型升级,以美、安、洁的姿态为过去的"灰色"沥青产业在技术、管理和生产上带来新一轮的"绿色"变革。

【全省首个由国企运营的"京东云仓"落户永康】 2020年6月,双能京东云仓品牌授权暨京东物流永康营业点开业仪式在市城西物流园举行。该营业点主要经营京东云仓,负责京东入仓、快递、干线运输、区域配送等业务。通过资本和技术"双轮驱动",推动传统物流到现代物流跨越式转变。

【五金技师学院提前开工建设】 五金技师学院项目总投资约23.77亿元,办学定位为解决永康市以五金产业为代表的支柱产业、战略性新兴产业发展与高技能人才短缺之间的矛盾,立足永康,辐射浙江乃至全国,建设"设施先进、特色鲜明、省内领先、全国一流"的技师学院。

（市国资办　供稿）

环境保护

生态环境

【概　况】　2020年，永康市坚持污染防治、生态保护并重，坚守蓝天、碧水、净土、清废四大阵地，在浙江省纪念"绿水青山就是金山银山"理论15周年之际，被省委省政府表彰为美丽浙江建设优秀县市区，永康经验入选美丽浙江建设十大典型，在《浙江日报》连版刊载。第二次全国污染源普查工作被国务院"二污普"领导小组表彰，生态环境执法工作被生态环境部表彰，一般工业固废"五联动"、小微企业危废"12369"收运模式等创新做法得到袁家军书记等省领导多次批示肯定，全省土壤污染防治及固体废物管理现场会在永康召开。全市环境质量总体持续改善、稳定向好。全年未发生突发环境事件，无重特大环境安全事故和因环境问题引发的群体性事件。全面完成金华市下达的年度主要污染物减排任务，全市化学需氧量（CODcr）、氨氮（NH$_3$－N）、二氧化硫（SO$_2$）和氮氧化物（NO$_x$）排放量分别下降3%、3%、3%和4%。

■ 环境监测

【空气质量状况】　2020年，永康市环境空气质量PM2.5浓度为29微克/立方米，同比改善17.1%，AQI优良率为97.0%，同比提升6.3%。综合PM2.5、PM10、NO$_2$、SO$_2$、CO、O$_3$六项污染指标评价，永康市环境空气质量达到国家二级标准。环境空气质量综合指数为3.27，同比改善17.2%。全年有效天数365天，优良天数354天次，优良率为97.0%，出现轻度污染11天，其中首要污染物为臭氧的8天、PM2.5的3天，无中、重度污染和严重污染天数。

单项污染物细颗粒物PM2.5日均值范围为0.004～0.082毫克/立方米，达标率为99.2%，年均值为0.029毫克/立方米，达到国家二级标准，同比改善17.1%。可吸入颗粒物PM10日均值范围为0.004～0.129毫克/立方米，达标率为100%，年均值为0.050毫克/立方米，达到国家二级标准，同比改善15.3%。二氧化氮日均值范围为0.004～0.066毫克/立方米，达标率为100%，年均值为0.026毫克/立方米，达到国家一级标准，同比改善18.8%。二氧化硫日均值范围为0.003～0.010毫克/立方米，达标率为100%，年均值为0.004毫克/立方米，达到国家一级标准，同比改善42.9%。一氧化碳日均值范围为0.3～1.2毫克/立方米，第95分位数1.0毫克/立方米，达标率为100%，达到国家一级标准，同比改善16.7%。臭氧日均值范围为0.002～0.184毫克/立方米，臭氧日最大8小时平均第90分位数0.121毫克/立方米，达标率为97.8%，达到国家二级标准，同比改善14.8%。

2020年，永康市酸雨pH值年均值为5.14，为轻酸雨区，较上年略有下降，但酸雨类型没有变化，降水中主要致酸物质仍然为硫酸盐、硝酸盐。

【水环境质量状况】 2020年,世雅、塔海、南溪、章店、桐琴桥5个金华市控以上地表水断面全部达到Ⅲ类水,达标率100%。其中桐琴桥交接断面达到Ⅲ类水质,总磷0.153毫克/升,同比改善6.1%。章店断面达到Ⅲ类水质,符合"水十条"要求。杨溪水库等全市重点饮用水水源地水质达标率为100%,其中杨溪水库达到Ⅱ类,并在省级饮用水水源地安全保障评估中取得优秀。太平、三渡溪等6座重点水库全部达到及优于Ⅲ类。

六个地表水断面水质 2020年,前仓断面综合评价为Ⅲ类,良好,未满足功能区Ⅱ类要求,全年共监测12次,均为Ⅲ类,水质类别比例与2019年持平。世雅断面综合评价为Ⅲ类,良好,满足功能区Ⅲ类要求,全年共监测12次,均为Ⅲ类,水质类别比例与2019年持平。南溪水厂断面综合评价为Ⅲ类,良好,满足功能区Ⅲ类要求,全年共监测12次,其中Ⅱ类1次,Ⅲ类11次,水质类别比例与2019年比较,全年水质变差,Ⅱ类比例下降50.0%。塔海断面综合评价为Ⅲ类,良好,满足功能区Ⅲ类要求,全年共监测12次,均为Ⅲ类,水质类别比例与2019年持平。章店断面综合评价为Ⅲ类,良好,满足功能区Ⅲ类要求,全年共监测12次,均为Ⅲ类,水质类别比例与2019年比较,全年水质改善,Ⅲ类比例上升8.3%。桐琴桥断面综合评价为Ⅲ类,良好,满足功能区Ⅲ类要求,全年共监测12次,均为Ⅲ类,水质类别比例与2019年持平。

出入境交接断面水质 2020年,出境桐琴桥断面(永康—武义)综合评价为Ⅲ类,水质状况良好,考核结果良好:桐琴桥断面总磷年均浓度0.153毫克/升,较2019年(0.163毫克/升)改善6.1%;氨氮年均浓度0.68毫克/升,较2019年(0.57毫克/升)变差19.3%;高锰酸盐指数年均浓度4.0毫克/升,较2019年(3.9毫克/升)变差2.6%。入境光瑶断面(丽水—金华)综合评价为Ⅲ类,水质状况良好,光瑶断面总磷年均浓度0.164毫克/升,较2019年(0.132毫克/升)变差24.2%;氨氮年均浓度0.35毫克/升,较2019年(0.34毫克/升)变差2.9%;高锰酸盐指数年均浓度2.6毫克/升,较2019年(3.1毫克/升)改善16.1%。

【声环境质量状况】 城市声环境监测包括城市区域环境噪声、城市道路交通噪声和城市功能区噪声监测。2020年,永康市城市区域环境噪声平均值54.6分贝,较2019年上升3.7分贝。城市道路交通噪声65.8分贝,较2019年上升1.6分贝。城市功能区噪声总合格率为100%。环境噪声声源构成中,生活噪声占比最高,达56.6%,仍是影响城市声环境质量的主要声源;其次是工业噪声和交通噪声,分别占总噪声声源的23.6%和19.8%。

城市区域环境噪声 2020年,永康市对区域环境噪声进行布点监测,网格大小为550米×550米,共设有效监测点106个。根据面积加权计算得出全市区域环境噪声平均值54.6分贝(A),比2019年上升3.7分贝(A)。

城市噪声功能区环境噪声 2020年,永康市对7个功能区测点进行监测,监测结果:1类功能区昼间45.9分贝,夜间39.7分贝;2类功能区昼间49.9分贝,夜间47.4分贝;3类功能区昼间53.1分贝,夜间49.0分贝;4类功能区昼间53.7分贝,夜间49.1分贝。功能区噪声总合格率为100%。

城市道路交通声环境 2020年,永康市对20条交通干线噪声进行监测,道路总长为58.37千米,监测点位27个。交通干线噪声平均值65.8分贝(A),超标路段总长0千米,路段超标率为0。同比2019年升高1.6分贝(A)。

【环境监测能力建设】 2020年，永康市沪昆物流大通道永康环境空气质量自动监测站建设完成投入试运行，加大了对沪昆物流大通道的空气监测能力，进一步加快空气自动监测覆盖面。

■ 环保宣传

【概　况】 2020年，永康市以"清水永康江、清新丽州城"为目标坚定不移推进永康经济社会高质量绿色发展。

【环保典型经验推广】 2020年，市环保部门以创新亮点、精品带动生态环境保护全局工作，多项经验被中国环境报等各级报刊推广介绍。行政审批改革经验，积极服务"六保"，不断深化"一件事"改革，创新"两联一并""智慧联审""一对一客服"等具体举措，实现审批服务提质增速，全年共计完成所有行业固定污染源清理整顿和排污许可发证登记19312家，其中发证330家，限期整改169家，登记管理9236家，关闭或不予发证登记企业9409家，在排污许可固定污染源总量位居金华第一、全省第二的情况下，实现发证、登记双清零。智慧执法改革经验，依托"智慧环保"形成"永康生态环境数据库"，实现排污单位"线上盯"、环保设备"云上查"、环境执法"事前管"，企业按ABCD四类进行"一张图"全程监管。无废城市创建经验，完成《永康市全域"无废城市"建设实施方案》编制，建立"1110"无废城市创建体系，搭建"无废永康"综合信息平台，不断深化一般工业固废"五步法"和危险废物"12369"模式，全域全品类全流程规范废物处置。

【推进绿色生产生活方式】 2020年5月，永康市正式下发《永康市工业企业"美丽工厂"创建行动实施方案》。至年底，表面精饰整合区高压线路改造和自来水管网改造全面完成，《永康市电镀产业高质量发展实施意见》即将出台，历时7年的停产改造整合区重新焕发活力。发展生态经济，推动生产方式、结构、布局绿色化，依据资源承载力和环境容量推动产业结构调整，加强产业和企业科学布局谋划，防止污染产业的梯度转移，加强"散乱污"企业及集群综合整治，推进企业进园区工作，加强企业绿色化升级改造，推广绿色设计示范企业、绿色示范园区、绿色示范工厂试点经验，打造绿色制造体系。构建绿色服务体系，支撑绿色经济发展，探索建立新型生态环境服务咨询体系，建立"企业环保咨询日"制度，细化具体服务事项、要求和工作流程，寓宣教于服务，积极利用生态文明建设重大发展机遇，做大"环保红利"，鼓励发展节能环保技术咨询、系统设计、设备制造、工程施工、运营管理等专业化节能环保企业。结合"互联网＋"、PPP模式等新业态，吸引培育一批节能服务公司、环保服务公司、资源回收综合利用服务公司，为企业节能设计、节能诊断、节能量检测审核、清洁生产评价、环境影响评价等提供技术支撑，打造"一站式"合同能源管理综合服务平台，推进"互联网＋节能"模式，鼓励发展环保服务总承包和环境污染第三方治理，规范第三方环保中介服务机构管理，创新引入"环保管家"的管家，由第四方作为生态环境主管部门技术支撑单位，通过建设管家平台App，强化中介机构考核。

■ 环境治理

【概　况】 2020年，永康市紧紧围绕污染控制与防治工作目标，坚持以改善环境质量为核心，以蓝天保卫、五水共治、净土清废等重点工作为抓手，扎实开展污染防治攻坚战，全市环境质量稳中趋好。

【中央生态环境保护督察】 2020 年,永康市迎接第二轮中央生态环境保护督察,严格按照督察有关信访工作目标要求,依托一个平台,开展三大行动,瞄准一个目标,全力做到"三无",实现立行立改、信访减量。共督导检查点位 192 个,发放督办单 61 份,约谈相关责任人员 6 人。通过"智慧环保"平台畅通市、镇、村(社区)三级信息网络,按辖区划定网格 640 个,形成从市到村的信息直达布局。多部门联勤联动,围绕突出生态环境问题连续开展三大行动,集中力量化解一批疑难杂症。检察院、建设局、交通运输局等 5 个部门联合开展"清水永康江"污水排放整治行动,出动公安干警、法警、执法人员 1921 人次,发出整改通知书 341 份,整改问题 766 个。开展"双月攻坚"专项行动,对全市"五水共治"工作开展专项督查,排查村庄 417 个,社区 151 个,污水管网 26.89 千米,整改问题 273 个。市环保部门组织专项环境问题整治行动,联合信访局、建设局、综合执法局等部门处置环境投诉事件 357 件,提前消除风险隐患。第二轮中央生态环境保护督察期间,永康市共收到信访件 82 件,同比第一轮 189 件下降 56.61%。

【蓝天保卫战】 永康市聚焦气尘合治,全力打赢蓝天保卫战,以"四治五整一推进"为核心,全面落实"蓝天保卫"三年行动计划。建成建筑工地监控平台,全市 89 个建筑工地在线监控已联网运行。首创秸秆(垃圾)焚烧监管"全域高空瞭望预警系统",安装 49 个高空瞭望摄像头,快速处置秸秆焚烧警情 650 余起。加强秸秆综合利用,在全省首创"秸秆换肥"收贮运模式,年回收秸秆兑换有机肥 1700 余吨,秸秆综合利用率达 96.1%。严管严控渣土车行业乱象,严查"跑冒滴漏"、无证运输、超速超载等行为。加强餐饮行业油烟治理,全市餐饮行业油烟净化装置安装率达 100%,查处违规使用油烟净化装置案件 21 起,处罚金额 11 万元。积极推进机动车尾气污染治理,开展遥感监测及黑烟抓拍,累计对 80 余万辆次柴油车进行遥感监测(包括黑烟抓拍),完成 680 辆重型柴油车的 OBD 远程在线监控设备安装及联网,在金华率先完成安装任务。常态化开展路查路检,全年柴油车路检路查 613 辆,入户检查 429 辆,非道路移动机械抽查 68 台,完成 616 台非道路移动机械的登记上牌。淘汰老旧营运车辆 111 辆,新增新能源公交车 30 辆。深化工业废气治理,完成重点行业 VOCs 治理减排项目 10 个,完成燃气锅炉低氮改造 20 台,完成生物质锅炉整治 35 台,完成涉 VOCs 企业源头替代 60 家。推进细颗粒物 PM2.5 和臭氧"双控双减",开展砂场扬尘污染、包装印刷行业、铸造行业、"低散乱危"以及各类炉窑整治。完成"低散乱危"整治提升 1090 家,淘汰落后产能企业 35 家,清洁生产审核企业 30 家。

【碧水清流战】 2020 年,永康市聚焦污水零直排工作,全力打赢碧水清流战,完成 5 个集镇、2 个省级工业区、20 个生活小区污水零直排创建;建设完成具有 30 吨/日以上处理能力的农村污水处理设施 105 个,并实行标准化运维,新建污水管网 30.19 千米,新建污泥处理设施 1 座。15 座水库除险加固,6 座山塘新扩建。新建雨水管网 10 千米,提标改造管网 10 千米,雨污管网改造 10 千米。完成雨污水管道清淤疏通 320 千米;组织实施浙中生态廊道项目 17 个,完成投资 24 亿元,建成绿道 20 千米,建成彩色林 2250 亩,南溪(光瑶村—郎村、城区段)经县级自评、市级验收、省级复核,成功评为 2020 年"美丽河湖"。完成农村饮用水水源地目录调整。完成小水电站清理整改,维护河流健康,关停 13 座,保留的 10 座电站划定生态流量水量。完成农村饮水达标提标三年行动,农村规模化供水覆盖人口92.2%,供水水质合格率94.7%,受益人口25.28万。

【净土清废攻坚】 2020年,永康市聚焦土壤安全,创新推进净土清废工作。推出无废城市创建体系,纵深推进"垃圾革命"。"无废永康"信息平台已集成肥料包装废弃物、生活垃圾、工业固废、建筑垃圾、餐厨垃圾等5大模块,整合打通全链条固废处置企业10家,开展无废场景创建试点20个。全年注册产废企业7258家,签约5964家,规范处置一般工业固废4万吨,资源化利用率95%以上,基本实现零填埋,违法偷倒案件明显减少。危废产废企业已注册235家,签约202家,共清运收贮危废800余吨,小微企业危废"12369"收运模式为企业节省危废处置成本30%以上。永康危废经验得到副省长高兴夫、陈奕君批示肯定,在8月14日全省土壤污染防治及固体废物管理现场会上做经验介绍,试点接待省内外学习考察团11批次。生活垃圾分类全面推进、多点破题,形成"12345"工作特色。完成6个省级高标准垃圾分类示范小区、2个省级高标准垃圾分类示范村的创建。城区垃圾分类基础设施覆盖面97.40%,建制镇分类覆盖面96.23%;完成14个省级农村生活垃圾分类处理项目村,农村生活垃圾分类建制村覆盖率100%,垃圾分类优秀村85%。完成85个地块用途变更土壤调查,完成8个地块的土壤污染状况详查,对3个地块开展土壤修复工作。建立污染地块名录3个,疑似污染地块28个。落实农用地土壤"对账销号"任务,对11个农用地点位进行实地踏勘。对1342亩受污染耕地土壤进行修复安全利用,严格管控类耕地(11亩)非粮化生产,100%完成上级设定的工作目标。实施农业农村部化肥减量增效示范项目并召开省级现场会,实现减肥53.8吨。

永康市一般工业固废分拣中心(金华市生态环境局永康分局提供)

■ 环保执法

【执法监察】 2020年,市环保部门推进智慧执法改革,依托"互联网+"实现环境监管数字化。借助掌上执法、省移动执法等平台实现行政执法全程留痕、可追溯,借力无人机、无人船等现代科技设备创新空地结合、人机结合的巡查监管模式,监管更精准,治污效能大幅提高,进一步实现工业企业"分类监管",排污单位"在线监控",环境风险"及时预警",执法处置"三级联动"。组织开展秋冬季大气污染综合治理、突出环境问题"大排查、大检查"等专项执法行动。全年累计查处环境违法案件197起,处罚金额1718万元,办理重大案件61起,启动查封扣押程序56起,移送公安案件3起。办理环境和生态资源公益诉讼案件32件,办理生态环境损害赔偿案例2起,赔偿金额120余万元。紧扣信访减量、环境维稳工作重点,积极回应群众诉求,共受理信访投诉420件,比上年同比下降41.67%。依法加强环境审批事中、事后监管,建立改革试点退出机制,将不履行承诺的失信企业列入环境违法"黑名单",力争让改革成果惠及更多符合要求的区域和企业。强化小微企业环境监管,开展小微排污企业专项整治行动,以产业政策和规划布局为导向,以"总量减排、污染治理、监管执法、环境监测"为重点,大力推进各类小微企业整改升级,既惩戒排污行为违法企业,也促使小微企业污染治理水平提升。

【辐射管理】 2020年,市环保部门全面建设完成放射源自动监控,执行辐射安全管理信息月报制度,要求企业定期对放射源进行清点检查,并于每月月底上报辐射环境安全管理信息。组织各辐射工作单位开展年度辐射安全评估工作,编写年度辐射安全评估报告。指导督促辐射工作单位严格履行辐射安全许可制度,严把辐射安全许可证申领初审关。完成10家辐射工作单位辐射安全许可证申请的现场核查,监督指导5家辐射工作单位提交安全许可证变更申请。全年共收贮16枚闲置放射源。2020年,永康市未发生辐射安全事故。

生态保护

【生态环保体制改革】 2020年,永康市持续深化生态环保体制改革,开展生态红线评估调整,完成"二上"成果,初步划定三条控制线,形成国土空间规划初步思路方案。资源循环利用试点建设以总分第一的成绩列入省级资源循环利用示范城市试点(创建类)名单。能源"双控"指标方面,前三季度单位GDP能耗下降3.5%,居金华市第二位。强化对重点用能单位的能源管理,组织27家"万家"企业开展节能考核。持续推进行政审批改革,编制出台《永康市"三线一单"生态环境分区管控方案》,原《永康市环境功能区划》不再实施,生态环境与工业经济发展平衡得到更好调节。快速推进所有行业固定污染源清理整顿和排污许可发证登记,发证登记19312家,实现发证、登记双清零,工作经验在全省推广。全年完成项目审批701个,审批数居金华第一。健全完善建设项目主要污染物排放总量指标管理制度,出具建设项目总量平衡替代意见597个,持续开展政府储备排污权电子竞价,共办理排污权交易937笔,政府储备排污权出让收入661万元。实行智慧执法改革,立案查处环境违法案件197起,处罚金额1718万元,启动查封扣押程序57起,刑事移送公安机关2起。立案办理环境和生态资源公益诉讼案件32件。办理生态环境损害赔偿案件2起,赔偿金额120余万元。创新水域保护机制,协调经济社会发展与水域保护关系,全省率先出台《永康市水域占补平衡实施方案》,打通建设项目水域占补平衡堵点。完成新一轮水域调查,编制重要水域名录。

【生态文明示范创建】 2020年,永康市加快大花园项目建设,多形式开展"人人成园丁、处处成花园"活动。美丽乡村建设提档升级,全市创建省级美丽乡村特色精品村5个、美丽乡村精品村34个、达标村102个,金华市级美丽乡村示范村5个、达标村10个、永康市级达标村65个、"三美融合村"5个。完成四个总面积为16277.16公顷的自然保护地调查摸底、优化评估工作。高水平推进国土绿化美化,新植珍贵树21.56万株,城乡造林地块累计实施7978亩,位列金华第一,全省前列。美丽经济交通走廊建设共23条线路88千米。深入推进全域土地综合整治和生态修复工程,完成旱改水、质量提升竣工面积17.7公顷。高效推进废弃矿山生态修复4座,治理恢复面积2.9公顷。出台《永康市工业企业"美丽工厂"创建行动实施方案》,全市已有207家企业完成"美丽工厂"创建,其中37家完成"示范企业"创建,90家完成"标兵企业"创建,80家完成"达标企业"创建。开展清洁生产企业30家,争创节水型企业5家,入选国家级绿色工厂 1 家,申报省级绿色工厂 2 家、省级绿色学校 2 家。

（金华市生态环境局永康分局　供稿）

国土资源

■ 土地资源利用

【概　况】　2020 年,市国土部门科学编制 2020 年度国有土地收储及出让计划。严格执行《招标拍卖挂牌出让国有建设用地使用权规定》《永康市"标准地"出让管理暂行办法》等,严格规范土地出让行为,严格设定出让条件,加强"净地"出让,确保土地出让工作规范、有序、高效进行。年内顺利完成皇城里留用地地块、中央服务区 Z-02-04 地块、检察院东侧地块等城区经营性地块的挂牌出让。永康市全年共出让国有建设用地使用权 203 宗,面积 3293.36 亩,其中出让工业用地 113 宗,面积 656.21 亩;商住用地 33 宗,面积 480.67 亩;收取土地出让金 58.64 亿元。

【强化工业用地保障】　2020 年,市国土部门保障重点工业项目落地,年内博士龙工贸年产 11000 吨新型环保防火密封材料生产线建设项目、千禧龙纤募投项目、邦耀电气年产 235 万件智能电路控制器生产线建设项目等 6 个重大产业项目顺利落地。大力助推小微园规划建设,立足工作职能,提前介入小微园建设各环节工作,实施流程再造,对规划编制、规划审批、项目报批等工作开展实时指导服务。在 2019 年完成 8 个批次城镇低效用地再开发建设用地报批的基础上,全力提速小微园项目供应工作。全年累计出让小微园项目用地 101 宗,面积 248.06 亩。以工业用地市场评估地价结果为依据,结合"标准地"亩产效益导向差别

化地价系数修正综合确定工业"标准地"招拍挂出让起始价,进一步完善永康市工业"标准地"出让制度,所新增的工业用地 100% 按标准地供地。

【提升土地节约集约利用水平】　2020 年,市国土部门重点做好 2009—2017 年批而未供土地消化工作,对各镇(街道、区)批而未供土地再次进行全面梳理,逐一制订消化利用方案,确保批而未供土地攻坚一批,销号一批。充分掌握辖区内存量土地的利用潜力,以推进小微企业园建设为契机,加大挖潜盘活力度,积极谋划盘活项目,确保完成年度任务。同时建立健全闲置土地处置政策和工作机制,扎实推进闲置土地分类处置工作。及时启动 2020 年度城乡低效用地年度更新调查,对土地利用总体规划确定的城乡建设用地扩展边界内低效用地开展更新工作。主要以旧城镇、城中村联动开发、农房改造、企业"退二优二"、小微园建设等工作为抓手,提升低效工业用地改造,深挖农村低效土地潜力,加快城市有机更新,确保低效用地再开发工作取得实效。2020 年,全市消化批而未供土地 1586.4 亩,盘活存量建设用地 1712.15 亩,完成城镇低效用地再开发 3058.34 亩。同时,经过申报、外出学习经验、搜集材料、汇总组卷、实地核查等层层环节,成功创建 2019 年度省级国土资源节约集约模范市,将获得省厅一定额度的用地指标奖励。

【完善自然资源价格体系建设】　2020 年,市国土部门按照《自然资源部关于部署开展 2020 年度自然资源评价评估工作的通知》的要求,积极开展自然资源资产调查统计和评价评估工作。新一轮基准地价更新成果已基本定稿;标定地价待基准地价完成更新后再组织更新完善;集体建设用地和农用地地价制定工作按照工作部署有序铺开。

【全力争取用地指标】 2020年,市国土部门通过重大基础设施项目、省重大产业项目、跨省城乡建设用地增加挂钩节余指标调剂、全域土地综合整治等途径向上级争取用地指标。充分利用2020年省厅计划指标奖励的新政策及盘活挂钩办法精神,全面及时掌握批而未供及闲置土地台账,准确、合理核定存量建设用地盘活挂钩范围和规模。围绕增存挂钩工作要求,重点以906亩未供小微园用地供应和"一所一村"集体建设用地使用为抓手,把握增存挂钩项目材料挂钩精准度,全力争取更多的省厅挂钩指标面积核定,有力保障下一年度国有建设用地供应。

【加强科学谋划强收储】 2020年,市国土部门建立健全年度供应计划和土地收储机制,对列入收储计划的地块提前编制规划,对列入出让计划的地块,尽早明确做地主体和征迁攻坚目标,确保地块达到"净地出让"条件。同时,根据省厅要求做好新版土地储备监测监管系统填报工作,继续发挥综合债务率低的优势,积极争取土地储备专项债券支持。

■ 土地执法管理

【概 况】 2020年,市国土部门始终将保护、节约、集约利用自然资源及维护群众权益作为宗旨,坚持依法行政,有法必依,违法必究。着力加强土地执法监察活动中的事前监察和事中监察,尽最大可能预防和杜绝土地违法行为的发生,把土地违法现象消灭在萌芽状态。

【卫片执法监督检查】 2020年,市国土部门做好2019年度土地卫片执法监督检查工作。2019年,卫片共计413个,经分割后为856宗,图斑面积共计8610.9亩。其中,合法用地图斑445宗,面积6682.08亩,违法用地图斑87宗,面积447.57亩,其他用地324宗。87个违法用地图斑处置率为100%(包含依职权移交其他部门处置的图斑)。2018年,卫片违法耕占比为1.27%。

【农村乱占耕地建房问题专项整治排摸工作】 永康市16652宗地块全部完成摸排,其中上级下发图斑16351宗,全面梳理2013年以来卫片执法、行政处罚、来信来访中涉及的乱占耕地的信息和涉及地块的行政处罚执行情况,自排查地块235宗,排摸共发现问题图斑781宗。

【行政争议案件应诉工作】 2020年,市国土部门坚持对每一宗行政争议案件进行研判,总结案件共性的同时针对具体案件进行具体分析,研究行政争议案件中出现的新情况、新特点。在积极应诉的基础上加强与司法局、法院及上级部门的沟通协调,同时全力与镇(街道、区)合作,争取化解行政争议,扭转同类案件多发高发态势,与上年同期相比,案件调撤率上升。2020年,行政诉讼案件主要集中在征地、确权登记、信息公开、土地监察等方面。市国土部门严格贯彻落实行政负责人出庭制度,依法履行答辩、举证、出庭等法定职责,行政负责人出庭率100%。

■ 土地规划管理

【概 况】 2020年,永康市共争取新增建设用地指标1890.3亩(不含单独选址项目),其中农用地1880.3亩,耕地1358.7亩(其中跨省调剂指标174亩、农民建房专项指标146亩)。共组织上报26个批次,批准面积2698.04亩(农用地1881.09亩,耕地670.1亩)。完成田川未来社区、国家林草装备园、站场配套用地、黄棠城中村改造、龙山镇浙商回归园、农村饮用水达标提标工程、石四线小派溪至前塘段改建、西溪卫生院等市重点项目农转用（征地）报批。金华至台州铁路（永康段）工程通过部审批；12月，黄坟水库扩建工程上报省厅审查。按省厅要求，对2019年审批建设项目是否涉及永久基本农田、生态红线区、自然保护区、禁止建设区等矢量数据核查并举证。完成耕地奖补资金的发放，共发放2801.3万元。

【"黑格比"受灾】 2020年，市国土部门为台风灾后农房重建规划搜集材料及汇总数据，召开听证会，听取意见，编制《永康市"黑格比"台风灾后农房重建规划》方案上报省厅，争取台风灾后重建专项指标190亩。完成安置区块农转用报批工作。做好受灾损毁耕地数据统计和资料搜集，申请省灾毁耕地复垦补助资金626万元。

【土地整治】 2020年，全市完成垦造耕地860.2575亩，旱改水1377.6825亩，建设用地复垦166.0935亩，建设占用耕作层剥离430.26亩；芝英镇芝英一村全域土地综合整治和生态修复工程完成，芝英一村旱改水项目验收，二期旱改水和垦造耕地项目基本完成；启动实施舟山三村和唐先尖山湾全域项目立项进场，部分子项目已验收；象珠雅吕村等8个村全域项目永农调整方案已通过部级质检，工程实施方案已按时上报省厅审查，积极谋划2021年全域项目。

【土地征收】 2020年，市国土部门解读新修订的《土地管理法》，理顺目前征地补偿安置制度存在的与之不适应的地方，并按法条规范集体土地征收程序，推进土地征收和报批工作。按《浙江省人民政府关于调整全省征地区片综合地价最低保护标准的通知》文件要求，经过拟定区片综合价调整报告、部门意见征询、召开听证会、提交市政府常务会议审议等程序，6月底出台《永康市人民政府关于调整完善全市征地区片综合价的通知》，及时进行区片综合价全国系统录入；按浙自然资源厅函要求，制

定地上附作物和青苗等补偿标准并上报省政府审批；做好被征地农民基本生活保障工作，做到"即征即保、人地对应"。

■ 地质矿产管理

【概 况】 2020年，市国土部门深入开展各项地质灾害防治工作和矿政管理工作，科学制订防治方案，严格落实防灾责任，不断完善防治措施，有效地预防和减少地质灾害的发生，治理废弃矿山，重新布局机制砂场，科学管理现有持证矿山。

【落实地质灾害风险长效监管】 为进一步巩固"除险安居"三年行动成果，加快建立地质灾害风险管控体系，根据《浙江省自然资源厅关于开展2020年度地质灾害风险隐患汛前大排查工作的通知》精神，永康市认真组织开展地质灾害隐患点排查工作，划定永康市185处地质灾害风险防范区，经专业单位现场逐一核查、排查，绘制地质灾害风险"一张图"，统计1522名承载体人员信息，并完成系统录入工作。2020年，永康市共接报53次地质灾害险情，特别是在8月，台风"黑格比"侵袭永康期间共接报42次地质灾害险情，经确定14处为新增灾害点，均第一时间赶赴现场，进行应急处置，及时开展现场调查工作，完成应急调查及应急措施建议表的编写，并送给有关镇（街道、区）。由市国土部门、市气象部门分管领导和相关部门负责人成立地质灾害气象预警预报工作领导小组，同时建立地质灾害气象风险预报预警系统。2020年全市共完成三处地质灾害隐患综合治理工作，均为工程治理，分别是前仓镇周绍贤屋后崩塌、江南街道板桥村崩塌及方岩镇金竹降下村杨绍东屋后滑坡治理工程，三处"即查即治"治理工程项目均完成验收。此外，完成新增的舟山镇铜山村陈汝进屋后滑坡、花街镇油坑村

方格完屋后崩塌及唐先镇古明村明星自然村赵金灶房后滑坡三处地质灾害点的勘查设计工作。永康市 2020 年度地质灾害防治方案完成编制印发,落实每年地质灾害防治主要工作,制定和完善永康市及 16 个镇(街道、区)应急预案,重大隐患点 100% 完成预案编制 100%。

【优化矿业权市场配置】 按照《浙江省废弃矿山生态修复三年专项行动实施方案》和《浙江省露天矿山综合整治实施方案》要求,永康市有 7 处废弃矿山生态修复任务,具体为永康市唐先镇健民萤石矿、永康市石柱镇采石场、永康市石柱镇石料矿、永康市石柱镇下里溪村油麻坑采石场、永康市水碓头周世雄采石场、永康市下徐店徐天进采石场、永康市章村周余通采石场,均于 2020 年 10 月前完工并通过验收。对规划治理的矿山进行全面排查,市国土部门邀请浙江省第一地质大队专家对永康市中耿采石场等 17 座矿山进行现场评估,自然复绿情况良好,无须治理,并出具验收意见。针对以上 27 座露天矿山,在前期全面排查的基础上,细化分解目标任务,科学安排指标进度,明确整治措施、责任主体和时间节点,对市内的露天矿山建立"一矿一档"露天矿山整治工作台账。永康市已无在生产机制砂场,2014 年,市国土部门通过公开招投标发放机制砂经营权 6 家(其中 1 家废标,实际出让 5 家),期限 5 年,2019 年底已全部到期,并进行销号,5 家机制砂场都已关停。永康市仅有西城街道藻塘村砖瓦用页岩矿一座矿山,尚未进行开采,在日常监督检查过程中也未发现开采迹象,建立规范完整的矿山巡查档案,做到一矿一档,并及时将现场巡查记录、巡查整改通知和整改查处等有关文件资料归入档案。

(市自然资源和规划局 供稿)

城乡环境

【概　况】 2020 年,永康市综合行政执法局(简称市综合执法局)获评 2020 年度金华市综合行政执法工作考评优秀单位。一般工业固废处置"五步法"再获中央环保督察组耿惠昌组长、陈奕君副省长、高兴夫副省长等多位领导批示肯定,并在全省固体废物管理现场会、供销系统固废处置现场会上作经验介绍;拆除违规户外广告面积居金华第一;全年信访件办结率、回复率、积案化解率均为 100%。

■ 综合执法

【概　况】 2020 年,市综合执法局切实增强依法行政能力,全面深化执法改革,强化执法监督,制定办案手册,规范办案流程,推行"以案释法"模式,积极探索"零口供"等非接触性执法办案模式。全年共办理一般程序案件 2296 起,简易程序案件 1.14 万余起,办案数位列金华各县市第二名。其中,市容类案件 589 起,无照经营类案件 648 起,犬类案件 74 起,市政公用类 251 起,城市绿化类案件 12 起,固废垃圾、污水等环保类案件 397 起,国土资源类案件 20 起,林业类案件 15 起,水事执法类案件 8 起,违法建设类案件 52 起,安全生产类案件 9 起,等等。

【坚决打赢疫情防控、抗台救灾阻击战】 2020 年,面对突如其来的疫情、灾情,市综合执法局迅速成立疫情防控、抗台防汛领导小组,组建应急小分队,定点值守,轮班巡查,连续作战。在新冠肺炎疫情暴发之初,面对传播途径不明,防护服、隔离服紧缺,消杀液、额温枪匮乏的情况,冒着风险落实隔离点,收集废弃口罩,清理隔离点垃圾,疏散公共场所聚集人群,检查桥梁涵洞流浪人员。助力复工复产,建立"一对一派驻机制",开通"线上办、掌上办"等"无接触"审批。疫情发生期间,防控值守 1.92 万余人次,取缔占道和流动活禽宰杀点 127 个,清理乱堆放垃圾近 1800 处 980 余吨;投放废弃口罩专用垃圾桶 259 个,劝离聚集人员 2500 余人次,清查流浪人员 80 余人次。"黑格比"台风来袭期间,出动 5200 余人次,布拉警戒线 2.6 万余米,劝离群众 6100 余人次,劝返车辆 1200 余辆,清除淤泥、建筑垃圾和生活垃圾共计 6800 余吨,修复绿化面积 8700 余平方米。

【"无废永康"建设】 2020 年,市综合执法局创新构筑无废城市"1110"建设体系,以搭建一个"无废永康"监管平台,成立一个无废城市产业联盟,打造十大无废场景为依托,推进一般工业固废全市域、全品类、全流程规范处置,无废建设再获多位领导批示肯定,并在全省固体废物管理现场会、供销系统固废处置现场会上作经验介绍。全年整合打通全链条固废处置企业 10 家,开展无废场景试点 20 个,规范处置一般工业固废 4.4 万吨,资源化利用率达 95% 以上。

【生活垃圾"两定四分"】 2020 年,市综合执法局垃圾分类多点破题,探索实践"收集—分类—评级—处理"分类模式,形成 12345 工作特色,涌现出一批乡村垃圾分类典型代表,并多次登上央视栏目。全国首创集扫码投放、智能监控、GPS 定位、感应清洗等功能于一体的"可移动智能垃圾分类车",有效破解开放式老旧小区投放点"选址难"问题,获《浙江日报》等多家媒体报道。全年共完成 6 个省级高标准垃圾分类示范小区、2 条"定时定点"投放和清运商业街、1 个"定时定点"投放和清运小区、2 个省级高标准垃圾分类示范村的创建;建成舟

山镇端岩村"垃圾分类研学基地";查处垃圾分类违法行为 1737 起,撤除城区零散垃圾投放点 1174 个、垃圾桶 1458 只;城区垃圾分类基础设施覆盖面达 97.23%,其中党政机关、事业单位、公共场所管理单位覆盖面达 100%,农村分类覆盖面达 100%。

"可移动智能垃圾分类车"(市综合行政执法局提供)

【生态环境治理】 2020 年,市综合执法局持续加大秸秆焚烧管控力度,强化施工工地和渣土运输管理,常态化开动雾炮车,全力控制道路扬尘污染。全年共制止垃圾、秸秆焚烧 1800 余起,立案处罚 340 余起;清理无主建筑垃圾 1.1 万余平方米,处罚渣土运输未覆盖、道路扬尘等案件 89 起。在中央环保督查组入驻浙江期间,责令整改企业 45 家,立案处罚 15 家。接到中央环保督查交办件 32 件,完成整改 32 件,比 2017 年的 117 件交办件下降 72.6%。

■ 市容监察

【概　况】 2020 年,市综合执法局扛起国家卫生城市复审省级技术评估和省示范文明城市创建两面责任大旗,坚持全员上阵,深化网格治理,持续开展"逢九整治大会战"等各类执法整治行动,营造市容秩序严管严控氛围,全面提升城市品质能级。全年共规范出

店经营 1.6 万余起,劝离流动摊点 1.1 万余个,暂扣无证摊点 2100 余个;拆除户外广告设施 2.75 万余处,清理"牛皮癣"2.1 万余处;查处违法停车 9.73 万余起;发送违章建设责改通知书 1338 份,组织及配合镇(街道、区)拆除违建约 109.64 万余平方米。

【聚力攻坚文明卫生城市"双创"】 2020年,市综合执法局作为创建排头兵,成立迎检攻坚领导小组,制订多项整治方案和工作制度,充分运用"五个一"工作法,全面开展"1510"创建行动,统筹推进"三改一拆"工作。以"红黄榜"赛比拼创,压实责任担当,狠抓创建工作。通过"逢九整治大会战""十乱专项整治""国卫复审迎检攻坚冲刺大会战"等行动,持续掀起市容秩序整治"龙卷风"。全年开展"逢九整治大会战"9 次,共出动执法队员、相关部门人员、志愿者等 1.3 万余人次,清理占道物品 1420 余车,拆除违法广告 2900 余处,规范出店经营 7200余次,发放文明倡导资料 4.3 万余份。

【全面净化城市立面空间】 2020 年,市综合执法局以户外广告"更安全、更规范、更美观、更有档次"为目标,在全市范围内加大户外广告专项整治力度,强力拆除破损老旧、违规设置的户外广告,有效清除立面视觉污染。广告拆除面积列金华各县市首位,整治工作得到永康市委副书记、市长张群环多次肯定。全年共拆除楼顶广告 1.21万余平方米,墙体广告 1.01 万余平方米,大型设地广告 4800 余平方米,高炮广告 125个,路灯杆广告近 2900 根,广告式垃圾桶502 只,路牌广告 280 余块,店招近 600 块,合计拆除户外广告设施 2.75 万余处,面积15 万余平方米。清理条幅 8600 余条、"牛皮癣"2.1 万余处,立案处罚违法设置"牛皮癣"等案件 230 余起。

【疏堵结合优化停车秩序】 2020 年,市综合执法局坚持"应画尽画,能画尽画",着力缓解停车压力,开展主次干道、社区(合作社、小区)等停车泊位施画,因地制宜,设置"潮汐"停车位。实施"破围墙"行动,推进闲置地块临时停车场修建、街角小品打造等综合改造利用。全域化、全天候开展最严停车秩序整治,坚决执行机动车"拖车+曝光"、非机动车"贴单+锁车"措施,停车秩序有效改善。全年新增机动车停车泊位 3.4万余个,"潮汐"停车位 329 个,非机动车停车泊位 4.1 万米;完成 16 块闲置地块改造,新增停车泊位 610 余个、公园 4 个、街角小品 8 处,新增绿化面积 5000 余平方米;发放温馨提示单 2.95 万余份,违法停车告知单9.73 万余张,强制拖离影响交通的违法停车、僵尸车近 900 辆,暂扣非机动车近 800 辆。

【文明养犬管理】 2020 年,市综合执法局充分发挥"互联网+"养犬管理登记系统优势,全方位推广专属养犬码,主动提供宠物上牌"一站式"服务;强力推进不文明养犬行为专项整治,开展文明养犬示范小区创建;加强内外监督,推动文明养犬走在金华前列。全年共发放文明"养犬码"申领指南卡片 1.3 万余份,宣传手册、宣传折页 1.6 万余份,新增宣传牌(栏)85 块,推送依法文明养犬温馨提示手机短信 30 万余条;累计办理养犬免疫、登记 5863 只,重点管理区办证率达 90%;组织捕捉、处理流浪犬、无证犬、放养犬 1760 只,查处违规养犬案件 1283 件。

■ 环境卫生

【概　况】 2020 年,市综合执法局环境卫生管理处不断夯实网格化管理,持续强化清扫保洁,巩固深化文明卫生城市"双创"成果。全年清扫保洁 1174 万平方米,清运生活垃圾 25.04 万余吨,其中城区垃圾清运15.55 万余吨,镇(街道、区)垃圾清运 9.49万余吨;全面清洗城区垃圾桶 24.15 万余只、果壳箱 18.43 万余只,更换果壳箱 1600 余只、垃圾桶 2900 余套、垃圾桶盖 1500 余只,维修破损果壳箱 580 余只,拆除果壳箱 330 余只,保障垃圾容器干净整洁。

【完善基础设施建设】 2020 年,市综合执法局精心管护城区 1700 余只果壳箱、3000 余只垃圾桶、84 座公厕(82 座固定式、2 座移动式),城乡 36 座垃圾中转站、2 座垃圾填埋场、2 座垃圾渗滤液处理厂、1 座车辆修理厂和 181 辆环卫车辆。对人流量密集、使用率高、设施陈旧的 9 座公厕实施提升改造;对垃圾中转站进行深度清洁,清洗垃圾压缩车厢,保持中转站周边环境卫生干净清爽;持续推进扩容工程建设和垃圾填埋场维护工作,稳妥处置全市生活垃圾,使垃圾日产日清。全年共处置生活垃圾 34.29 万余吨,其中填埋处置 14.74 万余吨,焚烧处置 19.55 万余吨。

【提升道路清扫保洁水平】 2020 年,市综合执法局环境卫生管理处深入推进道路清扫保洁工作,不断优化机械和人工作业面,保证每条路线每天洒水不少于 4 次,保障主要街道保洁时间维持在 16 小时以上,一般街道 12 小时以上,基本实现机械化扫洗。同时,围绕在建工程制定"一地一策",通过增加洒水、洗地次数,全力控制道路扬尘。配合执法队员,坚决杜绝"跑冒滴漏"。全年共出动洗扫车 1.6 万余车次,洗地车 8600 余车次,洒水车 3.41 万车次,洒水达 27.33 万余吨。

【提高环境卫生保洁质量】 2020 年,市综合执法局环境卫生管理处重点围绕开放式小区、城乡接合部以及城市背街小巷等薄弱区域、卫生死角开展集中整治,做到"五无五净",推动区域内公厕"六无七净一少",切实提升保洁质量。落实网格化管理,责任到人,采用"定点＋随机"巡查督考模式,发现问题及时反映、科学整改,奋力营造整洁有序的市容环境。

■ 市政管理

【概　况】 2020 年,市综合执法局市政管理处以"群众安全至上"为工作目标,系统谋划、精细管护,坚持"日巡查、周汇报、月小结"工作模式,实施城市微更新,有序开展桥梁结构检测、人行道板维修、隐患标牌拆除等工作,全面加强市政设施的养护管理。全年共完成各种路面修复约 1.5 万余平方米,雨污管网疏通清淤 110 千米,更换井盖井座 80 余处,支座养护 600 余个,栏杆油漆刷新 1500 余米,完成人行天桥涂装翻新 1800 余平方米。

【道路桥梁日常管护】 2020 年,市综合执法局市政管理处不断夯实精细化管护基础,持续加大巡检力度,排查化解安全隐患。全年共修补小平板 6800 余平方米,花岗岩 500 余平方米,路侧石 540 余米,冷补沥青 2300 余平方米,热补沥青 800 余平方米,开挖破损水泥路面 770 余平方米,设置隔离桩 410 余个;每季度对城区各桥梁伸缩缝、泄水孔进行清理疏通,对溪心桥、和平桥、江城桥、章店桥、阳关桥等 14 座桥梁实施沉降观测和裂缝观测;对西塔桥、高镇桥、后曹桥的栏杆(共计 1500 余米)进行油漆刷新;维修工业园 M 桥、A 桥桥面及伸缩缝 30 余平方米,望春桥人行道接坡 30 余平方米,江城桥坍塌锥坡 20 余平方米;城东桥、华川桥等养护支座 600 余个;处理桥面坑洞 10 余处,处置丽州桥、望春桥限高架和金山西路栏杆及火车站人行天桥桥墩等损坏事件 13 起。

【织密城市运行"防护网"】 2020 年,市综合执法局市政管理处严格规范审批程序,防止胡乱开挖,稳步推进重点项目,有效化解汛情灾情。全年完成施工审批 64 件,查处未审批开挖事件 10 余起,接收移交道路

50 余条（段）；按时完成望春桥加固维修工程，有序推进既有城市桥梁安全隐患应急治理工程，完成九铃立交桥脚手架搭建、四中小桥原有栏杆拆除等；防汛抗台期间，对城东路、丽州北路、南苑路雨污管网（共计 110 千米）进行疏通清淤，更换金城路、南都路、西塔路、溪心路、九铃东路破损漏水栅、井盖、井座 80 处。

园林绿化

【概　况】　2020 年，市综合执法局园林管理处持续加大管护力度，不断巩固绿化成果，深入开展城区、五金科技工业园区共 325 万余平方米绿地、1.77 万余株行道树的养护和城区内广场、沿江人行道及沿江附属小品、护栏等园林设施的维护管理工作，全力落实整形修剪、补植增绿、虫害防治、抗旱保绿、防雪防冻、绿化美化小精品建设等工作。全年修剪灌木、绿篱 394.67 万余平方米，草坪 219.99 万余平方米，杂草人工拔除和化学防治绿地 599.57 万余平方米；补植灌木 119.34 万余株、草花 39.73 万余株，铺设草坪、种植麦冬等 11.06 万余平方米，播撒黑麦草草籽 6.5 万余平方米；苗木病虫害防治 202.13 万余平方米，白蚁防治 1.16 万余平方米，施肥 6.9 万余平方米，肥料使用 1175 千克；草花、绿地浇水 2.59 万余平方米，乔木涂白 1.05 万余株；建设街角精品 6 处，绿化改造 1 万余平方米；香樟公园获评浙江省优质综合公园。

【绿化空间艺术性提升】　2020 年，市综合执法局园林管理处充分利用闲置空间，打造绿化美化街角的精品，全面开展树形修整、补植改造工作，着力提升绿化空间艺术性。对南都路、丽州北路东塔路路口、城北东路城关五金厂等路段区域绿化进行优化，优化面积达 1 万余平方米，播种格桑花

籽 15 千克；在五金大道两侧种植芝樱 300 余平方米，1.06 万余株；全年共整枝 2.8 万余株，种植美人蕉 160 余平方米；修剪灌木、绿篱 394.67 万余平方米，草坪 219.99 万余平方米，杂草人工拔除和化学防治 599.57 万余平方米；乔木救助 194 株。开展香樟、冬青、榉树等乔木补植 410 余株，红叶石楠、龟甲冬青、南天竹等灌木 119.34 万余株，吉祥草等草本 300 余平方米，三色堇、石竹等草花 39.73 万余株，铺设草坪、种植麦冬等 11.06 万余平方米，在丽州南路交叉口到高铁站路段草坪播撒黑麦草草籽 6.5 万余平方米。

【病虫害防治、季节性保障】　2020 年，市综合执法局园林管理处为防止苗木遭受病虫侵害，巩固植被良好生长态势，组织工人对 8300 余株乔木、202.13 万余平方米苗木开展病虫害防治，落实白蚁防治 1.16 万余平方米；对金山路、锡山路、五金大道等区域施肥 6.9 万余平方米，使用肥料 1175 千克。夏季通过开启绿化带供水系统，抽调永康江江水浇灌，采取"人歇车不歇"等模式进行抗旱保绿，搭设遮阳网 3600 余平方米，出动洒水车 865 车次，工具车 1035 车次，实施草花、绿地浇水 2.59 万余平方米；冬季给香樟、广玉兰、栾树等 1.05 万余株乔木涂白。

【园林绿化基础设施修缮】　2020 年，市综合执法局园林管理处立足主业主责，及时修复、更新破损的护栏、路缘石、树池等设施。全年安排工人维修、新装丽州南路、高镇大桥、紫微中路护栏 990 余米，修理城南路、华丰中路行道树树池板 2430 余块，铺设桃源路花岗岩树池 50 余处；在香樟公园、世纪广场安装花草牌 101 块、围栏 40 余米，在雕塑公园安装竹篱笆 180 米，在丽州北路安装铁丝网 60 余米，在解放广场、西津桥安装毛竹护栏 60 余米，在市政花坛开分隔沟 60 余米。

（市综合行政执法局　供稿）

交通物流

■ 公路建设

【概　况】　2020年，永康市不断推进综合交通廊道建设，交通基础设施网络不断完善，公路美丽指数不断攀升。330国道全年完成投资3.5亿元，一期工程于4月交工验收并通车，二期土建工程累计完成形象进度97%。永义公路三期四合同段完成路基工程。规划省道安吉至洞头公路永康段（枫坑隧道）抢工期抓进度，完成土建工程量的25%。实施石四线小派溪至前塘段改建工程（方岩互通至方岩大道段）、美丽经济交通走廊（含等级提升）等工程。

【义乌至永康公路（永康木渠至童宅公路）工程】　该工程起点位于枫坑特长隧道终点处，经木渠村东、雅吕西，在雅吕西南设明洞隧道，设置雅吕3号桥上跨双舟线后，再设飞龙山隧道，该隧道穿越雅吕与童宅间的山脉，在童宅北接已建成通车的义永公路童宅至永康城区段。工程主线长7.13千米，采用双向六车道一级公路标准，设计速度80千米/小时，路基宽32米，沥青混凝土路面。其中飞龙山隧道段长1.23千米，工程概算总投资2.43亿元，于2014年7月10日开工建设，2016年8月12日交工验收。剩余路段概算总投资5.24亿元，主要工程内容有明洞隧道276米/1座，大桥188

米/1座，中桥296.4米/4座，涵洞21道。2020年完成投资1亿元，顺利完成三期四合同段路基工程。

【规划省道安吉至洞头公路永康段（枫坑隧道）】　该项目是规划省道安吉至洞头公路的组成部分，是永康境内连通义乌与永康的最后1.92千米。项目起点位于特长隧道枫坑隧道义乌、永康交界处，终点与永康木渠至童宅段起点顺接。路线全长约1.92千米，其中特长隧道1908.5米/0.5座（双洞平均）。采用交通运输部颁《公路工程技术标准》中的双向六车道一级公路标准，设计速度80千米/小时，分离式隧道净宽2米×14.0米。其余技术指标采用交通运输部颁布的相应技术标准的规定值。项目总投资4.4亿元，于2020年6月正式开工，工期26个月，2020年完成投资1.1亿元，完成土建工程量的25%。

枫坑隧道（胡振华 摄）

【2020年美丽经济交通走廊建设工程】　工程总投资约3600万元，有5个子项目，总计11.3千米，包括花金线4.06千米、端水线

0.534 千米、桥西线 3.725 千米、永方线柄坑至方村段 2.32 千米、水碓头至驮陈 0.66 千米。

【石四线小派溪至前塘段改建工程(方岩互通至方岩大道段)】 工程总投资 8283 万元,项目起点位于永康市方岩互通收费站出口处,起点桩号为 K0+000,路线先基本沿原东永高速方岩互通连接线中线向西北布线,后沿现状道路向北延伸,终点与方岩大道平交,终点桩号为 K1+220,路线全长 1.220 千米。本工程采用双向六车道一级公路标准,兼顾城市道路功能,设计速度 80 千米/小时(局部困难路段采用 60 千米/小时),标准路基宽 48.0 米。

■ 公路管养

【概况】 2020 年,市交通运输部门以"四好农村路"示范县创建、一路一码路长体系、"最多跑一次"改革、首推公路地质灾害智能化快速应用等为主线展开工作,高质量推进美丽公路建设,着力推进道路网络化、管理智能化、服务精细化,促进永康公路工作的再发展。公路建设、养护工程项目包括普通国省道养护大中修工程、"黑格比"修复工程、长端头桥改造工程、农村公路大中修工程等。全年共清扫路面 29875.5 千米,清理边沟 1159.049 千米,清扫车清扫中线 50060 千米,清除路障 8146 立方米,沥青修补坑洞 34998 平方米,绿化修剪 359600 平方米,护栏修复 6973 米,清理桥梁伸缩缝 59153 米,油漆桥栏杆 307 米,千米碑、百米桩刷白 2929 根,投入资金 550 余万元;全年共修复零星标线 11421 余平方米,新增或更换修复标志 288 块,完善安全辅助设施 816 处,投入安全费用 118.6 万元;全年共出动洒水车 3675 车次,洒水 36750 吨,路面洒水降尘 17990 千米,公路绿化洒水 159600 平方米,清洗路面 422000 平方米。

【"黑格比"修复工程】 2020 年,"黑格比"台风给永康市公路造成"重创"。经统计,共有 51 条公路受灾,总长度约 117 千米,其中 21 条公路完全中断。需要修复的农村公路有 45 条。主要灾害情况有边坡坍塌、挡墙冲毁、路基冲空、路面损毁、护栏毁坏、桥涵冲毁等,路基灾毁点位近 500 处,冲毁桥梁涵洞 12 座,上边坡塌方 200 多处,共 6 万多方。估算灾后重建工程金额约 1.3 亿元。永康市公路与运输管理中心急抓部署施工任务,明确 2021 年 1 月 31 日前完成"应急抢险"项目的任务目标,要求 11 月 15 日进场作业。

【普通国省道养护大中修工程】 永康市 2020 年度普通国省道养护大中修工程包括 G330 洞合线 K253+742～K259+001、K192+657～K192+863、K200+932～K204+000 段,S322 临石线 K126+450～K140+570 段路面修复养护,6 月 16 日开工,8 月 31 日完工,完成 330 线 6.9 千米、临石线 14.1 千米路面病害修复,投入资金约 1452 万元。

【长端头桥改造工程】 长端头桥建成于 1989 年,原桥梁全长 13 米,桥宽 11.2 米。新建的长端头桥全长 17 米,全宽 13 米,2020 年 8 月 1 日开工,10 月 14 日完工。工程预算 139.1892 万元,桥梁自检为合格。

【农村公路大中修工程】 工程涉及 16 条农村公路的大中修及全市部分线路零星破板修复和边沟完善,总里程为 55.8 千米,批复总投资 2940 万元。工程于 7 月底开工,12 月底全部完工。

【安全生命防护工程(第 2 标段)】 工程包含农村公路安全设施完善、桥梁拆除重建和隧道提升改造等项目,批复总投资 983 万元。工程于 9 月开工,年底前完工。

【公路应急工程】 截至 2020 年 12 月底，市交通运输部门共下达任务指令单 52 份，应急工程完成挡墙修复 491 立方米，路面板块修补浇筑 386.4 平方米，路缘石更换 1095 块，其中下前线—石柱挡墙修复 56.7 立方米，后吴—东山头挡墙修复 52.4 立方米，象鸣畈—黄溪滩挡墙修复 47.1 立方米，永方线 K11＋200～K11＋300 挡墙修复 133 立方米，和乐—金斗、川塘—豆岭路面修复 133.9 平方米，永磐公路八盘岭隧道路面修复 97.4 平方米，寺口—金园、西溪—玉川路面修复 155.1 平方米，对石四线、黄杨线、湖石线、花金线等公路进行绿化补植，面积约 5000 平方米，对 330 线 K190＋100 田宅路口、东永线 K40＋800 杜山头路段、临石线 K131＋200 申亭路段等进行排水设施改造，长约 500 米，投入资金约 200 余万元。

【生命防护和黑点整治】 2020 年，市交通运输部门完成永康市 2020 年安全生命防护工程（交通安全隐患治理）省级挂牌隐患点 2 处，即大永线大塘王路口、临石线舟山车站段；整修金华市级挂牌隐患点 4 处，即石四线阳龙村段、东清线路口至莲湖村路口段、温寿线富新门业路段、大永线唐东村路段；整修永康市级挂牌隐患点 3 处，即世方线派溪路口、330 国道石柱小学路口、大永线新河路口；整修其他隐患点 25 处；共完成标线 19604.9 平方米，设置城市隔离栏 480 米，新增波形梁钢质护栏 624 米，新增标志 68 块、黄闪灯 14 盏、爆闪灯 79 套、道口示警桩 393 根。

【"四好农村路"示范县创建】 为创建"四好农村路"示范县，2020 年，市交通运输部门对项目进行设计招标、审查，对工程项目招投标。同时做好国省道与农村公路"月查季评"两手抓的考核工作，全年共检查 128 条乡村公路，其中乡道 64 条、村道 64 条、桥梁 59 座，每个季度出具养护通报和各镇（街

道、区）的养护质量排名。安排人员对部分存在坑槽的道路进行修补，对公路路面进行标线漆画，对西溪镇永磐公路—寺口、金园—寺口、金园—玉川、西溪—玉川等农村公路进行外业整治，包括路肩整治并散播三叶草籽，面积约 7300 平方米，修复破损板块 340 平方米，西溪公路服务站场地混凝土硬化约 500 平方米。12 月 20 日，完成石四线厚莘村公路服务站创建；12 月 18 日，完成方岩镇和古山镇规范化管理站创建验收。

（市交通运输局　应嫔嫔）

■ 道路运输

【概　况】 2020 年，永康市实现客运量 546 万人次，旅客周转量 20799 万人千米，货运量 1734 万吨，货运周转量 140350 万吨千米。截至年底，全市拥有营运客车 980 辆，营运货车 1410 辆。城际公交班线 1 条（永康—武义），公交车 9 辆。城市公交班线 20 条，公交车 209 辆。城乡公交班线 102 条，公交车 242 辆，建制村公交通村率 100％。出租车企业 3 家（双飞、旅行社、康迪），出租车 308 辆。大型物流场站 3 家（鑫茂物流、城西物流、跨境港），物流企业和托运站约 400 余家。市级客运站 4 个（客运东站、客运西站、紫微站和客运中心），镇级客运站 5 个（西溪、古山、舟山、花街、芝英）。各类机动车维修企业约 625 家。机动车驾驶员培训机构 13 家。

（市交通运输局　胡丽丽）

【防疫复工两手抓】 2020 年全年，市交通运输部门通过实行 24 小时轮班制，全员上阵，坚守在防疫一线不松懈，不遗漏一天。通过构建"1＋1＋32"指挥作战体系，一对一"三服务"助力企业复工复产；统一运力调度，保障返永务工人员安全运输，遵循"人管

住、物畅通"原则,外防输入,内守安全,全力守好交通"小门"。疫情发生以来,市交通运输部门成立疫情联防联控工作专班,设立综合协调、运营管理、卡口管控、信息统计等多个工作组,先后在永康市高速出入口、客运站出入口、主要国省道等地设立14个卡点,实行24小时值班值守制度。同时构建铁路永康南站"1＋1＋32"工作体系,即:红色力量引领,成立1个临时党支部(铁路永康南站疫情查控临时党支部);作战指挥靠前,组建1间临时指挥室(铁路永康南站疫情查控临时指挥室);网格化落实,联合32个部门共同筑牢铁路永康南站输入防线。全年共出动检查人员1.2万余人次,检查进出永康旅客超120万人次。物流业是永康市经济发展的"命脉",承担着为疫情防控物资和生产生活物资提供运输配送服务的特殊任务。市交通运输部门通过制定当好"服务员"、做好"指导员"、推行"网格员"的"三员"制度和"红色三部曲"让城市运转起来。坚持党建红色引领,成立"助企先锋队",深入物流企业调研;推行党员红色服务,一对一结对帮扶;通过春风行动,实施"一企一策"精准复工方案;落实组织红色关怀,了解企业复工复产安排,发挥统一调度指挥优势,有效对接供需双方。疫情之后,永康市400多家物流企业全面复工,物流运力充足。为加快推进企业复工,降低返岗人员出行风险,做好外来务工人员返岗运输服务保障工作,助力企业抢抓人才、抢抓订单,牢牢把握经济发展主动权,市交通运输部门将全市有包车运输资质的3家运输企业组织起来,指导运输企业,一车一策精心制订运输组织方案,通过"专人、专车、专厂、专线",实现"点对点、一站式"直达运输。2月,助力首趟"返岗直通车"载运千余名务工人员从镇雄返回永康。

■ 运输管理

【开展道路危险货物运输安全大整治】 6月13日下午,沈海高速温岭大溪段发生危化品运输车爆炸事故,造成重大人员伤亡。事故发生后,市交通运输部门开展危险货物运输安全大检查,实现全市域覆盖。对全市9家危化企业、172辆危化车辆,以及相关从业人员,开展全方位、立体式检查,针对查出的问题,列明清单,督促企业依法落实安全生产主体责任,有效排查道路危险货物运输行业的薄弱环节和安全隐患。同时,谋划系列行动,营造高压执法态势严管严控。对辖区内危险货物运输进行动态监控,实行24小时值班制,开展"雷霆整治"、"两客一危"专项整治、联合执法、"铁拳行动"等一系列执法行动,在非常时期、重点地段,对危化品运输车辆实行重点检查。已累计出动交通执法人员635人次,检查相关车辆521辆,查处违法案件12起。全面清理挂靠经营行为,摸排出挂靠经营车辆5辆,在金华地区实现首批挂靠车辆清零。针对排查出的问题,列明清单,要求企业落实其主体责任,及时依法依规进行有效整改。强化督办落实和线上、线下监管执法,对前期各企业存在的安全隐患、安全漏洞不定时、不定次数的"回头看"检查,推动行业安全生产形势持续稳定好转。

【打造城市文明流动风景线】 2020年,市交通运输部门开展出租车行业专项整治。共检查出租车1791辆次,查处各类出租车违法案件30起。同时,极力化解康迪出租车聚集停放事件。自6月30日康迪公司停止出租车营运后,其公司143辆巡游出租车,230名承租者、驾驶员出现不稳定因素,部分出租车(最多时达130余辆)陆续开始集聚,并停放在康迪公司附近的公路两侧

（老 330 国道）。为防止非法聚集、闹事等突发事件发生，市交通运输部门密切关注事态发展，发动全局力量，做好情况摸排、信息报送、现场劝导等工作。联合公安部门、行政执法部门和各镇（街道、区），进行一对一劝导，同时采取人盯人的方式，紧盯骨干分子、重点人员，掌握动态，做好非访"苗头"的防范化解工作。停放期间，市交通运输部门在康迪出租车停放现场接访驾驶员 9 批次，360 余人次，在运管大楼办公场所接访驾驶员约 50 批次，1000 余人次。8 月 6 日下午，由公安部门牵头对康迪出租车停放现场进行现场处置。并通过就业帮扶，确保人员稳定，成功引导 10 余名驾驶员前往万顺就业，10 余名驾驶员前往滴滴就业，4 名驾驶员前往城乡公交公司就业，5 名驾驶员前往渣土公司就业。90% 左右的驾驶员已自谋职业。

【持续开展渣土运输整治】 为推进新一轮"158"碧水蓝天工程，按照"集中整治、从严执法、落实长效"的原则，2020 年，市交通运输部门严管严控渣土车"抛洒滴漏"、无证运输和渣土乱倾倒等突出问题。全年共接蓝天办交办单 5 件，12328 举报投诉件 23 件，召集五家公司负责人和违规驾驶员安全学习 112 人次，处理 112 辆渣土车停车学习，扣除自律保证金 64500 元，查处花街方村、江南山水新城等 54 处公建工地使用社会车辆的乱象。实行部门联合执法常态化，共计日常巡查社会车辆 273 辆次。根据《优秀驾驶员考核办法》，评选出 2020 年第二季度 13 位优秀驾驶员，并举办优秀驾驶员座谈会，予以表彰。

【普铁沿线安全隐患清零】 永康市境内金温普速铁路涉及 11 个道口平改立问题，以及 7 个普速铁路外部环境安全隐患。自攻坚以来，永康市于 15 日内实现普铁沿线安全隐患"清零"。作为金华市唯一一个需要封闭的道口上谢西（K46＋380），开展"特点特议"，省专班班长亲自带队督查，现场开会制订工作方案，并于 20 日内封闭金华地区内唯一一个需要封闭的道口（上谢西），获省专班领导的肯定和表扬。

【治超管理突飞猛进】 2020 年，永康市治超工作有较大突破，呈现出由"专科挂号向全科诊治"转变和由"重点路线整治向全域路网监管"转变的趋势。市交通运输部门联合执法、凌晨行动，开展"百吨王"违法超限运输车辆专项检查。坚持以源头监管为抓手，推动主体责任再落实；坚持科技治超，强化非现场执法应用。全年共查获超限超载车辆 684 辆（其中路面查处 566 辆，非现场查处 118 辆），卸载超限量货物 24792.74 吨。

【开展路域环境整治】 2020 年，市交通运输部门加强公路巡查，加大双舟线、大永线等县道及重要路段的巡查力度，对沿线非公路标牌、摊点、堆积物等进行重点整治、清理，不断优化路域环境。累计巡查公路里程 1.5 万多千米，对占道经营、非公路标牌进行查处，共劝导占道经营 149 处，排查出乱堆乱放、违法设置广告牌等安全隐患 117 处，已整改 112 处。

【开展冷链企业运输车辆专项排查整治】 2020 年，市交通运输部门为切实防范疫情输入风险，及时排查冷冻冷藏食品风险隐患，对全市 80 家冷链主体经营户，市交通运输综合行政执法队根据属地原则，开展全方位、立体式的大排查，摸清底数。共排摸出本地冷链运输车辆 11 辆，要求冷链经营户使用有资质的冷链运输车辆，筑牢冷链食品运输安全防线。

■ 城乡公交

【推进永康市城乡公交设施改造升级】 为进一步调整完善永康市城乡公共交通运营

体制,提高城乡客运服务水平,加快公共交通服务均等化步伐,更好地满足城乡居民出行需求,2020年,永康市新增港湾式停靠站90个,新增(含更新)新能源公交车30辆,新增定制班线2条。

（市交通运输局 傅琪琪）

铁路运输

【概　况】　永康站是浙江金温铁道开发有限公司(简称金温公司)下属规模较大的一个中间站,下设行车、客运、货运班组与石柱站。2020年,永康站以习近平新时代中国特色社会主义思想为指导,以《在加快建设第一平台中当好主力军行动计划》为主线,牢固树立安全发展和坚决打赢新冠肺炎疫情阻击战观念,以铁军团队锻造为契机,坚持以安全生产为中心,紧扣客货运经营发展主题,持续发挥党支部战斗堡垒作用和工团组织桥梁纽带作用,较好地完成了2020年度运输工作任务,确保了安全生产、运输经营的稳定发展。永康站售票岗位荣获市"巾帼文明岗"称号。

【找准问题定措施　凝聚力量战春运】　为做好2020年金温货线春运工作,贯彻铁总、上海铁路局和公司、运输部的有关文件精神并努力实现首季开门红,永康站于2020年1月7日在车站会议室组织全站职工召开了2020年春运工作动员大会。在动员大会上,车站详细分析了春运的困难点并针对不利因素制定了六项强化措施。一是强化安全监督检查;二是强化预警信息关注;三是强化应急资源配置;四是强化安全教育培训;五是强化保持应急状态;六是强化提高政治站位。最后,车站要求每位员工努力做到春运工作"安全、有序、畅通、温馨",确保旅客及时运送,确保旅客出行安全,确保春运服务质量,确保运输安全畅通,保障广大乘客安全便捷出行,努力打造平安春运、和谐春运。

【永康站完成改造】　2020年6月18日16时,经过近一个月的场地施工、线路改造和人员培训等工作筹备,对外服务24年的售票厅正式关闭,永康站如期完成全面升级。

【迎接暑运】　2020年7月,永康站迎来首轮客流高峰期,从6月的日均800余人激增到1100多人,且有不断上升迹象。为确保旅客平安出行,打好客运政策增收牌,车站力抓"四结合",将暑运工作落实、落细。一是与暑期客流变化相结合,二是与"7·1"新图相结合,三是与当前各项防暑措施相结合,四是与客运秩序保障和服务工作保障相结合,确保车站运输生产平稳有序,通过优化提升实现增运增收目标。

（永康站　供稿）

物流联托

【概　况】　2020年,永康市有物流企业、托运站(含挂靠)410余家,大型货运站场3家,入驻鑫茂物流、城西物流和跨境港的物流企业分别为106家、28家和3家,总计占全市物流企业约1/3。规上物流企业8家,共实现营业收入1.75亿元,同比下降17.1%。3A级及以上物流企业7家。2020年,永康市货运量1734万吨,货运周转量140350万吨千米。依托五金产业的优势地位,永康市逐渐成为永缙武地区的物流集散地,甚至吸引了丽水、衢州等地区的货源,形成以五金产品为主的物流通道。经营线路260余条,货运专线70余条,辐射全国100多个地区,甚至覆盖西藏拉萨、新疆喀什、黑龙江齐齐哈尔等地区。

【新冠肺炎疫情影响】　交通运输行业作为

国民经济的基础性、先导性、服务性行业，在疫情对经济发展产生重大影响的大背景下，受到较大冲击。2020年初，永康市各企业"用工荒""生产防疫难两全"等矛盾突出，市场需求疲软，成本上升，首当其冲的就是中小物流企业。疫情对永康市物流行业的影响主要表现为：市场需求下滑，物流运输货源不足；复工延迟造成"用工荒"，物流运输运营成本高。2月13日，节后零单物流与整车物流恢复率仅分别为0.9%和19%，远低于上年同期值92%和87%。国际货运以业务影响为主。疫情暴发初期与春节假期周期重合度高，国际货运需求本处于低谷，工业生产和贸易活动处于春节淡季，2020年初国际货运受疫情影响有限。受国外疫情暴发客户取消订单、国外休假等因素影响，货源在一开始出现了减少，但总体而言，随着疫情的发展，跨境订单量的变化呈U形态势发展。

【推动物流业转型升级】 2020年3月，市交通运输部门根据市发改局《关于组织申报2019年度永康市服务业发展引导资金的通知》文件精神，组织物流企业申报。多次会同统计局、财政局、发改局等相关部门，对13家物流企业的申报材料进行审核、校对。经审核，此次奖励补助共惠及9家物流企业，发放补助资金310.8万元。

（市交通运输局　傅琪琪）

通 信

电 信

【概　况】　中国电信永康分公司（简称永康电信）在永康市范围内，经营基础电信业务，经营增值电信业务，经营各类固定电信网络与设施（含本地无线环路）业务，基于电信网络的话音、数据、图像及多媒体通信与信息服务，按国家规定进行国际电信业务对外结算，经营与通信及信息业务相关的系统集成、技术开发、技术服务、信息咨询、设备销售设计与施工，设计、制作、代理、发布国内各类广告等。2020年，提供的主流服务有：4G/5G移动通信、宽带接入、固定电话、天翼云、政务云、数字电视、视频会议、监控系统、综合布线等。继续大力推行光纤网络接入的升级改造，已覆盖全市所有的乡镇以及村庄，千兆网络入企业、百兆宽带进家庭已基本实现，其中100兆以上高速宽带用户使用比例已经达到80％以上。继续开展4G无线网络优化和5G网络建设，无线网络覆盖率达到99％以上，能充分满足永康人民群众日益增长的通信服务需求。

【优化电信服务】　2020年，永康电信继续大力建设服务网点，根据市民需求进一步优化服务网点，服务网点已覆盖全市主要镇（街道、区），开展宽带服务进社区等便民公益活动，帮助用户免费升级网络；同时，继续开展防诈反诈工作，对内重点聚焦业务规则优化、协议条款优化、业务宣讲规范、综合治理不良信息，对外完善网络监控，配合网监部门打击不良网络广告，治理垃圾短信，严格规范主叫号码正确真实传送，打击骚扰电话和诈骗电话，专项治理电话黑卡、垃圾短信等，增强营销网点身份信息核验能力及技术手段，推进未实名老用户补登和单位用户实名登记等工作，用户实名率达99.7％；云网业务、工业互联网已成为驱动企业数字化转型的重要动力，通过物联网、企业上云等信息技术赋能实体经济，永康已形成一批行业领先的工业互联网型企业，让数字消费持续释放居民需求潜力。

开展电信服务进社区活动（永康电信提供）

【疫情防控走在前】 2020年疫情防控期间，永康电信积极主动做好通信保障工作。第一时间响应，与市委市政府等党政机关做好对接，为民政局、永康南站、西站、供电局等安装了"天翼看家"，做好疫情监测任务，做好通信应急保障工作。同时积极做好"来金人员健康信息管理平台"的支撑，在8个卡口160余人次的现场支撑，以及50余次的平台使用培训。安排专人入驻永康防疫抗疫指挥部，处理平台使用中出现的问题。在各社区的现场核验扫码中，设专人24小时处理出现的各种情况。

【电子政务外网升级改造】 2020年，永康电信对市电子政务外网进行升级改造。项目投资800多万元，更新政务外网核心机房全部网络及安全设备，提升骨干出口带宽到20G，完成政务外网IPV6改造测试。在原政务外网延伸工程基础上，电子政务外网延伸项目的实施使得办公网络及视频会议直达村社，延伸至425个村级组织，实现市级各部门业务纵向化发展，有效提高政务办公效率、办公透明度和服务便捷性。

【教育城域网升级改造】 2020年，永康电信承接市教育城域网升级改造项目，投资近700万元，更新教育城域网核心机房全部网络及安全设备，提升骨干出口带宽到20G，完成主干网IPV6改造。全市所有学校出口链路升级为万兆，实现全网万兆以上互联。

【加强电信网络建设】 2020年，永康电信以宽带提速、机房退网、L网建设、美丽乡村整治为抓手，加大宽带千兆提速改造工程力度，全面提升永康楼道、小区光接入网络能力。推进光网和4G/5G网络覆盖建设，提供双千兆网络服务。4G网络主城区、经济开发区的覆盖率为99.3%。开展5G网络建设，覆盖城乡重点区域。积极贯彻落实永康市"互联网＋"的实施，永康电信光纤入户覆盖家庭能力36万户，骨干网上联增加480G。加大宽带超百兆尤其是千兆用户的提速改造工程力度，全面提升永康楼道、小区、农村光接入网络能力，新增、更换千兆光猫1200户。持续开展"宽带服务质量提升"工作，开发手机App，方便用户自助排障和报障；提供家庭组网等服务。宽带服务满意度始终保持较高水平。加强网络信息安全，继续落实网络与信息安全"三同步"要求，提升网络安全防护水平和网络与信息安全保障能力。

【助推美丽乡村建设】 2020年，在全市大力推进美丽乡村、美丽社区建设的同时，永康电信进一步优化、美化、净化各镇（街道、区）农村整体环境，从农村私拉乱接弱电线路、接线不规范等现象入手，重点对影响景观和安全的弱电线等进行改造、整理或拆除，按照横平竖直、贴墙、捆扎等方式集中铺设，基本消除私拉乱接现象，确保线路整齐、美观、安全，乡村面貌得到明显改善。

（永康电信　胡文旭　孙　雷
胡泽安　田　景）

移动通信

【概　况】 中国移动永康分公司（简称永康移动）位于永康市紫微中路139号，有16家营业厅、47个台席。业务受理范围包括但不限于语音、数据、家庭宽带、企业光纤、信息化项目等通信相关业务，月均业务触点受理4.5万人次。2020年，累计新增客户22.9万，累计新增份额67.75%，通话用户达91.4万，日均通话份额达87.55%，排名全区第三；5G终端用户数达到13.8万，活跃客户渗透率达10.67%，保持全区第二；宽带规模持续扩大，累计净增1.3万，存量客户规模达到25.9万；宽带电视累计净增

1.5万,宽带电视渗透率67.7%,列一、二类县市第一。截至年底,永康移动主营业务收入累计达7.9亿元,在全省同类县市中排名第一。

永康各移动营业厅明细表

营业厅名称	营业厅地址	联系电话
永康紫微中路营业厅	永康市紫微中路139号	0579-89282801
永康新九铃东路营业厅	永康九铃东路3019号	0579-89282330
永康五金城营业厅	永康市金城路15号	0579-89282848
永康江滨营业厅	永康市江南江滨南路24号	0579-89282008
永康巴黎商街营业厅	永康溪中东路145号	0579-89282067
金华永康新科技园营业厅	永康市铜陵西路269号	0579-89282821
金华永康夏溪营业厅	永康市科源路636—638号	0579-89290412
金华永康西城营业厅	永康市西城街道花城西路169号	0579-89282832
金华永康芝英营业厅	永康市芝英后城大街483号	0579-89282818
金华永康古山营业厅	永康市古山镇西峰路161号	0579-89282830
金华永康派溪营业厅	永康市方岩镇派溪村金溪街213号	0579-89266068
金华永康清溪营业厅	永康市清渭街升平中路2号	0579-89282277
金华永康唐先营业厅	永康唐先南街65号	0579-89282836
金华永康市石柱营业厅	永康市石柱镇健康小区40号	0579-89282840
金华永康龙山营业厅	永康龙山镇桥下三村红星大街1号	0579-89282056
金华永康西溪营业厅	永康市西溪镇桐塘村西玉街35号	0579-89282847

【5G覆盖率及宽带质量提升】　2020年,永康移动以"5G领先"为建设目标,推动5G新基建"加速跑",全力克服疫情带来的不利影响,快速推进5G基站规模化建设,全年累计建成站点453个,实现城区、百强镇以及高速沿线5G网络连续覆盖,达成5G网络"乡乡通"建设目标,全区排名第一。以"提速、定向、精准"为原则,坚持效益优先,明确目标清单,提升有线网络覆盖和资源效率。全年累计新增有线覆盖端口2.25万个,扩容补盲1055个点位,平移FTTB用户4010户。开展跨高专项整治,确保跨路净高5—7米以上,完成227处升高。传输故障率全区最低。

【助力建设智慧永康】　2020年,永康移动抓住"城市大脑"和特色应用示范试点项目建设与应用这一契机,促进政府服务、社会治理、经济运行等智能化,助推数字政府、数字经济、数字社会发展,为建设展示新时代中国特色社会主义制度优越性的"重要窗口"贡献自身力量,积极参与建设数字环保、数字项目、数字工业、数字小微园、智慧后勤等项目,为永康成为"整体智治 云上永康"现代政府助力。

【做好应急联动】　2020年,永康移动继续以安全生产为准绳,连续八年未发生市三级以上重大故障。同时,积极配合市委、市政府做好社会安全保卫应急联动工作。受台风"黑格比"影响,基站停电114个站、退服117个站、传输中断22处,永康移动出动人员300人次、油机87台,通过两天抢修快速恢复通信网络。对博览会、门博会等共开展6次重大通信保障,做到无拥塞、无批量用户投诉。疫情防控期间,主动联系卫健局开展视联网业务体验,打通各大医院的会议系统;主动对接经信局,在重要场所、公共区域推荐使用人脸测温系统,为疫情防控提供移动方案。

（永康移动　供稿）

联网通信

【概　况】　中国联合网络通信有限公司永康市分公司(简称永康联通)是由中国联通有限公司永康分公司和浙江省通信股份有限公司永康市分公司于2009年1月1日合并重组而成。公司拥有覆盖永康城区和各镇(街道、区)的现代通信网络,主要经营固定通信业务,移动通信业务,国内、国际通信设施服务业务,数据通信业务,网络接入业务,各类电信增值业务,与通信信息业务相关的系统集成业务等。

【信息化建设】　2020年,永康联通加快数字化转型,充分发挥信息通信对产业链和经济社会的拉动融通作用;加强市县联动,依托5G技术加快满足防疫时期新型智慧城市、公共安全与应急处理、智慧医疗、智慧教育、智慧交通等领域"5G＋AI＋大数据"行业化、个性化、全云化需求;积极实施多领域智慧行业项目,打造智慧管理模式,推进智慧小区、智慧制造、智能停车、智慧校园等建设,并持续做好现有行业应用的服务支撑。

【做好应急联动】　2020年,永康联通继续加强通信应急联动,确保通信畅通,开展各节假日及重点活动期间通信保障工作,开展特殊天气通信保障和应急抢修工作,确保通信畅通和安全;积极配合落实永康市美丽乡村及小城镇整治等重点工程建设。

【网络建设维护】　2020年,永康联通持续推进落实宽带中国战略,全年投资30万元,改造宽带用户1000多户;快速推进网络建设和隐患整治,网络支撑保障能力和品牌口碑稳步提升;深入贯彻落实5G网络共建共享合作,推进5G站点和核心机房建设,全年投资8000多万元,新建5G站点225个;继续做好网络优化及线路整治工作,积极开展行业内外共建共享的深度合作。

（永康联通　应红燕　施志辉）

财政税务

财 政

【概　况】 2020年,永康市财政局(简称市财政局)紧扣中心工作,充分发挥财政职能作用,确保财政管理各项工作平稳有序,为永康经济社会平稳健康高质量发展提供财力保障,聚焦"现代治理"构建高质量财政管理格局,获省政府督查激励。全年财政总收入94.07亿元,一般公共预算收入60.67亿元,增长1.2%,其中税收收入52.31亿元,非税收入8.36亿元。一般公共预算支出78.22亿元,剔除一次性因素后增长2.7%。全年财政收支平衡。一般公共预算收入占GDP比重为9.48%,一般公共预算收入占财政总收入的比重为64.49%,税收收入占一般公共预算收入的比重为86.22%,主要指标处合理区间。全年新增地方政府债券25.55亿元,新增"两直"资金3.26亿元,政府债务风险为省级绿色。收回借款、结余资金9.40亿元,开展公款竞争性存放52.73亿元。

【财政体制改革】 财政监督制度建设填补全国县级空白,出台全国县级首个财政监督工作意见,制度引领合力监督获浙江省财政厅发文推广,并在全省作经验交流。持续深化"一件事"改革,聚焦实体经济和民生领域,深化道交改革,开通掌上申请渠道,线上线下联动,一张表单申请、一个平台联办、一次不跑办成,道路交通事故救助基金"一件事"改革列入省级试点。上线"财

政奖补资金系统",应用于企业和涉企部门,实现涉企政策兑现全程网上办。开通"绩效说事""绩效微课堂"专栏,积极构建"政府话绩效、人大评绩效、政协议绩效、媒体说绩效"工作格局。

【会计核算】 做好国库集中支付,全年累计监控资金43亿元。完成业务受理审核、网上支付、资金核对、日清月结等工作,全年共发直接支付令3057个,授权支付令105493个,其他支付令6100个。

【票据管理】 紧扣"最多跑一次"改革要求,持续推进非税收缴电子化改革。永康市实现财政专户资金全面电子缴库,非税收缴电子化率100%,代收商业银行接入率100%。开通电子票据单位465家,医疗电子票据全面上线,通过公共支付平台收缴的单位电子票据实施率100%,生成电子票据共78.71万份,收缴资金达117.69亿元,完成从"最多跑一次"向"零跑"目标迈进,依托"省行政执法监管平台"严格落实财政票据"双随机"检查,切实加大票据监管力度。

【基层财政】 做好16个镇(街道、区)预算、决算和集中支付等工作,创新乡镇财政(国库)集中支付管理模式,有效确保资金安全。全面强化和规范基层财政管理,全年实现收入资金53.77亿元,拨付资金44.74亿元。累计投入2.71亿元,建设项目429个,做好一事一议财政奖补工作,成功举办一事一议十年成果展。相关做法刊发于《浙江日报》,获省财政厅以及市委、市政府主要领导批示肯定。

【造价审价】 全年审核概算、预算和结算项

目 397 个,审查金额 81.67 亿元,同比增长 43.89%,审定金额 78.04 亿元,共核减资金 3.63 亿元。主动对接福利院疫情隔离观察点装修改造工作,确保隔离点按期投入使用;深入开展"三服务"活动,从源头上解决业主和施工企业在政府投资项目上的难点问题,减少工程变更;研究制定《永康市造价和审价中心政府投资项目审核管理规程(试行)》和《永康市造价和审价中心政府投资项目造价咨询企业管理办法(试行)》,加强对建设单位、施工企业和造价咨询企业的监管;编发《永康市政府投资项目审核文件汇编》,提升政府投资项目审核效率,稳妥有序推进美丽永康建设重点项目。

【政府采购】 全年完成实际政府采购金额 3.99 亿元,项目数 1394 个,完成行政事业单位车辆购置审核 34 辆。打造良好的政府采购营商环境,全面实现政府采购电子招投标,助力本地供应商拓展政府采购市场,推动政采云车辆维修、网络租赁定点上线。扎实做好项目采购监管,继续做好政府采购大数据风险管理,开展政府采购代理机构检查,配合做好公开招标制度落实情况检查。加强公务用车管理,系统采集并整理机构改革单位政采云公务用车相关信息,进一步规范完善公务用车管理。

(市财政局 陈明敏)

国有资产

【概　况】 2020 年,面对深刻复杂变化的国际国内形势和突如其来的新冠肺炎疫情,永康市人民政府国有资产监督管理办公室(简称市国资办)切实贯彻落实上级国资监管部门和永康市委市政府的决策部署,围绕国有资产保值增值和支持国有企业做优做强,全面深化国资国企改革,加快国有经济布局结构战略性调整,不断健全完善国有资产监管制度体系,扎实推进党的建设,发展质量创历史新高,国企改革取得阶段性成果,支持永康经济社会发展取得新成效。在抗疫情、战台风中,发挥了国资国企主力军、国家队作用。全市国有企业资产总额 393.05 亿元,净资产 132.32 亿元,实现营业收入 31.78 亿元,分别比 2019 年增长 25.14%、16.28%、9.58%。完成资金筹集 40.5 亿元,永康国有经济保持平稳发展态势。全省国资系统产权管理工作会议于 11 月底在永召开,系省国资委首次在县级召开的大型会议,永康产权管理工作获得省国资委高度肯定。

【资金筹集任务超额完成】 2020 年,市国资办牵头制定出台《国有资本投资公益性项目融资管理暂行办法》,国有资本投融资项目资金保障机制基本构建;基本完成国有投融资平台建设,在金汇集团 AA 平台建设基础上,完成国投控股 AA+主体信用等级评级。统筹资金管理,全年调度资金 27 笔,金额 29.24 亿元;指导市属企业充分利用政策"窗口期",投融资、降成本,切实增强项目可持续投资的能力。2020 年以来,市属国有企业申报地方政府专项债券 13 只,占全市申报项目的 68.42%,其中 12 个项目 16.93 亿元债券额度已下达,获永康市政府主要领导批示肯定。通过融资置换等节约财务成本约 2180 余万元。2020 年,国有企业存量融资平均利率为 4.57%,较上年降低 92 个 BP(0.92%)。全年完成资金筹集 40.5 亿元,超额完成永康市委全会提出的 30 亿元年度融资目标。

【项目资金保障有力】 2020 年,国资监管的市属国有企业共承接民生、卫生、教育、基础设施建设等项目 83 个,完成投资 30.32 亿元,较 2019 年增长 191.82%,其中 330 国道改建工程(一期)主线顺利通车,客运中心建成启用,步行街美食城项目由前期类转为实施类。因资金保障有力,国有资本投资项目没有因资金短缺而出现建设滞后等问题。

【六稳六保走在前列】 充分发挥国资国企主力军、国家队作用,勇挑防疫重担,完成 2 处隔离点、1 处临时安置点选点谈判,组织指导市属企业保障居民粮食、蔬菜、饮用水等基础物资供应,城投集团建成隔离点 2 处,交投集团建立应急车队 2 支,完成运送 688 位特殊人员和 66 吨防疫物资,为打赢疫情防控阻击战提供有力支撑。积极推动国有企业百分百落实经营性资产租金减免政策,累计减免租金 6828.43 万元,惠及承租户 3988 户,减免 187 辆国有营运车辆承包金 101 万元,减租总额位列金华第二,获省督查组肯定。完成 61 户大个体户入统,市属国有企业举办促消费活动 40 多场。

【资产盘活卓有成效】 2020 年,市国资办出台国有企业资产管理办法等相关制度,全面推开资产管理信息化建设工作。制定国有不动产盘活攻坚三年行动方案,完成企业国有不动产二次摸排比对,进一步厘清国企不动产家底;启动 46 宗主城区 5000平方米以上国有不动产盘活调研,就 20 个区块、33 宗大宗资产提出初步开发建议;利用低效资产谋划小微园 3 个。

(市国资办 供稿)

税 务

【概 况】 2020 年,永康市共组织税收收入 128.61 亿元,同比增长 4.17%,办理出口退税(含免抵调库)44.42 亿元,累计落实"五减"3.93 亿元,降本减负 18.54 亿元,为助推永康实体经济发展贡献了税务力量。永康市税务局(简称市税务局)在金华市税

务系统组织绩效 2020 年度考核和永康市地方单位垂直管理部门 2020 年度综合考核中皆获优秀等次。

7月6日,市税务局结对帮扶村下赵村"千亩蜜桃"基地水蜜桃喜获丰收(市税务局提供)

【税务征管】 2020 年,市税务部门深入实施数据管税,广泛运用工业企业销售收入监控预警模型,实现对纳税人申报税收情况的监控评价,完善申报业务的事中、事后预警监控管理,有效提升整体征管效率。2020 年,市税务部门按照上级统一部署要求,认真做好个人所得税综合所得的首次年度汇算工作;平稳推进增值税电子发票推广工作,电子发票推广率达到 64%;圆满完成 2021 年度城乡居民基本医疗保险费集中征缴和大病医疗保险费征缴工作,其中大病医疗保险费到账率 93.84%,较上年提高 7%。稳妥开展水土保持补偿费、地方水库移民扶持基金、防空地下室易地建设费、排污权出让收入四项非税收入征管职责划转的准备工作,确保四项非税收入征管职责平稳有序划转。全年城乡居民养老保险入库 7425 万元,增幅 287.53%;城乡居民医疗保险入库 3.44 亿元,同比增长 37.37%;公共户外广告资源有偿使用费入库 107 万元,增幅 75.41%;利用政府投资建设的城市道路和公共场地设置的停车泊位经营权转让收入入库 152 万元,增幅

90％。同时，认真落实永康市委、市政府部署，发挥税务部门的职能作用，助力完成工业企业"小升规"（小微企业转型升级为规模以上企业）培育，2020年培育净增103户，总量超1000户。

【纳税服务】 2020年，市税务部门积极推广"非接触式"办税缴费模式，通过"导税前移、全程辅导、税邮代跑"等新方式，引导纳税业务"网上办、邮递办、预约办、热线办"，全年共受理网办业务18余万条，邮寄发票超217万份。依托"小范工作室"，提供"现场、电话、网络"咨询及集中授课等涉税服务，2020年累计接受政策咨询5000余人次，接听电话18480余次。创新"小范说税"纳税学堂品牌，以纳税人与税务机关双重视角讲授税收财务知识，该品牌获评"浙江省税务系统纳税服务宣传十大品牌"。探索开发"e办税"平台，推行"税费政策易学、应缴税费易算、税费业务易办"新模式，被列为永康市政务"一件事"创新服务项目。深化"银税互动"，共建"税银智能微厅"，共享服务网络和资源。缓解企业融资难融资贵局面，授信覆盖面扩大至信用等级M级企业，新增贷款10.2亿元。

【税源监管】 2020年，市税务部门成立专业税收分析团队，探索建立税收数据分析模型，强化对重点行业、重点税源、重点区域、重要税收政策影响情况的综合性和效应性分析，充分掌握永康市税源结构，做实做细税源科学预测，密切跟踪经济税收形势发展变化。在日常工作中摸排出各行业中成长性好、创新性高、发展前景广阔的企业，纳入优质税源培育对象库，大力培育涵养永康市优质税源。成立税收风险应对团队，运用生产要素投入产出模型，针对风险易发的行业，建立重点不同的行业动态监控体系，挖掘行业共性风险问题，在此基础上，结合征管现状和产业风险特点，开展上下游企业产业链风险排查，多维度监控企业涉税风险。针对行业性涉税风险疑点，根据疑点数据对企业经营场所、账簿资料等进行实地核实，核查其产能、销售、开票等数据是否匹配，对存在问题的企业，督促其按规定补缴和整改，防止国家税款流失。2020年度，永康市税务局共完成风险任务79批1322户，补缴税款、滞纳金1.92亿元。

（市税务局　李仙桃）

经济调控

发展管理

■ 计划制订

【概　况】　2020年根据国内外宏观经济形势,结合本市实际,按照市委工作总体部署,衔接"十三五"规划目标,兼顾经济高质量发展要求,永康市发改局(简称市发改局)制订2020年经济社会发展主要预期目标(见下表)。

2020年永康市经济社会发展主要预期目标

指标名称	2020年预期目标(增长率)
全市生产总值	6.0%—6.5%
一般公共预算收入	与经济增长基本同步
社会消费品零售总额	6%
城镇居民人均可支配收入	与经济增长基本同步
农村居民人均纯收入	与经济增长基本同步
城镇新增就业人数	1.3万人以上
城镇登记失业率	3.5%以内
单位生产总值综合能耗和化学需氧量、二氧化硫、氨氮、氮氧化物排放量	完成上级下达目标

【释放发展活力】　建成智能化、数字化工厂(车间)项目5个以上,培育工程服务机构3家以上。实现规上企业研发费用占主营业务收入的比重达2%左右,全市R&D投入占市生产总值的比重达2.6%以上。培育国家高新技术企业35家、省科技型中小企业100家、省高新技术企业研发中心4家、金华市研发中心4家。五金产业创新服务综合体建成并投入运营,引进服务机构50家以上。新增营业收入10亿元以上企业2家,上市企业2家。实施"瞪羚企业"培育计划,培育省"隐形冠军"企业4家。实现规上工业企业数量突破1000家。新开工小微园10个。筹建中国五金工业设计院,阿里巴巴本地生活服务总部入驻总部中心,全年举办规模展会40场以上。打造中国(永康)五金人力资源服务业产业园。

【扩大有效投资】　争取固定资产投资增长20%以上,四大结构性指标均增长10%以上,谋划盯引省市县长工程2个。对续建类项目库、新建类项目库、重大前期项目库、项目储备库等"四库"建设提出规范化要求，并通过项目管理平台进行数字化管理。深化"六个一"机制，推行"6＋X"联席会议机制，完善问政问责机制，建立人才联合培养机制，着力推进政府投资、国资投资项目200项以上，实施类项目投资完成率提升20％，达到80％。

【激发增长潜力】 高规格成立治决会。实施"信用永康"六大工程。打造"三无"服务大厅，群众办事材料减少50％以上。民生事项全市域通办和乡镇可办率达到80％以上。推进一般企业投资项目审批"最多80天"改革，小微园项目开工前审批100％实现"最多50天"。开展低风险小型项目最多20个工作日试点。中国五金物流港开工建设。金台铁路全线通车，永义公路木渠段基本完工。启动清泉寺复建、五指岩景区规划等工作。推进永康无水港共建义乌国际贸易综合改革试验区。外贸出口全国占比达到1.88‰，自主品牌出口占比5％，新增省出口名牌企业2家，争创电动工具外贸转型省级示范基地。

【改善发展面貌】 改造提升东入城口道路，提升主题公园3个，建设街角精品6个，完成体育中心改造。打通金马路延伸段、华溪北路延伸段等断头路，建成龙洋潮停车场。解放街宝龙商场开始营业，推进世贸中心遗留问题实质性破解。开工建设城中村改造项目3个，启动2个。启动江南山水新城和田川未来社区建设。争创国家4A级景区1个、省景区镇2个。打造集镇至城区半小时交通圈。创建国家森林乡村6个、省美丽乡村特色精品村5个、"三美"综合体培育村5个，建成最美双舟线和陈亮故里线，新增绿道20千米以上，完成平原绿化2600亩。建好"四好农村路"，建设美丽经济交通走廊50千米。全域推进"美丽工厂"

创建行动，空气质量优良天数比率达到90％以上。生活污水治理行政村覆盖率90％，确保Ⅲ类以上水质断面达100％。

【普惠共享发展成果】 新增就业1.3万人，建成乡镇级示范型居家养老服务中心9家，完成生活困难老人家庭适老化改造80户。启动殡仪馆迁建工程、千金山陵园二期工程。组建教育集团5个以上。外国语学校、城西初中、城北初中、新大司巷小学等项目投入使用。建成3所幼儿园，镇级公办幼儿园实现全覆盖。医共体分院基本达到国家标准，县域就诊率稳定在90％以上，中医院创建三级乙等综合性中医医院。建成社区多功能运动场3个、小康体育村10个，举办国家级赛事3场以上。

■ 经济运行

【概　况】 2020年地区生产总值增速1％；一般公共预算收入增长1.2％；社会消费品零售总额增长－5％；进出口总额增长32.8％。城镇、农村居民可支配收入增速均高于地区生产总值增幅；城镇新增就业人数2.64万人；城镇登记失业率1.74％；单位生产总值综合能耗未完成金华市下达的目标，化学需氧量、二氧化硫排放量、氨氮排放量、氮氧化物排放量均完成上级下达的目标。

【抗疫成效】 全省首创"四色预警"机制，在金华率先完成确诊病例清零，实现本地确诊病例"零死亡"、医务人员"零感染"。派出5名援鄂医护人员。率先推出"返岗直通车""复工复产七步法"，组建工业、投资、消费等八大专班，落实"五减"资金26.1亿元，完成"两直"补助3.3亿元，设立5300万元"稳产稳岗"贴息专项资金。

【经济发展】 全年规上工业增加值153亿元。列入两化深度融合国家综合性示范区。

实施智能化、数字化技改项目212项,完成保温杯(壶)、电动工具行业"企业数字化制造、行业平台化服务"试点项目10个,建成行业龙头企业智能工厂(车间)项目6个,新增上云企业1459家,入选国家"小巨人"企业2家。规上工业企业突破1000家,"小升规"新增数、净增数连续3年居金华首位。市场主体突破13万户。新开工小微园12个。新增股份制公司35家。成功处置企业债务15.6亿元。举办"云购五金优品、畅享永康品质"系列活动,市县联动发放消费券拉动消费9.1亿元。成功举办门博会、五金博览会等规模展会25场次。网络零售额突破1000亿元。

【营商环境】 工伤、法拍"一件事"集成改革走在全省前列。首创小微企业园联建审批"一件事"改革,投资项目"最多80天"实现率达100%。颁发金华首份长三角"一网通办"营业执照。创设"1818+N"城市大脑建设模式,实现省政府"观星台"零突破。城市信用综合指数首次挺进全国前60。举办首届"民营企业家节"、首届工程师大会等系列活动,开通"8718"助企专线,解决企业难题8504个。

【创新活力】 规上工业企业研发费用同比增长14.4%。新增国家高新技术企业74家、省科技型中小企业187家。开展难题协作项目12个。国家林草装备科技创新园成功获批、省五金产业创新服务综合体建成运行、五金物流港完成产业规划、电子信息产业园完成首批项目招商、智能门(锁)工程师协同创新中心开工建设。新增"品字标"企业10家、"浙江制造"标准17项,顺利通过"中国口杯之都"国字号品牌复评,引进"老字号"品牌2个。成立永康博士专家联谊会北京分会,出台"智汇丽州"人才新政20条,引进顶尖人才6名、领军人才25名。

【项目投资】 完成固定资产投资123.3亿元,同比增长7.1%,投资工作走在金华前列。新增省重点项目3个,市县长项目落地率75%,超额完成全年目标。全省集中开工和省重点建设项目开工率100%,投资完成率均达120%以上。争取资金27.3亿元,向上争取用地指标3762亩,能耗指标1万吨标煤。创新推出"一班四法五新"基础机制、"四步四色四马"攻坚机制、"一环一灯一奖惩"监督机制等项目工作机制。

【城市建设】 高分通过省示范文明城市验收。杭丽铁路列入国家规划,金台铁路、金温客货线迁建主体完工,客运中心投入使用。启动老旧小区改造4个、城中村改造7个,江南山水新城完成规划,田川未来社区开工建设。成功创建国家园林城市,"芝英古城""铜山岭钱王古道"列入省打造大花园耀眼明珠培育对象。创建全国文明村1个、省级美丽乡村特色村5个、精品村34个、省文化示范村2个。打造美丽经济交通走廊80千米,永康—磐安引水协议正式签订。拆除违建285万平方米,新增绿化10万平方米。首创"1110"无废城市创建体系,推行一般工业固废处置"五步法"。创新小微企业危废处置"12369"模式,处置成本节省30%以上。全年AQI优良率97.0%,同比提高6.3%,无重度污染天数。金华市控以上地表水断面水质、饮用水达标率均为100%。

【社会事业】 全市民生支出达60.8亿元,占公共财政预算支出77.7%。新增8个教育集团,高考一段线上线人数突破800大关。新增省名师工作室3个,城西中学等14个项目完工。新增省五星级文化礼堂6个、农村文化礼堂63家。全省率先实现"刷脸就医"、医保结算和医后付费,新增名医工作室5家,"三医联动、六医统筹"改革列入省级试点。全市基本养老保险参保率97.16%,新增城镇就业2.64万人,城镇登记失业率 1.74%，减轻企业和职工负担 7 亿元。建成乡镇示范型居家养老服务中心 7 家。打造永康"1＋7＋X"新型县市级智慧养老模式，困难老年人家庭适老化改造 80 家，工疗型"残疾人之家"改造 6 家。启动殡仪馆迁建工程，开工建设千金山陵园二期。高规格举办首届"龙山经验"高峰论坛。"平安永康"创建实现十四连冠。

■ 行政审批

【最多 80 天完成情况】 截至 11 月 26 日，永康市新赋码企业投资项目完成竣工验收的共 21 个，平均用时 0.9 天，"最多 80 天"实现率 100%。其中完成施工许可证核发的共 134 个，平均用时 3.06 天，开工前审批"最多 50 天"实现率为 100%；2020 年启动竣工验收项目 59 个，平均用时 2.18 天，"最多 30 天"实现率 100%。

【4 个 100% 完成情况】 市发改局每月组织投资项目审批部门和权限下放镇（街道、区）新进人员开展 3.0 平台操作培训，促使各单位熟练应用 3.0 平台，确保本部门审批事项全部通过 3.0 平台网上申报，全部通过 3.0 平台网上审批，全部通过 3.0 平台在线出具批文。

【公用事业一窗办理情况】 永康市根据《永康市公用事业协同办理模式工作指引》，引导企业进行申报，同时依托具有永康特色的小微企业园，探索小微企业园联建项目公用事业协同办理模式，由小微园所在镇（街道、区）牵头办理，进一步提高审批效率和服务质量，为企业省时减负。全市已有 42 个公用事业报装办件。

■ 经济体制改革

【概　况】 2020 年，永康市委认真贯彻落实中央、省委和金华市委关于全面深化经济体制改革精神，聚力高质量发展，以奋力打造"中国乃至世界先进制造业基地"为总目标，统筹疫情防控和经济社会发展，全面完成经济体制改革年度目标任务，为高水平全面建成小康社会取得决定性成就贡献永康力量。

【聚焦转型升级打造"永康样本"】 营商环境持续深化。政府数字化转型纵深推进，省内率先创设"1234＋N""城市大脑"建设模式。首创小微企业园联建审批"一件事"改革，工伤、法拍"一件事"集成改革走在全省前列。城市信用综合指数首次挺进全国县级市前 60。科创平台改革建设取得新成效。国家林草装备科技创新园顺利获批，电子信息产业园完成首批项目招商，省五金产业创新服务综合体建成运行，智能门（锁）工程师协同创新中心开工建设。深入开展"中国制造 2025 浙江行动"示范试点，完成"企业数字化制造、行业平台化服务"17 个项目试点并接入工业互联网平台。"搭积木式"数字化改造经验全省推广。出台"千帆计划"、产业链补链强链项目准入管理办法。小微企业制度供给力指数居全省榜首。启动开发区（园区）整合提升。餐厨垃圾资源化综合利用和无害化处置示范试点通过省级验收。"市场采购"＋"跨境电商"模式加快推进，签署永康—阿里深度合作协议。建成永康市电商公共服务中心，中央仓储园投入使用，引进 2 个"老字号"品牌。

【发挥试点优势，强化能级提升】 重点改革破题前行，"最多跑一次"全面推进，省县域经济治理改革试点获批通过，投资项目审批用时全面提速。传统产业提质增效。制造业数字化、智能化加速推进，王力、三锋入选省"未来工厂"培育名单，打造形成 4 条具有全国影响力的标志性产业链。规上企业突破 1000 家，王力安防 IPO 过会，千禧龙纤、德硕电器获评国家级专精特新"小巨人"企业。"亩均论英雄"改革获省政府激励,"中国口杯之都"通过复评。抢抓政策"窗口期",争取地方政府债券25.6亿元,新增省重点建设项目3个。突出强链补链抓招商,举办珠三角智能制造产业对接洽谈会,引进3亿元以上项目14个。创设"四马攻坚"项目推进机制,破解难题202个,投资增速居金华前列。强化土地要素保障,向上争取用地指标3762亩,消化批而未供用地1586亩,盘活存量建设用地1712亩,低效用地再开发3058亩。纵深推进商事登记制度改革,企业开办实现"零成本",平均开办时间缩至18分钟。提振消费举措有力。"制造业+电商"加速融合,直播电商、社区电商业态不断丰富,淘宝村数量居全国第三。积极适应新发展格局,荣获省首批产业集群跨境电商发展示范市,获省批发零售业改造提升和省供应链创新与应用专项激励。网络零售额突破1000亿元,获得"外拓内""五优联动"等4个省级试点。大力发展跨境电商,建设海外仓11个,外贸出口逆势增长30%以上,跨境电商网络零售额居全省第二。

■ 物价管理

【概　况】 2020年,按照上级发改部门工作部署及市委市政府的工作要求,积极开展清费减负工作,助力企业共克时艰、复工复产。认真开展粮食、蔬菜和肉类等重要商品价格的监测任务,定时采集各价格监测点各类商品价格信息,梳理价格波动情况,分析变动原因,汇总相关价格信息并在网上公布,并及时上报上级发改部门,保障重要民生商品市场供应充足、价格稳定。

【临时降低企业用气用水用电价格】 转发省发改委《关于新冠肺炎疫情防控期间临时降低企业用气用水用电价格的通知》,切实支持企业抵抗疫情冲击,用气价格每立方米降低0.14元(执行时间为2020年2月1日—6月30日),用水价格下调10%(执行时间为2020年2月1日—4月30日)。

【开展配气成本调查工作】 根据《中华人民共和国价格法》《浙江省政府制定价格成本监审实施细则(试行)》等规定,于2020年3月27日—5月7日对永康新奥燃气有限公司2019年度管道燃气配气成本进行调查,在成本调查过程中,严格按照《浙江省城镇燃气配气定价成本监审办法》开展各项工作,并及时上报金华市和省局审核。

【开展农产品调查工作】 永康市的农产品成本调查主要分为农户基本信息调查、农户种植意向调查、早稻成本直报调查和晚稻成本直报调查。按时在4月、6月、8月、11月向省局上报农户基本信息调查情况、农户种植意向调查情况、早稻成本直报调查情况和晚稻成本直报调查情况,并加以分析形成书面材料。

【城市供水定期成本监审工作】 根据《中华人民共和国价格法》《浙江省政府制定价格成本监审实施细则(试行)》等规定,于2020年3月27日—6月30日对永康市钱江水务有限公司2019年度城市供水成本进行监审。在成本监审过程中,严格按照成本监审程序进行监审,并及时上报金华市和省局审核。

【价格监测、预警工作】 永康市被列入监测且与上年同期有可比性的重要商品有50个,分别在每月的5日、15日、25日向各监测站点收集当月各重要商品的实时价格信息,同时与上年同期相比,形成书面分析材料。在抗击疫情的特殊时期,率先响应在全市设立13个应急价格监测点,一日两测,及时掌握价格动态。每季度对粮食价格进行计算且与上季度粮食价格进行比较,形成书面分析材料。每月每季度定期向金华市上报相关价格监测数据与分析,同时在政府部门网页上进行公开发布,让广大群众及时了解最新价格动态与走向,并且做好价格预警机制,确保实时监测,发现问题及时上报与处理。

■ 特色小镇

【概　况】　2020年,永康市围绕特色小镇资源禀赋、产业特色的差异特点,贯彻落实《关于加快特色小镇规划建设的实施意见》文件精神,从资源配置、功能环境、综合效益等方面综合发力,建设特色小镇试点。共有浙江省级培育类特色小镇2个,即众泰汽车小镇、赫灵方岩小镇。

【众泰汽车小镇】　2020年,众泰汽车小镇累计完成投资56.6亿元。众泰汽车小镇以众泰新能源汽车产业为核心,从研发、生产、体验、旅游等多维度推动新能源汽车发展,致力于打造国内外知名的汽车特色小镇。众泰汽车小镇已创建众泰纯电动汽车研究院、威力园林机械研究院等省级重点企业研究院,新能源汽车研发及产业化项目、全地形车项目初步投产。

【赫灵方岩小镇】　2020年,赫灵方岩小镇累计完成投资22.73亿元。赫灵方岩小镇以方岩景区旅游产业为核心,通过资源整合,推动风景区和城镇同步发展。赫灵方岩小镇旅游商贸服务区基础设施二期已基本完成建设;方岩景区开发项目一期工程建设稳步推进,方岩景区的旅游品质显著提升。高标准推进4A整改工作,完善游览服务设施,强化旅游安全意识,加强卫生长效管理,增设景区安全提示牌,统一规范景区垃圾桶,完成景区厕所的修缮,完成圆形商场、鲜花长廊、天街店铺、胡公祠等旅游服务配套设施修缮工程,努力打造永康旅游的金字招牌。

方岩小镇全景(市发改局提供)

（发改局　王　珏　毛章元
单勺娟　朱　滔　杨　彬）

审计管理

【概　况】　2020年,永康市审计局(简称市审计局)共完成审计(调查)项目19个,移送司法机关、纪检监察机关和有关部门处理事项4件,移送处理人员14人,其中6人被判处缓刑。上报各级审计信息66篇、审计专报9篇,提出审计建议69条,获各级领导批示13项。积极配合浙江省审计厅圆满完成对永康市党政主要领导经济责任审计、金华市审计局对永康市人民政府2019年度财政决算审计工作。同时在原有1家下属事业单位经济责任审计中心的基础上,新成立数字化审计中心,加快推进审计数字化改革。

■ 财政与行政事业审计

【概　况】　2020年,坚持以财政安全和财政资金使用绩效为切入点和落脚点,完成2019年度市本级财政预算执行和决算(草案)审计、西溪镇人民政府2019年财政决算审计、市本级2019年度部门预算执行情况审计和永康市"三促进"(促进就业优先政策落实、促进财政资金提质增效、促进优化营商环境)专项审计,促进提高财政资金使用绩效,实现集中财力办大事。

【2019年度市本级预算执行和决算(草案)审计】 2020年4月9日—6月18日,审计部门以"专题+"模式认真组织开展2019年度市本级预算执行和决算(草案)审计,重点关注全面预算绩效管理、现代财政制度建立、政府债务风险防范,努力构建财政审计大格局平台。《2019年度本级预算执行和其他财政收支审计工作报告》主要反映5个方面25项38个具体问题,力促两家供水企业上缴代征的污水处理费9716.91万元,促使78家社会团体存放在市财政专户中的1549万元结余资金划转回各社团自有账户,实现"归位"管理。运用大数据技术,对遗属生活困难补助款发放情况及职工养老金发放情况进行比对分析,发现存在向已死亡人员继续发放遗属生活困难补助款或养老金等问题,促使收回多发的遗属生活困难补助款21.29万元,多发的养老金4.39万元。代市政府向市人大常委会作2019年度市本级预算执行和其他财政收支审计工作报告查出问题整改情况报告。

【市本级2019年度部门预算执行情况审计】按照《中共浙江省委审计委员会办公室印发〈关于深入推进审计全覆盖的实施意见〉的通知》的要求,2020年4月2—28日,审计部门首次对市本级2019年度部门预算执行情况进行了全覆盖审计。运用大数据审计工作模式,对市本级纳入财政预算的288个部门单位的财务数据进行采集、集中分析,并在此基础上重点围绕部门预算执行和绩效、会议培训支出、资产管理等6个事项对32家一级预算单位进行现场审计。审计显示,预算编制及执行、会议培训管理、固定资产管理和往来款管理等方面存在问题。审计部门从优化部门预算编制、完善会议审批制度、健全内控管理制度、加强往来款管理等方面提出审计建议,促进财政资金提力提效。

【"三促进"审计】 围绕"六稳""六保"促进经济高质量发展,2020年4月16日—9月30日,审计部门对永康市"三促进"(促进就业优先政策落实、促进财政资金提质增效、促进优化营商环境)进行审计。围绕"三促进"内容,密切关注就业优先、减税降费、工程建设项目审批制度改革推进等重大政策措施的落实情况,从提高思想认识、建立健全惠企政策落地机制、确保惠企政策落地实施等方面提出审计建议,推动相关领域转型升级和提质增效。

【镇(街道、区)2019年度财政决算或预算执行情况审计】 2020年9月1日—11月6日,审计部门对西溪镇人民政府、东城街道办事处、经济开发区管理委员会2019年度财政决算或预算执行情况进行审计。审计部门从一般公共预算本级收支、补助收支、政府性基金收支等情况着手,审计显示,财政预决算管理、国有资产管理、政府投资项目管理等方面存在不足,审计部门从加强预决算管理、加强资金资产管理、加强工程项目监督、加快审计整改力度等方面提出审计建议。

■ 企业审计

【概　况】 2020年,市审计局以推动加快国企深化改革进度,助力国有企业做强做优做大为目标,重点关注惠企政策落实情况,并第一时间开展永康市应对新冠肺炎疫情防控资金和捐赠款物专项审计。

【疫情防控资金和捐赠款物专项审计】2020年3月3日—4月3日,审计部门对永康市疫情防控资金和捐赠款物开展专项审计,重点审计财政资金、捐赠资金、专项再贷款资金,延伸审计市红十字会和市慈善总会、疾病控制中心等9个政府机构和单位及3家企业。通过审计,推动出台《永康市红十字会救灾物资管理办法》等3项制度,保障资金和物资的及时拨付和安全管理,进一步提升应急管理能力,并将审计监督与"三服务"活动深度融合,成功帮助一家企业化解7000万资金被抽贷的危机。

【2018年至2019年落实科技创新重大政策情况专项审计调查】 2020年3月25日—5月8日,审计部门对永康市2018年至2019年落实科技创新重大政策情况进行专项审计调查,重点关注财政科技资金支出、科技成果转化、科技政策建立等情况。审计调查结果表明,截至2019年底,永康市科技工作通过对财政科技资金的分配、拨付、引导,帮助企业创建工程技术中心、高新技术研发中心以及研发设计中心等创新载体,全市已建成4家省级重点企业研究院。科技资金基本能按政策规定足额拨付到位。但审计也发现,由于受体制机制、政策宣传等多方面因素影响,相关企业存在重复享受财政补助、科技项目成果技术含量偏低等问题,对此,审计部门提出加强科技创新政策宣传、注重科技资金绩效、优化科技资金投入方向等建议。

【企业职工基本养老保险专项审计】 2020年6月30日—7月15日,审计部门坚持"紧扣目标、突出重点"原则,围绕全市企业职工养老保险政策制定和执行的底数情况及基金征缴、使用情况,精心组织永康市企业职工基本养老保险专项审计。审计重点关注全市养老保险基金可持续运行情况,进一步摸清家底,助力全市企业职工基本养老保险省级统筹工作。

【市政工程公司2017年至2019年财务收支审计】 2020年10月19日—12月25日,审计部门对永康市市政工程公司2017年至2019年财务收支进行了审计,重点对资产、负债、损益及管理情况进行审计,并对子公司永康市城建商品混凝土有限责任公司、永康市城建商品混凝土有限责任公司运输分公司的有关事项进行延伸审计。

【浙江金汇五金产业集团有限公司2017年至2019年财务收支审计】 2020年11月6日—12月23日,审计部门对浙江金汇五金产业集团有限公司2017年至2019年财务收支进行就地审计,并对子公司永康市农贸城有限公司2017年至2019年财务收支进行延伸审计。针对审计发现的问题,提出加强内控制度的建立和管理、规范经济合同管理、成立内审机构等审计建议。

■ 固定资产投资审计

【概　况】 为全面落实国家审计制度改革的要求,全面规范投资审计工作,根据市委审计委员会出台的《关于永康市审计局全面退出工程竣工结算审计的意见》精神,2020年4月1日起,市审计局全面退出工程竣工结算审计,回归投资审计主责主业,发挥投资审计监督作用力度不减。同时,对历年工程结算审计项目开展"清零行动",完成历史遗留结算审计项目48个,送审97634万元,审定97251万元,净核减383万元。注重历史遗留问题的审计整改,针对2018年开展永康市北苑经济适用房一期工程竣工财务决算审计中发现的2013年交付的经济适用房一直久拖不清算的问题,经审计多方督促和协调,于2020年8月完成清算,闲置7年的2788万元资金成功上缴财政。

【2019年度投资2000万元以上的重大交通工程项目建设管理情况审计】 2020年5月6日—8月5日,审计部门对永康市2019年度投资2000万元以上的重大交通工程项目建设管理情况进行专项审计调查。重点调查土地利用和征地拆迁、基本建设程序、工程招投标及合同管理、质量管理、工程进度控制管理、项目建设资金管理等,对重要事项进行必要的延伸和追溯。审计调查结果表明,重大交通工程项目的实施及投入使用,不断完善

永康路网框架,加强与周边县市连接,对促进永康经济发展发挥较大作用,但在项目建设管理中还存在建设管理不规范、财务管理不规范等问题。为此审计建议:一是注重项目全流程管理,做深做实项目前期工作,提高项目概算的准确率和执行率;二是落实主体责任,规范项目实施;三是建立常态化内部审计监督机制,注重单位防控风险。

【小微企业园建设推进专项审计】 2020年9月1日—10月31日,审计部门对永康市小微企业园建设推进情况进行专项审计调查,重点调查自2017年永康市小微企业园建设文件下发至2020年7月31日各小微企业园区建设运营中的主要事项,对重要事项进行必要的延伸和追溯。审计调查发现,小微企业园项目的建设对永康市加快低效及非法工业用地违章建筑拆除工作发挥较大作用,有效地整合了"低散乱危"问题企业。小微企业园建成后可以有效促进永康小微企业的特色发展,又可以达到一定的产业聚集效果,提高亩产税收,促进永康工业企业经济整体发展。但在建设推进过程中还存在前后出台政策未规定衔接办法、历史遗留问题核定无实施细则等问题,需要进一步改进和完善。对此,审计提出出台促进工业地产健康发展政策、制定第五类历史遗留问题处理标准、探索由多种投资主体开发建设的模式等建议。

【2017年至2019年镇(街道、区)政府投资30万元以下工程项目竣工结算专项审计】
2020年8月3日—12月20日,审计部门首次对永康市2017年至2019年镇(街道、区)政府投资30万元以下工程项目竣工结算情况开展专项审计调查,重点调查建设项目竣工结算内部管理制度建设和执行情况、招投标情况、合同管理和中介机构咨询报告质量等内容,有效消除工程监管盲区,推进投资审计监督全覆盖。

9月28日,市审计局在2017年至2019年镇(街道、区)政府投资30万元以下工程项目竣工结算情况专项审计调查中,实地查勘工程建设情况(夏禹 摄)

■ 经济责任审计

【概　况】 2020年,审计部门先后对市档案馆、市委老干部局、市科学技术协会、市交通运输局、市红十字会、经济开发区管委会、东城街道办事处7个单位8名领导干部开展任期经济责任审计,重点关注领导干部贯彻落实党的方针政策情况和公共资金、国有资产、国有资源的使用情况。

【经济责任审计成果运用会商研判】 2020年,根据《浙江省经济责任审计成果运用会商研判实施办法(试行)》文件精神,市委组织部、市委审计委员会办公室与市审计局在金华地区率先联合开展经济责任审计成果运用会商研判,对2019年经济责任审计中的11名领导干部提出研判建议,并形成研判意见,切实发挥经济责任审计在干部大监督机制中的积极作用。

【领导干部自然资源资产离任审计】 根据中共中央办公厅国务院办公厅《领导干部自然资源资产离任审计规定(试行)》和中共浙江省委办公厅浙江省人民政府办公厅《浙江省领导干部自然资源资产离任审计实施办法(试行)》的规定,对东城街道开展领导干部自然资源资产离任审计,出具审计意见,从土地资源开发与利用、森林资源培育与建设、水资源的利用与保护、污水治理及环境保护等四个方面,客观评价领导干部自然资源资产管理履职情况,并对下一步做好自然资源资产管理和生态环境保护方面提出审计建议,进一步促使领导干部牢固树立"绿水青山就是金山银山"发展理念,切实履行生态环保责任。

【经济责任审计结果】 各部门单位、镇(街道、区)领导干部对经济责任和自然资源管理责任的认识不断深化,守法、守纪、守规、尽责意识不断增强,多数领导干部能够全面贯彻落实市委、市政府决策部署,按照全面从严治党的各项要求,依法履职尽责、担当作为,推进本部门(单位)事业科学发展。大部分部门(单位)普遍重视内控制度建设,权力运行较为规范,财政财务收支总体较为真实、合法、合规,"三公经费"有一定降幅。但审计中仍发现各类问题 78 个,主要集中在落实"八项规定"精神、预算和财务管理、资源资产管理以及对下属单位、协会监督管理四个方面。对此,市审计局在相关领导干部经济责任审计报告中作出审计处理决定和整改建议,督促相关单位限期予以整改,并积极进行跟踪检查。如在2018 年开展的前仓镇领导干部经济责任审计中,发现其一处国有资产 2010 年以来一直未公开招租的问题,经审计跟踪督促,于2020 年 9 月完成公开招租,年租金从 2010年的 3.2 万元增加到 87.8 万元,增长 26.4倍,国有资产保值增值工作得到充分体现。

(市审计局 供稿)

统计工作

■ 统计综合

【概 况】 综合统计是统计工作的重要组成部分。基本任务是借助其他专业开展统计调查工作所取得的成果,广泛搜集、整合、开发丰富的统计信息资源。从产业、行业间的相互联系中,开展对国民经济运行状况和社会发展状况的统计分析研究和发展趋势的预测工作,系统展示国民经济和社会发展过程中的特点,揭示发展中存在的深层次矛盾和问题,及时为党委、政府领导及有关部门提供综合性的决策、咨询、建议,并努力做好为社会公众咨询、宣传、服务工作。2020 年,永康市统计局(简称市统计局)认真贯彻落实国家、省市统计工作精神,以增强统计数据真实性准确性和提升统计服务水平为主题,强化预警监测,加强调研分析,积极主动作为,按时保质完成各项常规和专项统计调查工作,为助力永康经济社会发展提供坚实统计保障。

【工业企业电子商务统计调查国家级试点】
2020 年,金华工业企业电子商务统计调查国家试点,继续在永康先行先试。试点以来,基本摸清工业企业电子商务销售经营模式和销售规模,初步核算出 2020 年永康市规上工业企业上半年未入统电子商务销售额占总销售额的比例为 36.07%,取得阶段性成果。调查研究成果及完善优化方案的措施,得到国家局工业司卢山司长高度肯定,为探索数字经济时代完善国家工业统计制度积累"永康经验"。

【企业统计基础规范化建设】 2020 年,继续深入开展针对企业统计基础"四大体系"的规范化建设,进一步巩固统计基层基础规范化建设成效。规范化建设覆盖范围从上年全部"四上"企业延伸至规模以下工业企业、限额以下商贸业企业、住户调查等,组织座谈 20 余次,走访指导企业 300 余家,对1000 余名企业统计人员开展系统培训,加强对基层统计工作的质量评估和指导。同时,对应各专业的考评内容、工作规范、量化标准,开展二次现场核查,查找统计工作中的风险防控点和薄弱环节。通过常态化数据质量检查,进一步健全执法检查与业务工作联动,持续夯实统计基层基础,全面提升源头数据质量。

【强化"中国·永康五金指数"产业导向作用】 "中国·永康五金指数"是全国首个五金指数,其价格指数与景气指数在商务部"商务预报"网站上发布。作为全国专业市场中拥有"双指数"并在国家级平台进行数据发布的五大指数之一,2020年,五金指数在《人民日报》(海外版)开设的专栏上,全年共发布专业景气指数分析12期,价格指数评析44期,影响力辐射至全球80多个国家和地区,影响生产、采购与销售商的市场行为,其产业风向标作用日益凸显。

【数据监测预警】 2020年,市统计局每月及时向市委、市政府领导及相关经济部门发送主要经济指标快报、《经济月报》、《分县市主要统计指标》、《各镇(街道、区)经济指标完成情况》和经济运行情况分析。通过"永康统计"公众号等及时公布经济运行数据。为目标督查考核做好经济指标研判,按季为市委、市政府目标搜集、整理全市主要经济指标目标完成情况,并负责对各项职能目标完成情况及基础资料进行检查核实,提出下一步工作着力点,为市委、市政府提供监测预警和统计服务。

■ 统计稽查

【概　况】 统计执法是统计监督的方式之一,是统计行政机关依照法定的权限、程序和方式,对公民、法人和其他组织在统计活动中贯彻执行统计法律法规和统计制度的情况进行监督检查,以及对统计违法行为进行查处等各种活动的总称。2020年,市统计局以提高统计数据质量为中心,着重从"夯实基础、强化执法、深化普法、规范行政行为、提升素质"等方面来加强永康市统计法制工作,为深化统计改革和促进统计事业科学发展提供法治保障。

【夯实统计基础 推进统计基础建设】 2020年,继续全面推动企业统计基础规范化建设,开展清单式大走访,按专业明确责任并验收检查,确保企业原始记录、统计电子台账、统计报表数据一致。开展统计业务专题培训86场,累计培训全市基层统计员、企业统计员及其他调查对象7286人次。按照"着眼长远、立足当前、先易后难、循序渐进"的方针,选择统计基础较好的企业,让其继续发挥带头示范作用,以此促进企业的统计基础和统计台账建设。

【加强执法检查 保障统计数据质量】 2020年,将提高统计数据质量作为执法检查的出发点和落脚点,以重点专业(行业)是否存在提供不真实、不完整统计资料和拒绝提供统计资料等为重点内容,开展经常性统计稽查,做到统计稽查实施与中心业务工作有机结合。研究编制《全市统计数据质量集中整治工作方案》、编制印发《重点统计法律法规政策选编》;分专业召开镇(街道、区)工作部署会议30场次;市统计局对自查汇总表进行数据审核,并对重点企业进行实地核查。2020年以来主动查询企业1500余家,实地数据质量核查400余家,统计执法65家,处罚5家,罚款4.5万元。

(市统计局　供稿)

经济监管

【概　况】　2020 年，永康市市场监督管理局(简称市市场监管局)紧扣市委市政府决策部署，全面做好"六稳六保"任务，推进疫情防控和服务经济社会发展，市场监管各项工作取得新进展。扎实开展对标达标行动，引领产业提档升级，领跑全省，获高兴夫副省长批示肯定；市市场监管局公众号影响力高居全国市场监管系统省级以下城市第三，在全国第二届市场监管领域政务新媒体大会上作典型发言；颁发全省首份长三角"一网通办"营业执照；首创企业"品字标"二维码走向用户消费终端；"浙江制造"品牌培育居金华首位、全省前列；受邀参加浙江电视台"品字标"新零售购货节活动，推出全省唯一县级专场；助力中国口杯之都通过复评；建成启用金华首个知识产权服务平台；强力促进小微企业提质增效，小微企业制度供给力指数居全省榜首，获评省"小微企业三年成长计划先进集体"；着力打造一流营商环境，实现企业开办零费用、零次跑，全程网办、集成办比例领跑金华；聚力市场改造提升成效显著，永康市获评全省放心农贸市场建设工作成绩突出市；全省首创产品抽检全链条监督闭环，实现检测服务"阳光透明"；全力完成疫情防控、复工复产、创文创卫等重点任务；浙江制造、企业开办等工作获省市领导批示肯定 10 次。

2020 年 10 月 28 日，中国轻工业联合会、中国日用杂品工业协会考评组一致同意永康市通过"中国口杯之都"复评(市市场监管局提供)

市场管理

■ 企业登记

【概　况】　2020 年，受疫情影响，各市场主体都遭遇前所未有的经营困难。市市场监管局作为主要牵头部门积极开展"两直"补助工作，帮助民营经济纾困解忧，对标建设"重要窗口"的新目标新定位，积极应对疫情挑战。共补助小微企业 4622 户，个体工商户 3920 户，累计兑付金额 10274.4 万元。主动服务"六稳""六保"，并以打造"政务服务 2.0"为契机，持续深化"最多跑一次"改革，实施企业登记"一件事""智能审""零距离"，有序推动"证照分离"改革，持续提升"整体智治"能力和政务服务水平，推进营商环境持续稳定向好发展。全年市场主体增量探底回升、加速增长,实有总量保持稳步提升态势,主体结构进一步优化。

【期末实有情况】 截至 2020 年底,实有市场主体共 129102 户,同比增长 9.94%。含内资企业 46890 户,同比增长 14.83%,比上年同期增长 1.33%,注册资本 1201.55 亿元,同比增长 12.74%,其中:私营企业 45953 户,同比增长 15.09%,注册资本 1063.26 亿元,同比增长 11.93%。外资企业 161 户,同比增长 10.27%,注册资本 4.34 亿美元,同比减少 8.64%。个体工商户 81780 户,同比增长 7.4%;资金数额 95.08 亿元,同比增长 10.05%。农民专业合作社 223 户,同比减少 13.23%,连续三年呈负增长,出资总额为 1.81 亿元,同比减少 1.9%。

市场主体登记基本情况表

项 目				单位	期末实有	本期登记
企业	企业总数			户	47047	8810
	内资企业	户数		户	46890	8791
		注册资本(金)		万元	12015484	1376310
		其中:私营企业	户数	户	45953	8693
			注册资本(金)	万元	1063.26	1298665
	外商投资企业	户数		户	161	19
		注册资本		万美元	43378	32
个体工商户	户数			户	81780	16028
	资金数额			万元	950828	197820
农民专业合作社	户数			户	223	6
	出资总额			万元	18099.5	468

【主体新设情况】 全年新设立登记市场主体 24844 户,同比增长 13.68%。新设内资企业共 8791 户,同比增长 16.19%,比上年同期提高 6.28%;内资新增注册资本 137.63 亿元,同比增长 14.34%,比上年同期增长 8.64%,其中:新设私营企业 8693 户,同比增长 16.17%,新增注册资本 129.87 亿元,同比增长 16.56%。新设外资企业 19 户,同比增长 111.11%,新增注册资本 32 万美元,同比减少 99.2%。新设个体工商户 16028 户,同比增长 12.3%,新增资金数额 19.78 亿元,同比增加 20.90%。

新设农民专业合作社 6 户,新增数比上年减少 1 户,新增出资总额 468 万元,同比增加 178.57%。

【主体注销情况】 全年共注销市场主体数 14659 户,同比增长 34.91%。内资企业注销 4290 户,剔除强制注销僵尸企业 1974 户后,增长率为 22.08%,其中:私营企业注销数 3993 户,剔除强制注销僵尸企业 1775 户后,增长率为 19.44%。外资企业注销 9 户,增长率为 28.57%。个体工商户注销 10351 户,同比增长 15.58%。农民专业合作社注销 9 户,比上年减少 4 户。

私营企业发展基本情况表

行业代码	行业分类	期末实有		本期登记		本期注销	
		户数/户	注册资本（出资金额）/万元	户数/户	注册资本（出资金额）/万元	户数/户	注册资本（出资金额）/万元
	合计	46235	10632604	8812	1298665	3789	424444
A	农、林、牧、渔业	273	64704	29	8044	49	6064
05	农、林、牧、渔服务业	36	12871	7	1378	4	2520
B	采矿业	1	300			8	718
11	开采辅助活动						
C	制造业	21565	4571225	3098	378004	1607	129423
43	金属制品、机械和设备修理业	5	470				
D	电力、热力、燃气及水生产和供应业	23	21870	9	3820	1	50
E	建筑业	800	466340	225	76335	83	15998
F	批发和零售业	14325	1697028	3247	313470	915	74216
G	交通运输、仓储和邮政业	432	89126	89	19521	55	8171
H	住宿和餐饮业	323	31006	62	3672	48	1182
I	信息传输、软件和信息技术服务业	681	199828	224	70915	80	9419
J	金融业	69	67188	2	608	7	3003
K	房地产业	515	534799	171	59887	51	15797
L	租赁和商务服务业	1876	1300189	390	77828	275	54440
M	科学研究和技术服务业	2561	949272	625	198823	107	32039
N	水利、环境和公共设施管理业	77	72149	21	6367	2	120
O	居民服务、修理和其他服务业	484	70472	98	15335	95	6496
P	教育	448	13376	151	3357	15	378
Q	卫生和社会工作	62	10807	21	2313	5	440
R	文化、体育和娱乐业	1717	471765	350	60366	381	63570
	其他	3	1160	29	8044	5	2920

内资(非私营)企业登记及累计情况表

项 目	国有企业		集体企业		公司		其他企业	
	户数/户	注册资本/万元	户数/户	注册资本/万元	户数/户	注册资本/万元	户数/户	注册资本/万元
期末实有	26	17689	81	7962	810	1338821	25	18408
本期登记	0	0	1	0	102	77645	0	0
本期注销	39		116		12		13	

外资企业登记及累计情况表

按企业类型分:

项 目	期末实有				本期登记			
	户数/户	投资总额/万美元	注册资本（认缴出资金额）/万美元		户数/户	投资总额/万美元	注册资本（认缴出资金额）/万美元	
			小计	其中:外方			小计	其中:外方
合计	161	63517	43378	37024	19	32	32	26
中外合资	46	34764	25285	19035	4	11	11	5
中外合作(法人)								
中外合作(非法人)								
外资企业	31	28608	17948	17948	2	21	21	21
外商投资股份有限公司								
外商投资企业分支机构	82				13			
其他外商投资企业	2	145	145	41				

按行业分:

项 目		期末实有				本期登记			
		户数/户	投资总额/万美元	注册资本（认缴出资金额）/万美元		户数/户	投资总额/万美元	注册资本（认缴出资金额）/万美元	
				小计	其中:外方			小计	其中:外方
合计		161	63528	43389	37028	19	32	32	25
A	农、林、牧、渔业								
05	农、林、牧、渔服务业								
B	采矿业								
11	开采辅助活动								

续　表

项　目		期末实有				本期登记			
		户数/户	投资总额/万美元	注册资本（认缴出资金额）/万美元		户数/户	投资总额/万美元	注册资本（认缴出资金额）/万美元	
				小计	其中:外方			小计	其中:外方
C	制造业	53	35877	26095	21823	2	21	21	16
43	金属制品、机械和设备修理业								
D	电力、热力、燃气及水生产和供应业	2	1400	800	392				
E	建筑业	1	1200	600	600				
F	批发和零售业	64	3433	2613	2492	10	7	7	7
G	交通运输、仓储和邮政业								
H	住宿和餐饮业	13	4994	4994	4992	7	4	4	2
I	信息传输、软件和信息技术服务业	10	1650	1650	1650				
J	金融业	5							
K	房地产业	3							
L	租赁和商务服务业	6	12826	4489	4235				
M	科学研究和技术服务业	3	2003	2003	803				
N	水利、环境和公共设施管理业								
O	居民服务、修理和其他服务业	1	145	145	41				
P	教育								
Q	卫生和社会工作								
R	文化、体育和娱乐业								

■ **合同监管**

【合同格式条款侵害消费者权益专项整治】
按省市场监管部门合同格式条款专项整治要求,积极开展合同格式条款备案工作,重点对商品房买卖、物业管理、汽车销售行业合同格式条款备案和合同订立情况进行抽查。根据总局、省局对行业格式合同条款审查意见,约谈 6 家商品房买卖、物业管理、汽车销售行业企业,并下达责令整改告知书 6 份。完成格式条款合同备案 207 份。

【"守合同重信用企业公示"活动】 2020年,永康市新增 AAA 级企业 7 家、AA 级企业 28 家、A 级企业 44 家。以保质保续展为目标,不断拓展守合同重信用工作的领域和范围,推进永康企业诚信建设。全年共撤销守合同重信用公示企业 15 家,确保守合同重信用公示的含金量。

【开展争议合同调解工作】 2020 年,市市场监管局通过电话、微信、书信等多种形式,主动为企业排忧,积极协调合同纠纷。全年调解争议合同 286 件。

■ 执法检查

【概况】 2020 年,市市场监管局查处各类案件 370 起,同比增长 134.55%,其中大要案 127 起,同比增长 119.81%。"永康市某五金制品有限公司生产劣质保温杯案"入选《2019 浙江省市场监管综合执法典型案例和实务》(2020 年 4 月);"某网络科技公司组织刷单案"入选《浙江省市场监督管理"以案释法"典型案例选编》(2020 年 10 月);查处的某工贸公司生产假冒注册商标口罩案入选省市场监管局第四批"问题口罩"违法典型案例。

【防疫物资产品质量和市场秩序专项整治行动】 全力做好市场监管领域疫情防控工作,严厉查处价格违法、制售伪劣口罩等防护用品、非法进行野生动物交易等违法行为。结合前期疫情防控期间开展的防疫物资质量抽查工作,累计开展约谈、培训防疫物资生产企业、销售企业共计 4 次,累计签订《产品质量安全承诺书》15 份。共抽检民用口罩 20 批次,医用口罩 2 批次,熔喷布 5 批次。开展防疫物资网络监测工作,共发现防疫物资相关线索 30 余条。疫情期间共出动 300 余人次对各药店、菜场进行排查,并对全市 30 余家销售口罩等防疫物品的药店和华丰菜场等 36 家销售猪肉、豆制品的经营户就价格问题进行约谈告诫,稳控物价效果突出。共立案查处涉及防疫物资案件(含价格案件)19 起,其中移送 4 起,刑事拘留 4 人。

【价格违法相关检查】 2020 年,市市场监管局对永康市 81 家转供电主体进行初步排摸,并实地走访调查 30 余家转供电主体,立案查处转供电违法案件 1 起,清退多收电费 100 余万元。对全市民办学校收费情况进行检查,共计检查学校 7 家。

【口杯行业质量再提升工程】 2020 年,市市场监管局共抽检不锈钢保温杯 86 批次,立案查处生产销售不合格不锈钢真空保温杯案件 34 起,结案 6 起。

【全市电梯维保单位专项检查工作】 2020 年,市市场监管局对全市所有的电梯维保单位进行专项检查,共责令改正 15 起,立案查处 8 起,已办结 8 起。

■ 商标管理

【概况】 2020 年,永康市有效核准注册商标 27658 件,累计有效注册商标 10.1 万余件,成功注册地理标志证明商标"永康方山柿",实现永康市地理标志证明商标零的突破。建成"永康市知识产权平台",平台内的 28 家机构、51 位专家优先为永康的企业答疑解惑,针对五金城市场品牌建设、PCT 申请、标准制定、合同管理、疫情期间杯壶行业发展等实际需求,不定期开展品牌方面法律法规培训,受训企业达 800 多家。开展 100 多次免费品牌体检活动,提供打假维权指导、商标诉调对接、专利调解、专利诉讼、平衡车行业专利联盟建设等工作,切实帮助辖区企业就商标品牌进行维权。走访企业 300 多家,根据企业的实际情况,为企业开出知识产权指导"十书"200 多份。全年新增省级商标品牌示范企业 2 家、金华市级商标品牌示范企业 8 家。年底全市有行政认定中国驰名商标 15 件,省级商标品牌示范企业 11 家,金华市级商标品牌示范企业 40 家,金华市级商标品牌示范街道 2 个。

2002—2020 年永康市商标发展有关数据统计表　　　　　单位:件

年份	国内注册商标	境外注册商标	驰名商标	浙江省著名商标	金华市著名商标	农副产品商标	服务商标	品牌基地（国家级）
2002	1576			10	20	29	15	
2003	1810			15	28	41	15	1
2004	2763			19	41	58	27	1
2005	3967			26	53	73	32	1
2006	5187	50	1	36	61	91	51	1
2007	6996	107	2	38	72	134	68	1
2008	8056	185	3	43	80	165	103	1
2009	9978	217	3	47	89	197	186	1
2010	12894	289	4	52	95	322	269	1
2011	15870	437	6	59	104	527	322	1
2012	20111	503	7	65	118	710	387	1
2013	23306	611	7	70	130	936	497	1
2014	26679	921	9	70	99	1021	695	1
2015	32001	305	11	75	106	918	2137	1
2016	39649	305	13	76	113	1133	2590	1
2017	48877	305	13	48	78	1541	3448	1
2018	57702	333	15	15	36	2012	4810	1
2019	74067	400	15	0	0	2532	6823	1
2020	101725	425	15	0	0	3474	10240	

注:统计数据均为累计数;境外注册商标统计口径为一国一类一标;驰名商标统计口径为国家工商总局、商评委认定。

2020 年永康市商标分类情况表　　　　　单位:件

国内注册商标	制造业	农副产品	服务业
27658	23299	942	3417
驰名商标	制造业	农副产品	服务业
15	15	0	0

2020 年中国驰名商标永康企业一览表

企　业	商标名称	认定年份
超人集团有限公司	超人（剃须刀）	2006
浙江四方集团公司	四方 SIFANG 及图	2007

企　业	商标名称	认定年份
浙江哈尔斯真空器皿股份有限公司	哈尔斯	2010
王力集团有限公司	王力（门）	2008
星月集团有限公司	星月神（门）	2011
浙江道明光学股份有限公司	道明（DM）	2011
步阳集团有限公司	步阳（门）	2012
富新集团有限公司	富新	2014
新多集团有限公司	新多 XINDUO	2014
天行集团有限公司	天行	2015
大力科技集团有限公司	大喜	2015
群升集团有限公司	群升及图	2016
浙江金凯德工贸有限公司	图形	2016
浙江炊大王炊具有限公司	炊大皇及图	2018
浙江炊大王炊具有限公司	COOKERKING	2018

2020 年浙江省商标品牌示范企业永康企业一览表

企　业	负责人	认定年份
超人集团有限公司	应　正	2015
浙江哈尔斯真空器皿股份有限公司	吕　强	2017
春天集团有限公司	吕春梅	2017
王力集团有限公司	王跃斌	2017
星月集团有限公司	胡济深	2017
浙江华亚杯业有限公司	程宝书	2018
浙江金凯德工贸有限公司	俞立风	2018
浙江巨力工贸有限公司	应美英	2018
步阳集团有限公司	徐步云	2019
群升集团有限公司	徐步升	2020
正阳科技股份有限公司	胡飞鹏	2020

2020 年国家地理标志证明商标永康一览表

所属单位	商标	认定年份
永康市经济特产站	省甫方山柿	2020

■ 广告管理

【概　况】 2020年,永康市重点查处涉及广大人民群众重点利益和反映强烈的虚假违法广告,突出对教育培训(包括规范公务员考试培训)、房地产、非法融资集资、药品、医疗、医疗器械、保健食品、化妆品、烟草等9大类虚假违法广告进行重点监管。疫情期间对疫情相关的广告进行监测。全年共立案查处各类违法广告案件54起。

■ 消费维权

【概　况】 2020年,永康市消保委紧紧围绕市委、市政府的中心工作,坚持"为经济发展多服务,让百姓生活更放心"的工作理念,以科学发展观为指引,以突出消费教育、重视消费引导、健全监督机制、提高调处效能为重点,认真扎实地开展工作并取得一定成效,为服务永康经济发展、营造良好的消费环境做出应有努力。

【开展"3·15"主题宣传教育活动】 2020年3月15日,创新通过电台融媒体、市市场监管局微信公众号及报纸同步开展一场以"凝聚你我力量"为主题的"3·15"消费维权系列宣传活动。在12315大厅展示金华消费维权十大案例,印发宣传资料1万份,张贴海报200余张,接受宣传人员3万余人。组织观看省市场监管局举办的"2020年'3·15'国际消费者权益日"纪念活动视频,并采用电视台跟踪报道的方式,报道当天消费维权及处理投诉举报件的活动情况。

2020年3月13日,市消保委、市市场监管局、市广播电视台通过电台融媒体开展以"凝聚你我力量"为主题的纪念"3·15"国际消费者权益日直播活动(市市场监管局提供)

【投诉举报处理】 疫情期间,口罩、消毒产品等防疫用品,餐饮、旅游、婚庆退订等成为投诉热点,投诉举报件数量同比增加52.3%。全年共受理消费投诉举报案件29079件,办结率达96%,为消费者挽回经济损失312.8万多元,发布维权案例和消费提示共10篇。

【落实省政府十大民生实事放心消费创建工作】 探索多渠道多元化开展放心消费创建,按照点线面结合的方式,拓宽培育通道,倒逼行业自律,打造"党建+服务"五金城放心街区、"工业+旅游"放心工厂、"旅游+民宿"放心乡村等,不断深化放心消费在永康行动。通过打造大陈民宿示范区和放心乡村旅游景区,共培育放心消费单位8282家,其中放心消费商店5046家,无理由退货承诺单位1307家,放心工厂1929家,放心消费示范街区3条。

【组织开展伴手礼和消费品牌50强评选活动】 积极配合金华市局组织开展的伴手礼和消费品牌50强评选活动的推荐工作,共推荐上报8家企业的8个伴手礼参评产品,7家企业入选。推荐上报14家企业参评金华消费品牌50强,12家企业入选。

【诉调对接工作落地】 2020年市消保委首次与人民法院诉调对接,圆满调处25起中国第一铅笔有限公司的"长城""长城图"和韩国"乌龟锅"商标侵权的诉转调案件,挽回直接经济损失127.1万元,初步形成消保、法院、人民调解网络的"三位一体"调解体系,以及排查发现矛盾、纠纷的多元化解决纠纷机制。

【永康市消保委基层维权组织建设情况】
2020年,市消保委努力推动消费维权社会化网络有效运行,巩固已搭建的维权协作网络,包括企业消费维权服务站、消费维权监督站点、法律援助中心消保委工作站等,积极建立多部门联合维权机制,定期交流反馈消费维权工作,推动消费争议就地快速解决。永康市消保委共有政府部门、社会团体、行业协会等成员单位35个,委员51人。为加强消费教育基地建设,成立永康市华联商厦教育基地。全市农村消费维权网络已建有消保委分会10个,消费维权监督站(点)80个,消费教育基地5家,企业消费维权服务站24个,招募25名消费维权义工。其间,消费维权监督员开展宣传活动17次,协助调处消费争议35件,参与监督检查16次。

专利与保护

【概　况】　2020年,永康市申请专利共13079件,居金华市第1位,其中发明专利申请1025件,实用新型专利4070件,外观设计专利7984件;全市授权专利共11808件,居金华市第1位,其中发明专利467件,实用新型专利3638件,外观设计专利7703件;PCT(专利合作条约)申请30件;万人发明专利15.0件。为鼓励企业和个人发明创造,激发技术人员和群众技术创新的活力,发布《关于发明专利(企业)奖励申领登记的通告》,对2019年授权的218项发明专利进行登记奖励,合计下达专利奖励资金753.55万元。全年新认定永康市专利示范企业49家,金华市级专利示范企业8家,通过《企业知识产权管理规范》(GB/T29490—2013)贯标21家;积极开展专利质押融资,完成专利质押登记额4.618亿元。截至年底,全市累计拥有国家知识产权示范企业1家、国家知识产权优势企业6家、浙江省专利示范企业10家、金华市专利示范企业105家、永康市专利示范企业189家。

2018—2020年专利统计数据
单位:件

年份	授权量				申请量				每万人发明专利数
	发明	实用新型	外观设计	合计	发明	实用新型	外观设计	合计	
2018	198	2359	4555	7112	1183	3309	5680	10172	8.21
2019	235	2766	5356	8357	993	3570	6708	11271	10.82
2020	467	3638	7703	11808	1025	4070	7984	13079	15.0

2020年国家知识产权示范、优势企业永康企业一览表

企业	类别	认定年份
星月集团有限公司	示范	2018
正阳科技股份有限公司	优势	2018

企业	类别	认定年份
浙江哈尔斯真空器皿股份有限公司	优势	2018
浙江炊大王炊具有限公司	优势	2019
浙江三锋实业股份有限公司	优势	2019
步阳集团有限公司	优势	2019
浙江飞神车业有限公司	优势	2019

食药安全监管

■ 食品监管

【概　况】　食品生产领域监管　2020年食品生产企业完成落实主体责任自查43家，完成率95.6%。组织开展食品生产企业主要负责人、食品安全管理员考试，考试覆盖率100%，合格率91.5%。组织开展食品生产企业风险等级评定工作，评定率100%。先后组织开展"月饼""粽子""校园食品"等专项整治行动。大力推进"5S"现场管理食品小作坊建设工作，在已创建的名特优食品作坊和亮化达标小微食品生产企业中选择7家优秀企业参与"5S"管理，其中6家通过金华市局验收。

流通领域监管　加强对进口冷链食品的管控及对集中监管仓的建设，实现"全受控、无遗漏"闭环管理。2020年全市进口冷链食品未检测出阳性，88家进口冷链食品经营企业均完成"浙冷链"激活，累计扫码14269条，扫码率100%。加强对自动售货设备经营许可和食品安全的监管，出台《流通环节自动售货机食品安全管理暂行规定》，开展为期两个月的食品自动售货设备专项整治工作。全市266台食品自动售货设备，主体营业执照和食品经营许可证公

示率均达到100%。2020年，浙江省世纪联华永康分公司通过"省放心肉菜示范超市"现场验收。

进口冷链食品物防　建立浙冷链食品经营承诺制，承诺对一码三证不全的进口冷链食品，一律不采购、不销售、不使用。建立阳性食品应急机制并开展应急演练，演练设置25个会场，提升实战经验。建立冷链食品物防核查机制，对扫码信息数据开展分析比对，将"三证不全"的进口冷链食品列为风险信息，然后由基层站所对风险信息开展核查处置，共发现风险信息110条。制定《永康市进口冷链食品"四个不得"检查表》，组织开展"四个不得"专项检查，共出动执法人员1200多人次，检查经营单位600多家次。建立进口冷链食品运输备案制度，对永康市域内所有从事进口冷链食品运输的车辆、驾驶人员进行备案；对市域外进入永康的冷链食品运输车辆，由食品采购方向相关部门进行报备，已备案冷链食品运输车75辆，驾驶人员75人。

【把好餐饮安全疫情防控关】　2020年，永康市率先推出"食安封签"措施，加上外卖食品安心锁。率先订制防疫专用"食安封签"330万张，覆盖步行街、巴黎商街两大商业中心和两大平台销量靠前的360余家网络订餐单位。加强监督指导，宣传发动136家团餐配送及网络订餐餐饮单位创新使用"外卖安心卡"，督促商家严格执行疫情防控的各项措施和规定，保障居民收得放心、吃

得安心。开展针对经营野生动物的违法行为专项治理行动。检查以农家乐、土菜馆、卤味店为重点的餐饮服务单位及食品经营单位、市场等主体778家。共出动执法人员1065人次,发现涉嫌使用野生动物名称字号的经营单位11家,发现问题宣传标牌7家,均已整改到位。积极开展公益宣传,指导餐饮行业协会发布行业倡议书,并与10家行业代表单位签订承诺书。发放相关宣传资料750余份,约谈培训相关经营单位46家,相关公众号宣传阅读量超4.5万人。做深"三服务",助力餐饮企业复工复产。创新性指导阿里本地生活服务永康公司搭建饿了么"买菜"频道,近60家企业入驻平台,产生订单3290单,共计交易额30万元以上;助力全市24家大中型餐饮企业将堂食运营转为线上点餐、线下配送,为12家具备条件的餐饮单位发放临时团餐备案证明。指导2777家餐饮单位顺利复工,检查5289家次。开放软件推进线上监管,指导安装并使用"众食安智慧"软件45家,推进疫情防控期间线上监管工作。

【推进"智慧+"餐饮监管应用】 指导市市场监管分局(所)监管人员安装使用众食安监管端App,向大型及以上餐饮单位和全市中小学和等级幼儿园推广使用众食安企业端App。组织全市学校(含托幼机构)食堂、大中型餐饮单位等368家餐饮经营单位423名学校食品安全管理人员通过众食安软件完成食品安全知识培训,考核通过率、公示率均达到100%。重点单位"视频阳光厨房"完成率100%。完成网上阳光厨房任务60家。深化公众号+餐饮监管工作,推出样板厨房系列报道4期、后厨曝光系列16期。草拟《永康市市场监管局文明星级评定办法》,按程序推进形成规范性文件。推广省食品安全综合治理协同应用平台运用,完成农村家宴中心场景运用13家,并通过浙冷链模块跟踪全市餐饮单位冷冻食品出入库情况。

【开展重点场所食品安全监管】 2020年,建成60家省民生实事学校食堂智能"阳光厨房",超额完成金华市局45家的任务数;95%以上学校及幼儿园食堂等级达到B级以上。对学校食堂、集中配送单位、养老机构食堂、工地食堂等重点单位开展全覆盖检查,完成现场录入、整改跟踪等闭环。配合协调科对19家农村家宴中心做好建设指导与验收工作。

药械安全监管

【概　况】 2020年,市市场监管局开展"药剑"行动,对中药饮片质量、流通领域特殊药品安全、疫苗流通、口腔医疗机构医疗器械使用、网络销售医疗器械开展专项整治,共出动执法人员160余人次。开展防疫物资质量安全检查,对15家防疫用品医疗器械生产企业进行全覆盖检查、抽检,强化质量监管。落实药品零售企业疫情防控措施,建立疫情信息报告制度,销售"发热、咳嗽"药品需实名登记。增设方岩服务区东区、方岩服务区西区、唐先四村卫生室、洪莲村、吕南宅三村卫生室5个送药上山进岛便民服务点,惠及群众150万人次。

质量技术监督

特种设备监管

【概　况】 截至2020年12月,永康市在册特种设备16669台(条),其中在用13303台(条),停用3366台(条)。具体为锅炉137台(0.8%)、压力容器1242台(7.5%)、起重机械 3904 台（23.4％）、电梯 10277 台（61.7％）、场（厂）内专用机动车辆 1098 台、大型游乐设施 10 台（套）和客运索道 1 条。全年办理特种设备安装告知 1894 台,立案查处 19 起。

【特种设备安全监管执法】 2020 年,市市场监管局重点检查特种设备使用单位"三落实、两有证、一检验、一预案"情况。查看是否存在使用非法生产或报废的特种设备、使用超期未检或检验不合格的特种设备、使用缺少安全附件或失灵的特种设备、作业人员未持证上岗、特种设备未办理使用登记等情形。全年共出动检查人员 1682人次,排查特种设备使用单位 530 家,发现各类事故隐患 86 项,立案 19 起,处罚款70.36 万元,全年未发生特种设备安全事故。

【实施安全管理分类评价和三项制度】 2020 年,市市场监管局指导和督促企业开展日志式安全隐患排查工作,做好安全风险隐患自查工作。全年 3162 家企业完成分级分类评价,1170 余家企业开通三项制度。

【健全安全生产联动协作机制】 2020 年,市市场监管局加强多部门信息通报和执法联动,强化联合惩戒和综合治理,开展"一月一镇安全大会战""一厂多租安全整治""小微园安全检查"等联合执法检查,更好地形成监管合力。全年共开展企业安全生产联合监督检查 18 次。

【提升电梯维保质量】 2020 年,市市场监管局完成全市 42 家电梯维保单位维保质量抽查,按考核结果划分相应等级,对维保质量较差、能力不足的单位进行约谈,并进行劝退,电梯维保质量得到有效提升。

【加强电梯"保险＋服务"应用】 2020 年,永康市深化电梯安全责任保险,推进公共场所电梯责任保险工作,全市共有 6193 台电梯参保,其中公共场所电梯参保 1265 台,参保率 65％。

【完善叉车综合治理模式】 2020 年,市场监管部门从销售、使用、检验、保险等全链条统筹联动,会同交警、环保、应急等部门加强综合整治,着力打造"齐抓共管、综合治理"的叉车安全监管格局。2020 年,共排摸叉车使用单位 158 家,检查叉车 236 台,落实隐患整改 52 项。

【特种设备安全宣传及培训教育】 2020年,市市场监管局先后开展"安全生产月"、特种设备安全"三进"活动 15 次,发放各类宣传资料 2000 余份,并推出网上知识竞赛、应急演练等活动,加强安全宣传,共进行特种设备宣传报道 20 余次。同时着力抓好针对企业负责人、安全管理员、作业人员的特种设备安全培训教育,共开展培训 15 期,培训 1338 人,取证 527 本。

■ 质量与标准计量

【质量提升】 永康市率先建成"浙江制造"新高地,率先完成"品字标"四个百分百,率先实行"一码全知道",全力打造"永康样板"。全市共主导"浙江制造"标准 70 项,获得"品字标"认证 82 张,持续走在全省前列。三级联动,推动杯壶产业质量再提升。坚持以问题为导向、以项目为抓手,通过省市县三级联动,助力行业发展。新培育"品字标"杯壶企业 3 家,新获政府质量奖杯壶企业 2家。持续加强生产设备出口管理,建立专业关键设备出口举报奖励制度,推动监管关口前移,探索建立全生命周期链条式监管模式。以政府质量奖为抓手,培育各行业标杆示范企业,新获金华市政府质量奖 1 家、永康市质量奖 6 家;获省、市 QC 活动奖项 5项;1 家企业成功入选 2020 年浙江制造业企业高质量发展创新优秀案例,1 家企业入围全省十大先进质量管理方法名单,并入编《浙江省 10 大先进质量管理方法》在全省推广。

【行业标准建设】 永康市共有 85 家次企业,主导或参与 18 项国家标准、9 项行业标准、27 项"浙江制造"团体标准(其中主导国家标准制定或修订 3 项,行业标准 1 项,"浙江制造"团体标准 17 项)的制定修订工作。组建全省首个"对标达标专家智库",建立专家评审有偿服务制度,发布对标技术方案 61 个,确定对标企业 230 家,形成对标结果 480 条,位居金华第一,全省县级市前列。2020 年共完成全市 934 家规上企业填报工作,填报率 100%,省级审核通过率 100%,填报数量和填报数据居金华各县(市、区)首位。截至 12 月 31 日,233 家企业累计上报 494 项标准,涵盖 565 种产品,其中国家标准 21 个,行业标准 12 个,企业标准 457 个,团体标准 4 个。推动省级重大标准化试点项目"有色金属改造传统制造业改造提升"顺利通过省级验收。《金华市地方标准 永康肉麦饼》已报批,《金华市地方标准 永康小麦饼》已召开启动会,永康舜芋种植成功列入省级农业标准化试点示范项目。

【计量监管】 2020 年强制检定计量器具 44505 台件。开展农贸市场、医疗卫生等方面计量器具强制检定工作,强检率 100%;疫情防控期间,组织技术机构做好保障和应急值守工作,对企业复工复产急需的额温计、红外人体测温仪进行校准,满足相关量值溯源需求。开展"5·20"世界计量日活动。开展"放心计量"行动,对集贸市场、眼镜店配制场所、"民用三表"到期轮换、交通、环境领域等计量器具进行监督检查。实施"眼镜验配行业推行公开诚信计量自我承诺书"制度。开展衡器产品质量提升工作,联合省市市场监管部门对全市电子计价秤进行抽检,合格率达 93%。

市市场监管局执法人员对全市 54 家加油站、191 台加油机、723 把加油枪开展周期强制检定工作(市市场监管局提供)

■ 产品质量监管

【概　况】 产(商)品监督抽检　2020 年,市市场监管局共组织开展生产领域监督抽查 8 次,产品品类涉及电动工具、木门、砂轮、纱线平地拖、不锈钢真空保温容器、液体加热器、防盗安全门、电子计价秤。流通领域监督抽查 4 次,商品涉及成品油、电动自行车、妇女儿童服装、灯具商品。全年共抽检产(商)品 351 批次,批次合格率为 89.5%。其中:生产领域抽查 248 批次,合格 228 批次,合格率为 91.9%;流通领域抽查 103 批次,合格 86 批次,抽样合格率为 83.5%。

生产许可情况　2020 年,永康市对生产许可证制度进行改革,实施工业产品生产许可告知承诺审批制度。截至年底,全市共有 88 家企业获得生产许可证,其中获食品相关产品生产许可证企业 86 家,工业产品生产许可证企业 2 家。2020 年共受理生产许可证事项 28 件,其中新发证 21 件(食品相关产品 21 家),延续 2 件,许可范围变更 2 件,迁址 1 件。企业主动注销生产许可证 3 家(食品相关产品 2 家,工业产品 1 家)。

■ 质量技术监测研究院

【概　况】　永康市质量技术监测研究院于2020年5月由永康市质量技术监督检测中心、永康市标准化研究院、永康市计量测试检定所、永康市五金工具及门类产品质量检验中心整合组建而成,隶属于市市场监督管理局。开展计量、质量、标准化质量技术基础(NQ1)公益性研究和工业产品、食品相关产品等领域的检验检测工作。承担风险信息收集研判、风险预警评估、检验检测等产品质量安全风险监控、缺陷产品技术评价、缺陷调查等召回管理和新兴产业和未来产业技术孵化成果转化的技术支撑工作。拥有浙江省五金和电动工具产品质量检验中心、浙江省防盗门质量检验中心2个省级质量检验中心,1个国家五金工具及门类产品质量检验检测中心(浙江),是永康重点打造的五金产业质量基础公共服务平台,是服务产业转型升级的重要载体和推动创新驱动的基础支撑。园区占地41亩,实验室总面积1.7万平方米。配备国内外各类"高、精、尖、专"检测仪器设备800多台(套),拥有亚洲最大规格7米×7米防火卷帘烧试炉、金华市首座5米法电波暗室。通过CNAS国家实验室认可、CMA国家资质认定授权五金及五金材料、电动工具、门类产品、电磁兼容检测(EMC)和欧盟RoHS指令等4个领域103个产品,1720个项目(参数)的检验资质。

(市市场监管局　沈　阳)

金融保险

人民银行

【概　况】　中国人民银行永康市支行（以下简称"市人行"）的主要职能是：负责在辖区贯彻执行货币政策，管理人民币流通，监督管理银行间同业拆借市场和银行间债券市场，实施外汇管理，监督管理黄金市场，经理国库，维护支付、清算系统的正常运行，指导、部署金融业反洗钱工作，负责反洗钱的资金监测，负责金融业的统计、调查、分析和预测以及中国人民银行的其他职责。2020年，市人行出台《关于认真落实"六稳"和"六保"要求统筹做好金融支持疫情防控和服务实体经济的意见》，要求金融机构落实"六保"和"六稳"工作要求，推进全年各项金融工作。截至年末，永康市各项贷款余额1127.56亿元，比年初增加104.15亿元，增长10.18%；其中，住户贷款余额504.66亿元，比年初增加79.06亿元，增长18.58%；非金融企业贷款余额622.09亿元，比年初增加25.09亿元，增长4.2%。

【做好金融服务】　2020年，市人行有效运用货币政策工具，做好普惠金融服务。用好再贷款政策，积极运用防疫专项再贷款，组织金融机构主动对接疫情防控重点企业，共发放疫情防控专项再贷款1.15亿元，平均贷款利率2.57%，经财政贴息后，企业实际利率不到1.3%。积极向上争取低成本央行再贷款资金支持，通过"先贷后借"模式，向两家地方法人银行发放再贷款

26.05亿元，支持三农和小微企业2300户，所发放贷款平均利率4.69%，低于小微企业贷款利率0.47%。用好两项货币政策直达工具，指导法人机构运用普惠小微企业贷款延期支持工具和信用贷款支持计划工具，截至年末，累计向5433户企业实施阶段性延期还本付息政策，延期本息金额27.28亿元，累计延期率为95.54%；累计向2.74万户企业发放信用贷款47.96亿元，加权平均利率6.12%，信用贷款占比35.36%；同时，市人行优化信贷投向，加强重点领域信贷支持。加大对制造业、小微企业的信贷支持力度。2020年末，永康市制造业贷款余额418.09亿元，剔除铁牛集团风险处置影响，制造业贷款比年初增加42.76亿元，增长9.48%；小微企业贷款余额328.57亿元，比年初增加77.84亿元，增长31.05%，增速高于各项贷款增速20.87%。加强对"订单＋清单"重点外贸企业的融资对接。截至2020年底，金融机构对辖内412家"订单＋清单"重点外贸企业授信118.82亿元，发放贷款72.92亿元，授信及贷款总额均居金华各县（市、区）第一位。加大首贷户拓展力度，全年全市各金融机构拓展小微企业"首贷户"1331户。市人行加强人民币管理，做好现金投放回笼工作，2020年，共收缴假币2400张，共计金额18.95万元。对辖内金融机构清分工作和小面额供应情况进行调查并提出整改要求。对祭祀用品和商店违规使用人民币图样的情况进行调查整治，净化人民币使用环境。

【改善融资环境】　2020年，为优化企业融

资环境,进一步提升企业融资能力,市人行加大动产质押贷款和信用贷款业务推广力度,截至年末,全市新型抵质押贷款(含股权、应收账款、知识产权等)余额 27.63 亿元,同比增长 1.12%;企业信用贷款余额 68.13 亿元,同比增长 64.19%。从担保方式占比上看,2020 年末,企业抵押贷款占企业贷款比例 60.13%,同比上升 10.69%;企业信用贷款占比 10.94%,同比上升 4%;企业保证贷款占比 25.19%,同比下降 4.8%;市人行组织金融机构做好授权清单、授信清单的对外公示和尽职免责清单的对内公示工作,推进授信审批权限下放基层行,督促金融机构落实免责条款,形成敢贷、愿贷的氛围。在开展三张清单工作之后,有 6 家支行扩大贷款审批权限,各金融机构简化审批材料、压缩审批流程,进一步提升审批效率;同时,市人行组织开展一系列走访调研活动,引导金融机构贴近企业,全面了解企业经营情况和融资需求,全面提升金融服务水平。通过开展“百名行长助企业复工复产”走访调研活动、“订单+清单”名单企业的走访调研活动,累计走访企业 442 家,授信 158.98 亿元,发放贷款 98.51 亿元;为减轻企业财务负担,降低企业融资成本,人行永康市支行组织全市金融机构落实各项减费让利措施,切实让利企业。2020 年,金融机构通过 LPR 改革及主动减费让利措施,推动企业融资成本持续下降,企业贷款加权平均利率 5.01%,同比下降 0.59%,小微企业、普惠小微企业贷款加权平均利率分别为 5.12%、5.35%,分别同比下降 0.87%、0.98%。运用防疫专项再贷款、5000 万元再贷款额度和 1 万亿元再贷款额度发放的优惠贷款平均利率分别为 2.57%(补贴后 1.3%)、4.08%、4.92%。疫情期间,市人行提供征信服务和征信信息保护,设置网上信用报告查询服务通道,允许个人和企业通过发送有效授权文件进行信用报告查询,为有需求的个人和企业客户提供查询便利。开通征信信息保护绿色通道,引导金融机构为 572 家企业及个人办理贷款及信用卡延期业务并免收罚息,涉及贷款 5.76 亿元。同时,对受疫情影响已逾期贷款做不报数处理、对已报送的逾期信息进行修改,全年共办理免报送及信息修改 26 笔,涉及金额 1.34 亿元。

【优化支付体系】 2020 年,市人行围绕“移动支付应用示范县”创建目标和“便民、利民、惠民”的服务宗旨,深入推进移动支付便民工程和助农服务点建设,持续完善支付市场环境。一是坚持深拓场景,移动支付受理环境持续改善。2020 年,辖内公交、医疗、水费缴纳三大民生行业移动支付应用全域覆盖;5 个停车场、4 所校园、2 个菜场、方岩景区、图书馆等实现“智慧支付”应用;402 个村助农服务点全面实现移动支付应用;布放聚合码的小微商户达 4.1 万户。二是坚持创新引领,民众体验感不断提升。全市 140 个银行网点柜面开户环节全部采用人脸识别技术;推出全国首个基于人脸识别的个人信用医疗无感支付云平台,该技术荣获人行科技发展二等奖;“党费通”项目走在全国县市前列,作为特色工作受到上级表扬。三是坚持惠民导向,促进消费扩容提质。全年累计减免小微商户的支付服务费用 883.14 万元;云闪付新用户享受“一元购”达 26.55 万人次,补贴约 238.95 万元;公交领域持续开展“5 折、1 分钱乘车”补贴活动,惠及 69 万余人次;银行机构持续开展银行卡绑卡消费优惠活动等。

【维护金融稳定】 2020 年,市人行指导金融机构加大不良贷款处置力度,采取有效措施处置企业信贷风险,有效控制企业担保圈持续扩散风险,关注铁牛集团、众泰汽车破产重整工作进展,及时跟进铁牛集团破产重整工作开展情况。2020年,全市金融机构共处置不良贷款90.43亿元。以调整计息、展期等方式减轻企业短期还款压力。全年指导金融机构为41家企业调整计息方式,涉及贷款21.95亿元;为21家企业办理展期,涉及贷款8.71亿元;非法人机构为315家企业办理贷款延期还本付息,涉及金额11.86亿元。

【服务外向经济】 2020年,市人行坚持服务实体,战疫情、助复工、促便利。开辟防疫资金跨境结算"绿色通道",指导银行特事特办,引导市场主体通过"网上办""邮寄办""预约办"方式办理外汇业务,受理网上行政审批事项351笔。坚持深化改革,推动贸易投资便利化试点政策有效落地,全年办理货物贸易便利化业务596.46万美元,办理服务贸易便利化付汇业务215.85万美元,个人便利化额度内结售汇业务4864.79万美元,办理资本项目收入支付便利化业务485.18万美元。深入开展形势分析、信息调研、舆情监测和外汇宣传工作,加强与市场主体的沟通与引导,通过多种方式积极宣导外汇政策、回应市场关切,举办"华溪论汇"4期,覆盖涉外企业500余家。

(市人行 供稿)

工商银行

【概　况】 中国工商银行永康支行(简称市工行)设于1986年5月。截至2020年末,市工行各项存款余额241.01亿元,四行占比32.49%,排名第二,比年初新增36.43亿元,四行占比41.33%,排名第一。各项贷款余额125.41亿元,四行占比24.95%,排名第二。比年初新增13.42亿元,四行占比47.12%,排名第二,余额四行占比较年初提升1.33%。

【瞄准重点项目 提供优质金融服务】 2020年,市工行不断加大项目贷款投放力度,聚焦工业技改、小微园区等重点项目,优化项目融资审查审批流程,以优质的服务、高效率满足重点项目金融服务需求。全年完成4个项目的审批,审批金额16亿多元:为永康市钱江水务有限公司桥下水厂迁扩建工程项目审批金额1.2亿元,为泊康科技股份有限公司年产200万台物联网智能跑步机生产线建设项目审批金额1.2亿元,为浙江道明科创实业有限公司道明安防产业园项目审批金额3.2亿元,为永康翡翠城房产开发有限公司交投绿城桂语听澜项目审批金额11亿元。

【瞄准制造业和民营企业 支持实体经济转型升级】 2020年,市工行对制造业企业实施差异优化利率政策,针对特定区域、重点行业、特色产业重点中型企业客户,可申请享受优质制造业企业优惠利率。对于中型企业购置设备、技术研发、环保升级改造、配套厂房购建等小型技改项目贷款,开发区内的中型企业厂房、设备购置、建设所需的固定资产贷款,实行评审合一优化流程,提高业务办理效率。全年市工行共计为143家制造业企业办理新增融资审批,审批金额12亿多元。

【瞄准普惠金融 打造品牌传口碑】 市工行以"融资、融智、融商"为核心,健全普惠服务体系,增强普惠金融服务能力、风险控制能力、商业可持续发展能力,形成具有工行特色的普惠金融发展模式。在所有乡镇网点均配备信贷客户经理,走访规上企业和小微园区企业,致力于服务好小微企业。截至2020年末,市工行普惠贷款(包括个人经营性贷款)余额28亿多元,较年初新增10多亿元。其中,银监口径普惠小微企业贷款余额9亿多元,较年初净增3亿多元。

【因情施策 助力企业渡过疫情难关】 作为

金融服务行业，2020年市工行通过分类、分层、分批支持企业复工复产，对受疫情影响较大的行业、民营企业和小微企业，实行专项信贷规模支持，通过快速审批放款、下调贷款利率、减免手续费、无还本续贷等措施支持企业渡过难关。对受疫情影响而有暂时性困难的企业，不盲目抽贷压贷，及时办理展期、再融资等业务。市工行共计为资金紧张的11家企业办理展期，展期金额5510万元。为企业下调利率。全年市工行共为200家企业下调贷款利率，为客户节省700万元左右融资成本。为企业减免利息。市工行对制造业、批发和零售行业、住宿和餐饮等5个行业表内贷款的利息进行减免，全年共为辖内企业减免236.7万元利息。为防疫物资重点企业开通绿色通道。年初，浙江伟丰肉食品有限公司出现经营性资金紧张，市工行得知情况后，在疫情严重的2月初，从尽职调查到审批通过，两天内为企业办理新增贷款200万元。同时，市工行持续跟进企业经营进展，2月底又为其办理新增贷款300万元，帮企业渡过难关。

【持续做好风险防控 全力保障资产质量】
2020年，市工行十分重视信贷风险防控工作，积极化解永康区域信用风险。一是坚持"稳健审慎、诚实守信、依法合规、尊重规律"的原则，全面掌握客户的真实情况、经营表现、发展前景和偿债能力，抓好业务拓展和风险管理。二是做好前、中、后台的相互配合。着力强化前台部门在风险防控中的"一道防线"职能，统筹客户营销、风险防控、产品创新一体化管理机制，不断开展针对前台客户经理的培训，提高了解市场和客户的能力，把好客户准入关，增强尽调和存续期管理的真实性与及时性。授信部门做实授信，强化客户关联关系管理和真实性审查，主动加强实质风险把控。着力提升信管部门对市场和客户的敏感度，主动

做好风险监测、预警和处置工作，把住风险总闸口，推动政策制度、风险措施、业务办理要求落地。三是大力清收不良贷款。用现金清收、打包转让、核销等方式加快不良资产处置，加强与法院等部门沟通联系，提高各环节处理效率，特别是抵押物评估后的挂拍速度。

（市工行 供稿）

农业银行

【概 况】 2020年，在永康市委市政府的大力支持下，中国农业银行永康市支行（简称市农行）全员行动，努力支持地方经济发展，各项工作取得稳定高效发展。至年底，全行本外币各项存款余额313.85亿元；本外币各项贷款余额210.91亿元。全年实际新投放贷款21.14亿元，努力为地方经济发展增加新鲜血液，2020年普惠型小微企业净增647户，净增贷款6.45亿元；围绕省委省政府"最多跑一次"改革要求，再造业务操作流程，积极融入"互联网＋"，推出面向三农的"惠农网贷"，面向工薪阶层的"网捷贷"，实现贷款申请、审批、还款全流程线上化、自动化、自主化操作，全年发放线上自动作业贷款34.7亿元。2020年，市农行成功获评"银行外汇业务合规与审慎经营A类银行"殊荣，区域13家金融机构中仅3家获此殊荣；荣获"2018—2019年度中国农业银行职工代表大会制度建设示范单位""全国金融系统职工代表大会制度建设示范单位"称号；"徐立斌 陈群莹劳模创新工作室"获"全国金融系统劳模和工匠人才创新工作室"命名。

【走访客户破解企业难题】 2020年，为全面详细了解中小企业发展中遇到的困难，市农行多次开展走访客户活动，筛选不同

行业、不同层次企业,在行长带领下进行走访,并根据实际坚决做到不抽资、不压贷,维护企业信心,同时积极向上级行争取信贷资源。全年市农行累计上门服务 400 余次。

【网点转型力解服务难题】 2020 年,为进一步提升客户服务能力,市农行加快网点建设步伐,率先提出智能化、轻型化、标准化、差异化的"四化"网点建设思路,全面铺开新一代网点转型之路。按照省农行提出的打造全省"革命性样板行"要求,全行 18 家网点启动无高柜或单高柜轻型化改造,步行街支行致力于实行本部和花川三农金融服务工作室"双点双线"发展模式,城西支行开展"智慧 5G 银行建设"。

【智力支持引领企业发展】 在支持中小企业发展中,市农行在积极主动帮助中小企业破解融资难问题的同时,重视对中小企业主的学习培训,引领企业主专注实业发展,提升品牌经营能力。2020 年,市农行积极举办针对贵宾客户的"《新民法典》下的家庭财富管理新思维"主题会、"宏观经济和中美贸易摩擦"主题培训等活动。

(市农行　供稿)

中国银行

【概　况】 截至 2020 年底,中国银行股份有限公司永康市支行(简称市中行)本外币存款时点余额 784148 万元,比年初下降 17396 万元,本外币存款四大行市场占有率 10.44%,较年初下降 1.69%。本外币各项贷款时点余额 843211 万元,较年初下降 53724 万元,本外币贷款四大行市场占有率 16.98%,较年初下降 1.96%。

【零售金融】 2020 年,市中行加快向零售银行转型,大力发展个人金融业务。强调有质量的发展,持续跟进客户营销服务,增强资产配置能力,做大做强全量金融资产。发布《全量金融资产竞赛方案》,从产品、系统、队伍等方面全面提升专业服务能力,扩大客户基础,提高客户黏性。主动拥抱科技,将代发薪、手机银行、信用卡、第三方存管等有机结合,通过加强场景建设,依托智慧校园、智慧园区、建筑工地代发、云缴费、保证金等项目平台批量获客活客,全年拓展场景金融项目 90 余个,持续优化产品和服务体验,加快推进支行向效益、质量、规模协同发展转变。

【普惠金融】 2020 年,市中行把深化民营企业和小微企业金融服务作为各项工作的重中之重。不断加大普惠金融信贷投入,推出直接下调贷款利率、积极推广无还本续贷及信用贷款、减免企业中间业务费用等措施,全方位降低企业融资成本。同时认真落实《关于金融支持浙江省小微企业园高质量发展的意见》文件精神,联合政府主管部门组织开展银园对接活动。2020 年以来,市中行辖内各机构主动对接小微园区建设,走访对象基本覆盖永康市全部小微园项目,根据入园企业特点,创新服务方式,着力满足制造业小微企业金融需求,共批复小微园入园企业 16 家,涵盖 8 家小微园,批复总量 12105 万元,累计投放金额 10798 万元。截至 2020 年底,市中行共支持 897 户小微企业客户,普惠金融贷款余额 23.2 亿元。

【金融知识】 为了让消费者零距离了解新型电信网络诈骗的手段,防范诈骗活动,市中行进入金胜社区、解放广场、大润发广场等地多次开展防范新型电信网络诈骗宣传。在践行"把中国银行建设成为全球一流现代银行集团"战略目标的同时,提升中国银行的社会知名度,以市中行党建品牌"28 号流动课堂"为载体组织开展各类保险沙龙、讲座、集市宣传、趣味游戏、烘焙等金融服务日活动,向市民普及防范电信诈骗、人民币识别等方面的金融知识。

【风险管理】 2020 年,市中行积极服务于永康当地实体经济,帮扶困难企业,给予涉及"两链"风险的可救性主体政策上的支持,督促涉险主体积极瘦身。不良清收方面,全年综合运用各种清收手段,打赢不良清收收官战,累计化解不良资金 13.13 亿元。"众泰系"不良处置方面,实现铁牛集团 7.69 亿元、浙江众泰汽车制造 3.924 亿元两个大户的批量转让。分类上调化解措施继续实施,继上年度成功上调多户不良分类后,本年度顺利上调某捷家居、某胜工贸贷款分类合计 0.84 亿元。市工行不良率回落至近年来新低,资产质量管控卓有成效。

(市中行 供稿)

建设银行

【概　况】 截至 2020 年底,中国建设银行永康市支行(简称市建行)一般性存款时点余额 114.41 亿元,在四大行中余额占比 15.37%,一般性存款日均余额 108.87 亿元,占比 15.71%;各项贷款余额 82.1 亿元,余额占比 16.54%。

【全面抗疫助力复工】 2020 年,在还未全面复工的情况下,2 月初,市建行为永康市维众医疗器械有限公司加班加点开通绿色通道办理应急贷款。此外,成功投放永康市第一笔大额防疫贷款——华茗园茶业 3000 万元,后陆续完成振兴实业、华联商厦、双飞运输、伟超工具等企业授信合作。主动深化银医合作,加大对医院的信贷支持力度。疫情期间与市中医院达成 5000 万元授信合作,后陆续完成人民医院 9100 万元、第三人民医院 2500 万元等授信。通过

守护 E 贷大力拓展个人消费贷款。全年新增个人快贷授信客户 755 户,授信金额 1.97 亿元,新增支用 9000 万元。对受疫情影响的制造业、批发和零售业、住宿和餐饮业贷款客户减免 2 月超过 4.15% 部分的贷款利息;对受疫情影响的小微企业提供贷款还款宽限期、6 个月延期支持、调整结息频率、征信修复等优惠措施。全年市建行各项贷款加权平均执行利率 4.31%。

【普惠金融力拔头筹】 2020 年,市建行不遗余力全面落实普惠金融战略,把"普"做大,把"惠"做实,通过建设局、经信局等部门搭建业务合作平台,为需要帮扶的小微企业注入金融活水;联合各行业协会、乡镇工办等举办各种形式产品推介会,面向全市小微企业主推荐建行普惠金融产品。截至 12 月底,普惠贷款余额 29.08 亿元,较年初新增 10.24 亿元,授信余额超 20 亿元,普惠客户 1173 户,较年初新增 362 户,新营销小企业客户 585 户。除普惠贷款以外,市建行深化普惠金融服务,瞄准薄弱区域农村市场建设裕农通普惠金融服务点,截至 12 月底,完成 402 个行政村裕农通金融服务点全覆盖工作,将金融服务送进大街小巷,获建行"总行 2019—2020 年度(旺季)裕农通百佳县支行"荣誉。

【科技赋能提升效率】 2020 年,市建行积极贯彻落实政府和监管部门的相关要求,为小微企业提供"无还本续贷"服务,并出大招——推出"抵押快贷"业务年审制度,经过年审,判断年审分类名单为白名单的抵押快贷客户,如符合贷前准入要求,可在额度到期后重新发起新业务,或额度有效期内的支用到期时做延期支用。

【资产管控夯实基础】 2020 年,市建行开展"精进管理、厘清思路、重拳出击、确保实效"的不良攻坚战役。通过主动处置与成本核算,完成对铁牛集团余额 8.9 亿元及 2 亿

元理财的打包处置;全年现金回收10089万元;坚持量质并举,优化处置结构,一户一策风险跟踪化解,做好新风险防范。此外,市建行响应市政府对金融机构提出的多方位支持、"最多跑一次"要求,开通线上押品抵押登记服务,提升办事效率。

(市建行 供稿)

农商银行

【概况】 浙江永康农村商业银行股份有限公司(简称"永康农商银行")于2015年1月8日由浙江永康农村合作银行整体改制而成。2020年上交各项税收及附加费1.42亿元。截至2020年末,永康农商银行各项存款余额360.6亿元,占永康市市场份额近1/4;各项贷款余额261.4亿元,占永康市市场份额1/5,存、贷款规模均居永康首位,存贷规模全市率先突破600亿元大关。

【服务地方 彰显金融担当】 2020年,永康农商银行全力战疫抗洪,开展"金融抗疫保障"行动,第一时间捐款74万元,率先在全市推出"九专"金融政策,得到市委主要领导批示肯定,并在全市推广;第一时间出台"抗洪七条"政策,发放灾后重建贷款近8亿元,实行减费让利和精准帮扶,全年累计让利1.8亿元。成为全省首家打通医保移动支付渠道的县域银行,实现全域一体化"智慧医疗+"服务。全面对接田川未来社区建设,对黄棠村等5个城中村改造项目,授信3000户22亿元。助力清廉村居建设,上线"三资智慧化监管系统",打造全省"三资"改革的永康样板。

【践行普惠 展现企业作为】 2020年,永康农商银行与市农业农村局联手构建"三员一站"服务体系,有序推进农村普惠"扩面·增额·提效"工程。出台"富民贷"产品,对16万户农户授信242亿元,服务覆盖率达100%。制订小微企业三年行动计划,积极开展园区、市场、产业和个体四大小微普惠行动,全面支持小微园建设,共向260户投放16亿元。拓展供应链金融,与群升、宏伟供应链等开展战略合作,授信2亿元。用好人行支小再贷款资金,向2581户发放25亿元,占全市99.8%。出台无还本续贷政策,加大对信用贷款、中长期贷款、首贷户投放力度,全年新增贷款占全市的一半以上。与市图书馆联手打造全省首家智慧图书丰收驿站,与税务局联手打造全省首家智能微厅。融入"最多跑一次"改革,代办社保等便民服务42项。打造"一网两卡"工程,承揽"银医通"、城区公交、公共自行车、智慧菜场、智慧旅游、智慧校园等11类民生项目。

【守正创新 强化科技发展】 2020年,永康农商银行升级打造四大科技平台,完成52项系统建设,创新打造普惠大服务系统和模拟利润薪酬考核系统,数字化转型稳步推进。加速柜面业务流程优化,新增6项免填业务,配备31台智能柜员机。全面简化操作手续和审批流程,上线微信、抖音公众号贷款预约功能,推出"公积金贷""小微税易贷""信义金速贷"等线上产品,数字贷款占比居金华地区首位。升级打造四大科技平台,完成52项系统建设,创新普惠大服务系统,实现PC、PAD双渠道信息采集,构建有永康特色的"农户、商户、小微企业"客户数据库。组建专班,推进"银医通"项目,成为全省首家获得医保移动支付端口的县市级银行,成功将市第一人民医院纳入服务,实现全域一体化的"智慧医疗+"服务。

(永康农商银行 供稿)

浦发银行

【概况】 2020年末,浦发银行金华永康支行(简称市浦发行)存款12亿元,较年初新增3.8亿元,贷款余额18亿元,较年初新增5.8亿元;表外业务余额6.2亿元,较年初新增2.7亿元;无类信贷业务;关注类贷款1.45亿元,较年初下降2.45亿元,关注类贷款占比8%;后三类贷款1.5亿元,不良贷款率8.09%,不良贷款余额较年初增加1.37亿元,不良率增加7.12%。

【支持重点建设项目投放及产业转型升级】
2020年,市浦发行贯彻落实差别化信贷投向政策,增强信贷投入的针对性和有效性,促进经济转型升级发展。市浦发行优先支持国家重点领域重大工程融资需求,定位交通设施、政府主导类重点基建类项目,包括交通、城市公共事业、水利等客户;为符合条件的企业申报中长期贷款,2020年末企业中长期贷款较2016年初新增12940万元;在小微贷款申报上,符合市浦发行授信条件的,全部申报三年期授信额度,简化企业续授信手续,共为10户企业申报三年期循环额度,发放金额7400万元。加强信用贷款的推广,加强对诺银税贷、科技贷等纯信用产品的营销,已有6家企业通过额度申请;加强无还本续贷的运用,全年共为符合条件的5户客户办理无还本续贷3200万元,减轻企业的转贷压力。

【调整结构提高资产质量】 2020年,市浦发行为暂时困难企业解决资金周转问题,切实做到不抽贷、不压贷、不延贷,大力推进转贷通等业务,减轻企业转贷负担,与市浦发行合作转贷业务的有农银村镇银行,为市浦发行授信企业提供资金周转便利;为支持政府化解两链风险,稳企业稳就业,市浦发行给予永康市五金资产管理有限公司授信额度1.5亿元,并在2020年发放贷款1.5亿元;采取一切措施防范区域性金融风险的发生,切实维护区域金融稳定,支持供给侧结构性改革,支持地方经济发展;参

加市政府和监管部门牵头举办的各种打击逃废债会议,坚决支持地方政府打击逃废债工作,配合公安机关取证调查,报送涉嫌逃废债企业和个人信息,向政府和监管部门献计献策,实施授信联合惩戒。

(市浦发行 杨 刚 李卓娃)

稠州商业银行

【概　况】 浙江稠州商业银行永康支行(简称市稠州行)2007年12月入驻永康。截至2020年末,全行贷款余额153098万元,较年初增加35756万元,贷款增长率30%,其中普惠小微企业贷款103316万元,较年初增加30366万元。荣获"年度十佳城市商业银行"称号。

【支持地方经济】 2020年,面对新冠肺炎疫情带来的重重困难和压力,市稠州行助力企业复工复产,利用央行专项再贷款、"农户贷"、"五金贷"、"二抵贷"、"市民贷"、"安心贷"、无还本续贷等措施加大对实体经济的信贷投放。2020年,为顺应市场小额融资线上化趋势,市稠州行先后上线推出"税易贷""社闪贷""线上安心贷"等产品,全年发放392笔,金额5048.09万元;同时市稠州行积极利用央行专项再贷款、国开行小微转贷款资金,延期还款、无还本续贷等措施加大对实体经济信贷的投放。2月以来,市稠州行发放支小再贷款552笔,累计发放金额49450万元,办理无还本续贷103笔,金额13811万元;为9家企业、3位个人延长还息周期,涉及贷款金额8040万元。

【加强安保建设】 2020年,市稠州行坚持以防为主、以查促防的指导思想,加强安保工作,完善内控管理,切实防范金融风险。严格落实"一把手"负责制,层层签订目标责任书,强化领导责任和全员参与意识,派专

人负责日常事务性工作,为平安创建提供强有力的组织保障。

(市稠州行　供稿)

人保财险

【概　况】 中国人民财产保险股份有限公司永康支公司(简称永康人保财险)成立于1997年,在财产险领域为永康本地服务网点最多、业务规模最大的保险公司,主要经营车辆保险、财产保险、责任保险、信用保险、农业保险等。2020年,累计完成保费收入44501万元,较上年增长10.6%。

【服务网络建设】 永康人保财险拥有遍布城乡的服务网络,包括市区一个中心网点,第一、古山、象珠、石柱四个营销服务部,16个镇级保险服务站,721个村级服务点,乡镇级网点覆盖率98.5%,非城中村已实现服务网点全覆盖,服务范围遍及城市乡镇、偏远农村,构建城网农网共建共享、线上线下结合的立体化销售服务网络。同时,开通365天24小时全国服务专线95518、www.epicc.com.cn官网直销平台、4001234567电话销售专线、移动互联平台、柜面一体化和"中国人保"App,形成强有力的服务网络,可以与任何客户实现"点对点"快速对接,为客户提供与车务和生活相关的增值服务。

【以客户为中心】 2020年,永康人保财险坚持以市场为导向、以客户为中心,深化服务能力建设,提升承保和理赔服务能力。阶段性组织开展服务品质提升督导培训及自查整改工作,对服务环节的不足之处进行整改,巩固和完善礼仪、环境等标准化服务要求,提升公司整体服务形象。理赔方面持续提升理赔服务标准化建设,落实"无证明"行动,简化理赔单证,提高客户满意率。万元以下车险结案周期缩短至9天;稳步做好道路救助基金相关工作,借助保险理赔平台,将原本分散在各个政府职能部门的审核流程进行整合,"一站式"受理救助基金各项业务,切实维护交通事故受害者的权益。全年共为48名交通事故危重受害者垫付抢救费用364万元;8月"黑格比"台风大灾发生时,永康人保财险第一时间成立大灾理赔指挥部,开通大灾理赔"绿色通道",精简流程,快速赔付,帮助受灾群众和企业恢复生产、重建家园。8月4日下午5点30分,距报案仅4个半小时,便向一位水淹车车主支付首笔保险赔款。8月6日,第一笔农房险赔款送达受灾农户手中。此次大灾理赔中,车险结案1400余件,结案金额3400余万元;非车险已完成赔款1300余件,结案金额800多万元;农房险结案2000余件,为受灾农户弥补损失1200多万元。

【警保联动实施温暖工程】 2020年,以三农营销服务部为主力,永康人保财险组建安全劝导员队伍,与交警部门以警保劝导站为依托,积极发挥"劝、宣、维、处、办"等多项功能,常态化开展"一盔一带"安全宣传及随警作战劝导活动,通过在重点路口与主要街道执勤、入村开展交通安全宣传会,增强群众交通安全意识。同时巧借"百警进千企"活动,建强义警团队,促进企业落实交通安全宣传教育工作制度、企业自律管理机制、义警队管理等制度,将"一盔一带"等安全知识深植员工心中,织密交通安全防护网。全年联合开展进村进企业宣传活动165场,开展路口劝导645次,平均每天劝导电动车驾驶人员400余人。

【扩大三农保险覆盖面】 永康人保财险响应国家"乡村振兴"号召,发挥保险支农、惠农、强农、富农的主渠道作用,为新型农村经营主体、小微企业和农户等提供三农保险服务。政策性农村住房保险方面,2020年1

月完成承保工作,总承保户 15.41 万户,承保覆盖率超过 99.1%。通过"保险下乡 服务三农"工作,巩固和落实政策性农房险工作,室内财产险扩大承保覆盖面。政策性农业保险方面,共承保水稻 7.6 万亩,小麦 2968 亩,大棚 280.8 亩,葡萄 115.8 亩,育猪 39728 头,能繁母猪 916 头,鸡 13 万余只,鹅 2.45 万羽,公益林 44.5 万亩。此外,积极建设保险服务站点,壮大农村协保员和农网专员队伍,依托农村服务网点和农村协保员队伍,开展三农保险下乡服务,支农惠农,农险服务得到农村老百姓的高度认可。

(永康人保财险 供稿)

银保监管

【概　况】 2020 年,金华银保监分局永康监管组不断优化党建工作,强化金融风险防控,继续落实普惠金融工作,深入银行保险机构治理乱象,保证地方金融市场平稳有序健康发展。同时,做好扫黑除恶、扶贫攻坚、文明创建、企业服务等专项工作,尤其是新冠肺炎疫情暴发以来,金华银保监分局永康监管组推动辖内银行保险机构落实监管政策,全力支持企业抗击疫情和复工复产,为实现永康新腾飞做出积极贡献。

【扩大信贷增量 调整信贷结构】 2020 年,金华银保监分局永康监管组加大对制造业和小微企业的支持,增加货币总供给。至年底,各项贷款余额为 1127.56 亿元,比年初新增 104.15 亿元,新增贷款比上年同期增长 10.18%,小微企业贷款(包含个人经营性贷款)新增 135.96 亿元,提前实现新增贷款 100 亿元的年度目标,加大对辖内制造业和小微企业的信贷倾斜力度,以金融"活水"支持地方经济提质增效。

【加强政策传导 保障金融惠企政策落地见效】 2020 年,为抗击疫情和支持企业复工复产,各级政府和上级部门颁布各项金融惠企政策。为保障政策落地见效,金华银保监分局永康监管组加强对银行保险机构关于金融惠企政策执行情况的现场督导,共计督导机构 15 家,并针对政策执行、受惠企业家数、减免费用等情况进行现场督导检查;组长带队走访企业 40 余家,深入了解企业在复工复产阶段存在的现实困难,积极宣导小微企业"延期还本付息""首贷户利率减免"等金融惠企政策,为企业复工复产出谋划策。截至年底,延期还本付息共惠及企业 6409 家,累计贷款金额 43.11 亿元。多部门联合,优化金融涉企服务。联合市自然资源和规划局推动辖内银行业实现线上不动产抵押登记全覆盖,简化抵押登记程序;与市市场监督管理局共同组织开展针对辖内银行业的涉企收费检查,重点检查对小微企业收取咨询费、资金管理费或存在捆绑收费、转嫁成本等违规问题,坚决贯彻落实金融惠企政策。

【推动保险发挥社会经济保障作用】 2020 年,金华银保监分局永康监管组推动发挥保险在疫情期间的保障作用。推动各保险公司对受疫情影响较大的企业,根据实际情况减免暂停营业期间保费,延长保险期间或延后保费缴纳时间;针对新冠肺炎客户,取消赔款限制、拓展责任范围,做到应赔尽赔、快速理赔。永康辖内保险机构向公安干警、医护人员、贫困人员赠送保障保险,保障金额为数千万元。引导险企助力客户抗击自然灾害风险,在台风"黑格比"袭击永康市期间,要求辖内保险机构强化大局意识和服务意识,辖内保险机构开通多渠道受理报案,开启理赔服务绿色通道,简化勘察理赔流程,各项资源向查勘定损和防灾防损业务倾斜,理赔条线工作人员取消正常休假，24 小时待命，冒雨勘验、当场定损。截至年底，全市保险机构本年保费收入共计 36.04 亿元，累计赔付 9.44 亿元，累计赔付 14 万件/次，其中财产险共计赔付 8.39 亿元，赔付 12.8 万件/次。

【防控化解区域金融风险】 2020 年，金华银保监分局永康监管组聚焦重点领域风险，以有力措施处置化解风险，同时建立风险监控机制，保证不发生系统性风险。力促银行业主动暴露信用风险，加快不良资产处置进度。指导辖内机构加强对信贷资产质量的自查自纠，真实暴露风险，提高贷款分类准确性，加快处置进度，利用多种手段处置不良资产。截至年底，全市共计处置不良贷款 83.45 亿元，比上年同期增加 63.63 亿元。支持企业化解债务风险。分类化解企业债务风险，对自身仍有"造血"能力且有还款意愿的企业，如兴达钢带，推动企业与债权行成立债权人委员会，以时间换空间，延缓偿债，稳步化解风险。对辖内大型企业，如铁牛集团及其关联企业，鼓励银行针对不同借款主体间的债务分类施策，运用诉讼清收、资产处置、债务重组、联合会商等方式妥善处置债务，保证不发生"处置风险的风险"。维护辖内市场秩序使之平稳有序。7 月 17 日，银保监会宣布接管天安财险、华夏人寿等 6 家机构。金华银保监分局永康监管组自收到通知，第一时间进驻辖内天安财险和华夏人寿两家保险公司，保证公司各项工作在接管期间不出风险，并积极与公安配合，做好舆情监测和对外澄清工作，维护辖内市场平稳有序。

【持续做好银行保险乱象整治】 2020 年，金华银保监分局永康监管组加强对两家法人机构的监管。做好标准动作，关注两家农金法人机构的经营变化，紧盯各类监管指标，定期开展风险评估，保证两家机构平稳经营；突出重点工作，针对永康农银村镇

银行股权结构不清晰、永康农商行不良贷款占比过高等情况，采取监管约谈、窗口指导、下发监管意见等措施推进机构整改；形成监管高压态势，以现场走访、突击检查、员工约谈等形式，持续跟踪机构整改成效，提升监管质量。坚决维护消费者权益。截至年底，金华银保监分局永康监管组共计收到辖内银行保险机构举报 20 件，已受理 20 件，针对举报中所涉及的银行保险机构违规事实，下发监管意见 2 份，行政处罚 1 件。定期开展监管巡查。定期对辖内保险中介机构进行巡查，针对其经营现状、人员安排、业务合规等进行监管评估；走访区域内部分银行保险机构，实际了解其经营情况、业务发展、投诉举报、政策传导等内容，将监管政策宣导融入日常走访中；召开银行保险机构座谈会，分析当前区域市场经济发展面临的挑战和风险，传达监管政策精神。细化辖内银行业机构年度监管评价。对辖内 23 家银行业金融机构开展年度监管评价，从资产质量、案防工作、服务实体、监管合规四个维度多项指标考量 2020 年各家机构经营发展综合情况，以机构评级形式形成监管评价，对评级较低的机构采取相应的监管措施，加强对辖内银行业机构的监管约束，提升机构内控合规建设水平。

2020 年 8 月 25 日，金华银保监分局永康监管组走访保险中介机构(金华银保监分局永康监管组提供)

【深化银行保险行业"放管服"改革】 2020 年，金华银保监分局永康监管组受理并批

复辖内银行保险机构行政许可事项总计 31 件次,同比 2019 年增幅达 210%。全年共受理保险行政许可事项 13 件次。为统筹推进疫情防控,引导信贷资金精准支持受疫情影响的企业,金华银保监分局永康监管组积极推动"双保"应急融资机制在永康落地。前期,对辖内"双保"应急融资在各家机构业务开展情况进行摸底,对当前业务推进过程中存在的问题进行总结提炼,并联系市金融办、财政局、政策性融资担保公司等有关部门展开工作对接。截至年底,全市"双保"应急融资共计涉及企业 2 家,信贷金额总计 700 万元。继续做好"无证明城市"工作。持续督导辖内银行业保险业机构做好"无证明化"工作,除已纳入"无证明"清单内的取消证明,鼓励机构发挥特色优势,提高自身要求,依托行内科技、信息平台、第三方服务等方式提升"无证明"服务质效。

(金华银保监分局永康监管组 供稿)

教育事业

【概　况】　2020年，永康市有普通高中7所、学生数11590人，学校占地面积81.3万平方米，校舍建筑面积46.4万平方米，图书藏书量93.5万册；职业高中2所，学生数5514人，学校占地面积20.6万平方米，校舍建筑面积12.5万平方米，图书藏书量28.2万册；九年制义务教育，小学53所，学生数57180人，学校占地面积92.02万平方米，校舍建筑面积44.9万平方米，图书藏书量165.5万册；初中25所，学生数25293人，学校占地面积109.7万平方米，校舍建筑面积58.9万平方米，图书藏书量162.2万册；幼儿园在园幼儿38319人；特殊学校1所，136人，学校占地面积1.2万平方米，校舍建筑面积7755.38平方米，图书藏书量5063册。进城务工人员随迁子女小学18981人，初中6027人，共25208人。

（市教育局　应荣锴　杨铁金）

学前教育

【概　况】　2020年，永康市共有在园幼儿38319人，幼儿园167所。

【学前教育扩容】　2020年，永康市大力推进公办园建设。芝英镇第二中心幼儿园、方岩镇第二中心幼儿园、经济开发区中心幼儿园（扩建）、城西新区第二中心幼儿园、唐先镇中心幼儿园等幼儿园于秋季投入使用，新增1680个学位。全面落实小区配套幼儿园"四同步"政策。完成九龙湾、星月嘉园、古丽花园、中月陇园4所小区配套幼儿园整治工作，新增班级30个，新增学位900个。积极利用国有资产拓展学前教育容量。高镇村投资500万元改建村集体办公用房为幼儿园用房，已投入使用；市机关事务管理局和文旅集团分别回收国资用房用以创办幼儿园，总投资600万元，新增班级24个，新增学位720个。

【学前教育改薄提质】　2020年，市教育部门制订《永康市薄弱幼儿园整治方案》，以薄弱幼儿园专项督导为推手，通过专项整治，共关停幼儿园7所，新培育二级幼儿园15所、三级幼儿园2所，新培育普惠性幼儿园4所。为进一步减轻疫情对民办幼儿园的影响，按时足额发放民办普惠性幼儿园生均公用补助经费，2020年共发放1668.21万元。

【学前教育阳光招生】　2020年，永康市教育局（简称市教育局）直属公办幼儿园（实验幼儿园、高川花苑幼儿园、大司巷幼儿园、人民幼儿园）率先开展招生改革试点工作，首次实行网上登记报名，公开摇号录取。

（市教育局　李俏华）

义务教育

【概　况】　2020年，永康市贯彻落实浙江省人民政府《关于统筹推进县域内城乡义务教育一体化改革发展的实施意见》精神，巩固义务教育基本均衡发展成果，提高政府对义务教育的保障水平，不断增加优质教育资源，推进义务教育优质均衡发展。坚持"五育"(德、智、体、美、劳)并举,全面发展素质教育。启动"真善美"种子工程,将社会主义核心价值观教育融入各项教育实践活动中,引导学生自觉践行社会主义核心价值观,弘扬中华优秀传统文化,深化爱国主义教育。深化"阳光招生",稳妥推进"公民同招"改革。

【"五育"并举全面发展】 2020年,市教育部门牢牢抓实立德树人不动摇。2020年10所中小学被评为金华市德育品牌特色学校,其中古山小学以案例"崇德养正"获评浙江省"三全育人"德育典型培育学校,胡库小学教师陈盈盈获得"我最喜爱的习总书记的一句话"青年宣讲大赛一等奖,大司巷小学学生胡来来获得浙江省中小学生"全面小康 我们来了"演讲比赛一等奖。全面加强劳动教育。永康市中小学活动实践中心投入使用,实践中心端头基地和后吴小学劳动基地开工建设,职技校现代制造业劳动实践基地被评为浙江省中小学劳动实践基地。积极推进文明校园创建。永康市文明校园创建率达100%,积极申报省市文明校园,高镇小学被评为浙江省文明校园。

【家校合作促提升】 2020年1月,永康市举行永康市家庭教育主题年启动仪式。以情景剧演出方式再现家庭教育中的焦点、热点、痛点,节目寓教于乐,落地生效。疫情防控期间,通过微信公众号发表《"春"的力量》系列文章,指导家长应该如何与孩子相处。建立线上咨询群,家长们可以通过微信交流探讨,在疫情期间建立和维护好亲子关系。3月,市教育部门与市广播电视台一起筹划并推出浙江省第一档家庭教育电视栏目——《幸福 我的家》,为全社会营造更加重视家庭教育的良好氛围,目前已在永康电台播出13期,其中有5期栏目在中国蓝新闻发表。培养家庭教育专业队,已培养260名家庭教育初级指导师,130名高

级指导师。与古山镇联手,创新性打造"家校社共育大联盟",依托古山镇域范围内的学校、村文化礼堂、企业等,举办家长培训班、情景再现式沙龙、个案咨询会等活动,传播家庭教育的先进理念和科学方法,以期发挥家庭教育、学校教育和社会教育的共同作用,涵养美好教育生态。

【积极应对疫情挑战】 疫情期间,市教育部门自主研发系统掌握师生健康信息,精准教学架起空中希望课堂,"1348"工作法织密精细防控安全网。扎实开展教育系统各项疫情防控工作。发表《"春"的力量》系列文章153篇,总点击量70多万。根据"四色预警"工作机制,15.24万师生动态信息及时掌握,每日准时上报;"两返"人员到永后实施落地管控,做好教职工返永监测回访,协助镇(街道、区)防疫管控,做到底数清、情况明、管得住。积极做好"停课不停学"线上教学服务工作。建立"一校一策""一班一案""一师一群"的工作框架,把牢教学质量关,建立学情反馈、教学督查和教师激励机制,规范教学内容、教学流程和教学时间,统筹安排好教学计划和课表,将音、体、美、爱国教育、生命教育、劳动教育等列入教学内容,将近视防控落实到学习要求中,最大限度减少疫情对正常教育教学的影响。大力打造空中希望课堂。以"永康线上教育,不让一个学生掉队,我们要有托底课程"要求变疫情危机为教育契机,积极探索用"互联网+"推进教育公平的新路径,集结235名学科带头人、教坛新秀等永康教育中坚力量,组建30个授课精英团队,"一课三审"打磨精品课程,通过广电、移动、电信三大平台推送,开展直播和点助播式教学,为3万多新永康人子女"量体裁衣"打造优质教学资源,共推出16门课程,播出微课870节,辐射带动周边省市学生参与学习,获《人民日报》《中国教育报》等主流媒体报道。

【稳步实施义务段"公民同招"新政】 2020年,永康市规范有序开展义务教育阶段新生入学工作,稳妥实施"公民同招"改革新政。全面实行"公民同招、网上报名、公开摇号"政策,公办民办学校同步报名、同步录取、同步注册学籍。6月2—5日第一段报名期间,共有9544名新生完成永康市城区义务教育段学校新生网上报名登记。全市4所报名人数超过招生计划的民办学校,其统招计划数均通过电脑摇号录取,1638名学生参加摇号,共摇号录取1230人。

(市教育局　章会会)

校园体卫艺

【概　况】 2020年,永康市积极贯彻党的教育方针,落实教育立德树人的根本任务,大力实施"明眸摘镜"工程,开展校园体艺活动,尊重学生个性,张扬学生特长,让全体学生的个性得到充分而自由的发展。

【四大行动促进学生身心健康】 大力实施"明眸摘镜"工程,组织开展"全面普查、端姿护眼、视觉环境优化、示范校创建"四大行动。一是重视视觉环境,加强硬件建设。科学配置与学生身高相适应的课桌椅,严格要求中小学校课桌椅均由后勤办统一审核。开展视觉环境优化工程,2020年近视防控项目专项资金850万用于永康一中等19所学校的750个教室灯光改造。二是重视视力监测,建立健康档案。严格要求每校每生每学年至少进行1次学生健康体检,开展2次视力监测,完成10万中小学生的屈光发育档案建设,动态跟踪学生视力。三是积极开展近视防控示范学校建设。开展端姿护眼等近视防控活动,城西小学、第三中学被评为金华市近视防控示范学校,人民小学已申报省级近视防控示范学校。

四是重视健康教育,控制电子产品使用,开展阳光体育活动。利用永康教育发布、校园广播、宣传栏等对学生和家长开展科学用眼护眼健康教育,通过学校和学生辐射教育家长,增强家长的责任感和监督意识。培养健康教育教师,开发和拓展健康教育课程资源,教学和布置作业不依赖电子产品。严控使用App布置作业。

【校园体育硕果累累】 2020年受疫情影响,上半年未开展体育活动,下半年市教育部门常态组织开展永康市第十四届中小学生乒乓球比赛,永康市第二十八届中小学生田径运动会,永康市第五届中小学生校园足球联赛,永康市高中生篮球比赛,永康市初中生篮球比赛。据不完全统计,2020年,永康市中小学在体育类比赛中获得6个省冠军,3个省级一等奖,3个省级二等奖。在全省中小学生篮球联赛中,唐先小学女篮继上年后再次包揽小学甲乙组双冠军,实现省赛"四连冠",并在2020年浙江省第六届小学生篮球邀请赛中获女子组一等奖,永康中学女篮获全省中小学生篮球联赛初中女子组二等奖;在全省中小学生乒乓球联赛中,龙川学校男乒勇夺初中甲组团体冠军,市教师进修学校附属中学斩获初中女子组一等奖,民主小学男乒连续第四次荣获团体一等奖;在省青少年阳光体育(体育传统项目学校)乒乓球比赛中,市教师进修学校附属中学男乒勇夺亚军、女乒获季军,市教师进修学校附属小学男乒勇夺小学丙组团体亚军;在全省中小学生校园足球联赛中,龙川学校小学男甲足球队、初中男甲足球队分别斩获二、三等奖;在全省轮滑锦标赛中,市教师进修学校附属中学学生陈炫旖获得500米争先赛第一名和1000米计时赛第一名;在全省青少年攀岩锦标赛中,永康中学学生李佐勋包揽男子C组难度、速度、全能、攀岩四枚金牌。

（市教育局　徐刚果）

【艺术活动全面开花】　2020 年，全市 20 余所学校开展形式各样的艺术节活动。12 月，举行永康市中小学生合唱比赛，全市中小学参加，参与学生达千人。金华市中小学艺术节活动中，永康市上送的 8 个节目，6 个获得一等奖，2 个获得二等奖。浙江省艺术节崇德学校原创校园短剧《徒步戈壁——风沙星辰》荣获 2020 年浙江省中小学生艺术节一等奖。大司巷小学教育集团永祥校区作为金华地区唯一入选的学校参加浙江省"春泥计划"十周年成果展演。

（市教育局　章会会）

普通高中教育

【概　况】　2020 年，全市普通高中以办优质高中教育为目标，以深化普通高中课程改革为主线，立足课堂教学研究新高考，以教师业务成长为依托，以学生为本研究学科核心素养的培育，有效促进高中教育教学质量稳步提升。永康一中物理教研组、永康二中数学组荣获 2020 年浙江省先进教研组称号。2020 年永康市高考成绩再次突破，高考一段线增加 96 人，金华市十大重点中学增幅最大是永康一中，永康二中平板班教学受金华市表扬。

【永康一中】　2020 年，永康一中高考三项指标均创新高，共建办学打造优质教育品牌，德育工作更上一层楼，疫情防控常态化进行，校园扩改建工程稳步推进。一段上线人数有 449 人，其中浙江大学录取 27 人，985 以上高校 85 人，211 以上高校 151 人，增长幅度均超 10％，提前批及平行志愿第一段共录取 465 人。4 月 22 日，永康一中与杭州第二中学共同签署合作共建办学协议，开启两校合作共建新篇章。永康一中

"四轮驱动 厚德经世"德育体系获金华市五星级德育品牌称号。9 月，学校荣获"首批金华市基层清廉建设示范单位"称号。12 月，永康市人大常委会全票通过《永康一中校园扩改建工程》第一期建设方案。

【永康二中】　作为"县管校聘"的后半篇文章，永康二中完善修正《永康二中教师绩效考核积分方案》，把考核结果与职称评聘、奖励性绩效工资、年度考核等挂钩。作为试点单位，职称自主评聘试点工作启动，制订《永康二中教师职称自主评聘方案》。继续深化"精准教学"改革，永康二中平板实验班一段上线率 56％，高分段人数较往年有大幅增加。实施"学生行为大数据的建设与应用"，在精准管理模式上进行积极、有益的探索，收到预期的效果。通过文明就餐、美化校园，开展以"真、善、美"为主的文明礼仪养成教育，引导广大学生践礼修德，从"优秀"走向"优雅"；充分挖掘百年老校的文化积淀和丰富的人文资源，创建省级规范化数字档案室。

【永康六中】　2020 年，永康六中以培养"规则意识"为抓手，以疫情防控为契机，构建精细化德育管理模式。2020 年高考一段上线 28 人；二段以上 96 人，比上年增加 20 余人；艺体类一段上线 23 人，美术高考一段线率均接近 50％，联考专业通过率连续 11 年保持 100％，吕齐心同学联考单科成绩列全省第二名。特色高考班在音乐、表演、体育、跆拳道等领域全面开花，进一步促进学生德智体美全面发展。

【古丽中学】　2020 年，古丽中学高考成绩取得新突破，学科竞赛成绩进入全省优秀行列，古丽中学的成功办学经验被录入《浙江省民办教育发展报告》典型案例。首届清北班、领军班全班同学高分上一段线，被全国双一流大学录取人数大幅增加。2020 年全国高中数学联赛，黄俊豪、方韬越、胡力尹

3名同学获全国一等奖,另有5名同学获全国二等奖,12名同学获全国三等奖,并荣获浙江赛区团体优胜奖。第37届全国中学生物理竞赛,3名同学获全国二等奖,2名同学获全国三等奖。

【永康市明珠学校】 在疫情防控大背景下,明珠学校坚持"规范管理,深化改革,抓好落实,提升质量"的办学思路,把"错位发展,特色发展"作为阶段性任务进行全方位多角度落实。居家学习期间,学校利用平板优势开展网络远程授课,依计划平稳推进教学任务。2020年高考继续刷新纪录,上一段线人数90人,上二段线比率77.9%。学生获得国家级奖励67人次,省级42人次,地市级7人次。

【丽州高级中学】 2020年,丽州高中校本教研持续深化推进,校本资料研发、校本课程开设、生本教学研讨全面开花结果。结合生本课题研究,教学密切贴合学生实际,成效显著。社团开展常态化,在兴趣导向中引领学生素质全面提升。在学考和高考中,均取得近三年中最好的成绩。高考总上线率达到99%。

(市教育局 吕未寒)

特殊教育

【概　况】 2020年,永康市特殊教育工作有序推进,成立市特殊教育专家委员会,加强残疾儿童少年的教育、康复和安置等方面的指导,强化对市特殊教育指导中心的专业支持,将特殊儿童全纳教育纳入一件事改革,进一步完善特殊教育服务体系。永康市资源教师白云小学施友爱和新店小学胡苑玲在浙江省首届资源教师基本功大赛中分获一等奖、三等奖。新店小学、白云小学和城西小学的资源教室被评为金华市第一批示范性资源教室。

【市特殊教育学校软件硬件齐升】 2020年,市特殊教育学校在认真做好疫情防控工作的同时,切实保证教育教学工作的正常开展,鼓励教师积极参与教育教学研究和文体活动,完善学校的硬件设施,稳步推进医教结合项目。范立花老师被评为金华市最美教师,黄英老师被评为金华市优秀班主任,王盛老师获金华市优质课一等奖。范立花老师的"基于网络同步课程开发的'特教联动战疫'项目式学习活动案例"获金华市优化课堂形态专题案例一等奖,同时入围2020年度浙江省智慧教育典型案例。和永康市妇幼保健院续签期限为3年的医教合作协议。添置感觉统合室外活动设施、自闭症儿童游戏活动设施、OT综合康复训练设施及特殊儿童康复类图书。

【随班就读工作有效推进】 2020年,全市随班就读学校有17所,有随班生86人。新增6个随班就读资源教室,分别设于山下小学、人民小学、球川小学、胡库小学、桥下初中、清溪初中。9月,金华市融合教育随班就读现场推进会暨示范性资源教室评选启动仪式在永康市城西小学举行。12月,在西溪小学举行以"行走在有温度的教育里"为主题的永康市随班就读教学研讨活动。

【送教上门工作规范落实】 2020年,全市送教学生人数为13人,由特教学校、古山小学等9所送教上门责任学校负责提供送教上门服务。在送教工作的具体落实上,市特殊教育指导中心制订详细的工作要求和工作流程,以保障送教工作的规范化开展。

【卫星班工作稳中有进】 2020年,卫星班有学生6名,延续往年师资配置,专职生活语文和生活数学老师各一名,主要承担卫星班特殊教育课程的教学和班级日常管理工作。此外还有融合教育老师8名,主要负责卫星班学生融合课程的教学。在课程安排方面,以培智一般性课程为主,融合课程为辅,以集体参与和分组参与的方式落实。卫星班课堂尝试定向开放,让有特殊教育需求的城西小学随班就读学生也能够参与卫星班的课堂学习,学有所获。同时,让学习能力相对较好的卫星班学生尽可能融入普通班的课堂。

（市教育局　徐刚果）

教学研究

【概　况】 2020年,在抗击新冠肺炎疫情期间,市教研室积极响应教育局"停课不停学,离校不离岗"的部署,发起战"疫"中的新教研工作。建立教研员定点联系学校工作制度,创新建立线上教研五"新"工作机制,为新永康人"量身定制"空中希望课堂,分四个阶段有针对性提出线上教学学科指导意见和返校复学教育教学工作建议,其中线上教研五"新"工作机制被列为金华市教育局新冠肺炎防控工作亮点。坚持蹲点式集体调研与区域集中指导相结合,教研员累计听课评课2487节,参与指导校本教研活动232次,组织开展(永康)市级教学研讨活动98场。在教学类比赛中,获金华市级一等奖的有56位教师,获省级三等奖的有20位教师,获二等奖的有10位教师,获一等奖的有9位教师。

【金华市初中数学九年级主题研训活动】 11月9日,金华市初中数学九年级主题研训活动在永康市实验学校报告厅隆重举行,本次活动按课例研讨、微观论坛和观点报告三步走的形式,就"有效启发学生思考"这一主题开展研训。活动吸引金华各县(市、区)近300多名教师参加。

【金华市小学语文深化课程改革研训活动】 12月10日,金华市小学语文深化课程改革研训暨骨干教师教学展示活动在解放小学举行。杭州师范大学教授、"诗意语文"创立人、著名特级教师王崧舟,金华市教育教学研究中心小语教研员、省特级教师王春燕,市教育局领导,以及金华各县市区的小语教研员和小学语文教师代表参加本次活动。此次活动采用线上直播和线下观摩相结合的方式进行,直播点击量22.47万。

【培育精品将研究做精】 2020年,市教育部门精心挑选5项课题为2020年度金华市精品课题,16项课题为永康市级精品课题。定期邀请省教科院院长朱永祥、省教育厅师干训中心常务副主任卢真金、金华市教育教学研究中心副主任叶鑫军等专家对21项精品课题进行指导。精心培育的成果中,1项获省教科研成果二等奖,1项获省三等奖。

【定向孵化将研究做准】 2020年,市教育系统1项党建课题获2021年省专项课题立项,集团化办学、职业研究等2项课题获得2021年省重点课题立项,"互联网＋"、家庭教育、幼儿园教育等4项课题获得了2021年省规划课题立项,另有52项课题获得金华市级立项,省市立项课题数居金华各县市前列。

（市教育局　应美玲　倪静川）

民办教育

【概　况】 2020年,永康市学历教育段民办学校总数31所(含14所孵化类民办民工子弟学校),在校生19110人,民办学校学生总数约占全市学生总数的19.19％;民办幼儿园在园儿童20519人,民办幼儿园在园儿童约占全市在园儿童的53.55％。

【民办教育管理与发展】 疫情防控期间,累计检查机构2272家,查处违规机构1家,关停无证机构 3 家。全部机构都经严格核验后准予复课,无一遗漏,确保安全办学。携手保险公司,实现培训机构办学场所安全险全覆盖,建立第三方风险防控机制,保险公司与培训机构联手建立安全监管联防机制。组建培训机构行业监督员队伍,依照行业自律管理公约,实现行业自律、多元治理。全年行业监督员共检查机构 415 家,自主整改 66 家。在各学校门口建设培训机构公示栏,定期更新公示培训机构黑白名单。通过家校合作通道对学生家长告知风险提示,引导正确选择,自觉抵制违规办学。市教育局与综合行政执法局、各镇(街道、区)建立非法办学案件移交对接机制,2020 年,共移交无证办学案件 60 起。按照部门联合执法检查机制,综合行政执法、市场监管、教育、公安等各部门对无证办学机构及时进行取缔。为促进规范办学,暑期和 11 月,两次组织专项整治工作,实现督查全覆盖。同时,联合消防、民政、市场监管等部门开展两次"双随机一公开"联合执法检查。多管齐下,重点检查办学场所安全、培训内容审查、疫情防控、信息公开、师资情况等方面,整改 21 家。按照部署有序组织民办培训机构分类登记管理工作,12 月底前有序完成。

(市教育局　金克刚)

安全教育

【概　况】 校园安全工作是永康市社会安全工作的重点领域,更是"平安永康、和谐永康、幸福永康"建设的重要组成部分,它关系到全市学校的稳定和发展,关系到社会的和谐和稳定。一年来,永康市校园安全工作在永康市委市政府的正确领导下,在市安委办及有关部门的精确指导下,在学校的紧密配合下,以高度的整治责任感

和社会使命感,始终把安全工作摆在首位,常抓不懈、狠抓落实,不断强化学校安全管理工作,健全安全管理制度,落实安全工作责任,大力整治校园及周边安全隐患,从源头上防范安全事故的发生,确保永康市校园平安稳定。

【永康市"校园安全稳定暨重点工作推进会"召开】 3 月 22 日,全市校园安全稳定暨重点工作推进会在永康四中召开。针对校园安全永康市持续开展"护校安园"专项行动,深化"智慧安防校园"建设,组织开展"校园安全十大专项治理行动",开展平安校园创建活动,建立落实平安校园建设常态化管理工作制度,建立完善安全管理动态监管、安全隐患排查分析、突发事件应急处置工作平台。发放平安校园行学生安全读本 1.3 万余册,平安校园行宣传单 15 万余张。3 所学校获得"金华市校园安全管理示范校"荣誉称号。

【全面推进依法治校工作】 2020 年,永康市教育系统继续完善法律顾问的聘任、管理和业绩考核制度体系,建立学校重大事项法律顾问审查制度。深入推进依法治校示范校创建工作。全市 5 所学校获得"金华市依法治校示范校"荣誉称号。

(市教育局　吕跃军)

职业教育

【概　况】 2020 年,永康市认真贯彻《国家职业教育改革实施方案》《职业教育提质培优行动计划》和省市职业教育大会精神,深化产教融合校企合作,积极推进 1+X 证书试点,深化教师、教材、教法改革,积极探索"双师型"教师建设路径,职业教育提质升级,为高质量发展提供人力资源支撑。永康市职技校在浙江省 2019 年度教师发展学校

319

考核中荣获"优秀"等级；荣获省教育工会2019—2020年浙江省"三育人"岗位建功先进集体；被省发改委、省教育厅等十部门确定为浙江省"五个一批"产教融合工程实习实训实验基地项目单位；获评"浙江省2019—2020年节约型公共机构示范单位"。

【"三名"工程建设成效凸显】 永康市深入实施名校、名校长、名老师为重点的"三名"工程，加大教育人才培养力度，发挥"三名工程"引领作用，助推中职教育高质量发展，"三名工程"建设成效凸显。永康市职技校高分通过省首批"三名工程"建设项目终期验收。

【持续推进技师学院创建】 2020年，永康五金技师学院（筹）师资招聘顺利，ISO9001质量管理体系建设全面铺开，进一步完善学校治理机制，提升学校治理能力。同时，该项目第一期工程已有10余亿资金到位，围墙已完成建设，第一期工程的实训楼工程下半年已开工建设。

【开启"双高"建设项目新征程】 12月11日，省教育厅、财政厅公布浙江省高水平职业院校和专业（群）建设名单。永康市职技校以金华市第一名的成绩入选"省高水平职业院校建设单位"，同时其模具制造技术与机电技术应用两大专业被确定为"省高水平专业"建设项目。"双高"项目建设周期为3年，建设期满，省教育厅、省财政厅将组织终期验收。

【深化课程教学改革】 2020年，永康市职技校"有理数指数幂""机械零件检测技术"等9门课程入选"省级（精品）课程"。《模具认知》《走进模具数字课程》《汽车发动机检修典型项目实训》3本教材成功入选"十三五"职业教育国家规划教材。全年累计16项课题获省市级各类教育科研成果奖，11项课题成功在省市级立项。其中，"五金包豪斯工厂：中职校企共赢模式的永康实践"被评为浙江省中职教育教学成果精品化项目。"双元育人 三场共训 四能共生"项目荣获2020年浙江省职业教育与成人教育优秀教科研成果评比一等奖，并在浙江省"2020职业教育与县域经济社会发展论坛""后疫情时代国际产教融合论坛"上，作为样板向全省推广。"两协同·三融合·四一体：推动中职改革创新创业教育实践""标准引领·项目驱动·成果导向——中职学校高水平双师队伍培养的创新实践"2个案例成果入选2020年浙江省职业教育改革（优秀）典型案例。累计50余篇论文在省市县级各类论文评比中获奖或在国内知名刊物上正式发表。永康市卫校教育科研课题完成金华市级重点教科研课题1项、规划课题4项的研究，论文和教育成果参评获永康市级以上奖项16项。

【技能比武成绩瞩目】 在2020年全国行业职业技能竞赛第二届全国电子信息行业新技术应用职业技能竞赛计算机网络管理员（信息安全与数据恢复）项目总决赛中，永康市职技校马林刚、田澎逸两位教师获职工组全国一等奖，在他们指导下，徐楠盛、楼力维两位学生获得学生组三等奖，马林刚、田澎逸将被授予"全国技术能手"称号。在2020年全国人工智能应用技术技能大赛（国家级一类技能大赛）中，永康市职技校卢江峰、朱友帅两位教师获全国二等奖。12月4—6日，在第46届世界技能大赛浙江省选拔赛中，荣获数控车、工业机械装调项目2个第三名。在全省技工院校新能源汽车微讲课比赛中，永康市教师荣获1个一等奖，1个三等奖。在全省技工院校建筑与艺术应用类专业教师创意设计比赛中，永康市教师荣获1个二等奖，1个三等奖。蓓蕾学校楼胡奕同学在第十四届百花奖全国艺术特长生大会暨中国艺术特长生专项技能大赛声乐项目比赛中荣获金奖，应舒慧同学获得银奖，应舒慧同学独唱曲目获得二等奖。永康市卫校在省级护理技能大赛中荣获1个三等奖。

【高职、招录考试上新台阶】 永康市职技校2020年高职考上线率100%,各专业总计8位同学入选全省前十名,56位同学考上本科,上线人数位列金华第一。永康市卫校2020年高职考,单考单招参考人数229人,上线人数229人,上线率100%,直上本科10人。另有196人通过"五年一贯制"选拔考试进入相关大学。蓓蕾学校2020年135名学生报考单考单招,全部上线,升学率达100%。

【职业培训逐年递增】 永康市坚持学历教育和职业培训并重,面向各类群体广泛开展继续教育和培训。近年来,会同人力资源和社会保障局、农业农村局、商务局、科技局、总工会等部门,大规模开展"线上+线下"职业技能培训,分别面向产业工人、新型职业农民、退役军人、零就业家庭等群体,参加培训人数逐年递增。永康市职技校面向社会开展职业技能培训6000人次以上,蓓蕾学校面向社会开展职业技能培训2128人次,永康卫校面向社会开展职业技能培训3278人次。

(市教育局 程 琳)

高等教育

【概　况】 2020年,浙江广播电视大学永康学院开放教育共招生442人,县级电大招生总人数全省排名第24名,奥鹏教育招生43人,成人双证制教育共招生1176人,在校生1758人,办学规模稳定,居金华县级电大前列。积极推进"一村一名大学生"免费培养计划,培养农村致富带头人;成立学生网上党组织,开展志愿服务和助农扶贫活动,为永康"创文"和乡村振兴贡献力量。电

大永康学院被评为"2019年度全省电大教材发行管理先进集体",学院党支部被评为金华市四星级基层党组织。

(市教育局 程 琳)

社区教育

【概　况】 2020年,永康市社区教育以提升社区居民文化素养,注重实用技能培训,提供终身学习,支持服务为办学宗旨,以"文化礼堂"为阵地,持续推进社区教育进文化礼堂工作,建设一批具有区域特色的社区教育进农村文化礼堂特色课程和优质课程,服务乡村文化发展,助力乡村振兴战略。

【社区教育】 社区教育队伍赋能再提质。召开2020年度社区教育工作会议,围绕品牌建设与亮点建设部署工作;组织社区学院和各社区分校负责人参加金华市高级研修班、金华市终身教育学分银行暨老年开放大学业务培训等。社区教育课程以"线上为主,线下为辅"。面对突如其来的疫情,永康市社区学院"停课不停学",推出线上教育直播课程,利用"空中课堂""第三年龄学堂"平台开展线上教学。2020年共有7280名学员在线进行学习,包含防疫健康知识、书法、声乐、手机摄影、烘焙等32门课程。社区学院成立宣讲小分队,在疫情期间,录制《疫情下的我们》和《疫情防控不松懈 复工复产我助力》节目,加强疫情防控宣传,宣讲党的好方针、好政策。持续推进"社区教育进文化礼堂"工作。以"文化礼堂"为阵地,持续推进社区教育进文化礼堂工作,建设具有区域特色的社区教育进农村文化礼堂特色课程。各成技校服务文化礼堂覆盖率达到80%及以上,其中老年教育占80%以上。各成技校、教学点积极开展社区教育进文化礼堂活动,开展普通话培训、厨师培训

等活动。积极开展技能培训和学习活动，完成 2020 年度农民大讲堂、"两后生"职业技能培训、家政培训等各项社会培训任务，大力提升农村广大居民综合素养。完成 2020 年学分银行培训成果的存入和管理工作，输入学分银行培训信息 178566 条，完成常住人口的 23.33%，超过优秀标准。完成新增 7000 个老年学位任务。

永康市"空中课堂"于 2020 年 2 月 10 日正式开课（市教育局提供）

【老年教育】 2020 年，永康市完成新建老年大学一所，投入资金 99.99 万元，办学面积 2000 平方米，共设 5 个专用教室，开设手机摄影、声乐、舞蹈、书法、美术课程，每学期可容纳 600 人次来校学习。10 月，浙江老年开放大学永康学院正式成立。

（市教育局 程 琳）

师资建设

【概 况】 2020 年，永康市教育人事工作按照市委市政府"永康新腾飞，教育先腾飞"的精神进一步强化服务意识，以师德建设为引领，以服务于提升教育教学质量为目标，以推行人事制度改革为抓手，切实加强教育人才队伍建设。

【完善教师多元补充机制】 2020 年，市教

育部门赴东北师范大学、吉林大学、东北大学等高校提前招聘优秀毕业生 99 人。引进骨干教师 14 人，其中 2 人为地市级学科带头人。从 1131 位报考人员中公开择优招聘事业编制教师 65 人。新招录的教师按总成绩排名进行公开选岗选择任教学校。试水本地培养公费师范生。确定 8 位有志从教的优秀准大学生为永康市公费培养师范生。继续招用雇员制教师。继 2018 年出台《永康市雇员制教师招用管理暂行办法》后，于 2020 年出台《永康市学前教育同工同酬雇员制教师管理暂行办法》，同工同酬教师工资和奖金参照事业编制教师执行，缓解因编制受限带来的学前教育骨干教师培养对象不足问题。全年招聘雇员制教师 108 人，其中同工同酬雇员制幼儿园教师 18 名。

【切实推动各项政策举措落地见效】 强化师德引领，教师招考时从严考察教师的思想政治素质和师德师风，从源头上防止师德不合格人员进入教师队伍。开展新教师入职宣誓，通过"仪式感"增强"使命感"。依法保障教师待遇。2020 年补齐上一年度义务教育教师与公务员收入差距 7720 元，非义务段教师同步、同幅度发放。设立"永康农商银行教育奖励基金"名师奖，持续推进教师交流。2020 年，符合交流条件的教师为 189 人，按比例参加交流 41 人，其中参加交流的骨干教师 17 人。各交流教师通过公开双向选岗安排交流岗位。此外，推选 36 名农村学校教师到城市优质学校培养锻炼，其中 19 名为新教师，17 名为青年教师。

（市教育局 陈淑娟）

项目建设

【概 况】 2020 年，全市计划实施教育类项目 46 个，其中续建类 12 个，新建类 16

个,前期类项目 7 个,预备类 13 个,总投资 63.47 亿元,年度投资 12.12 亿元。全年完成建设项目 13 个:花川学校建设工程,建筑面积 42309 平方米,总投资 15914 万元;大司巷小学迁建工程,建筑面积 41432 平方米,总投资 15990 万元;城北初中扩改建工程(二期),建筑面积 21388 平方米,总投资 9000 万元;职业教育产教融合工程,建筑面积 19756 平方米,总投资 5000 万元;教师进修学校(附小三期)建设工程,建筑面积 7049 平方米,总投资 2999 万元;石柱小学教学楼、食堂体艺楼建设工程,建筑面积 8981 平方米,总投资 3000 万元;前仓镇第二中心幼儿园建设工程,建筑面积 5000 平方米,总投资 1950 万元;芝英镇第二中心幼儿园建设工程,建筑面积 4000 平方米,总投资 1743 万元;方岩镇第二中心幼儿园建设工程,建筑面积 3800 平方米,总投资 1426 万元;九龙湾幼儿园装修工程,建筑面积 2000 平方米,总投资 350 万元;永康二中教学楼装修工程,总投资 500 万元;2020 年校舍零星工程,总投资 2300 万元;2020 年学校卫生间改造工程,总投资 1200 万元。

【市重点校舍建设项目】 永康外国语学校建设工程项目总投资 38692 万元,总用地面积 110 亩,选址永康市江南街道青塘村东南方向山田地。项目总建筑面积 79633 平方米,地上建筑面积 64863 平方米,地下室(人防)面积 5350 平方米,半地下室架空层面积 9420 平方米。其中教学楼建设面积 18900 平方米,学生宿舍建设面积 18575 平方米,教工宿舍建设面积 2547 平方米、科技楼建设面积 8230 平方米,体艺楼建设面积 3580 平方米,报告厅建设面积 6614 平方米,食堂建设面积 6087 平方米,辅房建设面积 330 平方米等,设计总规模为 42 个班,其中初中 24 个班,高中 18 个班。

(市教育局　朱金胜)

招生考试

【概　况】 2020 年,因疫情上半年考试没有安排,下半年市教育部门共组织 5 次各级各类统一考试,参考学生 27813 人次。2020 年,普通高校招生考试报名 3715 人,比上年增加 344 人;单招单考高职报考 755 人,比上年增加 141 人。普通高校录取总人数为 4222 人,录取率为 94.45%。其中普通类录取 3502 人(含民航飞行员 1 人,艺术类 61 人,体育类 6 人,体育特招 1 人,高职提前自主招生 339 人);单招单考录取 720 人(其中提前自主招生 37 人,技能直升 2 人)。普高考生录取率为 94.27%;单招单考考生录取率为 95.36%。1 月学考选考共报名 7332 人,27400 科次,其中学考报名 12872 科次,选考报名 14528 科次;7 月学考报名 6726 人,20009 科次,选考报名 12716 科次,全年共 67418 科次。2020 年全国英语等级考试,3 月报名 1313 人,因疫情未能开考。9 月报考 1139 人,全市共设 2 个考点,40 个考场。2020 年中考报名人数 8146 人,比上年增加 603 人。全市共设 14 个考点,274 个考场;其中城区初中 9 个考点,农村初中 5 个考点。2020 年,高中段招生计划 7845 人,其中普通高中招生 4150 人,职业高中招生 3695 人。全年高中段实际招生 6832 人,其中普高实际招生 4173 人,职高、中专实际招生 2659 人。2020 年,成人高校招生考试报名人数 1305 人,比上年增加 437 人。2020 年自考报名共 843 人,2465 科次,比上年增加 167 人。上半年共办理毕业申请 9 人(专科 6 人、本科各 3 人)。

【高中招生录取改革】 2020 年,永康市进一步推进高中招生录取改革,增加民办高中统筹录取计划,减少自主招生计划,为全面推进高中招生录取改革奠定基础。2020年开始谋划高中招生"一费制"改革，筹划高中招生全面推行网上填报志愿、网上录取制度，为规范高中招生制度，全面实施阳光招生打下基础。

（市教育局　吕天圭）

科学技术

综 述

【概 况】 2020年，永康市科学技术局（简称市科技局）积极应对新冠肺炎疫情、众泰停产双重冲击，以科技引领为主线，以助企服务为抓手，在生态优化、科技企业培育、科创平台建设、关键技术攻关、科技补链招商等方面全力实施创新举措，加压奋进，接力奔跑，为全市经济高质量发展提供强有力的科技支撑。2020年，永康市名列全国科技创新百强县第31位。

【创新生态进一步优化】 2020年，市科技局精准制定科技新政，出台《关于全面加快科技创新推动高质量发展的若干意见》、实施细则，在创新主体培育、科创平台建设、关键技术攻关等方面全方位加大奖励扶持力度。落实创新扶持政策，年度下达科技奖励资金同比增长1倍，达6000多万元；创新券实现长三角G60城市通用通兑，全年企业使用911万元，为金华第一；企业研发费用加计扣除额达10.7亿元、减免高新企业税收7852万元。强化科技金融支撑，向20多家科技型小微企业提供2700万元的免抵押免担保科技信贷。

【创新主体进一步壮大】 市科技局成立科技工作专班，组建科技助企服务团队，上下联动、部门协同，宣讲政策、驻企帮扶；2020年，永康市国家高新技术企业推荐申报96家，全部通过评审，其中新认定74家，通过率及新认定数均列金华第一；新增省科技型中小企业187家、市级以上创新载体66家，均列金华前列。企业研发活动大幅提高，以企业研发项目信息管理系统推广应用为抓手，努力实现永康市企业研发费用申报的"清零""扩面""增量"，累计加入平台企业总数1042家、申报研发费用总额28.7亿元，其中2020年11.6亿元，与统计报表的匹配度68%，名列全省前茅；全市规上企业投入研发费用19.65亿元，位居金华第二，同比增长17.7%；规上企业研发费用占营业收入的比重为2.39%，比2019年提高0.29%；有研发费用体现规上企业达到601家，同比增长近80%，占比达62.7%，比2019年提高20%。

【科创平台进一步建强】 2020年，永康市获2020年度金华市政府平台建设专项激励资金400万元。省级五金产业创新服务综合体及智能门（锁）工程师协同创新中心建成运行，首批入驻中电海康、上海电动所、苏州医工所等59家高等级服务机构。五金产业工业设计基地提档升级出实效，列入金华市级综合体创建名单、获批创建省级众创空间、成功申报全省首家省级五金产业工业设计研究院，与浙江万里学院、浙江工业大学、宁波大学建立协助关系；运行单位生产力促进中心荣获全国技术市场领域最高荣誉"金桥奖"、25年突出贡献奖及促进奖3项国家级奖项，列入浙江省首批"信得过"科技咨询服务机构名单，是金华唯一、全省少有的几个获奖单位。五金产品工业设计大赛从国内走向国际，全年共有英、美、德等16个国家的114所院校及工业设计单位参与,作品1900多件;基地入驻企业年产值超1.55亿元,促成成果转化产值达92亿元。

【技术攻关进一步强化】 2020年,永康市组织企业多次赴上海、杭州、深圳、西安、合肥等创新强市开展科技对接工作,促成企业与高校在高端装备、电子信息、新能源等方面达成多项科技合作。积极向上争取,获得多个国家、省级科技项目。获批国家科技助力计划项目1项、省级重大科技专项4项,争取上级专项研发资金1230多万元。实施"揭榜挂帅",开展技术联合攻关。全面梳理产业难题,建立"永康市企业技术需求榜单",征集技术难题及技术需求116项,并向全球科研院校发布,招榜揭单达30项,为企业引进行业领军人才15名、博士11名及其他科研人员50多人。

【创新动能进一步汇聚】 2020年,永康市与西安交通大学、杭州电子科技大学、浙江工业大学、浙江科技学院等高校达成共建技术转移工作站4个,与中国计量大学达成科技、人才合作协议。重点聚焦"互联网+"、生命健康和新材料三大科技创新领域,与中电海康达成共建智能控制研究院、与上海交通大学基本达成共建新材料研发技术中心、引进中国建材检测认证集团及中国建筑科学研究院与企业共建建筑节能材料国家级检测中心及研究院,其中永康市企业与浙江理工大学、浙江科技学院正着手建设健康医疗休闲养老产业研究院,有力推动健康医疗器械产业形成产业集群,全年规上工业总产值达30.8亿元,较上年同比增长34.8%,高居永康市五大重点细分行业之首。积极开展科技招商引强工作。围绕永康市当前产业中存在的新材料、智能控制、高端模具、工业设计等方面短板,协同招商中心实行延链式招商引强,如清华大学研发团队已在高新区设立机电与智能控制器生产线。

金华市级研发中心

序号	研发机构名称	主办企业名称
1	金华市金凯德集成智能门窗高新技术研究开发中心	浙江金凯德智能家居有限公司
2	金华市腾毅汽车模具高新技术研究开发中心	永康市腾毅汽车模具有限公司
3	金华市新巨力智能锁具高新技术研究开发中心	浙江新巨力安防科技股份有限公司
4	金华市超虎科技智能锁具高新技术研究开发中心	浙江超虎智能科技有限公司
5	金华市岘峰杯壶高新技术研究开发中心	永康市岘峰磁材有限责任公司
6	金华市旭杰环卫设施高新技术研究开发中心	浙江旭杰实业股份有限公司
7	金华市伟超园林机械高新技术研究开发中心	浙江伟超工具制造有限公司
8	金华市金拓智能运动器材高新技术研究开发中心	浙江金拓机电有限公司
9	金华市合达铝制气缸盖高新技术研究开发中心	浙江合达铝业有限公司
10	金华市永泰滑板车高新技术研究开发中心	永康市永泰工贸有限公司
11	金华市红太阳智能垃圾箱高新技术研究开发中心	浙江红太阳教学设备有限公司

序号	研发机构名称	主办企业名称
12	浙江四方水田耕作高端装备研究开发中心	浙江四方股份有限公司
13	金华市亿诺真空保温杯壶高新技术研究开发中心	浙江亿诺家居用品有限公司
14	金华市鑫鑫多功能杯壶高新技术研究开发中心	浙江鑫鑫家居用品股份有限公司
15	金华市立久佳智能跑步机高新技术研究开发中心	浙江立久佳运动器材有限公司
16	金华市司贝宁照明机械基础件及制造高新技术研究开发中心	浙江司贝宁照明电器有限公司
17	金华市智展两轮越野摩托车高新技术研究开发中心	永康市智展工贸有限公司
18	金华市金和美智能防盗门高新技术研究开发中心	浙江金和美工贸有限公司
19	金华市喜泽荣环保涂料高新技术研究开发中心	浙江喜泽荣制漆有限公司
20	金华市南征园林工具高新技术研究开发中心	永康市南征工贸股份有限公司
21	金华市晨奥节能灶具高新技术研究开发中心	永康市晨奥燃具有限公司
22	金华市龙力智能吸尘器高新技术研究开发中心	浙江龙力科技股份有限公司
23	金华市新凯迪智能制造软件高新技术研究开发中心	永康市新凯迪电子信息技术股份有限公司
24	金华市美道高热效节能锅具高新技术研究开发中心	浙江美道厨具有限公司
25	金华市群升智能门（锁）高新技术研究开发中心	群升集团有限公司
26	金华市美斯特杯业高新技术研究开发中心	永康市美斯特不锈钢制品股份有限公司
27	金华市东街五金节能环保多功能电烤炉高新技术研究开发中心	永康市东街五金机械有限公司
28	金华市环迪压铸铝合金智能设备高新技术研究开发中心	永康市环迪厨具有限公司
29	金华市永园智能电动阀门高新技术研究开发中心	浙江永园阀门有限公司
30	金华市华茗园茶叶深加工高新技术研究开发中心	浙江华茗园茶业有限公司
31	金华市龙邦高性能塑料制品高新技术研究开发中心	浙江龙邦塑业有限公司
32	金华市马卡测量仪器高新技术研究开发中心	金华马卡科技有限公司
33	金华市大邦智能健身器材高新技术研究开发中心	永康市大邦运动器材有限公司
34	金华市邦耀电力配套警示防护设备高新技术研究开发中心	浙江邦耀电气有限公司
35	金华市大邦园林工具高新技术研究开发中心	浙江大邦电动工具有限公司
36	金华市阿尔郎高续航智能控速电动平衡车高新技术研究开发中心	浙江阿尔郎科技有限公司
37	金华市尚摩保健器材高新技术研究开发中心	浙江尚摩工贸有限公司
38	金华市精创电动工具高新技术研究开发中心	浙江精创工具有限公司

序号	研发机构名称	主办企业名称
39	金华市欣远反光材料交通指示牌高新技术研究开发中心	浙江欣远实业股份有限公司
40	金华市高就建筑电动工具高新技术研究开发中心	金华市高就机电设备有限公司
41	金华市航峰橡塑制品高新技术研发中心	永康市航峰橡塑制品有限公司
42	红果村家居及园林高新技术研究开发中心	浙江红果村休闲用品有限公司
43	金华市奇邦高性能轮毂电机科学技术研究开发中心	永康市奇邦工贸股份有限公司
44	金华市奈铂恩自动卷管器科学技术研究开发中心	永康市奈铂恩工贸有限公司
45	金华市索福绿建门业高新技术研究开发中心	浙江索福绿建实业有限公司
46	金华市七星电动工具科学技术研究开发中心	浙江七星工具股份有限公司
47	紫金保温杯科学技术研究开发中心	永康市紫金工贸有限公司
48	金华市盛达高可靠性电线科学技术研究开发中心	浙江永康盛达电线股份有限公司
49	金华市众恒高性能卷管器科学技术研究开发中心	浙江省永康市众恒实业有限公司
50	金华市包氏轻量化汽车铸件科学技术研究开发中心	浙江包氏铸造有限公司
51	金华市九合金属表面处理技术科学技术研究开发中心	浙江九合金属表面处理技术有限公司
52	南龙金属制品科学技术研究开发中心	浙江南龙工贸有限公司
53	金华市乐太厨具科学技术研究开发中心	浙江乐太厨具有限公司
54	金华市优哈智能轮椅科学技术研究开发中心	永康市优哈电器有限公司
55	金华市天河铜业科学技术研究开发中心	浙江天河铜业股份有限公司

省级企业研究院

序号	研发机构名称	主办企业名称
1	浙江省德硕高效智能电动工具研究院	浙江德硕电器有限公司
2	浙江省飞剑智能健康杯壶研究院	浙江飞剑工贸有限公司
3	浙江省华鹰衡器智能制造研究院	永康市华鹰衡器有限公司
4	浙江省闽立电动工具研究院	浙江闽立电动工具有限公司

省级高新技术企业研究开发中心

序号	研发机构名称	主办企业名称
1	星月安防智能门省级高新技术企业研究开发中心	浙江星月安防科技有限公司
2	领航智能便携式园林机械省级高新技术企业研究开发中心	浙江领航机电有限公司
3	金拓智能健身器材省级高新技术企业研究开发中心	浙江金拓机电有限公司

序号	研发机构名称	主办企业名称
4	康利铖高效智能扫雪机省级高新技术企业研究开发中心	浙江康利铖机电有限公司
5	新多高性能保温杯省级高新技术企业研究开发中心	永康市新多杯业有限公司
6	龙邦环保型塑料制品省级高新技术企业研究开发中心	浙江龙邦塑业有限公司
7	金凯德集成智能门窗省级高新技术企业研究开发中心	浙江金凯德智能家居有限公司

科技合作

【概　况】　2020 年，永康市以五金产业补链强链和新产业导入为主要导向，直指产业尖端人才、技术和管理经验的目标，少批量、多批次组织企业对接创新强市，先后组织企业赴西安、杭州、宁波开展科技架桥、工业设计合作等对接活动。同时积极推进科技补链招商，举办"揭榜挂帅·全球引才"专场活动，引入新材料、新能源、智能控制等新兴产业项目 12 个，引进行业领军人才 15 名，为五金产业的发展注入新的活力，有效提升企业科研实力，增强企业技术创新能力。

【"揭榜挂帅·全球引才"专场活动】　7 月 26 日，永康市举办金华市"揭榜挂帅·全球引才"重点细分行业专场暨第三届中国智能门（锁）创新发展论坛，面向全球高层次人才发布智能门（锁）行业首批求贤榜单，共有来自 10 家人才企业的 15 项急需攻关的共性技术需求，揭榜金额高达 4.6 亿元，现场吸引西安交通大学、浙江理工大学等高校院所人才和行业领军人才前来"揭榜"。根据重点细分行业分类，永康市组建智能门（锁）、保温杯（壶）、电动工具等专业领域的永康籍"揭榜挂帅"智囊团。同时，配套出台《永康"智汇丽州"人才新政 20 条意见》，符合条件的最高可给予 1 亿元的项目扶持。

【杭州科技架桥串联校地企合作"深度进化"】　10 月 13—16 日，市科技局组织 22 家工业企业及涉企部门走进浙江大学、杭州电子科技大学、中国计量大学、浙江工业大学、浙江科技学院和海康威视等高等院校、科研机构，吸收科研成果，拓宽政产学研用深度合作的通道，提升五金制造的科技含量。活动期间，永康市与杭州电子科技大学、浙江工业大学、浙江科技学院分别签署共建技术转移工作站协议，与中国计量大学签署科技、人才合作协议。此次科技架桥活动中，永康市 22 家企业抛出 52 项技术需求，涉及数字化制造、机器智能、电机系统、工业设计、新材料应用等多个领域。经过对接，校企双方初步达成对接意向 48 项，成效明显。

【招商引才团队走进西北工业重镇】　12 月 8—11 日，市科技局组织涉企部门和 20 家重点科技企业走进西安，走访当地的高校、科研院所和机构，瞄准产业前沿的高新技术、生产工艺和科研成果，精准对接两用技术、智能家居、居家康养产业等领域的尖端技术和科研人才，积极探索新的校地企产学研合作模式，谋划建立高能级创新平台体系，寻求五金产业转型升级的新路径。此次科技架桥期间，永康市与西安交通大学国家技术转移中心签署合作协议，共建永康技术转移工作站。另外，围绕全力打造的现代五金产业协同创新平台，永康市谋划建设电子信息研究院及新兴产业科技园区等一系列促进产业升级的平台,校地双方建立健全长效沟通机制,将一些具有重大应用价值和自主知识产权的科研成果引入永康,在产业集群优化、产业转型升级、补链强链延链方面集中发力、共同作为,充分利用人工智能、新材料、控制等学科领域强大的技术力量,为永康智能门锁、电动工具等行业服务。

科技创新

【高新技术成果交易展】 9月26—28日,市科技局举办高新技术成果交易展,21所高校携211个科技项目亮相展会,现场接待洽谈1254人,发放资料1818份;各方洽谈科技项目188项,较上届增长13.3%。科技成果和科技项目涉及智能制造、新材料、节能环保、健康医疗器械等众多领域。

【浙江省永康五金产业创新服务综合体正式开馆运行】 12月30日,浙江省永康五金产业创新服务综合体正式开馆运行。永康五金产业创新服务综合体是浙江省首批创建类产业创新服务综合体,以推动五金产业高质量发展为总体目标,以促进五金产业"新成果(新产品、新技术、新工艺)"产出为核心,构建"一个基地、两个中心、三个平台"的组织架构,包括:五金产业创意设计基地、五金产业检测中心、新兴产业研发中心、创新创业服务平台、智能制造服务平台、品牌营销服务平台。截至2020年,综合体已集聚服务机构59家,集聚服务企业科技人才1300余人,每年服务企业超20000家(次),与产业集群企业签订各类合同2000多个,30万元以上大型仪器设备开放共享服务1200余次。

【第15届中国五金产品国际工业设计大赛】 2021年1月5日,由永康市人民政府主办,

浙江省五金产业工业设计示范基地、浙江永康五金生产力促进中心有限公司承办的第15届五金产品工业设计大赛落下帷幕,该届大赛以"五金'品'字·设计登高"为主题,以推动中国五金产业高质量发展、增强五金产业国际竞争力为宗旨,有16个国家、114所国内外高校参与,共计1900余件参赛作品。

第15届中国五金产品国际工业设计大赛参赛人员合影(市科技局提供)

健康医疗器械

【概　况】 2020年,永康市坚持将科技创新融入发展大局,加大力度扶持培育健康医疗器械产业,赋能五金传统产业创新发展,促进永康产业转型升级。全年新增注册健康医疗器械企业96家,累计在册918家;其中规上企业39家,新增13家;规上总产值达到30.83亿元,同比增长34.81%,超亿元企业有10家。

【产业培育】 2020年,永康市积极引导企业对接和引进健康医疗产业新技术和新成果,持续推进科研基础建设,促进科技资源开放共享,促成更多的新技术、新成果在永康聚集、落地和产业化。推进永康现代农业装备高新区孵化器(永康科技城)建设,协同高新区安排6.2万平方米作为入孵场地;全市现有科技孵化器入孵企业23家,其中健

康医疗器械企业 6 家,吸引大批优秀的健康医疗器械产业项目入孵培育。其中,永康国科康复工程技术有限公司(中科院苏州医工所永康康复工程技术研发中心)结合永康的产业特色、企业特点进行成果转化落地的模式探索,形成自研成果落地、外部成果引进、企业升级转型三位一体的发展模式,不断吸引国内外优秀健康医疗器械人才和产品落地永康;本地研发生产的筋膜枪、家用制氧机、艾灸仪等健康医疗器械产品均已在市场上占有一席之地。

【创新研发】 2020 年,永康市新增自主研发项目 3 项:儿童健康检测机器人系统、基于多屏拼接的自闭症儿童康复训练 CAVE 系统研究、智能腹部按摩仪。开展项目合作 6 项:浙江千喜车业申报国家重点研发计划重点专项"多模态智能移动助行器研发"项目,与天晟电子合作开发远程非接触式生命体征监测仪并完成 10 套样机生产,与星矢科技、托乐科技、奥创工贸、双锦保健器材厂分别开展智能便携式微代步车、智能人体交互与颈椎康复训练系统、便携式红外灸疗仪、电动拔罐器的技术开发、服务。成果落地及推广 5 项:中科千喜医疗科技有限公司完成 1 L 制氧机的模具开发和 3 L 制氧机的装调测试,并累计完成成品 900 台;中科爱司米医疗科技有限公司的医疗护理床与起床辅助设备进入批量生产阶段;永康市铂锐科技有限公司开发出运动障碍康复训练一体机和情感陪护全息投影一体机;参与杭州交通安全治理工作站的建设,年产值 600 万元;与顶信科技有限公司合作开发的智能电子艾灸仪电商销售产值 1500 万元。

高新技术企业

【华鹰衡器有限公司】 永康市华鹰衡器有限公司是集研发、生产、销售于一体的国家高新技术企业。公司建有浙江省重点企业研究院、省级研发中心等研发机构,并荣获浙江省出口名牌、浙江省知名商号等荣誉。公司拥有科研人员 50 人、专利 23 项(其中发明专利 1 项、实用新型专利 20 项),参与"浙江制造"团体标准 1 项。近年来,公司重视信息化建设,实现产销存协同处理,并通过两化融合贯标认证。公司重视技术研发,致力于打造衡器行业一流品牌,"至尊""大红鹰""金钱豹""佰莉斯""龙尼特"等自主品牌已经成为行业标杆,产品远销欧美、中东和南亚等地区,线下的门店多达 1000 余家,国内台秤、计价秤市场占有率 22% 以上,外贸市场占有率 24% 以上。

【酷格科技有限公司】 永康市酷格科技有限公司,成立于 2016 年,2021 年被评为国家高新技术企业。公司主营个人智能代步出行产品的研发设计、生产、销售及服务。公司在美国、欧洲等 100 多个国家和地区注册商标"kugoo"。公司专注于科技创新和人才引进,几年来重视前端的研发设计和持续的研发投入,已拥有 40 多个国内外专利。

【伍兹科技有限公司】 浙江伍兹科技有限公司成立于 2018 年 10 月,是一家专注于普拉提运动、健身休闲、户外运动等产品的设计、研发、制造和销售的国家高新技术企业。公司的普拉提系列产品在国际上拥有较高的知名度,与国内多家普拉提商学院建立良好的合作关系,并且是多家知名普拉提商学院唯一指定的产品生产厂家。公司斥巨资引进先进的生产制造和检测设备,较大程度上实现"机器替代人工",自动化、高效率、标准化让公司的普拉提产品品质更有保障。

【浙江科技股份有限公司】 浙江科技股份有限公司专注于润滑油、石油添加剂等产品的研发、生产、销售。丹弗润滑油系列产品已经拥有包括汽油机油、柴油机油、齿轮油、蓖麻油、防冻液、制动液、配套用油等在内的几百个品种，生产和检测系统与国际先进水平全面接轨，是中国润滑油行业成长速度较快的企业之一。丹弗润滑油具有节省燃油 8％以上、减少尾气排放 10％、可再生、可生物降解、降低发动机噪音等优点，获得国家科学技术进步二等奖、军队科技进步三等奖、美国农业部生物基产品认证等殊荣。公司拥有国家级生物质化学利用重点实验室，承担国家 863、973 国家攻关和自然科学基金重点项目 30 余项，获得多项科研成果，申请国家发明专利 60 余项。

【道明光学股份有限公司】 道明光学股份有限公司 2011 年在深交所中小板挂牌上市，成为该行业首家上市公司。通过自主研发，道明光学已申请各类专利 280 余项，其中有效授权专利 180 余项，主导或参与制定修订国家、行业、浙江制造标准 20 项。公司还参与并出色完成国家 863 计划项目，主持完成国家火炬计划项目、浙江省重点技术创新专项等省部级及以上项目 30 余项，先后荣获"中国驰名商标""浙江省隐形冠军""浙江省著名商标"等重要荣誉。

科技奖励名单

国家高新技术企业

序号	企业名称	认定类型	奖励金额/万元
1	浙江包氏铸造有限公司	新认定	40
2	永康市大成工贸有限公司	新认定	40
3	永康市宝悦车业有限公司	新认定	40
4	浙江飞洋杯业有限公司	新认定	40
5	浙江邦达安泰实业有限公司	新认定	40
6	永康市麦吉达工具制造有限公司	新认定	40
7	永康市陆爵工具制造有限公司	新认定	40
8	浙江佳客汽车配件制造股份有限公司	新认定	40
9	浙江邦耀电气有限公司	新认定	40
10	浙江红太阳教学设备有限公司	新认定	40
11	浙江长恒工具有限公司	新认定	40
12	浙江克莱斯工贸股份有限公司	新认定	40
13	永康天鑫工贸有限公司	新认定	40
14	浙江卓远机电科技有限公司	新认定	40
15	浙江永园阀门有限公司	新认定	40
16	永康市箭皇磨具有限公司	新认定	40

序号	企业名称	认定类型	奖励金额/万元
17	浙江立久佳运动器材有限公司	新认定	40
18	浙江恒盛工贸有限公司	新认定	40
19	永康市锦鸥机械有限公司	新认定	40
20	浙江多宝工贸有限公司	新认定	40
21	永康市开邦工具有限公司	新认定	40
22	浙江龙力科技股份有限公司	新认定	40
23	浙江省永康市众恒实业有限公司	新认定	40
24	永康市酷格科技有限公司	新认定	40
25	浙江中恒仪器仪表有限公司	新认定	40
26	永康市环迪厨具有限公司	新认定	40
27	永康市智展工贸有限公司	新认定	40
28	永康市惠达工贸有限公司	新认定	40
29	群升集团有限公司	新认定	40
30	永康怀石工贸有限公司	新认定	40
31	浙江威尔金森电梯有限公司	新认定	40
32	浙江拓泰铝业有限公司	新认定	40
33	浙江木田工具股份有限公司	新认定	40
34	永康市骏龙焊接设备有限公司	新认定	40
35	永康市海峰防水建材有限公司	新认定	40
36	永康市德邻美铝业有限公司	新认定	40
37	永康市晨奥燃具有限公司	新认定	40
38	浙江乾铭工贸有限公司	新认定	40
39	永康市东街五金机械有限公司	新认定	40
40	永康市航峰橡塑制品有限公司	新认定	40
41	永康市松道电器有限公司	新认定	40
42	浙江伍兹科技有限公司	新认定	40
43	浙江九合金属表面处理技术有限公司	新认定	40
44	浙江一达研磨有限公司	新认定	40
45	浙江长铃川豹摩托车有限公司	新认定	40
46	永康市腾毅汽车模具有限公司	新认定	40

序号	企业名称	认定类型	奖励金额/万元
47	浙江金和美工贸有限公司	新认定	40
48	永康市泰琪健身器材有限公司	新认定	40
49	永康市永泰工贸有限公司	新认定	40
50	浙江永康盛达电线股份有限公司	新认定	40
51	浙江富安锁业有限公司	新认定	40
52	浙江乐太厨具有限公司	新认定	40
53	浙江顺虎铝业有限公司	新认定	40
54	浙江美道厨具有限公司	新认定	40
55	浙江索普实业有限公司	新认定	40
56	浙江航佳工贸有限公司	新认定	40
57	永康市南天工贸有限公司	新认定	40
58	浙江群邦工贸有限公司	新认定	40
59	永康市大邦运动器材有限公司	新认定	40
60	浙江新亚休闲用品有限公司	新认定	40
61	浙江得领工贸有限公司	新认定	40
62	永康市跃飞车轮有限公司	新认定	40
63	浙江意可味厨具制造有限公司	新认定	40
64	浙江永安得力工贸有限公司	新认定	40
65	群升门窗股份有限公司	新认定	40
66	浙江森影休闲用品有限公司	新认定	40
67	永康市伟格工贸有限公司	新认定	40
68	永康市群浩工贸有限公司	新认定	40
69	永康市奈铂恩工贸有限公司	新认定	40
70	浙江金蓓蕾教学设备有限公司	新认定	40
71	浙江顶诚工贸有限公司	新认定	40
72	永康市蓝特工贸有限公司	新认定	40
73	浙江民本工贸有限公司	新认定	40
74	万佳安防科技有限公司	重新认定	10
75	浙江优傲智能科技有限公司	重新认定	10
76	凯丰集团有限公司	重新认定	10

序号	企业名称	认定类型	奖励金额/万元
77	浙江司贝宁精工科技有限公司	重新认定	10
78	新多集团有限公司	重新认定	10
79	浙江东方星月地毯产业有限公司	重新认定	10
80	永康市恒久涂装设备有限公司	重新认定	10
81	永康市华鹰衡器有限公司	重新认定	10
82	浙江世明光学科技有限公司	重新认定	10
83	浙江易力车业有限公司	重新认定	10
84	浙江永天机电制造有限公司	重新认定	10
85	浙江普赛迅仪器仪表有限公司	重新认定	10
86	浙江超人科技股份有限公司	重新认定	10
87	浙江安胜科技股份有限公司	重新认定	10
88	永康市加效焊接自动化设备有限公司	重新认定	10
89	浙江金拓机电有限公司	重新认定	10
90	浙江丹弗中绿科技股份有限公司	重新认定	10
91	浙江强广剑精密铸造股份有限公司	重新认定	10
92	浙江东立电器有限公司	重新认定	10
93	永康市新多杯业有限公司	重新认定	10
94	浙江中坚科技股份有限公司	重新认定	10
95	浙江大邦电动工具有限公司	重新认定	10

省级企业研究院

序号	企业研究院名称	主办企业名称	奖励金额/万元
1	浙江省德硕高效智能电动工具研究院	浙江德硕电器有限公司	50
2	浙江省飞剑智能健康杯壶研究院	浙江飞剑工贸有限公司	50
3	浙江省华鹰衡器智能制造研究院	永康市华鹰衡器有限公司	50
4	浙江省闽立电动工具研究院	浙江闽立电动工具有限公司	50

省级高新技术研究开发中心

序号	省研发中心名称	主办企业名称	奖励金额/万元
1	星月安防智能门省级高新技术企业研究开发中心	浙江星月安防科技有限公司	30
2	领航智能便携式园林机械省级高新技术企业研究开发中心	浙江领航机电有限公司	30

序号	省研发中心名称	主办企业名称	奖励金额/万元
3	金拓智能健身器材省级高新技术企业研究开发中心	浙江金拓机电有限公司	30
4	康利铖高效智能扫雪机省级高新技术企业研究开发中心	浙江康利铖机电有限公司	30
5	新多高性能保温杯省级高新技术企业研究开发中心	永康市新多杯业有限公司	30
6	龙邦环保型塑料制品省级高新技术企业研究开发中心	浙江龙邦塑业有限公司	30
7	金凯德集成智能门窗省级高新技术企业研究开发中心	浙江金凯德智能家居有限公司	30

（市科技局　陈松林　胡娉婷　吕　超　俞顺芬）

新闻传媒

《永康日报》

【概　况】《永康日报》于1956年5月1日创刊,1984年1月1日复刊。《永康日报》原为中共永康市委机关报,2004年1月1日正式加盟浙报集团成为旗下子报。2020年,永康日报社所采写的报道被浙报采用33篇,被学习强国采用83篇,浙江新闻客户端推送点击量为10万多的有212篇,20万多的有51篇,30万多的有48篇。永康日报社先后荣获浙江省巾帼建功先进集体、浙江省县(市、区)融媒中心20强,永康日报微信公众号荣获浙江省县(市、区)融媒体中心新媒20强。

【疫情防控重大主题报道】　2020年初,面对突如其来的新冠肺炎疫情,《永康日报》围绕市委、市政府的统一部署,根据不同的时间节点,先后推出《众志成城　坚决打赢疫情防控阻击战》《坚决打赢防控阻击战发展总体战》《深化"三服务"打赢"两场战"》等系列重大主题报道,聚焦各部门单位各行业疫情防控、复工复产、深化"三服务"等经验做法,为全市打赢疫情防控阻击战和经济社会发展总体战营造了浓厚的舆论氛围。全年《永康日报》共刊发疫情防控相关报道450余篇,浙江新闻客户端永康频道发稿600多篇,《永康日报》、永康发布微信公众号发稿600多条;中央级媒体采用3条(篇),省级媒体采用17条(篇),学习强国客户端采用13条(篇)。

【文明卫生城市创建重大主题报道】　围绕国家卫生城市复审和省级示范文明城市创建工作,《永康日报》先后推出《创文明卫生城　做优雅永康人》《优雅城市·大美永康——文明创建进行时》《优雅城市·大美永康——曝光台》等专栏,集中宣传文明卫生城市创建知识、创建工作动态、部门单位创建亮点成效,曝光不文明行为。同时,结合省文明办来永康调研省示范文明城市创建工作情况,提前谋划、精心策划,推出《争创省示范文明城市》专栏,聚焦新时代文明实践、"最多跑一次"改革、志愿服务、"龙山经验"、垃圾分类、"N＋文明劝导"等创建经验,集中展示文明城市创建工作亮点,引导形成全民参与、共治共享的浓厚创建氛围。

【决胜全面小康重大主题报道】　2020年是决战脱贫攻坚、决胜全面小康之年。《永康日报》及时推出《走向我们的小康生活》重大主题报道,深入挖掘全面建成小康社会进程中的先进典型和感人事迹,围绕人民群众的获得感、幸福感、安全感讲好小康故事,展示人民群众共建美好家园、共享幸福生活的生动实践,汇聚坚定信心克难关、同心同德奔小康的强大力量。全年累计刊发专栏稿件37篇,刊发对口支援理县稿件8篇。

【抗击"黑格比"台风重大主题报道】　2020年8月4日,受台风"黑格比"侵袭,永康市多个乡镇遭到重创。《永康日报》第一时间推出《众志成城　抗击"黑格比"台风》重大主题报道,全方位报道广大党员干部和社会各界人士积极参与抗台抢险救灾和灾后重建工作,先后刊发专版30个,刊载各类稿件

100 多篇。其中,西溪镇人大干事、柏岩片片长徐国超,象珠镇峡源村村民李章存在抗台中英勇牺牲的报道,在社会各界引起强烈反响。

【村社组织换届重大主题报道】 2020 年的村社组织换届面临"五期叠加"的复杂形势,其重要性、复杂性、特殊性不言而喻。为给全市村社组织换届营造风清气正的环境,《永康日报》在做好动态性报道及花街镇换届试点报道的基础上,先后推出"担当作为好支书""书记谈换届"专栏,前期集中做好省、金华市担当作为好支书的典型宣传,并先后采访 17 名镇、村书记,请他们畅谈对换届的认识体会、工作重点、思路对策等,为全市面上推进村社组织换届营造浓厚的氛围。

【媒体融合】 2020 年,《永康日报》在浙江新闻 App 新闻永康频道、永康日报公众号等基础之上,在搜狐、天天快报、今日头条、一点资讯、UC、百度、抖音、天目、人民日报党媒平台等大型新媒体平台设立或建立官方账号或建立长期的合作关系。其中,搜狐所设立的账号,总阅读量已达 600 多万。8890 便民服务中心推出智能化的"一键生活服务平台"App 和小程序,至年底,用户已突破 10 万。7 月下旬,永康市举办中国(永康)国际门业博览会。利用"中国门博会直播节""门博会""永康门博会"话题页和与永康日报抖音号联动等方式,推出 2020 年中国门业直播节,抖音直播带货,共吸引 1536.2 万个用户观看,成为当天的热门。

(永康日报社 供稿)

广播电视

【概 况】 2020 年以来,永康市广播电视台(简称市广播电视台)紧扣疫情防控、复工复产、结对帮扶等重点内容,全年在省级以上媒体平台播出新闻报道 974 条,其中央视、央广等国家级媒体平台播发 66 条,包括新华社客户端播发 24 条,央视播出 22 条,央广播出 20 条。浙江卫视、浙江电台、省级新媒体播发 908 条。新闻报道《返岗直通车》上送到新华社、央视、央广播出后,央视新闻频道对此推出 4 篇报道,新华社为此题材推送 5 个短片,其中《情暖返乡路——浙滇两地通力协作确保企业安全复工》使这一做法在全国产生积极正面的影响。上送的系列报道《云端广交会》在央广六档新闻节目中播出。2020 年,市广播电视台累计收入 6168.25 万元,其中网络收入 4420.4 万元,广告经营收入 1747.85 万元。比上年减少 22.35%。面对疫情影响,创新推出"一个电话数字电视和宽带送到家""广电为您服务"品牌,以"直播+"方式搭乘网红直播带货热潮的快车,积极打造"直播带货 广电优选"平台,与永康多家小微企业、农户、商户携手,将市委市政府"促消费 稳经济"系列活动推向深入,帮扶助力,逆势突围,全年直播带货 30 多场,直接创收 86.01 万元,远超出 2019 年度 5.57 万元的网络直播收入,为加快永康经济复苏贡献广电力量。

【办好家教专栏】 2020 年,市广电部门联合市教育局创新推出电视家教栏目《幸福我的家》,栏目设《教子有方》《博士面对面》《宅家时刻》《学子心声》《家长聊聊吧》《教育快报》等多个板块,以"注重家教家风,推进家校共育"为主题,广泛访谈永康籍博士英才,解读优秀学子成才之路的"家教密码",做好"博士大会"后半篇文章。被评为全国市县电视台优秀融媒电视栏目一等奖,得到浙江省广电局批示肯定。

【舆论监督持续深化】 2020 年,市广电部门始终把办好《焦点时刻》《问政时间》《行风热线》作为全市作风建设的重要抓手来全力推进。在选题上，紧扣市委市政府主要领导关注的重点、难点工作；在工作中，讲政治、守规矩、求突破，采访作风扎实，一线人员甘冒风险，主动出击，深入调查，科学应对，不断完善优化问政栏目各个流程，及时跟踪被曝光问题的整改落实情况。重点聚焦"六稳六保""擦亮小城镇行动""城乡环境创佳评差""十大民生实事""省示范文明城市创建"等重点工作，播出《问政时间》栏目 5 期、《焦点时刻》39 期（正面报道 12 期），曝光解决各类问题 60 多个，有效助推重点难点问题的解决和干部作风问题的转变。《行风热线》全年上线单位 68 家，来电来访 944 人次，转办 139 件，回复 101 件，办结率 72.7%。

【展示文化大发展】 2020 年，永康市成功举办第 35 届"华溪春潮"春节晚会。坚持"开门办春晚"，并在江南街道园周村首次开设分会场。充分展现全市人民团结拼搏、克难奋进的精神风貌。同时以"华溪春潮"为龙头，积极拓展广电文化产业。为克服疫情影响，将"阳光灿烂六月天少儿综艺活动""宝贝秀童趣视频大赛"等线下活动转为线上活动。

【增强网络业务营收能力】 2020 年，市广电部门积极营销数字电视业务，拓展新造小区、拆迁安置区用户的新装业务。坚持抓好宾馆、旅馆等商业用户的新增和续费工作及各团购单位的新增和续费工作。截至 2020 年 12 月，全市 BOSS 用户数 178884 户，正常用户数 107591 户，互动 6939 户，宽带 7018 条；应急广播 4301 个，村广播室 733 个，合计 5034 个，覆盖全市 402 个行政村；村居监控 3890 个，覆盖全市 280 个村与小区；公安监控 1182 个。

【提升公共便民服务水平】 2020 年，市广电部门积极推进"广电智慧＋"服务，在党建、绿窗平台、退役军人全生命周期系统等项目建设，运用多媒体技术、互联网技术等现代化传播手段，保障政务民生服务，推进智慧广电新业务。疫情期间，开通"空中希望课堂"和"永康云课"，开播六个年级 28 门课，上传 1880 个直播视频课程、900 个互动视频课程。

2020 年 3 月 2 日，市委人才办、市人力社保局、市广播电视台联合推出跨越时空的电台可视直播节目《空中招聘会》（程 煜 摄）

【彰显主流媒体力量】 2020 年，市广电部门认真贯彻落实习近平总书记关于疫情防控工作的重要指示精神和中央、省市部署要求，着力打通疫情防控宣传引导的"最后一公里"，电视、电台相继推出《打赢疫情防控阻击战》《开往春天的班列》《共同战疫 迎来发展春天》《一手抓疫情防控，一手抓复工复产》《两手硬 两战赢》《科学防控，有序复工》等系列报道 300 多条，其中 100 多条报道被央视、新华社、浙江卫视、浙江之声等金华市级以上媒体采用播出。"返岗直通车"特别新闻行动报道在新华社、央视、央广播出，取得良好社会效果。永康人、永康电台微信公众号累计推送防疫相关信息 200 多条。科学防疫宣传微视频《各位村民请注意》登上浙江卫视新媒体，点击量突破 100 万。此外，加大防疫公益广告播出力度，全年累计播出防疫相关电视公益广告 11000 余条次，电视游动字幕 31700 多条次，电台公益广告 5200 多条次。

【媒体融合】　2020年,市广电部门立足主题宣传,关注民生民情,强化互动直播,创新报道形式,推进媒体融合,取得显著效果,跻身全国媒体融合先导单位20强行列;在全省广电新闻融合传播协作云发布会上,荣获2020年度新媒体融合传播协作一等奖。

新媒体账号名录

新媒体形式	新媒体名称
应用程序	掌上永康
公众账号	永康人微信公众号
公众账号	永康电台微信公众号
微博	永康电台
抖音	永康人
视频账号	永康人微信视频号
中国蓝新闻(蓝媒号)	永康广电
学习强国	永康市广播电视台

【直播带货】　为助力企业复工复产,2020年,市广电部门推出"广电为您服务"品牌,启动"直播带货"活动。根据不同形式直播需求,创设直播间视频带货直播、移动视频直播等不同的平台,支持直播技术。全年共推出"塔山牛皮席专场""居然之家·建材家具专场""公益助农·水蜜桃"专场等22场"直播带货"活动,通过"永康人""永康电台"等微信公众号为直播引流,总点击量超150万,场均点击量超6万。

【空中希望课堂】　2020年2月,市广电部门联合教育部门启动"空中希望课堂"线上教学。开通6个数字电视直播频道,覆盖小学3—6年级,初中7—8年级的直播空中课堂。同时开通数字电视互动空中课堂业务,通过"永康电台"公众号完成从直播到互动到网络的全覆盖。共完成直播频道1880个节目视频的转码、上传,互动频道900个节目视频的转码、上传。并于4月10日圆满完成全部空中课堂的播出任务,截至4月10日,"永康电台"公众号的点击量达到3040546次。

【退役军人全生命周期综合管理保障平台】　为方便退役军人军属网上办事和信息咨询,提高政府对退役军人军属信息数据管理分析能力,永康广电网络中心开发永康市退役军人全生命周期综合管理保障平台。平台以Java跨平台语言、MySQL数据库和政务云服务器为技术依托,开发信息展示、在线申报、后台管理和数据分析功能,通过PC端、手机端、自助终端、电视端推广应用。退役军人全生命周期综合管理保障平台是政府深化"最多跑一次"改革、推进数字化转型的重要产物。

【新时代文明实践中心云平台】　充分利用大数据、云计算、移动互联网等新一代信息技术,打造"新时代文明实践＋志愿服务＋大数据"互通互融工作体系。该项目打通了基层党的理论宣讲、文化建设和为民服务"最后一公里",为志愿者、受益者与管理者提供一个安全、快捷、便利、智慧化的新时代文明实践管理工具。云平台打造基层宣传思想工作和精神文明建设的新阵地、新平台、新载体,用新技术、新手段全方位全过程服务新时代文明实践中心建设。

永康电台 2020 年节目时间表

时 段	周一至周五					周六	周日
6:00—6:30	快乐老家						
6:30—7:00	新闻和报纸摘要						
7:00—7:30	浙广早新闻						
7:30—8:00	法律时间	1066 早新闻					
8:00—8:30	行风热线	大队长在直播间	畅行早八点	行风热线	行风热线	一周财经	大美永康
8:30—10:00	快乐正前方						
10:00—11:00	1066 生活帮(警民桥)			一路畅听			
11:00—11:30	直通新农村						
11:30—12:00	(午间快报)打开广播听电视(午间版)			直通新农村(精华版)(警民桥)			
12:00—13:30	(午间快报)音乐正当午			12:00—13:00 周末喜相逢			
				13:00—13:30 新永康人			
13:30—14:30	金都客栈			金都客栈(精华版)			
14:30—15:30	铃声欢唱			14:30—16:00 音乐下午茶			
15:30—16:30	刷刷朋友圈						
16:30—17:00	星河乐园			16:00—16:30 星河乐园(精华版)			
				16:30—17:00 一周财经			大美永康
17:00—18:30	动听晚高峰						
18:30—19:00	转《新闻联播》						
19:00—19:30	1066 晚新闻						法律时间
19:30—20:00	女人时光						
20:00—20:30	五峰书院			五峰书院			
20:30—21:00	打开广播听电视(晚间版)						
21:00—06:00	转中国之声						

(市融媒体中心　供稿)

文化艺术

群众文化

【概　况】　2020年，永康市推进习近平新时代中国特色社会主义思想"飞入寻常百姓家"文艺宣传"百千万"工程（简称"燕入万家"），重点提升党的创新理论文艺宣传项目14个，公布第二批《文艺宣传节目菜单》原创节目10个，全年直接指导完成文艺宣传演出150场，覆盖190多个村、500多个企业、3万多农户，以及学校、社区、军营。12月11日，《中国文化报》刊文《小舞台唱响大时代永康文艺宣传"百千万"工程让新思想星火燎原》，介绍永康市"燕入万家"做法。开展其他"文化惠民"活动，全年送戏、送展览、送讲座等2000余场次。

【公共服务水平提升】　2020年，永康市省基层公共文化服务评估指标在全省的排名上升20名。指导建成象珠镇综合文化站、图书分馆等一批综合性服务设施，新建综合行政执法局图书分馆等3个图书分馆，提升3个分馆为自助图书馆。12月29日召开永康市基层公共文化设施提升现场会，推广"党政重视、建好平台、确保投入、规范建设、文旅融合、机制创新"基层公共文化服务"象珠经验"。创建象珠镇象珠四村、西城街道溪边村2个省文化示范村及芝英七村、唐先五村、舟山二村3个金华市文化示范村。

【免费开放持续深化】　永康市文化馆（简称市文化馆）全年选派师资对108个村开展舞蹈、腰鼓、民乐、书法等文艺培训1025场次，共培训学员24.6万余人次。组织第二十一期免费开放培训，开设舞蹈、书法、篆刻、乐器、茶艺、摄影等18门课程，培训学员600余名。市图书馆全年总流通人次61.87万人次，图书外借84.36万册次。4—11月，市图书馆与全省公共图书馆联动，开展永康市2020年全民阅读节系列活动，共开展阅读活动110余场，吸引读者上万余人次。面对严峻的新冠肺炎疫情，坚持"闭馆不闭网，服务不打烊"，充分利用数字资源，全天候开放电子阅览室，积极开展线上各类知识竞赛活动、直播手工课堂等线上活动。

【非公企业文化建设深入开展】　继续实施《永康市非公企业文化建设三年（2019—2021）行动计划》，指导非公企业"六个一"目标文化建设，2020年新增重点文化建设非公企业25家，非公企业文旅体员25名，举办第二届非公企业文旅体员培训班；开展"你选书我买单"活动，建立千喜集团等6个非公企业图书流通站；成功举办第二届非公企业文化节，为企业员工搭建展示的舞台。评选首批7家"永康市非公企业文化建设示范单位"和15名"永康市非公企业文化建设先行者"。12月18日，《金华日报》刊文《以文促产 以文兴企 以文聚心"五金之都"永康推动非公企业文化建设》，介绍永康市做法。永康市非公企业文化建设工作组被省文旅厅授予2020年"浙江省文化和旅游创新团队"称号。

艺术赛展

【文艺活动多姿多彩】 2020 年春节前夕,市文化馆组织送春联下乡活动。2 月,市文化馆组织业务干部及社会文艺骨干开展抗疫文艺作品创作工作,共创作收集曲艺作品、美术作品、器乐作品、歌曲作品 80 余件。8 月 26 日,永康市第二届非公企业文化节暨"丽州之夏"文艺晚会在紫微园水上舞台开幕。8—11 月,"踏歌而行"——义乌、诸暨、仙居、兰溪走进永康文化走亲活动相继举办。9 月 29 日,由市文广旅体局主办,市文化馆和市锦花越剧社承办的"花好月圆,情满中秋"越剧专场演出在紫微园水上舞台举行。10—11 月,由市文广旅体局主办,市文化馆承办的"为你歌唱"2020 送戏下乡巡回演出陆续在各镇(街道、区)举行。

"丽州之夏"文艺晚会(市文广旅体局提供)

【展览活动各式各样】 10 月 17 日,永康市鲁光艺术促进会在永康市博物馆(简称市博物馆)举办"文学入画三人行"画展,展出鲁光、王涛、杨明义先生的画作。市图书馆送展览进文化礼堂 59 场,送展览进非公企业 45 场,包括预防新型冠状病毒宣传图片展览、"致敬抗疫英雄 讴歌时代精神"展览、"决战决胜脱贫攻坚 全面建成小康社会"主题图片展览等,受众达上万人次。市文化馆在一楼多功能厅开展各式展览,如"一带一路·美好生活"第三届全国手机摄影作品展、"以艺战疫"美术作品展、"寻笔墨之源·抒时代之歌"——2020 第六届视觉艺术联展书法展等,受到市民的喜爱。

市文化馆抗疫展览(市文广旅体局提供)

【艺术赛展颇有收获】 举办首届"鲁光艺术奖"少儿写作活动,收到来自全国各地的少儿稿件上千篇,评定获奖作品 30 篇,10 月 18 日在市图书馆举办颁奖仪式。浙江中月婺剧演出公司婺剧《忠义九江口》代表浙江省参加全国基层戏曲院团网络会演,获得省 2020 年重点宣传文化活动创建补助资金。情景剧《路的三部曲》入选 2020 年度金华市文艺创作重点扶持项目。市文化馆舞蹈干部侍尧仙参与表演的双人舞《一根绑带》获 2020 年浙江省群众舞蹈大赛金奖;戏曲干部应棋九泰作品《忖度》获浙江省第十四届新故事作品征文大赛二等奖;微视频作品《我们的节日·古村端午》在"艺游浙江·文化馆的 VLOG"浙江省手机微视频大赛中荣获优秀拍摄奖、网络人气奖。市文化馆选送的《亲爱的中国我爱你》在金华市第二届音乐新作大赛中获"观众最喜爱歌曲奖""创作三等奖""表演三等奖";选送的《新梨花夜巡》在金华市第七届"文化礼堂杯"排舞大赛中获银奖;选送的《outta your mind》《起风了》《trouble maker》在"欢乐金华"百姓文化节街舞大赛中获"炫酷青春"百姓街舞之星,市文化馆获金华市街舞大赛组织奖。

（市文广旅体局　供稿）

非遗保护

【概　况】　2020年,"永康铸铁"被列入第五批国家级非物质文化遗产代表性项目公示;12月17日,新华网、光明网专题介绍永康市非遗保护工作成效。成功承办2020年金华市非遗保护工作会议。"炊大皇铁锅系列""玉琮锡罐"两项非遗作品入选第二批浙江省优秀非遗旅游商品名单。深入挖掘胡公文化、陈亮文化、五金文化,推出永康鼓词《陈亮上书》、永康醒感戏《清正胡则》。以现代科技网络手段促进方岩庙会、醒感戏、永康鼓词、铸铁4个非遗项目的转化与发展。推动戏曲类非遗项目的传承发展与创新,挖掘传统曲目《合同记》《三合明珠剑》合辑。着手开展《永康文献》丛书整理出版前期工作,确定从2020年起至2024年止,用5年左右时间,分五批,每年整理出版一批,每批编撰10部,5年共编撰50部书目。

【非遗搭建抗疫防疫宣传的"连心桥"】　在举国上下奋力抗击新型冠状病毒疫情的威胁和推进复工复产的形势下,永康非遗以高站位迅速组织创作文艺作品,在党委政府和企业、群众间架起一座座抗疫防疫宣传的"连心桥"。永康鼓词《同舟共济渡难关》、婺剧《众志成城迎春归》、曲艺三句半《防控生产齐奋进》、剪纸、面塑、织带、糖画等一批独具永康非遗标志的主题文艺作品,宣传党委政府的指示精神、防疫知识和抗疫感人事迹,通过"文旅中国""学习强国""浙江非遗""金华文化"等各级媒体宣传推广。

【"民间民俗·多彩浙江"2020年方岩庙会系列活动】　10月10—14日,以"弘扬胡公精神 传承非遗魅力"为主题的"民间民俗 多彩浙江"2020年方岩庙会系列活动在永康市举行。活动包括"萌版九狮图、九狮图、十八蝴蝶、滚叉舞、马灯舞、大刀四尺凳花十六拆棍、叠罗汉、拱瑞手狮等开幕式展演,金华各县19个及永康61个传统手工技艺活态展示、28个非遗"文艺节目表演。其间,召开"民俗文化传承发展与浙江非遗'重要窗口'建设暨中国胡公文化学术会议",发布《新时代民俗类非遗庙会保护研究永康倡议书》。

方岩庙会(市文广旅体局提供)

【2020年"文化和自然遗产日"呈现三个新意】　6月13日,永康市以"非遗传承 健康生活""文物赋彩 全面小康"为主题,通过线上线下相结合的方式,推出13项专题活动,多层面、多角度、全方位展示永康文化遗产的保护传承魅力。对比往年,在疫情防控和文旅行业全面复苏的背景下,2020年的"文化和自然遗产日"呈现三个新意:一是聚焦健康生活。以"非遗传承、健康生活"为主题,大力宣传非遗在疫情防控和健康生活中发挥的积极作用。二是注重网络平台。结合疫情防控实践,突出网络展演与传播。三是促进文旅消费。推出非遗"云购物"活动,通过淘宝、天猫等电商平台展销非遗产

品,确定 5 家非遗企业为永康市网红联系企业和网红打卡点,打造五金类非遗直播供应链。

（市文广旅体局　黄绕龙）

文化市场

【概　况】　2020 年,永康市共有文化经营户 528 家。其中:网吧 108 家,新开 2 家,关闭 5 家;歌舞娱乐场所 33 家,新开 2 家,关闭 1 家;印刷企业 291 家,新开 0 家;出版物 48 家、网络文化 1 家、电影院 10 家、文艺表演团体 37 家。全年出动检查人次 1384 人次,出动次数 612 次,检查文化经营场所 1751 家次;立案 18 起,其中一般案件 13 起,当场处罚 5 起,罚款 57500 元,没收违法所得 25 元,没收非法财物 3041 件。

文化经营场所分布情况表　　　　　　　　　　单位:家

区域 ＼ 行业	网吧	歌舞娱乐场所	印刷企业	出版物	网络文化	电影院	文化表演团体
东城街道	23	15	41	9		2	11
西城街道	10	9	42	11	1	3	6
城西新区	12		7	1			3
江南街道	5	1	21	6		1	2
经济开发区	28	5	26	3		2	1
花街镇	0		3	1			3
石柱镇	2		29				
前仓镇	2		18	3			3
象珠镇	3		12	2			2
唐先镇	3		4	2			1
龙山镇	2		14	1			1
西溪镇	3		3	1			
方岩镇	2		4	1			
芝英镇	5	1	44	3		1	1
古山镇	8	2	23	3		1	1
舟山镇				1			2
合计	108	33	291	48	1	10	37

【加强日常监管】　文化市场综合行政执法队文化文物中队（简称文化文物中队）积极落实日常监管机制,确保日常检查的高频率,保证每天有 1 组执法人员在市场检查,便于及时发现问题,落实整改。把握节假日、重点节点巡查,在元旦、春节、"两会"、五一等重要时段开展文化市场保平安专项行动,已开展节前、节中检查 56 次。做好部门联合检查工作,加强与公安局、市场监管局、宣传部、消防救援大队等部门的沟通与联

系,加大联合执法力度,严厉打击各种违法违规行为,本年度已开展联合检查12次。扎实推进"双随机"抽查,严格落实每月不少于2次的抽查频率,大队已组织双随机抽查21次,其中跨部门双随机抽查3次,出动执法人员66人次,检查各类文化经营单位188家次,发现问题场所2家。

【**开展印刷企业专项检查和出版物市场专项检查**】 结合"扫黄打非"开展印刷企业专项检查和出版物市场专项检查。主要对企业规范经营情况和安全生产情况进行排摸,重点检查各企业是否建立承印验证等五项制度,登记是否规范,印刷企业是否存在超范围经营,包装装潢类彩印厂是否存在侵权和假冒他人商标以及车间成品、半成品、油墨、残次品是否按要求做到分区放置等情况。另外,对各出版物经营单位和无证经营出版物经营行为进行查处。

（市文广旅体局　供稿）

文物古迹

【**概　况**】 2020年,市文广旅体局在调研后提出了上山文化研究宣传一揽子方案,筹划湖西遗址公园项目,全面启动对湖西遗址的考古调查和勘探。市政府正式批准婆婆厅等11处为第七批永康市级文物保护单位。编印下发《文物安全工作宣传手册》。完成2020年度"百幢文物建筑抢救"工程与城区适园修缮工程。启动"黑格比"台风受损文物的立项修缮。推进第七批省保单位记录档案编制修改工作,开展古井水源普查工作。积极推进省保单位方岩抗战时期浙江省政府及相关旧址修缮工程建设。承办2020年环球自然日浙江赛区启动仪式,举办第七期"永康文博之星""中秋博物馆之夜"文博系列活动16个。

【**永康市文化遗产保护中心成立**】 根据市委机构编制委员会下达的《关于印发永康市图书馆等5家事业单位机构编制规定的通知》,于2020年4月底,正式成立永康市文化遗产保护中心,并于2020年12月11日在永康市龙川中路220号举行挂牌仪式。

【**适园修缮工程顺利竣工**】 适园位于永康市西城街道紫微社区虹霓巷56号,建于民国末期。建筑坐北朝南,占地面积576平方米。该建筑由正屋、伙房及东厢房组成,正屋位于整个建筑中间,东面为厢房,西面为伙房,前面为一个院落。正屋为三间,上下两层,屋面为歇山顶。正屋中每根柱子均用青砖平铺砌成,墙面采用方形青水砖。二层护栏造型比较独特,每块护栏板上都雕刻有精美的图案。伙房为三合院式,上下两层,硬山屋面。厢房为下人的住房。正门门面为牌坊式台门,属于石库门,石库门上是石额枋,石额枋上有余绍宋写的"适园"两字,在石额枋上方还写有"1945"字样,在石额枋的两边还用石雕各雕了"囍",大门为实榻大门,相当牢固。该建筑原来的主人是林景钦,为民国时期永康最有名的律师。2019年11月,适园修缮工程由市文广旅体局报市发改局予以立项,2020年6月正式动工。同年11月底该工程全面完工,12月通过竣工验收。

修缮后的适园(市文化遗产保护中心提供)

（市文化遗产保护中心　供稿）

【开展"永康文博之星"系列活动】 2020年，"永康文博之星"系列活动有效开展，最终评选出 20 名"优秀红领巾讲解员"。截至 2020 年底，市博物馆已累计培养"红领巾讲解员"1140 名。2 月，市博物馆推送的"'红领巾讲解员'担当新时代社科普及生力军"项目，荣获 2019 年度"浙江省社科普及创新示范推介项目"称号。10 月，核心期刊《文化月刊》上刊登《永康市博物馆：讲解比赛助推红领巾讲解员队伍建设规范化》一文。该文从领导重视，讲解比赛常态化，讲永康故事，提高综合素质，抓队伍建设，助力文化传播等方面着重介绍市博物馆在"红领巾讲解员"队伍建设中发挥的作用。

（市博物馆　供稿）

卫生与计生

公立医院

【概　况】　按照公立医院改革的要求,永康市加强对各公立医院的医疗费用监测,实行公立医院控费工作季度通报制度,督促各公立医院严格执行控费指标。召开推进会,并以督办单的形式下发至各不达标单位,要求每周五下班前上报整改达标情况。从永康市相关数据与全省平均水平比较得出的情况来看,医疗总费用、门诊、住院均次均达标,而百元医疗收入、医疗支出(不含药品)和检查检验收入占比超过全省平均水平。

医疗工作

【疫情防控工作】　疫情发生期间,永康市医疗系统递交请战书人员 728 人,报名援鄂人员 423 人,参加援鄂人员 5 人。开展流行病学调查 271 人次,确诊病例 5 人,无症状感染者 1 人。累计住院留观 467 人,集中隔离 3115 人次,居家隔离 15949 人次。完成医疗机构全员检测 8417 人次,共完成的八轮全员培训和重点岗位培训,实现"打胜仗、零感染"目标。

【推进名医工作室、重点学科建设】　2020年永康市各公立医院已经成立 28 家名医工作室,如妇幼保健院成立王军梅超声名医工作室,六院成立足踝外科苗旭东名医工作室,一院成立王平甲状腺外科名医工作室等。通过专家坐诊、查房,疑难病例会诊,参与危重症抢救,开展各类高、精、尖手术、学术讲座等特色诊疗服务。10 月底完成全市名医工作室年度考核,其中考核优秀 7家,良好 8 家,考核不合格要求退出的有 4家。全市重点学科 2020 年度新增厅市级科研立项 7 项。发表 SCI 论文 1 篇,一级论文6 篇,二级论文 32 篇。新增实用新型专利 1项,新培养或引进研究生学历以上人才 6名。各重点学科引进院新技术新项目57 项。

免疫预防

【概　况】　2020 年,永康市免疫规划各项工作全面落实,全市各类免疫规划疫苗接种率均达到国家要求,并保持在较高水平。顺利完成 16 家儿童预防接种门诊 SaaS 系统信息化改造,圆满完成 70 岁以上老年人流感疫苗免费接种工作。10 月,启动新冠病毒疫苗接种工作,积极开展 AEFI(预测接种异常反应)监测和疫苗相关疾病监测,各项监测指标均达到上级要求。2020 年报告法定传染病 14 种 6922 例,报告发病率为 904.48/10万;报告死亡 6 例(肺结核 3 例、艾滋病 3例),报告死亡率 0.78/10 万。无甲类传染病报告。乙类传染病报告 1319 例,报告发病率172.35/10 万,其中新冠病毒肺炎确诊病例 5例,无症状感染者 1 例,未发生二代病例;死亡 6 例,报告病死率 0.78/10 万。丙类传染病报告 5603 例,报告发病率 732.13/10 万。

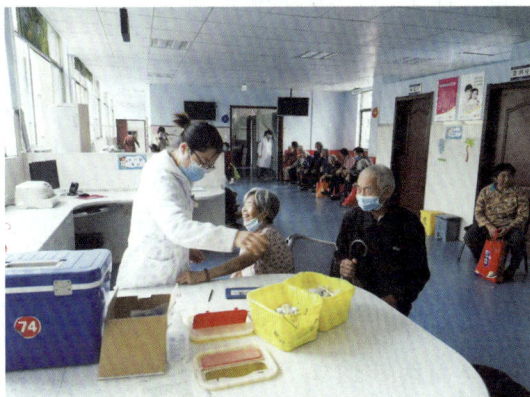

10 月 5 日,东城街道、古山镇等 8 个街道、乡镇卫生院正式开展 70 周岁以上老年人免费流感疫苗接种工作(市卫健局提供)

综合医务

【概　况】　2020 年,紧紧围绕疫情防控、医疗救治能力建设、"三医联动""六医统筹"集成改革试点、县域医共体建设、医疗卫生服务领域"最多跑一次"改革、公立医院综合改革、"3+1"医防体系等重点任务,努力为人民群众提供优质、安全、高效、满意的医疗服务。在疫情防控医疗救治能力提升、"三医联动""六医统筹"集成改革试点、推进医共体建设、医疗卫生服务领域"最多跑一次"改革、深化公立医院改革、推进名医工作室建设、保障医疗质量安全等方面取得一定成效。

【"三医联动""六医统筹"集成改革试点】经金华市推荐、省医改联席会议办公室确认,永康市被列为"三医联动""六医统筹"集成改革试点县市。医改实施以来,多次召开专题会议进行研究和部署,协调解决工作推进中遇到的重大事项,出台《永康市"三医联动""六医统筹"综合改革实施方案(试行)》,起草《关于促进永康卫生健康事业高质量发展的十项措施》,并在进一步完善

中医药一体化服务体系中大力发展"互联网+医疗健康"项目。创新家庭医生签约服务模式,在创新医保监管方式等方面打造永康亮点。

爱国卫生

【概　况】　2020 年,永康市爱国卫生工作成效显著,全市在充分认识爱国卫生运动工作重要性的基础上,进一步发挥基层组织主体作用,最大限度地调动地方、部门和全体市民的积极性,全面动员群众开展环境卫生综合整治,深入推进卫生城镇村创建、健康细胞打造、无烟环境营造、农村户厕改造等工作,有效巩固爱国卫生工作的各项成果。截至 2020 年底,永康市共有市级无烟单位 279 个,无烟党政机关 76 个,省级卫生村达 50% 以上,省级卫生镇实现全覆盖,国家卫生乡镇创建率≥45.5%,农村无害化卫生厕所普及率达到 99.69%。

【国家卫生城市复评】　在国卫城市复评中,永康市坚持实行综合督查机制,市领导综合巡查、市纪委与市督考办跟踪督查、市创建办日常巡查、"两代表一委员"随时抽查、志愿者义务巡查等多种形式督查相结合,实时掌握全市动态;坚持实行综合评价制度,将国卫城市巩固工作纳入《永康市国家卫生城市复审和创建浙江省示范文明城市督查考评办法》,定期开展综合测评、排名通报、问题交办等工作;坚持实行督查约谈制度,常态化开展日常督查、数字巡查、暗访曝光、月度评比等活动;全市上下共同努力,不断巩固国卫城市成果,永康市于 5 月 27—29 日顺利通过国家卫生城市复评工作的省级技术评估。

【国卫乡镇创建】　永康市在国卫乡镇创建中以城带乡,在省级卫生镇创建和小城镇

环境综合整治工作的基础上不断加强业务督促、指导，广泛、规范开展卫生乡镇创建工作，强化环境卫生长效管理机制，改善乡镇环境卫生面貌，前仓镇、龙山镇于8月通过国卫乡镇创建的省级技术评估和暗访。

【"健康细胞"示范点建设】 2020年，永康市完成健康家庭建设646户，入户进行健康宣教，普及健康知识；指导创建健康促进学校（金、银、铜牌）15所，其中人民小学顺利通过金牌考核验收，桥下小学顺利通过银牌考核验收，10所学校顺利通过铜牌考核验收；中医院通过省级健康促进医院的复评验收。广泛营造无烟环境，积极组织开展控烟宣传活动，普及烟草危害相关知识，同时要求相关部门加大对公共场所的管理力度和对相关责任人的处罚力度，对单位内的吸烟行为进行干预，提高公民健康素养，新创建41个永康市级无烟单位。

计划生育

【概　况】 2020年末，永康市户籍总户数24.51万户，户籍人口62.11万人，其中男性31.56万人，女性30.55万人。全年受理生育登记6657例，再生育审批126例，计划生育审核4700例，全市出生人口5993人，下降5.47%，出生率9.67‰，死亡人口3854人，死亡率6.21‰，自然增长人口2139人，自然增长率3.45‰，国统出生性别比111.70。全年共3857人享受奖扶，发放奖扶金555余万元，295人享受特扶（失独167人、残疾107人、并发症21人），发放特扶金400余万元，2615人享受二女户奖励，发放奖扶金251余万元，资金使用率为99.59%。公益金集中慰问特殊困难家庭和失独补助339户次，慰问金46.66万元。计划生育手术并发症人员医疗报销资金、特

殊家庭住院补助和收养补助共约20余万元。计生协给予计生特殊家庭保险赔付5万余元。

人口工作

【概　况】 2020年，人口监测与家庭发展工作坚持以人为本，满足群众需求，深入实施全面两孩政策，着力构建鼓励按政策生育的制度体系和社会环境，着力推进服务管理制度、家庭发展支持体系和治理机制综合改革，聚力织牢计生特殊家庭民生保障网，扎实做好新冠肺炎疫情期间计生特殊家庭帮扶工作，努力化解矛盾，人口结构得到优化。开展计生特殊家庭保险理赔全程代办工作，全年累计理赔22人次，共赔付48297元。推进公共场所母婴设施建设，全市已建好并上百度地图的各类标准母婴室41个。

【开展"5·29"会员活动日活动】 2020年，永康市卫生健康局（简称市卫健局）开展以"壮阔四十年 奋斗新时代"以及"守护健康关爱家庭"为主题的活动，根据常态化疫情防控需求，创新工作方式方法，线上和线下同时发力，取得良好效果。累计直播9批次，覆盖人群6491人。组织线下活动2场，200余人次参加。

【帮扶计生困难家庭】 2020年，市卫健局为167人投保特殊家庭保险，共投保5.01万元。走访慰问各类困难户171人次，发放慰问品价值14.08万元。

老龄工作

【概　况】 2020年底，全市人口621255人，60周岁以上老年人126076人，老龄化

程度达 20.3%。全国卫生健康委、全国老龄办联合发布《关于表彰 2020 年全国"敬老文明号"和全国"敬老爱老助老模范人物"的决定》，市邮政局职工张永康同志荣获全国"敬老爱老助老模范人物"称号。重阳节，市四套班子相关领导对全市 67 名百岁老人进行慰问。

【老年人疫情防控】　疫情防控期间，停止全市老年活动中心、老年大学点一切聚集性活动；联合民政部门，加强对老年医院、护理院、康复医院等机构，特别是社会办机构的疫情防控、安全生产的监督检查；同时开展线上老年教学工作，老年电视大学招生 1000 名，开设四门课程。

【医养结合】　2020 年，永康市以不同形式为老年人提供服务的养老机构（老年公寓）有 34 家，养老床位 4214 张，日间照料中心等养老设施总计 326 家。二级以上综合医院开设老年病科的医院有 4 家（一院、中医院、二院、永康医院）。辖区内为老年人开设挂号、就医等便利服务绿色通道的医疗机构有 22 个（不含村卫生室、诊所、门诊部）。社会力量为老年人提供医疗服务的康复医院、护理院、安宁疗护机构等专业医疗机构有 9 家，共有床位 3827 张，其中老年康复护理床位 910 张（普济 230 张、瑞金 200 张、弘康 180 张、龙川家 100 张、绿康 100 张、永康医院 40 张、一院 20 张、二院 10 张、中医院 30 张）。

（市卫健局　供稿）

体育发展

群众体育

【概　况】 2020年，永康市组织开展永康市第十届气排球联赛、永康市第六届弹弓竞技比赛、"御玺"杯 永康市第二届姓氏乒乓球比赛、永康市第二届武术运动会（散打）比赛、永康市第十届象棋棋王赛等50多场比赛。

【群众体育比赛蓬勃发展】 永康市举办"四方杯"永康市第十届气排球联赛、永康市第六届弹弓竞技比赛、"御玺"杯 永康市第二届姓氏乒乓球比赛、永康市第二届武术运动会（散打）比赛、永康市第十届象棋棋王赛、"步阳·凤凰城杯"永康市第五届围棋天元赛等一系列比赛。举办2020年永康市轮滑锦标赛、永康市第十二届体育舞蹈锦标赛暨友好城市邀请赛等赛事活动。2020年实施太极拳公益培训千人计划，开设16个班，近千人受益，举办围棋、象棋三级社会体育指导员培训班，举办体育舞蹈教练员、社会体育指导员培训班，开展国民体质测试，共测试3900余名，国民体质测试合格率达93.2%，经常参加锻炼体育人口（不含学生）比例28.3%。

【承办上级体育赛事加强交流】 2020年，永康市举办2020年华东地区暨浙江省第四届"长青杯"中老年篮球比赛，来自全省各地30多支代表队400余人参加，还举办了2020年浙江省中小学生乒乓球冠军赛（第二站）、2020年ZUBA浙江省大学生篮球联赛暨第二十三届中国大学生篮球联赛浙江赛区基层赛、2020年浙江省青少年车辆模型锦标赛。

2020年华东地区暨浙江省第四届"长青杯"中老年篮球比赛现场（市文广旅体局提供）

竞技体育

【概　况】 2020年，永康市竞技体育成绩取得突破，全市参赛得奖情况主要有：叶杰龙在德国温特伯格雪车世界青年锦标赛男子四人雪车U23项目中获得第一名；参加2020年金华市青少年游泳锦标赛，获得团体总分第二名，其中破金华市游泳纪录11项；2020年浙江省青少年攀岩锦标赛上李佐勋包揽该组别的4枚金牌；唐先小学获得浙江省阳光体育运动会小学篮球比赛女子甲组4连冠、乙组2连冠。

【筹备浙江省第十七届运动会】 浙江省第十七届运动会将在金华举办，2021年，根据永康市政府与金华市政府签订的《第十七届省运会办赛参赛目标责任书》，永康市承接"两项职责、四大任务"。"两项职责"即办赛的两项职责：一是比赛场馆要求，完成新建永康市体育中心攀岩馆，确保符合省运会比赛要求；确保永康体育馆满足武术散打项目省运会比赛条件和器材配置要求。二是赛事承办要求，负责承办攀岩、武术散打项目比赛，并承担赛期通信、交通、转播、医疗、安保、食宿等保障。"四大任务"即参赛任务：一是体校建设任务，完成县级体校"二有"任务（有 5 个运动项目，有专职教练）；二是布局组队任务，完成 5 个项目布局，组建 5 支队伍；三是金牌任务，第十七届省运会确保获得金牌 25 枚，其中加计金牌 14 枚，现场金牌 11 枚；四是运动员输送任务，向市体校输送"三集中"（集中住宿、集中学习、集中训练）运动员 30 人。

2019 年 9 月 5 日，市文广旅体局联合市教育局上报《关于要求创办永康市体育运动学校的请示》，市体校挂牌永康市五中，开设田径、足球、篮球、乒乓球、游泳、攀岩、体操等七个运动项目；2019 年 12 月 11日，市编委会下发《关于永康市第五中学增挂市体育运动学校牌子的批复》文件。永康市体育运动学校依托永康市第五中学挂牌成立，具备组织机构代码。2020 年 10 月 13 日，市文广旅体局与教育局联合向市委编办提交《关于增加市体校 5 名全额拨款事业编制的请示》，经对接，编委会拟于 12 月30 日召开会议，会上将讨论体校编制事宜。为加强体育后备人才建设，公布 18 家单位为第一批"2019—2022 周期永康市竞技体育后备人才基地"；组建永康市攀岩队、羽毛球队、乒乓球队、轮滑队、武术散打队等有夺金优势的队伍。下拨 2020 年永康市业余训练布点经费 30 万元。公布《永康市体育运动学校项目布局》，包括篮球、足球、乒乓球、田径、游泳、羽毛球、攀岩、武术散打等

8 个项目。积极向上输送运动员，2020 年完成加计金牌 2 枚（戚娅楠、叶杰龙转为省队正式运动员）。

为满足办赛需求，开展体育中心提升改造工程系列工作。工程预计投资 1375 万元，资金来自财政；项目建设地点在永康市体育中心内，建设内容包括新建攀岩馆及配套附属楼、体育中心主场馆提升改造、翻新塑胶跑道等。建设攀岩馆地块总用地面积 5850 平方米，主场馆装修提升改造面积约 2000 平方米，翻新塑胶跑道 8067 平方米。截至 2020 年底，已完成攀岩馆及配套附属楼预算与施工图，完成田径场装修改造工程施工图审图。

场所建设

【概　况】　2020 年，永康市 16 个镇（街道、区）本级均建有灯光球场和室内活动室，23 个社区均建有体育活动场所，社区多功能运动场得到发展，基层体育设施得到普及。全市共有 2183 个体育场地，人均体育场地面积 2.62 平方米（金华排名第四，高于金华市人均 2.53 平方米），基本形成城市"15 分钟健身圈"。

【落实十大民生体育实事】　2020 年，花街镇大屋村、城西新区花溪村、龙山镇曙光村等 3 个社区完成多功能运动场建设；完成舟山镇香山村（陆宅）、前仓镇璋川村、舟山镇凌宅村、龙山镇四路口下村、东城街道枫楼村、石柱镇洪福村、龙山镇梅陇村、龙山镇茭杨村、前仓镇枫林村、东城街道白塔村等 10 个小康体育村升级工程；完成 12 个百姓健身房建设任务。

百姓健身房(市文广旅体局提供)

体育市场

【概　况】　永康市共有游泳场馆 23 家。2020 年,体育执法部门共出动 60 多人次,检查游泳池 20 多家,检查体育经营场所 23 家次。

体育经营场所分布情况表

区域	东城街道	西城街道	城西新区	江南街道	经济开发区	花街镇	石柱镇	前仓镇	象珠镇	唐先镇	龙山镇	西溪镇	方岩镇	芝英镇	古山镇	舟山镇	合计
游泳场所/家	4	3	0	12	0	0	0	0	1	2	1	0	0	0	0	0	23

【规范完善体育市场执法工作】　市文广旅体局牵头做好体育服务消费市场秩序专项整治工作,完善体育市场经营管理制度,严厉查处违法行为,对全市 20 多家经营高危体育项目的场所做到检查全覆盖。会同卫生监督所对全市游泳场所进行联合执法检查。重点检查许可证是否齐全,安全保障落实是否到位,疫情防控是否规范,检查未发现问题。在 2020 年初召开的游泳场所安全管理工作会议上,组织游泳场所经营者学习《经营高危险性体育项目许可管理办法》。配合省体育局做好第三方检测公司对永康市焰火健身馆、嘻游体育有限责任公司两家游泳池的检测工作。

【健全完善"双随机"巡查机制】　2020 年,市文广旅体局对市场巡查方式做出进一步调整,将以往全局性大规模、固定时间开展双随机巡查的方式改为全局和局部相结合、针对不同时期执法重点和突出问题对各领域采取个性化、灵活多样的巡查方式。全年体育场所"双随机"检查 1 次,检查各类体育经营单位 20 多家。

体育产业

【概　况】　在当前全民健身、体育强国的发展战略下,永康市也出台了一系列政策规划。在宏观政策与资本的支持下,实现永康市体育产业高速发展。此外,永康市的体育产业结构也逐渐优化。在以体育用品及相关产品制造业为主之外,体育服务业总规模不断扩大,且占体育产业的比重也呈逐年上升的趋势。在体育消费层面,大众对体育消费品类的需求也有明显的变化。从以往基础运动消费品类逐渐扩展到更多细分专业体育领域的产品需求。未来,随着人均体育消费支出的不断增加,体育市场将有更大的增长空间。

【赛事经济成体育产业新生力量】　飞神赛车场举办 2020 年浙江省青少年车辆模型锦标赛、第 25 届"驾驭未来"全国青少年车辆模型教育竞赛浙江省选拔赛。车辆模型赛事在永康举办使得本地体育制造企业实现在"家门口"举办赛事的愿望,并借此倡导当地体育消费理念,用"体育赛事+"拉动当地旅游业,开拓体育市场。

举办全国青少年车辆模型教育竞赛浙江省选拔赛(市文广旅体局提供)

龙山赛车场举办中国越野摩托车锦标赛(永康站)。中国摩托车越野锦标赛从2015年起连续举办五届,龙山镇围绕永康良好的运动休闲产业基础,依托浙商回归园的产业集聚效应,结合本土特色文化和机车文化,以中国摩托车越野锦标赛为载体,积极培育休闲运动产业,促进三产融合,带动区域经济可持续发展。

【文旅融合促发展】 6月23日,由市文广旅体局主办,中国科技五金城集团有限公司、永康市风景旅游业协会协办的"购物金品十碗 五金之都游一游"活动在国际会展中心正式启动。12月23日,永康市成功入围浙江省文旅产业融合试验区,主攻方向为挖掘传承优秀五金文化,推动"山水+五金"特色工业旅游,在政策制度与要素资源保障方面创新突破。试点举措是乡村资源共享利用模式"共享田园交易平台"建设和构建非遗文化消费新场景。

【文化旅游润泽美丽乡村】 10月30日,舟山镇方山口村举行为期三天的第十三届"中国方山柿之乡"文化旅游节,活动主题为"共享丰收喜悦 共奔全面小康"。主办单位还策划举行乡村音乐会、"重走红军路"山径赛等活动,舟山人民"以柿会友"盛情邀请八方游客,共享一场"柿子的盛宴"。舟山镇坚持绿色发展,激发生态红利,大力实施乡村振兴战略,依托"古民居、岩宕、湿地、方山柿"四大独有元素,全力推进全域旅游,努力把秀水舟山打造成宜居、宜业、宜游富有美丽乡愁的旅游风情小镇。

(市文广旅体局　供稿)

街道与镇

东城街道

【概　况】　东城街道是永康重要的政治经济文化中心。街道下设 3 个工作组，10 个社区，15 个行政村，8 个城区经济合作社，总人口 5.3 万人，区域面积约 40 平方千米。2020 年，有规上企业 51 家，辖 3 个工业功能分区、200 余家企业，产业以五金工具、电动工具、不锈钢制品等为主。全年规上工业总产值 54.35 亿元，累计增速 11.46%，税收收入 8.88 亿元，同比增长 20.12%。街道坐落有中国科技五金城、总部中心、会展中心、农贸城，另有村级开发的第三产业集聚区高镇商业区、英阁陶瓷市场、大花园门业市场等。

2020 年，东城街道完成征地 660 亩，占全市 37.3%；全年共计出让 29 宗土地，出让面积共计 155.4735 亩，出让金收入 16.2945 亿元；划拨 11 宗土地，划拨面积共计 869.013 亩。

2020 年，东城街道围绕市委市政府工作部署，立足"品质永康先行区、有机更新示范区"建设，辛勤耕耘，收获满满：田川未来社区试点建设打造省级样板显成效，大塘王、河南一村创成省美丽乡村精品村、金华精品村，丽州城市花园和金城嘉园获评省高标准垃圾分类示范小区，东库城改项目列入省首个无废工地创建，小微园建设获省财政专项资金激励，东城街道获评省四星级街道食安办和省示范数字档案室。

【田川"未来社区"擘画未来】　永康市唯一一个省长项目"未来社区"落户田川村，在受疫情影响项目停摆的情况下，东城街道通过党员、村民代表联户包网格、人大代表"智囊团"助力等方法，20 天完成房屋腾空，实现拆除率 100% 目标，跑出永康征迁新速度。8 月 31 日，举行开工仪式。

【城改项目全面开花】　山荷里区块提前谋划，集中签约，1 天完成签约率 100%，保障检察院东侧地块如期出让；塔海、车头、东库安置项目共 16 幢楼结顶；黄棠、应家建设项目稳步推进。《政府工作报告》中涉及东城的城改项目全部如期推进，田宅、塔海、东库、黄棠、应家、山荷里等 11 个自然村（共 1004 户 2921 人、占地面积 14 万平方米）进入改造，开工建设安置房 3610 余套，建筑面积 89 万平方米，城市能级提升驶上高质量快车道。

东库城中村改造现场（东城街道提供）

【重点工程全面推进】　南四环成功拆除黄棠牛栏头自然村 34 幢房屋，建筑面积 1.09 万平方米，实现南四环—胡则路提前通车。北三环政策处理取得关键性突破，全市最大一宗采用货币安置的规上工业用地征迁，2 家企业签订正式协议，全面完成腾空拆除。十里牌智创园和大园童智慧园全部完成土地出让,出让金共计 4.316 亿元,获省级财政资金专项激励资金。

【疫情防控担当有为】 全市率先推行"四色预警"挂图作战、创新实行居家隔离对象"6 对 1"处置模式、开放式小区实行动态封闭管理等做法获全市推广。第一时间成立 3 个临时党支部助力企业复工复产,获《共产党员》《浙江日报》、浙江电视台等媒体报道推广。疫情发生以来,辖区未发生一起疑似病例。在复工复产的黄金期,第二季度全街道规上工业增加值实绩增速 12.81%,取得疫情防控和经济社会发展"双胜利"。

【矛盾化解务实创新】 东城街道推行涉纪信访"五清工作法",领导包案化解,成功率 100%,并在 4 月 23 日金华市涉纪信访工作现场会上作经验交流推广。立足"一警情三推送"末端推送纠纷化解职能,成立 7 个工作专班对口领办,推行"矛盾纠纷化解六清工作法",成功化解重大矛盾纠纷 9 起,在 4 月 15 日获中央广播电视总台、《浙江日报》等媒体宣传报道。借力"一月一镇平安大会战",累计成功化解陈高法、童玉如等 14 起国家、省、金华级重点信访积案和重复信访积案。

【基层治理亮点纷呈】 东城街道率先在高镇社区试行"蜂窝式"网格管理办法,吸纳楼道长、店铺小组长、商铺代表为"蜂窝网格员",有效破解外来人口远超本地人口带来的基层治理难题。利用智能化手段建成智安小区 26 个、智安单位 6 个、智安市场 4 个,辖区警情发生率同比下降 22.8%、发案率同比下降 18.7%。其中,"智安村居"大塘王村是金华市智安小区建设现场推进会示范点。先后对辖区内 12 个老旧小区进行改造升级、施画机动车和非机动车停车位 9600 个,缓解出行难、停车难问题;实施园林绿化补种 3774 平方米,粉刷赤膊墙 1345 平方米。原设施差、管理难的园丁新村小区引进第三方物业公司,在物业公司的规范管理下,整个小区面貌焕然一新;永康东大门的城塘村通过街道人员的协调,进行墙体美化,面貌焕然一新,多年的难题得以成功解决。

【务实创新普惠民生】 2020 年,东城街道继续深化"最多跑一次"改革,行政服务中心深化"一窗受理、集成服务"工作机制,优化办事流程,方便市民办事;综合档案室打造示范数字档案室,共计完成 15688 件数字档案,方便市民查档;小微园企业项目全程代办,强化为企服务意识。

【垃圾分类有声有色】 2020 年,平安小区、丽州城市花园小区在全市先行垃圾分类"两撤两定四分法",东库城改项目工地创建全省首个"无废工地",累计减量垃圾 1031 吨,该做法在"无废永康"创建动员大会上作为典型经验被推广。

(东城街道 胡 爽 程望槐)

西城街道

【概　况】 西城街道位于永康市偏西北部,东邻象珠镇和东城街道办事处,南与江南街道办事处隔江相望,西与城西新区和花街镇相邻,北与象珠镇相接,自北而南的烈桥溪、西门溪、小北溪和朱明溪从辖区内穿过,以乌寮山为主峰的山脉贯穿全境,东西走向的东横山和西横山为城区的屏障,金温铁路和 330 国道横穿而过,辖区北高南低,除林地外多半是陇中田。辖区面积共 53.51 平方千米,总人口为 9 万(其中常住人口 4 万),下辖 17 个行政村、7 个城区经济合作社、5 个社区居委会,设 6 个工作片。辖区内有铁路永康站、长途汽车西站、紫微城乡公交汽车站,城区路网交错纵横。松石西路全线贯通,全面连接城西路和飞凤路,有效缓解交通拥堵。北三环项目西城段完成43.96万平方米的土地征用政策处理工作。西城街道古丽工作片是原老县城所在地,是千年政府所在地,处于繁华的商业地段。核心商业区地处步行街和解放街拆迁区,博物馆、文化馆、图书馆等代表着永康文化的"魂"和"根"。街道辖区内有西津桥、徐震二公祠、童信石牌、北宋时代瑶坛古窑址等8处省保市保文物点,有市级风景名胜飞龙山、上黄水库等风景区。

西城街道共有企业885家,其中规上企业34家。年销售收入超20亿元企业2家(步阳集团和群升集团),永康市纳税双百企业5家。产业群以防盗门、电动工具、保温杯、休闲运动车、汽车摩配、矿山机械、铸造等行业为主。2020年实现规上工业总产值63.8亿元,同比增长9.54%,其中实现新产品产值27.55亿元;实现利润总额6.42亿元,同比增长10.69%;实现固定资产投资3.5亿元,其中完成工业投资1.76亿元、服务业1.52亿元;研发经费投入1.97亿元;引进外资1470万美元,超额完成1445万美元的目标任务;完成工商税收87827万元,其中工业税收56401万元。

2020年,街道财政收入6734万元,其中,一般公共预算4888万元,政府性基金预算1846万元。财政支出6734万元,其中基本支出2974万元,占44.16%;项目支出3760万元,占55.84%。一般公共预算财政拨款支出4888万元,主要用于:一般公共服务支出2629万元,占53.78%;公共安全支出13万元,占0.27%;教育支出15万元,占0.31%出;文化旅游体育与传媒支出126万元,占2.58%;社会保障和就业支出377万元,占7.71%;卫生健康支出254万元,占5.2%;农林水支出490万元,占10.02%;自然资源海洋气象等支出164万元,占3.36%;住房保障支出800万元,占

16.37%;灾害防治及应急管理支出20万元,占0.41%。一般公共预算财政拨款基本支出2974万元,其中人员经费2097万元;公用经费877万元。政府性基金预算财政拨款支出1846万元,占全年支出合计的27.42%,主要包括:征地和拆迁补偿支出1706万元,占92.42%;土地开发支出137万元,占7.42%;其他支出3万元,占0.16%。

2020年,西城街道种植各种粮食作物1.11万亩,建成1237亩标准农田,完成马宅、郎下、驮陈标准农田质量地力提升工程,共计面积1237亩;完成横桥(黄玟坑山塘)、鸦塘(乌龟山塘)综合整治工程;完成富大坑、大塘头、柘坑口、柘坑、童宅饮用水水质提升工程;开展松材线虫病防治工作,共清除松木2332吨,完成采伐蓄积1373.74立方米;烈桥、马宅、水碓头完成"十无村"验收;烈桥溪(烈桥至横桥)、小北溪(童宅)生态廊道完成建设;柘川成功创建金华市"美丽乡村"达标村。新建村级文化礼堂村3个、新时代文明实践站所23个,文化演出、文艺宣传、文化下乡23余场。

【北三环项目攻坚跑出西城"加速度"】 西城街道以党建为引领,完善"1+2+2"网格体系,成立政策业务指导专班、攻坚工作专班,创新推行"三三"工作法,开创"党建+重点工程项目征迁"的"西城模式",发扬"四马"精神,20余天跑出征迁攻坚"加速度"。完成拆迁面积3万平方米,清表面积14.38万平方米,房屋征迁涉及4个村共147大户(186小户)、5家企业,全面完成征迁任务。

【西门矛盾纠纷多元化解中心"龙山经验"都市版再升级】 西城街道将"五线工作法"与开放式智安小区创建相结合,在"五线工作法"的基础上制定"九大机制"。2020年,共受理1240起矛盾纠纷,化解1090起,其中化解遗留10多年矛盾纠纷3起、30多年疑

难问题 4 起,成功化解大徐村建房纠纷、横山南村级经济纠纷等。省市各级领导来中心指导工作达 30 多次,高度肯定做法和成效;投资 100 余万元打造"人防＋技防"西门开放式智安小区,成为现代智能化开放式智安小区管理模式标杆,8 月,承办金华市政法现场会分会场。

【退役军人创业帮扶】 西城街道借助玖玖社会服务中心,在溪边村创建退役军人创业孵化基地。依托 500 多亩水果蔬菜种植基地,引进"货播播"直播平台,帮助退役军人创业就业。该做法受到省退役军人事务厅常务副厅长的点赞,西城街道退役军人事务服务站成功创建浙江省新时代枫桥式退役军人服务站。

【重点工程】 2020 年,西城街道省重点工程群升智能电网项目一期于 7 月供地,一期 2 幢楼开工建设,二期挂牌出让组卷中;市镇长工程虹霓休闲养生中心项目与蓝虹集团合作,8 月 17 日完成项目工程 EPC 总承包投标。五金技师学院 6.5 万平方米征地政策处理工作顺利完成;西城街道中心幼儿园成功结顶;完成小微园建设 1 个(溪边小微园二期),新谋划小微园 1 个(烈桥湾塘山智造科技小微园,已通过规划方案论证);三江六岸生态廊道、金华生态廊道闭合圈西城永丰段绿道政策处理工作全面完成;山下到清溪公路建设政策处理工作基本完成。

【环境治理】 2020 年,西城街道老城改造持续推进。7 月,全市首个城中村改造试点村西山头一期顺利交房,400 份住宅钥匙交至业主手中;周塘分社完成 99％的老房拆除工作,完成招投标,进入重建阶段。"创文"常态化推进,"五＋二"全天候、网格化深入开展文明卫生城市创建,拆违面积 10 万多平方米,绿化面积 9 万多平方米,硬化道路 8 万多平方米,完成街角小品改造 40 余

处。"三改一拆"工作强势推进,共拆违 88 宗,拆除占地面积 57467.98 平方米、建筑面积 153406.72 平方米;农房改造顺利进行,遗留 11 年的 51 户横桥村农房改造基本结顶,郎下 22 户农房已建成,潜村 42 户公示;25 个村创成"无违建村"。垃圾分类提档升级,建成四分类宣传栏点位 75 个、宣传牌 530 块、绿化带 17 处;完成阳光嘉苑小区高标准生活垃圾分类示范小区创建,升级改造"四有六标配"投放点。生态环境持续改善,顺利完成第二轮中央环保督察工作,收到督察件 5 件,回复件退件率为 0,其中一件被环保部评为优秀案例;22 家五金涂装企业全面体检,22 家包装印刷企业完成治理,VCOS 整治完成率 100％;空气质量较往年有极大提高,AQI 优良率 100％。"五水共治"深入开展,"污水零直排区"完成排查管线 340 千米,管道清淤检测长度 32 千米,管线点 61000 个,完成全域排查、图纸设计和概算编制工作;完成站前东区块、金大塘截污纳管工程和大徐工业区雨污分流工程;开展西门溪引水工程、德茂塘截污纳管工程、西门小区零直排改造工程;集中拆除西门溪、小北溪沿线室外水槽、水龙头 500 多个;完成市控华丰桥下游排污口整治。

【社会治理】 2020 年,西城街道共受理群众信访件 786 件,成功化解国家级重复信访交办 6 件,化解积案 12 件,其中国家级积案 1 件、省级积案 7 件,金华级 2 件,本市级 2 件,化解率 82％。集中开展扫黑除恶宣讲活动 8 场次,建立固定宣传阵地 29 处,制作横幅、标语 336 幅,完成核查件 5 件,打掉黑恶团伙 2 个,刑拘 15 人。开展禁毒咨询 150 余次、禁毒宣传 11 次,进文化礼堂 8 处,LED 显示屏播放 15 处,发放宣传资料 1800 余册。综合治理不断加强,完成综治中心规范化建设,定期召开专职网格员培训会、综治例会、四平台联席会议。发挥"一

中心四平台一网格"作用,强化消防监管,检查各类人员密集场所、高层建筑、小区、企业等单位共353家,排查出隐患885处,发放整改通知书155份,整改市里挂牌督办的重大火灾隐患单位3家,镇级挂牌督办的重点隐患单位30家。全域推广"基层党建＋社会治理"模式,一警情三推送纠纷调处1134起。

【民生项目】 2020年,西城街道梳理46项街道"最多跑一次"和"无差别受理"事项;全面落实"无证明城市"改革,梳理涉及各级审批的事项800余项;公布三级民生事项345项,窗口办事8619件,新增事件1436件,办结率100%;完成自助服务区建设。人武"双拥"工作不断提升,落实民兵战备值班制度,执行任务15次,出动民兵约500人次;完善退役军人服务保障体系,走访慰问退伍老兵16次。完成奖励扶助对象调查审核,310人享受奖扶、特扶和二女户奖励,新增奖励扶助对象28人;全街道基本医保参保人员达20419人,参保率99.63%;全面排查农村困难家庭住房情况148户,发现D级2户,C级8户,其中D级两户已全部申请危房改造;做好年人均收入9000元以下困难农户以及未实现"两不愁、三保障"低收入农户大排查和兜底保障工作,实行"一户一策一干部"结对帮扶,做到精准帮扶。

【地方特色】 西津桥 位于永康城西,是省级重点文物保护单位。于清康熙五十七年(1718)建成一座木造结构桥梁,此后屡坏屡建,最后一次修建是在清嘉庆十二年(1807),并在桥头立了一块石碑,上刻《西津桥志》。西津桥全桥13墩14孔,长233.33米,宽5米,高4.67米。桥墩上有木构桥身,上建廊屋55间,桥中心3间建有双层亭阁,构造美观实用。成行的石墩呈弧形向下游排列,如此从北向南看,"一眼看不穿

桥身",使桥颇具气势。桥顶橼、檩为土红色,显得古色古香。梁柱密布,西厢低梁相间坐凳,可供游人小憩。桥内两侧可供人们自由徘徊,周设窗棂,可供远眺。据有关古桥梁专家说,这样的古桥全国只有五座,而永康的最古最长。西津桥与武义熟溪桥均为廊桥,称为"姐妹桥"。

溪边村 地处永康市西城街道东北部,距永城9千米,北邻庙下、塔石,东接荷罗、柳墅,南连大园童,西靠藻塘坑,建于宋代,距今已有七百来年历史,是2A级旅游村庄。地理位置优越,四面环山,水源充足,土质尚好,以种植高产水稻著称。2020年,有农户556户,人口1426人。

(西城街道 供稿)

江南街道

【概 况】 江南街道办事处位于永康市西南部,北临永康江,西、南分别与武义、缙云接壤,东邻东城街道、石柱镇,金丽温高速公路横贯境内,五金大道连接起城市内外环线,区位交通优势得天独厚。全街道总面积74.5平方千米,下辖28个行政村,6个社区居委会,7个经济合作社,常住人口6.1万人,外来人口3.3万人。

近年来,根据永康市城市总体规划,江南街道承担临溪小微园、临溪拆迁安置配套基础设施、白垤里绿道、大司巷小学江南校区等一大批市级重点工程建设任务,促使城市布局不断优化,城市品位不断提升。辖区内教育设施完备,建有8所中学、4所小学、30多所幼儿园及教师进修学校、卫校等。辖区内三产服务业发达,门类齐全,拥有诸多大中型商场、餐馆,拥有全市最大规模的农贸市场、水果批发市场、鲜花市场与苗木市场。

【工业经济】 2020年,江南街道实现规上工业总产值22.07亿元;固定资产投资额11.07亿元,完成全年目标任务的125.81%,其中服务业投资项目16个,总投资额9.14亿元,完成全年目标任务的134%;工业投资项目13个,总投资2.01亿元。全年批发零售业限上企业销售额22.09亿元,同比增长21.6%。亩产效益综合评价工作开展顺利,14家被评为D级的企业完成出清任务。技改投资稳步增加,完成规上新产品增加值任务的40%;工业投资项目入库9个;完成"企业上云"任务数68个;完成内资招商任务、外资引进任务;工业"小升规"净增数1个;"个转企"企业数完成25个。科技创新再续动力,完成国家高企任务2家;新增省科技型中小企业6家;完成研发经费投入任务0.45亿元;完成研发活动规上企业任务19家。

【项目建设】 2020年,江南街道共有建设项目63项,涉及政策处理的项目43项,其中全市重点项目、民生实事项目、市领导负责项目11项。永车轨道交通装备配套产业园已开工建设;永康市外国语学校、应急中心、示范型居家养老中心完工并投入使用;330国道江南街道境内段已完工并通车;南溪湾生态湿地景观公园、植物园、滨水景观带及北路口已基本完工;南四环工程总投资3亿元,已完成征地并进场施工;临溪小微园项目、基础设施配套项目已进场施工,两个标准地已出让并进场施工;南都路延伸工程,总投资3.2亿元,占地约20万平方米,已完成征地并进场施工。拆除临溪、石溪、上把赵的低效厂房,按照完成开工一个、建成一个、谋划一个的年度目标逐步推进,已完成实际投资1.25亿元。临溪小微园已出让的占地5000平方米厂房已结顶,新出让6400平方米已开工。石溪小微园出让占地4471平方米厂房基本完工;公用配套设施投资3000万元,项目已完成可研批复。上把赵小微园完成控规编制,土地征用已经报批。

【拆建并举构建城市新框架】 "三改一拆"劲头不松,在创建无违建县市、企业消防通道整治中,拆除80宗违章建筑,拆除面积约6.6万平方米;在小微园建设中,拆除农房200宗,拆除面积约11.4万平方米。"治危拆违"卓有成效,排查出危旧房27户,均已修缮解危或腾空管控;拆除危旧房62宗,腾空管控43宗。农房改造、城中村改造持续推进,许码头城中村改造已签订拆迁协议285户,签约率97%;马岭下村改造农房158户,安置89户;下处村农房改造已确权115户,拆除80户。

【整建并行提升城乡新面貌】 开展城乡环境整治,园周村、历阳村、山门头村被评为"十佳村",永利村、石溪村、山门头村被评为进步村,金胜社区、南苑社区被评为先进社区,西津桥社区、丽丰社区被评为进步社区,西津经济合作社、王染店经济合作社被评为先进经济合作社,华溪经济合作社、王染店经济合作社被评为进步经济合作社。勤丰村、白龙坑村、历阳村、大溪塘村、上把赵村、下楼村、西翁村7个村创建永康市美丽乡村达标村("十无"村),均已通过市级验收;园周村申报金华市美丽乡村示范村,山门头村申报金华市美丽乡村达标村,均已通过验收。

【严格监管打赢环保提升战】 妥善应对中央环保督察,在中央环保督察组进驻浙江期间,按时办结8件中央信访件。成功破解白云工业区环保难题,争取市委市政府的支持,推出现状环评备案制,破解企业的环保问题。全面加强环保监管,开展排污许可证的登记工作,完成771家,完成率达100%;工业废气综合治理涉及燃气锅炉低氮改造企业1家,涉及生物质锅炉整治企业

2 家;环保措施不到位被处罚企业 2 家,罚金 40 万元。

【防治结合力促环境再升级】 保质保量完成镇级河长每旬巡查、村级河长每周期巡查,巡河达标率、问题处理率均为 100%。完成 33 个小区的"污水零直排区"排查工作。2020 年,一般固废处置签约企业 195家,累计清理工业固废 1780 吨,打造"无废街道"。所有行政村均已开展生活垃圾分类工作并配置四分类垃圾桶或两分类垃圾桶,有生活垃圾"三化"处理中心 2 处,阳光堆肥房 4 处。坚决遏制白色污染和化学污染,回收农药废弃包装物和废弃农膜 1.9 吨。

【消薄攻坚全面落实】 认真贯彻落实市委市政府 2020 年全面消除经济薄弱村目标任务,截至年底,8 个省定经济薄弱村已全面完成消薄,28 个行政村中,集体经济总收入达到 30 万元以上的村 26 个,经营性收入达到 15 万元以上的村 25 个。

【农业生产创新推进】 强化农业主体培育,及时完成粮食生产目标,街道高标准农田建设项目(西徐、西翁、小章店村)1500 亩农田渠道设施于 4 月完工验收。培育特色农产品品牌,以云直播、云采摘、云上购等形式举办江南街道第十四届永祥杨梅节,助销杨梅 5 万斤;举办新品种鸡尾葡萄柚栽种技术培训班,提高农户种植水平。

【水利建设全面提升】 开展水库、山塘常态化巡查,对检查中发现的 7 处问题工程提出度汛意见并督促落实。栗园柘后湾水库除险加固工程已完工验收。下山门小学小桥修复工程及西徐河道水毁工程已修复。永祥溪"黑格比"灾后水毁修复工程已完成 70%。农饮水提标达标工程总投资 3300 多万元,于 9 月全面完成,并全面建立单(联)村供水工程县级统管机制,基本实现城乡居民同质饮水,受益人口 14216 人。

【地方特色】 永祥杨梅 永祥湿度高,培育出来的杨梅果大、肉厚、汁多、味好。说起永祥杨梅的名气,以"拱瑞杨梅"为先。拱瑞下村从南宋时期开始盛产杨梅,当时拱瑞杨梅便是朝廷的贡品,所以拱瑞下村的杨梅盛名显赫,历史悠久。南宋时永康状元陈亮在《永康地景赋》中提到拱瑞杨梅"恍若赤玉盘枝"。其实下山门、上山门等村的杨梅也同样有名气,每当杨梅采摘季节,来自四面八方的客人来到永祥采摘杨梅,山里的农民感受到栽种杨梅的效益,便更精心管理。江南街道因势利导,每年在永祥举办"杨梅节",并整合各村资源,共同打造"永祥杨梅"品牌形象。如今"永祥杨梅"名声已取代"拱瑞杨梅",成为永祥的支柱产业。

园周村 古称"水里莲花"村,隶属永康市江南街道,地处南溪江畔,依山傍水,风景秀丽。园周村位于永康市区南面,距市中心约 3 千米,全村现有农户 650 户,人口 1605人,有九曲桥、湖心岛、金蟾岩、盆景园、山顶长城等多处特色精品景点,自然景观秀丽、文化底蕴深厚。园周村大力发展智慧旅游,设立旅游信息化独立官网及微官网,拥有四国语言的语音导览系统和 720 全景导览,为游客提供票务服务和信息查询。

园周村长城(江南街道提供)

(江南街道 供稿)

芝英镇

【概　况】　芝英是永康市最大的农村集镇，清朝时期是浙江省八大集镇之一。清代属游仙乡，民国期间原属游仙乡三十一都，1931年属芝英镇，1961年11月属芝英人民公社，1984年恢复芝英镇，2001年7月属芝英街道，2009年又恢复芝英镇并沿用至今。

芝英镇位于永康市中部，永康城区东面，距城区12千米，东永一线穿境而过，北邻象珠镇，东邻古山镇，西连经济开发区，南至石柱、方岩地界，是国家级历史文化名镇（第六批）、省级中心镇、"美丽乡村"示范镇，辖区面积68平方千米，耕地面积2.4万亩，下设芝英片、溪岸片、堰头片、油川片等4个工作片，42个行政村，常住人口10万多人，本地人口5.6万人。

芝英镇是永康经济的副中心。2020年，累计完成规上工业产值60.6亿元，同比下降4.99%；完成新产品产值27.58亿元，占总产值的45.51%；开展研发活动企业数量61家，完成任务目标的138.6%；投入技术研发费1.22亿元，完成率102%；小升规完成13家，净增9家。全年财政税收36999万元，固定资产投资2.03亿元，工业投资1.78亿元，技改投资1.18亿元。工业投资新增项目数12个，内资招商1.13亿元。企业清洁能源生产完成2家，"个转企"47家，信息化项目立项数1个。完成"专精特新"企业培育25家，股份制改造企业3家，"美丽工厂"15家，精美工厂3家，精益车间1家。

芝英是千年古城，历史文化底蕴深厚。芝英自东晋时期建镇至今约有1700年历史，历来是永康人文、商贸、五金重地，屯垦军事要地。据考证，1000多年前的梁、陈时期，芝英是"缙州府"官署所在地，也是最早的永康县府所在地，革命时期是永康中共党支部、中共永康县委、中共金华地区工作委员会的诞生地。2019年，省委省政府提出"千年古城"复兴计划，借此时机，芝英镇召开"应氏望族地、千年缙州城"研讨会，深入挖掘"缙州府"历史资料和应氏文化，进一步叫响"千年古城"的口号。2020年"千年古城"复兴计划列入省政府工作报告，同年11月，省推进"四大建设"工作联席会议办公室印发《浙江省打造大花园耀眼明珠实施方案》，芝英古城被列入古城名镇名村耀眼明珠培育对象名单。

【筑牢企业安全生产防护网】　2020年，芝英镇依托应急服务中心，引入第三方中介公司，建立安全体检站，对辖区内企业安全生产情况全面摸排，对存在重大安全隐患的8家企业进行停产停业整顿，对15家企业进行立案处罚。较高危险行业企业负责人、安全管理员、重点岗位人员遵循全面培训的原则开展安全培训。推进三级标准化企业新创与复审工作，5家企业完成搬迁，余下39家全部完成签约及审核验收。

【打赢"蓝天保卫战"】　2020年，芝英镇提前完成登记类企业1720家、简化类企业60家排污许可证登记发证工作，完成低小乱危企业（作坊）整治提升92家、生物质颗粒锅炉改造3家，淘汰落后产能3家。第二轮中央环保督察共收到中督信访件8件，其中重复件1件，涉及企业8家，按照边整改边反馈的总体要求，责令限期整改企业6家，搬离2家，已全部完成整改。

【美丽乡村建设常抓不懈】　2020年，芝英镇喊响"以十差为耻，以十佳为荣"的口号，在继续推行卫生保洁全域市场化运作管理模式的基础上，"每周一村"轮动开展人居环境整治提升专项行动，成功创建"十佳村"3

个、进步村3个。"污水零直排区"创建任务:2家镇级工业功能分区(包括193家企业)、4家市场、13个生活小区、30家企事业单位、169家六小行业全部完工,并通过金华市级验收。芝英美丽城镇建设实施方案完成并获评"浙江省优秀规划方案"。

【民生实事项目建设扎实推进】 2020年,芝英镇第二中心幼儿园建成并顺利完成竣工验收。芝英小学进入土地划拨和方案设计阶段。芝英敬老院完成公建民营改革并投入使用。完成"三改一拆"8万平方米,郭段、亳塘小微企业园完成主体工程建设,西卢小微园完成挂牌出让。重点项目群升智能电网(后沈地块)、世雅输变电工程完成征地已开工建设。率先全面完成农饮水达标提标工作,新增管网长度3.89千米,完成剩余5个自然村自来水工程,实现村村通自来水,为全市第一。医保缴费率达100%。全年新筹备建成文化礼堂5座,四知村前山杨下村文化礼堂、芝英一村文化礼堂被评为省五星级文化礼堂。省试点项目芝英一村全域土地综合整治一期通过验收,二期完成工程量的90%。处理松材线虫病枯死松树863吨,同比下降69.4%。组织农村危旧房整治,完成4户贫困户危旧房改造。完成集镇污水管网建设四期南市街2标、五期2标工程建设,启动停滞多年的集镇污水管网建设三期官田路建设工程。完成八口塘水库除险加固工程和黄龙坑水库、马舟坑水库安全鉴定工作。完成"黑格比"台风灾毁农田复垦工程,对因灾无房户进行临时安置,并按照"一户一宅、限额面积"的规定制定"一户一策",进行预选址,通过边建边批,加快家园重建的步伐。农业产业化进一步推进,完成芝英六村黄田畈地块106亩稻虾种养基地省级水产健康示范场、省级稻虾共养示范场创建。

【地方特色】 永康市新多杯业有限公司始创于1988年5月,是中国杯壶行业的优秀企业,专业从事不锈钢保温杯、汽车杯、运动杯、太空杯(塑料)、玻璃杯等杯壶的研发、生产及销售,产品畅销亚欧美等地。公司严格执行ISO9001、ISO14000、SA8000管理体系,并通过美国FDA认证、德国LFGB认证、法国DGCCRF认证、浙江制造品字标认证等产品安全、质量认证,先后荣获浙江省著名商标、浙江省名牌产品、国家高新技术企业、中国杯业十大品牌、浙江省创新型示范中小企业、浙江省清洁生产企业、浙江省AAA级"守合同重信用"企业、浙江出口名牌等荣誉。2020年,新多杯业建成全球最长一条保温杯自动化生产线,新增年产400万只不锈钢保温杯的生产能力,预计可新增销售收入10420万元,利税1000万元,出口创汇1500万美元。

新多杯业建成全球最长一条保温杯自动化生产线(芝英镇提供)

永康市华鹰衡器有限公司 成立于2001年,专业生产各类电子计价秤、电子台秤、电子计重秤、电子计数秤、弹簧秤、工业秤、家用秤等衡器产品,获得"浙江省'隐形冠军'企业"等荣誉称号,拥有多项专利。四大生产基地总占地面积0.1平方千米,建筑面积0.2平方千米,员工1300名。拥有现代化的生产设备、检测设备和一批素质过硬的专业技术人员和管理人员,拥有完备的品质保障体系,已通过 CE、ISO9001:2015 等多项认证。在中国,华鹰"大红鹰""金钱豹""佰莉斯"等品牌已经成为行业标杆。产品研发上,华鹰积极探索,在物联网、大数据应用领域取得部分成就。主要代表性的产品有"智慧农贸"系统,具有数据收集、智能感知、远程监管等功能,可为商户提供精准销售信息,为农产品合理调配提供数据支持。

（芝英镇 供稿）

石柱镇

【概　况】 石柱镇地处永康市东部,与市区仅隔一条牛筋岭,永康江上游李溪贯穿全镇,金温铁路、330 国道、金丽温高速、石临省道等公铁交通网络呈放射状与周边地区相接,毗邻前仓镇和舟山镇。全镇区域面积 65.42 平方千米,辖 24 个行政村、2 个居委会,常住人口 3.98 万人,耕地面积24385 亩。

2020 年,全镇规模以上工业企业共 42家,完成规上工业总产值 18.06 亿元,固定资产投资总额 8.52 亿元。完成研发费用投入 0.5 亿元;新增国家级高新技术企业 4家,新增省科技型中小企业 12 家。

2020 年,农业农村部化肥减量增效技术示范区暨浙江省农业投入化肥定额制示范区现场会在石柱镇召开,姚塘畈粮食功能区申报化肥减量核心示范区 1300 亩。全面深化"机器换人"示范镇创建工作,大户"耕种收"机械化率 99%;开展 2020 年森林督查林业卫片检查;农业水价综合改革完成验收。

【项目建设稳步推进】 2020 年,石柱镇南溪 1 号堰坝、水库标准化提升,单联村饮用水达标提标,规模水厂扩网,高标准农田建设,旱改水项目全部完工;横麓加油站及高畈 1 号、高畈 2 号国有土地完成出让。完成集镇污水管网改造工程、"污水零直排区"创建工程。永康市"美丽乡村十无村"创建、金华市"美丽乡村达标村"创建、文化礼堂打造、一事一议项目建设全部通过验收。

【卫生整治强力推进】 2020 年,石柱镇以开展环境卫生整治大比拼为载体,将环境卫生整治作为年度重点工作,持续推进,共清理杂物 2234 处,清运垃圾 1.15 万吨,新增绿化面积 4057 平方米,拆除违章搭建面积 2030 平方米,清洁池塘 71 口,成功创建"美丽乡村十有村"2 个,"美丽乡村十无村"4 个。持续开展"三改一拆"行动,共拆除违章建筑 10.6 万平方米。强势推进消防通道专项整治,累计拆除占用消防通道违章建筑 9 处,共计 3250 平方米。严格落实危房三级巡查制度,完成危房治理 93 户。

【环境保护持续深化】 2020 年,石柱镇完成 1268 家企业排污许可证登记申领工作;完成危险废物规范化管理企业 27 家、VOCS 深度整治企业 27 家、包装彩印企业环保设备安装整治工作 22 家、铸造行业企业整治工作 71 家、"低散乱"整治企业 26家、生物质锅炉整治企业 3 家、"美丽工厂"创建及验收企业 178 家,其中标兵企业 20家,示范企业 5 家。市环保局下发信访任务67 件已全部调解完成;第一轮中央和省环保督察件全部完成。开展 330 国道、下前线、石四线等主干道环境卫生大整治,做好扬尘污染治理工作。

【民生保障全面推进】 2020 年,石柱镇成立应急服务中心,打通安全监管"最后一公里"。石柱养老院改造提升工程进展顺利。开展俞溪头村诚信档案建设工作,充分发挥妙端村"姐妹花"调解中心作用,不断提升村级社会治理水平。规上企业劳动合同签订率达 98%,调处劳资纠纷 88 起、工伤事故纠纷 33 起,调解成功率 98％。做好辖区生产、消防、交通、建筑、食品等领域安全排查、教育培训工作,发放责任书 857 份,消除安全隐患 1000 余处。

【社会环境和谐稳定】 2020 年,石柱镇创建民族团结进步飞鹅山石榴籽社区,助力形成各民族共同团结奋斗、共同繁荣发展的良好氛围。整合公安、司法、行政执法等部门成立联勤警务站,解决社区内各民族矛盾纠纷。同时开展"微"警务,与群众随时保持微信沟通交流,共搜集民意 179 条,解决矛盾纠纷 44 起。镇级矛调中心基本完成建设,24 个村级矛调工作站已挂牌运行。充分利用"智慧石柱"综合管理平台,用好用活"四个平台"基层治理体系,共接收事件 4214 件,已办结 4214 件,办结率 100％。不断畅通信访渠道,已受理信访件 455 件、办结 448 件,联系多方积极协调,多件信访积案成功化解。

【地方特色】 塘里村 位于永康市东南部,距离城区 10 千米,距集镇石柱 2 千米,属低丘山陵地带。有农户 146 户,人口 360 余人。近几年在市委、市政府的指导帮助下,塘里村从一个寂寂无名的小村庄发展为如今远近闻名的明星村,先后荣获"中国传统古村落""浙江省 3A 景区""浙江省美丽宜居示范村""浙江省生态文化基地""浙江省森林村庄""金华市文化示范村""金华市十佳文化礼堂"等荣誉称号。塘里村是三国东吴孙权后裔的聚居地,村中建有孙权文化广场、孙权铜像。有传说中的孙权母亲吴国太到永康进香的街角小品《吴国太进香》和 60 多米长的"梦回三国"文化墙。孙权文化园建设工程自 2013 年开始实施,这是一个以 40 多亩后山为面,以 800 多米游步道为线,以"下车门""纳福亭""千秋阁"等亭台楼阁长廊为点的休闲公园。

南山木语风情小镇 南山木语风情小镇位于石柱镇前郎村,规划占地面积约 2700 亩,总投资超 1 个亿,以园林景观和木屋居住为特色,距离永康市中心十五分钟车程。南山木语主要以大面积山地为主,包含一条宽沟、一座水库和若干水塘。南山木语风情小镇所在的前郎村是美丽乡村精品村,地处永城之东,距城 15 千米,地属山区,村保留有市文物保护点两处(莲塘庙和"厅")、市文物保护单位一处(宇溪公祠)。前郎村积极开展乡村整治工作,通过农村三清四改治理,先后被评为"浙江省文化示范村""金华市文化示范村""金华市村庄整治建设示范村""金华市森林村庄"。前郎村兴办的婺剧团有六十多年历史,有婺剧剧本 20 多个,道具齐全,自 2006 年起连续举办春节联欢晚会。

(石柱镇 供稿)

前仓镇

【概 况】 前仓镇位于永康市的东南端,面积 78.69 平方千米,下辖 17 个行政村。2020 年,户籍人口 25594 人,因南与丽水相接,被誉为永康的"南大门"。境内东西群山连绵,有永康第三高山历山,南北向土地辽阔,有南溪穿镇而过。一直以来,前仓镇贯彻落实"文教名镇、旅游强镇、农业重镇"三大战略,推动三大产业融合发展,齐头并进。2020 年 8 月,通过国家卫生乡镇验收。

【通盘谋划打响前仓品牌】 2020 年,前仓镇聚焦"创先争优、稳企赋能",集中攻坚遗留十几年的后吴小微园政策处理难题,通过组建 6 个工作专班,做细做实后吴村每个征迁户、村干部以及村民代表工作,不遗余力完成政策处理工作。后吴小微园一期以全市最高价完成出让,为进一步优化前仓发展环境,建设更高质量、更强后劲的产业集群提供关键的要素支撑。前仓镇牵头召开永康市文教用品行业协会换届大会暨第二届会员大会,积极开展"破冰"行动稳企赋能。通过协调展位、补贴展费,鼓励企业"走出去"参展抢订单。10月,组织全市33家文教企业参展在重庆举办的第78届中国教育装备展示会,并召开发布会,打响永康文教知名度。2020年1—11月,实现规上企业工业总产值6.37亿元;完成固定资产投资总额5.18亿元,完成率107.64%;新增国家级高新企业2家,新增省级科技型中小企业7家,"专精特新"企业培育入库5家,新增发明专利17个、外观专利157个,均超额完成年度任务。

【凝心聚力打赢"三大攻坚战"】 2020年,前仓镇继续抓实民生项目,落实精准扶贫措施,全面消除家庭居民人均年收入9000元以下贫困现象,积极引导和扶持经济薄弱村增收。紧盯脱贫攻坚中容易出现的扶贫领域"两个责任"落实、"两不愁三保障"政策措施落实、扶贫资金管理和使用落实等问题,以及违反群众纪律问题,作风不实、履职不力问题,通过自查自纠,顺利通过市委扶贫领域专项巡察。开展新一轮"158"碧水蓝天工程,全面打赢污染防治攻坚战。以提升水质和公众满意度为主线,突出"污水零直排区"、污水处理能力提升、美丽河湖创建"三大建设",落实水环境质量提升、饮用水达标提标、河(湖)长制"三项重点",做好防洪排涝、保供水抓节水基础保障,实施生态环境优化、人居文化提升、绿色经济发展"三大行动",高水平推进"五水共治",高质量建设美丽前仓。完成31家"低散乱危"企业整治任务;淘汰1家产能落后企业;完成前仓村与后吴村2个"水美乡村"建设;创建光瑶至新330国道桥南溪省级"美丽河湖";南溪、南大迪溪交接断面水质稳定保持Ⅲ类。前仓镇开源节流防范化解债务风险,政府债务率控制在绿色安全区域。

【勇于探索深化改革开放】 2020年,作为永康首个合法性审核试点乡镇,前仓镇在先行先试中探索建立合法性审核实施细则,在群策群力中界定审核的范围和内容,编制合法性审核目录清单,为全市合法性审核全覆盖提供经验和做法,得到金华市司法局的肯定。试点工作开展以来,前仓镇针对重大行政执法和"三改一拆"发生行政诉讼和行政争议最多的领域,审核各类行政执法、规范性文件、行政合同21份;启动重大行政决策合法性审查第三方评估,2个法律顾问团队参与审核,有效避免行政诉讼6起,实现行政争议案件"零增量"。2020年以来,前仓镇行政诉讼胜诉2起,未有败诉案件。作为重点改革项目,前仓镇"一局一事一出彩"项目,即"一村一品"特色旅游度假区建设项目稳步推进。虎踞峡景区完成水上漂流、天空之境项目建设;盘龙谷景区坡地村镇项目有序施工;大陈村开展环村路亮化工程,与杭州市宋元文化艺术策划有限公司签署"诗画浙江·百县千碗·前仓风味"战略合作框架协议;后吴村完成古建筑消防整治和保护提升一期工程,与浙江万里学院签订创作写生基地协议;荆州村古玩一条街进行沿街店面装修,首期开业商铺总计20间12户;前仓村、璋川村、篁源一村、荆州村成功创建省级景区村庄。前仓镇"一村一品"项目也受到省市领导、中央和省内外媒体的关注。6月16日,新华网手机客户端、浙江之声手机客户端、6月30日学习强国手机客户端都发布有关前仓镇特色旅游产业发展经验和亮点的报道。11月14日,央视十七频道拍摄报道前仓镇美丽乡村以及产业发展状况。

【倾心为民共享发展成果】 2020年,永康市农村饮用水达标提标行动、惠民暖心工程等9项镇重点民生实事全面完成。投资

1950万元的前仓镇第二中心幼儿园建设完成；推动前仓学校与附中联合办学，让优质的教育资源惠及更多农村孩子。新创省卫生村1个；8月，通过国家卫生乡镇初验和暗访复查；成立永康市第一人民医院医共体前仓分院李可名医团队工作室，启动"3＋C"家庭医生团队服务。全镇新建文化礼堂1家，完成送戏下乡、送影下乡、文艺惠民演出30余场。城乡居民基本养老实现全覆盖，医疗保险参保率99.8％以上；新建农村示范性居家养老服务中心1家，社会救助、残疾人保障、关爱留守儿童等得到加强。

【务实创新推进基层治理现代化】 2020年，前仓镇继续践行发展"龙山经验"，运用"一警情三推送"机制推动化解6起重大矛盾纠纷，有效防止民转刑案件发生，《以"龙山经验"构建"大调解"维护基层"大和谐"——永康市前仓镇化解重大矛盾纠纷案例》得到市领导批示；"一书两级三制"民情民访解民忧的做法受到省级媒体关注报道。新建的矛盾纠纷调处化解中心"一站式接收、一揽子调处、全链条解决"突显治理新能，实现群众矛盾纠纷化解"只进一扇门""最多跑一地"。2020年以来，前仓镇民情民访代办员解决代办事项89项，镇领导接访下访群众1020人次，包案化解省级信访积案3件，市级信访积案4件。持续开展"一月一镇"平安大会战系列活动，走访居民1503户，出租户182户，重点经营场所127处，商铺181户，发放平安法制、防诈骗、反邪教、禁毒、扫黄打非、扫黑除恶等资料2800余张。此外，精准落实优抚政策，及时保障军人军属优抚待遇，维护军人军属合法权益；高质量完成第七次全国人口普查工作。

【地方特色】 舜芋 相传舜因敬慕其祖黄帝在永康石城山驻跸之伟举，特地来到与石城山相连的历山躬耕，在日积月累的农作中，舜逐渐摸索到一种可食用且味美的植物（后俗称毛芋），并在当地广泛传开。这一创举，不仅为当地人带来充足的物质财富，同时也带来丰富的精神食粮。为此，当地人将之取名为"舜芋"，以示对舜的感激之情。"永康舜芋"个大，皮薄，芽浅红色，肉白，肉质粉糯，口味佳，耐贮藏，煮蒸炒烩均可。产品畅销上海、杭州、宁波、慈溪、山东等大中城市，还出口日本等国。2017年5月5日，永康籍科学家、被誉为"雪龙号"掌门人的徐宁与前仓镇签订"舜城糯芋"作为"雪龙号"官方指定农产品合作意向书，并同意"南极人爱吃的毛芋"作为"舜城糯芋"的宣传口号。2019年，舜芋通过国家地理标志论证。

历山森林公园 历山位于浙江中部，永康市与缙云县交界处，属栖霞岭山系余脉，主峰高854.8米，为省级森林公园。相传历山为虞舜躬耕之地。舜在此教墙、造来、制釜，山上至今还保留舜田、舜井、舜潭、马蹄印、石棋砰和舜帝庙等遗迹。历山三峰插云，山体形美，瀑布飞泉，峡谷纵横，林木茂盛，环境优美。历山地域广阔，广五十余里，舜耕小镇承历山山脉而建，镇内虎踞峡、盘龙谷景区藏于其中，历史名村后吴村、民宿村大陈村、农业观光园光瑶村都傍山而立，舜芋、舜提、灵芝孢子粉均得益于历山山脉国家一类水水质、清新空气，此地物产丰饶，历来百姓仓廪殷实，前仓始有其名。

盘龙谷秘境（洪 舸 摄）

（前仓镇 俞继臣）

舟山镇

【概　况】　舟山镇位于永康市东南部,处于永康、丽水交界处,距永康城区约19千米。现代交通四通八达,台金高速及省道石临线贯穿舟山镇。镇域面积77.7平方千米,辖25个行政村,总人口23424人(第七次全国人口普查数据)。舟山镇是饮用水源保护区,坚持"生态优先、保护优先"的生态立镇理念,全域不发展工业,原生态风貌良好,森林覆盖率66%,常年空气清新,四季水流清澈,素有"秀水舟山"的雅称。特色产业和自然环境优势明显,传统村落具有浓厚的地方文化特色,是环境资源得天独厚的一方净土。

【同舟共济抗击"黑格比"实现零伤亡】　"黑格比"台风当天,全镇党员干部前往一线抗台、抢险救灾、与时间赛跑,方山口村20分钟转移60余名留守老人,实现"零"伤亡。抗台救灾被媒体誉为"教科书"式案例。全力开展灾后重建工作,迅速推进抢"四通"工作,全面完成卫生防疫,3天内群众生产生活已恢复正常。已累计清障5300多立方米,清理河道50多千米。梳理出河道堤防修复、路面修复、滑坡灾害治理等灾后重建项目8个,总计投资2000多万元,均已列出责任清单、进度清单,并倒排时间全力推进。河道堤岸修复第一期工程已经完成,道路修复正在施工中。

【城乡面貌焕然一新】　2020年,舟山镇对集镇范围内石临街、舟山街、古民居区块等重点区域进行集中整治,共开展集镇区巡查整治200余次,整治出店经营、占道经营382起,乱堆乱放300起,成功创下国家级卫生乡镇。强化乡风文明,推进新时代文明实践,全市率先实现文化礼堂全覆盖,成功创下浙江省农村文化礼堂建设示范乡镇。2020年创建"十无村"的申亭、道坦、下丁均已通过验收。台门村高标准完成浙江省美丽乡村特色精品村创建,溪塘村完成金华市美丽乡村精品村创建。

【美丽经济形势喜人】　2020年,舟山镇依托"古民居、岩宕、湿地、方山柿"四大元素,完善基础设施建设,成功创建10个省2A级景区村庄,2个省A级景区村庄。舟山二村古民居引进新业态店铺5间。举办第十三届"中国方山柿之乡"文化旅游节,举办"传承红色精神 全面奔向小康"重走红军路山径赛。完成省级摄影小镇创建申报工作,完成浙江省第四批旅游风情小镇创建初步的项目规划,成功创下省AAAA级景区镇。"一局一事一出彩"改革创新项目以垃圾分类撬动美丽城镇、催生美丽经济成效明显,受到中宣部肯定。4月,端岩村推出"垃圾分类研学游",先后接待30余个机关企事业单位,游客2.5万人次,带动经济收入80余万元。7月17日,由中宣部新闻局组织的"走向我们的小康生活"大型主题采访报道活动走进端岩村。来自《人民日报》、人民网、新华社、中央广播电视总台、《求是》杂志等20多家中央和省级媒体50余名记者深入宣传报道。

"走向我们的小康生活"大型主题采访报道活动走进端岩村(舟山镇提供)

【多措并举做好水源保护】　2020年,舟山镇加强生态湿地运维,种植龙青树、柳树苗、枸杞苗以及浙江楠、茶梅等3000多株。清理梭鱼草、芦苇等废弃物500多吨。完成39个村管网、18个村终端综合验收资料初审,新增11个村通过综合验收,完成5个问题终端整改;重拳整治车木柄、低小散作坊、企业20余家。舟山溪和新楼溪入库河流水质全年平均地表水Ⅱ类,达到考核优秀标准。国家重点研发计划"南方城乡生活节水和污水再生利用关键技术研发与集成示范"永康核心区技术支撑及条件配套项目通过验收。

【统筹兼顾抓民生保障】 农饮水达标提标工程总共涉及29个村,其中舟山镇牵头的单联村供水的2个村(陈山头、黄家坑)已完成,由水投集团牵头实施的规模水厂供水村已全部通水。"利奇马"台风毁损修复工程二期涉及的10个村均已完工,并通过验收。基本完成镇级居家养老服务中心(残疾人护理康复中心)建设。镇区域应急服务中心(舟二村)消防部分已完成建设。新楼一级电站完成改造提升。骑马塘、长塘、指北塘、水坑口4座水库大坝安全技术认定综合评价报告均已通过评审验收。全年投入500余万元,共完成平原绿化新增与提升面积350余亩。

【地方特色】 **古民居群** 以舟山二村为代表,至今仍保留着上百幢清末至民国初年的古建筑群。其中,80多幢古建筑有历史记载。市级文保单位或文保点30多处,20多处古民居正在进行修复。村内水系、街巷格局保存完好,有众多宗祠、民居、商业店铺、古井、骑街楼。其中,黄印若公祠最具代表性。它建于1907年,是一座中西合璧的四合院式建筑。正大门是石库门,门面仿西洋建筑风格。走进院中,柱子雕刻成旧时西洋花瓶样式,抬头满满都是雕刻精致的中国古式斗拱,人物、鸟兽、山水跃然

其上,雕刻手法多样,栩栩如生。二楼转角处有个窗洞,被拘于闺房"大门不出,二门不迈"的"大家闺秀"可以透过这个窗洞遥遥望向远方。

杨溪源湿地 是永康最大的饮用水源——杨溪水库就位于舟山边境;舟山溪、新楼溪两条母亲河穿境而过。杨溪源湿地处于杨溪水库上游,生态区位十分重要,堪称永康的"绿肾"。不仅保障了100多万永康人饮用水的安全,也使舟山镇拥有了一个风景秀丽的观光胜地。"碧水舟山"因而得名。杨溪源湿地有"浙江最具特色湿地"的美誉,并已通过省级湿地公园规划论证。

(舟山镇 供稿)

古山镇

【概 况】 古山镇地处永康市腹地,总面积48.2平方千米,下辖35个行政村,2020年,有本地户籍人口4.6万,外来人口6.5万。镇区位于永康经济发展主轴的中心位置,距城区17千米,境内东永高速、217省道、417县道连通诸永高速、金丽温高速、330国道,直接辐射东阳、义乌、缙云、武义等地。

2020年,古山镇共有企业2000余家,其中规上企业75家;商铺3000余家,电子商行200余家;专业市场11个;银行15家。全年实现规上工业总产值50.03亿元,同比增长1.58%。拥有车业、门业、杯业、电动工具、休闲器具、技术装备、金属材料、衡器等支柱产业链,五金产品达到5000多种,省级名牌产品9个,驰名商标10个,5家企业参与不锈钢器皿国标制定,1家企业参与防盗门国标制定,拥有外观、实用、发明等各项专利1300多个,高新技术企业17家,高新技术产业增加值13亿元。

2014年4月,古山镇启动小城市培育

建设,三年一轮,前二轮共投入 98 亿元,建设 193 个项目。2020 年开始,启动第三轮培育计划,共谋划项目 53 个,计划总投资 23.86 亿元,包括市政设施、社会事业、工业投资、商贸投资、规模农业、生态环境等六大类。涉及项目有教育基地建设项目,第二、第三中心幼儿园建设项目,永康市第二人民医院迁建工程,古山市民广场建设工程,前杭小微园建设项目,华溪六期综合整治提升工程等。

古山镇历史悠久,人杰地灵,山清水秀,完好保存金江龙村古戏台、古山一村胡氏旧宅(七棚头)古建筑群、寺下胡村太婆山新石器时代遗址、胡库画眉岩洞天等独特风貌,积极传承陈亮、胡公、吴绛雪、刘伯温等名人文化。村村开展环境整治、垃圾分类、生活污水处理、森林村庄创建等建设,在村村开展小城镇环境综合整治的基础上,投入专项资金全力扶持大美乡村建设,美丽乡村达标村 19 个、省级卫生村 21 个、金华市级卫生村 14 个、省级历史文化保护重点村落 3 个。

古镇(胡美兰 摄)

【众志成城打赢防台救灾保卫战】 2020 年 8 月,古山镇面对有史以来综合影响最严重的"黑格比"台风,第一时间组织镇村党员干部积极抢险救灾,第一时间发动社会各界投身灾后重建,谋建一批高水平防洪减灾设施,实现"一天安置到位、三天通水通电、一周恢复交通",用"古山速度"最大限度降低台风灾害影响。全镇累计清运垃圾 4000 余吨;对 21 个自然村进行受损房屋排查,排查房屋 300 余幢;修复 16 个受灾公共基础设施、1460 米损毁河道堤岸;拆除危房 800 余间,帮助 65 户受灾无房户开辟重建快车道。

【精准对接深入开展"三服务"】 2020 年,古山镇驻企服务员深入企业,听心声、送信心、解难题。共走访企业 6980 家次,收集问题 814 条,解决 803 条。联系部门交办问题 11 个,联系市领导领办涉企难题 9 个,问题均已办结。举办古山社群精准售货节,组织 60 余家企业、餐饮单位参加,借地摊经济"网红东风",解决企业库存商品。联合浙江广播电视集团浙江之声,举办"育新机、开新局"主题同步视频直播活动,引入 8 家企业参与直播,帮助企业打响品牌。

【管服并举扎实开展企业整治】 2020 年,古山镇实施"低散乱危"块状行业整治,整治企业 112 家,完成燃气锅炉低氮改造 2 家,完成生物质锅炉整治 1 家,完成印刷和包装行业整治 24 家,VOCs 五金涂装整治 63 家,固定污染源清理 2892 家,企业雨污分流验收 40 余家。开展安全生产大检查,治理隐患 4936 处,对 26 家存在重大安全隐患企业立案处罚。受理劳动调解案件 296 件,劳动仲裁案件 57 起,裁决 24 起,建立"无欠薪"工作长效监督管理机制。加大对乱倾倒工业废料违法行为的巡查、整治,立案 5 起,处罚金额 2.4 万元。

【蓄势赋能开展小城市建设】 2020 年,第三轮小城市培育建设试点工作全面启动,新谋划学校、医院、城市服务中心等建设项目 53 个,计划总投资 24.2 亿元,已在建项目 52 个。朝霞路道路建设工程等 32 个项目基本完工;总投资 56 亿元的 PPP 项目建设全面展开,农贸市场即将开张,教育基地项目进入地下室施工阶段,雅苑东区块山水一品打造商贸休闲一条街,成功引入星巴克、肯德基、时代影院等多个知名品牌;古山镇道路建设工程、华溪六期景观提升工程已开工建设;古山小城市人口集聚工程一期 10 幢房屋已安置到户,二期开工建设。

【获评浙江省美丽乡村示范乡镇】 35 个行政村全部通过镇级美丽乡村达标村验收,7 个行政村通过市级美丽乡村达标村验收,古山镇成功获评 2020 年度浙江省美丽乡村示范乡镇。投资 530 多万元的美丽乡村风景线最美双舟线古山段项目即将完工,1.9 千米生态廊道绿道闭合圈完成建设,古山镇环境综合整治与风貌提升工程华溪六期项目完成工程量的 20%,前黄村完成金华市体育产业(运动休闲)基地创建,完成廊道沿线五个村 A 级景区村庄创建。大园东等五个村完成村庄规划审批,后林村等四个村完成村庄规划论证。深入挖掘历史文化,主导制作本土红色题材电影《前黄双英》,电影已进入拍摄阶段。

【深入推进污水零直排区创建】 古山镇在全市率先开发并运用"排水设施巡检系统",集镇范围 75 千米的雨污水管网、476 个隔油池运维情况纳入系统平台。引进离网式一体化污水处理设施。率先完成农业水价综合改革,用水总量节约 9%。完成球溪椰山殿自然村段河道整治工程。集镇区域污水主管网和"污水零直排区"建设工程,一期工程已完工,二期、三期工程已进场施工。创新探索河长与民间河长"双河长制"管水模式,公开招募 16 名"民间河长",形成"双河长"互动治理新态势。餐饮店隔油池、市政雨污水管网、河道清理、农村生活污水设施等均逐步实现建后管护,落实长效运维。

【开展人居环境百日攻坚行动】 发动全镇党员干部开展全域人居环境百日攻坚行动,及时巩固小城镇环境综合整治和创国卫成果,整治成果得到上级肯定。全面打响"蓝天保卫战",制止秸秆焚烧 295 起,立案 4 起,处罚金额 1700 元;加强对大型工地附近未做防遗洒措施的不规范运输车辆的巡查,立案 9 起,处罚金额 1.65 万元;通过高空慧眼＋值班人员夜间巡查,实时监测大气污染物排放情况。规范出店经营 674 起,劝离流动摊贩 1104 起,暂扣 80 起。拆清"牛皮癣"1385 处,墙体广告 127 块,清理违规条幅 226 条。新增或优化绿化面积 220 亩。

【聚焦基层推进乡村振兴】 完成早稻种植 1287 亩、单季稻 4366 亩、连作晚稻 1143 亩、小麦 400 亩、油菜 200 亩、旱粮(玉米、番薯)3000 亩,粮食总产量实现增长。以"一村一事一出彩"为抓手,激活农村发展活力,推动农业农村全面发展。如胡库下村挖掘胡则廉政文化,结合胡公文化园建设,进行老村区块整体改造,获评浙江省历史文化名村;前黄村大力开展革命博物馆、红色旅游公园、户外拓展基地、观光农业等项目建设,重点挖掘红色旅游文化,成功创建浙江省特色精品村。完成高标准农田建设,大园东村、晏塘村、坑口村、后塘弄一村一事一议工程项目验收。提前高标准完成三改一拆工作,拆除建筑 144 宗,面积总计 13 万平方米。

【实现文化礼堂全面覆盖】 高标准新创建 12 家文化礼堂,实现行政村全覆盖,获评 2020 年度浙江省农村文化礼堂示范乡镇。全镇共建有 37 家文化礼堂,"金江龙秤文化博物馆"等特色鲜明的文化礼堂成为展示地方特色文化的窗口。开展最美人物评选 82 人次、演出活动 160 余场。

【多元智治深化"一警情三推送"机制】 率先试水"一警情三推送"机制,全力开展矛盾纠纷多元化解工作。2020 年以来,古山镇纠纷类警情发生 1252 起,同比下降 35.83%,接到"三推"矛盾纠纷类警情 116 起,调解率 100%。8 月,参加金华市深化"一警情三推送"工作视频会议,并作为唯一乡镇代表发言。11 月,获评 2020 年全国政法智能化建设智慧警务十大创新案例。

【一月一镇平安大会战首战告捷】 打响全市首战,全力推进"一月一镇平安大会战"活动。全镇组织大清查活动3次,排查化解纠纷45件,网格员巡查发现问题1025处。拆除消防通道违章建筑18宗2400平方米。打击违法犯罪30人,其中盗窃14人,电信网络诈骗4人;抓捕逃犯2人;没收管制刀具5把。开展信访积案攻坚,解决5起信访积案。

【地方特色】 七棚头 七棚头位于古山一村东北角,是古山保留最完整的古建筑群,为清代肇熙公所建。七棚头占地面积2700多平方米,为三进三开间,前厅、中厅、后堂,左右各3排,计6排间厢,合计正房70间,楼房64间,过道门厅28间,2庭院12小庭院,阶沿阳沟全用石板镶砌,天井用小鹅卵石按图字根排列,建筑木材用料考究,全是硬木,柱头、马腿门面均采用立体浮雕,正面大门牌楼为水磨砖浮雕,整个建筑有很高的科学价值和艺术价值。2002年8月七棚头被列为永康市文物保护单位,2005年3月被列为浙江省文物保护单位。

胡库香樟群 古时胡库有几道风景线,一道在老村下殿山一线,自南向北,一道在村庄后山,自东向西,另一道就是在双溪以东,现公路两旁。在这几道风景线上栽有几百株香樟,最早的一批是明弘治、嘉靖年间所栽,树龄已有500多年,后山、下殿山还留有几株。晚的一批为清光绪初种植,树龄120多年,主要集中在双溪桥以东原镇政府公路两旁。原有37株,现尚留30株。凡到过胡库的人都对这全市少有的香樟群赞不绝口。在这些香樟中,有一株在村中心下殿山,据传是胡公所栽,后人称之为宋樟。此樟树身周长6米,盖园20米,高20米,2008年,胡库下村还把香樟的周围用水泥浆砌围栏做重点保护。

(古山镇 吴印甄)

方岩镇

【概况】 方岩镇位于永康市东部,距永康城区23千米,镇域面积约88平方千米,与芝英镇、古山镇、舟山镇、西溪镇相邻。行政村规模调整后,下辖26个行政村,共有11930户。2020年,有户籍人口29134人,外来人口13598人。耕地面积7938亩,林地面积42925亩。境内群山连绵,风景秀丽,林木资源十分丰富。

方岩镇是五金之镇,永康市有"五金之都"的美誉,而方岩镇则是永康小五金的发源地之一,譬如永康早期的火锅热、保温杯热就是从方岩镇先"刮"起的。尽管现在方岩镇依托方岩景区,大力发展以旅游业为主的第三产业,但是方岩镇(例如派溪等工业区)的模具制造行业仍走在永康的前列。2020年,在新冠肺炎疫情防控的大背景下,方岩镇积极成立工作专班,针对性开展复工复产工作,帮助企业解决不少难题。2020年,方岩镇有22家规上企业,全年实现规上企业总产值75344.3万元,增速12.41%;实现固定资产投资27161万元,完成全年任务的115.09%,其中实现工业投资8197万元,完成102.46%,实现服务业投资18964万元,完成121.56%。

小微企业园是服务小微企业的重要载体和平台,2020年,方岩镇加快推进小微园区建设,枣山头2#、3#、4#项目结项,1#开工建设。派溪1#地块建成。

2020年方岩镇农业生产"稳"字当头。开展耕地"非农化""非粮化"整治,新增种粮田块100亩。与金华农科院对接谋划生态农业项目。柑橘的种植面积达6000亩,长坑等村引进红美人品种,后钱村由良橘产果,方岩橘业有了新提升。

方岩镇的省级文物保护单位有3个,占永康市的37.5%,它们分别是五峰书院、占鳌公祠、刘英烈士墓,市级文物保护单位7个,文物保护点17处,文物史迹27处。区别于其他风景旅游镇,方岩镇旅游文化的发展根植于深厚的文化积淀。它既是"为官一任,造福一方"的胡公文化的源头,又是南宋思想家、文学家、永康状元陈亮的讲学之地,同样也是榜眼程文德故里。可以说,在永康历史上最有影响力的文化名人与方岩镇都存在着密切的联系。深厚的历史文化积淀,不仅留下了许多宝贵的精神文化产物,文化古迹更是几乎遍及各村。方岩镇的古建筑分布较广,古文物类型多样。

【抗台重建担当作为】 2020年8月,台风"黑格比"肆虐永康。灾后,方岩镇一周内基本完成村庄清理工作。乌江溪流域河道修复一期工程完成。二期完成可研方案审查。铜坑至定塘道路修复工程基本完成。强化指标与规划保障,铜坑与菀陌灾毁户完成批基。后钱、独松安置地块征地工作扎实推进。

【举办方岩庙会】 2020年10月10—14日的方岩庙会以"弘扬胡公精神 传承非遗魅力"为主题,在省民宗委、省文旅厅的指导下成功举办,展示永康市及周边地区独特的民俗文化,不仅有传统的打罗汉、戏曲表演,还有九狮图、十八蝴蝶、拱瑞手狮、滚叉舞等精品非遗节目展演,更有传统手工技艺展示和美食节、文艺晚会,以及"启蒙励志敬胡公,十岁学童上方岩"仪式等活动,首次民俗文化传承发展学术会议也在此召开。据统计,此次方岩庙会5天时间共带动经济收益2700万元;累计吸引30万人次参加,同比增长30%以上;首次开通大型户外直播,点击量14万;被30多家媒体所报道,包括央视12套、浙江新闻、各大旅游网站

等;并获得省委书记袁家军等领导批示肯定。

【开创景区旅游新局面】 方岩景区旅游开发项目作为市镇长项目工程,一期工程2020年以来累计完成投资8280万元。省级文保点修缮工程已完成40%。岩下老街修复规划不断深化。申报千年古城建设试点。"闪闪红星营"改造提升施工图完成设计,顺利通过4A复核工作。完成圆形商场、鲜花长廊、天街店铺、胡公祠等配套设施修缮工程。换乘中心完成三层主体建筑建设。五峰景区、国学体验园、修学馆、学术交流中心等策划设计中。胡公祠叠水、胡则纪念馆、南门商业街改造设计方案已完成。完成岩上、岩下、橙麓原拆迁区块征地工作。方岩新区小学即将招投标,新区卫生院完成项目前期。寮山公园基本完成建设。方岩安置区新征地块(双门)宅间道路工程项目已完工。完成新区雪塘区块4万平方米土地清表。石四线小派溪至前塘段改建工程完成70%工程量。实施新区亮化工程。

【描绘生态方岩新篇章】 2020年,方岩镇狠抓水、气质量。治水方面,完成27个交办整改任务。基本完成库区污水终端提升工程。独松—工业区污水主管网打通。岩后溪、后山头溪总体达到Ⅱ类水质。开展建筑工地扬尘治理及专项检查行动,加强对渣土运输车管理,处罚违规运输行为3起。加大主要道路保洁力度,增加洒水频次。安装秸秆焚烧自动报警摄像头2个。继续开展库区五金作坊及餐饮业巡查。联合各部门,快速妥善处置雪塘油罐车侧翻漏油事件。同时,狠抓环保整治。完成工业区60家企业环评验收,35家涂装企业环保设施安装,696家企业固定污染源排污许可登记管理。推进中央、省环保督察交办信访件的整改工作,共收到交办件4件,均及时处置。完成工业废气综合整治3家。完成35家涉及

涂装企业VOCs整治。实施工业垃圾市场化处置工作,累计回收工业垃圾1230吨。查处环保举报件65起。处罚杨溪水库非法垂钓25起。

【美丽乡村建设】 2020年,方岩镇持续推进乡村治理。谋划新一轮空间规划,完成编制单位招投标。建立美丽城镇创建项目库,完成可研报告编制。美丽双舟线方岩段项目开展预算编制。优化工业区路网,完成派溪工业区金兔大道、亿利来路、鑫鑫大道整治项目及枣山头小微园道路建设。以企业消防通道违法建筑拆除为重点,推进工业区消防通道违建拆除,共计完成120宗。加快创建美丽方岩。以"创佳评差"活动为载体,全域开展环境卫生整治。岩后村完成"十有村"验收并获评"十佳村",两个"十差村"完成整改。顺利通过2019年度4个"十无村"复核,象瑚里等4个村完成"十无村"建设。开展村庄环境评比活动,对四个村实行黄旗警示。

【民生环境建设】 建成方岩平安共同体。应急服务中心实体化运作,消防队新购一辆高配置消防车。开展"一月一镇平安大会战"活动,成果明显。利用"龙山经验"人大代表联络站平台,成功化解3起尘封多年的"涉法涉诉"案件。落实"一肩挑"要求,高标准完成村级组织换届选举工作。全域开展山塘水库、河道、危旧房等汛期检查,坚决筑牢防汛安全网。社会保障有效托底,低保临时救助、残疾人慈善事业按要求落实。保质保量完成兵役登记、民兵整组、退役军人服务等任务。完成20个村自来水提升工程并通水。第二中心幼儿园顺利开园。完成第七次人口普查任务。完成26个行政村账务年年审工作。完成行政村三资融合工作。村集体经济消薄工作顺利完成。完成古竹畈、长坑、仙岩、象鸣畈4个村2020年移民项目。胡周村居家养老中心通

过验收。仙岩村、古竹畈村"一事一议"完成建设。完成四个省级景区村庄创建。铜坑村办公楼基本完成装修。岩上村、橙麓村经营用房建设完成招投标。柘岭下村遗留问题处置难中求进。橙里王村文化礼堂建成,雪塘村文化礼堂建设基本完成。加强新时代文明实践所(站)建设,实现全覆盖。

(方岩镇 供稿)

龙山镇

【概 况】 龙山镇位于永康市东北部,界于永康、东阳、磐安三地之间。是南宋思想家陈亮的出生地,被喻为"状元故里"。全镇总面积54.69平方千米,下辖27个行政村。2020年,有户籍人口3.8万人,外来人口2.3万人。龙山镇地理位置优越,距永康城区约25千米,217省道东永一线贯穿整个镇区,东永高速在境内设有出入口,规划中的东永三线贯穿而过。2020年,全镇共有企业1200多家,规上企业69家。全年全镇净增11家小升规企业,实现规上工业总产值37.79亿元,固定资产投资完成2.89亿元。

【推出"政策组合拳"打赢复工复产总体战】 在疫情重创全球经济的大环境下,龙山镇克服种种困难,做细做实"三服务"活动。组建招商引资、经济统计、小升规、特色产品推广、司法合同援助等5个经济工作专班,建立全员联企红管家制度,收集各类企业难题400余个,办结率100%。新增规上企业党支部1家、红色车间2家。依托工业邻里中心,搭建"周三无会日、助企进行时"服务平台,全年组织户外行业招商、企业安全生产培训等各类活动25场,服务企业170余家。在总结完善"党委会开到村"工作机制基础上,创新构建"党委会开到企"的助企长

效机制,形成"大走访"梳理难题清单、"双提议"确定帮扶企业、"一对一"开展实地调研、"面对面"现场交办解难等工作流程,召开党委驻企办公会议9次,解决各类涉企难题26件。

【建成全市首个工业特色型美丽城镇】
2020年,龙山镇以创建省级美丽城镇为主线,以省级越野运动小镇发展规划为框架,统筹推进国家卫生乡镇、省文明乡镇、省级3A景区镇"五镇同创"。国家卫生乡镇于8月通过省级验收;创新"345"工作法,获评2020年度新时代美丽城镇建设省级样板镇,为全市首家,创建经验做法获金华市政府、永康市政府主要领导批示肯定。梅陇村获评第六届全国文明村,新时代文明实践所"龙山样板"获省委宣传部领导充分肯定;完成2个旅游厕所、9个A级景区村创建,获评3A级景区镇。

【获评全国模范人民调解委员会】 2020年,龙山镇狠抓"基层党建+社会治理",扎实推进人民调解工作,龙山镇人民调解委员会获评全国模范人民调解委员会,系金华地区唯一。建成金华首批全市首个"四好"人大代表联络站、全市首个"枫桥式司法所"、矛调中心、应急服务中心、专职消防站,实现"硬件+服务"双提升。完成镇村两级综治中心规范化建设。基层治理四平台受理矛盾纠纷211起,化解211起;化解重大矛盾纠纷8起、群体性矛盾纠纷2起,妥善协调解决涉及金额390多万元的康桥水郡业主与开发商办证费用退还等群体性矛盾纠纷;办理民情民访代办件270件,满意率100%。

【入选第三批省级运动休闲小镇名单】 委托浙江大学规划设计院编制完成"龙山越野运动小镇专项规划",并与专业运作机构签订5年运维协议,坚持大型赛事与日常运营相结合。越野基地基础设施整体提档升级,自2020年5月试运营以来,总共接待游客约1万人次,实现销售收入80多万。11月,龙山休闲运动车越野项目入选2020年浙江省运动休闲旅游优秀项目。12月,举办永康龙山越野摩托车公开赛及首届环太平湖越野跑和羽毛球赛。

2020年12月26日,首届龙山环太平湖越野赛在龙山镇桥下一村开跑(龙山镇提供)

【生态领域成效凸显】 2020年,龙山镇完成1333家企业排污许可证登记申领工作;建立秸秆焚烧自动报警平台,在全市率先安装高空瞭望摄像头4个。完成茭杨村省"三美融合体"示范村、后宅村金华市美丽乡村示范村创建,新增桥下东村、桥下南村、环溪村、吕南宅二村等4个美丽乡村"十无"村;打造环太平湖陈亮故里风景线,沿太平湖从太平山到普明禅寺建成9个景观节点,陈亮特色小品串点成线。巩固桥下集镇、镇级以上工业区"污水零直排区"建设成果;华溪、西溪平均水质保持在Ⅲ类,完成四路小学围墙外排污口整治工程、下宅口新区块生活污水治理工程,完成四路溪流域19家企业雨污分流改造提升工作,四路溪水质稳步提升;创新应用"一井一码"巡检小程序,开启数字化、智能化治水新局面。

【民生领域基础更实】 2020年,龙山镇沉着应对"黑格比"台风灾害,全力以赴确保群众生命财产安全,全镇无人员伤亡。台风过后,迅速倒排计划,高效率推进灾后重建工作,受损污水终端和生活污水配套管网,以及桥一、桥三等工业区污水主管网已全部修复;农村河道整治工程一期项目完工。新建文化礼堂8家,实现文化礼堂27个行政村全覆盖。完成移民项目7个、一事一议项目3个。启动桥下一村农房改造项目,金竹苑地块12层商贸综合体已开工建设。完成前珠山工业区征地100亩;完成四路口上村和谐东路1#、2#楼国有地块出让,组织3#、4#楼地块出让;镇行政服务中心扩容工程开工建设,新建附属楼预计农历年前完工;完成省级示范型居家养老服务中心及三星级残疾人之家建设。

（龙山镇　徐慧榕　赵婉成）

西溪镇

【概　况】　西溪镇下辖22个行政村、3个居委会。2020年,户籍人口3.2万。行政区域面积86平方千米。西溪镇地处永康市东北部,境内以丘陵为主,山势俊秀,植被茂盛,境内河流常年丰盈,水质甘甜,素有"永康西藏"之称。西溪镇与东阳、磐安、缙云交界,距横店高速互通仅15分钟车程,东永高速、永磐公路穿镇而过,从东永一线岔口、东永高速西溪出口到西溪镇区仅五分钟车程,区位优势、交通优势明显。2020年,全镇各项工作任务有序推进,经济社会保持平稳发展,获评省级森林康养小镇、金华市乐水小镇;乡村振兴迈出新的步伐,荣获省级美丽乡村示范乡镇和美丽风景线称号;社会各项事业齐头并进,获评省示范慈善分会、省3A级旅游景区镇等荣誉称号。

【经济发展持续增强】　2020年,西溪镇经济运行呈"V"字形复苏。专班护航企业复工复产,率先开辟复工快车道。创新成立连心助企帮帮团,上门服务解决涉企问题45项。全年规上工业总产值增速全市排名跃升至第二位,同比增长12.78%,累计实现固定资产投资1.46亿元,超额完成全年任务,工业投资新增项目13个,完成任务数的443.3%。项目建设全面提质。全力打造"一线、一溪、一区、一村、一街、一养"六个"一"西溪影视旅游核心圈,为影视旅游产业聚力赋能,寺口影视旅游商业街、金园影宿文化艺术村、石江康养中心、东溪最美河湖、西溪影视旅游风情线、西山神龙峡景区等六个主体项目有序推进。其中,寺口累计拆除房屋191户2.7万平方米;金园影宿文化艺术村建设累计完成民宿注册31家,建成开放13家;石江康养中心二期主体工程已基本完工;影视旅游风情线基本完成。转型升级稳中向优。小微企业园23宗地块均完成出让。完成企业小升规2家,超额完成任务。全力推进"低散乱危"块状行业整治,大力开展"美丽工厂"创建。

【美丽建设扎实推进】　2020年,西溪镇紧紧围绕国家卫生镇创建要求,打好"组合拳",开展一系列镇容镇貌整治行动,全面提升集镇环境卫生品质,创建成果得到金华技术评估组高度肯定。深入开展环境整治"对标比拼勇赶超"活动,全域打造美丽乡村"升级版",上坛、洪莲、黄川、壶山新村4个村通过永康市级"十无"达标村验收,三联村获评省级美丽乡村特色精品村、省级森林人家。成功举办西溪镇第十二届精品水果节,进一步提升"柏岩蜜梨""下赵水蜜桃"品牌效益。"污水零直排"得到巩固提升,西溪、桐塘、寺口、石江、棠溪获评金华市2020年度水美乡村。蓝天保卫战扎实推进,常态化开展扬尘治理、秸秆禁烧等行动,全年无重度污染和严重污染天气,空气质量稳居全市各镇(街道、区)前列。

荷塘月色（西溪镇提供）

【民生事业不断进步】 2020年，西溪镇农村饮用水达标提标工程全面完工，上马示范性居家养老服务中心基本完成改造，完成适老化改造20户，智慧养老服务平台打造着力推进。培育智能垃圾投放点2处，垃圾三化处理中心主体工程完成过半。9月底前完成全面"消薄"，完成全镇低收入农户调标、清退工作；低收入农户结对帮扶全面落实；扎实推进"无欠薪"工作。武装双拥工作扎实落实。基层武装部规范化建设不断推进，民兵整组保量提质，村级退役军人服务站全市率先实现全覆盖，打造退役军人服务站示范带，创建"枫桥式"退役军人服务站成效初显，民兵在抗击疫情、"黑格比"台风中表现突出。社会治理不断创新。积极探索社会治理现代化的西溪经验，深入践行"初心1＋1"分级包案接待制度及人民调解团制度，志愿服务中心、社会工作站、退役军人服务驿站挂牌运营。全年累计调处重点矛盾纠纷9件，化解上级信访积案7件，四个平台交办件完成率100％，全镇无重大安全事故发生，整体保持平安和谐稳定。

【应急抢险迅速有力】 "黑格比"台风对西溪镇的影响巨大，农作物受淹，老旧房倒塌，桥梁道路岸损毁严重，辖区内80％以上群众受到不同程度灾情影响，为此，全镇上下同心协力，不惧风雨，冲在抗击灾情一线，第一时间成立一线指挥部，一天恢复通信通电，两天恢复用水，三天恢复道路通畅，及时为受灾群众送物资、送温暖、送服务。尽快恢复生活生产秩序，积极组织党员干部群众企业进行自救，发动社会各界支持援助，灾后全面开展防疫消杀，全域进行环境清理，全员上阵排查除险，一周时间22个行政村基本恢复环境面貌，同时组建六个专班推进灾后重建工作。

【地方特色】 **西溪影视基地** 位于永康市西溪镇。基地总面积3.2平方千米，核心区块位于寺口村，辐射圈包括与寺口相邻的桐塘、西山、下里、上坛、上塘头等村。西溪影视基地具备两大明显优势：一是区位、交通优势明显。东永高速西溪出口与横店互通仅15分钟车程，剧组转场成本低；二是生态资源项目多。基地森林覆盖率达85％，内有百亩古樟林、百亩新梯田以及山坡、峡谷、溪流等原生态资源，适合剧组外景本色拍摄。2020年，西溪镇共接待剧组190个，拍摄收入达530万元。西溪影视基地累计接待游客40万人次，带动三产消费2300万元。

永康柏岩蜜梨 永康柏岩蜜梨是永康市特产。永康柏岩蜜梨已有30多年的栽培历史。1993年，永康西溪镇寨口村大面积种植蜜梨，种植面积600余亩。1998年，农户对品种进行优化，引进蜜梨新品种并大规模栽种，种植面积1200余亩。经过多年的培育，2020年，永康柏岩蜜梨基地已拥有蜜梨面积5000多亩，年产蜜梨2万余吨，是永康最大的产梨区。近年来全市梨果销势看好，市场已拓展到上海、杭州、宁波、温州、绍兴、广州等省内外城市，因蜜梨果形美观、色泽佳、梨皮薄、果脆、汁水多而深受广大消费者欢迎。从2007年开始，永康连续举办了十三届蜜梨节，2009年成功申报"柏岩蜜梨"品牌，"柏岩蜜梨"的品牌效应不断叠加，产品与市场无缝衔接，蜜梨销售也逐渐供不应求，"柏岩蜜梨"这张绿色生态"金名片"更是越擦越亮。2007 年"永康柏岩蜜梨"荣获永康市十大农业品牌称号,2008 年获浙江省优质农产品银奖,2010 年获金华市精品水果展示展销会金奖,2011 年获浙江省精品梨评比优质奖,2013 年获浙江精品水果展销会金奖。2019 年永康市西溪镇被评为"中国蜜梨之乡"。

(西溪镇 供稿)

象珠镇

【概　况】　象珠镇位于永康市中部偏北,东邻芝英镇,南与东城街道接壤,西跟义乌市交界,北连唐先镇,镇域面积 85.78 平方千米,下辖 27 个行政村。2020 年,全镇总人口 4.2 万人,外来人口 2.2 万人。镇政府现坐落清渭街村,距市区 10 千米。镇内有东永二线省道和双舟线穿镇而过,北至东阳,南至永康市区,西至金华义乌,区位交通优势较好。象珠镇西北部多山区,五指岩山脉延伸入境,中部由龙山山脉延伸入境,地势自西北往南渐趋平缓,东南部属低丘平原。西北部山峰海拔在 500 米至 800 米之间,整体山势较为平缓。尖山位于象珠老街的东侧,平地而起,相对高度 150 多米,不与其他山脉相连。山林面积 8.05 万亩,山林覆盖率为 63.8%,植被以松树、杉树为主。镇域内水系自北向南沿山谷流淌而下,主要水系自西向东分别为礌溪、塘里坑溪和三渡溪,最终汇合为酥溪,流向永康。镇域内有两处较大规模的水库——三渡溪水库和黄坟水库,是象珠镇的主要水源地。

2020 年,象珠镇成功创建浙江省 AAA 级景区镇,是全市首批获评乡镇。雅吕村获评国家 AAA 级旅游景区;全镇创建省级历史文化重点村 5 个,国家 3A 旅游村 1 个,省 3A 旅游村 4 个,省 2A 旅游村 4 个。

2020 年,全镇固定资产投资 3.27 亿元,同比增长 35.7%。企业新产品增加值 0.16 亿元,同比增长 3.2%。企业研发费用完成 1817 万元,同比增长 85.2%。规上企业净增 10 个,200% 完成任务数。国家高新科技型企业新增 4 个,400% 完成任务数(规上工业总产值完成 24.9 亿元,同比增长 4.8%)。

2020 年底,象珠镇完成山西建工小微园征收工作,并拆除建筑 5 万平方米;柳墅小微园 8 块土地挂牌出让,其中 5 家已结顶;王溪田小微园一期 8 家企业全部结顶;二利小微园拆除及打包入园面积完成确认,建筑图纸方案通过论证,整体打包区域即将挂牌出让。投资 1.1 亿元推进配套设施建设,其中王溪田小微园完成道路、管网等设施,柳墅小微园完成图纸设计,二利小微园完成可研编制。

面对疫情冲击,象珠镇着力修炼企业服务"内功",象珠镇结构性经济指标进一步优化。全年固定资产投资 3.27 亿元,同比增长 25.3%;新产品增加值 5.21 亿元,同比增长 16.9%;企业研发费用投入 4028 万元,同比增长 79.5%。完成工业内资招商 1.3 亿元,完成年度小升规企业 13 家、个转企 29 家、股改制企业 2 家。新创国家高新科技型企业 4 家,创建精特美企业 29 家、精美工厂 2 家,引导企业上云 11 家,整治"低散乱危"企业 77 家,淘汰落后产能企业 2 家。

全年以"创佳评差"专项行动为抓手,一以贯之抓好环境整治。雅吕村、寺口吕村、清渭街村荣获"十佳村"称号,清渭街村、白窖岭村、象珠二村荣获"进步村"称号。推进人居环境提升"百日攻坚"行动,共清运垃圾 1500 吨,清理杂物 710 处,清洁池塘 67 口,整治杆线序化 10 个,新增绿化面积 2700 平方米,新增美丽庭院 123 个,垃圾分类水平得到较好提升。全方位推进"三改一拆"工作,积极创建无违建乡镇,拆除存量违章建筑 29 宗,建筑面积超过 17 万平方米,完成率达131.72%,拆后利用率81.91%以上,处置新发违章3宗,整改卫片图斑2处。

2020年,象珠镇积极应对第二轮中央环保督查问题整改,6件信访件均及时处置到位。有序开展工业废气治理,完成3家企业生物质锅炉整治,完成VOCs企业治理45家。扎实开展扬尘综合治理,创建"美丽工厂"标兵企业10家、示范企业5家,建设秸秆焚烧自动报警平台,并安装高空摄像头2个。深入开展"污水零直排区"建设,3个镇级工业区、5个生活小区、10家企事业单位、116家六小行业、135家工业企业实现雨污分流改造。深化河(湖)长制建设,落实河长巡查守护职责,4个河道断面水质稳控在Ⅲ类以上,完成柳墅村、塘里坑村等6个村农村污水终端标准化运维提升工作。

【北部交通工程推进顺利】 永义公路木渠段路基工程进入扫尾阶段,枫坑2.1千米隧道工程完成工程量的25%。东永二线拓宽工程进入施工阶段。316省道完成项目前期工作,计划二季度进行施工,象珠镇成为该重点工程正式启动的首个乡镇。义龙高速项目列入永康市"十四五"规划。

【全市土地全域化治理试点】 2020年,象珠镇被列为全市土地全域化治理试点单位。涉及8个行政村的2210公顷土地,11个子项目,预计将盘活建设用地72亩,增加耕地指标452亩,增加林地指标64亩。

【横渡整村搬迁协议签订】 历时10多年的省重点项目北部水库联网工程未能按时完工,原因是横渡村征迁未完成,水库无法正常蓄水。12月7日,象珠镇正式启动征迁工作,成立10支征拆"清零"攻坚队,由镇领导班子兜牢底线,机关干部全员下村,村党员代表走村串户。全体干部夜以继日攻坚克难,仅用6天时间完成与横渡村224户拆迁户协议的签订。

【历史遗留问题解决】 10天完成象珠三村

长村163穴坟墓迁移工作,为象珠大道顺利开工扫除障碍。近20年未批基的山西村山塔自然村完成5000平方米老房拆除,一期完成16户农户屋基放样。黄岗村方山脚自然村遗留近10年的农房改造项目重新启动,已完成4000平方米老房拆除任务。

【"永康粮仓"落地象珠】 2020年6月,总用地面积5.4万平方米、投资概算1.95亿元的永康市粮食储备中心在象珠镇官川村奠基动工。该项目是永康市迄今为止粮食仓容最大、综合功能最全、资金投入最多的粮食储备项目,也是落实"六保"要求,保障全市人民粮食安全的民生举措。

【永康最大"生猪养殖项目"落地象珠】 2020年5月,象珠镇抓住当前国家生猪养殖红利期,成功对接浙江康润富农业开发有限公司,引进总投资3.3亿元、占地300亩的生猪养殖生态产业项目。该项目建成后年出栏无公害商品猪10万头,满足全市1/3的生猪消费,极大提高全市生猪自给率。

【多点开花惠民生】 2020年,象珠镇新增低保户27户,低边户3户,清退条件不符低保户73户,低边户104户,完成红十字会救助37户计3.7万元,慈善救助23户计4.8万元。完成九里口、雅仁等16个自然村农饮水提标达标工程,实现全域同质饮水。深化"龙山经验",完成矛调中心建设,调处一般矛盾纠纷82起,较大矛盾纠纷22起,参与协调公安推送警情29件,办结政务平台交办信访事项528件,化解省级交办积案5件。新建文化礼堂5个,新创五星级文化礼堂1个,全年开展文化活动400余场。顺利承办金华市精神文明实践现场会,永康市基层公共文化设施提升现场会,建成首个乡镇中心图书馆,官川小学与民主小学达成集团化办学模式,第二中心幼儿园进场施工。创建第四批省"扫黄打非"基层示范点。

【防疫女士荣登中国好人榜】 2020年,新型冠状肺炎病毒肆虐全国，象珠镇山西村李爱姿女士把国外订单"截留"先用，为武汉市和永康市疫情防控一线人员捐赠口罩近18万只，价值上百万元。中央新闻频道、《浙江日报》等主流媒体连续报道李爱姿的感人事迹，她也因此高票荣登"中国好人榜"。

【地方特色】　象珠镇新时代文明实践所位于象珠一村广场旁，由省级文保点寿常公祠改造而成，占地约1200平方米，投资200万元，2020年2月开始施工，7月完成工程验收。象珠镇新时代文明实践所同时也是镇文化旅游中心、新时代文明展示中心、志愿服务中心、党群服务中心、阅读中心，与永康市新时代文明实践中心一脉相承，下辖27个村级新时代文明实践站，是永康市新时代文明实践中心在基层的延伸。实践所按照"举旗帜、聚民心、育新人、兴文化、展形象"的使命要求，充分展示"千年古镇 人文象珠，工业重镇 活力象珠，康养小镇 宜居象珠"面貌。设有接待大厅、新时代文明实践展示区、志愿服务展示区、道德风尚展示区、历史文化展示区、党史展示区、当代实践展示区、未来展望展示区、宣讲堂、书画室、阅读区、文体活动区等功能分区，功能区定位明确，服务内容丰富。着眼凝聚群众、引导群众、以文化人、成风化俗，高标准建设精神文化家园，打通基层思想文化到达群众的最后100米。

象珠镇新时代文明实践所（象珠镇提供）

象珠镇金融小超市　2020年，为切实抓好"两战赢"，助力企业复工复产，象珠镇率先在全省开办首个乡镇"金融小超市"。累计对接10家金融机构，为95家小微企业争取2.9亿元贷款。该做法被新华社、人民网、中国网及浙江省政府、金华市政府简报刊发介绍。象珠镇金融业小超市的关键做法最先是政府部门搭台，银、企互动交流。改变银行和企业一对一的单一连接方式，由城镇集结，每个月一次商场集中化开张，让金融机构与企业团体连接，企业得到更多的信贷资源，也让金融机构有针对性地推出大量合乎小微企业具体要求的信贷产品。其次为监管部门监管，银、企互制。运用城镇真实了解企业、金融机构联络便捷的优点，一方面替金融机构全方位地监控好企业资金流入、生产加工等十大信贷预警信息内容，另一方面也为企业管控好金融机构压贷、抽贷状况。最终是政府部门通告，银、企相通。小超市每个月将小微企业生产制造状况、企业异常现象，及其他金融机构信贷商品信息进行通告，方便金融机构、企业共享信息。

（象珠镇　供稿）

唐先镇

【概　况】　唐先镇东以白象山隔太平水库与龙山镇相邻，南通古山镇、芝英镇，与象珠镇接壤，西面同象珠镇毗邻，北面隔五指岩与东阳市为邻，西北与义乌为界。全镇总面积85.59平方千米，其中耕地3.02万亩，山林7.56万亩。唐先镇辖31个行政村，四个工作片。2020年，全镇总人口44995人，另有流动人口10655人。

2020年，唐先镇实现税收收入8906万元；规上工业产值12.81亿元，同比增长

6.15%,完成固定资产投资1.51亿元;工业投资项目立项18个;完成工业企业小升规4家,创近几年之最;完成规上工业企业研发费用投入1620万元,同比增长105%;完成国家高新技术企业申报1家,实现零突破;新增省科技型中小企业6家、股份制改造企业1家;全年完成外贸出口6.29亿元,浙江匡迪工贸有限公司通过"品字标浙江制造"认证;整治低小散企业32家,淘汰落后产能企业1家,"专精特新"企业培育入库5家,创建精美车间4个;开工建设小微企业园1个,其中大后小微园一期16宗工业用地全部完成出让,3宗地块完成厂房主体建设,13宗地块在厂房建设中,配套工程建设项目处于招投标准备阶段;上新屋小微园完成12宗地块公开出让;上洋山小微园着手开展招商引资。

【疫情防控与复工复产】 疫情防控期间,唐先镇上下党员干部坚守抗疫一线,坚持群策群力、群防群控,守好"小门"。采用以"动"制"静"方式,深入排摸人员信息。累计摸排四色预警人数589人,办理三色卡1400余人次,发放绿色健康码3000余条,检测重点地区返永人员700余人;采用抓实做细方式,认真落实隔离管控措施,通过建立"红色+蓝色"双网格模式,为每名居家隔离人员安排专职网格员,实施跟踪服务,确保管控和服务双到位;采用持之以恒的方式,抓好疫情常态化防控工作。随着疫情形势变化,实施精准智控,重点抓好境外人员排摸和重点地区返乡人员、重点场所的管控工作,全镇防疫形势总体平稳可控,实现了"零"病例目标。以"帮"代"管",科学统筹复工复产。通过建立助企帮帮团,按照复工复产"七步法"的要求,形成企业"一对一"服务清单,为辖区各类企业服务,着重帮助企业解决开工复工面临的员工返厂难、防疫物资短缺、隔离点设置困难等方面

的问题,4月,全镇规上企业复工率达100%,规下企业复工申请备案448家,"三服务"帮扶指导进企业310家,办结事项866件,协助企业通过各种渠道筹措消毒液10吨、口罩2万多只,累计发放疫情防控宣传资料1300余份,推广应用企业码,排名全市前列。通过帮助企业抢员工、抢订单、抢市场,全镇工业企业生产经营形势二季度开始逐步好转,有不少企业实现逆势飘红。

【灾后重建】 2020年8月,4号台风"黑格比"袭击唐先镇,造成惨重损失,唐先镇迅速成立灾后重建工作领导小组,组织群众不等不靠,积极生产自救,在较快时间内完成"五通"(通路、通电、通水、通信、通主要河道行洪);前期上报的135户无房户已经公示133户,有11户已在原址重建,其中灾后重建地块破方平整工程量较大的石湖坑村,经过新任村两委班子合力攻坚,已完成地块流转,并做好143穴坟墓迁移工作;金坑村安置地块已进场平整;唐五村等其他受灾重点村灾后重建工作稳步推进。全镇范围内新增7处地质灾害隐患点,其中6处新发隐患点已进行设计论证,古明村新发隐患点完成招标,已进场施工;2021亩高标准农田修复项目总投资460万元。

【民生实事】 2020年,唐先镇完成全部22个村农饮水达标提标任务;10处单联村供水工程移交市级统管;防洪水工程方面完成2处水库安全鉴定、8座省标山塘安全评估;观音坑水库除险加固、低丘红壤提升治理等2个水利工程完工验收;南片综合开发项目一至三标段已全面完成,第四标段政策变更后的新地块已完成测绘和初步设计;陈亮故里美丽风景线项目道路工程已完工并投入使用,美化工程稳步推进;完成3个村骨灰堂验收,上考村居家养老服务中心成功创建省级示范点;争取村级"一事一议"财政奖补项目4个;前渡金村成功创建

浙江省新时代枫桥式退役军人服务站;全镇31个行政村全面完成年度消薄目标任务;持续深化镇村两级代办,推进办事"最多跑一次",接待咨询、受理事项7000多件,受理低保申请46户,已办结40户;排查出年均人收入9000元以下农户6户,将其全部纳入低保体系;集镇范围"污水零直排"建设、官山背工业区"污水零直排"省级建设任务均已通过金华市级验收;东溪断面水质类别达到Ⅱ类水,超过年度目标任务(Ⅲ类);第一所公办幼儿园已建成投入使用,第二所公办幼儿园项目列入2021年政府投资实施类项目计划;唐先中心小学迁建项目基本确定选址;应急服务中心完成建设并通过上级验收,已投入使用;大永线拓宽改造一期工程已经完成招投标,工程队已进场着手施工;里洋水库除险加固工程受"黑格比"台风影响,重新进行上坝道路部分政策处理工作。

【平安建设】 2020年,唐先镇以"构建基层社会治理新格局,加快推进区域社会治理现代化"为目标,充分运用"一中心四平台一网格",形成上下联动、覆盖全面、统一指挥、运转高效的管理体系。召开各平台联席会议12次、开展联合执法48次,派驻机构人员参与中心工作568人次,有力地推动小城镇环境综合整治、治水拆违治气、平安大会战等工作;四个平台全年排查受理各类事件5490件,办结率100%;全年共收各类信访件683件,均按照规范进行回复,省级信访积案7件中有3件通过努力已化解;设立社会矛盾纠纷调处化解中心,实现社会矛盾纠纷"一条龙受理、一站式服务、一体化指挥",已进行社会矛盾纠纷排查4次,成功调处化解矛盾纠纷14件;秀岩村成功创建浙江省级民主法治村,17个村通过金华市级民主法治村验收。扎实开展农业主体巡查监督与抽样检测工作,深化食用农

产品质量安全追溯体系建设,录入追溯平台146家。深入开展消防、工矿企业安全生产、道路交通、食品安全、古建筑、燃气等各类安全隐患大排查、大整治,全年未发生亡人安全生产责任事故,火警成灾数4起,交通事故数、死亡人数均实现同比下降。

【乡村振兴】 2020年,唐先镇以乡村振兴创意大赛为平台,借助第三届浙江省大学生乡村振兴创意大赛落地唐先的机会,多次邀请专家组和大学生团队来唐先镇进行走访会商,扩大竞赛覆盖村,细化选题方案,深入推进乡风传承、文化挖掘、直播带货、网红旅游经济等活动的举办,积极拓展"绿水青山就是金山银山"转化通道。以美丽城镇创建为抓手,巩固小城镇创建金华样板成果,健全集镇环境风貌长效管控机制;美丽城镇创建行动方案获省级优秀,可行性研究报告完成审批,塔山健康主题公园改造提升等项目前期稳步推进;常态化开展人居环境大整治,通过每月现场督查评比、"红黑榜"张榜公示、挂牌督查等方式强力推进环境整治。全镇成功创建十有村(精品村)6个,十无村(秀美村、达标村)17个,创建率74.2%;生态修复尖山湾等3个村庄,加快建设秀岩村"千秀庄园";以生态环境治理为核心,不断健全环境保护工作机制,加快推进基础设施建设和产业结构调整,持续打响大气、水、土壤污染防治"三大战役"。唐先镇空气质量监测排名稳居全市前列;排污许可证完成比例100%;一般工业固废签约任务数333家,已完成408家,工业固废处理量895.5吨;断面水质基本稳定在Ⅱ类,告别劣Ⅴ类水体。

【文化传承发展】 2020年,唐先镇开展"优雅城市·大美乡村"永康醒感戏展演进基层活动30场次,累计观看人数1.2万多人次;新编历史醒感戏《清正胡公》通过"云"直播扩大受众面,实时观众达到30多万;由唐

先文化站和非遗中心联合创作的永康鼓词《陈亮上书》入选宣讲 365 工程,并于 10 月参加全国非遗曲艺周线上展演活动,获得一致好评;省非遗中心联合字节跳动在长川村文化礼堂进行醒感戏《十八吊》的现场拍摄。通过开展"一人一事助唐先"活动,乡贤结对帮扶学生 53 人,抗台捐款 200 多万元;先后实现唐先小学与金华师范学校附属小学、唐先初中与金华市第四中学合作办学,举办乡贤助学仪式和省教育厅"千人百场"送教下乡活动。乡贤联谊会编发公众号内容 18 期,宣传优秀乡贤励志事迹;组织力量,印制精美画册,深入宣传唐先,推介唐先,讲唐先好故事,传播唐先好声音,让更多的人关注唐先。乡贤会卓有成效的工作获省委统战部副部长的点赞肯定。

【地方特色】 九狮图 起源于清代康熙年间,距今已有 300 多年历史,2008 年被列入国家级非物质文化遗产保护项目名录,是极具地方特色的传统狮舞项目。表演时由 11 名拉线人用 38 根纤绳操控 9 只金毛狮子和彩色绣球,配以锣鼓、乐队,集体协作,精彩绝伦。1980 年重新发掘至今,九狮图足迹已遍及大江南北,上过央视《记忆》栏目,参加过上海世博会、首届联合国世界地理信息大会,赴台湾参加"两岸一家亲"文化交流,受邀赴法国、新西兰、新加坡等国表演,美名享誉海内外。由于浓郁的东方色彩、出神入化的表演,九狮图被誉为"东方一绝",获"华夏一绝"全国民间艺术精品大赛银奖、"非遗薪火"浙江传统体育展演金奖等。

醒感戏 原称省感戏,寓意教导人醒悟、明白事理、诚心向善,具有劝世、教化的作用,是永康独有而古老的地方剧种,被称为戏剧的活化石,流行于东阳、义乌、磐安、武义、金华、缙云等地。醒感戏先是在民歌、小调和祭祀的基础上,受傩戏、目连戏、南戏的影响而产生的仪式剧,后吸收侯阳高腔、松阳高腔而发展成为曲牌体高腔剧种。醒感戏共有九个剧目,俗称"醒感九殇",分别是《毛头殇》《逝女殇》《断魂殇》《精忠殇》《撼城殇》《狐狸殇》《溺水殇》《忤逆殇》《草集殇》。醒感戏的唱腔以地方民歌、小调为主,道白为永康方言。醒感戏曾参与央视《一脉钱塘》纪录片的部分拍摄;《毛头花姐》入选省级科研课题"浙江珍稀剧种与濒临失传优秀代表剧目影像研究工程";《毛头花姐》《逝女殇》获得全国市县电视台推优活动栏目类一等奖。

(唐先镇 供稿)

花街镇

【概况】 花街镇地处永康市西部,与金、义、武三地交界,交通便利,路网发达。330 国道、北三环(西三环)连接花街与主城区;双舟线以花街为起始贯通 5 个乡镇,是永康北部交通大动脉;长深高速、金温高铁(武义站)及新 330 国道是花街向外延伸的大通道。规划中的义武松龙高速、316 省道等路网加持下,花街成为名副其实的永康"西部交通枢纽""城市西大门"。花街镇镇域面积 112 平方千米,下辖 5 个工作片,26 个行政村。2020 年,全镇常住人口 47623 人,户籍人口 28699 人。

2020 年,全镇规上企业工业总产值 33.24 亿元,同比增长 4.89%,净增工业"小升规"企业 9 家。投入技改、研发资金 1.78 亿元,新增国家高新企业 5 家,省科技型中小企业 12 家,建成"美丽工厂"16 家。金和美、宇森百联参与浙江制造标准制定,春天集团获品字标认证。成立复工复产指导专班、"亲商助企"服务团,开办"亲商助企"流动服务集市、"三师说"大讲堂,为 416 家企业提供一站式集成服务,解决难题 528 个,助企融资 1.1 亿元。排摸固定资产项目 32 个,完成固定资产投资 5.82 亿元,同比增长 41.9%,其中工业投资 3.41 亿元,排名全市第一。黄山小微园正式完工,13 家企业入驻投产,配套综合楼开工;道明安防产业园一期基本完工,二期开工建设;康邦小微园 12 幢厂房全部结顶;黄园小微园完成 4 宗土地出让,2 幢厂房开工建设。着手谋划茶场、隆泰区块低效用地改造。重大产业项目到位资金 3.17 亿元,4 个小微企业园完成投资额 3.78 亿元,完成率 189%,位列全市第一。

2020 年,花街镇水稻种植面积 7930 亩,旱粮种植面积达 3475 亩。开展粮食功能区整治,进行抛荒改种、苗木改种,扩种 652 亩。建成高标准农田 6104 亩,占全市建设面积的 50%。全市最大生猪养殖项目在淡溪村开工建设。胜利水库(小二型水库)除险加固工程顺利开工,47 个农饮水达标提标站点全部完工纳入市级统管,占全市总量的 20%,实现城乡同质供水。积极发展数字农业,搭建普园花卉电商直播平台,开展"直播带货",为农产品销售打开线上新渠道,"智慧创意农业综合体"项目荣获浙中青年创业大赛金奖。挂牌省农科院示范基地 2 个,倪宅村"三美融合"项目启动。

2020 年,花街镇多措并举提升花街形象。完善配套设施,杨公—大屋雨污水主管网和江瑶山区块雨污水主管网开工;新 330 国道(花街段)通车,双舟线、永方线、花金线白改黑完工通车,成功创建金华"四好农村路"示范乡镇。获评国家卫生乡镇,深入共创省示范文明城市,整改各类脏乱问题 3000 余个,办理市容类案件 156 起,处罚金额近万元。开展建筑工地扬尘治理,盘活存量建设用地 80 亩、低效用地再开发

100 亩,消化批而未供土地 24.18 亩,拆除违建 6.4 万平方米。超额 300% 完成新增国土绿化 1400 亩,总量排名全市第一,清理松材线虫疫木 1300 吨,森林资源保护工作受到国家林草局肯定。创建金华市森林村庄 2 个,"十有村""十无村"7 个,省 A 级旅游村庄 4 个,"最美双舟线"建设有序推进。

2020 年,新花街卫生院投入使用,两癌、消化道筛查 2914 人次,国免检查人群覆盖率达 80% 以上,家庭医生签约率增长 2%;顺利通过省三星级食安办验收。全面完成全国第七次人口普查,完成基本医保、大病保险、劳动保障等工作。新增低保、低边 11 户,"博爱送万家"救助贫困户 65 户。建设移民项目 4 个,补助资金 180 万元,整改住房隐患点 218 处。改造提升尚仁村老年食堂,新建农村家宴厨房 3 个、文化礼堂 4 所,店园文化礼堂获评省五星级文化礼堂。全年开展文艺演出 20 余场。开展"一月一镇平安大会战",化解信访积案 5 起,建成倪宅区域联防和规范化网格员队伍。打造"爱珍调解室",解决各类纠纷 303 起,涉案金额 690 余万元,矛盾纠纷调解"花街速度"在《浙江法制报》刊登。

【花街镇荣获全省"五水共治"工作考核优秀乡镇称号】 3 月 25 日,花街镇荣获 2019 年度全省"五水共治"工作考核优秀乡镇称号。2019 年以来,花街治水人以"河长制"为抓手、以源头治理为重点、以水利建设为手段,高标准、高质量、高水平推进"五水共治"各项工作,"水清、岸绿、景美、河畅"的水生态环境初步显现。

【召开纪念中国共产党成立 99 周年大会暨"五星三强"示范镇创建誓师大会】 7 月 5 日,花街镇举行纪念中国共产党成立 99 周年大会暨"五星三强"示范镇创建誓师大会,镇全体机关干部、村两委成员、两新党支部书记等近 500 余名党员干部参会。会前,组

织参会人员签订党员严守规矩和纪律承诺书,并发放村级组织换届"十严禁""十不准"纪律宣传册。会上还重温入党誓词,表彰先进典型,签订"五星三强"党支部创建军令状,3个代表上台发言,成立红领青年预备队等5支队伍并授旗。

【驰援受灾一线】 8月9—10日,由花街镇新一届村级党组织和"两新"党组织等80余名党员干部自发组建的花街红色应急先锋队,并携带价值万元的爱心救灾物资驰援受灾严重的西溪镇、唐先镇,齐心助力灾后重建。在负责人的统一安排下,党员干部协助当地村民清扫路面,清运垃圾,刚上任的新一届村党支部班子也主动请缨,投入灾后重建战役中。

(花街镇　供稿)

荣誉名录

先进个人

2020 年度永康市获国家级表彰或奖励的个人

姓 名	工作单位	荣誉称号	表彰单位（表彰文号）	表彰时间
应 涛	古山派出所	全国优秀刑事技术民警	公刑侦〔2020〕1396 号	2020 年 4 月 24 日
朱茂均	市公安局	2019 年度刑事案件现场勘查工作成绩突出的县级公安局长		2020 年 1 月 17 日
董志成	刑侦大队技术室	优秀现场勘查人员	公刑侦〔2020〕3274 号	2020 年 7 月 29 日
张作明	指挥中心	2018—2020 年度全国无偿献血奉献奖铜牌	荣誉证书	2020 年 12 月 31 日
黄世勇（职工）	流管局	2020 年蓝天保卫战夏季臭氧污染防治监督帮扶工作表现突出人员		
朱寿安	市关工委	全国关心下一代工作先进工作者	中关工委〔2020〕11 号	2020 年 10 月 20 日
程 迅	永康农商银行	2020《中华合作时报》优秀通讯员		

2020 年度永康市获浙江省级表彰或奖励的个人

姓 名	工作单位	荣誉称号	表彰单位（表彰文号）	表彰时间
李建成	市公安局	全省抗击新冠肺炎疫情先进个人	浙公办〔2021〕4 号	2021 年 1 月 4 日
程海博	象珠派出所	2018—2019 年度省级青年岗位能手	浙青文〔2020〕1 号	2020 年 2 月 20 日
赵学锋	刑侦大队扫黑除恶大队	全省扫黑除恶专项斗争成绩突出个人	省 A20200047	2020 年 4 月 02 日
陈 革	方岩派出所	个人二等功	浙公令〔2020〕21 号	2020 年 12 月 29 日
童步格	开发区派出所	全省公安派出所"百名好民警"	《平安时报》	2020 年 1 月 19 日

续　表

姓　名	工作单位	荣誉称号	表彰单位(表彰文号)	表彰时间
施永良	指挥中心	最美浙警	《平安时报》	
吕火华(辅警)	市公安局	抗击新冠肺炎疫情成绩突出个人	浙公办〔2021〕4号	2021年1月4日
卢锦峰(辅警)	市公安局	抗击新冠肺炎疫情成绩突出个人	浙公办〔2021〕4号	2021年1月4日
胡飞勇(辅警)	市公安局	抗击新冠肺炎疫情成绩突出个人	浙公办〔2021〕4号	2021年1月4日
黄孟鸿(辅警)	市公安局	抗击新冠肺炎疫情成绩突出个人	浙公办〔2021〕4号	2021年1月4日
周震宇(辅警)	市公安局	抗击新冠肺炎疫情成绩突出个人	浙公办〔2021〕4号	2021年1月4日
马雄英	市司法局	全省司法行政系统法治化营商环境优化专项行动个人嘉奖	浙司〔2020〕47号	2020年5月29日
应永红	市司法局	全省公共法律服务体系建设成绩突出个人	浙司〔2020〕102号	2020年12月29日
施凯莉	市司法局	全省司法行政系统岗位技能比武个人三等奖		2021年1月29日
王　海	市人力资源和社会保障局	浙江省优秀共产党员	浙委发〔2020〕18号	2020年6月18日
王曙光	市自然资源和规划局	全省地质灾害隐患综合治理"除险安居"三年行动成绩突出个人	浙政办发(2020)41号	2020年8月
罗文博	市自然资源和规划局	2020年浙江省不动产登记窗口便民利民服务成绩突出个人	浙自然资函(2021)15号	2021年3月
李　浪	市自然资源和规划局	森林浙江建设工作突出贡献个人	中共浙江省委 省人民政府	2021年1月
金　攀	市自然资源和规划局	森林浙江建设工作突出贡献个人	中共浙江省委 省人民政府	2021年1月
胡广才	市自然资源和规划局	浙江省森林生态保护突出贡献个人	浙林资〔2020〕69号	2020年12月
黄　俊	市广播电视台	全省广播电视新闻融合传播协作电视先进个人	浙广集团发〔2021〕5号	2021年2月
陈　珺	市广播电视台	全省广播电视新闻融合传播协作广播先进个人	浙广集团发〔2021〕6号	2021年2月
应芳蒙	市广播电视台	全省广播电视新闻融合传播协作新媒体先进个人	浙广集团发〔2021〕7号	2021年2月

姓　名	工作单位	荣誉称号	表彰单位(表彰文号)	表彰时间
邵日新	市红十字会	"十三五"全省红十字系统成绩突出个人	浙红〔2021〕3号	2021年1月8日
胡广辉	古山镇	浙江省"绿叶奖"	浙江省人民教育基金会	2020年9月
程　真	古山镇	2020年度浙江民革防控防疫先进个人	民革浙江省委会	2020年7月

2020年度永康市获金华市级表彰或奖励的个人

姓　名	工作单位	荣誉称号	表彰单位(表彰文号)	表彰时间
刘晓波	市经信局	2020年"党建＋社会治理"先进个人	金委发〔2021〕12号	2021年4月
傅　洁	市经信局	金华市抗击新冠肺炎疫情先进个人	金委发〔2020〕31号	2020年12月
马雄英	市司法局	2020年度"党建＋社会治理"工作突出贡献个人	金委发〔2021〕12号	2021年4月8日
颜振远	市司法局	2020年度"党建＋社会治理"工作突出贡献个人	金委发〔2021〕12号	2021年4月8日
胡永广	市自然资源和规划局	2019年度美丽金华建设突出贡献个人	金委发(2020)21号	2020年9月
胡寿增	市交通运输局	金华市抗击新冠肺炎疫情先进个人	金委发〔2020〕31号	2020年12月
徐　璐	市招商中心	金华市招商引资暨第二届金华发展大会筹办工作成绩突出个人	金委发〔2020〕24号	2020年11月3日
李　江	前仓镇	美丽金华建设工作突出个人	金委发〔2020〕21号	2020年9月18日
邵　颖	前仓镇	金华市抗击新冠肺炎疫情先进个人	金委发〔2020〕31号	2020年12月

先进集体

2020年度永康市获国家级表彰或命名的单位

获表彰集体	荣誉称号	表彰单位(表彰文号)	表彰时间
市拘留所	2018—2019年度一级拘留所	公监管〔2020〕115号	2020年4月28日
市广播电视台	全国媒体融合先导单位20强	中国视协市县电视委员会	2020年11月
	《幸福 我的家》全国电视栏目一等奖	中国视协市县电视委员会	2020年11月

续　表

获表彰集体	荣誉称号	表彰单位（表彰文号）	表彰时间
浙江中国科技五金城集团有限公司	第六届全国文明单位	文明委〔2020〕8号	2020年11月20日
舟山镇	国家级卫生乡镇	全爱卫发〔2020〕1号	2020年7月29日
方山柿	国家地理标志证明商标	国家知识产权局第30482158号	2020年4月
古山镇	国家级卫生乡镇	全国爱国卫生运动委员会	2020年8月14日
龙山镇人民调解委员会	全国模范调解委员会	司发通〔2020〕83号	2020年12月9日

2020年度永康市获浙江省级表彰或命名的单位

获表彰集体	荣誉称号	表彰机关（表彰文号）	表彰时间
永康市	2019年度省级国土资源节约集约模范县（市、区）	浙自然资函（2020）81号	2020年12月
	浙江省文旅产业融合试验区	浙文旅政法〔2020〕8号	2020年12月23日
	省级餐厨垃圾资源化综合利用和无害化处置试点良好城市	省发展改革委 省财政厅 省建设厅	2020年10月30日
市经信局	省中小企业培育工作成绩突出集体	浙经信企业〔2020〕123号	2020年9月28日
方岩派出所	2018—2019年度省级集体青年文明号	浙青文〔2020〕1号	2020年2月20日
市拘留所	第三届全省司法拘留社会矛盾化解优秀案例	浙高法办〔2020〕10号	2020年1月21日
市公安局情报指挥中心	110工作成绩突出集体	浙江省公安厅关于对全省公安机关110工作成绩突出集体和个人予以表扬的通报	2020年12月31日
"一警情三推送"工作专班	集体二等功	浙公令〔2020〕21号	2020年12月29日
西城派出所	集体二等功	浙公令〔2020〕20号	2020年12月29日
芝英派出所	全省公安派出所"百个好故事"	《平安时报》	2020年1月19日
	最美警队	《平安时报》	
市林业局	浙江省森林生态保护突出贡献集体	浙林资〔2020〕69号	2020年12月
	森林浙江建设工作突出贡献集体	中共浙江省委 省人民政府	2021年1月

获表彰集体	荣誉称号	表彰机关（表彰文号）	表彰时间
市博物馆	2019年度"浙江省社科普及创新示范推介项目"（"红领巾讲解员"担当新时代社科普及生力军）	浙社科联发〔2020〕13号	2020年2月24日
市文广旅体局	2020年浙江省文化和旅游创新团队	浙文旅人〔2020〕20号	2020年11月18日
香樟公园	优质综合公园	省住房和城乡建设厅	2020年2月22日
永康电视台	全省广播电视新闻融合传播协作县级先进集体一等奖	浙广集团发〔2021〕5号	2021年2月
永康人民广播电台	全省广播电视新闻融合传播协作县级先进集体一等奖	浙广集团发〔2021〕5号	2021年2月
市融媒体中心	全省广播电视新媒体新闻融合传播协作县级一等奖	浙广集团发〔2021〕5号	2021年2月
舒畅家庭	浙江省文明家庭	省委省政府	2021年1月15日
吕林欣家庭	浙江省文明家庭	省委省政府	2021年1月15日
市红十字会	2020年度浙江省红十字会工作先进单位	浙红〔2021〕7号	2021年2月5日
市农贸果蔬粮油批发市场	浙江省防控新冠肺炎疫情市场保供贡献突出企业	省商务厅	2020年5月8日
市农贸果蔬粮油批发市场工程（三期）	浙江省建设工程钱江杯（优质工程）	浙建协〔2020〕60号	2020年9月7日
浙江永康市食品有限公司	浙江省肉类协会第四届理事会先进会员单位	浙肉协秘〔2020〕18号	2020年12月24日
浙江金汇五金产业集团有限公司	省市场开发服务中心先进单位	浙市中联〔2021〕1号	2021年1月25日
市农贸果蔬粮油批发市场工程（三期）	华东地区优质工程奖	浙建协〔2021〕17号	2021年3月22日
舟山镇	浙江省农村文化礼堂建设示范乡镇	浙宣〔2020〕46号文件	2020年10月10日
	浙江AAAA省景区镇		2020年12月28日
古山镇	浙江省农村文化礼堂建设示范乡镇	中共浙江省委宣传部	2020年10月10日
	2020年度浙江省美丽乡村示范乡镇	省"千村示范、万村整治"工作协调小组办公室	2020年12月28日
	美丽城镇行动方案获省级优秀样板创建城镇行动方案	省城乡环境整治工作领导小组	2020年9月18日
古山镇食安办	三星级乡镇食安办	省食品药品安全委员会办公室	2020年11月25日

获表彰集体	荣誉称号	表彰机关（表彰文号）	表彰时间
古山镇前黄村	浙江省美丽乡村特色精品村	省"千村示范、万村整治"工作协调小组办公室	2020 年 12 月 29 日
龙山镇	2020 年度新时代美丽城镇建设省级样板城镇	浙城乡环治〔2020〕1 号	2020 年 12 月 21 日

2020 年度永康市获金华市级表彰或命名的单位

获表彰集体	荣誉称号	表彰机关（表彰文号）	表彰时间
市经信局	2019 年度金华市工业经济综合目标责任制先进单位	金政发〔2020〕10 号	2020 年 3 月 31 日
	金华市重点细分行业培育先进单位	金政发〔2020〕10 号	2020 年 3 月 31 日
扫黑除恶大队	2020 年度金华市成绩突出公安集体	金委发〔2021〕13 号	2021 年 4 月 12 日
芝英派出所	2020 年度金华市成绩突出公安集体	金委发〔2021〕13 号	2021 年 4 月 12 日
古山派出所	2020 年度金华市成绩突出公安集体	金委发〔2021〕13 号	2021 年 4 月 12 日
市慈善总会	慈善项目奖	金政发〔2020〕17 号	2020 年 5 月 21 日
东城街道党工委、办事处	党建＋社会治理	金委发〔2021〕12 号	2021 年 4 月 8 日

（市年鉴部　整理）

附 录

政府工作报告

—— 主动作为抓落实　勇扛使命开新局

为建设"重要窗口"凝聚永康智慧贡献永康力量

（2020 年 7 月 31 日）

金　政

同志们：

这次会议的主要任务是：以习近平新时代中国特色社会主义思想为指导，全面贯彻党的十九大和十九届二中、三中、四中全会精神，深入学习贯彻习近平总书记考察浙江重要讲话精神，以及省委十四届七次全会、金华市委七届七次全会精神，总结 2020 年上半年工作，研究部署 2020 年下半年工作，动员全市上下主动作为抓落实，勇扛使命开新局，高质量打造中国乃至世界先进制造业基地，决胜高水平全面建成小康社会，为建设"重要窗口"凝聚永康智慧贡献永康力量。

下面，我代表市委、市政府向全会作报告。

一、科学应变、勠力同心，新腾飞步伐稳健前行

今年以来，面对突如其来的新冠肺炎疫情，市委市政府坚决贯彻习近平总书记重要指示精神和省委省政府、金华市委市政府各项决策部署，坚持"两手硬、两战赢"，下非常之功、施非常之策、用非常之力，强化"六稳"举措、落实"六保"任务，扎实开展"三服务"活动，疫情防控和经济社会发展工作取得积极成效。上半年，全市地区生产总值增长－3％；一般公共预算收入 40.2 亿元，增长－4.7％；固定资产投资增长 8.4％，居金华各县市首位；城乡居民人均可支配收入分别增长 2.3％、2.6％。

我们坚持以非常之举取得"两战赢"阶段性成果。市委常委会先后 13 次专题研究部署统筹"两战"工作，第一时间启动疫情响应，充分调动全市上下各方面力量。创新实施"12345"疫情防控机制，率先在金华实现辖区内确诊病例清零，"四色预警"管理机制在全省推广。面对疫情趋稳态势，以战时思维迅速转换思路，精心服务抢复工。率先推出复工复产"七步法"和小微企业乡镇"金融小超市"，深入开展"惠企助企大走访"等九大行动，出台输血赋能十大举措和"智汇丽州"人才新政二十条，"三大员"红色力量为群众代跑代办 8000 余次，"五减"政策兑现

393

率达 107.62%,新增制造业贷款 32.9 亿元,居金华各县市区首位,"化圈解链"取得实质性突破。率先在全省开启疫情防控"火线推优",通报表扬三批次永康市优秀"战疫先锋"团队 66 个、个人 121 名;整改涉疫领域问题 2133 个,问责 66 人。"八字"工作法被农业农村部官网刊登推广。全省首创"返岗直通车",得到省委省政府主要领导肯定,多次登上国家级媒体。

我们坚持以"稳企赋能"精准招数推动经济平稳复苏。组建"争先创优"经济大会战八大专班和"稳企赋能讲师团""平战转换"推动主要指标回升。抢抓政策"窗口期",争取地方政府专项债 8.88 亿元,完成"两直"补助资金 1.02 亿元,先后获得省财政厅旧址建筑群修缮专项补助,省商务厅跨境电商发展、供应链创新与应用专项激励,省政府批发零售业改造提升和"亩均论英雄"改革专项激励。抢抓项目投资"攻坚期",招商引资工作走在金华前列,省市县长项目开工 3 个,57 个工业项目集中开工建设,新增省级资格认定小微企业园 2 家。抢抓数字经济"赋能期",5 个"一企一线"数字化改造试点项目、5 个智能化工厂项目通过验收,"两化融合指数"基础环境排名全省第三,"搭积木式"数字化改造经验全省推广。抢抓市场主体"孕育期",新增"浙江制造"标准 8 项、品字标企业 6 家,小微企业制度供给力指数位居全省榜首,"小升规"工作经验在国务院相关简报上刊登。抢抓科技人才"潜力期",举办"揭榜挂帅、全球引才"重点细分行业引才、高层次人才"云社区"千企万岗招才等活动,开展第三届中国智能门(锁)创新发展论坛,新增国家高新企业培育入库 71 家、省级博士后工作站 1 个,新引进建设高校院所平台 1 个、顶尖人才 3 名、领军人才 21 名。抢抓国内国际双循环发展新格局"构建期",大力度实施市

县联动发放消费券、市场采购拉动、"云购五金优品"、云房展等系列活动,第十一届中国(永康)门博会交易额达 26.12 亿元,广播电视台采制的永康外贸企业通过"云对接"开拓海外市场报道亮相央视《新闻联播》,上半年出口增幅由负转正,网络零售额位居全省第七。

我们坚持以"一局一事一出彩"撬动改革红利释放。以"最多跑一次"改革为牵引,深化一把手抓改革"1+4"工作机制,推动各领域改革全面开花。新增 4 个省级部门以上改革试点,包括"三医联动""六医统筹"集成改革、企业安全生产风险防控和应急救援平台项目、省文旅产业融合改革试验区培育、新时代浙江产业工人队伍建设改革省级非公企业试点,相继承办全省供销系统垃圾分类与资源化利用服务体系建设、票据电子化改革、垃圾分类和回收利用以及金华市信访举报、农村普惠、金融暨"三资"管理工作现场会(座谈会),农村"三资"管理、跨境电商发展、驻院巡查代表制、花街镇"五星三强"示范乡镇建设经验在上级各类会议上作典型发言,壮大实体经济、共建"三方四地"飞地园区、创新培育工业经济型专业干部、肥药管理"一件事"、危废集中收运、电商扶贫、小升规、"一月一镇平安大会战""一警情三推送""四全举措""三大员"建设、复工复产"七步法"、退役军人全生命周期服务管理、小区"红色云治理"、推进"2+6"项目清单、对标比拼勇赶超等工作获金华市主要领导以上批示肯定,我市奋力打造全国先进制造业基地的专件信息获报中办,市拘留所获评全国一级拘留所,生态环境分局被评为第二次污染源普查全国先进集体。大力开展"整体智治,云上永康"建设,出台城市大脑建设应用三年行动方案,一数通用综合平台入围省政府数字化治理优秀成果汇报展、获评省城市大脑(智慧城

市)应用优秀典型案例,数字小微园获评省政府数字化治理创新典型案例。"民生零次跑、政务一件事"步伐扎实推进,创新开展工伤智控、失地农民保险、法拍房等若干个"一件事"集成改革,全省率先推出"浙里问·永康"事前咨询客服在线项目,探索实施工业企业产权虚拟分割模式。颁发全省首份长三角"一网通办"营业执照,首创企业"品字标"二维码方式走向用户消费终端。市属国有企业子公司整合重组有序推进,筹集资金26亿元。市检察院办理的涉及民营企业技术创新案件写入全国"两会"最高检报告。城市信用监测排名首次挺进全国县级市前100名。

我们坚持以创建组合拳提升"优雅城市·大美乡村"成色。杭丽铁路列入国家规划,永康磐安流岸水库引水协议正式签约,方岩风景名胜区核心景区详规获国家林草局批复,高质量通过国家卫生城市省级技术评估和省级示范文明城市首次调研。黄城里综合体建设有序推进;城中村改造西山头一期顺利交房、塔海主体结顶、黄棠开工建设;田川未来社区实施方案通过省级评审,开创征迁工作新速度。江南山水新城开发建设全面启动,南溪湾公园岩生植物园完成验收,大塘沿拆迁安置区开工建设。330国道改建工程(一期)和新客运中心投入使用,北三环、南四环工程纵深推进,规划省道安吉至洞头公路永康段(枫坑隧道)工程开工建设,义龙高速项目义永武三地合作框架协议签订。丽州南路路灯工程获评全国唯一的县级市政(路灯)金杯奖。市域美丽城镇建设行动方案完成评审,8个拟创建省级美丽城镇实施方案全面完成,龙山镇创建工作稳步推进。舟山镇、古山镇、花街镇通过国家卫生乡镇省级评估,龙山镇列入第三批省级运动休闲小镇培育名单,西溪镇获评浙江省森林康养

小镇。城乡环境治理"创佳评差"活动扎实开展,"无废永康"建设全面启动,全国首创"移动智能垃圾分类车""十有十无"村创建全速推进,7个村入选省历史文化村落保护利用村名单。全市生猪存栏数同比增长71.9%,低收入农户"红色保单"实现全覆盖,积极打造全国电商扶贫供应链基地。拆违治危稳步推进,拆除违法建筑面积58.5万平方米。生态环境持续向好,成立水投排水公司,农饮水达标提标工程扎实开展,超额完成平原绿化建设年度任务,金华市控以上地表水断面水质达标率100%,臭氧浓度排名全省第13位,同比提升26位。环保执法工作获生态环境部表彰。获评省级最严格水资源管理制度成绩突出县市。

我们坚持以县域治理现代化回应百姓期盼。夯实居有善治,全省首创"一月一镇平安大会战"集中清仓平安隐患,创新推行"一警情三推送"、小区"红色云治理",建立"龙山经验"复制推广标准,健全"龙山经验"指数社会治理考评机制,行政争议和金华市级以上信访积案化解率大幅提升,"一厂多租"专项整治推动全市企业类火灾大幅减少,省级平安县(市、区)创建实现十四连冠。强化学有优教,首创"空中希望课堂"线上教学模式,义务教育段首次"公民同招"改革稳妥有序,高考一段线上线人数突破800大关,永康一中与杭州二中开展合作共建办学,扩大优质教育资源辐射面,扎实推进集团化办学,促进城乡教育一体化均衡发展。深化病有良医,卫健系统充分发挥"新冠抗疫"主力军作用,多家医院、个人分别获金华市"战疫先锋"团队和"战疫先锋"个人称号,新成立名医工作室7家。保障幼有所育、老有颐养,启动"永馨养"智慧养老服务平台建设,人大代表驻检察机关未成年人关护站社会效益明显。文化永康建设芳沁人心,开展"购五金、品十碗,五金之都游一

游"活动,"泛影视"集聚区块渐渐成形。十大民生实事有序推进。

我们坚持以严实作风提振干部精气神。坚决守牢意识形态主阵地,大力实施"宣讲365"和"灯塔"工程,播出《问政时间》3期、《焦点时刻》25期,创新推出"广电融媒体为您服务"直播平台,全市网络舆情平稳有序。九旬大爷倪德藏高频次获央媒点赞,"端岩村的美丽攻略"登上学习强国首页。新时代文明实践中心国家级试点完成建设并获得省委宣传部肯定。全域建设"五星三强"基层党组织,率先开展"六清"行动,逐镇过堂、逐村研判、稳步推进,花街镇村社组织换届试点全面启动;国有企业党建关系全面理顺,两新党建"红色生产力"工程持续深化,建立智能门(锁)产业等党建联盟,"党建细胞大比拼"全域铺开。创新出台容错纠错实施办法,注重从服务"两战""项目攻坚"等急难险重一线选拔使用干部,持续深化对"红色成长"年轻干部的培养,工业经济型专业干部"全链培养"体系初具雏形。出台进一步规范干部退休制度。荡清基层政治生态,深入开展"正风提效、护航腾飞"、涉纪信访突出问题"打靶攻坚"等行动,涉纪类检举控告同比下降54.9%,运用"四种形态"处理759人次、党纪政务立案175件,查处违反中央八项规定精神问题37起、问责47人、党纪政务处分7人。出台审计整改责任追究实施细则(试行),全力配合做好省审计厅对我市经济责任履行情况审计工作。镇(街道、区)纪(工)委副书记实现全公务员配备。高质量完成市委两轮常规巡察和村居巡察全覆盖。"四全举措"获评全省优秀案例奖。

我们坚持以"最大同心圆"汇集"新腾飞"建设力量。持续拓展人大职能广度深度,人大助力民营经济高质量发展相关做法在全省视频会上作经验交流,"龙山经

验"人大代表联络站被省人大列为人大代表助推基层治理典型案例。持续推进政协协商永康民主实践,成立首批6家社情民意联络站,"请你来协商""一村一委员""民情专递"三大平台建设各具特色。集聚统一战线力量,大力团结各界人士、永籍侨胞和宗教领域人士共同抗疫、助企复产,"五型"民主党派组织建设做法受中央级党媒关注。永康统一战线助力疫情防控、开展"四法"侨情调查分别在金华统战工作会议、金华市疫情防控视频会议上作典型发言。举办首届民族文化艺术周活动,成立飞鹅山石榴籽社区。青年网红联盟推动网红经济落地,首创"云端礼堂",工团妇的群团作用不断放大。首次评选最美退役军人,创新军人权益维护"1+8"模式,党管武装工作扎实有效。党史、党校、档案、老干部、科协、工商联、侨联、台联、残联、文联、关心下一代、慈善、红十字等工作取得较好成效。

面对百年未有之大变局,上半年在大战大考中取得的成绩来之不易,这是上级党委政府正确领导、市四套班子共同努力、老同志们大力支持、全市干部群众团结奋斗与社会各界积极参与的结果。在此,我谨代表市委、市政府向全市广大党员和干部群众,特别是奋战在基层一线的医务工作者、公安民警、企业家表示衷心的感谢和崇高的敬意!

在看到成绩的同时,我们也清醒地认识到,我市经济社会仍面临风险和挑战。在疫情和中美贸易战等因素影响下,我市经济受大企业拖累较大,重大项目质量改善不够明显,企业抵御风险的能力不足,民营企业发展还面临很多困难;城市能级不高,生态环境质量仍较脆弱,乡村社区社会治理能力不足,健康教育养老等公共服务离百姓愿望还有较大差距;我们的少数干部还存在本领恐慌、因循守旧、落实不力、违纪

违法的情况,在应对突发事件、重大风险时能力不足、办法不多、担当不够,破除形式主义、减轻基层负担、提升行政效能和法治建设水平任务依然艰巨。面对这些问题和困难,我们必须拿出"千磨万击还坚韧,任尔东西南北风"的定力和魄力,找根源、想办法,千方百计加以解决。

二、把握大势、坚定信心,努力在"重要窗口"建设中育新机开新局

在统筹推进疫情防控和经济社会发展的特殊时期,习近平总书记赋予浙江"努力成为新时代全面展示中国特色社会主义制度优越性的重要窗口"的新目标新定位,为浙江实现更好发展指明了战略方向、提供战略指引。省委十四届七次全会,紧扣习近平总书记赋予浙江的新目标新定位,作出了建好 10 个方面"重要窗口"的系统部署,提出了加快形成 13 项重大标志性成果的工作要求,进一步明晰了建设"重要窗口"的路径举措,吹响了建设"重要窗口"的奋斗号角。我们必须深刻领会、准确理解"重要窗口"的核心要义和精神实质,坚决贯彻落实省委和金华市委全会对建设"重要窗口"作出的全面系统部署,全面扛起"重要窗口"建设使命担当,主动把自身的"小窗口"放到全省"重要窗口"的大局中去谋划落实,努力在"重要窗口"建设中打造更多永康金名片,为建设"重要窗口"凝聚永康智慧,贡献永康力量。

在"重要窗口"建设中打造更多永康金名片,我们必须牢牢把握战略机遇,坚定信心、乘势而上。我们的发展正面临新的难得的"机遇期"和"窗口期"。今年以来,为应对新冠肺炎疫情给经济社会发展带来的影响,党中央、国务院推出了"用能、用地、优质资源向经济发达地区倾斜""加强新型基础设施建设"等一系列超常规、超预期举措,并且提出构建以国内大循环为主体、国内

国际双循环相互促进的新发展格局。在这样的大背景下,我们制造业大市、工业强市的优势将会成倍放大。但是我们也要充分认识到,这些机遇不是永康独有,也不会自动带来"红利",唯有见势早、行动快、对接准,才能转化为新一轮发展的引爆点、支撑点、兴奋点。全市上下要切实增强"抢"的意识、"拼"的劲头,顺势而为、积极谋划,坚持把抓好常态化疫情防控作为做好下半年工作的前提条件,把政策机遇转化为发展助力,把利好条件转变为现实优势,在全省、全国竞相发展的大格局中赢得主动。

在"重要窗口"建设中打造更多永康金名片,我们必须积极应对压力挑战,保持定力、迎难进取。当今世界百年未有之大变局向纵深发展,新冠肺炎疫情全球大流行更加剧了这一趋势,当前和今后一个时期,我们可能会面临很多困难和挑战。比如,全球疫情的持续蔓延,疫情输入性风险长期存在;经济下行、中美贸易摩擦和疫情相互叠加,给我们稳出口、稳经济带来更大的冲击和挑战;通过疫情,我们可以看到部分企业抵御风险的能力还很弱,传统产业改造提升和新兴产业发展还需进一步加快,等等。面对当前复杂形势和艰巨任务,我们要始终保持清醒的头脑,强化底线思维,直面问题挑战,抓重点、补短板、强弱项,用加压奋进的确定性有效对冲内外环境的不确定性,努力在危机中育新机、于变局中开新局,推动永康经济社会向高质量迈进。

在"重要窗口"建设中打造更多永康金名片,我们必须紧紧咬住目标,争先创优、接续奋斗。在决胜第一个百年奋斗目标的大背景下,在"重要窗口"建设中,我们要打造更多永康金名片,必须同习近平总书记在浙江工作期间对永康提出的"打造中国乃至世界先进制造业基地"的要求有机结合,必须同目前正在编制的"十四五"规划有效

衔接起来,加快谋划一批引领性、带动性强的重大工程、重大项目,全力以赴推动"全面奔小康,永康新腾飞"。全市上下要切实把思想和行动统一到市委市政府的决策部署上来,始终保持和弘扬敢为人先、敢于改革、敢于创新的精气神,进一步把习近平总书记考察浙江重要讲话精神贯彻到衡量标准上,融入思路举措中,体现在精神状态上,落实到工作成效上,把一切积极因素充分调动起来,把每一个永康人的激情充分焕发出来,以一件一件抓落实、一项一项向前赶的实际行动展现"重要窗口"建设的永康担当,确保实现"全年红",交出人民满意的时代新答卷。

三、决胜第一个百年目标,以实际行动展现"重要窗口"建设的永康担当

在建设"重要窗口"中凝聚永康智慧,贡献永康力量,关键是要抓紧每一天、干好每件事,进一步擦亮永康十个方面的金名片,努力夺取双胜利,奋力实现全年目标任务。

(一)致力构建国内国际双循环发展新格局,进一步擦亮"五金之都"金名片。以改革开放为引领,发挥"制造+市场"优势,进一步让永康五金走向世界、让世界五金汇集永康。

抢占开放高地。全力稳住外贸出口基本盘,以跨境电商、市场采购、品牌出海、线上展会等四大工程为抓手,鼓励企业开拓"一带一路"沿线国家市场,完善对外贸易研判预警应对机制,落实支持外贸企业渡难关稳订单拓市场"新10条"意见。进一步融入长三角一体化发展,抓住G60科创走廊建设重大战略机遇期,在沪设立"中国·永康五金大厦",举办"松江—永康产业发展论坛",充分对接上海、江苏等地企业优势,打造永康科创飞地,做好高端装备制造、健康医疗器械、军民融合、新材料、现代

五金等产业的承接转移工作。加快浙川三地四方共建飞地园区步伐。

壮大市场能级。深入挖掘永康五金城市场"大窗口"作用,坚持以"品牌输出、管理输出、市场输出"的轻资产投资模式,借力永康五金直销中心、"五金优选"直营中心等市场,加快布局国内外五金城分市场,全面提升永康制造在全国全球供应链产业链中的竞争力,加速永康五金品牌国际化进程。积极推进批发零售改造提升,紧抓直播电商、出口转内销、活动会展、夜间经济四大抓手,大力推动经济内循环,有效拉动消费。

推动改革提效。高质量完成"十四五"规划编制。全面完成国资国企改革任务,力争筹集资金30亿元以上,打造一家资信等级AA+融资平台。统筹推进工业企业电子商务统计调查改革、"两业"融合发展和供应链创新应用等省部级试点。积极争取省级县域经济治理改革试点,争创全国县域民营经济高质量发展示范区。

(二)致力打造中国乃至世界先进制造业基地,进一步擦亮"永武缙产业带"金名片。自觉扛起"浙中工业经济脊梁"的使命担当,扩大永康经济圈的辐射带动能力,推动永康由"制造大市"向"制造强市"升级。

产业攻转型。建立健全永武缙现代五金产业集群共建共融协作长效机制,打好产业基础高级化和产业链现代化攻坚战。谋划"筑基兴链"行动,出台八大传统产业高质量发展实施计划,提升块状特色产业链竞争力,打造全国应急产业示范区,构建以永康为中心的五金产业经济圈。紧盯军民融合、健康医疗器械等新兴产业,加快健康医疗器械产业小微园建设,促进相关企业与高校科研院所产学研合作,打造全省五金军需用品保障生产基地和高端军用装备配套基地,引进军民融合、健康医疗器械合作项目2个以上,拥有军工资质证书企业达

20家。

平台促集聚。紧抓全省开发区（园区）改革提升契机，实施"拓空间强保障"八大行动，确保"一园两区"千亩连片发展空间，整合优化开发区、乡镇工业功能区、村级工业集聚点，打造高能级高质量的经济发展平台。深化"亩均论英雄"改革，出台低效工业用地整治提升政策，小微企业园建成10个、开工10个，稳步出清亩均税收3万元以下低效用地，盘活存量建设用地1500亩、低效用地再开发1600亩。充分发挥总部中心、会展中心等现有服务平台作用，加快生产性服务业发展，做好永武缙产业带"全流程"升级服务。

项目重提速。紧紧把握政策"窗口期"，突出抓好"十四五"重大项目谋划。围绕产业链短板抓招商，引进智能锁芯片、智能控制器等数字产业化项目5个以上，建成数字经济产业园。出台产业链补短板项目准入管理办法，将更多的土地要素资源向大项目、好项目倾斜，加快中国五金物流港、辉能电池、精工小镇、富士康、云丁科技等重大项目落地。建立"四步遴选、四色分类、四'马'攻坚"项目推进机制，全力抓好新多、飞哲等57个集中开工项目的提速推进工作，王力家居、道明安防、金州建材、泊康跑步机、永车轨道等项目建成投产。

（三）致力在培育新机上激发新动能，进一步擦亮"数字永康"金名片。抢抓数字经济新机遇，大力推广供应链创新与应用，全力推进"数字永康"建设，推动经济发展效率变革、动力变革。

构建"整体智治，云上永康""加速器"。以"最多跑一次"改革为引领，以场景化的多业务协同应用为抓手，升级区域特色数据仓，谋划建设"数智应急""碧水蓝天""智慧治水""智慧后勤"等特色协同应用项目，构建"多位一体"的城市大脑。全面推进"一

件事"集成改革、九大领域公共场所服务大提升等关键环节改革，推进政务服务2.0建设，实现一般企业投资项目审批"最多80天"目标，深化机关内部"最多跑一次"改革，促进政府服务、社会治理、经济运行智能化，打造掌上之城。

点燃电商经济"新引擎"。积极发展"五金制造＋直播电商"等新型交易模式，实施"永康制造＋跨境平台""产业园区＋跨境电商""产业集群＋数字化出海"主体培育工程，完善跨境电商综合服务、人才培育、场景服务体系，加快建设跨境电商一站式服务中心。扎实推进电子商务进农村综合示范项目，加快建设阿里巴巴本地生活项目，着力探索实施数字生活新服务模式。

当好智能制造"孵化器"。深化"企业数字化制造、行业平台化服务"试点，实施制造业重点细分行业创新智造三年行动，全力打造创新智造基地。启动电器厨具、健康休闲行业数字化改造，完成智能化、数字化工业技改项目10个以上、新增工业机器人300台以上、100家企业接入工业互联网平台，发展数字安防产业，构建大企业推广智能化工厂或数字车间，中小企业开展局部数字化改造的分层次智能制造转型格局。推进数字基础设施建设，实现主城区、主要镇街、重点工业区5G信号覆盖，打造一批5G应用示范单位。

（四）致力传承和弘扬工匠精神，进一步擦亮"义利并举、务实创新"永商金名片。坚持企业家的主体地位不动摇，践行新时代永康企业家精神，让更多永康企业家成为"重要窗口"建设的生力军。

打造永商百年老店。积极引导广大企业家放大精神格局、提升经营能力、传承优良传统，当好企业制度创新、产品创新、组织创新、市场创新的探索者、组织者、引领者，全面激活永商内生发展动力。实施"百舸千

帆"计划,突出龙头企业培育与示范带动,支持行业龙头企业兼并重组、股改上市,集中力量、集中资源培育一批具有引领性、成长性、带动性的优质企业。完善扶持"小升规"、小微企业和个体工商户等政策,保护和激发市场主体活力。全年新增年应税销售收入超10亿元企业3家、上市企业2家、股份制企业30家、省"隐形冠军"培育企业4家,规上企业总量突破1000家。

构造人才创新集聚区。以"新时代五金工匠培育试点"为抓手,大力培育技能大师工作室,举办首届"永武缙五金工匠"技能大比武,高水平推进永康五金技师学院建设,打造以永康为核心、以"永武缙"为辐射集群的技能人才集聚区。落实好"智汇丽州"人才新政二十条意见,加大"创二代"培养力度,建成永康智能门锁工程师协同创新中心,新建2家博士后工作站。攻克一批关键核心技术,特别是"卡脖子"技术,五金产业创新服务综合体投入使用,新增高新技术企业50家、省中小型科技企业182家、省高新技术研发中心4家。

营造助企利企大环境。支持民营经济健康发展,开展"永康民营企业家节"系列活动。聚力"三服务",深入开展"战疫情、促发展、当先锋"系列行动,强化对企业产品质量、安全生产、融资行为的负面清单底线监管,完善"企业码"应用推广机制,加强水电气等要素保障支撑,开展"企业遗留问题解决年"活动,打通助企服务"最后一公里"。完善调整纾困帮扶"政策包",深化政银企合作,妥善处置铁牛集团和众泰汽车相关问题。高质量完成我市第七次全国人口普查工作。

(五)致力创造美好新生活,进一步擦亮"质量强市"金名片。深入实施质量强市战略,发挥全国首个县级质量强市示范城市效应,实现质量发展成果全民共享。

提升品牌建设。深挖全国质量魅力城市潜力,深入推进百千万对标达标专项行动,加大质量、标准、专利、"品字标浙江制造"等激励力度,着力培育一批行业自主知名品牌,主导和参与国标行标5项、外文标准10项,新增"浙江制造"标准15项、认证证书10张,争取全省质量提升工作现场会在我市召开。

提质发展成果。坚定"教育先腾飞"发展理念,大力推进教育质量"全链条"提升,建成3所第二中心幼儿园,4所中小学投入使用,继续推进"县管校聘"改革,促进全市学校精细化管理及学校现代化治理体系建设,全力争创全国义务教育优质均衡发展市。提速增效建设"健康永康",推进基层卫生服务机构标准化、公共卫生临床中心和实验室快速检测能力建设,大力推进医保基金监督"全覆盖",进一步健全公共卫生应急、医疗保障、医保支付体系。全面完成十大民生实事。

提增小康成色。坚持把稳就业、保民生放在首位,失业率控制在3%以内,通过"无欠薪示范县市"国考验收。基本养老保险参保率达97%,城乡居民医保基金支出增幅下降5%以上。实施殡仪馆迁建、千金山陵园二期工程。推进"市级抱团"消薄项目,切实做到"两不愁三保障"突出问题清零、年家庭人均收入9000元以下情况清零、集体经济薄弱村清零,高质量完成8家低收入居家养老服务照料中心提升改造工作,加快实现乡镇级示范型居家养老服务中心全覆盖。决战决胜高水平全面小康,高标准抓好东西部扶贫、对口支援、对口合农户高水平全面小康攻坚任务。

(六)致力推动城乡融合,进一步擦亮"优雅城市•大美乡村"金名片。继续做美老城、做精新城、做强集镇、做活社区,不断推进"千万工程"和大花园建设,高品质建设现代化中等城市。

展现人文魅力。充分挖掘五金历史文化底蕴，打造更多具有五金特色的文化标识，创建省示范文明城市，通过国家卫生城市复审。大力宣讲"胡公文化""陈亮文化""五金文化"，加快融媒体中心启动运行。实施"百幢文物建筑"抢救工程。以新时代文明实践中心国家级试点建设为抓手，承办金华市现场会，推动镇（街道、区）综合文化活动中心改造升级，新建农村文化礼堂50家。

融入优雅气质。聚焦城市"气质"，深入开展国土空间总体规划编制工作，基本形成国土空间开发保护"一张图"，争创省国土资源节约集约模范县、基本无违建市。制定城镇老旧小区改造三年行动方案（2020—2022年），田川未来社区、周塘、应家、山荷里开工建设，推进黄棠区块建设，东库区块结顶，改造城市主题公园3个。加快江南山水新城建设，开工建设南都路、解放南路（南三环—南四环）及金胜路延伸工程，探索实施第四代住宅项目。紧扣新时代美丽城镇建设，完成龙山镇省级示范区和前仓镇、舟山镇、西溪镇金华市级示范样板区创建，扎实推进古山小城市培育试点工作。

提升乡村颜值。深入实施乡村振兴战略，坚定发展高效生态农业和乡村新兴产业，大力培育"唐八鲜""舜芋"等农业区域公用品牌，办好第三届全省乡村振兴创意大赛和农民丰收节系列活动，推进"数字三农""智慧乡村"永康智农云平台建设和农村电商发展，释放村级经济活力，唐先创建省农业强镇。以"十无十有""三美三园"村建设为载体，大力实施农村人居环境提升"百日攻坚"、城乡环境"创佳评差"等活动，争创1个省美丽乡村示范镇、5个省特色精品村，美丽乡村达标村覆盖率达60%以上。

（七）致力推动全域旅游创建，进一步打响"赫灵永康"金名片。以方岩景区为龙头、工业旅游为龙身、乡村旅游为龙尾，全力争创省文旅产业融合试验区、省全域旅游示范县。

扛起方岩景区旅游龙头。坚持把方岩景区旅游开发作为推动永康旅游发展的龙头，作为深化全域旅游发展的旗帜，重振方岩旅游雄风。加快推进方岩景区提档升级和方岩岩下老街等旅游开发项目建设，实施方岩连接线提升工程，大力推进芝英镇"千年古城"建设，舟山镇、象珠镇打造省旅游风情小镇，前仓镇培育打造省旅游度假区。积极对接横店影视文化产业集聚区，发挥西溪影视旅游在东永缙影视文化产业带节点作用。

做精"山水＋五金"品牌。实施工业旅游区专项规划，发布工业旅游与体育休闲产品、"山水＋五金"线路，加大旅游市场营销力度，全面构建以企业文旅体需求为导向、以游客消费为终极目标的"山水＋五金"特色产业发展机制。推进文旅体"读、吃、住、行、游、购、娱、赛"等各要素深度融合，打造文旅体全产业链。谋划中国运动休闲旅游用品博览会，策划方岩庙会等大型文旅展会，加快实施五金文化街区开发、四方拖拉机厂工业遗址开发、五金类非公企业博物馆建设等一批文旅融合项目，建设五金之都金属艺术馆，推进天鑫运动器材公司、堂胜工贸公司等创建省工业旅游示范基地，争创省A级景区村庄70个，园周、雅吕分别争创国家4A、3A级景区，建成陈亮故里线、最美双舟线风景线，促进工业旅游基地与国家A级景区串点成线，加速形成"一路皆风景"的美丽格局。

构建旅游交通大道。紧扣对外大联通，争取杭丽铁路（永康站）纳入省"十四五"交通规划，金台铁路全线通车，永义公路木渠段基本完工,加快推进 330 国道永康段二期工程建设,开展义龙高速及支线、老 330 国道花街至石柱段、三门至江山、永武线等公路项目前期工作。畅通对内大循环,加大"断头路"打通力度,谋划胜利街(紫微路—飞凤路)、城北东路、五洲路、东塔路等延伸工程。实施东永二线拓宽工程,北三环基本完成路基工程,南四环(丽州南路—五金大道)路基贯通、(南都路—330 国道)建成通车。建设美丽经济交通走廊 50 公里,构建环线路网、多条景区村庄连接线等四好农村路。推动秩序大提升,以"绣花"功夫持续推进城市精细化管理,深入抓好交通治堵和"永城数治"平台建设。

(八)致力打好生态治理组合拳,进一步擦亮"无废永康"金名片。坚持以"绿水青山就是金山银山"理论引领生态文明建设,集中打赢治废治水治气治土攻坚战,打造全省"无废城市"示范市,为高质量发展腾出更多的环境容量和空间资源。

打响"无废城市"创建攻坚战。牢固树立"垃圾是放错位置的资源"理念,围绕 2022 年创下"无废城市"目标,全力抓好"三大载体、十大任务"。以"无废永康"数字监管信息系统平台建设为依托,全面开展"无废永康"十大场景应用建设,总结推广"五步法"固废处置、"12369"小微企业危废处置模式,以生活垃圾、建筑垃圾、工业固体废物、农业废物、医疗废物为重点,构建五大品类固体废物闭环处置监管体系,推出一批"无废单位""无废工厂""无废工地""无废乡村""无废社区"等无废场景应用,推进资源循环利用。抓实"两撤两定、两巡四分"工作,深化落实"土十条"、全域"撤桶并点"工作,建成 6 个省级垃圾分类高标准示范小区,年底实现生活垃圾"零"增长、"零"填埋目标。

打赢碧水蓝天保卫战。持续推进新一轮"158"碧水蓝天工程,全力迎接第二轮中央环保督察"回头看",协同推进生态环境高水平治理。全力争夺"大禹鼎",重点实施流域水质提升计划,构建全域"污水零直排区";统筹推进北部水库联网等境内外引水工程,完成农饮水达标提标工作,打造全省水平衡测试工作样板。深入实施蓝天保卫战三年行动计划,加快五金涂装企业 VOCs 污染治理监控信息平台建设,强化机动车排气、扬尘治理、餐饮油烟等执法监管,聚焦公路扬尘污染防控、渣土运输车辆整治等重点领域,加强涉气重点工业园区环境和乡镇空气自动监测站运维,全力打好大气污染防治攻坚战。

打好生态文明示范创建主动战。以全面推进省级生态文明建设示范市创建为抓手,加快生态环境数字化转型、污染源头治理模式创新,深化"美丽工厂""精美工厂"等"细胞工程"建设。启动历山省级森林公园项目,创建黄寮尖省级森林公园,实施矿地综合利用试点项目,争取国家林草装备科技创新园项目在我市落地,提升生态景观画面感。

(九)致力基层治理现代化建设,进一步擦亮"龙山经验"金名片。注重抓基层打基础,进一步打响社会治理品牌,着力打造共治共享的社会治理新格局。

建设更高水平的法治永康。以法治政府建设示范创建为抓手,持续深化行政争议化解攻坚行动,推动行政诉讼案件总量和败诉率双下降。深化司法体制综合配套改革,继续推进枫桥式公安派出所、司法所建设,加强公共法律服务站(点)建设,做好迎接"七五"普法考核验收工作。加强信用永康建设,深入探索"信用+"在行政审批、公共服务、政府建设等重点领域的应用。

建设更高质量的平安永康。以平安示范镇(街道、区)、村(社区)创建为载体,扎实推进"一月一镇平安大会战",持续抓好反恐、反邪、防爆、维稳各项工作,奋力夺取星级平安金鼎。持续开展扫黑除恶"六清"专项行动,确保收官之年取得全胜。集中整治新型网络和涉众型经济犯罪,切实维护人民群众生命财产安全。深入开展针对道路交通、消防、食药品等安全生产重点领域的隐患排查治理,推进"基层党建＋应急管理标准化""基层党建＋安全管理标准化"建设,严防发生群死群伤事故。

推进基层治理现代化建设。以"基层基础提升年"活动为载体,紧扣"三大员"队伍建设,推广应用"龙山经验"标准体系,深化"一警情三推送"、小区"红色云治理"、新型检察办案的"个案办案＋类案监督＋社会治理"模式,加强镇(街道、区)政法委建设。健全全科网格管理体系,强化"基层治理四平台"运行管理。紧盯创建省级"无信访积案市"目标,加快市、镇两级社会矛盾纠纷调处化解中心规范化建设,实现矛盾纠纷化解"最多跑一地",国家、省级信访积案化解率达80％以上。

(十)致力激发干事创业热情,进一步擦亮"为官一任,造福一方"金名片。始终牢记习近平总书记在浙江工作期间视察永康时提出的"为官一任,造福一方"的号召,在"重要窗口"建设上全面展示永康干部的使命担当。

对标"一局一事一出彩"这条主线。以"一局一事一出彩"大比拼、"晒拼创"活动、"争先创优"行动为载体,充分调动和激发广大干部干事创业的积极性,争创竞相出彩、联合出彩局面,用干部的"辛苦指数"赢得群众的"满意指数"。深入践行新时代党的组织路线,深化"五用五不用"选人用人导向,全面落实年轻干部"红色成长"15条举措,大力培养一批"工业经济型"专业干部,扎实推进公务员、事业人员职业生涯全

周期管理"一件事"改革,健全容错纠错、澄清正名、"三色预警"等制度,全面营造干部为事业担当、组织为干部担当的良好氛围。市委要更好发挥总揽全局、协调各方的领导核心作用,把各方面的资源统筹起来、力量凝聚起来,政府要冲锋陷阵、善作善成,集中精力抓好重大决策部署推动经济社会健康发展,人大、政协要同上"火线"、干在"一线"。各民主党派、工商联、无党派人士和新社会阶层人士等统一战线群体,以及党史、老干部、档案、党校、工会、共青团、妇联、科协、侨联、台联、残联、文联、关工委、慈善、红十字等群团组织要坚定"一条心"、奏响"大合唱",积极投身"重要窗口"建设的火热实践,以新担当新作为展示新面貌新风采。继续加强党管武装工作,推动军民融合发展,有序推进国家级双拥模范城创建。

夯实基层党建这条基线。以"五星三强"创建为总载体,扎实开展"党建细胞"大比拼、党员整治立规创优行动,年内创建"五星三强"示范镇3个、区域党建联盟示范点1个,推进基层党建全领域建强、全区域提升。深化车间党建、产业联盟党建等做法,更好发挥两新党组织作用。旗帜鲜明突出党委把控,全力以赴打好村社组织换届攻坚战,把加强党的全面领导放在首位,落实好村党组织书记、村委会主任"一肩挑"工作,确保换出好头雁、好班子、好风气、好干劲。统筹推进机关、国企、公立医院和中小学党建工作。

守牢清正廉洁这条底线。进一步加强对习近平新时代中国特色社会主义思想的学习贯彻,不断提高运用党的创新理论武装头脑、指导实践、推动工作的能力,自觉筑牢增强"四个意识"、坚定"四个自信"、做到"两个维护"的思想基石。全面落实意识形态工作主体责任,大力宣传"五金之都,赫灵永康"城市形象,全方位、多渠道讲好永康故

事,推动党的创新理论飞入寻常百姓家。坚持把习近平总书记在浙江考察时的重要讲话精神落实情况作为政治监督的重中之重,努力为"重要窗口"建设提供坚强纪律保障。锲而不舍落实中央八项规定精神,大力整治形式主义、官僚主义问题,把握运用精准问责、容错免责审核备案等机制,推动形成严管与厚爱结合、激励与约束并重的干事创业氛围。深入实施农村基层治理"五全举措",部署开展扶贫领域专项巡察,分步实施村居巡察整改情况回访检查,坚决查处群众身边腐败和作风问题。加大重点领域和关键环节反腐力度,严厉查处涉黑涉恶腐败和"保护伞"。继续做好省审计厅对我市经济责任履行情况审计配合工作。深入开展警示教育,一体推进不敢腐、不能腐、不想腐,推动反腐败斗争取得更大成果。

同志们,发展只争朝夕,实干成就未来。让我们更加紧密地团结在以习近平同志为核心的党中央周围,坚决贯彻习近平总书记在浙江考察时的重要讲话精神,主动作为抓落实,勇扛使命开新局,奋力交出特殊之年建设"重要窗口"的永康高分答卷。

解放思想拉标杆 开拓创新谋发展 开启打造
"世界五金之都 品质活力永康"新篇章
——市委十四届九次全体(扩大)会议暨市政府十七届八次全体会议上的报告
(2020 年 12 月 28 日)
章旭升

同志们:

这次会议的主要任务是:以习近平新时代中国特色社会主义思想为指导,全面学习贯彻党的十九届五中全会和中央经济工作会议精神,深入贯彻习近平总书记考察浙江重要讲话精神,以及省委十四届八次全会、金华市委七届八次全会精神,全面总结 2020 年工作,研究部署 2021 年工作,审议通过《关于制定永康市国民经济和社会发展第十四个五年规划和二〇三五年远景目标的建议》,进一步动员全市上下忠实践行"八八战略"、奋力打造"重要窗口",解放思想拉标杆,开拓创新谋发展,努力开启打造"世界五金之都 品质活力永康"新篇章,开创社会主义现代化先行市争创的新征程。

下面,我代表市委、市政府向全会作报告。

一、同舟共济、拼搏担当,高水平建设全面小康圆满收官

今年以来,面对深刻复杂变化的国际国内形势和突如其来的新冠肺炎疫情,市委市政府坚决贯彻习近平总书记重要讲话精神和省委省政府、金华市委市政府各项决策部署,强化"六稳"举措、落实"六保"任务,加压奋进,接力奔跑,统筹抓好疫情防控和经济社会发展工作,推动高水平全面建成小康社会取得决定性成就。预计全年实现 GDP640 亿元,一般公共预算收入 60.7 亿元,城乡居民人均可支配收入增速均高于 GDP 增长。

这一年,我们在做到"两个维护"中展现永康新风采。坚定不移把学习贯彻习近平新时代中国特色社会主义思想作为首要政治任务,召开市委常委会 34 次,理论学习中

心组学习会 17 次，"宣讲 365"工程成功打通理论服务群众的"最后一公里"，网络生态治理"瞭望哨"工程、意识形态工作责任制"灯塔"工程持续深化，推动全体党员干部牢固树立"四个意识"，坚定"四个自信"，坚决做到"两个维护"。围绕习近平总书记考察浙江重要讲话精神，对标建设"重要窗口"新目标新定位，践行"打造中国乃至世界先进制造业基地"的殷殷嘱托，我们由市党政领导班子成员带队开展"五个一"专题调研，形成了一系列事关永康发展的新认识新思考新思路，以"项目化、清单化"的举措，谋好"十四五"规划和 2035 年的奋斗目标。紧扣"一局一事一出彩"，以"争先创优""最佳实践案例"激发全市上下拼搏实干热情，批发零售业改造提升和"亩均论英雄"改革获省政府年度督查激励，推进实体经济、弘扬胡公文化、工伤智控"一件事"集成改革、工业固废"五步法"、人大代表联络站和"龙山经验"有机融合等 5 项工作获省部级主要领导批示肯定，中央级媒体刊登宣传我市特色亮点工作文章百余篇，广电台荣获全国媒体融合 20 强称号，县域营商环境列全国第 24 位、县域经济综合竞争力列全国第 47 位、城市信用综合指数列全国第 65 位，成功创建国家园林城市。

这一年，我们众志成城实现"两手硬、两战赢"。面对突如其来的新冠肺炎疫情，迅速启动疫情一级响应，全省首创"四色预警"管理机制，开通"返岗直通车"，率先推出"复工复产七步法"，出台输血赋能十大举措，开展"稳企赋能"二十项专项行动，"三大员"红色力量为群众代跑代办 1.4 万次，为企业解决问题 7538 个，落实"五减"26.7 亿元、降本减负 18.9 亿元。积极服务"战疫"大局，派出 5 名精干医务人员驰援湖北，全市累计核酸检测 3 万余人次，获评省优秀共产党员 1 人、疫情防控先进集体（基层党组

织）1 个、疫情防控先进个人 5 人以及金华市优秀共产党员 5 人、疫情防控先进集体（基层党组织）11 个、疫情防控先进个人 24 人，市委统战部（市侨联）被省侨联推荐上报全国侨联系统抗击新冠肺炎疫情优秀集体。面对永康有史以来综合影响最严重的"黑格比"台风，市委市政府第一时间组织市镇村 13390 名干部积极抢险救灾，第一时间发动社会各界投身灾后重建、谋建一批高水平防洪减灾设施，实现"一天安置到位、一周通水通电、一月恢复交通"，最大限度降低台风灾害影响。

这一年，我们危中抢机打好"六保""六稳"组合拳。释放稳企赋能政策红利，出台"千帆计划""智汇丽州"20 条人才新政、产业链补链强链项目准入管理办法，投资专班持续评价、百城千业万企对标达标国际标准提升活动、网络零售等工作走在全省前列，1—11 月，完成规上工业总产值 707.7 亿元。实施创新首位战略，成功举办全省首个在县市召开的工程师大会，率先建立"揭榜挂帅"全球引才机制，成立永康博士专家联谊会北京分会，引进顶尖人才 6 人、领军人才 23 名，成功申报国家级引才计划 1 人、省级引才计划 1 人；国家高新技术企业和省级重大科技专项通过率均居金华市首位，国家林草装备科技创新园得到国家林草局批复同意，五金生产力促进中心荣获全国技术市场领域最高荣誉"金桥奖"。抢抓政策窗口期，狠抓重大项目谋划建设，增列 3 个省重点建设项目，成功争取地方专项债 25.6 亿元，"两直"资金 3.3 亿元。打好转型升级组合拳，实施数字化、智能化技改项目 1266 项，总投资 222.3 亿元，建成行业龙头企业智能工厂（车间）项目 12 个，新增上云企业 800 余家，出清亩均税收 1 万元以下低效企业 40 家，新开工小微企业园 12 个，引进 2 个"老字号"品牌，"搭积木式"数字化

改造经验全省推广。积极融入双循环新发展格局,成功举办"云购五金优品 畅享永康品质"促消费稳经济系列活动,中国(永康)国际门博会、中国五金博览会首次上云,市县联动发放消费券拉动消费 9.1 亿元。坚持把保企业、稳企业作为重点,举办首届永康民营企业家节,评选表彰 30 名常青、青藤、青蓝企业家;首次获得国家级专精特新"小巨人"企业 2 家,新增股份制公司 21 家、上市过会企业 1 家、提交香港联交所企业 1 家;"1+8"市属国有企业实现实体化运作,共筹集资金 40.5 亿元,1 家国有平台达到 AA+ 主体信用等级;连续 3 年"小升规"新增数、净增数居金华市首位,市场主体突破 13 万户大关,小微企业制度供给力指数位居全省榜首,"小升规"工作经验在国务院相关简报上刊登;"中国口杯之都"国字号品牌复评顺利通过。

这一年,我们拼搏实干激发改革开放新活力。坚持以数字化改革为牵引,健全"一把手"抓改革"1+4"工作机制,疫情防控"四色预警"、医保基金永武两地联动入选省《竞跑者》,新增县域经济治理、"三医联动、六医统筹"等 17 项省直部门以上改革试点项目,共建"三方四地"飞地园区等 17 项工作获省级以上领导批示肯定,巡察等 22 项工作获金华市主要领导批示肯定。五大领域综合行政执法改革走在全省前列,邮政管理局挂牌成立,事业单位改革全面完成。政府数字化转型纵深推进,出台城市大脑建设三年行动方案,上线"浙里问·永康"政务咨询云平台,"一数通用"综合平台、数字小微园成为省数字化赋能优秀案例,业务协同创新案例实现省"观星台"零突破,打造退役军人就业创业"云上"智慧平台和纳税服务"e办税"平台,全省首创人脸识别信用医疗无感支付云平台;颁发全省首份长三角"一网通办"营业执照,企业开办实现"零成本""零审批";创新推动"法拍房"等 10 项"一件事"改革,公租房配租改革全省领先。出台稳外贸渡难关"新十条"政策,获得全省唯一一个外贸企业开拓国内市场示范区试点,产业集群跨境电商和供应链创新与应用获省直部门专项激励。1—11 月,实现外贸进出口总值 387.7 亿元人民币,同比增长 33%。

这一年,我们创建引领拉高城乡建设新品质。高质量编制"十四五"规划纲要,杭丽铁路列入国家规划,义永武三地就义龙高速的前期实施框架达成合作意向,330 国道改建工程(一期)和南四环(330 国道—南溪大桥)建成通车,客运中心投入使用,境外引水工程签订协议,五金技师学院、北三环、三江六岸二期绿化、南溪湾公园、田川未来社区建设有序推进,宝龙广场顺利开业,城中村首个改造项目西山头一期工程顺利交房。统筹美丽城镇、美丽乡村建设,龙山镇被列入省级运动休闲小镇培育名单、获评新时代美丽城镇建设省级样板,唐先葡萄生姜特色农业强镇通过省级验收,"芝英古城""铜山岭钱王古道"列入省打造大花园耀眼明珠培育对象,西溪镇获评省级森林康养小镇,方岩镇获评省首批商贸特色镇,方岩庙会影响力不断扩大。全面吹响省示范文明城市创建攻坚号角,入选省示范文明城市候选名单,通过国家卫生城市省级技术评估,高标准建成新时代文明实践中心,《幸福我的家》被评为全国市县电视台优秀融媒电视栏目一等奖,五金城集团荣获全国文明单位称号。创建全国文明村 1 个、新增省五星级文化礼堂 6 个,新建农村文化礼堂 63 家;创建国家级旅游景区、省 3A 级景区城、景区镇各 1 个;创建省级美丽乡村特色精品村 5 个、美丽乡村精品村 34 个;农业区域公用品牌完成注册登记,国家地理标志证明商标实现"零"突破。扎实开展第七次全国人口普查工作。南溪被评为省级"美丽河湖",基本完成省级基本无违建市创建。获评省文旅产业融合示范区、第三届"河姆渡"杯粮食生产先进县市、省最严格水资源管理制度成绩突出县市、省级国土资源节约集约模范县市、美丽浙江建设工作考核优秀县市。

这一年,我们坚持以民生为本谱写美好生活新篇章。以"十大民生实事"为抓手,推动"关键小事"件件落地。优先发展教育,积极探索"互联网＋"推进教育公平的新路径,义务教育段首次"公民同招"改革新政落地,"空中希望课堂"声名远扬,高考成绩连续10年谱写新章。始终关注人民健康,规模化开展"消化道肿瘤早筛"和流感疫苗免费接种工作,药品带量采购减少费用支出7300万元,医养结合试点破冰推进。兜牢社保底线,"智慧民政"建设项目顺利启动,乡镇示范型居家养老服务中心实现全覆盖,养老服务提档升级,建成工疗型"残疾人之家"6家,切实解决三类残疾人"庇护难""就业难"问题。全面完成饮用水达标提标三年行动,城乡实现同质饮水。全市低保标准提高至每人每月850元,城乡居民基础养老金每人每月增加30元,全面完成低收入农户高水平全面小康攻坚"三清零"及消除集体经济薄弱村年度目标。

这一年,我们强化社会治理,营造和谐稳定新局面。高规格建设社会矛盾纠纷调处化解中心,"龙山经验"推广标准45条实施意见全面落实,成功举办"龙山经验"高峰论坛暨浙江省法学会法治文化研究会年会,"基层政法委"实现全覆盖,"一月一镇平安大会战"捷报频传,顺利通过金华市"七五"普法终期验收。社会治理体系迭代升级,"红色云治理"模式在金华推广,"个案办理＋类案监督＋参与社会治理"检察办案模式入选全国指导性案例及两会报告,"一

警情三推送"获评全国政法智慧警务十大创新案例,拘留所获评全国一级拘留所,成功侦办了全国首个"双国督"线下跨境赌博案件,风险协同处置基石工程列入省政法工作现代化创新引导项目,扫黑除恶专项斗争工作受到中央督导组肯定,全市社会治安形势保持"一降一升"良好态势。"数智应急"入选金华十大创新案例,"大应急大安全大减灾"应急管理体系初步形成。有望获得省级"无信访积案市""一星"平安金鼎。

这一年,我们紧扣全面从严治党彰显政治生态新气象。持续巩固深化"不忘初心、牢记使命"主题教育成果。高标准推进"五星三强"党组织建设,率先开展"六清"行动,高质量落实村社书记、主任"一肩挑"任务,全面打赢了村社组织换届攻坚战。开展"三比三评"干部一线专项考察、"听听干部心里话"等活动,制定出台澄清保护、容错纠错、"四不"干部"三色"预警等严管厚爱制度,"两个担当"实现良性互动,党员干部干事创业更有底气。持续夯实"清廉永康"建设基础,高质量完成市委2轮常规巡察、1轮村居巡察和扶贫领域专项巡察,在金华各县市区中率先实现村级组织巡察全覆盖、镇(街道、区)专职纪检监察干部全公务员配备,党纪政务立案336件,同比增长14.7％,运用"四种形态"处理985人次。"五全举措"落地见效,村级组织"三资"监管模式打响永康品牌,全国46批次310人次前来考察学习;"一事一议"工作列入省财政重要标志性成果成功案例,基层财政规范化管理模式全省推广,县级财政监督制度建设填补全国空白。圆满完成省审计厅对我市党政主要领导开展任期经济责任审计工作。

这一年,我们凝聚合力画出高水平全面小康同心圆。积极拓展人大政协职能广度深度,出台一系列推进街道(区)人大建设

的制度,首次开展"两官"履职评议,新时代人大工作闯出了新局面。"请你来协商""一村一委员""民情专递"平台建设卓有成效,积极探索"社情民意联络站""政协委员家事调解室"等创新载体,新时代人民政协干出了新样子。广泛团结引导全市民主党派、工商联、无党派人士、海内外侨胞、宗教界人士等统一战线成员助力防疫抗台、助企复产,创新开展"五型民主党派"基层组织建设,切实维护宗教领域和谐稳定,飞鹅山石榴籽社区民族团结进步创建上榜央视,成立永康市侨商联合会,新的社会阶层人士和留学归国人员统战工作不断加强,大统战工作格局越发完善。落实党管武装政治责任,建强基层人武部、民兵连和企业武装部、行政村民兵等一线"战斗堡垒"。首创"云端礼堂"巾帼秀,《三把铜壶雕出小康路》作品荣获全省青年微宣讲大赛一等奖,工团妇群团作用不断彰显。党史、党校、档案、老干部、科协、工商联、侨联、台联、残联、文联、关心下一代、慈善、红十字等工作都取得新成效。

上述成绩的取得,是上级党委政府正确领导、市四套班子共同努力、全市党员干部群众团结奋斗与社会各界共同努力的结果。在此,我谨代表市委市政府向全市广大党员和干部群众表示衷心的感谢和崇高的敬意!

在总结工作的同时,也要看到问题和不足。从经济发展看,离先进制造的标准还有较大差距,发展平台能级不够高,高端品牌少,高技术含量、高附加值产品占比小,民营企业还面临很多困难;从城市建设看,城市品质提升慢,优质教育、医疗、养老等服务资源供给不足,导致高层次人才和项目引进难;从社会治理看,信访维稳压力较大,风险隐患仍然不少,整体智治水平有待提升;从党委政府自身建设看,破除形式

主义、减轻基层负担、提升行政效能和法治建设水平的任务依然艰巨。我们必须高度重视、深入研究、加快解决。

二、瞄准新形势,抢抓新机遇,在时代大变局中把握永康发展脉搏

当今世界正经历着百年未有之大变局,我国发展的内部条件和外部环境正在发生深刻复杂变化,当前和今后一个时期,我国发展仍然处于战略机遇期,但机遇和挑战都有新的发展变化,关键是要危中寻机、开拓创新、开辟新局。

当前的永康,亟待从外向型经济向融入新发展格局转变。进入新发展阶段,新发展理念成为引领全面建设社会主义现代化的新指南,高质量发展是当前及今后一段时期的主旋律,中央提出了加快构建以国内大循环为主体、国内国际双循环相互促进的新发展格局大战略,我们要打好构建新发展格局组合拳,立足坚实的五金产业基础、齐全的五金产业链条优势,探索"中国五金永康造,世界五金永康找"从制造到市场全产业链发展模式,高质量服务国内大循环,高水平融入国际大循环,用服务贸易大发展、外贸结构优化缓冲对外贸易疲软不足,加快"中国五金之都"向"世界五金之都"跨越,为全国形成新发展格局提供永康路径。

当前的永康,亟待从投资驱动型向创新驱动型、品质引领型转变。当前,新一轮科技革命和产业变革加速演进,传统思维、商业模式、消费习惯、制造模式正在发生巨大改变,数字经济、质量品牌正成为引领高质量、可持续发展的新引擎,我们要突出数字化的引领、撬动、赋能作用,以科技和品牌"双轮驱动"为突破口,最大限度激发最持续、最长久的创新竞争力,提升"永康五金"区域公共品牌知名度和影响力,用创新驱动和价值链提升来开辟"品质永康"新格局,

推动永康从制造之都向科创之都、品牌之都和质量之都迈进。

当前的永康，亟待从拼资源、拼政策向拼服务、拼环境转变。环境、文化是一个城市的核心竞争力和生产力，要想在日益激烈的区域竞争中脱颖而出，我们必须用丰厚的历史人文底蕴滋养城市发展、点亮城市灵魂，构建大气精致的城市发展平台，推动营商环境、投资环境、生态环境、干事环境、政商环境的集成优化，来吸引更多怀揣梦想的创业者聚集在永康、更多新兴的产业和项目成长在永康、更多创新的资本活跃在永康，打造创业创新的"活力永康"。

党的十九届五中全会提出了"十四五"时期发展的指导思想、遵循原则、主要目标和重大举措，为我们发展指明了方向、提供了遵循。我们必须深刻领会、准确理解党的十九届五中全会精神，认真贯彻落实省委十四届八次全会和金华市委七届八次全会决策部署，在"十四五"期间倾力打造"世界五金之都 品质活力永康"：在科技创新上，数字经济加速发展，创新投入强度全省领先，自主关键核心技术取得重大突破，一批五金产业龙头企业制造能力达到国内领先、世界先进水平；在品牌质量上，打造"品字标浙江制造"先行示范区，形成一批中国知名、世界闻名的永康五金产品，"永康五金"区域公共品牌跻身国际，品牌营销触达全球，影响力显著提升；在产业规模上，构建由头部企业为牵引、中小企业协作配套、生产性服务业紧密耦合的产业集群生态圈，五金产品国内外市场占有率显著提高，基本形成与世界五金之都相匹配的产业链体系；在城市能级上，"产城"高度融合协同发展，城市活力更加彰显，形成与我市先进制造水平相匹配的高品质城市环境。

打造"世界五金之都 品质活力永康"必须解放思想、开拓创新。发展的差距说到底是思想的差距、理念的差距。永康发展走到今天，正在由"小区域"规划向融入"大战略""大格局"发展转变，要解决"低、小、散"的战略性短板，破解平台能级低、创新能力弱的困境，重中之重是要转变思想、开拓创新。我们必须从更高层次、更广领域、更多主体，多维度、多视角发起头脑风暴、开展思想碰撞，最大限度凝聚全市上下解放思想、开拓创新的共识，以创造性张力为区域高质量发展注入新动能、新活力。

打造"世界五金之都 品质活力永康"必须拉高标杆、锐意进取。面对追兵渐近、标兵渐远的严峻形势，我们要拉高标杆，对标一流，自觉把永康的工作放在全省、全国大局中去考量，破除既有观念、传统路径、固有模式的束缚，将上级所需和我市实际相结合，特别是要把数字赋能、精密智控、迭代升级等科学方法作为解决我市发展问题的金钥匙，在动能转换上快人一步、目标定位上高人一招、创新图强上胜人一筹，让"永康五金"真正成为一块享誉世界的"金字招牌"。

打造"世界五金之都 品质活力永康"必须勇于争先、狠抓落实。无论是上项目、抓产业，还是抓城建、惠民生，最终都要落到"抓落实"上。我们要始终保持和弘扬敢为人先、敢于改革、敢于创新的精气神，掀起清单革命，实行工作任务清单化，落实"目标体系、工作体系、政策体系、评价体系"，形成工作闭环，以系统观念和工作方法科学应变、主动求变，以确定性工作应对不确定形势，开辟各项工作新局面。

三、奋力交出"重要窗口"建设高分答卷，乘势而上开启社会主义现代化建设新征程

2021年是"十四五"开局之年、中国共产党成立100周年，也是乘势而上开启全面建设社会主义现代国家新征程、向第二个百年奋斗目标进军的关键之年。为此，我们提出2021年工作的指导思想是：以习近平新时代中国特色社会主义思想为指导，全面贯彻落实中央和省委、金华市委决策部署，紧扣忠实践行"八八战略"、奋力打造"重要窗口"和"九市建设"，把握新发展阶段新要求，坚持稳中求进工作总基调，坚持新发展理念，坚持系统观念、创新思维，以推动高质量发展为主题，以深化供给侧结构性改革为主线，以改革创新为根本动力，更好统筹发展和安全，加快融入构建新发展格局，突出"数字赋能、拼搏实干"工作导向，围绕打造中国乃至世界先进制造业基地总目标，全面奏响品质永康、活力永康、匠心永康、文化永康四重奏，为"十四五"期间高水平打造"世界五金之都 品质活力永康"开好局、起好步。

（一）在产业现代化上先行一步，为打造"世界五金之都"奠定扎实基础。聚焦"让永康五金畅行世界、让世界五金汇集永康"目标，坚持品牌引领、创新驱动、市场导向，努力构筑"造天下五金精品、汇天下五金名品、聚天下五金英才、育天下五金名企、创天下五金知名展会"新高地。

树立大品牌。坚持把"永康五金"区域公共品牌作为战略性资源，深入推进质量革命。出台《永康五金区域公共品牌建设方案》，组建实体化运营的区域公共品牌办公室，开展多层次品牌创建活动，引导企业抢占品牌、标准制高点，实现知识产权服务平台全链条事项一站一次办，新增"浙江制造"标准6项、品字标企业8家，争取承办全省"品字标"建设现场会。开展"世界五金之都"形象塑造行动，设立世界五金精品展示馆，生动展示"七都一乡"风貌，逐步构建产品、企业、产业、城市和区域品牌相辅相成的良好局面，以品牌赋能工业经济高品质发展。

推动大创新。坚持把科技创新作为高质量发展战略支撑，按照1＋1＋5＋N创新体系总体布局，重点建好一个现代五金电子协同创新平台、一个高能级丽州研究院、五个分行业研究院以及分层次企业研发机构。坚持以企业需求为导向，加强与G60科创走廊沿线城市和知名高校、科研院所的创新合作，推动传统产业与量子信息、智能语音等前沿科技融合发展，加快突破一批重大共性技术和关键核心技术攻关，新增国家高新企业40家。抓实人才新政20条，加快建设五金技师学院、智能门（锁）工程师协同创新中心，充分发挥永康博士专家联谊会作用，积极探索"沪杭深研发、永武缙转化"模式，上海"中国五金大厦"科创飞地投入使用，新签约引进重大产业项目2个，高层次人才30人、高技能人才1400人，引进"老字号"品牌1家。

打造大平台。坚持以提升平台承载能力、拓展开发利用空间为导向，探索创新经济开发区、总部中心体制机制，全面开展开发区（园区）整合提升工作。按照"经济开发区北拓、城西新区西延"的思路，构建2＋2＋N平台体系，即全面提升扩面经济开发区、现代农业装备高新园区（谋划建设国家林草装备科技创新园）等2个省级产业园区；建设发展中国五金物流港、总部中心等2个服务业平台；以盘活存量低效用地资源为主攻方向，建成小微企业园5个以上。

培育大企业。大力实施"千帆计划"，重点培育一批有竞争优势、成长性好、具有关键核心技术的头部企业。出台加快企业股改上市工作意见和股权投资产业发展指导意见，支持行业龙头企业兼并重组、股改上市，打造一批细分行业的头部型领军企业。实施"放水养鱼"行动，鼓励中小企业"专精特新"发展，打造一批"行业小巨人""单项冠军""隐形冠军"。新增10亿元企业3家、省"隐形冠军"培育企业4家、上市企业 1 家。

抢占大市场。牢牢抓住构建双循环新发展格局契机,以全省首个"外拓内"试点为抓手,全面接轨长三角,主动对接自贸区金义片区,建立协同发展合作伙伴关系,大力实施搭建开拓国内市场网红基地、打造中国五金直播中心、培育外贸转内销示范基地等六大行动,构建市镇村三级电子商务公共服务体系,线上线下高档次筹办第三届中国(永康)安全与应急产品博览会,加快外贸企业积极对接国内市场。积极参与"一带一路"建设,主动融入 RCEP(区域全面经济伙伴关系协定),大力培育自主品牌、鼓励企业走出去收购国际知名品牌,实施"品牌出海"行动。

构建大产业。聚焦 3＋2 现代产业体系,抢抓新一轮科技革命和产业变革机遇,调整完善《关于深入开展"中国制造 2025"浙江行动试点示范全面振兴实体经济的若干意见》《永康市电镀产业高质量发展实施意见》。坚持招商和留商并重,大力实施"强链永康"工程和"扎根回归"行动,实行市领导挂帅的"一行业一链长"机制,全力做好延链、强链、补链文章。聚焦数字经济"一号工程",全面推进"产业数字化、数字产业化",深化"企业数字化制造、行业平台化服务"试点,分步实施重点行业、龙头企业、核心区域工业互联网平台建设,大力扶持软件信息服务业发展。全年谋划省市县长工程 4 个以上,新增省重大产业项目 2 个以上、省重点建设项目 3 个以上,建成"未来工厂"1 家、智能化工厂(车间)5 家,数字经济核心产业增加值增长 15％以上。

(二)在美好家园打造上先行一步,聚力建设"品质永康"。坚持高水平谋划、高标准建设、高质量管理,以城市品质迭代升级推动工业高品质发展,以乡村全面振兴推动农业农村现代化,不断增强城市承载力、竞争力、吸引力。

提升城市能级。优化完善城市规划,高质量编制完成国土空间总体规划(2020—2035)。大力实施城市设计优化和城市内涵提升等九大行动,科学谋划"华溪南组团"商务类功能区、"解放街组团"消费类功能区、"永拖组团"休闲创意类功能区以及"总部中心"服务类功能区以及田川未来社区建设,提速江南山水新城建设,完成市民中心概念性规划建筑设计方案招标,启动大溪塘公园一期工程和第一期第四代住房项目前期,谋划山水新城小学项目、高铁南站站前区块开发建设,着力打造县级新城区建设的典范。优化城市社区规划布局,加强城市社区配套设施建设。按照"外通内畅"的目标,积极构建"一绕一环三纵三横"对外交通体系,谋划实施义武松龙高速、S316、S218、S211 等干线,全线开通新 330 国道;城市内部以"建设快速路、打通断头路,形成城市环线"为重点,实施南四环(南都路—五金大道)工程、解放南路工程、胜利街延伸段工程、九铃西路改造工程,北三环全线贯通,形成城区的三环线框架。全力打造美丽城镇,完善集镇基础设施,强化产镇融合,前仓镇、舟山镇、西溪镇完成省级验收,古山镇、方岩镇、芝英镇完成金华市级验收,争创省市样板和特色型美丽城镇。继续支持古山小城市培育试点。

加快乡村振兴。坚持优先发展农业农村,绘好山水林田湖村协调发展新画卷。聚焦产业兴旺,打好"粮、猪、菜"保质保量保供组合拳,稳定粮食生产,开展地理标志农产品保护工程,推动特色优势农产品提档升级,打造农产品区域公用品牌。推进省级松材线虫病综合防治示范县建设,打造"数字农业"示范基地 3 个、高品质绿色科技示范基地 3 个。聚焦生态宜居,持续深化"千万"工程,加快推进"四好农村路"建设,集中资源试点建设山水林田湖村协调发展风景带,创建 72 个"十无"达标村、33 个"十有"示范村,美丽乡村达标村、示范村覆盖率分别达到 75%、26%。启动 2 个未来乡村试点村、1 条乡村振兴示范带建设。聚焦生活富裕,启动消薄新三年行动,健全国投公司参与消薄机制,实现消除 60% 以上集体经济相对薄弱村,低收入农户年人均收入增幅 10% 以上。

掀起颜值革命。建立健全文明城市创建常态长效机制,巩固提升"创文"成果,推动文明城市管理工作从突击整治向长效管理转变、从单项整治向综合治理转变,完成省级生态文明建设示范市创建,启动全国文明城市、无违建城市创建和省食品安全市复评,力争"无废城市"建设走在全省前列。继续提升环境质量,以抓好第二轮中央生态环境保护督察问题整改为契机,持续打好蓝天保卫、碧水清流、净土清废"三大战役",开工建设南部水库联网工程和上黄水库定桥引水工程,开展农村分区计量省级试点,金华市控地表水断面稳定达到Ⅲ类以上水质,重点饮用水水源地保持达标,空气质量达到国家二级标准,AQI 优良率达到 90% 以上。打好"拆改建"组合拳,实施美丽示范街三年计划,深化推进"创佳评差"和破围墙行动,加快推进入城口及老旧小区改造,完成永康东入城口道路提升改造工程,打造一批具有世界五金之都特色的城市地标、特色街道、景观雕塑。持续开展造绿增绿行动,推进城景一体化,全面完成三江六岸工程,启动塔山公园、香樟公园、龙川公园改造提升项目,加快推进南溪湾生态湿地景观公园工程,建设口袋公园和社区公园 20 个以上,不断擦亮城市美丽底色。

优化公共服务供给。坚持以人民为中心,抓好十大民生实事。织密疫情智控防线,从严从实从细做好冬春疫情常态化防控,抓牢冷链食品、重点场所、重点人员等关键环节,形成人"物"同防工作闭环,做到常态化精准防控和应急处置相结合,全面做好外防输入、内防反弹工作。夯实"病有优医"基础,实施"健康永康"三年行动,深化"三医联动、六医统筹"试点,构建"一老一小"健康服务体系,启动第一人民医院三级甲等综合性医院创建,加速推进卫校搬迁改造,建设城市"15 分钟社区卫生服务圈"和农村"20 分钟医疗卫生服务圈",全力打造永武缙区域性医疗中心。全面打响"善美尚学、经世致用"教育品牌,深化教育领域综合改革,做好义务段公民同招,全力拓展教育学位容量,创新民办学校"红黄蓝"三色清单管理,深化集团化办学改革,大力招引一流名校及高端教育人才,教师进修学校附中及 4 所镇级公办幼儿园工程完工,力争列入全国义务教育优质均衡市创建培育对象。兜牢"难有所依"底线,建立完善社会救助联席制度和困难群众探访关爱制度,"永馨康养"特色应用平台投入使用,开工建设殡仪馆迁建工程,不断完善养老服务、社会保险、慈善救助、社会福利、法律援助、红十字会等保障体系。

(三)在治理现代化上先行一步,大力建设"活力永康"。坚持以全面深化数字化改革为引领,在推动经济治理、城市治理、社会治理中厚植新优势、集聚新动能,更大程度释放创业创新活力,为高质量发展提供强大动能。

下好县域经济治理改革试点"先手棋"。加快推进经济治理体制改革创新,组建政府、企业、社会组织三方"治决会",进一步理顺政府、市场和企业的关系。整合全市各部门数据资源,搭建县域经济治理数字化平台,实现市场监管、国土空间、金融服务等多领域一体化治理。实施国资国企改革三年行动,开展跨集团战略性整合重组,组建产业投资等集团公司,做强投融资平台,全年筹集资金45亿元以上。统筹推进省级资源循环示范城市试点,完成省级两业"融合"试点和五金生产资料市场搬迁,开工建设金融中心,争创省现代服务业创新发展区。

打好"整体智治 云上永康"主动战。深入推进政府数字化转型,强化数字赋能,大力实施城市大脑建设三年行动计划,构建城市大脑"1818＋N"总体框架,建设应急联动、城市运行、联合治堵等协同指挥平台,打造智慧民政、智慧三农、智安校园、无废永康等一批多业务协同的特色应用,推动"智慧城市"管理水平提升。深化"政务服务2.0"建设和"互联网＋监管"改革,创新僵尸车处置、电商、报销等"一件事"集成改革,持续优化"最多跑一次"协同平台,实现机关内部90％以上非涉密事项接入政务协同平台,上线事项网办率100％,推动政府现代治理能力、智慧社会服务能力全面提升。

擦亮"龙山经验"金名片。深化"基层党建＋社会治理"创新,细化完善"龙山经验"复制推广标准,以"矛调中心"规范化建设为引领,推进市、镇、村三级矛调中心联动,深入推进数字赋能县域治理现代化,进一步顺理"一中心四平台一网格"社会治理体系。擦亮永康特色基层治理品牌,升级打造"一月一镇平安大会战2.0",总结创新"红色云治理""蜂窝式网格"等机制做法,推动"龙山经验"向都市版、金融版、行业版、企业版、人大政协版等拓展。谋划好"八五"普法规划,着力提升行政复议规范化水平。深入实施安全生产三年行动,扎实开展道路交通、消防、食药品等安全生产重点领域隐患排查治理。扎紧风险防范化解管控闭环,进一步健全风险预警监测、及时处理和舆情应对机制,推进风险协同处置基石工程建设,全力做好建党100周年维稳安保工

作,高质量打造平安永康。

深化"一局一事一出彩"大比拼。完善"一把手"抓改革"1＋4"工作机制,推行改革观察员制度,完善改革正面激励机制,形成改革项目全生命周期管理闭环。围绕"十四五"重大改革,抓好数字化改革、"县乡一体、条抓块统""大综合一体化"行政执法等牵一发而动全身的重大改革项目,推进永武缙警务一体化改革。进一步挖掘改革特色项目潜力,推动"工伤智控"一件事集成改革、"龙山经验""一警情三推送"、会商制检察办案模式、工业固废"五步法"、小微企业危废处置"12369"模式、肥药全程管理一件事、工业企业电子商务统计调查国家试点、国家级电子商务进农村综合示范试点、水域占补平衡集成改革等改革优秀经验在更高层次出彩,争获更多省部级以上改革试点,勇当新时代改革的领跑者。

(四)在弘扬企业家精神上先行一步,倾力建设"匠心永康"。坚持企业家的主体地位不动摇,弘扬"百年锤炼、臻于完善"工匠精神,让更多永康企业家成为"重要窗口"建设的生力军。

打造"'永'立潮头"的企业家队伍。大力弘扬"义利并举,务实创新"的新时代永康企业家精神,持续办好民营企业家节,高规格举办工业发展大会,积极引导广大企业家放大精神格局,在全社会营造尊商、重商、亲商氛围。实施企业家素质提升工程,开设永康五金"MBA"班,开展50强企业家外出考察活动,努力造就一批具有全球视野、创新意识和专注实业的新时代永康企业家。发挥"匠心传承导师团"和"传承驿站"作用,深入实施"永商青蓝接力工程",举办"新生代企业家"培训,激发广大企业投身雄踞行业龙头、引领科技潮流的动力。

打造"匠心永驻"的产业工人队伍。实施新时代五金工匠培育工程,开展"永康工

413

匠""匠型企业""匠人新秀"评选和"工匠创作室"建设,办好"永武缙"五金工匠技能大比武大赛、中国五金产业高峰论坛、工程师(技师)大会。加快建设五金技师学院、五金人力资源服务产业园,推广现代学徒制和企业新型学徒制,推动企业和职业院校成为高技能产业人才培养的主体。建立健全技能人才评价制度,分类实施职称制度改革,开展企业技能人才自主评价。

打造"亲清政商"的营商环境。完善集中财力办大事财政政策体系,组建实体化运行营商办,构建"五个一"政企互动工作服务机制,用好"助企通"企业服务平台,建立工业用地"供给—监管—退出"和项目全生命周期管理机制,着力破解一批土地历史遗留问题,让企业轻装前进。持续推进铁牛集团和众泰汽车风险处置和重点担保圈"化圈解链"工作,全市不良贷款率控制在1%以内,重构银企良好生态环境。谋划行政服务中心搬迁工作,高标准推进市镇村政务服务体系建设。探索"信用+应用"在行政领域、市场审批等重点领域应用,推出2个信用场景应用,力争全国城市信用监测排名稳居前100位。

(五)在文旅融合发展上先行一步,致力建设"文化永康"。坚持用丰厚的历史人文底蕴滋养城市发展,用文化点亮城市灵魂,推动五金文化、城市文化、旅游文化深度融合发展,打造产城一体、工旅结合、独具特色的魅力城市。

深入践行社会主义核心价值观。加强思想引领,持续深化"真善美"种子工程建设,深入推进"宣讲365"品牌工程,开展"一月一宣讲"等系列主题教育活动,围绕庆祝建党100周年,创造一批习近平新时代中国特色社会主义思想文艺宣传精品节目。深化新时代文明实践中心国家级试点建设,正式运行"文明大脑"综合数字平台,探索

开展城市文明指数测评工作。广泛开展"最美家风+"、道德模范评选、"身边的感动"、行业最美人物评选等系列活动,营造见贤思齐、崇德向善的社会氛围,进一步提升市民素质。加强文化礼堂建设工作,力争新建农村文化礼堂20家,农村文化礼堂行政村覆盖率达90%以上,创新开展文化礼堂"周末擂台"活动,激发礼堂活力,有效提高礼堂利用率。

大力弘扬永康特色文化。扛起保护文化遗产、弘扬传统文化的使命担当,擦亮永康文化金名片。挖掘好胡公文化、陈亮文化、五金文化、上山文化等四大文化,统筹推进胡公文化、陈亮文化品牌工程,做好名人故居保护利用、名人史料挖掘研究、名人资源开发等工作,推进上山文化湖西文化遗址的考古工作,为申报世界文化遗产提供考古实证。实施"百幢文物建筑抢救"工程,完成10处以上文物建筑抢修。推动解放街历史文化遗存保护挖掘,编撰《永康文献》丛书。激发"永葆安康""为官一任,造福一方""状元故里"传承潜能,推动永康文化走出浙江、走向全国。

积极推动文旅融合发展。整合优势资源,以"五金耀山水"文旅产业融合改革试验区建设为抓手,构建"一山两地两条街,一村一镇五条线"的文旅融合发展新格局。打好方岩景区整体提升攻坚战,加快基础设施建设,升级完善游客服务中心等游客设施,东永高速通景道路(石四线方岩互通至方岩大道段)投入使用。推进以保护和利用工业遗存为特色的四方老厂综合文创中心和城北文教聚集区块建设,谋划湖西文化遗址公园区块建设;打造寄托永康人城市记忆的解放街特色文化街区、抗战文化和省会文化的民国风情岩下老街;加强国家历史文化名镇和后吴中国传统历史文化名村建设,加快芝英"千年古镇、缙州古城"建设;

打造五金文化工业旅游、胡公文化旅游、陈亮文化人文体验、乡愁文化乡村体验和影视文化星梦体验等五条旅游线路。规划建设大寒山(清泉寺)运动休闲康养旅游区和园周—白云运动休闲区。建设总部中心影视现代剧拍摄基地。加快推进体育现代化,开展3场以上"国字号"赛事,举办中国摩托车越野锦标赛(永康站)及全国车辆模型锦标赛、永康马拉松等品牌赛事,完成备战省运会项目建设,形成"赛旅融合、以赛促游"的良性循环。

四、坚定不移加强党的全面领导,为开启打造"世界五金之都 品质活力永康"新篇章提供坚强保障

对标对照新时代党的建设总要求,一以贯之全面从严治党,激励广大党员干部体现新担当新作为。

强化政治统领。以党的政治建设为统领,坚持党对一切工作的领导,深化"不忘初心、牢记使命"主题教育成果,全面落实意识形态工作责任制,建立健全"两个维护"的制度机制,切实增强"四个意识",坚定"四个自信",不断提高党委把方向、谋大局、定政策、促改革的能力,确保在思想上政治上行动上同以习近平同志为核心的党中央保持高度一致。充分发挥人大、政协职能作用,各民主党派、工商联、无党派人士和新社会阶层人士等统一战线群体,以及党史、老干部、档案、党校、工会、共青团、妇联、科协、侨联、台联、残联、文联、关工委、慈善、红十字等群团组织要紧密团结在党的周围,加强党管武装工作,坚定"一条心",共绘"同心圆",为我市的中心工作及"十四五"发展助力护航。

建强干部队伍。以县乡换届为契机,紧贴事业发展需要,擦亮"拼搏实干"永康干部标识。优化干部管理体系,制定出台"1+N"干部工作体系,深化推进干部一线专

项考察,注重在重要关头、关键时刻考察识别干部,大力选树先进典型,形成能者上、优者奖、庸者下、劣者汰的正确导向。持续推进干部赋能提升,深化"两下两上"全培养链、年轻干部"红色成长"15条举措,深化"工业经济型"专业干部培养、张榜招贤等做法,探索开展"点将选兵""赛场比才"活动,激励广大干部到攻坚一线担当作为、拼搏实干。完善干部大监督工作体系,持续开展因私出国(境)等干部专项整治行动,对干部从严监督管理。

夯实基层党建。以"迎接建党百年、夯实基层基础"为主线,强化组织体系建设,探索实施"创领"党建,拉紧监督、管理、治理"红色链条",把各领域基层党组织建设成为坚强战斗堡垒。加强农村党建,扎实推进"五星三强"基层党组织建设,推行"村级管理规范"、村务月报、村干部提级管理精密智管等制度,健全规范"一肩挑"后村级权力运行机制。深化治村导师联盟、"三支队伍"同质化管理等做法,全面开展发展党员突出问题、后进村党组织整转等专项整治。加强城市党建,创新推进"邻里党建""业委会党建"等治理模式,强化落实街道"吹哨"、部门"报到"机制,构建新型社区治理共同体。加强两新党建,高标准推进"助企八条"落地,不断巩固"三师"助企成果,探索实施两新党务工作者专业化建设、两新项目创投等工作,推进红色车间创建、党建联盟等做法,推进两新党建提质增效。统筹推进机关、国企、中小学校、公办医院等其他领域党建工作。

构筑清廉阵地。牢牢把握"两个维护"的政治要求,把"严"的主基调长期坚持下去,巩固和发展反腐败斗争压倒性胜利成果,一体推进"三不"机制建设、纪检监察"三项改革""四项监督"贯通融合和巡察全覆盖,不断推动制度优势转化为治理效能。锲

而不舍落实中央八项规定实施细则精神，驰而不息抓好作风建设，坚决防止"四风"问题反弹回潮。持续优化发展环境，深入推进"三清理一规范"回头看。稳步推进清廉永康"特色窗口"建设，积极培育清廉机关、清廉学校、清廉医院、清廉企业、清廉村居等清廉细胞，挖掘推广胡公文化等本土特色清廉文化。深化落实"五全举措"，完善"三资"智慧监管"永康模式"，推动基层长效善治。高质量推进审计工作全覆盖。

五、关于《中共永康市委关于制定永康市国民经济和社会发展第十四个五年规划和二〇三五年远景目标的建议》的说明

受市委常委会委托，我就《中共永康市委关于制定永康市国民经济和社会发展第十四个五年规划和二〇三五年远景目标的建议》(以下简称《建议》)有关情况，向全会作说明。

(一)《建议》的起草情况

"十四五"时期是我市在高水平全面建成小康社会之后，乘势而上开启全面建设社会主义现代化新征程的第一个五年。制定好"十四五"规划和2035年远景目标，描绘好未来五年发展蓝图，事关我市长远发展大局和百姓切身利益，意义重大、影响深远。市委市政府高度重视《建议》起草工作。在去年底，市委市政府就围绕"十四五"发展开展了大量调查研究，形成了《"十四五"规划基本思路》初稿和一系列调研成果。今年下半年，又由市四套班子主要领导和胡积合副书记牵头，成立了5个调研组，围绕新发展阶段永康面临的严峻挑战、战略机遇、关键突破，开展高质量的"五个一"调研活动，并召开市委工作务虚会，进一步明确了今后永康发展的主题主线、框架思路。

市委起草组在全面吸收党的十九届五中全会、省委十四届八次全会、金华市委七届八次全会，中央和省委、金华市委《建议》

有关精神以及各部门单位"十四五"工作思路的基础上，形成了征求意见稿。先后征求了市四套班子领导、市机关各部门、各镇(街道、区)意见。12月中旬，我和张群环市长、胡积合副书记分别牵头面对面征求了各民主党派、部分市级老领导和两代表一委员意见。起草组按照"能吸收尽量吸收"原则，逐条逐句进行研究，形成了提交本次全会审议的《建议(草案)》。另外，对征求意见过程中大家提出的一些具体举措建议，下一步将吸收到"十四五"规划纲要或专项规划中。

《建议》分为三个板块，共11个部分。第一板块为总论，包括导语和第一部分。主要总结在"八八战略"指引下高水平全面建成小康社会取得决定性成就，分析我市新发展阶段面临的新机遇新挑战，明确到2035年基本实现高水平现代化的远景目标和"十四五"时期我市经济社会发展总体要求、主要目标。第二板块为分论，包括第二部分至第十部分。一是打造"世界五金之都"，构建现代产业新体系；二是打造"品质永康"，刷出城乡颜值新高度；三是打造"活力永康"，激发创业创新新动能；四是打造"匠心永康"，厚植高质量发展新优势；五是打造"文化永康"，推动文化大繁荣大发展；六是争当融入新发展格局标杆，构筑内陆开放新高地；七是争当县域经济治理现代化标杆，打造营商环境最优市；八是争当县域社会治理现代化标杆，擦亮"龙山经验"金名片；九是打造"美好家园"，加快走向共同富裕。第三板块为结尾，包括第十一部分和结束语，主要阐述加强党的全面领导，为高质量完成"十四五"规划提供坚强保证。

(二)主要考虑

一是坚持上接天线、下接地气。着眼推动中央和省委、金华市委部署在永康落地落实，坚持在融入区域发展战略和国家重大发展大局中找准永康方位,对照省里争创社会主义现代化先行省和11个方面主要任务,以及金华争创社会主义现代化先行市和"九市建设",结合永康实际,提出围绕打造中国乃至世界先进制造业基地总目标,打造一都(世界五金之都)、四个永康(品质永康、活力永康、匠心永康、文化永康)、争当三个标杆(争当融入新发展格局标杆、争当县域经济治理现代化标杆、争当县域社会治理现代化标杆)、打造一家园(美好家园)具体载体,形成战略清晰、战术得当的部署安排。

二是坚持拉长长板、补齐短板。短板是潜力和希望所在,找到了短板,就找到了发展的突破点,补齐了短板,就打开了一个新的发展空间。在建议起草过程中,起草组充分吸收了前期市委开展的"五个一"调研成果。一方面,提出"打造世界五金之都",把我们工业的优势和潜力发挥出来,把我们永康人、永康企业家的活力激发出来;另一方面,对调研中发现的城市品质不高、平台能级低、头部企业少等问题,在建议中谋实具体举措予以破解,力求抓主要矛盾和矛盾的主要方面,做到全局和局部相配套、治本和治标相结合、渐进和突破相衔接,实现整体推进和重点突破相结合。

三是坚持系统观念、创新思维。《建议》综合运用"八八战略"蕴含的整体观、长远观、辩证观,坚持把系统观念、系统方法贯穿谋划"十四五"经济社会发展和党的建设全过程,对"十四五"发展各领域各方面工作进行了全面系统的谋划部署,又对做好工作从方法论上提出了明确要求,着力形成分析综合、谋深细节、迭代完善、整体优化的完整闭环。强调要加强党的全面领导,完善党领导经济社会发展体制机制,提升领导干部能力和水平,以新的思想和工作方法科学应变、主动求变,以确定性工作应对不确定形势,开辟各项工作新局面。

(三)需要重点说明的几个问题

第一,关于"十四五"和2035年发展目标。鉴于未来一个时期外部环境中不稳定不确定因素较多,在规划目标设定上,参照中央和省委、金华市委做法,以定性表述为主、蕴含定量的方式。

党的十九届五中全会明确了到2035年基本实现社会主义现代化的远景目标。省委十四届八次全会明确提出,到2035年我省基本实现高水平现代化,成为新时代全面展示中国特色社会主义制度优越性的重要窗口。金华市委提出,2035年实现"浙中崛起",基本建成现代化都市区,基本实现高水平现代化,成为浙江建成"重要窗口"的重要板块。结合永康发展实际,建议稿提出到2035年基本实现高水平现代化,打造中国乃至世界先进制造业基地取得重大突破,为浙江打造新时代全面展示中国特色社会主义制度优越性的"重要窗口"提供永康经验,并按照新发展理念的内涵来组织,从经济、政治、文化、社会、生态以及党的建设等方面进行了细化阐述。

对"十四五"时期经济社会发展主要目标,建议稿作出了"以六个率先交出建设重要窗口阶段性高分答卷"的总体描述。即率先建立现代化经济体系、率先形成品牌与创新"双轮驱动"发展体系、率先实现城乡"颜值"和"内涵"双提升、率先融入双循环新发展格局、率先构筑人的全面发展和社会全面进步的美好家园、率先走出治理体系和治理能力现代化"永康路径"。整体设定上,聚焦高质量发展、竞争力提升、现代化建设,坚持实事求是,坚持拼搏争先、"跳起来摘桃子",使各项目标任务既科学务实,又能较好激发各地各部门的创造性张力,更好推动永康发展迈上新台阶。

第二,关于打造"世界五金之都"。我们

在市委工作务虚会和市委常委会上都作了研究，提出开启打造"世界五金之都 品质活力永康"新篇章，主要是基于3个方面考虑。一是体现理念的升级。早在2006年，时任浙江省委书记习近平到永康考察调研时，就提出了永康要"打造中国乃至世界先进制造业基地"的目标，现在已经过去15年了。我们被授予"中国五金之都"的荣誉称号也已经有整整8年了。时代在不断变化，像义乌几年前就提出了要建成"世界小商品之都"，东阳也提出要打造"国际影视名城、世界影视之都"，我们周边的县市都在锚定"世界级"发力，我们永康不能安于现状、满足于"中国五金之都"，必须主动把永康发展的"小逻辑"放到国际竞争的"大逻辑"中来找准定位、把准方向，实现更高层次的发展。二是体现标准的提高。经过多年的发展，永康已经建立了比较完整的五金工业体系和全国最大的五金市场，"七都一乡"所代表的八大产业，在全国市场占有率都达到了30%以上，同时我们的五金产品还成功销往全球194个国家和地区，我市外贸企业达1505家、外贸依存度达61%。但是我们不能一直停留在现有的基础上，必须提出一些更高远的目标。"十四五"时期，永康要基本达到"世界五金之都"的标准，在5年内，争创"世界门都""世界口杯之都"等一系列国际荣誉称号，不断推动永康五金品牌、质量、规模向世界先进水平靠拢。三是体现努力的方向。"世界五金之都"是我们未来五年要努力实现的目标，不是一朝一夕短时间内可以完成的，需要"跳一跳、摘桃子"。我们要坚持推动品牌与创新双轮驱动、传统与新兴产业并重发展、制造业与服务业融合发展、头部与中小企业协调发展，通过建立区域公共品牌办公室、建立现代五金电子协同创新园、建立丽州研究院、建成五金技师学院、开办永康五金MBA班、设立世界五金精品馆等一系列重要抓手，构建3+2现代产业体系，打造一批具有"匠心"的企业家和人才，培育一批有竞争优势、成长性好、具有关键核心技术的头部企业和一批"行业小巨人""单项冠军""隐形冠军"，高水平建成"立足浙江、面向全国、辐射全球"的世界五金之都。

可以说，《建议》的形成过程，是认真学习贯彻落实中央和省委、金华市委决策部署的过程，是科学决策、民主决策的过程，也是统一思想、凝聚共识的过程。《建议》是充分发扬民主、集思广益的结晶，经全会审议通过后，将以市委名义印发实施，成为指引我市"十四五"乃至更长一段时间发展的纲领性文件。

同志们，站在历史交会的新起点上，让我们更加紧密地团结在以习近平同志为核心的党中央周围，以更加昂扬的斗志、更加务实的作风、更加创新的举措，努力开启打造"世界五金之都 品质活力永康"新篇章，以优异成绩迎接建党100周年！

政府工作报告

——在永康市第十七届人民代表大会第五次会议上

（2021 年 1 月 19 日）

张群环

各位代表：

现在，我代表永康市人民政府向大会报告工作，请予审议，并请市政协委员和其他列席人员提出意见。

一、2020 年主要工作和"十三五"发展成就

2020 年是高水平全面建成小康社会和"十三五"规划的收官之年。面对严峻复杂的国内外形势，特别是突如其来的新冠肺炎疫情，市政府坚持以习近平新时代中国特色社会主义思想为指导，全面贯彻党的十九大和十九届二中、三中、四中、五中全会精神，深入贯彻习近平总书记考察浙江重要讲话精神，坚决落实省委省政府、金华市委市政府和市委决策部署，统筹疫情防控和经济社会发展，扎实做好"六稳"工作，全面落实"六保"任务，一以贯之谋大事、做实事、抓要事、解难事，较好地完成了市十七届人大四次会议确定的目标任务。预计全市地区生产总值增长 1% 以上，一般公共预算收入增长 1.2%，城乡居民收入分别增长 4% 和 6.5%，十方面民生实事圆满完成。

这一年，我们聚力攻坚克难，三大硬战打出成果。

打好疫情防控主动战。全省首创"四色预警"疫情防控机制，坚持"硬核隔离＋精密智控"，实现患者"零死亡"、医务人员"零感染"。在疫情最艰难时刻，毅然派出 5 名医护人员驰援湖北，助力全国战"疫"大局。率先开通"返岗直通车"、推出"复工复产七步法"，出台"金融 10 条"，设立 5300 万元稳产稳岗贴息专项资金，落实"五减"资金 26.1 亿元、"两直"补助资金 3.3 亿元，实现抗疫情和稳增长双赢。

打好防台救灾保卫战。面对"黑格比"台风带来的超百年一遇强降雨，干群同心、军民联手，涌现出了徐国超、李章存等救灾英雄。调动救灾人员 1.6 万人，抢险 1800 多处、转移 2.5 万人，拨付救灾资金 3.6 亿元，以最快速度恢复正常秩序，最大限度保障了群众生产生活。

打好企业风险化解攻坚战。面对大企业风险，坚持市场化、法治化原则，精准施策，分步推进，平稳推进风险化解。加快重点担保圈"化圈解链"，成功收储 10 个资产包，处置企业债务 15.6 亿元。出台助企政策 98 条，开通"8718"助企专线，打好"企业帮帮团""承诺兑现日""难题面对面"等服务组合拳，解决企业难题 8504 项。

这一年，我们聚焦转型升级，新旧动能加快转换。

传统产业提质增效。制造业数字化、智能化程度加速推进，10 个"企业数字化制造、行业平台化服务"改造试点、6 个智能工厂（车间）顺利完工，王力、三锋入选省"未来工厂"培育名单，"搭积木式"改造经验全省推广，打造形成 4 条具有全国影响力的标志性产业链。大力实施"小升规""雏鹰行动""凤凰行动"，规上企业突破 1000 家，王力安防 IPO 过会，千禧龙纤、德硕电器获评国家级专精特新"小巨人"企业。"亩均论英雄"改革获省政府激励。"中国口杯之都"通过复评。

重大项目联动推进。国家林草装备科

创园获批落地,电子信息产业园完成首批项目招商,新开工小微企业园12个。抢抓政策"窗口期",争取地方政府债券25.6亿元,新增省重点建设项目3个。突出强链补链抓招商,举办珠三角智能制造产业对接洽谈会,引进3亿元以上项目14个,市县长工程项目落地率达75%。创设"四马攻坚"项目推进机制,破解难题202个,省、金华市重点建设项目投资完成率分别为120%和134%,投资增速位居金华前列。强化土地要素保障,向上争取用地指标3762亩,消化批而未供用地1586亩,盘活存量建设用地1712亩,低效用地再开发3058亩。

提振消费举措有力。"制造业+电商"加速融合,直播电商、社区电商业态不断丰富,淘宝村数量位居全国第三,批发零售业改造提升工作获省政府激励,网络零售额突破1000亿元,快递业务量达4.8亿件、增长35%。出台"消费10条",发放消费券5600万元,开展"云购五金优品、畅享永康品质"系列活动,举办规模以上展会25场。电商公共服务中心、五金直播大厦、宝龙广场等重大服务业项目投入运营,万达广场开工建设。获得"外拓内""五优联动"等4个省级试点。

这一年,我们深化改革开放,创新活力持续迸发。

多领域改革纵深推进。紧扣"一局一事一出彩",创新推出"法拍房""僵尸车"等10项"一件事"集成改革,工伤"一件事"登上《领跑者》,获郑栅洁省长批示肯定;医保基金"四色预警"、永武两地医保联动登上《竞跑者》,村级组织"三资"监管创出永康经验。以空前规格举办首届"民营企业家节",隆重表彰30位"常青""青藤""青蓝"企业家。强化"互联网+监管",掌上执法率达99.96%。纵深推进商事登记制度改革,企业开办实现"零成本",平均开办时间缩至

18分钟。深化"整体智治、云上永康"行动,启动城市大脑建设,"一数通用"综合平台、数字小微园获省数字化赋能优秀案例。事业单位改革全面完成,邮政管理局挂牌成立。国投控股获批AA+主体信用评级。县域营商环境指数居全国第24位。

五金产业创新链持续强化。建成省五金产业创新服务综合体、智能门(锁)工程师协同创新中心,新增国家高新企业74家,省科技型中小企业187家。深化"对标达标"提升行动,新增"品字标"企业10家、"浙江制造"标准17项,获得专利授权1.2万件。实施"智汇丽州"引才工程,"揭榜挂帅"引进顶尖人才6名、领军人才25名,破解重大难题4个。举办首届工程师大会,成立永康博士联谊会北京分会。国家地理标志证明商标实现零突破。

多方位开放更趋深化。大力发展跨境电商,建设海外仓11个,外贸出口逆势增长30%以上,跨境电商网络零售额位居全省第二。产业集群跨境电商、供应链创新应用获省专项激励。实施对外投资1010万美元,实际利用外资1500万美元。积极融入长三角一体化,颁发金华市域首份长三角"一网通办"营业执照,25家医疗机构纳入长三角异地就医范围。与四川理县、遂宁船山区共建"三方四地"飞地园区,对口合作、山海协作持续深化。

这一年,我们强化统筹融合,城乡建设日新月异。

城区面貌加快蝶变。深化"多规合一",开展国土空间总体规划编制。田川未来社区开工建设,大塘沿安置区全面动工。新330国道一期建成通车,杭丽铁路列入国家规划,义龙高速达成区域合作,金台铁路、金温客货线迁建主体完工,新客运中心建成投用。深入开展城乡环境"创佳评差""打破假围墙"等专项行动,增画停车泊位3.6万

个,拆除违建 285 万平方米,获评省基本无违建市,创成省国土资源节约集约模范市。全线动员、全民参与,以全省第三的成绩高分通过省示范文明城市验收。

乡村振兴有序推进。深入实施"千万工程",创建省美丽乡村特色村 5 个、精品村 34 个。全域开展美丽城镇建设,龙山获评美丽城镇省级样板,西溪获评省森林康养小镇,方岩获评省首批商贸特色镇,唐先获评省特色农业强镇,舟山获评省 4A 级景区镇。芝英古城、铜山岭钱王古道列入全省大花园"耀眼明珠"培育。精品农业特色彰显,单季稻单产连续 8 年破金华纪录,获评"河姆渡"杯粮食生产先进县市。

生态环境持续改善。高质量推进第二轮中央环保督察问题整改,工业固废"五步法"获中央环保督察组肯定。获评美丽浙江建设工作优秀县市。深入开展"污水零直排区"建设,19 个镇级工业区实现雨污分流,市控地表水断面水质稳控在 Ⅲ 类以上,南溪入选省"美丽河湖"。全域创建省空气清新示范区,年空气优良天数达 354 天,PM2.5 平均浓度 29 微克/立方米。扎实开展"无废城市"建设,小微企业危废收运"12369"模式全省推广。农村生活垃圾分类"端头模式"走向全国,餐厨垃圾集中处置、省级园区循环化改造加速推进。

这一年,我们关注民生福祉,群众获得感幸福感安全感显著增强。

社会保障稳步提升。圆满完成第七次全国人口普查。新增城镇就业 2.64 万人,登记失业率 1.74%。实现低收入群体三项政策性保险全覆盖,全省率先实施"刷脸就医＋信用支付"医保一站式结算,基本医保参保率达 99.98%。永康磐安签订跨区域引水协议。饮用水达标提标三年行动通过验收,城乡实现同质饮水。

社会事业全面进步。五金技师学院开

工建设,永康一中与杭二中开展深度合作,"公民同招"政策平稳实施。挂牌成立浙江老年开放大学永康学院,城西中学等 14 个项目完工,新增学前学位 3390 个。"三医联动、六医统筹"列入省级试点,完成中医院迁建,新增名医工作室 5 家。获评省文旅产业融合试验区,创成省全域旅游示范县市。新增农村文化礼堂 63 家,完成文物建筑抢救 10 幢。建成城区"15 分钟健身圈"。深入推进军民融合示范区建设,获评省双拥模范城。

社会治理亮点纷呈。高规格举办首届"龙山经验"高峰论坛,创新开展"一月一镇平安大会战","一警情三推送"获评全国"智慧警务"创新案例,扫黑除恶专项斗争得到中央督导组肯定,成功创建省"无信访积案市"。完善防汛抗台、防灾减灾体系,区域应急服务中心建设走在全省前列。完成安全生产综合治理三年行动,安全事故数下降 26%,交通事故亡人数下降 16%,企业类火灾下降 64%,"平安永康"实现 14 连冠。

各位代表,刚刚过去的 2020 年,是永康"十三五"跨越发展的生动缩影。回顾过去的五年,我们围绕"全面奔小康、永康新腾飞"总要求,励精图治、奋发图强,极具挑战,但又极不平凡、极富成效。

五年来,综合实力在砥砺奋进、提质增效中得到增强。全市地区生产总值由 527 亿元增长到 640 亿元,一般公共预算收入由 48.5 亿元增加到 60.7 亿元,城乡居民收入分别从 4.6 万元、2.4 万元提高到 6.2 万元、3.2 万元,人均生产总值达到 10.3 万元。三大攻坚战取得决定性胜利,连续 14 年位列县域综合实力全国百强,全面小康社会指数列全国县级市第 28 位,获评国家卫生城市、国家森林城市、国家园林城市。

五年来,发展质量在数字赋能、创新驱动中得到提高。数字化改造提速推进,实施技改 1266 项，建成智能工厂（车间）12 个，企业上云 6700 家，两化融合、信息化指数进入全省第一梯队，获评"中国制造 2025 浙江行动"试点示范市、省振兴实体经济财政专项激励资金试点市。加快补链强链，落地重大项目 27 个。引进中科院苏州医工所等一批研究机构，国家五金产品质检中心等支撑平台相继建成，国家高新企业从 53 家增加到 216 家，省科技型中小企业从 135 家增加到 667 家。创办永康博士大会，建立院士专家和博士后工作站 19 个，引进一批国家级、省级领军人才，连续九年蝉联全国科技进步考核先进市。质量品牌建设走在全省前列，获评全国质量强市示范城市、全国十大质量魅力城市，"永康五金"成为全国魅力品牌。

五年来，营商环境在深化改革、扩大开放中得到优化。"最多跑一次""无证明城市"等改革跑出加速度，民生事项实现"一证通办"，"双随机、一公开"监管成为常态，政务事项掌上可办率、零次跑率分别达 97％和 98％，市场主体突破 13 万户。国资国企改革走在全省前列，承办省国资国企改革工作现场会，五金城集团启动混合所有制改革。全面取消农业户口，行政村规模调整为 402 个，殡葬改革经验全国推广。积极响应"一带一路"倡议，"义新欧"货柜出口 1200 个，出口额从 243 亿元增加到 425 亿元，入选餐厨用品国家外贸转型升级基地，与意大利都灵、瑞士弗劳恩费尔德结为友好城市。

五年来，城乡发展在加强统筹、追求优雅中得到推进。加快农业现代化，"三品一标"认证达 72 个，五指岩生姜、舜芋、灰鹅入选国家农产品地理标志，获评全国农村电商发展十大典型县市、省农产品质量安全放心县市。全域完成小城镇环境综合整治，建制村实现"村村通客车"。大力推进

"优雅城市"建设，城市化率从 59.5％提高到 68％，江南山水新城完成高品质规划，解放街和方岩风景区加快重建，实施城中村改造项目 7 个，贯通城区断头路 6 条，完成绿道建设 134 公里。连续实施两轮"158"碧水蓝天工程，单位生产总值二氧化碳排放量降低 24％，森林覆盖率提至 56.8％，生态环境公众满意度连续九年提升。最严格水资源管理制度试点通过水利部验收，民生水务"六个率先"经验全国推广。

五年来，民生福祉在共建共享、惠民安民中得到提升。实现"两不愁、三保障"突出问题、家庭人均年收入 9000 元以下农户、省定集体经济薄弱村"三个清零"。新增城镇就业 9.93 万人，转移就业农村劳动力 3.1 万人，获评省"无欠薪"城市。医疗保险、居民养老保险补助标准分别提高 66.7％和 74.4％，大病报销比例提高 30 个百分点。"丽州家园"福利中心和 16 个示范型居家养老服务中心投入使用。高考一段线上线数连创新高，公办幼儿园实现镇级全覆盖，15 年教育普及率达 99.6％。获评全国基层中医药工作先进单位，组建第一人民医院和中医院两大医共体。完成撤县建市后首部地方志编纂。全国重点文物保护单位实现零突破，建成农村文化礼堂 249 家，影视企业（工作室）达 1295 家。

五年来，政府作风在学思践悟、比学赶超中得到锤炼。高质量开展"不忘初心、牢记使命"主题教育，扎实推进"两学一做"学习教育常态化制度化，增强"四个意识"，坚定"四个自信"，做到"两个维护"。深入实施"两强三提高"行动，驰而不息纠治"四风"。坚持依法行政，深化行政复议和综合执法体制改革，完成"七五"普法，自觉接受市人大依法监督、市政协民主监督，办理人大代表建议 1249 件、政协提案 1415 件。坚持"政府过紧日子"，"三公"经费下降 38％。

强化审计监督、监察监督,财政监督制度建设填补全国空白。

同时,我们进一步发展老龄、慈善和关心下一代事业。支持工会、共青团、妇联、残联等人民团体开展工作,加强民族、宗教、工商联、侨务、对台、气象、民防、档案等工作,深化国防和军队双拥共建。

各位代表,过去的五年,经济发展进入新常态,叠加突如其来的新冠肺炎疫情和扑朔迷离的中美贸易战,全市经济增速有所放缓,部分指标没有完成预期目标,但我们遵循发展规律、发挥制度优势,在克难中谋创新、在创新中促发展、在发展中求突破,实现了高水平全面建成小康社会的决定性成就。这是习近平新时代中国特色社会主义思想在永康生动实践的结果,是省委省政府、金华市委市政府和市委坚强领导的结果,是市人大、市政协关心支持的结果,是全市人民凝心聚力、奋勇拼搏的结果。在此,我谨代表市人民政府,向各行各业辛勤劳动的新老永康人民,特别是奋战在抗疫一线的医务工作者,表示衷心的感谢!向人大代表、政协委员、各民主党派、工商联、人民团体和社会各界人士,向全体离退休老同志,向驻永部队官兵、公安干警、消防救援队伍,表示衷心的感谢!向在外创业发展的全体永商,向所有关心、支持永康发展的港澳同胞、台湾同胞、海外侨胞和国际友人,表示衷心的感谢!

同时,我们也清醒地认识到,当前经济社会发展中仍然存在不少的困难与问题,主要表现在:要素保障存在较大瓶颈,"用地难、用地贵"没有破题,"引人难、留人难"依然突出;城市能级提升不快,教育、医疗、住房等优质服务供给不足,与群众对美好生活的向往还有较大差距;低段位市场竞争依然存在,科创氛围不够浓厚,区域品牌不够彰显;各类矛盾风险时隐时现,企业

"两链"化解任重道远,自然灾害、安全生产、公共卫生等问题还需时刻关注。面对这些困难与问题,我们将进一步增强忧患意识和底线思维,采取更有针对性的措施加以解决。

二、"十四五"时期的主要目标和任务

"十四五"时期,是我国开启全面建设社会主义现代化国家新征程的第一个五年。根据中共永康市委《关于制定永康市国民经济和社会发展第十四个五年规划和二〇三五年远景目标的建议》,市政府编制了《永康市国民经济和社会发展第十四个五年规划和二〇三五年远景目标纲要(草案)》,提请大会审议。经本次大会批准后,市政府将认真组织实施。

"十四五"时期经济社会发展的总体要求是:以习近平新时代中国特色社会主义思想为指导,全面贯彻落实党的十九大和十九届二中、三中、四中、五中全会精神,以及省委省政府、金华市委市政府决策部署,统筹推进"五位一体"总体布局,协调推进"四个全面"战略布局,坚持党的全面领导,坚持以人民为中心,坚持新发展理念,坚持深化改革开放,坚持系统观念,坚持稳中求进工作总基调,以推动高质量发展为主题,以深化供给侧结构性改革为主线,以改革创新为根本动力,以满足人民日益增长的美好生活需要为根本目的,紧扣忠实践行"八八战略"、奋力打造"重要窗口",紧扣"打造增长极、共建都市区、当好答卷人",围绕"打造中国乃至世界先进制造业基地"总目标,奋力推进"世界五金之都、品质活力永康"建设,实现更高质量、更有效率、更加公平、更可持续、更为安全的发展,努力以县域治理现代化为全国现代化建设探路。

"十四五"时期经济社会发展的主要目标是:全市地区生产总值突破 850 亿元,数字经济增加值占地区生产总值比重达到

20％,研发经费占比达到 3％以上,城市化率达到 72％ 左右,人均预期寿命超过 80 岁。

实现上述目标,要把握好以下五个方面:

——必须更加注重高质量发展。以高质量发展为"十四五"开好局,是党中央确定的政策取向。对永康来说,必须紧紧抓住宝贵的时间窗口,以改革创新为根本动力,以满足人民群众对美好生活的向往为根本目的,解放思想、凝心聚力,推动经济发展质量变革、效率变革、动力变革,探索出一条符合新时代要求、具有社会主义现代化先行市特色的高质量发展之路。

——必须更加注重数字化改革。数字化是大势所趋。数字化改革是事关未来的重大改革和集成创新,是对治理体制、治理手段、治理模式的系统性重塑。对永康来说,要以满腔热忱拥抱数字化,以"全企上云"链接数字化,以"一件事"集成改革融入数字化,让数字化成为构建现代五金产业体系的关键力量,让数字化成为推进政府治理体系和治理能力现代化的硬核支撑。

——必须更加注重融入新发展格局。构建新发展格局,是以习近平同志为核心的党中央根据我国发展阶段、环境、条件变化,审时度势作出的重大决策。对永康来说,要不断增强产业链供应链的自主可控,在优势细分行业精耕细作,激活线下线上"浪潮经济"基因,加快培育根植永康、走向全球的产业链供应链创新链,打造现代五金先进制造业集群。要扭住供给侧结构性改革这条主线,打通研发创新堵点、贯通生产消费环节,以占领市场的能力提升创造需求的能力,以产品的升级助推产能的释放,让企业创新有条件、干部创业有舞台、群众创富有机会。

——必须更加注重系统观念。系统观念是具有基础性的思想和工作方法。善于运用系统方法抓改革、谋创新、促发展,既是马克思主义的观点和方法,也是时代发展的客观要求。对永康来说,要树立"一盘棋"思想,注重工作的系统性、整体性、协同性。要抓住"牵一发动全身"的工作重点,全局谋划,战略布局。要抓住"一子落,满盘活"的关键环节,把发展主动权牢牢把握在自己手中,不断增强工作的科学性、协同性、能动性,努力打牢高质量之基、激活竞争力之源、走好现代化之路。

——必须更加注重形成"重要窗口"的标志性成果。形成具有永康辨识度的重大标志性成果是我们的政治责任与政治担当,是忠实践行"八八战略"、奋力打造"重要窗口"的应有之义。对永康来说,要始终坚持省市所需、永康所能、群众所盼、未来所向,争先突破。要强化基层首创,在"龙山经验"的深化推广提炼中,不断擦亮社会治理的"窗口"成色。要重点突破、系统集成,在县域经济治理现代化中,不断完善"窗口"的基层场景。要拉高标杆、对标赶超,在传统产业向现代产业集群迭代升级中,不断丰富"窗口"的内涵。

"十四五"期间,我们要重点抓好七个方面的大事:

(一)锚定创新驱动战略,加快建设更具发展潜力的匠心城市。始终把创新摆在发展全局的核心位置。深化创新平台建设,打造"1＋1＋5＋N"创新体系,建成一批公共研发平台,推进国家林草装备科创园等重大平台建设,办好五金工业设计大赛等标志性活动。突出企业主体地位,加强知识产权保护,实施新一轮科技企业"双倍增"行动,推进科技型企业增量提质,建成一批高等级企业研究院。优化人才发展机制,实施工匠培育工程、蓝领技能提升工程,打造城北高教园区,建成一批"工程师协同创新中心"，多渠道壮大技能人才队伍。

（二）聚力完善现代产业体系，加快建设更具世界影响力的先进制造业基地。始终把经济发展着力点聚焦在实体经济上。实施"永康五金"区域品牌提升工程，深入推进"质量革命""品牌点亮"行动，大力培育"隐形冠军""单项冠军"，推进"品字标""浙江制造"提质扩面，构建一批区域品牌质量标准体系。实施"强链永康"工程，协同推进产业链强链稳链畅链和供应链重组备份替代，做精做强10条标志性产业链，组建一批企业共同体。实施"千帆计划"，重点扶持一批有竞争优势、成长性好、具有关键核心技术的优质企业，形成梯度分布、结构合理的企业群体。实施产业集群升级行动，围绕现代五金、电子信息、生命健康产业，集聚具有全国影响力的研发制造企业，打造一批拥有较强竞争力创造力的"新星"企业群体。实施数字赋能行动，全面推行智能制造2.0，加快工业互联网平台建设，加快设备联网上云、数据集成上云、工业整体云监管等深度云应用，打造省数字经济创新示范市、智能制造示范市。

（三）全面推动城乡协同，加快建设更具吸引力的现代化城市。优化功能布局，拓展中心城区规模，以总部中心、田川未来社区为核心，构筑高端商务功能区；以江南山水新城为依托，打造生产生活生态融合、"人、城、境、业"协调发展的未来新城；以四方集团老厂区为基础，打造城市创意休闲区。完善基础设施建设，推进市民中心公建群项目，改造提升金胜山公园，实施老330国道和老金温铁路改造，进一步拉开城市框架、打通城区断头路。加快城区有机更新，大力推进城中村改造，优化城市建设模式和实施机制，有序推进老旧小区改造，建成一批未来社区。深化城乡融合，支持古山深化省级小城市培育试点，支持石柱融城发展，支持花街、象珠、唐先依托大寒山打造"十里康养"走廊。支持方岩创建国家5A级景区，支持芝英建设千年古城。大力弘扬"胡公文化""陈亮文化""五金文化"，构建"一山两地两条街，一村一镇五条线"的文旅融合发展新格局。聚力乡村振兴，深化"千万工程"，推动乡村"五化"融合发展，创建省美丽乡村示范市。

（四）深度融入新发展格局，加快建设更具包容性的开放型城市。实施新一轮扩大有效投资行动，加大科创平台、战略性新兴产业、现代化产业链、高等级物流平台投资，健全重大项目投融资、招引落地机制，树立"大财政"理念，盘活国有资产。积极融入长三角一体化，加快义龙高速及连接线等重大交通项目建设，形成"一绕一环三纵三横"路网。打造"四港"联运物流体系，畅通宁波舟山港、台州港、温州港货运通道，谋划通用航空机场，建设中国（永康）五金物流港。依托G60科创大走廊，用好上海"中国永康五金大厦"，探索"沪杭研发、永康转化"产业合作模式。激活多层次消费，完善商业配套，建成万达广场，赋能中国科技五金城，提质改造步行街、巴黎商街、高镇商业区等夜间经济集聚区。大力推进数字化贸易，探索研究RCEP经贸合作，积极对接浙江自贸区，深化省供应链创新应用试点，推动电商繁荣发展。

（五）更加注重绿色低碳发展，加快建设更具承载力的生态文明城市。深入践行"绿水青山就是金山银山"理念。大力推进经济生态化，持续淘汰落后产能，拓宽固废综合利用渠道，开发区争创国家级循环化改造示范园区。实施碳排放达峰行动，持续推进全社会节能降耗。打赢污染防治攻坚战，升级实施"158"碧水蓝天工程，实现细颗粒物和臭氧"双控双减"。全域开展"无废城市"建设，建成"无废工厂"等十大应用场景，打造全省标杆。加强生态系统化培育,完善"一带七廊"生态空间主格局,构建生态廊道和生物多样性保护网络,加强水域生态系统保护,建成历山国家森林公园、石柱省级湿地公园、南溪湾公园、永祥美丽风景带。开展全域土地综合整治,实施生态系统保护与修复,深化国土绿化行动,高标准推进废弃矿山综合利用。

(六)着力深化省级县域经济治理改革试点,加快建设更具引领性的营商环境示范城市。创造性落实国家治理体系和治理能力现代化战略。建设"云上永康",围绕民生"零次跑"、政务"一件事",加大数据归集共享。以"全生命周期一件事"的视角,丰富应用场景,推进"1818+N"多业务协同应用落地。建设信义之城,创新"大数据+信用监管",健全信息互联共享机制。持续丰富"民营企业家节"内涵,全面开展驻企服务、联企纾困、代跑代办,不断深化"三服务",努力做到"企业吹哨、部门报到"。建设法治政府,构建全方位政府监管、全闭环行政执法、全链条企业保障"三大体系",总结推广"综合查一次"实践经验,深化行政复议体制改革,加快打造市场化、法治化、国际化营商环境。

(七)不断满足人民群众对美好生活的向往,加快建设更具幸福感的和谐家园。坚持"群众有所呼,政府有所应"。全领域守好民生底线,加大退役军人等重点人群就业创业帮扶力度,实现零就业家庭动态清零。逐步提高低保补助标准,有序扩大社会救助范围。深化多层次特色养老服务,支持社会力量兴办养老机构,发展养老产业。高质量实现教育"普惠共享",织密学前教育"网底",加大义务教育优质资源供给,提升高中教育质量,擦亮职业教育名片,加快高等教育谋划,建成五金技师学院,健全教师多元化配给体系,争创全国义务教育优质均衡发展市、省教育现代化市。高水平推进"健康永康"建设,加大优质医疗资源供给,加快完善公共卫生体系、疾病预防控制体系和重大疫情常态化防控机制,全域发展智慧医疗,规范发展社会办医,建成公共卫生临床中心,争创三甲综合(专科)医院2家、三乙专科医院1家以上,打造永武缙医疗服务高地。高标准推进社会治理,坚持和发展新时代"枫桥经验",创新发展"龙山经验",深化"一月一镇平安大会战"等工作抓手,守好安全底线,建设"平安永康"。

三、全力以赴做好"十四五"开局工作

2021年是建党100周年,是"十四五"开局之年,也是我市争创社会主义现代化先行市启动实施之年,意义重大、责任重大。

2021年工作的总体要求是:高举习近平新时代中国特色社会主义思想伟大旗帜,紧扣"忠实践行'八八战略'、奋力打造'重要窗口'"要求,围绕"九市建设"部署,聚焦"四攻坚四争先",突出"数字赋能、拼搏实干",坚决落实市委决策部署,立足新发展阶段,坚持新发展理念,融入新发展格局,聚焦品质永康、活力永康、匠心永康、文化永康建设,对标发力、积极作为,为"十四五"经济社会高质量发展开好局、起好步。

建议2021年经济社会发展主要预期目标是:地区生产总值增长7.5%左右,一般公共预算收入增长7.5%,城乡收入与经济增长基本同步,研发经费占比达到2.4%,完成省市下达的能源和环境指标计划。

完成上述目标,要认真抓好以下11方面工作:

(一)着力精密智控,持续抓好常态化疫情防控。聚焦"外防输入、内防反弹",坚决做到"四个确保、一个力争"。深化"四色预警"工作机制,加强医疗机构、学校、养老院等特殊场所防控,严格落实"亮码+测温"措施。坚持人防物防成闭环,构建中高风险地

区来永返永人员管控机制，严格控制聚集性活动规模，引导务工人员留永过年、错峰返乡返岗；全面落实进口冷链食品"全受控、无遗漏"，从严从紧加强入境物品规范管理。坚持信息共享抓联动，平战结合完善重大公共卫生突发事件处置机制。稳妥有序推进新冠疫苗接种，加快建设公共卫生临床中心，深入开展爱国卫生运动，宣教卫生健康知识，毫不放松疫情防控。

（二）着力科技与品牌双轮驱动，持续激发区域创新动能。大力推进"永康五金"区域品牌建设，实体化运行"品牌办"，建设世界五金精品展示馆，提升"永康五金"区域品牌知名度和影响力。加强企业品牌建设，新增"品字标"企业 8 家、"浙江制造"标准 6 项，争取承办全省"品字标"建设现场会。实施科创廊道新三年行动，不断加大科技投入，启用上海"中国永康五金大厦"，筹建杭州、深圳科创飞地，启动丽州研究院建设。开展新一轮科技企业"双倍增"计划，新增国家高新企业 40 家、省科技型中小企业 100 家、省企业研发机构 6 家。实施人才新政 20 条，深化"揭榜挂帅"技术攻关，培育引进高层次人才 30 名、高技能人才 1400 名，让科技人才成为永康高质量发展的强大动能。

（三）着力完善产业要素供给，持续厚植现代五金产业优势。强化用地保障，全面深化"标准地"改革，建立工业用地全生命周期管理制度，加强新供地项目准入管理，逐步推进历史遗留问题化解。完善"亩均论英雄"评价机制，加快淘汰亩均税收 3 万元以下企业。强化金融支持，建立 10 亿元的产业基金，新增贷款 110 亿元，贷款不良率控制在 1% 以内。全面推进开发区（园区）整合提升，启动国家林草装备科创园一期、五金物流港一期建设，建成电子信息产业园。鼓励国资参与小微园建设，建成小微园 5 个，通过省级认定 2 个。实施"千帆计划""雏鹰行动""凤凰行动"，新增"小升规"企业 100 家、"个转企"200 家、"隐形冠军"培育企业 4 家、上市公司 2 家。实施"强链永康"工程和"扎根回归"行动，引进强链补链项目 20 个。实施"数字智造"行动，建成智能工厂（车间）5 家、省级"未来工厂"1 家、省级工业互联网平台 2 家，数字经济核心产业增加值增长 15%。

（四）着力畅通循环，持续融入新发展格局。加强重大项目谋划招引，引进 3 亿元以上项目 20 个，谋划省市县长工程 4 个，新增省重大产业项目 2 个、省重点建设项目 3 个，固定资产投资增长 15% 以上。创新深化"外拓内"省级试点，推动外贸企业进"政采云"、进平台、进商场、进超市。深入实施个性化定制，支持企业创新运用 C2M，培育电商店铺 1800 家，培育新零售企业 30 家，打造一批全国"单品冠军"企业。丰富社交电商新业态，建成直播基地 3 个、电商直播间 300 个以上。加快建设电商大数据中心、电商双创示范基地，提升城西新区电商物流小镇，探索发展电商"飞地经济"。积极对接浙江自贸区，探索建设 B 型保税物流中心，引导发展跨境电商。大力发展会展经济，积极导入世界级展会资源，举办专业展会 36 场以上。

（五）着力品质提升，持续拉高城市能级。高质量完成国土空间总体规划和城市总体设计，科学划定三条控制线。深入推进城中村改造、城区低效工业用地腾退，加快建设田川未来社区，改造老旧小区 6 个。启动江南山水新城土地征迁，完成市民中心规划设计，大塘沿安置工程完成 30% 以上。北三环全线贯通，南都路延伸、金胜路延伸、南四环（五金大道—丽州南路）完成路基工程。改造提升香樟公园、龙川公园，开放南溪湾公园北区，完成塔山公园规划和三江六岸二期景观改造提升。加强城市管理，建立文明城市创建长效机制，城区推行停车收费，改造易涝点 5 个，建设精品街 4 条。

（六）着力城乡协同发展，持续深化乡村振兴。以省级新时代乡村集成改革试点县、省级乡村振兴集成创新示范县、省级农业绿色发展先行县"三县联创"为抓手，推进乡村全面振兴。深化"千万工程"，启动乡村振兴示范带、美丽田园建设行动，实施农房改造 20 个村，创建"十无"达标村 72 个、"十有"示范村 33 个，新建农村文化礼堂 20 家、美丽乡村"三美融合体"5 个。推进"互联网＋农业"，打造"数字农业"示范基地 3 个。新建规模生猪养殖项目 2 个，基本建成粮食储备中心。加快建设美丽城镇，前仓、舟山、西溪争创省级示范镇，古山、方岩、芝英争创金华市级示范镇。开展花金线、双舟线、世方线等道路改造，争创省"四好农村路"示范县。开工建设南部水库联网工程，加快推进永康—磐安引水工程。

（七）着力生态绿色发展，持续描绘美丽画卷。扎实做好第二轮中央环保督察反馈问题和长江经济带生态环境问题整改。打好蓝天保卫战，强化区域联防联控，PM2.5 稳定保持在国家二级标准以上，AQI 优良率达到 90％以上，争创省空气清新示范区。打好碧水攻坚战，强化"河湖长制"，加快东城、西城、江南"污水零直排区"建设，有序推进象珠污水处理厂、城市污水处理厂扩容提升，确保金华市控以上地表水断面水质稳定在 Ⅲ 类以上。打好净土清废战，统筹推进生活垃圾分类，加快"无废永康"十大应用场景建设，完善固废管理制度体系。全域开展"美丽工厂"创建，争创省级生态文明建设示范市。加快推进生态环境保护与整治修复，高效开展松材线虫病综合治理，新增绿化面积 3400 亩。

（八）着力优化营商环境，持续推进改革。实体化运行"营商办"，出台营商环境优化政策，城市信用综合指数排名保持全国前 100，举办第二届"民营企业家节"。深化集成"一件事"改革，完善"一把手"抓改革机制，确保"一月一件事、一事一出彩"。推进行政服务中心提质，建设高标准市镇村政务服务体系，打造"15 分钟服务圈"。深化国资国企改革，推进跨集团战略性重组，推动行政事业单位经营性资产归口管理，国企资产总额、营业收入均增长 10％以上。深化国家工业企业电子商务统计调查试点。

（九）着力擦亮"龙山经验"金字招牌，持续推动治理现代化。复制推广"龙山经验"，深入推进"一警情三推送"，打造"一月一镇平安大会战"升级版，新建小区实现"智安小区"全覆盖，争创"一星平安鼎"。继续开展第二轮安全生产综合治理三年行动，安全生产事故总量同比下降 20％以上。全面启动县域经济治理改革试点，组建政府、企业、社会组织三方"治决会"。建设环境治理、城市运行等八大综合指挥平台，打造"数智应急""永城数治""永葆 E 康"等一批多业务协同应用。完善基层治理体系，做好行政村规模调整"后半篇文章"。高标准实施"八五"普法。

（十）着力补短板强弱项，持续满足群众美好生活新向往。实施积极就业政策，新增城镇就业 1.6 万人，登记失业率控制在 3％以内。有序推进门诊 App 支付方式改革，深化医保基金"四色预警"云治理。健全养老体系，开展康养联合体试点 3 家，开工建设殡仪馆迁建工程。建成社会工作站 3 所以上，为特需人群提供专业社会工作服务。完成困难老年人家庭适老化改造 255 户，建设和提升改造"残疾人之家"3 个。深化教育领域综合改革，深入实施永康一中"3510"复兴计划，开建公办幼儿园 3 所、小学 3 所，教进附中投入使用。筹建古山胡公文化园，开工建设解放街特色文化街区。加快方岩景区整体提升，启动岩下老街复建。完成大寒山（清泉寺）运动休闲康养旅游区、园周—白云运动休闲区规划。启动第一人民医院三甲创建，开工建设卫校迁建工程。举办第三届半程马拉松赛，开展"国字号"赛事3场以上，做好省运会筹备工作。新增体育公园（体育设施进公园）1个、笼式足球场1个、2个社区多功能运动场、5个百姓健身房。

（十一）着力干事创业，持续打造务实有为政府。坚持生成性学习。更加突出干部专业化能力，提升思考的前瞻性，既要跳出永康思考永康，更要立足永康发展永康。更加突出干部的谋划能力，谋深谋实事关打造"世界五金之都、品质活力永康"的重大工程、重大改革和重大政策，赶上时代潮流，成为经济工作的行家里手。更加突出工作抓手的集成性，进一步树立系统观念、运用系统方法，不断完善政府工作的目标体系、工作体系、政策体系、考核体系。

保持奋进者姿态。要做为民服务的"孺子牛"，把事干到群众心坎上，用心用力解决群众关心的停车、交通、教育、医疗、养老等问题，一件一件抓落实，一年接着一年干；要做创新发展的"拓荒牛"，把劲聚到破局开路上，搭好大平台、抓好大项目、用好大数据，在"十四五"开局的征程里，勇做改革实干家、创新推动者；要做艰苦奋斗的"老黄牛"，把情用到岗位忠诚上，拉车不松套，履责不掉链，以蚂蟥精神咬住事关永康改革发展的"大事""小事"，守好每一个岗位，干好每一份工作。

激发创造性张力。深化"争先创优"，建立赛马机制，全域拼创、全员比拼，创造性开展工作，规定动作做完整，自选动作创特色，在实践中创新载体、丰富方法，形成"滚雪球"效应。勇于攻坚破难，瞄准重点领域关键环节，奋力打造最佳实践、争创正向激励，聚力打造一批标志性成果。着力效能革命，健全清单式闭环化管理，全面运用"项目化实施＋专班化推进"工作方法，完善差别化竞争，构建职责分工有序、整体运转高效的部门协同机制，全面营造唯实惟先、和衷共济的干事创业氛围。

风雨多经人不老，关山初度路犹长。各位代表，站在"两个一百年"奋斗目标的历史交会点上，让我们高举习近平新时代中国特色社会主义思想伟大旗帜，在市委的坚强领导下，以"雪里行军情更迫"的担当，"风卷红旗过大关"的勇气，应对挑战、开拓新局、再启征程，为"十四五"顺利开局，为加快打造"世界五金之都、品质活力永康"而不懈奋斗。

（市年鉴部　整理）